I0083997

Otto Titan von Hefner

Handbuch der theoretischen und praktischen Heraldik

Otto Titan von Hefner

Handbuch der theoretischen und praktischen Heraldik

ISBN/EAN: 9783744632676

Hergestellt in Europa, USA, Kanada, Australien, Japan

Cover: Foto ©Thomas Meinert / pixelio.de

Weitere Bücher finden Sie auf **www.hansebooks.com**

Handbuch

der

theoretischen und praktischen Heraldik

unter steter Bezugnahme auf die übrigen historischen Hilfswissenschaften.

Erster Theil.

Theoretische Heraldik

in XVII Kapiteln

unter Anführung von 2473 Beispielen und mit Erklärung der heraldischen Ausdrücke

in sechs Sprachen

erläutert durch

XXXVI auf Stein gezeichnete Tafeln,

mit 1457 Figuren, unter Aufsicht und nach Originalen des Verfassers gefertigt.

Von

OTTO TITAN VON HEFNER,

Dr. phil., Ehren- u. korresp. Mitglieder mehrerer histor. Gesellschaften, Herausgeber des Allgemeinen Stamm- u. Wappenbuches ꝛc. ꝛc.

München.

Heraldisches Institut.

1861.

Tipografischer Druk von E. Fr. Meyer in Weissenburg V/n.

Vorbemerkung.

Obwohl ich fachgemäß erst nach Schluß des ganzen Werkes, beziehungsweise nach Erscheinen des zweiten Theiles dieses Handbuches in der Lage sein werde, ein eigentliches Vorwort schreiben zu können, so glaube ich doch schon diesem ersten Theile einige einleitende Bemerkungen vorausschiken zu müssen.

Das Bedürfniß nach einem Lehrbuche der Heraldik, das den Anforderungen des jezigen Standes dieser Kunst und Wissenschaft genüge, ist von allen Fachmännern anerkannt. Mit vorliegendem Bande suchte ich diesem Bedürfnisse abzuhelfen, und da ich, wie der Titel besagt, nur ein Handbuch, ein Kompendium, der Heraldik zu liefern im Auge hatte, so werde ich mich auch kaum zu entschuldigen haben, wenn der Leser in diesem Buche nicht gerade alles Das finden sollte, was er etwa in einem umfassenden **Codex heraldicus** zu suchen berechtigt wäre. Dennoch darf ich behaupten, daß unter gleichen Voraussezungen kaum eines der bisher erschienenen Lehrbücher dem vorliegenden an Umfassenheit gleichkommen dürfte. Ich wenigstens kenne kein Kompendium der Heraldik, das in seinem ersten Theile der Theorie allein eine Anzahl von 2873 Wappen wirklich beschrieben und durch 1457 Figuren erläutert hätte. Außerdem dürfte überhaupt noch keine Schrift über das Wappenwesen erschienen sein, welche die technischen Ausdrüke in sechs Sprachen, d. h. deutsch, lateinisch, französisch, englisch, italienisch und holländisch wiedergegeben hätte. Ich lege auf lezteren Umstand insoferne einiges Gewicht, als es für den Historiker von großem Vortheile sein muß, einzelne Stellen aus fremdländischen Autoren, sofern diese auf Heraldik Bezug nehmen, sich auf eine leichte Weise verständlich

*

machen zu können. Ein eigenes Register dieser heraldischen Ausbrüke der sechs Sprachen kann erst mit dem Schlusse des Werkes beigegeben werden. Ich darf mir ferner erlauben, hervorzuheben, daß in vorliegendem Werke so manche Dinge behandelt seien, welche, obwol zur Heraldik gehörend, von früheren deutschen Heraldikern gänzlich verabsäumt wurden, z. B. die Kapitel von den Badges, Fahnen, Orden, Devisen u. s. w.

Endlich mache ich wiederholt darauf aufmerksam, daß mit gegenwärtigem Bande nur der erste Theil eines solchen Handbuches geliefert ist, nemlich die Theorie der Heraldik. Erst mit dem zweiten Theil, der Praxis der Heraldik, wird das Werk zum vollkommenen Abschluß gelangen, und ich erlaube mir hier vorläufig nur zu bemerken, daß darin von fast eben so vielen wesentlichen Dingen, als dem Entwerfen der Wappen, der Blasonirung, Kritisirung, Historisirung, Nationalkarakteristik, vom Rechte und Gebrauch der Wappen (usage des armoiries) die Sprache sein wird.

Ich darf auch nicht unerwähnt lassen, und dem aufmerksamen Leser wird dieß kaum entgehen, daß ich nicht nur die vorzüglichste gedruckte alte und neue Fachliteratur aller Länder, soweit sie mir zugänglich, gewissenhaft benützt und zitirt habe, sondern auch durch archivalische und handschriftliche Studien, durch persönliches Aufsuchen heraldischer Denkmale in verschiedenen Theilen Deutschlands und außerhalb desselben, sowie endlich durch freundliche Beiträge vieler in= und ausländischen Gelehrten in den Stand gesezt worden bin, Das zu leisten, was ich geleistet habe, und dessen Beurtheilung ich Kennern der Sache über= lassen muß.

Geschrieben zu Weissenburg im Nordgau, am 21. September 1861.

                                                                    von Hefner.

Ueberſicht der Kapitel.

	Seite
Eingang als Vorwort	III
Namen und Begriff der Wappen	1
Namen und Begriff der Heraldik	3
Urſprung und Ausbildung der Wappen und der Heraldik	9
Quellen der Heraldik	16
Gattung der Wappen	29
Die Beſtandtheile eines Wappens	34
Farben und Pelzwerke	35
Der Schild	49
Die Schildesbilder	56
A. Heroldsſtück	57
B. Gemeine Figuren	69
I. Aus dem Thierreich:	
a. Menſch	70
b. vierfüßige Thiere	72
c. Vögel	78
d. Fiſche, Amphibien und Inſekten	82
II. Aus dem Pflanzenreich	84
III. Erd - und Himmelskörper	88
IV. Ungeheuer	90
V. Künſtliche Figuren:	
a. Werkzeuge, Geräthſchaften, Fahrniſſe	93
b. Bauwerke	100
c. Kleidung, Waffen	102
d. Kreuze, Zeichen und Marken	105
Der Helm	108

	Seite
Die Helmkleinode	117
Die Helmdeken	129
Beizeichen	132
Kronen, Hüte und Mützen	144
Schildhalter	148
Orden und Würdezeichen	151
Erkennungszeichen, Sinnbilder ꝛc.	158
Panner, Fahnen und Flaggen	162

I. Namen und Begriff der Wappen.

Die Definition, welche Gatterer [1]) von Wappen gibt, lautet: Wappen sind von dem höchsten Regenten eines Staates verwilligte Zeichen der Personen und Länder. — Schmeizel [2]) ist umständlicher. Er sagt: Ein Wappen nach heutiger Beschaffenheit ist ein Kennzeichen, das aus Schild und Helm bestehet, in und auf ihnen allerhand Figuren von unterschiedlicher Arth und Farben zu sehen und von der Obrigkeit demjenigen erblich beygelegt wird, der durch tapfere Thaten oder auch rechtschaffne Dienste sich um das publicum meritirt gemacht. — Bernd [3]) endlich sagt: Wappen sind gewisse Zeichen und Bilder zur Kennzeichnung und Unterscheidung, sowohl einzelner Personen und Familien als auch ganzer Länder und Städte von einander.

In diesen drei Definitionen von dreien der ersten heraldischen Autoren läßt sich so ziemlich auch die Richtung der ganzen Schule erkennen. Ich kann aber nicht umhin, zu behaupten, daß keine dieser drei Definitionen der Sache genüge, denn es fehlen ihnen troß der Gelehrsamkeit, in die sie sich zu hüllen scheinen, zwei Haupterfordernisse jeder Definition — Klarheit und Erschöpfung des zu definirenden Begriffes. Der erste Autor z. B. macht das Wesen eines Wappens von der Verwilligung des höchsten Landesregenten abhängig, fertigt aber die eigentliche Karakteristik eines Wappens selbst mit „Zeichen" ab. Nun ist vorerst eine derartige Bedingung gänzlich unwesentlich, denn ein Wappen ist und bleibt ein solches mit oder ohne Verwilligung eines Landesregenten, sobann führen nicht nur „Personen und Länder", sondern auch Städte, Märkte, Gesellschaften, Vereine, Orden ꝛc. Wappen, und endlich ist ein Wappen kein Zeichen. Die Definition des Schmeizel hinkt gleich im Anfange dadurch, daß sie nicht allgemein den Begriff von Wappen sich festzustellen getraut, sondern gleich hinzufügt „nach heutiger Beschaffenheit" und vergißt, daß das Wappen ebensowol aus dem Schilde allein als noch vielen andern Stufen bestehen könne. Die dritte Erklärung endlich schließt sich im Wesentlichen an die beiden vorhergehenden an, sie leidet aber an einem bedeutenden Formfehler, indem sie den Begriff Zeichen durch Kennzeichen erklären will, und Zeichen und Bilder gleichbedeutend nebeneinanderstellt, während sie sich in ihren Begriffen geradezu gegenüberstehen.

Meine Anforderungen an das Wesen eines Wappens gestalten sich von obenerwähnten gänzlich verschieden und deßhalb wird meine Definition von Wappen auch eine gänzlich verschiedene sein. Ich sage:

Wappen sind nach bestimmten Grundsäzen und Regeln der Wissenschaft und Kunst entworfene Bilder, deren Führung oder Gebrauch ein gutes Recht für sich hat oder beansprucht.

---

[1]) Abriß der Heralbik oder Wappenkunde. Nürnberg 1774. S. 1. [2]) Einleitung zur Wappenlehre, Jena 1723. S. 81.
[3]) Hauptstücke der Wappenwissenschaft, Bonn 1841.

1

Die Grundsätze und Regeln, nach welchen derartige Bilder entworfen sein müssen, um als Wappen zu gelten, lehrt die Heraldik. Das Recht zur Führung ist entweder hergebracht oder gesetzlich neu erworben oder auch nur angemaßt.

Die äußeren Erscheinungen, welche jedes Wappen dem Beschauer bieten muß, um von ihm als ein solches erkannt und benannt werden zu können, sind:

1) Daß ein fragliches Bild als Hauptgegenstand einen Schild enthalte.
2) Daß in diesem Schilde sich mindestens eine bestimmte Linienabgrenzung oder Figur finde.

Ein weiteres, doch nicht unumgänglich nothwendiges Erkennungszeichen eines Wappens ist es, wenn:

3) Auf, neben oder über dem Schilde sich Kronen, Helme, Decken, Schildhalter, Orden und dergl. Attribute zeigen.

Bei richtiger Auffassung der Definition und Festhaltung dieser Merkmale wird Niemand in die Lage kommen, ein Wappen zu mißkennen.

Am häufigsten werden von Historikern Begriff und Bezeichnung von Siegel und Wappen verwechselt, und ich will deßhalb zur Feststellung des sehr wesentlichen Unterschiedes zwischen diesen beiden Kunstprodukten den Begriff eines Siegels hier geben, durch dessen Verständniß Niemand in den Fall kommen wird, Zweifel zu hegen, ob er ein Wappen oder ein Siegel vor sich habe.

Siegel ist der Abdruk eines vertieft gegrabenen Stempels in Wachs, Lak, Mehlteig oder Metall mit dem Nebenbegriff, daß dieser Abdruk zur Bekräftigung einer Urkunde zu dienen, oder gedient habe [1]). Ein Abdruk oder Abguß eines Originalsiegels oder Stempels, der den Zwek der Fertigung nicht hat, sollte billigerweise auch nicht Siegel genannt werden.

Ueber die Eintheilung, Form ꝛc. der Siegel werde ich bei den Quellen der Heraldik Weiteres beibringen. Hier will ich nur so viel bemerken, daß es Siegel gibt, welche mehr oder minder vollständige Wappen enthalten, ohne deßhalb ihren Begriff und ihre Eigenschaft als Siegel zu verändern [2]).

Es erhellt hieraus, daß man allerdings sagen könne: an der Urkunde hängt ein Siegel mit dem Wappen des N. N., nie aber: an der Urkunde hängt das Wappen des N. N.; ebenso nicht: er hat sein Wappen darunter gedrukt, sondern: er hat ein Siegel mit seinem Wappen dazu gedrukt, oder: hat mit seinem Wappen gesiegelt. — Der Begriff von Wappen ist also viel weiter als der von Siegel, und die Anwendung eines Wappens ist in Bezug auf Form, Stoff, Ort und Größe weit ungebundener und hundertfach mannigfaltiger als die eines Siegels [3]).

Wenn ich hier in der Feststellung des Unterschiedes zwischen Siegeln und Wappen etwas ausführlicher geworden bin, als Manchem wol nöthig scheinen mochte, so rechtfertige ich dieß einfach damit, daß ich nur für Diejenigen schrieb, welchen die wesentliche Verschiedenheit dieser beiden Produkte der Kunst weniger geläufig war, in der guten Absicht, damit die störenden Verwechslungen dieser Dinge in historischen Arbeiten

---

[1]) Es gibt auch zweiseitige sog. Münz-Siegel von Wachs und Metall. Letztere, Bullen genannt, unterscheiden sich dem Begriff und Ansehen nach von den Münzen nur dadurch, daß diesen der Zwek und die Mittel zur Urkundenfertigung gänzlich mangeln. Ein Mittelding zwischen einem eigentlichen Siegel und einer Buchdruckertype bilden die im vorigen Jahrhunderte erst in Aufnahme gekommenen sogenannten Farbstempel, bei welchen die Zeichnung des Siegels resp. Stempels in einer Fläche gearbeitet ist, so daß sie mittelst Farbe sich abdruken läßt.

[2]) Ueber Siegelstecher, welches Geschäft in früheren Zeiten in der Regel die Goldschmiede versahen, siehe: Brabandsch Museum voor Oudheden en geschiedenis, Jaergang 1860, S. 151 ff.

[3]) Ich brauche kaum hinzuzufügen, daß man z. B. ein Wappen durch Malerei auf Papier, Holz, Kalk, Pergament, Glas, durch Skulptur in Holz, Stein, durch Modellirung in Thon, Silber u. s. f., durch Guß in Eisen, Bronze, Gips u. s. w., durch Aezung, Gravirung auf alle möglichen Stoffe, durch Stikerei, Mosaik u. s. w. regelrecht darstellen könne, während ein Siegel immer nur ein Abdruk eines bestimmten Stempels in eine Masse, die weicher als der Stempel sein muß, bleibt.

vermieden zu sehen; denn es ist in der Heraldik neben einer schlechten Blasonirung Nichts störender, als eine Verwechslung dieser Grundbegriffe.

Ueber den Ursprung des Namens Wappen[1]) ist man nicht mehr im Zweifel. Die Wappen, oder besser die bemalten Schilde und die Kleinode auf den Helmen waren ein Theil und eine Zierde der Waffen. Der Ausdruck gewappnet ist noch im 15. Jahrhunderte gleichbedeutend mit gewaffnet, und in allen Sprachen der abendländischen Völker ist die Aehnlichkeit beider Begriffe in den Namen geblieben, z. B. armes und armoiries, arma, insignia; wapen (holländisch), vapon (schwedisch) und armer, bewaffnen u. s. w. Die Engländer nennen die Wappen auch coats oder coat of arms, von der ritterlichen Sitte der Wappenröke entnommen. Der polnische Name für Wappen ist herb, der russische gerbje; den Italienern ist arme gleichbedeutend für Wappen und Waffen.

Der einzige Ausdruck, den wir nicht genügend zu erklären vermögen, ist die in späteren Zeiten von den Franzosen angenommene Bezeichnung: Blason für Wappen. Die französischen Heraldiker kennen nur den Begriff, nicht aber den Ursprung des Wortes, und wir Deutsche haben den Ausdruck blasoniren oder Blasonirung für regelrechte Beschreibung eines Wappens. Ob aber die deutsche Heraldik von der französischen oder umgekehrt die letztere von der ersteren das Wort entlehnt habe, darüber fehlen sichere Nachweise. Palliot (Indice armorial S. 95) sagt, die Franzosen hätten das Wort Blason von den Deutschen entlehnt und Spener mit seinen Nachfolgern wollen es von dem Worte blasen oder Blässe ableiten, weil man bei den Turnieren „geblasen" und die Wappen „Blässe" genannt habe. Neuere Forschungen ergeben, daß blasoner in alten französischen Urkunden auch für loben, und ebensowol für tadeln, louer und medire angewendet worden sei[2]).

II. Namen und Begriff der Heraldik.

Man unterscheidet in der Heraldik eine Wissenschaft und eine Kunst, und bezeichnet diese einzelnen Abtheilungen mit den Namen Wappenkunde, science des armoiries, scientia heroica zum Gegensaz von Wappenkunst, ars heroica, art des armoiries.

Diese Unterscheidungen sind sehr treffend und stimmen gleichsam mit Theorie und Praxis anderer Zweige der Kunst und Wissenschaft überein. In keiner Wissenschaft aber sind die Gegenstände der Forschung und Produzirung so sehr und so ausschließlich Kunstprodukte als eben in der Wappenkunde, und es würde daher, wollte man allgemein und kollektiv den Namen Wappenkunst für Heraldik brauchen, dieser mehr gerechtfertigt sein, als der der Wappenkunde.

Die Bezeichnung Heraldik gibt den vereinigten Begriff des Wissens und des Könnens und ist daher für das Ganze als solches empfehlenswerth. So soll auch der Heraldiker das vereinigte Wissen und Können in sich tragen. Mag man immerhin sagen, es sei nicht Jedermanns Gabe, auch künstlerisch

---

[1]) Daß Wappen generis neutrius sei, würde ich anzuführen hier Anstand nehmen, wenn nicht so manche Autoren bei diesem Worte die Artikel gerne verwechseln würden. So kann man z. B. in: Franz Jell, Geschichte und Beschreibung des badischen Wappens (also in einer spezifisch heraldischen Schrift), S. 11 mehrmals die Wappe und das Wappen, S. 12 aber sogar der Wappen lesen.

[2]) J. R. Planché, Rouge Croix, the pursuivant of arms. London u. a. S. 158 ff.

Etwas leisten zu können — in der Heraldik erweist sich diese Entschuldigung als unzulänglich, ja als geradezu verderblich. Der wahre Heraldiker muß sein Wissen ebenso gut aus den Produkten der Kunst, als aus den Sätzen der Wissenschaft erholen und ebenso durch beide wiedergeben können. Der feste Wille überwindet wie überall so auch hier alle Bedenken und Schwierigkeiten.

Daß der Name Heraldik, heraldica, heraldry, von dem Worte Herold, Herault, Herald abgeleitet sei, ist kein Zweifel; daß aber Herold in seiner Ableitung mit heros, oder Heer und Alt (d. h. Einem, der beim Heere alt geworden sei), oder mit Heer und Halt (d. h. Einem, der ein Heer halten konnte) zusammenhänge, ist eine Annahme unserer früheren Heraldiker, welche ich bei ihren Würden lassen will. v. Senkenberg in seiner Vorrede zu Oetter's „Wappenbelustigungen" sagt, ald sei ein urdeutsches Wort für Knecht und Herald daher ein Knecht des Heeres. Demnach müßten unsere Ehehalten vielleicht auch mit den Heeralden oder Heerhalten ähnliche Ableitung haben.

Meines Erachtens ist Herold eine provinzielle Bezeichnung für Bote, insbesondere Gerichtsbote, und Ausrufer oder Waibel. In lateinischen Urkunden findet sich dieser Name mit praeco übersetzt. In England hat Herald noch heutzutage den Nebenbegriff Bote, wie denn der Name bekannter Zeitungsblätter, wie Morning-Herald, Salisbury-Herald, daselbst unserem „Morgen-Bote" u. s. w. entsprechen würde [1]).

In ähnlicher Weise wie die Städte hatten auch die Fürsten ihre praecones oder Herolde, und als der Gebrauch der Wappen anfing, den Edel- und Lehensmann zu kennzeichnen, wurde den Herolden an den Höfen die Aufgabe, diese Bilder oder Wappen der Lebensleute oder Herren in der Erinnerung zu behalten, um darauf bezügliche Rechte und Unterschiede würdigen zu können. Bei den Turnieren hatten dergleichen Herolde die ähnliche Aufgabe, anerkannte Edelleute von nicht bekannten durch die vorgewiesenen Wappen zu unterscheiden, und es erhob sich diese Kenntniß der Wappen, welche wol anfangs rein Gedächtnißsache war, im Laufe der Zeiten mit der Vermehrung der Wappen selbst zu einer eigenen, ich möchte sagen zünftigen Wissenschaft. Indem man von den Wappenherolden Entscheid über die Richtigkeit eines Wappens oder die Berechtigung zur Führung desselben von Seite einer Person oder eines Geschlechtes verlangte [2]), wies man sie von selbst darauf hin, ihre heraldischen Erfahrungen in gewisse Begriffe und Regeln, sei es von Mund zu Mund, oder durch Schrift und Bild zu ordnen und sich zu überliefern.

In einer Zeit, in der Wappen und Waffen noch gleichbedeutend waren, in der man tägliche Anschauung dieser Dinge und ihres Gebrauches hatte, ließen sich in der Heraldik wol leicht Erfahrungen und Kenntnisse sammeln; dennoch aber besitzen wir aus jener eigentlich heraldischen Zeit, dem 12. bis 15. Jahrhunderte, in Deutschland keine Lehrschrift der Heraldik, und es scheinen bei uns diese Regeln demnach als zünftiges Geheimniß ungeschrieben von Geschlecht zu Geschlecht überliefert worden [3]) zu sein. Von bildlichen Denkmalen der Heroldskunst aber besitzen wir in Deutschland kein älteres, als die Sammlung von Wappen, welche zu Ende des 13. oder Anfang des 14. Jahrhunderts in Zürich angelegt wurde, und worüber ich unten bei den „Quellen" Weiteres berichten werde.

---

[1]) Planché, pursuivant, S. 16, meint, der Name Herald sei nur eine Umsetzung des bekannten Namens Harold und bedeute ursprünglich einen Häuptling im Kriege.

[2]) Die Bedeutung dieses ehrenvollen hochgeachteten Amtes gibt sich in den Titeln, welche man den Wappenherolden gab, kund; sie heißen auch Wappenkönige, Rois d'armes, King of arms u. s. w. Die im 15. und 16. Jahrhundert üblich gewordene deutsche Bezeichnung Ehrenhold ist wol nur eine Metathese von Herold. Die Bezeichnung Roi d'armes ist schon sehr alt. Im trésor d'antiquités de la France 1745, I. 84, findet sich die Abbildung des Grabsteins des Robert de Susane, Roy d'armes, † zu Mont St. Quentin 1260.

[3]) Zu diesem Zwecke bildeten die Herolde ihre Nachfolger wieder zünftig aus den Persevanten, poursuivants, welche in der Regel sieben Jahre lernen mußten. Wie hoch man die wahre Kenntniß der Heraldik anschlug, sieht man z. B. aus den Worten des Kanonikus und Wappenkönigs Jean Scohier (l'éstat et comportement des armes, Paris 1630), welcher erklärt: -qui n's pas pratiqué l'office d'armes pendant trente ou quarante ans continuels, y a matière d'apprendre d'autant que c'est un art pérégrin non cogneu à tous quelques doctes et versez qu'ils soient.-

Daß die Herolde, wenigstens die Wappenkönige, in früheren Zeiten selbst wappengenossen gewesen waren und sein mußten, ist bekannt, und es war dieß wegen des alten Rechtsbegriffes des Gerichts= hofes unter Gleichen, auch wegen des vorkommenden Urtheils in Adelssachen nothwendig [1]. Diese Sitte sollte auch heutzutage billigerweise noch bewahrt und geübt werden, wenn man berücksichtigt, daß es dem Herolde als Vorstand eines Adelsamtes zustehe, Zeugnisse über Gültigkeit oder Proben eines Adels zu ver= langen und zu geben [2].

Wenn nun auch die heraldische Seite in der Amtsthätigkeit der Herolde allmälig mehr sich geltend machte, so wurde doch in allen Zeiten und bis auf den heutigen Tag ihrer ursprünglichen Bestimmung und ihres damit verbundenen Amtes eines öffentlichen Boten und Ausrufers bei feierlichen Gelegenheiten nicht vergessen. Bei Thronbesteigungen [3], Achts= [4] und Kriegserklärungen [5], bei wichtigen öffentlichen Vorgängen, Ordensfesten werden sie in ihrer Amtstracht als unverletzliche Personen und Stellvertreter ihres Herrn u. s. w. gebraucht.

[1] So war z. B. das Amt des Wappenkönigs im Königreich Schottland, Lion king of arms wegen des schottischen Wappenbildes, des Löwen, genannt, durch mehrere Generationen im Besitz des uralten schottischen Geschlechtes der Lin= desay: Sir David Lindesay, Knight, Lion king of arms 1542, Sir David L. of the mount, Knight l. k. o. a. 1562, Sir David L. of Rathellet, Knight ebenso 1588, Sir Jerome L. of Aunitland, Knight dergleichen 1621 u. s. f.

[2] Meines Erachtens sollte man entweder Adel und Alles, was damit zusammenhängt, gänzlich verschwinden lassen, oder würdig vertreten und erhalten. Allen Kennern des bayerischen Adels und seiner Geschichte ist z. B. erinnerlich, mit welcher aus= gesuchten Gehässigkeit der verstorbene Lang sein „bayerisches Adelsbuch" 1815 ff. schrieb und mit welcher Lust und Bosheit er nach allen Richtungen zu Seitenhieben auf den Adel ausholte, und doch war dieser Lang zugleich Ritter des Zivilver= dienstordens und Vorstand des bayerischen Heroldenamtes. Wie anders klingt es, wenn wir den alten bayerischen Herold Johann Holand in dem Turnierreim sich selbst als „ein Knab' im wappen, des Adels Kind, ein's treuen fürsten belgehand" bezeichnen hören, oder wenn er am Ende des Reimes bescheiden sagt, er wolle Niemanden Unrecht thun „wann mir gebührt von Recht, daß ich sei des Adels Knecht".

[3] Eines der jüngsten Beispiele von Amtsthätigkeit der Herolde geben die Berichte über die am 3. Mai 1860 zu Drontheim vollzogene Krönung des neuen Königs von Schweden. Nach vollzogener Krönung durch den Erzbischof von Upsala traten die Reichsherolde auf die oberste Stufe der Thronestrade und riefen mit lauter Stimme: „Nun ist Karl XV. gekrönter König von Schweden und Gothenland und den zugehörigen Provinzen, er und kein Anderer!" Hierauf erhoben sich ihre Stäbe und riefen unter stürmischem Beifall des Volkes und Begleitung von Pauken und Trompeten: „Es lebe Karl XV.!" u. s. f. — Eine andere Art der Amtirung eines Herolds habe ich bei der Thron= besteigung König Max II. von Bayern gesehen: Am 21. März 1848 ritt der bayerische Herold zwischen zwei Persevanten in Begleitung einer Schwadron Küirassiere und der Hofpauker und Trompeter durch die Straßen von München, indem er an verschiedenen Plätzen die Abdankungsurkunde König Ludwig I. verlas und am Schlusse unter Begleitung der In= strumente rief: „Es lebe Maximilian II. König von Bayern!" — Bei Thronbesteigung nach dem Tode des Vorfahren ist die hergebrachte Schlußformel: „Der König ist todt, es lebe der König!" In Frankreich riefen die Herolde in einem solchen Falle dreimal: „Le Roi est mort!" und schließen mit: „Prica Dieu pour son ame!" wann aber Erzherzog ein neues Kind, ein's treuen „Vive le Roi auquel Dieu donne treheureuse et longue vie!" — Die Funktion des Ordensherolds ist durch die jährlich wiederkehrenden Ordensfeste eine weniger seltene, namentlich haben der Wappenkönig und die Herolde des Hosen= bandordens bei den jährlichen Festen und zeitweiliger Ueberbringung des Ordens an Auswärtige (z. B. 1855 an den Sultan, 1860 an den Prinzregenten von Preußen) sich gesteigerter Amtsthätigkeit zu erfreuen.

[4] So verkündete z. B. am 12. Nov. 1607 der bayerische Herold die Reichsacht über die Stadt Donauwörth, indem er mit 80 Berittenen unter den Mauern der Stadt erschien und daselbst den kaiserlichen Achtbrief mit lauter Stimme ablas (Chronik v. Rosenheim S. 135).

[5] Jörg von Frondsberg sagt u. A. in seiner „Kriegsordnung", Frankfurt 1555, S. 7 ff.: „Der Herolt hat über seinen gewöhnlichen Kleid, so er etwas offentlich aufschreyen vnnd verkunden sol, gemaynlich ein Sebbia Kleyd wie ain Leviten Rock vornen vnnd hinden des Kriegsherren Wapen darein gemolet, fürt ain weiß Stäblein in der Hand reytet ein Trommeter vor im her, vnnd thut im allen orten, darynn ein füglichsten blaset ain Trommeter auß stillschweigen, alsdann so der Trommeter aufhört zue blasen, so schreyt der herolt offentlich sein beuelch auß. Darumb ist von nöten das ain herolt geschickt seye, das ihnig so jme befolchen wirt recht zu verkünden vnnd außzuschreyen, das er auch ein feine helle gutte vnd wolverständliche stimm habe."

Es finden sich auch Beschreibungen von Turnieren, Hochzeiten, fürstlichen Reisen aus der Feder von Wappenherolden, wofür das bekannte Turnierbuch des Herolds Georg Rixner oder der Discours des cérémonies du mariage d'Anne de Foix avec Ladislas VI. Roi de Bohéme 1502, beschrieben durch Pierre choque genannt Bretagne, Wappenkönig [1]), als Beispiele dienen können. Daß die Wappenkönige und Herolde in früheren Zeiten und zum Theile noch heutzutage ihre besonderen Amtsnamen erhielten und oft mit Umgebung ihres Geschlechtsnamens mit diesem bezeichnet wurden, ist bekannt. So hieß der französische Wappenkönig seit unfürdenklichen Zeiten Mont-Joye, die Herolde waren Orléans, Bourgoigne, Bretagne etc. Der erste kaiserliche Herold hieß: Teutschland, außerdem gab es noch Herolde, die Tirol, Brandenburg, Bayern u. s. w. hießen. In England heißt der Hosenbandordenswappenkönig kurzweg garter [2]), die Herolde aber führten ebenfalls ihre Amtsnamen, z. B. Rouge Croix [3]), Somerset [4]) u. s. w.

Die Amtstracht der Herolde, von der wir viele Abbildungen aus verschiedenen Ländern und Zeiten besitzen, war natürlich auch den Wandlungen der Mode unterworfen, im Allgemeinen behielt sie aber als wesentliche Merkmale den Wappenrok, lat. amiculum, franz. cotte d'armes, ital. sopravesta, engl. tabard, in Form eines Meßgewandes übergehängt, mit kurzen Aermeln, rings mit Borten und Fransen in den Wappenfarben verziert, vorne und hinten mit dem Wappen oder Wappenbilde seines Herrn geschmükt. Der Wappenkönig trug und trägt überdieß als besondere Auszeichnung noch einen Mantel. Die Zeremonien bei Einsetzung eines Wappenkönigs in Frankreich beschreibt Palliot S. 381 ff. Daselbst sind auch Abbildungen von Wappenkönigen, Herolden und Persevanten damaliger Zeit, desgl. von österr. Herolden bei Herrgott, mon. dom. Austr. I., Tab. 21, S. 172. — In Frankreich war es auch Sitte, daß bei den Krönungen der Könige und Königinnen Alles, was der König oder die Königin dabei an Kleidern getragen hatten, dem Mont-Joye und seinen Dienern anheimfiel.

Die Beinkleider sind in den ältesten Abbildungen zweifarbig, miparti, später wurden sie kurz bis zum Knie, gleichfarbig und durch Strümpfe ergänzt; auch Reiterstiefeln statt der Strümpfe und ebenso ganz moderne Beinkleider findet man auf manchen Abbildungen.

Die Kopfbedeckung war in ältesten Zeiten ein natürlicher oder künstlicher Kranz (Jungherrn- oder Ehrenkränzlein genannt), auch wol ein gewundener zweifarbiger Bund, gleich den Helmpauschen, später findet man Barette und Federhüte der verschiedensten Form.

Das Amtszeichen des Herolds war und ist ein kurzer Stab, lat. baculus, franz. caducée, engl. rod, den er in den Händen trägt; in ältesten Zeiten ganz weiß, später gebändert, mit dem Wappen auf der Spize [5]) u. s. w.

---

[1]) Abgedrukt in der bibliothèque de l'école des chartes, Paris 1660, S. 156 ff.

[2]) Gegenwärtig (1861) ist Hr. Charles Young in dieser Würde.

[3]) Gegenwärtig begleitet dieses Amt Hr. J. R. Planché, zugleich bekannt als Verfasser des „Pursuivant of arms".

[4]) J. J. Hr. William Courthope.

[5]) Das bayerische Nationalmuseum in München besitzt einen Originalheroldstab aus der ersten Hälfte des 16. Jahrhunderts (Ebenholz mit silbernen Bezierungen) und einen Originalwappenrok eines Hubertusordensherolds aus der Mitte des vorigen Jahrhunderts. — In v. Langenmantels „Historie des Regiments zu Augsburg" findet sich auf Kupfertafel E die Abbildung des augsburger Stadtweibels vom Jahre 1368 (freilich etwas verzopft wiedergegeben), wie er mit seinem Heroldstab, welcher an der Spize die Zirbelnuß hat, durch die Stadt geht und laut rufend die Geschlechter auf das Trinkhaus fordert. — Eine dem Landgrafen Philipp von Hessen gewidmete Drukschrift des kaiserlichen Herolds Kaspar Sturm, genannt Teutschland, v. J. 1524 handelt von „ampt, namen, condition vnd herkummen der Erenholden" und beginnt mit Moses, Dionisius, Herkules, bringt dann Alexander des Großen und weiter aller römischen Kaiser Verordnungen über „Ritterschaft und Erenholden". Das einzig Wichtige an diesem Büchlein ist übrigens der Bestallungsbrief des genannten Kaspar Sturm als kaiserlicher Majestät Erenholdt Teytschlandt durch Karl V. dd. Aachen 27. Oktober 1521. Auf dem Titelblatt findet sich ein guter Holzschnitt mit der Darstellung des Kaspar Sturm und zweier Persevanten zu Pferd, welches Bild ich I. 10 in gleicher Größe wiedergebe. Der Herold selbst hat den einfachen Reichsadler auf seinem Wappenrok, einen Stab in der Linken, trägt Sporen und ein Schwert, während seine Nachfolger (Persevanten) aller dieser Würdezeichen entbehren.

Mit diesem Stabe geboten die Herolde Ruhe, und im rixner'schen Turnierbuch ist sogar ein Bild, auf welchem ein Herold oder Persevant sich in einem Hause zum Fenster herausneigt und den untenstehenden Troßbuben mit seinem Stabe winkt, wobei er, bildlich zu sprechen, „stilla ho!" ruft. — Ich gebe hier zur Veranschaulichung die Abbildung des bayerischen Heroldes vom J. 1544, welche mit der Unterschrift: „Des löblichen haws vnd herzog zu bairen Ernhold" sich in Herzog Ferdinands Hofwappenbuch (Manuscript) findet. Die Zugabe des bayerischen Schildes, auf welchen der Herold gestützt ist, bleibt unwesentlich. Ich gebe ferner XXXVI. 1336 u. 1337 die Abbildung des Wappenkönigs vom Hosenbandorden und des Somersetheroldes nach Originalfotografien, welche mir die betreffenden Herren zuzuschiken die Güte hatten. Der Hosenbandwappenkönig ist in seinem karmoisinrothen seidenen Königsmantel mit dem Georgenschilde auf der Schulter und dem Zepter in der Hand — der Somerset im Wappenrok mit der silbernen Somersetkette um den Hals dargestellt. Die unter dem tabard getragene Uniform ist blau mit goldgestikten schwarzen Aufschlägen, die Beinkleider gleichfalls blau mit breiten goldenen Seitenstreifen. Die Bänder an den Schultern sind von hochrother Seide.

Nach diesen Erinnerungen über das äußere Auftreten der Herolde dürfen wir billigerweise auch nicht vergessen lassen, daß wir nicht nur den Namen der Heraldik, sondern auch das ursprüngliche Wissen in diesem Fache ihnen verdanken. Wie lange sie auch diese ihre Kenntnisse geheimnißvoll unter sich bewahrt und erhalten haben mochten, es kam, wie bei allen andern Geheimnissen, die Zeit, in der sie nicht länger mehr zurükgehalten werden konnten — merkwürdiger Weise aber müssen wir ersehen, daß zur Zeit der Aufschließung und Verbreitung jener heraldischen Weisheit diese entweder nicht mehr verstanden wurde oder schon längst im Verfall begriffen war. Denn betrachtet man die erste deutsche Lehrschrift über Heraldik [1],

---

[1] Diese findet sich im dritten Bande der „Gesprächspiele, so bey Ehr- und Tugendliebenden Gesellschaften auszuüben, verfasset durch einen Mitgenossen der hochlöblichen fruchtbringenden Gesellschaft. Nürnberg MDCXXXXIII." Der Verfasser war Georg Philipp Harsdörffer von dem bekannten nürnbergischen Patriziergeschlecht. Das betreffende Gespräch nun handelt „von der Heroldskunst", und ist im Geschmake damaliger Zeit geschrieben, indem sechs Personen sich gegenseitig instruiren. Diese Personen sind: Julia von Freudenstein, eine kluge Matron, Vespasian von Lustgau, ein alter Hofmann, Angelica von Keuschewiz, eine adliche Jungfrau, Raymund Discretin, ein gereister und belesener Student, Cassandra Schönlebin, eine adliche Jungfrau, und Degenwert von Ruhmeck, ein verständiger und gelehrter Soldat.

Das Gespräch beginnt Vespasian mit den Worten: Weil wir sonderlich dieses Orts auf Erbauung der Teutschen Sprach leben, wollen wir uns bemühen eine solche Sache berkürzubringen von welcher unsers wissens in keinen Teutschen buch absonderlich zu finden. Nemlich von der Heroldskunst.

Hierauf Julia: Diese Sache aber ist uns ganz unbekannt wir können nichts dazu sagen.

Vespasian: Aber wol sagen wir die Weibspersonen gleich so wol als die Mannespersonen Warpen und Kleinod kuhren, und die Münzen darauf der Herrn und Oberen Wappen gepregt ofter mehr als die Männer lieben.

Angelica: Was wir nicht wissen das wollen wir lernen. Der Herr berichte uns denn was Wappen und Petitschaften seyn?

Hierauf erfolgt nun die Erklärung durch Vespasian: Wappen kommt her von Waffen, weil die alten Helden am Bemerkung ihrer Waffen kenntlich gewest. Petitschaft aber wird gesagt gleichsam als Pettschaden oder Pettscheiben weil beeder zusammengebetteter Eheleut Wappen darin gemahlet werden. . . . .

Im Verlaufe bestimmt Degenwert das Wort Herold: Wapen zu ertheilen ist der Heroldt Ambt, also genannt weil sie im Heere alt gewesen und versuchte Soldaten vor Alters gewesen, welche wegen wolgeleister zehnjähriger Dienst nachdem sie das vierzigste Jahr erlangt hatten zu Ruhe gesetzt worden. Ehrenhold aber ist ein Kündiger und Nachfolger der Waren gewest, welcher sich den Fürstenhöfen aufzuhalten um die Heroldskunst zu erlernen.

In dieser Art und in diesem Geist läuft das Gespräch fort, werden Farben und Planeten besprochen, und Absatz 12 behauptet Degenwert, es sei leichtlich zu erachten daß die Wappen welche der Natur oder Kunst nicht ähnlich, für falsch zu erachten seien, als z. B. drei goldne Gänsköpf in rothem Schild" u. s. w.

Zum Schluß dieses Auszuges gebe ich noch die wörtliche Belehrung Vespasian's über die Erkennung der Wappenfiguren, welche als Muster und Generalkarakteristik des ganzen Gespräches dienen kann. Er spricht: Wie nun Schild und ſo muß man ſtaunen, wie wenig reelles heralbiſches Wiſſen bamals mehr vorhanben war[1]), man müßte benn behaupten wollen, baß Harbdörffer gerabe ben ungeſchikteſten Heralbifer zum Autor ber betr. Abtheilung gewält habe.

Der kurze Auszug aus bieſem, übrigens ziemlich ſeltenen Buche, wirb ben Leſer von ber gänzlich verkehrten unb verborbenen Richtung überzeugen, bie ſchon bas erſte Auftreten heralbiſcher Wiſſenſchaft bei uns in Deutſchlanb kunbgibt. Nebenbei geht hervor, baß bem Verfaſſer bes Geſpräches franzöſiſche Bücher zur Quelle ſeines Wiſſens bienten, unb es läßt ſich im Zuſammenhalt mit anberſeitigen Erfahrungen überhaupt feſtſtellen, baß unſere beutſche Heralbif, ſoweit ſie ſchriftſtelleriſch ſein wollte, von ihrem erſten wiſſenſchaftlichen Auftreten an keinen ſelbſtſtänbigen, ſonbern einen in's Deutſche überſetzten franzöſiſchen[2])

Helm wegen wolgeleiſter Dienſtbeweiſung ſonberlicher Mannheit unb Abellichen Thaten ertheilet, als finbt man im Gegentheil baß auch bie Begangene Schanbe baburch erkennet werben, als einem Ruhmrebigen burchſchneie man bas rechte Spitzlein am Schilb (la pointe dextre partie). Die mit einer Runbung abgenommene Schilbſpitzen (le bas point arondy) bemerkt ben, welcher ſeinen Gefangenen im Krieg erwürgt. Eine link ausgerunbte Spitzen auf bem Mittelpunct bebeubt Zagheit vnb Furcht. Eine Vierung mitten im Schilb (la gore) gibt zu verſtehen baß ber ſolche führt, ſein Wort wiber zurück zu nehmen pflege. Ferneres iſt bie untere Schilbſpitze burchſchnibten (le delſ) ſo bebeui es einen ber ſeinen Fürſten mit ber Unwarheit berichtet. Iſt bann ein kleiner umgewanbter Schilb bem größern einwiſirt, ſo bemerkt es einen flüchtigen, ber ausgerunbte grabe Triangel (le las point coupe) gibt bie Träg- unb Faulheit zu verſtehen beſſen bem es zugetheilet. Iſt aber ber ganze Schilb gewanbt ſo bemerkt es einen Verräther" u. ſ. w

[1]) Sehr treffenbe unb offene Bekenntniſſe legt in bieſer Beziehung ber genannte Hr. von Senkenberg, ber boch ſelbſt ein Juriſt war, a. a. O. S. 15 ff., nieber, wenn er u. A. ſagt:

„Bei bieſer Art nun (ſc. ben Herolben) haite vor alters auch bas ganze Wappenrecht ſeinen Sitz, bis GOTT enblich nach ſeinem Verhengniß biejenige Zeit kommen laſſen wo bie Rechtsgelehrte ihren Kram auch bey bem Wappenweſen zu Markte getragen. Mich wunbert gar nicht, wenn Laurentius Valla ſich über bieſe Mißgeburt ſeiner Zeit ſchon aufgehalten.... Sobalb nun unſere Rechtsgelehrten hierbei eingebrungen gienge bes Wappenkönigs unb berer Herolben ganzes Amt bei bem Wappenweſen in Deutſchlanb nach unb nach mehrentheils zu ſchanben."

[2]) Die erſte franzöſiſche Lehrſchrift ber Heralbif, überhaupt zugleich bie erſte aller mir bekannten Lehrſchriften bieſes Faches, iſt ber „Traité de Blaſon" von Clémem Prinſault aus bem Jahre 1416. Prinſault theilt ſein Buch in zwei Theile: Traité unb Armorial. Im I. Theile gibt er XII Kapitel, beren Titel unb Hauptinhalt ich zum Verſtänbniß ber bamaligen franzöſ. Heralbif hier wörtlich anführe. I. De ceulx qui premier trouvèrent armes (hier werben Alexanber ber Große, Hektor u. A. als bie erſten Wappenherren zitirt). II. De quelle manière on fait armes (hierin wirb gelagt, baß jebes Wappen aus brei Dingen beſtehe: de métal, de couleur et de penne). III. Quantes métals, quantes couleurs et quantes pennes il y a en armes et comment on les doit blasonner. IV. A quelle vertu, quelle complexion, quelle des ſept planctes, quel bes XII ſignes céleſtes, quelle pierre précieuſe, quel jour de la ſepmaine, quel bes III élémens et quel métal ſigniſie on armes chaſcun deſbits métals et couleurs (birß Kapitel iſt genau ſo wie bie betreffenben Abſchnitte in ben früheren beutſchen Lehrſchriften, wo von ber Bebeutung ber Farben geſprochen wirb. Siehe unten bei ben Farben). V. Le chappitre content IX choſes dont chaſcune deſquelles fait le tiers de l'eſcu, et quant elle eſt plus petite, c'eſt devise (hier führt er bas Haupt, ben Pfahl, ben Schrägbalken, ben Balken, Sparren, bie Sünberung, bie innere Borbur, bas Kreuz unb ben Schragen an). VI. Démonstre jusques à quel nombre on doit nombrer toutes choses ... et quant on doit dire sans nombre ou semé (hier ſagt er, bas Zählen höre auf: bei Kugeln, Münzen unb Streifen mit 8, bei Weden unb Schachplätzen mit 25, bei Thieren unb allen anbern Dingen mit 16). VII. Fait mention de la disposition des métals ou couleurs ou blason, et comment on peut discerner les fauluec armes des vrayes (ber Grunbſatz Farbe auf Metall unb umgekehrt wirb feſtgehalten unb behauptet, baß nur bes gens de bas estal et non nobles qui sans discrétion prennent armes à leur volonté, falſche Wappen, b. h. Farbe auf Farbe x. führten). VIII. En quelle partie de l'escu on doit commencer à blasonner (bieſen Abſchnitt werbe ich im II. Theile b. B. bei ber Blaſonirung ausführlicher anführen). IX. De certaines différences d'oyseaux et bestes ou blason d'armes. X. En quelle façon on doit blasonner lyons et léopars (ber Löwe zeigt immer nur ein Auge unb Ohr, ber Leoparb beren zwei). XI. De quelle façon sont en armes besans, tourteaux, cotice ete, et quelle différence il y a entre crois etc. XII. Démonstre la manière de blasonner XV esent difficiles; ey après contenus avecques la conclusion de ce présent livre (hierüber mehr bei ben „Blaſonirung").

Der II. Theil, bas Armorial, enthält bie Blaſonirung ber franzöſiſchen Prinzen von Geblüte, mehrerer Stäbte,

Geſchmak mit zur Welt gebracht habe. Hiemit ſtimmt auch die ſchon erwähnte Thatſache, daß unſer erſter größerer Heraldiker, J. P. Spener, ſeine Weisheit aus den Werken unſerer Nachbarn ſchöpfte, und doch iſt die Entwiklung und der Karakter der franzöſiſchen und beziehungsweiſe engliſchen, ſpaniſchen, italieniſchen Heraldik der deutſchen gegenüber ſo grundverſchieden als der Karakter der Nationen ſelbſt.

Gleichwie alſo die Produkte der Heraldik ſich nach ihrem Urſprung im weiteren Sinne — nach ihrer Nationalität — kenntlich machen, ſo unterſcheiden ſie ſich unter ſich wieder in Beziehung auf ihren Urſprung im engeren Sinne, d. h. auf die Zeit, in welcher ſie entſtanden ſind, und auch in dieſen beiden Beziehungen hat die neue Heraldik das Verdienſt, zuerſt Wege zum Verſtändniß angebahnt zu haben. Mit der geſchehenen Beſtimmung des Urſprungs im obigen Sinne iſt ſchon ein weſentlicher Schritt in der Beſtimmung oder Erklärung eines unbekannten Wappens gethan, und ich werde Gelegenheit haben, dieß im II. Theil d. B. durch Beiſpiele praktiſch zu beweiſen.

III. Urſprung und Ausbildung der Wappen und der Heraldik.

Daß unſere Urwappen, insbeſondere die des hohen Adels, ihren Urſprung einem morgenländiſchen Einfluſſe verdanken, das ſteht über alle Zweifel feſt. Daß die Kreuzzüge, darunter wol am vorzüglichſten die drei legten (1191—1248), in welchen der hohe Adel aller kriſtlichen Länder mit ſeinen Miniſterialen ſchaarenweiſe dem Morgenlande zuzog, mehr als die Turniere an Entſtehung von Wappen Urſache trugen, iſt ebenſo ſicher. Denn die Turniere waren nur eine Folge des durch die Kreuzzüge angeregten ritterlichen Geiſtes, der im Adel eine Korporation hervorrief. Mögen immerhin einzelne Turniere in Deutſchland ſchon um die Mitte des 12. Jahrhunderts ſtattgefunden haben [1], ſo läßt ſich doch mit Beſtimmtheit annehmen, daß ſie jener Momente, die wir bei einem eigentlichen Turnier verlangen, daß ſie namentlich einer heraldiſchen Praxis gänzlich entbehrten. Denn ſollte ſich um 1120 der niedere Adel in Deutſchland wol ſchon mit Wappen befaßt haben, wenn er faſt hundert Jahre ſpäter erſt dieſe auf Siegeln und Denkmälern anzubringen Gelegenheit fand? [2] Daß man aber unter milites in jener Zeit den hohen Adel allein zu verſtehen habe, dürfte ſchwer zu beweiſen ſein [3]. Auch der Gebrauch

der 18 kriſtlichen Könige, der 12 Bäier (pers) von Frankreich, endlich noch der IX femmes appellées Muses und der 7 Künſte, außerdem noch einige Notizen über Baſtardwappen (Revue archæol. 15. année. S. 267 ff.). Das bis jetzt als älteſte heraldiſche Lehrſchrift allgemein angenommene Book of St. Albans (London 1486) wird durch die „Traité" um 70 Jahre überholt.

[1] Das Concilium Lateranense 1139 eifert gegen die nundinæ und feriæ, an welchen Ritter zuſammenzukommen pflegten, um ihre Kräfte und Kühnheit zu zeigen. v. Schreckenſtein, Geſchichte der ehemaligen freien Reichsritterſchaft, 1859, S. 291.

[2] Ich brauche nicht zu erwähnen, daß das rirner'ſche Turnierbuch (Simmern 1530 ff.) wenigſtens in ſeinen erſten zehn Turnieren 938—1165 gänzlich fabelhaft ſei. Namentlich iſt das zehnte, das ZüricherTurnier, eine verfehlte Kompilation, bei der es dem Rirner darum zu thun war, eine Menge Geſchlechter des kleinen Adels, die nie, alſo auch zu Rirner's Zeiten nicht, für Turnierer gehalten und geachtet worden ſind, in die Liſten einzuführen. Man leſe, was Hund in der Vorrede ſeines Stammbuchs darüber ſagt. Auch bei v. Schreckenſtein a. a. O. S. 133 ff. ſind Urtheile über die rirner'ſche Arbeit zuſammengeſtellt.

[3] Eine Nebenarbeit bei Ausbeuten von Urkunden dürfte für den Heraldiker die Auffindung und Beſtimmung der Rangklaſſen des Adels in älteren Zeiten ſein. Es würde weſentlichen Nugen gewähren, hätten wir darin zuverläſſige

der Geſchlechtsnamen läßt ſich beim niedern Adel nicht wol über die zweite Hälfte des 12. Jahrhunderts zurückerweiſen, und die Bezeichnung „ministerialis quidem nomine Thiemo" oder dgl. findet ſich noch häufig zu Ende dieſes und Anfang des nächſten Jahrhunderts. Jedenfalls war ein feſter unveränderlicher Geſchlechtsname beim niedern Adel erſt in der erſten Hälfte des 13. Jahrhunderts zu ſuchen [1]. Wie ſollten alſo zu einer Zeit, in der noch keine beſtimmten erblichen Geſchlechtsnamen unter dem Adel nachgewieſen werden können, Turniere mit heraldiſchem Apparate anzunehmen ſein! Es iſt daher meiner Anſicht nach ungerechtfertigt, wenn man die Waffenübungen des 11. und 12. Jahrhunderts mit den Turnieren des 13. bis 15. Jahrhunderts in gleichen Rang zu ſtellen meint, denn der Adel, der Turnierens pflegte, war größtentheils Miniſterialadel, und dieſer hatte, wie erwieſen, vor Ende des 12. Jahrhunderts kaum feſte Geſchlechtsnamen, vielweniger noch Geſchlechtswappen.

Ich komme nun auf den Urſprung unſerer Wappen zurück. Daß der hohe oder Dinaſtenadel zuerſt Wappen angenommen und geführt habe, beweiſt die Thatſache, daß wir von ihm zuerſt Wappen und beziehungsweiſe Siegel vorfinden. Es läßt ſich wol auch dadurch beſtärken, daß dieſe Dinaſten, welche ihre Miniſterialen um ſich geſchaart hatten, ein beſtimmtes Panner führten und führen mußten. Durch dieſe Panner mag ein Uranfang von Wappen oder Wappenbildern angeregt worden ſein [2]. Die Anwendung ſolcher, anfangs gleich den Namen veränderlicher, Wappenbilder auf Schilden, Röken ꝛc. war ein weiterer Schritt zur Ausbildung der Heraldik. Einer beſtimmteren Richtung bedurfte die Ausbildung des Wappenweſens aber erſt dann, als ſeine Produkte ſich mehrten, als auch der niedere Adel anfing, Wappen ſich anzueignen und dieſe angenommenen Bilder in geiſtige Verbindung mit Namen und Stammen zu bringen. Erſt von der Zeit an, als der geſammte Adel ſich feſter erblicher Geſchlechtsnamen erfreute, erſt von da an konnte die Heraldik von Bedeutung werden. Die Entſtehung von Wappen mag alſo immerhin dem 11. und 12. Jahrhundert zugegeben werden, die Entſtehung einer Heraldik, eines beſtimmten Siſtems in dieſen Wappen, ihren Regeln und Rechten kann unbedingt erſt dem 13. Jahrhunderte vindizirt werden.

Da nun ſicherlich die Vermehrung der Wappen bei allen abendländiſchen kriſtlichen Völkern ziemlich gleichen Schritt gehalten haben wird, ſo können wir nicht wol behaupten, daß die Deutſchen die erſten Wappen gehabt hätten, aber ſo viel läßt ſich feſthalten, daß ſie kein anderes Volk früher gehabt habe,

_____

Taten. Hier nur einige flüchtige Notizen aus Urkunden: 1120 Itatpoto Comes de Ablapere mit dem Titel „nobilis". 1125 Heinricus de Megelingia „nobilis homo" genannt. 1130 Petrussa de Ramsuve (Ramſau) „magnae nobilitatis femina", 1139 erhält Friedrich von Sullingen den Titel „quidam miles" (M. B. I. in index), 1177 nennt Papſt Alexander den Herzog Welf „nobilis vir", 1188 nennt Kaiſer Friedrich denſelben Welf „illustris vir". 1197 iſt die Reihenfolge der Zeugen in einer ſtrengadener Urkunde 1) Kanonier, 2) Miniſterialen (M. B. VL. in indice). In einer Urkunde des Landgrafen Hermann von Thüringen 1215 ſteht am Schluſſe der Zeugenreihe: „et alii quam plures tam nobiles quam ministeriales." Im ſelben Jahre nennt der Dinaſtengraf Friedrich von Brixlingen ſeine Burgmänner „milites et servi de Rodenburch". 1273 werden in einer andern thüringiſchen Urkunde unter den Zeugen ein Graf von Regenſtein und ein Graf von Schertenberg mit dem Titel „nobiles" beehrt, dann folgen dem Range nach canonici, milites und castrenses (Burgmänner zu Langenſtein). Urkundenbuch für Niederſachſen II, 77, 235, 279. — 1351 wird in einem Briefe des Markgrafen Ludwig von Brandenburg die Rangordnung der ſtreitenden Theile ſo benannt: Ribbere, Mannen, Kneble und Burgar (novus cod. dipl. Brandenburg. XV. 139).

[1] Vgl. v. Schrenkenſtein a. a. O. 135 ff., der ſogar für den hohen Adel das 13. Jahrhundert als Firirungszeit der Geſchlechtsnamen annimmt.

[2] Eine unverbürgte Tradition erzält, daß den Grafen Eckart von Scheyern bei ſeinem Zug in's heilige Land in der Hitze des Streites einmal das Pannertuch vom Stocke geriſſen worden iſt und daß er ſchnell entſchloſſen daraus ſeinen Bundſchuh abgenommen und ſtatt des Panners an die Lanze geſteckt habe. Nach ſeiner Rückkehr ſoll er dieſen Bundſchuh als Wappenbild angenommen haben. Man findet auch in der That das Wappen dieſes Grafen bei Hundius: S mit einem ‡ Schuh und rothen Bändern — aber ohne allen urkundlichen Nachweis. Der Markt Kleb im Innviertel führte, wenigſtens bis er öſterreichiſch wurde, dieſen Bundſchuh wirklich im Schilde.

als eben das deutsche. Es erhellt ferner hieraus, daß die Entwicklung des einmal eingeführten Wappenwesens von jeder Nation selbstständig gepflegt wurde, sonst müßte die Heraldik aller dieser Nationen
dieselbe sein, was sie aber faktisch nicht ist. — Es dürfte aber unabweislich feststehen, daß die
Grundbegriffe von Wesen und Bedeutung der Wappen in allen diesen Nationen von Uranfang
gleich gewesen sein müssen, weil die Produkte der Heraldik dieser verschiedenen Nationen durch
alle Jahrhunderte trotz vieler Verschiedenheiten eine so große Stammverwandtschaft erwiesen haben und
noch erweisen.

Ein orientalischer Einfluß bei Entstehung der Wappen dürfte sich in dem so häufig und frühzeitig
vorkommenden Wappenbilde, dem Löwen und den ebenso häufigen Kreuzen finden lassen. Herr Adalbert
de Beaumont will in seinen „recherches sur l'origine du blason etc." (Paris 1853) die ganze Heraldik
von den Arabern ableiten; so z. B. die Helmwülste und Decken von den Haupttüchern und Binden der
Araber. Das Urbild der Lilie findet er in der egiptischen Lotosblume. Obwol nun die Egipter und überhaupt die alten Völker von einer Heraldik in unserem Sinne keine Spur hatten [1]), so läßt sich doch nicht
läugnen, daß insbesondere die Egipter ihren Figuren und Gegenständen einen gewissen ernsten Tipus verliehen, der mit den Uranfängen unserer kristlichen Heraldik, mit ihren ornamentalen Formen so manche
Ideenverbindung eingehen läßt. Ich theile zum Beweise dafür einige Figuren aus dem Prachtwerk „Rosellini,
monumenti dell' Egitto, Pisa 1834," auf Tafel I mit und zwar einen schreitenden Löwen (1), einen Palmbaum (6), eine Harfe (5), eine Lotosblume (4), eine Reiseflasche (2) und einen Reiger (3). Eine ornamen-
tale Auffassung ist darin gewiß nicht zu verkennen. — Was nun unsere Heraldik betrifft, so will ich
nicht in Abrede stellen, daß man das Kreuz und den Löwen in biblischer Bedeutung schon vor den Kreuzzügen
bei uns gekannt habe; die schönste Gelegenheit, das Kreuz als Erkennungszeichen zu benützen, boten aber sicher
diese kristlichen Züge nach dem Orient, und ebenso mag das lebendige Dasein des Löwen dort zur Aufnahme seines Bildes in Banner und Schilde Veranlassung gegeben haben [2]). Neben dem Löwen erscheint
der Adler in Siegeln und Pannern schon ziemlich frühzeitig. Die eigentlichen Heroldsstücke kommen
um die Mitte des 13. Jahrhunderts auch schon vor, wie z. B. das Siegel des Otto de Perchtoldstorff
1232 (Schild gespalten, vorne dreimal schräggestäbelt, hinten leer), des Otto de Ottenstein 1251 (ein
Schrägbalken mit drei Ringen belegt), des Heinrich von Seefeld 1254 (ein Adler mit Brustschild, darin zwei
Balken) u. s. w. (Hueber, Austria illust., tab. III sqq.); ferner ein Schild (mehrmals schräggetheilt), darauf ein
Helm mit Flug oder Federn, 1280 in einem Siegel Ulrich's von Kapellen (l. c. VI. 8). Graf Konrad von
Wasserburg führt 1202 einen gerauteten Schild. (S. oben in der Einleitung die Abbildung dieses
Siegels.) Der steirische Panther kommt 1203 auf einem Rittersiegel mit der Umschrift: „Livtpoldus Dei

---

[1]) Die „Heraldik der Griechen und Römer" von Samuel Bernd ist zwar an sich eine sehr verdienstvolle Arbeit, nur paßt
der Titel „Heraldik" sehr übel. Würde man „Simbolik" dafür sagen, so wäre der Begriff vielleicht besser ausgedrückt.

[2]) Den ersten Löwen finde ich auf einem Siegel, resp. Schilde, 1071 bei Graf Robert von Flandern (Vredius). Er
kommt aber von da an hundert Jahre lang (bis 1163) nicht mehr auf flandrischen Siegeln vor. In Montfaucon wird
der Grabstein eines Geoffroi comte du Maine († 1150 abgebildet, auf welchem der Graf einen Schild mit sechs Löwen
hat. Ebendaselbst ist ein Grabstein des Helie comte du Maine, † 1109, auf welchem der Verstorbene in seinem Schilde
ein Lilienkreuz hat. Sehr richtig bemerkt der Pursuivant S. 24, daß viele der späteren sogenannten Heroldsstücke (als:
Kreuze, Balken, Einfassungen &c., ursprünglich Nichts gewesen sein mögen, als hölzerne oder metallene Spangen und
Verstärkungsmittel der Schilde. De Courcelles will Siegel aus dem Jahre 1030, 1037 und 1038 gesehen haben,
wovon das eine einen Adler, das andere einen Windhund, das dritte sogar wirkliche Heroldsstücke — Balken — im
Schilde geführt habe. Ein Löwe in welfischen Siegeln kommt um 1180, ein Adler in mittelbachischen Siegeln
1179 vor (Mon. boica I u. VI.). Auf zapolischen Siegeln kommt ein Adler um 1200 und ein Doppeladler 1278,
vor (vgl. in meinem Wappenbuch I. Bd. 2 Abth. S. 28 ff.). Eine Abbildung eines welfischen Schildes mit dem Löwen
aus der Zeit der Stiftung des Klosters Steingaden 1147, nach dem Originalbasrelief im hiefigen Nationalmuseum
gebe ich L. 7.

gratia dux Stiriæ ¹) vor u. s. w., 1223 der Lilienschild des Hauses Bourbon ²). 1239 erscheint das savoische Kreuz zum erstenmal in Siegeln ³). Je weiter wir uns der Mitte des 13. Jahrhunderts nähern, desto sicherer wird die Existenz von eigentlichen erblichen Wappen, während bis dahin schon Wappen-bilder verschiedener Art abwechselnd ⁴) in guter Anzahl gefunden werden.

Die vier angeführten Beispiele gehören dem hohen Adel an. Für den niederen Adel ergibt sich selbstverständlich ein späteres Auftreten von Wappen, doch finden sich heraldische Siegel auch schon aus der ersten Hälfte des 13. Jahrhunderts, z. B. ein Dreiecksiegel des Heinricus de Saco 1236 mit einem balken-weise gestellten Adler und einem schreitenden Löwen darunter, ein Dreiecksiegel eines Truchsessen von Hei-degg (I. 8) mit einem Eisenhut mit Schnüren und der Umschrift † DAPIFER . DE . HEIGGO vom selben Jahre (1236), ein Dreiecksiegel des Konrad von Bebburg (I. 9) mit einem Lindenzweig vom J. 1247, ein Dreiecksiegel des Heinrich von Rosenegg vom J. 1262 mit einem Balken und einem mit Rosen besäeten Felde ⁵) u. s. w. Vom J. 1264 und 1268 sind mir zwei Siegel mit Helm und Kleinod (ohne Schild) bekannt ⁶).

So bieten sich uns also im 13. Jahrhundert Wappen in unvermutheter Anzahl dar, während wir sie im 12. Jahrhundert noch mit Emsigkeit zu suchen haben und selbst bei den wenigen gefundenen nicht sicher sind, ob wir sie für wirkliche Wappen halten dürfen und können.

Gleichen Schritts mit der Vermehrung und dem Anwachsen der Wappen mußten sich bestimmte Regeln über Bildung und Führung, und bann der Unterschied der Wappen unter sich geltend machen, denn wenn Wappen einen Namen und ein Recht sinnbildlich vertreten sollten, so mußten sie zur Vermeidung von Streitigkeiten und Verwechselungen unter sich verschieden sein.

Das erste, wichtigste und ergiebigste Mittel zu diesem Zwele war die Annahme gänzlich verschiedener Wappenbilder. Was der damaligen Zeit an Thieren, Bäumen, Blumen, Waffen, Gerätschaften u. s. s. bekannt war, findet sich schon in den ältesten Wappen ⁷).

Traf es sich, daß zwei oder mehrere verschiedene Geschlechter durch Zufall ganz dasselbe Wappenbild angenommen hatten, so griff man zum zweiten Unterscheidungsmittel, der Verkehrung der Farben,

---

¹) Nach dem Original. Bei Hueber, tab. I. 5, ist dieß Siegel mit der Legende ..... AVSTRIE (statt Stirie) abgebildet. Bei Hanthaler, tab. XXI, steht Sirie, aber an beiden Orten sind die Siegel im Stil ganz verfehlt. Daß ich hier nicht von dem Rücksiegel mit dem Adlerschild rede, versteht sich wol.

²) Siehe mein Wappenbuch unter Allfrankreich, S. 9.

³) Ebendaselbst unter Sardinien, S. 28.

⁴) Ju Morice, mémoires pour servir à l'histoire de Bretagne, Paris 1742, I. 597, wird angeführt, daß ein gewisser Jean Sire de Tol in einem Briefe vom Jahre 1145 sagte: „Ich hatte in den ersten Zeiten meiner Ritterschaft ein Siegel mit andrem Bilde, da ich aber von Jerusalem zurückkam, wähle ich ein andres Bild."

⁵) Abgüsse von den hier angeführten Originalsiegeln in schweizerischen Archiven sind durch die Güte des Hrn. Hartmann in St. Gallen in meine Sammlungen gekommen.

⁶) Ebendaher. Das eine mit unleserlicher Umschrift, einem Hartmanuo milli de Baldegge angehörend, v. J. 1264, hat einen Kübelhelm mit Hut und Flug als Kleinod, das andere v. J. 1268 mit der Umschrift: Sigillum Virici de Wecin-kon, hat einen Schild und in diesem einen Helm mit aufliegenden Vögel als Kleinod.

⁷) Wie und warum gerade dieß oder jenes Bild zu diesem oder jenem Wappen gewählt wurde, läßt sich natürlich nicht sagen. Die meisten der Urwappen wird die Laune gemacht haben unter Bezugnahme auf den Ursprung, dem Namen oder Neben-namen, die Heimat, die Waffenthaten, Abenteuer, Beschäftigung des ersten Wappenherrn oder seiner Vorfahren. Daß aber z. B. ein Schrägbalken im Schilde immer ein Wehrgebäude, oder eine Leiter die geschehene Erstürmung einer Burg u. s. w. zu bedeuten habe, wie die früheren Heraldiker wollen, ist gänzlich unerwiesen. Würden wir die oben bezeich-neten Anhaltspunkte von jedem uralichen Geschlechte kennen, so wäre die Erklärung ihrer Wappenfiguren ohne Mühe. So z. B. weiß man, daß die alten ulmer Patrizier Ehinger sich schon im 13. Jahrhunderte mit dem Handel auf der Donau beschäftigten und es ist kaum ein Zweifel, daß die zwei Schifferhaken in ihrem Schilde, wo sie schon zu Anfang des 14. Jahrhunderts erscheinen, auf ihre ursprüngliche Beschäftigung deuten. — Eine weil leichtere Erklä-rung bieten die redenden Wappen, von denen ich weiter unten handeln werde.

d. h. wenn z. B. das eine Geschlecht den Löwen oder den Thurm gold in Blau führte, so nahm das andere denselben blau in Gold oder roth in Silber u. s. f. an.

Erwies sich auch dieses Mittel noch nicht hinreichend, so griff man zu dem dritten, der Wappenfigur selbst besondere Abzeichen zu geben oder beizufügen. Hiezu rechne ich z. B. das Schach, welches über dem mährischen Adler gezogen ist, die Schindeln, welche das Feld des nassauischen Löwen bestreuen, die zweifarbigen Streifen des hessischen und thüringischen Löwen u. s. f.

Das vierte Unterscheidungsmittel, welches aber in Wirklichkeit nur auf die deutsche Heraldik bezogen werden kann [1]), ist die angenommene Verschiedenheit der Kleinode [2]). Dieses letzte Mittel konnte aber auch bei uns erst dann in Anwendung kommen, als man anfing, Helme auf die Wappenschilde zu setzen. Einen gewissen Ausbildungsgrad der Heraldik bekundet auch schon die im 13. Jahrhundert vorkommende Thatsache, daß Glieder desselben Stammes verschiedene Wappen, je nach ihren Besitzungen oder Allianzen ꝛc. führen konnten [3]). — Nur so war es möglich, zu den Verschiedenheiten der bestehenden Wappen zu gelangen, und dieß gibt uns zugleich Beweis von dem unendlichen Reichthum an heraldischen Mitteln, wenn wir bedenken, daß es mindestens 200,000 von einander verschiedene Wappen gibt. In meiner heraldischen Praxis sind mir unter vielleicht 80 bis 90,000 Wappen, die ich gesehen habe, noch nicht zwei (im Schild und Kleinod) völlig gleiche vorgekommen, trotzdem, daß sie vielleicht in den verschiedensten Gegenden der alten Welt entstanden waren.

Mit der Einführung heraldischer Unterscheidungsmittel war der erste Schritt zur Fortbildung des Wappenwesens geschehen. Nach dem Muster der Adelswappen, welche unstreitig die ersten waren [4]), begannen bald auch Städte, namentlich Reichsstädte sich bestimmter Wappen zu bedienen. Der Ursprung derselben ist also jünger als der der Adelswappen und ihr Sinn läßt sich aus ihren Bildern sehr häufig erkennen. Sie nahmen entweder das allgemeine Städtebild — eine Mauer mit Thor und Thürmen [5]) — oder das Wappenbild ihrer Schutzherrschaft, z. B. des Reiches überhaupt, oder ihres besondern Landesherrn an, indem sie nicht selten das erstere allgemeine Bild durch Beigabe des letztern, des schutzherrlichen Wappenbildes, unterscheidend kennzeichneten. Eine andere Gewohnheit brachte die Figur ihres Herren, des Kaisers, Herzoges, Bischofes, oder das Bild des Schutzpatrones ihrer Kirche und Stadt in das Siegel, beziehungsweise den Schild, oder auch, man wählte ein dem Namen entsprechendes redendes Wappenbild [6]).

[1]) Die altfranzösische und altenglische, sowie die altspanische Heraldik kennen zwar auch Helme mit Kleinoden, es wurde aber mit diesen Nationen ziemlich willkürlich mit Annahme und Aenderung der Kleinode verfahren und dieselben später ganz weggelassen, wie s. Z. weiters gezeigt werden wird.

[2]) So führen z. B. die jetzigen Grafen von Schwicheldt in Hannover und die † bayerischen Wilbrecht von Posenbach den ganz gleichen Schild: in Silber drei, 2, 1, rothe Löwenköpfe. Auf dem Helm führt jedes dieser Geschlechter einen rothen Löwenrumpf, der der v. Schwicheldt aber ist noch dazu mit schwarzen Hahnenfedern und goldenen Sternen daran besetzt. Hier läßt sich eine absichtliche Aenderung nur vermuthen, nicht beweisen.

[3]) 1321 siegeln z. B. zwei Dietriche von der Thürn, Vater und Sohn, denselben Brief und führen ganz verschiedene Wappen. Der alte hat einen Schild wie Hofer von Lobenstein und auf dem Helm zwei Flügel, der junge hat einen Schild wie Thorer (zwei Hobebörner) und auf dem Helm auch zwei Hörner (Hund I. 254). Vgl. über diese Führung verschiedener Wappen bei einem und demselben Stamme eine Zusammenstellung des Hrn. Prof. Hein im Correspondenzblatt des Gesammtvereins 1860, thüringische Familien betreffend.

[4]) Siehe im Abschnitt „Gattung der Wappen".

[5]) Diese Burgen oder Stadtthore sind in Siegeln der Städte häufiger als in Wappen, weil die ersten in der Regel älter sind als die letzteren. Man findet dreierlei Burgen ꝛc. nicht selten in Siegeln derselben Städte, bei denen sie in ihren Wappenschilden nicht erscheinen, so z. B. haben die alten Siegel von Augsburg das Stadtwappenbild, die Pir oder Zirbelnuß unter dem Thor einer Burg, das älteste Siegel von München hat den Mönchskopf unter einem Stadtthor ꝛc.

[6]) Da schon die Namen sehr vieler alten Städte mit dem Worte burg zusammengesetzt sind, so ergibt sich für viele in dem allgemeinen Städtebild auch ein redendes Wappenbild, z. B. Burghausen (eine breitthürmige silberne Burg in Roth), ebenso Hamburg. Rottenburg (ein zweithürmiges rothes Stadtthor in Silber) u. s. w.

Die Menge der Städtewappen (resp. Siegel), in denen das Städtezeichen mit dem Wappen oder Wappenbild der Landesherrschaft gebeizeichnet erscheint, ist ziemlich groß, z. B. Hall im Hennegau (in Gold eine rothe Burg, an deren Fuß der alte bayerisch-pfälzische Schild — wegen der früheren Herrschaft Bayern-Hollands, Höchstadt (in Silber ein rother Burgthurm mit dem bayerischen Wesenschildlein belegt), Lauf (in Roth eine zweithürmige silberne Burg, zwischen den Thürmen der Schild der Stadt Nürnberg) u. s. w.

Die Gattungen der Städtewappen, welche das Wappen ihrer Schutzherrschaft ganz oder theilweise enthalten, sind gleichfalls sehr zahlreich; eine große Menge ehemaliger Reichsstädte führt den Reichsadler der ältesten Form mit einem Haupte. In den ältesten Siegeln ist derselbe oft ohne alles weitere Beizeichen, z. B. bei den Siegeln von Eßlingen, Heilbronn, Bopfingen, Reutlingen u. s. w. Manche Reichsstädte haben den Adler angenommen, doch früher oder später Beizeichen in Farben oder Figuren hinzugefügt, so z. B. Schweinfurt führt den Adler silber in Blau, Frankfurt silber in Roth [1], Jsny gold in Schwarz, seit 1488 mit einem silbernen Herzschild, darin ein blaues Hufeisen, Nürnberg hat einen Jungfrauenadler daraus gemacht u. s. w.

Der Landstädte mit dem ganzen oder theilweisen Wappen ihrer Herren sind sehr viele. So erscheint bei mecklenburgischen Städten der Stierkopf allein oder neben andern Bildern; die Stadt Strelitz führt das Wappen ihrer Gründer, der Herren von Dewitz [2]. So führen viele württembergische Städte den württembergischen Schild mit den Hirschstangen mit oder ohne Beizeichen [3]. In den Schilden vieler altbayerischen Städte finden sich die blau-silbernen Wesen entweder einzeln oder auf Heroldsstäben. Was die Städte mit dem Bilde ihres Schutzheiligen im Siegel betrifft, so verweise ich auf das Siegel der Stadt Jngolstadt (s. bei den „Quellen"), oder auf das Wappen der Stadt Oehringen [4].

Der Städte mit redenden Wappen sind endlich ungemein viele. Ich erinnere z. B. an die Wappen von München (in Silber ein schwarzgekleideter Mönch), Rosenheim (in Roth eine silberne Rose), Aalen (in Roth ein silberner Aalfisch), Stuttgart (in Silber eine schwarze Stute) u. s. f.

Später noch als die Städtewappen mögen die Wappen der geistlichen Gemeinden, Bisthümer, Klöster ꝛc. und die Wappen der Zünfte entstanden sein.

In den Siegeln der Bisthümer finden wir in der Regel das Bild des Bischofs oder eines Heiligen, ebenso in den Siegeln der Klöster — später wurden diesen die jeweiligen Wappen ihrer Vorstände oder die Wappen der Stifter beigesetzt, wol auch als Wappen ganz allein geführt.

So z. B. führt das Erzbisthum Mainz vom 14. Jahrhundert an einen rothen Schild mit weißem Wagenrad, angeblich zur Erinnerung an den Bischof Willigis, welcher eines Wagners Sohn gewesen war. Das Erzbisthum München-Freising, resp. Bisthum Freising, führt als Wappen in Silber einen roth gekrönten Mohrenkopf. Ursprünglich war es der Kopf des hl. Korbinian, Stifter des Bisthums, und erst im 14. Jahrhundert wurde er in ein gekröntes Mohrenhaupt verwandelt.

Manche geistliche Fürsten haben Amtszeichen ihrer Würde in den Wappenschild aufgenommen, so z. B. führt das Bisthum Eichstädt in Roth einen goldenen Bischofsstab mit silberner Fahne, Basel in Silber den Knopf eines schwarzen Bischofsstabs, Regensburg zwei silberne Schlüssel geschrägt in Roth. Das Erzbisthum York in England hat gleiches Wappen wie das Bisthum Regensburg, nur über den Schlüsseln noch eine goldene Krone, die Erzbischöfe von Dublin, Armagh und Kandelberg (Canterbury) führen im blauen Schilde das erzbischöfliche Pallium mit verschiedenen goldenen Kreuzen als Unterscheidungszeichen u. s. f. Das Zeichen des Kreuzes ist selbstverständlich häufig als Wappenbild der geistlichen Würden angenommen worden; dasselbe führen z. B. schwarz in Silber das Erzbisthum Köln, roth in Silber das Erzbisthum Trier, silber in Blau das Bisthum Speier, gold in Roth das Bisthum Paderborn u. s. w.

---

[1] Die ältesten Siegel von Frankfurt zeigen jedoch das Brustbild des Kaisers.
[2] Vgl. „Siegel des Mittelalters aus den Archiven der Stadt Lübeck", Lübeck 1857 ff.
[3] Vgl. „Württembergische Jahrbücher", Stuttgart 1856, S. 115 ff.   [4] K. a. O. S. 153.

Aehnliche Beschaffenheit hat es auch mit den Wappen der Abteien und Klöster, nur daß hier eine Ausbildung der Heraldik noch weniger zu bemerken ist. Gewisse Orden, wie Karmeliten, Franziskaner, Jesuiten u. a., haben in allen ihren Pflanzschulen und Ablegern dieselben Siegelbilder, z. B. die Jesuiten den Namenszug Jesum habeo salvatorem innerhalb eines Flammenscheines. Andere Klöster haben die Wappen ihrer Stifter angenommen, z. B. Inderstorf den eckig gezogenen goldenen Balken in Blau als angebliches Wappen der Pfalzgrafen von Scheiern, Andechs das Wappen der Grafen von Andechs und Meran; manche haben die Namenspatrone ihrer Kirchen als Wappenbild, z. B. die Fürstabtei Kempten das Brustbild der hl. Hildegard. Manche endlich haben sprechende Wappen, z. B. die Reichsabtei Ochsenhausen (Schwaben) in Gold einen aus einem rothen Hause hervorschreitenden schwarzen Ochsen, das Kloster Baumburg (Oberbayern) in Roth eine zweithürmige silberne Burg, hinter welcher ein goldener Baum hervorkommt.

Wappen weltlicher Vereine oder Gesellschaften finden sich auch schon in früher Zeit, z. B. das Wappen der Zunft zum grünen Esel in Ravensburg[1]): in Silber einen grünen Esel; das der adeligen Gesellschaft zur Kaze in Konstanz: in Blau eine gekrönte silberne Kaze; ebenso der adeligen Zunft zum Distelzwang in Bern: gespalten von Silber und Silber, vorne ein Mannskopf mit übergezogener rother Tarnkappe, hinten ein grüner Zweig, darauf ein Distelfink sitzend. Das Wappen der adeligen Gesellschaft zu Lindau, „Sünfzen" genannt, hatte den Reichsadler mit einem Schilde auf der Brust, welcher in Silber eine schwarze Spize und darin einen goldenen Röhrbrunnen zeigte.

Hieher sind auch zu zählen die Schilde und Fahnen der Turniergesellschaften, z. B. im Steinbok, im Wind, im Wolff, im Braken[2]) u. s. w., welche alle die genannten sprechenden Wappenbilder führten.

Eine weitere Klasse dieser weltlichen Vereinswappen sind die der Hochschulen oder Universitäten. Ihre Heraldik ist noch nicht sehr fixirt, da die meisten eigentlich nur Siegel führen, in denen neben dem Bilde des Stifters oder Schuzheiligen etwa ein Wappenschild erscheint, doch läßt sich als allgemeines Wappenbild das Buch wol annehmen, wie denn solches die Hochschulen Ingolstadt (München), Oxford, London, Kambridge, Basel mit oder ohne andere Insignien führen[3]).

Gelehrte Vereine, historische Gesellschaften u. s. w. führen auch zuweilen Wappen, manche derselben sind gut heraldisch, andere schwülstig im Stil und überladen mit sinnreichen Emblemen. Unter die bessern Beispiele gehören z. B. das Wappen der Society of antiquaries zu London, welches den Georgenschild (in Silber ein rothes Kreuz), in der Mitte mit der englischen Königskrone belegt, zeigt; oder das Wappen des historischen Vereines für Oberbayern, welches unter einem von Blau und Silber gespaltenen Schildeshaupte in Roth drei silberne Schildlein und einen Engel als Schildhalter zeigt.

Auch Handwerkszünfte bedienten sich schon frühzeitig der Siegel, manche haben sogar eigene Wappen und Wappenvermehrungen erhalten, z. B. die Bäker und Kupferschmiede in München, welche ihren besondern Zunftschild auf der Brust des Reichsadlers führen. Von den Webern in Augsburg geht die Sage, daß sie ihren Schild (von Roth und Gold geviertet) in der Hunnenschlacht am Lechfeld erobert hätten; die Sage von der erfrornen Schlange, welche, am Feuer eines Schmiedes erwärmt, diesen aus Dankbarkeit gebissen habe, soll Veranlassung gegeben haben, daß die Schmiede neben Hammer und Zange eine Schlange in ihrem Schilde führen[4]). Im Allgemeinen aber darf man annehmen,

---

¹) Siehe Eben, Geschichte von Ravensburg, 1835.
²) Siehe Grünenberg's Wappenbuch (Mss.) und Kirner's Turnierbuch, 1532, S. 168 ff.
³) Vgl. z. B. die Siegel der deutschen Universitäten bei Siebmacher im V. Supplementband.
⁴) In den „Neuen Mittheilungen des thüringisch-sächsischen Vereins", VI. Bd. S. 103 ff., werden Siegel der Schmiedezünfte zu Halle, Mainz, Stettin u. a. O. mitgetheilt; die Geschichte mit der Schlange aber auf die deutsche Götterlehre (die in

daß die Zünfte sich begnügten, ein Embleme aus ihren vorzüglicheren, kennzeichnenden Werkzeugen zu bilden [1]).

Zum Schlusse dieses Abschnittes glaube ich noch der bürgerlichen Wappen erwähnen zu müssen, und sage, daß eigentliche Wappen von freien Bürgern wol etwas später angenommen worden seien als vom niedern Adel; dagegen ist nicht unwahrscheinlich, daß die sogenannten Hausmarken [2]), welche später in Schilde und Wappen übergingen, ebenso frühzeitig, wenn nicht noch früher, als Wappen überhaupt gebraucht worden seien. Viele adliche Geschlechter müssen den Ursprung ihrer Wappenbilder in diesen Hausmarken suchen, ja einige Gruppen von Adelswappen, z. B. ein großer Theil der polnischen, dürften unbedingt ihre Figuren aus diesen Marken herausgebildet haben. Ich werde bei der Karakteristik der National-heraldik weiter darüber sprechen.

IV. Quellen der Heraldik.

So unendlich verschieden die Anwendung der Wappen ist, so unendlich viele sind die Quellen der Heraldik. Man kann kaum eine Kirche, einen Leichenaker durchwandern, ohne Wappen zu sehen; man braucht sich nicht viele Mühe zu geben, um an Häusern, Thoren, Fenstern, Möbeln, Geräthen, an Bedienten, Kutschen, Pferdegeschirren Wappen zu entdeken, man kann kaum in das Zimmer eines Bürgers treten, ohne sogleich „die Familienwappe“ unter Glas und Rahme entdeken zu müssen, man darf nicht ein Dutzend Bilder, Kupferstiche, Holzschnitte oder Bücher durchblättern, ohne auf Wappen zu stoßen, ja es wäre vergebliche Mühe, den Primaner zu suchen, der nicht heimlich oder offen eine Wappensiegelsammlung hätte. Wollte man nun gar alle Münzen, Wappenbücher, Dekorationen u. dgl. noch dazu zälen, so wäre wahrlich den Wappen in unsern Tagen nicht mehr zu entfliehen.

Wenn nun auch behauptet werden kann, daß dem wahren Heraldiker auf seinen Wegen nicht leicht ein Wappen entgehe, so wird er doch in hundert Fällen kaum einmal weitere Notiz davon nehmen. Wie jeden Fachmann, so wird auch ihn nur das Seltene, das Außergewöhnliche interessiren. Alles selten und verewigungswürdig zu finden, ist ein krankhafter Zustand, der baldigst überwunden werden muß, wenn man Ersprießliches zu Wege bringen will.

neuerer Zeit überhaupt zur Aufklärung über alle möglichen Sagen, Sitten und Gebräuche sich recht handsam anläßt) zurükgeführt.

[1]) Die Wappen der alten augsburger Zünfte finden sich in v. Langenmantel: „Historie des Regiments zu Augsburg“, abgebildet, namentlich die Schilde der 17 rathsfähigen Zünfte: Kaufleuten, Webern, Kramer, Becken, Mezgern, Schuhmachern, Kürschner, Schneider, Bierschenken, Lohweber, Zimmerleuth, Loderer, Hucker, Schmiden, Scheffler, Zilcher, Salzfertiger, Goldschmid, Mahler und Barbierer. — Die Wappen der berner Zünfte finden sich auf dem Titel des berner Wappenbuches 1829, benanntlich: Mezgern, Gerbern, Webern, Möhren (Krämer), Zimmerleuten, Schiffleuten, Affen (Steinmezen), Kaufleuten, Schuhmachern, Müllenlöwen (Waffenschmiede), Schmieden und Pfistern (Bäcker). Ueber englische Zunft-wappen finden sich Notizen in John Geugh Nicols „on an amity formed between the companies of fishmongers and goldsmiths of London“ (Archaeologia or miscellaneous tracts etc., London 1844, S. 499 ff.), von den wiener Zünften einige Notizen bei Siebenkees, Erläuterungen, S. 291, von den straßburger bei v. Königshoven S. 1107.

[2]) Siehe hievon unten bei den künstlichen Schildesfiguren.

Es gibt demnach in der Heraldik Quellen, aus denen man Etwas lernen kann, und Quellen von untergeordnetem Range, an denen man sehr häufig nur das lernen kann, was nicht sein sollte.

Meiner Erfahrung nach gehören zu den Quellen, aus denen man die Heraldik lernen kann: die Siegel, Denkmäler, Münzen, Fahnen, Stamm- und Wappenbücher, Urkunden heraldisch-genealogischen Inhaltes, z. B. Adels- und Wappenbriefe, Sippschaftsbriefe, endlich Gegenstände des Gewerbfleißes — dieß Alles jedoch wieder von sehr verschiedenem Werthe, je nachdem es in einer Zeit entstand, die mehr oder weniger nahe oder fern dem lebendigen Dasein der echten Heraldik stand. Ich werde diese Quellen einzeln näher in's Auge fassen.

I. Siegel. Auf den oben gegebenen Begriff von Siegel mich beziehend, bemerke ich, daß es, abgesehen von Stoff und Größe derselben, für den Heraldiker nur dreierlei Siegelgattungen gebe [1]). Diese sind:

1) Siegel, welche nur Figuren, z. B. Kaiser, Bischöfe, Heilige, Reiter ohne heraldische Beigabe enthalten [2]), z. B. hier das Siegel des Kapitels zu Passau um 1200 (II. 13.) mit der liegenden Figur des hl. Stephan in einer Tracht, welche Anklänge an die klassisch-römische zeigt, und der Umschrift: † SCS. STEPHAN' E. THOM.. PATRONI CAPLI : PATAVIEN. [3]), der Abtei St. Gallen (II. 12.), ungefähr aus dem Jahre 1200, mit der Umschrift: † S. CONVENTVS . MONASTERII . SANCTI. GALLI und der Vorstellung des hl. Gallus, Abtes, wie er sitzend dem vor ihm stehenden Bären ein Brod abnimmt [4]). Derlei Siegel sind für die Heraldik nur in so fern brauchbar, als man daraus höchstens die karakteristische Form eines Stuhles, Thurmes, Bischofstabes, Schlüssels u. dgl. entnehmen kann [5]).

2) Siegel, welche neben den Figuren auch heraldische Bilder, z. B. Schilde, Wappenhelme ꝛc. ent-

---

[1]) Ein „Neues sphragistisches System" wird im „Archiv für hohenlohe'sche Geschichte", Oehringen 1857, aufgestellt, welches das ganze Wissen der Siegelkunde folgendermaßen ordnet:

I. Schriftsiegel	a) mit Anfangsbuchstaben,	1. Namen oder Titel,	
	b) mit vollständiger Schrift,	2. willkürlicher Inhalt.	
II. Bildsiegel	a) ohne Bezeichnung des Inhabers,	1. unbekannt,	
		2. bekannt,	
	b) mit Bezeichnung des Inhabers,	1. willkürliche,	
		2. symbolische.	
III. Porträtsiegel	a) ohne Wappen,	1. Kopf und Brustbild,	a. stehend,
		2. ganze Figur, ...	b. sitzend,
		3. zu Pferd,	c. knieend,
	b) mit Wappen,	Unterabtheilungen wie bei a.	
IV. Wappensiegel	a) mit Wappenbild allein,	1. auf dem Siegelgrunde,	
		2. im eigenen Schilde,	
	b) mit dem Wappenhelm oder dem Helmschmuk allein,		
	c) mit dem vollständigen Wappen.		

[2]) Ich sehe hier und weiter von der genaueren Benennung der Größe und der Schriftgattung der Siegel, als zu weit führend, gänzlich ab. — Die Abbildungen selbst sind jedoch genau und verläßig nach den Originalen.

[3]) Man vergleiche unsere Abbildung mit derjenigen, welche Duellius in seinen „Excerpta genealogica" p. 189, Nr. CLXXXVI. von demselben Siegel ad annum 1366 gibt.

[4]) Dieß selbe Siegel, das ich hier nach einem Originale in meiner Sammlung gebe, findet sich auch abgebildet in Notizie peregrine in numismatica e archaeologia di F. Schweitzer, Trieste 1861, S. 45, Taf. II. Der Verfasser setzt es in's 12. Jahrhundert. Ueber ein Siegel der Priorei zu Löwen v. J. 1447 siehe das schon erwähnte Brabandsch museum 1860.

[5]) Nach dem System unter II. und III. a. einzureihen.

halten¹), z. B. das Siegel der Stadt Ingolstadt aus dem Ende des 13. Jahrhunderts mit der Umschrift: † SIGILLVM . CIVIVM . DE . INGOLSTAT. Dasselbe (Ill. 14) enthält im Siegelfeld mit
der Umschrift: SANCTVS MAVRICIVS, die Figur des hl. Ritters Moriz stehend, der in der Rechten
eine Fahne hält, mit der Linken aber auf den Schild der Stadt Ingolstadt mit dem Panther²) gestützt
ist. Hieher gehört z. B. auch das Siegel des Bischofs Nikodemus von Freising (Ill. 15), eines gebornen
Herrn von Bern oder von der Leiter (de la Scala) vom J. 1440 mit der Umschrift: sigillum . nicodemi .
epi . frisingensis . und dem unter einem gothischen Thronhimmel sitzenden Bischof, zu jeder Seite desselben
ein Wappenschild, und zwar rechts der von Freising (in Silber ein rothgekrönter Mohrenkopf), links der
v. d. Leiter (in Roth eine silberne Leiter). Desgleichen gehören hieher die vielen Reitersiegel, bei denen
der Reiter einen Schild mit Wappenbild oder einen Helm mit Kleinod enthält. Ich gebe ein sehr spätes
Beispiel von einem Reitersiegel, das des Landgrafen Hesso von Leiningen aus dem J. 1457 (Il. 13) mit
der links gekehrten Figur des Landgrafen, der einen Spangenhelm mit Decken und dem leiningen'schen Kleinod
(Lindenbaum) trägt und den Schild mit den drei Adlern vor die Brust hält. Die Umschrift ist: von .
gottes . gnaden . hesse . lantgrafe . zu . leiningen.

 3) Siegel, deren Hauptbild eine heraldische Figur ist oder die ein mehr oder minder vollständiges
Wappen enthalten. Diese Siegel sind die eigentlichen Wappensiegel. Da sie bei dem niedern Adel vom
13. Jahrhundert an fast ausschließlich in Gebrauch waren, so geben sie sowol wegen ihrer Menge als ihres
Inhalts die wichtigsten Quellen der Heraldik.

 Ich werde nun, das angeführte Sistem beibehaltend, von jeder dieser Gattungen der IV. Reihe ein
Beispiel vor Augen legen.

 a) Siegel, welche das Wappenbild allein auf dem Siegelgrunde enthalten, z. B. das
Siegel der Stadt Wasserburg am Inn (Ill. 17) aus dem Jahre 1292 mit der Umschrift: † SIGILLVM .
CIVITATIS . (sic) . IN . WAZZERBVRHC (sic). Im Siegelfeld der gekrönte wasserburger Löwe (roth
in Silber). Ein anderes Beispiel dieser Art ist das Siegel der Stadt Kufstein, Tirol, (Ill. 20) vom
J. 1356. Dasselbe ist rund und hat innerhalb der Umschrift: † S. CIVIVM . IN . CHVFSTAIN . die
Wappenbilder (nicht das Wappen) dieser Stadt: aus Wellen hervorragend ein Felsberg, auf dem eine
Kufe steht³). Das Siegel der Stadt Lindau (Ill. 18) um 1300 mit der Umschrift: † SIGILLVM :
CIVITATIS : LINDAVGENSIS, und einem prachtvollen heraldischen Lindenbaum im Siegelfeld, an dessen
Wurzeln (als Ausfüllungsfiguren) zwei Vögel stehen. Ferner das Siegel Rüdigers von Manesse (Ill. 19),
züricher Adels aus dem J. 1328, mit dem Ritterschlag und der Umschrift: † S . RVEDGERI . MANESSEN .
MILITIS. Ein weiteres Beispiel ist das prachtvoll gearbeitete Siegel der Stadt Rapperswyl am
Züricher See aus dem J. 1380 (Ill. 21) mit der Umschrift: † S : CIVITATIS : IN : RAPRESWIL : QVAM :
REFORMAVIT : RVDOLFFVS : DVX : AVSTRIE. Das Siegelfeld zeigt die Stadt Rapperswyl mit
der Brüke und der Stadt gegenüber einen Thurm, aus welchem das Brustbild Herzog Rudolfs von Habs-
burg (als Ausfüllungsfiguren) hervorwächst. Zwischen beiden ist das vollständige Wappen Oesterreich mit Schild, Helm und Kleinod.
Auf einer Zinne der Stadtmauer stekt das Fähnlein von Rapperswyl mit den drei Rosen und darüber
schwebt ein Zettel mit den Worten NAT⁹ (natus) DE HABSPG.

 b) Siegel, welche das Wappenbild in einem Schilde enthalten, z. B. das Siegel der Stadt
München (Ill. 22) vom J. 1308 mit der Umschrift: † S . TESTIMONII . CIVITATIS . MONACENSIS.
Im Siegelgrunde steht ein Dreiecschild, welcher die Wappenfigur, den Mönch mit übergezogener Gugel, die

---

¹) Diese würden nach dem Sisteme unter III. b. gehören; die Bezeichnung Porträtsiegel kann aber nicht allgemein gelten,
 denn es gibt sehr viele derartige Siegel, bei welchen von einem Porträt keine Rede sein kann, z. B. wenn der Ritter einen
 Helm über den Kopf gestürzt hat, oder wenn wie hier eine Heiligenfigur das Porträt problematisch macht.

²) Die Farben sind: Panther blau in Silber.

³) Die Farben sind: Feld roth, Wasser und Felsberg silber, Kufe silber mit goldenem Reifen.

rechte Hand zum Schwur erhoben, mit der linken Hand ein geschlossenes Buch haltend, zeigt [1]). So das Siegel Herrn Sigmunds von Geroldsed, waßgauer Adels, vom J. 1265 (IV. 23), rund mit dreieckigem mit Schindeln besäten Schilde, darin ein gekrönter Löwe (roth in Silber, Schindeln blau), und der Umschrift: ✠ S. SIMVNDI . DE . GEROLTESECKE. Hieher gehört auch das Siegel eines Grafen von Oettingen (IV. 27) mit der Umschrift: † SIGILLVM . COMITIS . DE . OTINGEH aus dem J. 1220, welches innen einen Schild, kongruirend mit der Siegelform, enthält. Der (blaue) Schild hat eine Einfassung von Eisenhüttlein oder Pelzwerk [2]) (roth und gold) und darüber gezogen einen (silbernen) Schragen.

Es gibt auch viereckige Siegel, welche hieher gerechnet werden müssen, in so ferne das Siegelfeld selbst eine Schildesform, die viereckige oder Pannerform vorstellen kann. Derartige Siegel sind z. B. das Siegel Rudolfs v. Eberstorff 1311 mit einem Schrägbalken, darin drei Adler (Hanthaler Recensus Tab. XXX), ingleichen des Rudolf v. Lichtenstein 1340 mit einem Schrägbalken (Duellius III. 126. N. 51).

Zu dieser Gattung können auch jene Siegel gerechnet werden, bei denen die Form des Siegelfeldes, entsprechend der kongruenten Form des Siegels selbst, die Gestalt eines heraldischen Schildes annimmt, z. B. das dreieckige Siegel Ulrichs v. Ramschwag (IV. 28) vom J. 1280 mit der Umschrift: † SIGILLVM VLRICI MILITIS DE RAMENSWACH, welches im dreieckschildigen Siegelgrunde zwei gekrönte vorwärts sehende Löwen übereinander, schreitend darstellt [3]).

c) Siegel, welche den Wappenhelm oder den Helmschmuk allein [4]) enthalten. Derlei Siegel sind z. B. das runde Siegel des Friedrich von Eisenhofen (IV. 26), bayerischen Adels, vom J. 1352, mit der Umschrift: † S. FRIDRICI . AEWSNHOVAERI; im Siegelfeld ein Kübelhelm mit Deke und darauf als Kleinod eine Schaffscheere [5]). Weiter das Siegel eines von Seon (IV. 25), schweizerischen Adels, aus dem J. 1369, welches einen vorwärtsgekehrten Kübelhelm mit Deken und auf diesem als Kleinod einen Hut zeigt, welcher in eine schlanke Spize mit Knopf ausgeht. Die Umschrift lautet: † ✠ S ✠ IOHANIS . DE . SEON. Ein Doppelsiegel, das auf beiden Seiten den Kleinodhelm zeigt, ist z. B. das Johann v. Hohened 1391 bei Duellius I. 195. CCLXXIX. Ebenso gehört hieher das Siegel des Ritters Gottfried Müliner, Schweiz (IV. 24), vom J. 1354. Dasselbe ist rund, und hat innerhalb der Umschrift: † S . GOTFRIEDI . DCI . (dicti) MVLNER, einen Kübelhelm mit Deke und ein Mülrad als Kleinod. Als Ausfüllungsfiguren sind der nebenangesezte Vogel und die Dame zu betrachten.

d) Siegel, welche ein vollständiges Wappen enthalten, z. B. das Siegel des Grafen Johann von Werdenberg und Sarganz (IV. 30), aus dem J. 1369, mit dem Wappenschild, Helm und Kleinod der Werdenberge (in Roth eine silberne Kirchenfahne und auf dem Helm eine rothe Bischofsmüze mit silbernen Ballen) und der Umschrift: † S . COMITIS . IOHIS . N . W . DEBG . ET . SARGĀS; das Siegel des Schenken von Dobera (Böhmen), aus dem J. 1365 (IV. 29), mit der Umschrift: † S . HAENRICI . PINCERNE . DE . DOBRA. Im Siegelfeld ein geschachter Schild (schräggestellt), darauf ein Kübelhelm mit geschachten Hörnern, an denen innen natürliche Ochsenhörner sich zeigen. Hieher sind auch die, gleichwol seltenen, Siegel zu zälen, welche auf der Vorderseite den Helm mit Kleinod, auf der Rükseite aber den Schild, oder umgekehrt, enthalten, z. B. das Siegel eines Wikart 1347 (Duellius II. 183. N. CV), Berner Schenk 1348 (ib. 184. N. CXIII), Nicolai Bedengaet 1360 (ibidem III. 127. N. 67), des Johann Grueber 1415 (ib. 128. N. 84). Öfters kommen diejenigen Siegel vor, welche vorne ein ganzes Wappen

---

[1]) Die Farben sind: Feld silber, Mönch schwarz, Buch und Schuze roth.

[2]) Siehe Weiteres darüber in dem Abschnitt von den Farben resp. Pelzwerken.

[3]) Die Farben des Wappens sind: Feld silber, Löwen roth, und blau gekrönt.

[4]) Ein Siegel mit einem Helmschmuk (Kleinod) allein (ohne Helm) habe ich noch nicht gesehen, daher ich dafür kein Beispiel anführen kann.

[5]) Der Schild der v. Eisenhofen enthält in Silber drei schwarze Schaffscheeren schräg übereinander gelegt.

20 Farbe der Siegel.

ober eine Figur, als Gegenfiegel aber nur einen Schild enthalten, z. B. von Klosterneuburg 1428
(Hueber, Austria illustrata tab. XXIII. 3), Rudiger v. Stahrenberg 1439 (ib. XXV. 11 u. XXIX. 10).
Ebenbaselbst auch ein Reitersiegel des Wolfgang von Walsee 1450, welches als Gegenfiegel Helm und
Kleinod der Walsee zeigt. Bei Duellius I. 194. CCLXII ist ein Siegel Friedrichs v. Walsee hieher
bezüglich.

Von eigentlichen Wappensiegeln gibt es geradezu unendlich viele Muster, und ich erwähne hier nur
noch, daß für die genaue Bestimmung der heraldischen Formen in gewissen Zeiten auch das Datum
der Urkunde, an welcher ein Wappensiegel hängt. von hoher Bedeutung ist; insbesondere sind
diejenigen Wappensiegel der genauesten Aufzeichnung werth, welche die Jahrzal ihres Entstehens in sich
tragen [1]), z. B. hier das Siegel Jakobs vom Thurn, bayerischen Adels (IV. 31), mit dem thurn'schen
Wappen (im Schild ein Sparren mit drei, 1. 2., Weten belegt — in Farben: Feld roth, Sparren silber,
Weten schwarz — auf dem Helm ein Rübenrumpf) und einem Band mit den Worten: Jacob turner 1448.

Einige Beachtung verdient auch die Farbe der Siegel, resp. des Wachses, Lakes u. s. w., indem uns
deren sehr verschiedene begegnen. Die meisten Siegel des niedern Adels sind bis Mitte des 14. Jahrhunderts
braun oder grau, später grün bis etwa zum Ende des 16. Jahrhunderts und dann roth. Ausnahmen davon sind bis zu dieser Zeit selten [2]) und haben irgend einen sichern Grund, obwol man von
mancher Seite darauf Nichts halten will [3]). Gewiß ist, daß vom 14. bis 16. Jahrhundert Beispiele von Verleihung des Vorrechtes, mit rothem Wachs zu siegeln, genug vorhanden sind [4]). So lange aber irgend
Etwas ein Vorrecht ist, kann sich nicht Jeder desselben bedienen.

Es ist wol mehr als bloßer Zufall, daß z. B. an einem Familienvertrag vom 5. April 1601 die
betheiligten Glieder in ganz verschiedenen Farben siegeln, nemlich:

Hans Sigmund Rothaft von Wernberg siegelt schwarz [5]);
Kristof Ulrich Elsenhamer zu Wolnzach siegelt roth;
Alexander Reisacher zum Schielhof und Kirchdorf siegelt braun;

---

[1]) Vgl. über Jahrzahlen auf den Siegeln: G. Melly, „Beiträge zur Siegelkunde des Mittelalters", Wien 1846, S. 170 ff.,
wornach das erste Siegel mit Jahrzal in Oesterreich aus dem 13. Jahrhunderte stammt. M auch hat im Anzeiger des
germanischen Museums neuerlich auch eine Zusammenstellung von derartigen Beispielen gegeben. Im „Archiv f. hohenl.
Geschichte" ist auf dem Titelblatt und S. 32 des Textes ein hohenlohe'sches Reitersiegel mit der Jahrzahl 1131, abgebildet
und erwähnt, gegen deren Aechtheit oder Gleichzeitigkeit einige Bedenken erhoben werden könnten.
[2]) Z. B. daß im Jahre 1278 bereits drei Brüder von Remchingen (Schwaben) zugleich mit rothem Wachs siegeln. Dieselben
gehören entschieden dem niederen Adel an (Mone, Zeitschrift II. 116).
[3]) Vgl. das angezogene „Archiv f. hohenloh. Geschichte". S. 16.
[4]) So erhält Johann Graf von Abensberg (bayerischen Adels) 1434 vom Kaiser das Privilegium, mit rothem Wachs
zu siegeln (v. Freiberg, „histor. Schriften", III, 136). Die Originalurkunde, vermöge welcher K. Friedrich III. dd. Linz
12. Dezbr. 1492 dem Veit Torringer und seinen ehelichen Erben „die Gnad thut sein eisen unnd beschlossen brief mit
Rotem wachs zu besigeln vnnd vertschaften", sowie das Original eines Briefes, durch welchen Karl V. dem Wiguleus
und Sigmund vom Thurn und ihrem Brüdern, des Stifts Salzburg Erbschenken „die Gnad thut, daß sie in Schriften,
Urkunden re. mit ihrn anhangenden Insigeln oder Petschaften sich des Rotten wachs zu sigeln gebrauchen mögen", habe
ich in Handen gehabt. Das letztere ist datirt „Ju unnser Stat Balledolit in Castilien 12. Monatstag Septembris 1524" und
unterzeichnet „Carol".
[5]) Das Schwarzsiegeln der Rothaft hat seine eigene Verwandtniß. Nach alter Ueberlieferung nemlich soll Kaiser Sigmund
den Rothaften auferlegt haben, für ewige Zeiten mit schwarzem Wachse zu siegeln, nachdem der Vitthum von Niederbayern, Heinrich Rothaft, den Mord der unschuldigen Agnes Bernauerin (1435) verschuldet (?) hatte. Nach Lang's
Adelsbuch sollen die Rothaft „wegen nicht belohnter Verdienste" um 1350 angefangen haben, schwarz zu siegeln. Soviel
ist sicher, daß man die rothaft'schen Siegel an Urkunden hängend oder aufgedrückt immer schwarz findet. So z. B. siegeln
in einem Familienvertrag von 1655 alle Betheiligten roth, während nur Hans Sebastian v. Rothaft und seine Frau
Maria, geb. vom Thurn (ohne daß eine Trauer oder eines kürzlichen Todtfalls erwähnt wäre), ganz allein schwarz
siegeln.

20

Sigmund Freiherr zum Thurn siegelt roth;
Karl Khärgl zu Furth und Siespach siegelt roth;
Kristof von Seyboltsdorf siegelt grün;
Ciriacus von Preysing-Offenstetten siegelt roth und ebenso der fürstlich bayerische Rath
Dr. Leonhard Zindecher.

Von diesen Geschlechtern gehörten die Reisacher, Kärgl, Elsenhamer nicht zum Turnieradel, während die Seyboltsdorf ebenso gut als die Rothaft und Thurn dazu gezält wurden, der Doktor Zindecher gehörte aber gar nicht zum Adel, und es läßt sich die verschiedenfarbige Siegelfertigung wol nicht anders erklären, als daß (wie wir von Thurn gewiß wissen) eben ein Privilegium, roth zu siegeln, bei den einzelnen Familien bestanden habe oder angemaßt worden sei.

Zweierlei Farben an einem Siegel kommen ebenfalls vor, z. B. auf einem Reiterfiegel des Grafen Eduard von Savoien vom J. 1324, wo das Hauptfiegel in grünem, das Rüsiegel in rothem Wachs sich zeigt [1].

Andere Farben als die bezeichneten finden sich selten. Ein ganz weißes altes Siegel habe ich noch nicht gesehen, obwol es deren geben soll, dagegen habe ich blaue Wachssiegel gesehen, und Melly gibt den Wappenbrief des Marktes Mödling vom 24. Januar 1458, in welchem diesem Markte auch erlaubt wird, „Sigel und Bedtschaden mit plobem Wachs" zu geben [2].

Bei Benützung der Siegel als Quellen der Heraldik muß es vor Allem wünschenswerth bleiben, womöglich solche Siegel beizubringen, welche noch an ihren betreffenden Briefen hängen. Es kann aber auch unter allen Umständen nur zu empfehlen sein, bei solcher Gelegenheit die Urkunde selbst durchzulesen, namentlich diejenigen Stellen, in welchen von den Ausstellern und Siegelfertigern, Zeugen u. s. w. die Rede ist, sich genau zu besehen. Allerdings wird dem Geübten unter hunderten von Urkunden kaum eine etwas Auffallendes, Bemerkenswerthes in dieser Beziehung bieten, aber wenn dieser Fall dennoch eintritt, so ist die Mühe gut gelohnt. Ein Beispiel, dessen Merkwürdigkeit in dieser Beziehung wol kaum übertroffen werden wird, gibt uns eine Urkunde des Klosters Gars vom 21. Januar 1375 [3], in welcher Thomas der Leuzendorfer seine Ansprüche auf ein Gut zu Wolfsegg seinem Bruder Albrecht Leuzendorfer, Propst zu Gars, überläßt. Am Ende des Briefes steht wörtlich folgende Siegelfertigung:

„verfiegelten mit meins obgenanten Tomas des Leuzendorffr Jnfiegel darauf jezund gegraben ist Thomas Schenckh ob ich das fürbas vercherät und darauf grub mit rechten Zunamen Leuzendorfer das sol in an (ohne) schaden sein."

Aus der Urkunde selbst geht Nichts weiter hervor, aber es scheint, daß das Siegel ursprünglich seinem Stiefvater angehört und er es von ihm geerbt habe. Wer würde nun aus diesem Siegel, wenn er nur die Umschrift ohne die Urkunde selbst las, den wahren Namen des Sieglers gefunden haben, und wäre man nicht berechtigt, ohne den Wortlaut des Briefes zu kennen, an eine absichtliche Fälschung zu glauben?

Eine andere für die Heraldik außerordentlich wichtige Urkunde, deren Original sich im kgl. Hausarchiv zu München befindet, gebe ich in nachfolgendem Auszug. Ich werde weiter unten noch näher darauf zurückkommen, und bemerke hier nur, daß der Brief selbst, obwol weder Wappen- noch Adelsbrief, dennoch vorherrschend heraldischen Inhaltes ist.

„Heinrich v. g. g. Pfalzgrave zu Reyn vnd Herczog in Bayern veriehen .... daz ez dar zu chom daz der Ersam herre Erzbischolf Friedrich von Salzburch ... an ainem tail vnd der edel man Friedrich von Torring an dem andern tail gingen hinder di erbergen Läut Wernher den Grans, Ruegern von Rabeff, Elfarten von Laybenz, Heinrich von Seiboltsdorf und Heinrich von Lampoting, aller der chrieg die zwischen in waren .... vnd da bi di selben

[1] Cibrario, sigilli de' Principi di Savoia, Torino 1834, S. 130, Taf. 12.   [2] Melly a. a. O. S. 39.
[3] Nach gefälliger Mittheilung des Hrn. Benefiziaten G. Seiz dahier.

erbärg laut wolbn barüber fprechen, bo chom bar vnber ain ftoß, baz ber Torringer verloß fein altes Jnfigel, bar an waß engraben fein fchilt vnb gab her für ain newes Jnfigel ba fien Helm waß engraben, baß wolt ber Erzbifcholf... nicht für vol newen wir gäben bann barüber vnfer hant veft, baz im vnb feinem goßhawß bi Änbrung beß Jnfigelß vnfcheblich wär gegen bem Toringr vnb gegen finen erben.... barvmb habn wir baßfelb new Jnfigl beftätigt...... vnb gebn barübr biefen brief verfigelten....... baß ift gebn je Purchboufen breyzenhunbert Jar vnb barnach in bem acht vnb zwainzigiften Jar an fanb Barnabßtag."

Unter Berüffichtigung aller Einzelnheiten unb Merkmale nun finb Siegel eine ber hervorragenbften, ficherften Quellen ber Heralbik, aber eß muß noch hinzugefügt werben, baß bie Brauchbarkeit unb ber Werth ber Siegel alß Quellen abnimmt, je weiter ihr Urfprung von ben ächt heralbifchen Zeiten fich entfernt. Sehr felten ift ein Siegel beß 17. unb 18. Jahrhunberts feinen Formen nach, noch feltener aber feiner innern Zufammenftellung halber von Bebeutung. Die Willkür ber Wappenherren unb Siegelftecher nahm in bemfelben Verhältniß zu, alß baß Verftänbniß ber wahren Heralbik abnahm. Man barf mit bem Enbe beß 16. Jahrhunberts getroft aufhören, Siegel alß Quellen ber Heralbik zu fammeln, benn man wirb kaum unter taufenben eineß treffen, baß fich Aufhebenß werth zeigte. Nur bei fürftlichen Siegeln läßt fich längere Zeit eine gewiffe Solibität beß Stiles unb ber Arbeit herausfinben, unb eß finben fich noch im 18. Jahrhunbert berartige Siegel, bie gut genannt werben können, fo z. B. ein Siegel Kaifer Jofef's II., baß im innern Reif ber Krone ben Namen beß Künftlerß unb baß Datum ber Arbeit: B. Schega. MDCCLXV enthält. In ber Regel finb aber unfere Sammlungen von mobernen Siegeln kaum mehr alß Siegellaffammlungen [1]).

Die nächft wichtigften Quellen ber Heralbik finb:

II. Denkmäler, b. h. Probukte ber Kunft zur Verewigung irgenb eineß Ereigniffeß, z. B. Grab- fteine, Grenzfäulen, Tobtenfchilbe, Erinnerungstafeln an ben Bau irgenb eineß Haufeß, einer Kirche, Brüke zc. Auf biefen Denkmälern finbet fich vom Enbe beß 12. Jahrhunberts an nicht felten, vom Enbe beß 13. Jahrhunberts an aber fehr häufig baß Wappen beß betreffenben Tobten ober beß Bauherrn. Nachbarn u. f. w.

Weitauß bie meiften biefer Denkmäler enthalten eine Jahrzal unb finb mit biefer Jahrzal gleich- zeitig, bennoch aber barf man nicht bona fide Alleß für baare Münze nehmen, benn nicht felten finb berartige Denkmäler erft hunbert unb mehr Jahre fpäter, alß bie Jahrzal befagt, ausgeführt worben [2]). So finb z. B. in fehr vielen bayerifchen Klöftern, wie Eberßberg, Rott, Attl, Seeon u. a. zu Enbe beß 15. Jahr- hunberts Grabfteine ber Stifter mit Trachten, Jnfchriften, Jahrzalen u. f. f. gefertigt worben, welche ber bamaligen Zeit eigen unb bem Zeitalter ber Stifter felbft nicht eigen waren. Mit welcher Gläubigkeit werben nicht in ben Monumentis boicis biefe unb berlei Denkmäler alß bie ächten alten Grabfteine ber Stifter abgebilbet unb erklärt! Mit welcher Sicherheit erzält nicht Wiguläuß Hunb, ein fonft gelehrter Mann, voce Herzhaufer: „Diefer Gottfried Herzhaufer hat ein gar alten Stein in ber Mauer zu Unterftorff, barauf fteht herr Gottfrieb Ritter † Anno 1172. Der Schilb wie Auer von Brennberg, aber ein

---

[1]) In einige Annäherung zu ben Siegeln alß Quellen ber Heralbik laffen fich bie Münzen unb Mebaillen bringen. Ich ziehe aber ceteris paribus ein Siegel jeberzeit einer Münze vor, bie benfelben Gegenftanb behanbelt. Die meiften alten Münzen finb fchon wegen ihrer Abgefchliffenheit fchwer zu enträtfeln, unb überbieß leiben Münzen faft burchweg wegen ihrer geringen Größe unb feichteren Eticheß fehr an Unbeutlichkeit im Vergleiche zu ben Siegeln.

[2]) Die große Sorglofigkeit unb Naivität namentlich ber mittelalterlichen Künftler in Bezug auf Trachten ber Vorzeit ift bekannt; wer follte nicht von ben vielen Denkmälern, Gemälben u. f. w., welche bie altrömifchen Solbaten in ber Tracht ber Lanbß- knechte auß bem 15. unb 16. Jahrhunbert, ober bie bb. brei Könige in bem Koftüme ber römifchen Kaifer Friebrich ober Maximilian enthalten, einige gefehen haben?

anderes helmklainot, nemlich auf dem helm aine Kron, darin zwey rothe Hörner" u. ſ. f. Welcher Heraldiker wird nicht mit Erſtaunen die Beſchreibung eines ſo alten Grabſteines, mit einem Wappen des niedern Adels, mit gekröntem Helm u. ſ. w. leſen, und nicht vor Eifer brennen, dieß merkwürdige Stük zu ſehen? So war's auch mir. Mit unbeſchreiblicher Ungeduld legte ich die 4 Meilen von München nach Inderstorf zurük, ſtürzte ſogleich in den alten Kreuzgang und fand dort wirklich den geſuchten Stein. Wie ward aber meine Einbildung zu Schanden, als ich auf dieſem Stein ein Wappen im Stile der letzten hälfte des fünfzehnten Jahrhunderts (allerdings prachtvoll gearbeitet) fand, und dabei auf dem Steine wörtlich las: „Da . ligt . begraben . H . Gotfrid . ſ von . herthhauſen . Ritter . vn . ſ iſt . geſtorben . Anno . Dnj . m . ſ c . l . trü . Drm . gol . gevod ." [1]

Das hatte der gute Hund an mir verſchuldet, und ich muß geſtehen, ich konnte ſeit jener Zeit kein rechtes Zutrauen zu ſeinen Beſchreibungen und Angaben von Denkmälern mehr faſſen. Hund war aber um zweihundert Jahre näher an der alten Heraldik als die Herausgeber der Mon. boica, wie ſollte man alſo dieſem einen derartigen Verſtoß zum Uebel rechnen! Hat man ja doch noch vor 25 Jahren in München hiſtoriſche Wandgemälde angebracht, an denen eben gerade die kunſthiſtoriſche Seite, Trachten, Möbel, Waffen u. ſ. w. die ſchwächſte iſt.

Abgeſehen nun von derartigen „Mißverſtändniſſen", welche jedoch von Seite eines Kenners bei ſelbſteigener Anſchauung des Originales unmöglich werden dürften, bietet dieſe Gattung von Denkmälern eine der vorzüglichſten Quellen der Heraldik. Wir beſitzen davon in Süddeutſchland, namentlich in Gegenden, die von den Schweden nicht verheert wurden, z. B. in Tirol, in Bayern jenſeits des Innes, im Salzburgiſchen eine ſolche Menge der intereſſanteſten Denkmäler in Kirchen und in Kreuzgängen jetziger und ehemaliger Klöſter, daß der Born der Forſchung aus denſelben geradezu unerſchöpflich genannt werden muß. Aber nicht blos für die künſtleriſche Seite der Heraldik finden wir in dieſen Denkmälern die reichſte Fülle von Muſtern aller Jahrhunderte, auch für die Regeln der Heraldik, für die Gattungen, die Vereinigung und den Gebrauch der Wappen und Wappenbilder, der Anenſchilde, der geſtürzten Wappen u. ſ. w. laſſen ſich die intereſſanteſten Beiſpiele ausziehen.

Zu den eigentlichen Denkmälern können noch die alten Glasgemälde und die Todtenſchilde gerechnet werden; leztere, meiſt aus dem 15. und 16. Jahrhundert ſtammend, ſind entweder aus Holz geſchnizt und bemalt, oder blos flach gemalt, und enthalten das Wappen des Verſtorbenen mit einer Umſchrift, welche Namen und Todestag gleich Grabſteinen enthält. Sehr ſchöne geſchnizte derartige Scheiben, auf welchen vollſtändige Wappen mit Helmen und Deken ꝛc. ſich zeigen, ſind oder waren vielmehr in unſerer Frauenkirche dahier zu ſehen; desgleichen enthält die Frauenkirche zu Nürnberg, der Dom zu Würzburg und die Bartholomäuskirche in Frankfurt geſchnizte Todtenſchilde; an lezterem Ort haben die Helme keine Deken. Gemalte Todtenſchilde finden ſich in vielen Kirchen Nürnbergs; auch in Altbayern war dieſe Sitte der flach gemalten Todtenſchilde bekannt, wie die vielen derartigen Schilde der Familie v. Bart in Peſenbach beweiſen können [2].

An heraldiſchen Glasgemälden ſind die Kirchen in Nürnberg, der Dom in Regensburg, die Kapelle in Blutenburg, der Nonnberg in Salzburg, die Kirche zu Gauting u. ſ. w., ſowie auch die Sammlung des bayeriſchen Nationalmuſeums ſehr reich. Die Kirchen in England ſind wegen ihrer alten ſtained glaſſes bekannt, und namentlich beſitzt die Kathedrale zu York einen Reichthum davon [3].

---

[1] Ich gebe (IV. 32) die Abbildung des fraglichen Wappens zum warnenden Exempel für andere eifrige Forſcher, und bemerke noch, daß der Stein Spuren von ehemaliger Bemalung in den Wappenfarben bewahrt hat.

[2] Wenn ſie nicht, wie ich höre, wirklich in neueſter Zeit als Feuerungsmaterial benüzt worden ſind.

[3] Siehe z. B. on a heraldic window in York cathedral im Archaeological Journal, London 1860, S. 22 ff.

III. **Urkunden** find fehr häufig gute Quellen der Heraldif, darunter find die Wappen- und Adelsbriefe bis Ende des 15. Jahrhunderts die brauchbarften. Nach dem Schluß des 16. Jahrhunderts ift aus diefen Briefen wenig Gutes mehr zu ziehen, da der Stil der Zeichnungen und die Blafonirung allmälig fchlechter werden, abgefehen von den vielen direkten Verftößen gegen das Wefen und die Wahr-haftigkeit der Heraldif. Aber auch andere Urkunden, z. B. genealogifchen Inhalts, können entweder durch den Wortlaut felbft oder durch Zufammenhalt deffelben mit den anhängenden Siegeln und andern Denf-mälern für die Heraldif von hohem Werthe werden[1]. Der innere Zufammenhang der Genealogie und Heraldif ift für den Kenner ohnedieß feftgeftellt, und ein wahrer Genealogift wird fich den Namen eines Gefchlechtes nie ohne eine Vergegenwärtigung des betreffenden Wappens vorführen, ebenfo wie der wahre Heraldifer fich kein Wappen wird vergegenwärtigen können, ohne nicht zugleich an den Namen des Wappenherrn zu denken.

Ein Wappen, deffen Namen nicht bekannt ift, kann höchftens einen kunftgefchichtlichen Werth haben, und eine Genealogie, bei der die Identität des Schildes und der Familie nicht durch alle Gene-rationen erwiefen ift, hat gleichfalls keinen praktifchen Werth. Der Mangel an hinreichenden heraldifchen Kenntniffen hat fchon manchen Genealogen verleitet, eine Stammreihe blos der Namensähnlichkeit wegen für konftatirt zu halten und zu erklären.

Sippfchaftsbriefe geben nicht felten den beften Auffchluß, warum verfchiedene Gefchlechter gleiche Wappen führen. So z. B. gibt Eberhard von Widerfperch 1323 feinem lieben Oheim Herrn Ott von Greiffenberg und deffen Erben feinen Schild, Helm und Kleinod gar und gänzlich, „wann (dieweil) er vnd fyn erben von rechter Syppe vnd Erbfchaft meinen Schildt vnd helm billich fürent"[2].

Es werden demnach Urkunden, ohne geradezu heraldifchen Inhalts zu fein, dennoch fehr häufig für die Heraldif gute Dienfte leiften, wenn fie mit andern fichern oder zweifelhaften Angaben zufammen-gehalten werden.

Aber nicht blos fpezififche Urkunden geben Quellen der Heraldif ab, fondern auch weitergehende und umfaffendere Kroniken, namentlich wenn darin Befchreibung von fürftlichen und adlichen Hochzeiten, Turnieren, Faftnachtsrennen, Leichenbegängniffen, Schlachten, Fehden, Krönungen, Reichstagen u. f. w. aus-führlicher gefprochen wird, weil dabei gar viel von Wappenrecht und Brauch zu finden ift.

Aeltere Familienkroniken[3] verdienen befondere Beachtung. Wegen der vielen Fabeln über den Urfprung der Familien können aber derartige Produkte aus dem 17. und 18. Jahrhundert kaum mehr in Anfchlag gebracht werden. Erft in neuefter Zeit hat man wieder angefangen, gründlich zu Werke zu gehen und den Tribut der Eitelkeit in diefem Betreff zu fchmälern begonnen[4].

Für ältere Blafonirung find die Gedichte der Minnefinger, Suchenwirth's u. a., auf die ich in dem betreffenden Abfchnitt zurückkommen werde, von befonderem Intereffe.

Ueberhaupt läßt fich aus gefchriebenen und gedrukten Urkunden für unfern Zwek fehr viel entnehmen, es erfordert aber die richtige Benützung diefer Stoffe womöglich noch mehr Kritik, als die Ausbeutung bild-licher Denkmäler.

Ich rechne zu den heraldifchen Urkunden weiter die fogenannten Stammbücher, welche von Mitte des 16. bis Ende des 17. Jahrhunderts Mode waren. Sie enthalten die Wappen, Namensunterfchriften

---

[1] Ich habe darüber oben bei dem Siegeln fchon Näheres angeführt.   [2] Hund, bayer. Stammbuch II, 337.

[3] Derartige habe ich z. B. von den Familien Kripp von Freubenegg, v. Freiberg (beide im Befitze des Hrn. v. Hueber-Florsberg in Ulm) u. a. gefehen. Ich felbft befitze folche Kroniken der Herzhelmer von Herzheim, der Guirather von Altenguttrath und einige andere. Ein Prachtwerk diefer Art und ein wahrer Schatz für Heraldif ift die Kronif des Erzbaufes Oefterreich, der fogenannte „Ehrenfpiegel" von Fugger, der fich in Handfchrift auf der hiefigen Staatsbibliothek befindet. Der gedrukte „Ehrenfpiegel" ift mit diefem an Werth der Zeichnungen ꝛc. gar nicht in Vergleich zu bringen.

[4] Z. B. in der Gefchichte des Gefchlechtes v. Gumppenberg (Würzburg 1856).

und Zeitangaben der Verwandten, Freunde und Stubiengenoffen des betreffenden Besitzers, und geben in so fern authentica. Dabei ist aber nicht zu übersehen, daß trotz der eigenhändigen Unterschrift eines Wappenherrn nicht selten die betreffenden Wappen mancherlei Unrichtigkeit enthalten, und hieran mag wol die fabrikmäßige Anfertigung dieser Wappen durch die Künstler selbst Schuld tragen. Derartige Wappenmaler hielten sich an den Hochschulen, bei den Reichstagen ꝛc. und wo überhaupt Erwerb zu hoffen war, auf und malten schnell und praktisch, nicht immer aber ganz gewissenhaft die verlangten Wappen in die vorgelegten Bücher. So war z. B. Marz Kol 1587 im Bad Liebenzell als Wappenmaler, und Israel Clement in derselben Weise beim Reichstag zu Regensburg 1603—95, wie ich aus ihren Unterschriften in mehreren Originalstammbüchern entnommen habe. Im vorigen Jahrhundert verschwindet der Gebrauch dieser Stammbücher gänzlich und erst in der neuesten Zeit hat der Adel wieder angefangen, dieser Sitte zu huldigen.

Noch eine Art heraldischer Urkunden sind die sogenannten Proben oder Anentafeln zum Zwecke des Nachweises adeliger Abstammung eines Impetranten auf eine bestimmte Anzal Generationen. Da es Domstifte, Orden u. s. w. gibt und gab, bei welchen die sogenannte Aufschwörung mit 4, 8, 16, 32, 64 Anen nothwendig war ist, so hat man sich seit der Zeit der Einführung dieser Proben zu Anfang des 16. Jahrhunderts vielseitig auf solche Aufschwörungen als unläugbaren Beweis des alten Adels oder Uradels verlegt und berufen[1]). Bei derartigen Anentafeln werden jedesmal die Wappen der Anen beigesetzt und in so fern können Anenproben auch als Quellen der Heraldik gelten. In der großen Mehrzal dieser Producte aber, wie ich deren in Händen gehabt, ist die heraldische Genauigkeit, wol auch Ungenauigkeit, in's Peinliche getrieben. Man sehe, um gedruckte Beispiele zu haben, u. a. nur die Kalender des St. Georgenordens aus dem vorigen Jahrhundert, resp. die darin enthaltenen Kupferstiche der aufgeschwornen Wappen mit ihren schwulstigen unverstandenen Figuren und Attributen an, und man wird sich von der Wahrheit meiner Behauptung überzeugt halten. Das Glänzendste in dieser Beziehung haben jedenfalls die alten Ordensproben, beziehungsweise die Belege zu selben geliefert. Wenn man derlei Atteste liest, die gewöhnlich den größern Insigel eines Ritterkantons und vier adeligen Ritterrathssiegeln ausgestellt wurden, so möchte man zuweilen an der Zurechnungsfähigkeit der Siegler zweifeln. Ich habe ein Attest der „Ohnmittelbaren freyen Reichs-Ritterschaft in Schwaben Orths am Kocher" dd. Eßlingen 26. Mai 1769 vor mir liegen, in welchem mit fünf Siegeln und vier Unterschriften „auf beschehenes Ansuchen bei adelichen wahren Ehren, Treu und Glauben" bestätigt wird, „es sei aus glaubwürdigen ohnverweslichen Zeugnissen erwiesen, daß die churf. auch herzogliche Familie derer Churfürsten in Bayern und Pfalzgrafen am Rhein u. s. w. vor ein altes Ritter-Stüfftund turniermäßiges Geschlecht jederzeit geachtet und gehalten worden auch würklich noch dafür gehalten und erkannt werde" —. Wie viel Ehre für das Haus Wittelsbach!

IV. Wappenrollen und Wappenbücher. Es ist schon erwähnt worden, daß die Lehrschriften über Heraldik jünger seien als die Sammlungen von Wappen. Nach Angaben des Hrn. von Montagu[2])

---

[1]) Meines Erachtens genügt es den Anforderungen an adelige Abstammung und Erziehung vollkommen, wenn Vater und Mutter des Impetranten wieder von Vater und Mutter adelig herkommen. Diese Probe auf vier Anen ist die ächte alte Turnierprobe, das Weitere ist überflüssig und der Lebensfähigkeit des Adels schädlicher als Mancher wol glauben möchte, denn es verhindert die naturgemäße Regeneration der alten Geschlechter durch neuhinzukommende. Statt dessen ruinirt sich der Adel heutzutage nicht selten in seinem Ansehen und seinen Ansichten durch Mesalliancen ausgesuchter Qualität mit Töchtern des Handwerks und noch geringerer Herkunft.

[2]) A Guide to the study of heraldry by J. A. Montagu B. A., London 1840, S. 15. 26 ff.: „This seems pretty certain (sc. that English heralds had fixed upon certain terms and rules) from the existence of a M. S. Roll of arms (in the college of arms, in a volume entitled „Miscellanea carina") of the time of Henry the third (and which from its internal evidence was clearly compiled at the time to which it is referred) containing the description in terms of blazon of about two hundred and twenty coats...." Vgl. auch: Notes on a roll of arms belonging to Wilkinson Mathew Esq. im Archaeolog. Journal, London 1860, S. 218 ff.

ift im heraldifchen Kollegium zu London eine handfchriftliche Wappenrolle vorhanden, welche eine regelgerechte Blafonirung von ungefähr 220 Stük Wappen enthält und aus der Zeit Heinrich's III. (1216—72) und zwar insbefondere aus den Jahren 1240—45 ftammt. Aus der Zeit der nachfolgenden Könige von 1272 bis zu Ende des 14. u. ff. Jahrhunderte befitzt England eine Menge (a great many) Wappen-Rollen und Bücher ¹).

Solchem Reichthum an heraldifchen Quellen diefer Art in England gegenüber find wir in Deutfch-land arm zu nennen, obwol man uns Deutfchen die Uranfänge des Wappenwefens zugefteht. Was mir an nennenswerthen Handfchriften diefer Gattung in Deutfchland bekannt geworden ift, läßt fich in Nachfolgendem geben.

Die ältefte Sammlung von Wappen enthält die fogenannte Züricher-Wappenrolle, eine aus 13 Stüken zufammengenähte Pergamentrolle, worauf 478 Wappen und Panner gemalt find ²).

Der Stil derfelben fowie andere Kriterien deuten für Entftehung der Rolle auf das erfte Viertel des 14. Jahrhunderts ³). Die Schilde find gelehnt, die Kübelhelme mit einer Art Müze (Dele) auf dem Hinter-theil überzogen. Jedes Wappen hat fein Kleinod, welches aber mitunter rein willkürlich gewält fcheint, fowie auch einige wenige Wappen reine Fantafieftüke find, z. B. von Schottland, Britania u. a.

Der Hauptwerth diefer züricher Rolle für Heraldik befteht meines Erachtens in der durch 500 Wappen konfequent durchgeführten gleichartigen Künftlerhand, und der großen Mannigfaltigkeit der einzelnen Wappenbilder und Kleinode, welche alle denfelben fpezififche Geift athmen ⁴).

Die zweite werthvolle Quelle diefer Art ift das grünenberg'fche Wappenbuch aus dem Jahre 1483. Der Originalkodex, mit Feder auf Papier gezeichnet und gleichzeitig kolorirt, enthält 1980 Wappen und ift im Befitz des Hrn. Dr. Stanz in Bern, welcher ihn aus Konftanz erworben.

Das Wappen auf dem erften Blatt ift das des Verfaffers oder Malers Konrad von Grünenberg (in Schwarz ein goldner Fünfberg, auf dem Helm ein Bufch fchwarzer Federn, Deken fchwarz-gold, die Außenfeite mit goldenen Lindenblättern befät) und hat nebenbei die Ordenszeichen des hl. Grabes, der Kanne von Aragon, der hl. Katharina und des fchwäbifchen St. Georgenfchildes. Darüber fteht: „hab ich Conrat Grünenberg Ritter Burger zu Conftenz ꝛc." und unter dem Wappen: „Das Buch ift vol-burch am Künden tag des Abrellen bo man Zalt Tufent vierhunder Drü vnd Achtzig Jar."

Ich befitze durch die Güte des Eigenthümers Paufen von vier Blättern diefes Originalkodex und gebe hier Taf. VI als Mufter das Wappen des Konrad v. Grünenberg in verkleinertem Maaßftabe und Taf. VII vier Wappen (Rottenban, Schaumberg, Fuchs und Thüngen) in wirklicher Größe von Blatt es der Handfchrift.

---

¹) Das britifche Mufeum in London foll einen wahren Schaz an heraldifchen Mff. enthalten; ich kam bei meinem letzten Aufent-halt in London leider nicht dazu, fie zu fehen. Von Hrn. Richard Sims, Bibliothekar am britifchen Mufeum, ift, wie ich weiß, ein eignes Werk über die heraldifchen Manufcripte diefer Anftalt im Drufe, daffelbe kennte ich aber leider für vor-liegenden Abfchnitt nicht mehr benützen. Durch die große Güte des erwähnten Hrn. von Montagu habe ich eine Sammlung von Originalpaufen der Wappen der älteften Hofenbandordensritter aus der Windforkapelle erhalten, aus welcher ich im Laufe des Buches Einiges mitzutheilen Gelegenheit haben werde.

²) Urfprünglich waren es 587 Wappen, von denen aber für 109 das Originalpergament verloren gegangen ift.

³) Neuerlich, im Korrefpondenzblatt des Gefammtvereins 1861, N. 5, wird fie fogar ins 80er Jahren des 13. Jahrh. vindizirt.

⁴) Ich habe auf Tafel V, 33—45 Facfimiles aus diefer Wappenrolle und zwar nach Paufen von dem in meinem Befitz befind-lichen Facfimile gegeben. Neuerlich ift eine fehr gute Vervielfältigung diefer Rolle durch den Farbendruk (Zürich 1860) erfchienen. Bei Vergleichung der mit den betreffenden Wappen in dem gedachten Werke werden einige nicht unbedeutende Abweichungen in der Größe und Stellung der Schilde und der Form der Einzelnheiten befunden werden, ich vindizire aber die größere Genauigkeit unbedingt meinem Facfimile und bemerke, daß auf der vorliegende Tafel überall da, wo im Originale keine Kontur mit fchwarzer Farbe, fondern nur die der Farbe felbft erfcheint, dieß auch bei unferer Nachahmung kenntbar wieder-gegeben ift. Die eingeklammerten Nummern der unteren Reihe beziehen fich auf die gleichen in der gedrukten Rolle.

Eine gleichzeitige Kopie des grünenberg'schen Wappenbuchs auf Pergament besitzt die Staatsbibliothek in München, und von dieser wurde in verkleinertem Maaßstabe durch den † Dorst und den Herrn v. Stillfried in Berlin eine Kopie in Farbendruk veranstaltet (Berlin 1840), welche es aber nur auf wenige Lieferungen brachte ¹).

Das dritte heraldische Denkmal von Bedeutung, das mir bekannt wurde, ist die Konstanzer-Wappenrolle aus dem Jahre 1547. Sie ist aus zwei großen Pergamentbogen zusammengesetzt und enthält zusammen 153 gemalte Wappen adlicher Geschlechter Schwabens und der Schweiz, soweit sie der Gesellschaft „zur Kaze" in Konstanz einverleibt waren. Der Wappenschild dieser Gesellschaft ist, von einer Dame mit dem konstanzer Panner gehalten, zu Anfang der Rolle angebracht ²).

Der Stil der Wappen ist wie die Ausführung selbst vortrefflich. Die Helme, Schilde und Decken enthalten Anklänge an die Formen des 14. Jahrhunderts; der Karakter der Wappenfigur und Kleinode ist jedoch entschieden noch der des 15. Jahrhunderts. Ich gebe auch von dieser Rolle auf Taf. VIII zusammenhängende Muster.

Ungedrukte Wappenbücher werden im 16. und 17. Jahrhunderte immer häufiger und ich selbst habe mehr als ein Dutzend derselben in Händen gehabt, ohne jedoch in einem derselben etwas Bemerkenswerthes entdekt zu haben. Wie die heraldische Selbstständigkeit, so nimmt auch der Werth der Formen allmälig ab, und ich habe heraldische Kodices aus dem 18. und 19. Jahrhundert gesehen, die geradezu scheußlich zu nennen waren, denn es ging nicht nur die Fertigkeit der Zeichnung, der nothwendige Karakter heraldischer Malerei, sondern auch die Kenntniß der einfachsten heraldischen Regeln ab, ja soweit war man zuweilen herabgekommen, daß man nicht einmal mehr ein vor sich liegendes gutes Muster zu kopiren verstand. Deßhalb schweige ich billig von den Namen der Autoren dieser Werke.

Von gedrukten deutschen Wappenbüchern ist das älteste bekannte „das Conciliumbuch geschehen zu Costenez". Augsburg 1483.

Nach diesem sind die Wappenbücher ³) von Schrot 1551 ⁴), Solis 1555, Feyerabend 1596 und der erste Band von Siebmacher's Wappenbuch 1604 in Bezug auf Stil und Auffassung brauchbar. Je weiter gegen unsere Zeit, desto schlechter werden auch die gedrukten Wappenbücher. Erst in neuester Zeit sind wieder etwas bessere Produkte zu Tage gefördert worden.

V. Waffen und Geräthschaften sind gleichfalls eine vorzügliche Quelle der Heraldik.

Vor Allem sind Schilde und Helme, soweit sie wappenmäßig genannt werden können ⁵), bester Aufmerksamkeit würdig. Das bayerische Nationalmuseum in München besitzt viele heraldische Schilde, auf denen die Wappen theils wieder in eigenen Schildchen gemalt sind, theils auch die Wappenfiguren in denselben gleich in Feldern stehen. Von heraldischen Helmen kenne ich mehrere Originale, darunter zwei Spangenhelme der Pracht- oder Staatsformen, den einen in Innsbruck, den andern in Augsburg, dann eigentliche Spangenhelme zum Kampf in Augsburg und Wallerstein, ferner habe ich von Stechhelmen eine ganze Sammlung zu Amras bei Innsbruck gesehen. Von Rennhüten oder Saladen, welche auch zuweilen mit Kleinoben (also zu heraldischen Zweke) gefunden werden, findet sich im bayerischen Museum eine große Auswahl.

---

¹) Einen sehr schönen heraldischen Kober eines Versfoxanten Ingram soll Hr. v. Cotta in Stuttgart besitzen, ich habe davon jedoch bis dato nicht Einsicht nehmen können. Eine Notiz darüber findet sich auch in dem a. Korrespondenzblatt, S. 45.

²) Ich verdanke die Einsicht dieses heraldischen Denkmales der Güte des Hrn. Malers Stiehle in Ueberlingen und der Vermittlung des Hrn. v. Roth-Schrekenstein in Ulm. Sie wurde damals (1856) von mir zuerst kopirt und ein Duplum der Kopie habe ich aus besonderer Gefälligkeit dem in der Einleitung erwähnten „Freunde" fertigen lassen, welcher natürlich nicht versäumte, die Quelle, aus der er dieß unicum erhalten hatte, gründlich zu ignoriren.

³) Das rixner'sche Turnierbuch enthält in den ersten beiden Ausgaben (1530 u. 1532) auch sehr gute heraldische Holzschnitte.

⁴) Eine Ausgabe, bei Adam Berg in München 1580 gedrukt, wird auch „Berg's Wappenbuch" genannt.

⁵) Die Gattungen und Formen der Helme und Schilde in der Heraldik stehe in den betreffenden Abschnitten unten.

Wirkliche Kleinode mögen wol auch noch existiren; wenn sich solche aber irgendwo finden sollten, dürften sie meiner Ansicht nach sich von den Kleinoden der Todtenschilde kaum unterscheiden lassen. Alte Krönllanzen, Schwerdter, Pfeile, Armbrüste, Sporen, Sättel u. s. w. geben oft wesentlichen Vorschub für heraldisches Verständniß.

Von Geräthschaften, welche mittelbar zur Aufklärung der Heraldik dienen können, nenne ich alle Werkzeuge, Geschirre, Teller, Doppelscheuern, Schlosser- und Schreinerarbeiten, Möbel, Schmuckgegenstände, Ehrenketten u. s. w., und es dürfte in dieser Beziehung Nichts zu unbedeutend sein, um nicht für heraldische Formen oder unerklärte Figuren Nutzen und Aufhellung zu bringen. Außerdem mögen noch gar manche Dinge dem Forscher gelegentlich unter die Hand gerathen, aus denen er für Heraldik etwas Interessantes zu gewinnen wissen wird, und ich mache nur beispielsweise auf die sogenannten Wasserzeichen in Papieren aufmerksam, von denen mir schon von 1322 in den Stadt-Münchner Kammerrechnungen Beispiele mit dem Stierkopf der Holbein und der Kaiserkrone, aus dem Ende desselben Jahrhunderts auch schon mit dem vollständigen Wappenschilde der Pötschner von München vorgekommen sind. Auch in Frankreich hat man diesen Wasserzeichen neuerlich Aufmerksamkeit geschenkt und wir finden z. B. in der Revue archaeologique v. J. 1860, S. 152 ff., eine interessante Abhandlung sur les filigranes de papier und beziehungsweise über die Wappen der Familie de Coeur v. J. 1462 ff.

––––––––

Dieß also sind die Quellen, aus denen der Heraldiker sein Wissen und Können schöpft. Der Unterschied zwischen der Gatterer'schen und meiner Heraldik gibt sich also auch durch eine andere Auffassung der Gattung und des Werthes der Quellen selbst kund, denn während Gatterer und seine Anhänger überhaupt von einer gewissen Altersgrenze der Quellen, die ihren Werth bedingt, Nichts erwähnen, sehen sie in den Wappen- und Adelsbriefen ihre allererste und wichtigste Fundgrube; und doch sind es gerade diese Urkunden, welche der sorgfältigsten Kritik bedürfen, denn (wie ich schon an einem andern Ort gesagt habe) wenn Alles das unfehlbar richtig wäre, was in Diplomen steht, so könnte man dadurch Alle mittelst Diplomen unter großem Insiegel unfehlbar machen. Wenn man alle Irrthümer, die in Adelsbriefen stehen, und also dadurch sanktionirt sein sollten, sammeln wollte, so würde man ein anständiges Buch zusammenbringen. Ich erwähne für den Kenner diese Dinge nur des hundertmal vorkommenden Falles, wo die Abstammung einer neugeadelten Familie von einer längst abgestorbenen, durch „Erneuerung" desselben Wappens bestätigt und anerkannt wird, während in der That der Name die einzige Verwandtschaft bietet [1]).

Wer nun Gelegenheit hat oder sucht — und wer sucht der findet —, derartige Quellen der Heraldik, wie sie oben angedeutet worden sind, zu studiren, der muß nothwendig auf die Spur der wahren ächten Heraldik kommen. Aus solchen Betrachtungen ergeben sich dem Forscher die Regeln dieser Kunst und Wissenschaft von selbst, denn es herrschen unveränderliche Grundgesetze und nur die Einführung derselben ist verschieden. Ich wiederhole daher, was ich schon im Eingang gesagt, daß ich mein heraldisches Wissen aus solchen Quellen selbstständig und unabhängig von unseren bisherigen heraldischen Lehrbüchern gesucht und gefunden habe. Die beste Probe für die Richtigkeit der von mir aufgestellten heraldischen Regeln wird sich daraus ergeben, daß Jeder, der den Willen und den Eifer dazu hat, sie hundertfach bestätigt und bewahrheitet finden wird.

––––––––

[1]) Die Manipulation von Seite der zu adelnden Geschlechter reduzirte sich darauf, sich das Wappen der alten gleichnamigen Familie stechen oder malen zu lassen und dann frischweg zu behaupten, dieß sei ihr angestammtes Wappen und deshalb seien sie dieselbe Familie. Fragt man dann nach weiteren Beweisen, so sind die „Papiere" entweder in „Kriegszeiten" verschleppt oder durch „Feuer" zu Grunde gerichtet worden.

V. Gattung der Wappen.

Alle Wappen theilen sich in die zwei Hauptarten: Urwappen und Briefwappen. Zu ersteren gehören alle diejenigen heraldischen Produkte, welche mit der Heraldik selbst entstanden sind und ihre rechtliche Gültigkeit freiwilliger gegenseitiger Uebereinkunft und stillschweigender Anerkennung verdanken. Es zälen daher in diese Klasse alle Wappen des Uradels, der Länder, Städte, Bisthümer, Zünfte ꝛc., die unabhängig von der Erlaubniß eines Dritten gewält und geführt wurden. Zu den Briefwappen gehören alle diejenigen heraldischen Produkte, welche mittelst eines Dokumentes entweder neu-geschaffen und verliehen, übertragen oder blos verbessert und bestätigt worden sind. Die ersten Briefwappen können also nicht älter sein als die Wappenbriefe überhaupt, und diese gehen bisherigen Forschungen nach nicht über die Zeiten K. Ludwig IV. zurük. Es ergibt sich aber aus dieser Erklärung von Briefwappen, daß auch Urwappen durch derlei Verbesserungen oder Anerkennungen von oben zu Briefwappen werden konnten[1]). Ob die Uebertragung eines Wappens von einem Geschlechte an das andere, im bloßen Privatvertrag, das neuangenommene Wappen zum Briefwappen stempele, getraue ich mir nicht zu entscheiden; jedenfalls konnte dabei die Erlaubniß oder Anerkennung der höchsten Stelle in früheren Zeiten füglich entbehrt werden und wurde auch wol gar nicht verlangt.

Neben diesen Hauptarten der Wappen ergibt sich noch eine andere Eintheilung derselben. Ich unterscheide nemlich:

1) Geschlechtswappen,
2) Gemeinschaftswappen,
3) Amtswappen,
4) Heuratswappen.

Ich weiß wol, daß die früheren Heraldiker noch weit mehrere Unterabtheilungen machen, ich glaube aber, daß alle möglichen heraldischen Produkte sich unter eine dieser vier Klassen einreihen lassen und wird sich der Nachweis hiefür in Folgendem finden.

---

[1]) Beispiele der Art sind: der oben S. 24 angeführte Sippschaftsbrief der Widersperch und Greiffenberg v. J. 1328 (nicht 1323).

1351 verwilligen die Geyler den Hagern ihr (der G.) Wappen forten zu führen, worauf dann die letztern ihren halben weißen Wolf in schwarzem Feld fallen ließen und dafür den geyler'schen Schild — von Gold und Roth geviertet — angenommen haben (v. Hohened, die Stände von ob der Ens I. in der Vorrede ꝛc. S. 249).

1364 verzichtet Erchinger Reich zu Gunsten des erbern besten Georien von Wellenwart auf sein Wappen „ein halber roter Mon in einem weyßen veld" (siehe mein Wappenwerk, württemb. Adel, S. 14, und Anzeiger des germanischen Museums 1861, S. 155).

1384 Hanns von den Brüdern übergibt „gütlich und gern von guter Freundschaf und Sippe wegen" dem Endres Funkh, Bürger zu Gemünd, und allen seinen Kindern ꝛc. seinen Schild und Helm, wie ihn sein Vater auf ihn gebracht hat (v. Stetten, augsburg. Geschlechter, S. 396, Nr. XLIX.).

I. Zu den **Geſchlechtswappen** gehören alle diejenigen Wappen, welche irgend einer Familie und ihrer ſtammgenoſſenen Sippe rechtlich und erblich angehören, mit ihrem Namen und ihrer Geſchichte in unzertrennlicher Ideenverbindung ſtehen. Perſönliche Wappen dieſer Gattung konnte es meiner Ueberzeugung nach wenigſtens in Deutſchland nie geben, weil es mit der ganzen hiſtoriſchen Entwiklung des Adels in unſerem Lande in Widerſpruch läge. Es konnte allerdings ein oder anderer Edelmann ein Wappen führen, das vor und nach ihm nicht mehr vorkam, wir dürfen aber daraus nicht ſchließen, daß dieß Wappen unter Umſtänden nicht erblich geweſen wäre und ſein konnte. Erſt die Neuzeit hat in einigen deutſchen Ländern etwas derartiges Abnormes geſchaffen, indem ſie den rein perſönlichen Adelſtand und konſequent auch rein perſönliche Wappen erſchuf[1], allein wir dürfen dieſe unorganiſche, mit der deutſchen Adelsidee ſo wenig harmonirende Schöpfung der Neuzeit nicht als Beweis für die hiſtoriſche Berechtigung perſönlicher Adelswappen annehmen, um ſo weniger, als es ſicher iſt, daß eine gute Anzahl dieſer perſönlich Geadelten gar keine Wappen beſitzt, was abermals dem Begriffe des Adels widerſtreitet[2].

II. **Gemeinſchaftswappen.** Dieſe verbinden mit ſich einen Kollektiv= und Repräſentationsbegriff im weiteren Sinne als die Geſchlechtswappen. Das geiſtige Band, welches durch ein **Gemeinſchafts**wappen repräſentirt wird, iſt nicht die Blutsverwandtſchaft, ſondern das Gefühl der Zuſammengehörigkeit in politiſcher oder ſozialer Beziehung. Zu dieſer Gattung gehören die Wappen der **Länder** oder **Provinzen**, der **Bisthümer**, **Städte**, **Zünfte**, **Geſellſchaften** und **Vereine**.

Daß es heutzutage Länderwappen gebe, iſt außer Zweifel. Urſprünglich aber gab es keine Länderwappen, denn es iſt, wie ich ſchon an einem anderen Orte erwieſen habe, außer Zweifel, daß unſere jetzigen Länderwappen eigentlich nur die Geſchlechtswappen der erſten Herrn dieſer Länder waren[3]. So darf man ſicher annehmen, daß weitaus die meiſten Länderwappen eigentlich **Familienwappen** ſeien, und es läßt ſich dieß z. B. von England, Naſſau, Bourbon=Frankreich, Sardinien, Baden, Württemberg u. ſ. w. unzweifelhaft erweiſen[4]. Dieß verhindert aber nicht, zuzugeſtehen, daß für den Fall, daß eine neue Familie zur Herrſchaft eines ſolchen Landes gelangte, ſie in der Regel das hergebrachte Landeswappen beibehalten habe, oft ſogar ohne ihr eigenes Hauswappen noch hinzuzufügen oder zu gebrauchen. Eine Ausnahme hirvon machen die Freiſtaaten, insbeſondere die Eidgenoſſenſchaft, deren einzelne Kantonwappen mit wenigen Ausnahmen von Anfang an Städtewappen waren (z. B. Bern, Uri, Solothurn u. ſ. ſ.) und von dieſen auf den Kanton übergingen. Neuenburg hatte bis 1848

---

[1] So z. B. der bayeriſche Zivilverdienſtorden und der bayeriſche Max=Joſefsorden, welche den Ritterſtand für den Begnadigten allein mit ſich bringen, oder der Uſus in Württemberg, daß von einem gewiſſen Dienſtgrad an jeder Beamte das Adelsprädikat für ſich zu führen berechtigt iſt.

[2] Wappen, die nur einer Perſon zuſtehen, könnten allenfalls in den Amts= und Gnadenwappen und in den Allianzwappen geſucht werden, ſie unterſcheiden ſich aber weſentlich von den obenerwähnten perſönlichen Adelswappen. Selbſt Baſtardwappen, die doch zunächſt nur Einem galten, ſind erblich.

[3] Daß in ſpäterer Zeit auch neue Wappen für Länder oder Provinzen konnten erfunden worden ſein, welche mit den Geſchlechtswappen der erſten Beſitzer dieſer Länder außer Zuſammenhang ſtanden, gebe ich zu. Ich glaube aber, daß in dieſem Falle eben kein Herrſchaftswappen, reſp. keine wappenmäßigen Herrn dieſer Länder früher vorhanden geweſen waren, ſonſt würde man dasſelbe zum Landeswappen erhoben haben. Mir ſind nur wenige Beiſpiele dieſer Art bekannt, die Wappen der Herrſchaft Stargard und der Fürſtenthümer Schwerin, Razeburg, von welchen das erſtere 1658, die letzteren beiden um 1490 erfunden worden ſind. Ein neueres Beiſpiel iſt das 1804 von Napoleon I. geſchaffene Wappen für das Kaiſerthum Frankreich, und der preußiſche Adler, welcher nicht das Stammwappen der regierenden Familie (Zollern) und auch nicht überhaupt ein Familienwappen irgend eines im heidniſchen Preußen regiert habenden Herrn iſt. Siehe mein Wappenbuch unter Mecklenburg, S. 35 ff; napoleon. Frankreich, S. 5 ff.; Königreich Preußen, S. 13.

[4] Die Meinung, daß der bayeriſche Wekenſchild nicht wittelsbachiſch, ſondern volksthümlich bayeriſch ſei, wurde lange mit gelehrtem Apparatus verfochten (ſiehe u. A. Buchinger, "Urſprung und Fortbildung des bayeriſchen Wappens", im oberbayeriſchen Archiv VIII., S. 291 ff.). Sie ſtützt ſich aber nur auf den angeblich "blau und weiß gerauteten Wappenrok" Herzogs Heinrich des Löwen in einem Siegel v. J. 1157 (l. c. 302).

den Schild der alten Grafen von Neuenburg, nahm aber in diesem Jahre ein ganz neues Wappen — von Grün, Silber und Roth gespalten, mit einem silbernen Kreuzlein im hintern Oberek — an (décrée du gouvernement provisoire du Canton de Neufchatel du 12 Avril 1848. Original).

III. **Amtswappen** sind solche, welche nur vermöge einer bestimmten Würde von einzelnen Personen geführt werden konnten oder können. Diese Würde kann erblich sein für eine ganze Familie oder nur für je ein Mitglied des Geschlechtes u. s. w., oder sie wird erblich durch die Uebernahme des Amtes auch ohne Familienverband.

Zu erster Klasse gehören die Wappen der Erz- und Erbämter des heiligen römischen Reiches [1], z. B. der goldene Reichsapfel in einem rothen Schilde, wegen des Erztruchsessenamtes (Pfalz-Bayern)[2], die Reichssturmfahne mit grünem Schwenkel und dem schwarzen Adler in Gold, wegen des Erbpannerherrnamtes (Württemberg), die geschrägten rothen Schwerter in schwarz-silber getheiltem Schilde, wegen des Erz- und beziehungsweise Erbmarschallamtes (Sachsen und Pappenheim)[3]. Ein Amtswappen ist ferner die päpstliche Standarte mit den darüber geschrägten Schlüsseln, welche die Herzoge von Parma als Gonfalonieri des heiligen Stuhles und die venediger Patrizier Rovere als erbliche Stellvertreter derselben im Schilde führten. Auch von fürstlichen und klösterlichen Erbamtswappen sind mehrere bekannt, z. B. der blaue Schild mit den zwei geschrägten silbernen Schwertern, welchen die Thumb von Neuburg als Erbmarschälle von Württemberg führen; ebenso möchte das Wappen der Keller von Schleitheim — in Roth aus golbnem Dreiberg zwei geharnischte Arme, die einen Schlüssel halten — ursprünglich ein Amtswappen gewesen sein, denn die Schleitheim waren von Alters her Erbkeller des Stiftes Reichenau im Bodensee. Manchmal wurde nur eine Figur, nicht ein förmliches Wappen als Amtszeichen geführt, z. B. von den Grafen von Erbach, als Erbschenken des Reiches, welche den goldenen Becher nur auf die Theilungslinie des Schildes setzten.

Auch in England finden sich erbliche Amtswappen, z. B. die drei goldenen Becher in Blau, welche die v. Butler als Erbschenken (chief butler) von Irland noch heutzutage führen.

Als zweite Klasse der Amtswappen will man die Wappen der geistlichen Würdenträger nehmen, z. B. der Bischöfe, Aebte. Dieselben führten aber nur das Wappen ihres Bisthums oder Klosters mit oder ohne Verbindung mit dem Familienwappen, und es dürften daher nur die Insignien, Insel, Bischofstab 2c., solche Wappen vielleicht als Amtswappen karakterisiren. Man möchte deßhalb besser sagen, es seien derartige Wappen von Amtsinsignien begleitet. Der Schild selbst aber gehört entweder unter die 1. oder 2. Klasse oder unter beide zugleich.

Ob das päpstliche Wappen, welches den Geschlechtsschild des jeweiligen Papstes mit den Zeichen der Würde, Tiara und Schlüsseln, zeigt, auch zu den Amtswappen zu zählen sei, wie die früheren Heraldiker meinen, will ich nicht entscheiden. Es könnte ebensowol unter die Staatswappen gerechnet werden.

In diese Klasse gehören auch die Wappen der Würdenträger in Frankreich. Altfrankreich, d. h. das bourbonische, hatte eine Menge derartiger Erbämter, z. B. der Konnetable, der Marschall, der Admiral, der General der Galeeren, der Großmeister des königlichen Hauses, der Großkammerherr u. s. f. Im Ganzen führt Palliot dieser Erbämter dreißig an, welche ihre Würdezeichen oder Amtsinsignien, z. B. Schwerter, Stäbe, Schlüssel, Kannen, Jagdhörner, Messer und Gabel u. s. w.

---

[1] In allen deutschen Ländern gab oder gibt es Erbämter einzelner Fürsten, geistlicher und weltlicher. So ist z. B. der Name Truchseß sehr häufig unter dem Uradel zu finden, z. B. T. v. Weyhausen, T. v. Diesenhofen, T. v. Uttingen, — ebenso der Name Marschall, z. B. M. v. Altengottern, M. v. Ostheim, M. v. Biberach u. s. w.

[2] Siehe mein Wappenwerk bei der Heraldik der entsprechenden Staaten und Familien — auch unten im Kapitel von den Fahnen und Bannern.

[3] In Bezug des Amtswappens und Titels der Pappenheim habe ich im Ergänzungsbande meines Wappenwerkes S. 8 einige hierauf bezügliche Notizen gegeben.

hinter, neben oder unter dem Schilde (nie in demselben) führten. (Vergl. unten bei den Prachtstücken Taf. XXXIV. 1308 u. 1309.)

Auch das napoleonische Frankreich hat diese Sitte theilweise beibehalten, wie denn z. B. der Fürst von Neuenburg (Berthier) als Connetable die zwei geschrägten blauen Stäbe, der Herzog von Parma, Cambacérès, als Erzkanzler zwei gekrönte silberne Stäbe hinter dem Schild geschrägt führten [1]).

Ebenso könnte man Zweifel hegen, ob das Wappen des hl. römischen Reichs selbst (der einfache, später doppelte schwarze Adler im goldnen Schilde) nicht ebensowol zu den Länderwappen als zu den Amtswappen zu rechnen sei. Von der Zeit an, als die Kaiser anfingen, auf die Brust des Adlers einen Schild mit ihrem Hauswappen zu setzen [2]), könnte man das Reichswappen sicher als Amtswappen bezeichnen [3]).

IV. **Heuratswappen** sind solche, welche die Wappen eines Ehepaares zu einem Ganzen vereint zeigen. Es wird also die Allianz der Personen bildlich durch die Allianz ihrer Wappen dargestellt. Die Art und Weise ist verschieden, und geschieht dieß entweder in einem oder in zwei Schilden u. f. w. und wird dieser Gegenstand wegen seiner Wichtigkeit in einem Abschnitt des II. Theiles dieses Buches weiter erörtert werden.

Es gibt auch Vereinigungen von Ahnenschilden in einem Schild, diese können aber billig zu den Heurathswappen gezält werden, da sie die Allianzen des Vaters und der beiden Großväter heraldisch darstellen.

Diese Heuratswappen könnte und kann man unter allen Wappengattungen allein persönlich nennen, da sie zunächst nur die Betheiligten und in concreto die Frau repräsentiren. Die einzelnen Theile eines Heuratswappens sind und bleiben aber Geschlechtswappen.

Außer diesen vier Hauptgattungen von Wappen unterscheiden die früheren Heraldiker noch mehrere andere, z. B. Gedächtnißwappen, Anspruchswappen, Erbschaftswappen, Gnadenwappen und Schutzwappen.

Diese lassen sich aber alle unter obige Hauptklassen bringen, denn Gedächtnißwappen ist jedes Wappen, in so ferne es auf den Ursprung der Familie, Stadt, Allianz rc. deutet. Ebenso ist jedes Briefwappen ein Gnadenwappen mit mehr oder minder Gnade oder Auszeichnung durch Verleihung besonderer Bilder [4]); Erbschaftswappen können in dem Schilde eines Geschlechtes oder einer Gemeinschaft so oft vorkommen, als das Wappen einer neuen Acquisition, beziehungsweise des Geschlechtes oder der Gemeinschaft, welchen dieß gehörte, angefallen und aufgenommen worden ist. Was die Anspruchswappen betrifft, so können sie nur Länder- und beziehungsweise Geschlechtswappen sein, und die Bedeutung und Unterscheidung als Anspruchswappen ist lediglich eine innere kritische, keine rein heraldische. Schutzwappen endlich dürften mit Gnadenwappen zusammenfallen, wenn wir nicht ein als schriftliche Salvaguardia angeschlagenes Wappen irgend eines Herrn darunter verstehen wollen. Dieß aber betrifft nur den Gebrauch, nicht die Gattung der Wappen. Ich glaube demnach, daß man sich mit den angegebenen vier Hauptarten der Geschlechts-, Gemeinschafts-, Amts- und Heurathswappen, als Alles umfassend begnügen könne.

----

[1]) Siehe mein Wappenwerk: Kaiserthum Frankreich, S. 7 ff. und unten Taf. XXXIV. 1311.

[2]) Dieser Gebrauch dürfte von K. Ludwig IV. zuerst angenommen worden sein, indem sich von ihm ein Siegel mit dem einfachen Adler und dem bayerischen Wecknschild auf der Brust findet. Auch die Stadt Schongau soll von ihm den Reichsadler mit dem Wecknschild erhalten haben.

[3]) Daß der Reichsadler ursprünglich Familienwappenbild gewesen sei, wie Hr. Dr. Römer-Büchner: „Der deutsche Adler", Frankfurt 1858, S. 55, meint, möchte noch weiterer Bestätigung bedürfen.

[4]) So z. B. wurde bei Reichsadelstandserhebungen vom 16. Jahrhundert an der Reichsadler ganz oder stückweise unendlich oft verliehen, ingleichen bei preußischen Nobilitationen der preußische Adler entweder ganz oder halb oder nur ein Flügel, Kopf, Kralle rc. desselben.

Ferner lassen sich Wappen noch einmal klassifiziren in redende und nichtredende. Redende, sprechende Wappen, lat. arma loquentia, franz. armes parlantes, engl. canting coats, ital. armi parlanti, nbb. sprekende wapens, nennt man die, welche 1) entweder durch die Aussprache ihrer Bilder mit dem Wortlaut des Namens übereinstimmen, oder 2) sich mit Hülfe einer künstlichen Interpretation mit einem solchen Namenslaut in geistigen Zusammenhang bringen lassen.

Die erstere Gattung enthält solche Wappen, welche gleich auf den ersten Anblick sprechen, z. B. v. Putterer führen in einem Schrägbalken drei Butterweken, v. Einsiedel führen einen Einsiedler, v. Sperl: auf einem Stok sitzend einen Sperling u. s. w. Hieher gehören auch die meisten Wappen, deren Besitzer in ihren Namen mit Wolf, Müller, Schmidt ꝛc. zusammenhängen. Andere Wappen geben den ganzen Namen sprechend, z. B. Henneberg: eine Henne auf einem Berg stehend; v. Hornstein: ein Horn auf einem Dreifels oder Stein; v. Sternenfels: ein Stern auf einem Felsen; v. Rettenburg: eine Burg, daran ein Mädchen gekettet ist u. s. w.

Zu der zweiten Art von sprechenden Wappen gehören z. B. die Wappen der v. Wächter, v. Markquart, welche beide einen Kranich, Simbol der Wachsamkeit, führen; v. Abel in Württemberg mit einem brennenden Opferaltar als Anspielung auf das Opfer Abels, v. Arand mit zwei Pflugscharen als Anspielung auf das Wort akern, arare; v. Ducherer mit einem wachsenden Mann, welcher Kornähren (Getreidewucher) hält.

Endlich gehören hieher noch diejenigen Wappen, welche nur in so fern sprechend sind, als man den örtlichen oder provinziellen Namen ihres Wappenbildes[1] kennt, z. B. v. Thien, mecklenburgisch, im Schild ein Eimer, welcher in jenem Land provinziell Thiene genannt wird; Kreder: zwei Feuerräder, prov. Kreder genannt; v. Kettelhodt: drei, 2. 1, Eisenhüte, prov. Kettelhodte genannt; v. Proff: drei Fische, prov. Proffe, übereinander. v. Mager: ein halber Bär hält drei Mohnköpfe, welche prov. Magenkolben oder Magern heißen.

In derselben Weise werden nun in Deutschland eingebürgerte Wappen durch die Sprache ihrer heimath redend, z. B. v. Marogna (im Brustschild des Adlers ein Haufen Kästen), ital. maroni, auf einer Mauer liegend; v. Giovanelli: zwei Knaben, ital. giovanelli, in einem Boote fahrend; v. Cabillau: zwei Stokfische, franzöf. cabillaud, voneinander gekehrt; v. Ciolet: ein schreitender Ochse, poln. Ciolak, Cielce = ein junges Rind; v. Szoldrski, zum Wappen Grabie: ein Rechen, poln. grabie, auf einem Dreiberg stehend; v. Turnbull: im Schild drei Stierköpfe, engl. bull-heads; v. Cockburn: drei, 2. 1, Hähne, engl. Cocks; la Tour d'Auvergne: mit Lilien besät, darin ein Thurm, tour; Lopez: zwei Wölfe, span. lobos, am Fuße einer Eiche u. s. w.

Von den entschieden nichtredenden Wappen gibt es eine Unmasse und gehören dazu sehr viele unserer ältesten Geschlechter, darunter sogar solche, deren Namen zur Anspielung Raum gegeben haben würde, z. B. v. Falkenstein (Thüringen) führen eine Müze, v. Brandis (Tirol) einen Löwen, v. Federspihl (ehrsam) in Volshorn u. s. w.

Ich brauche nicht hinzuzufügen, daß es auf den Werth eines Wappens keinen Einfluß habe, ob es sprechend oder nicht sprechend sei; es läßt sich aber nicht läugnen, daß ein um jeden Preis „redend" gemachtes Wappen, bei dem die Namensanspielung etwa aure tracta erscheint, jedenfalls besser gar nicht existirte. — Dreierlei verunglükte Anspielungen sind z. B. der Löwe mit dem Brief im Wappen der v. Perüff, oder der Löwe im Herzschild des freiherrl. Wappens der v. Leoprechting.

---

[1] Den Begriff von „redenden" Wappen auf die Erklärung ihres Ursprungs und ihrer Geschichte ausdehnen zu wollen, wie dieß z. B. v. Hebenlohe a. a. O. S. 2 und 5 thut, wenn er das fürstenbergische Wappen unter die redenden zählt, scheint mir doch etwas zu weit gegriffen.

V. Die Bestandtheile eines Wappens

sind je nach dem Alter, der Bedeutung und der Ausführung des Wappens selbst mehrere oder wenigere. Ich setze sie in der Folge, wie sie die Entwicklungsgeschichte der Heraldik gibt, hieher.

1) Der Schild mit seinen Bildern,
2) der Helm und
3) das Kleinod,
4) die Deken,
5) Schildhalter,

6) Kronen,
7) Mäntel,
8) Orden,
9) Wahlsprüche und Devisen.
10) Panner.

Der Haupt- und wesentlichste Bestandtheil und zu gleicher Zeit der Repräsentant der Wappen an sich war und ist der Schild mit seinen Figuren; etwas später wird der Helm mit seinem Kleinod diesem Schilde hinzugefügt und bald darauf die Zierde der Deken. Schildhalter, Wappenmäntel, Orden, Sprüche, Kronen, Devisen und Panner als Ausschmükung der Urbestandtheile gehören den höheren und höchsten Stufen der Entwiklung unserer Heraldik an.

Jeder dieser einzelnen Bestandtheile hat wieder seine besondere karakteristische Entwiklung, und diese wird in den nachfolgenden Abschnitten nach Gebühr berüksichtigt werden.

Die Heraldik befolgt aber nicht nur das einfache künstlerische Prinzip der Abgrenzung aller dieser Theile durch bestimmte ihr eigene Linien, sondern sie besizt ein noch weiter greifendes Mittel, diese einzelnen Theile für's Auge zu unterscheiden, indem sie die Flächen zwischen den Linien mit Farben ausfüllt. Die Farben, welche, wie schon oben bemerkt, eine unerschöpfliche Quelle der Unterscheidungsmöglichkeit an sich bieten, geben dem Wappen auch zugleich sein eigentliches Leben. Ein nichtgemaltes Wappen bleibt zwar immer ein Wappen, aber es verhält sich dem Auge gegenüber noch ungünstiger als der Schwarzdruk zum Buntdruk, denn die heraldische Malerei hat die besondere Eigenheit, daß sie nur ganze Farben und diese wieder möglichst abstechend nebeneinander angewendet haben will.

Die Farben sind kein einzelner Bestandtheil eines Wappens, sondern ein allen Theilen desselben zu Gute kommendes Unterscheidungs- und Verschönerungsmittel. Die Heraldiker sind deßhalb unschlüssig, wo sie das Kapitel von den Farben in ihren Lehrbüchern anbringen sollen, und sie thun dieß gewöhnlich vor oder nach dem Kapitel vom Schilde. Auch ich habe in meinen „Grundsätzen der Wappenkunst" die Farben nach dem Schilde behandelt, und wenn ich hier die umgekehrte Ordnung einschlage, so geschieht es, weil diese mir jezt passender scheint, ohne jedoch auf diese Anordnung besondern Werth legen zu wollen.

VI. Farben und Pelzwerke.

Es gibt in der alten Heraldik nur vier Farben (lat. tincturae, colores, franz. emaux, engl. colours, tinctures, ital. colori. smalti, span. colores, holl. wapen-kleuren) und zwei Metalle, nämlich:

Roth, lat. rubeum, miniatum, franz. gueules, engl. gules [1]), ital. rosso, span. sangre, holl. rood.

Blau, lat. caeruleum, cyaneum, franz. azur, engl. azuro, (seltener blue, ital. azzuro, span. azul, holl. blaauw und azul.

Grün, lat. viride, franz. sinople, engl. vert, ital. verde, span. verde, holl. groen.

Schwarz, lat. nigrum, franz. und engl. sable [2]), ital. nero, span. negro, holl. zwart.

Gold, lat. aurum, franz. und engl. or, span. und ital. oro, auch giallo (strohfarben), holl. goud.

Silber, lat. argentum, franz. und engl. argent, ital. argento (auch biancho), span. plata, holl. zilver.

Man pflegt auch in minder fein ausgeführten Wappen statt Gold einfach Gelb und statt Silber Weiß anzuwenden, die Benennung wird jedoch regelrecht immer mit dem entsprechenden Metalle ausgedrückt.

Außer diesen sechs Farben und beziehungsweise Metallen kommt noch eine weitere siebente, der Purpur, lat. purpureum, franz. pourpre, engl. purpure oder purple, ital. porpora, span. purpura, holl. parper, vor. Seine Anwendung als Feld- oder Figurenfarbe ist in der alten Heraldik kaum nachzuweisen [3]), dagegen wird er bei Mänteln, Kronen, Edelsteinen, Mützen u. s. w. theilweise schon früher, in der Regel aber auch erst seit dem 15. Jahrhundert gebraucht. Prinsault nennt den Purpur „couleur composée et non simple, car qui mexlera égalle portion desdits (nämlich der sechs übrigen) couleurs ensemble ce sera pourpre". Ich bin der Ansicht, daß der Purpur, der auf solche Art durch Mischung hervorgebracht werden würde, keine sonderliche Klarheit und Brillanz zeigen möchte [4]). Andere sagen, Purpur werde aus Roth und Blau, Andere dagegen, aus Blau und Violett gemischt. Unstreitig ist, daß der ursprüngliche Purpur von Tirus eine feurige

---

[1]) Die Bezeichnung gueules ist aus dem deutschen Worte Kehle (lat. guttur, gula) entstanden und findet in alten deutschen Blasonirungen noch die Bezeichnung Keel für Roth. Siehe über dieß und andere alte Farbnamen im II. Theile bei der „Blasonirung". Blanché leitet gules von dem arabischen gul (Rose) ab.

[2]) Sable heißt eigentlich Sand. Ich bin aber der Ansicht, daß auch diese heraldische Farbenbezeichnung für noir von den Franzosen aus dem deutschen Worte Zobel (lat. Zibellina), das ebenfalls eine ältere Benennung für das heraldische Schwarz war, gebildet worden sei. Palliot glaubt, Sable, Sand, sei das Symbol der Traurigkeit und deshalb nenne man Schwarz: Sable.

[3]) Ein purpurnes Feld mit goldenem Löwen, gevieret mit einem grünen, darin ein schwarzer Adler, kommt im Grafenwappen der Blythum von Egstädt (Diplom vom 18. Juli 1711) vor. — Ein anderes Beispiel von purpurnem Feld kommt im Wappen der sächl. v. König (Diplom vom 26. Sept. 1741) vor.

[4]) Nach den Grundsätzen der Physik müßte die Mischung sämmtlicher Regenbogenfarben weiß geben, wie denn auch bekanntlich das durch ein Prisma zerlegte Sonnenlicht sich durch eine Linse wieder zum weißen Lichte vereinigen läßt.

dunkelrothe Farbe — nämlich das Blut der Purpurschnecke — war, welche Farbe wir jetzt billiger und doch ganz ähnlich aus dem Blute einer kleinen Blattlaus, der Kochenille, darstellen.

Menestrier und Palliot wollen den Purpur gar nicht als heraldische Farbe gelten lassen, Andere rechnen ihn gar für neutral, d. h. ebensowol zu den Metallen, als zu den Farben, je nach Bedürfniß; so viel ist unläugbar, daß der Purpur den Ansprüchen, die wir an heraldische Farben machen, nicht vollkommen genügt.

Die ächte Heraldik liebt und gebraucht nämlich nur ganze Farben und zwar regelrecht nur eine Stufe von jeder derselben [1]. Der Grund dafür ist ein rein praktischer. — Sollte der heraldische Schild oder das Panner ein wirkliches Erkennungszeichen sein, so mußte die Bemalung oder Zusammenstellung der Farben derart gewält und ausgeführt sein, daß man die Bilder auf eine gewisse Ferne noch genau unterscheiden konnte. Unmöglich konnte man Farben wie etwa braun, braunroth, blutroth, violett, dunkelblau u. s. w. an sich gut unterscheiden, noch weniger aber war dieß thunlich, würde man z. B. einen braunen Löwen auf ein dunkelblaues Feld u. dgl. gemalt haben.

Der heraldische Satz, daß nicht Metall auf Metall und Farbe auf Farbe, sondern nur Metall auf Farbe und umgekehrt zu stehen kommen solle, hat einen tieferliegenden Grund, als den der bloßen Laune. Es versuche wer da will, den einfachsten Schild mit Umgehung dieser Regel, also entweder Feld und Figur von Farbe oder umgekehrt beide von Metall zu malen — er wird, selbst wenn er die brillantesten Farben sich dazu wälen sollte, nie im Stande sein, denselben Effekt zu erzielen, den er ohne allen Aufwand von Mühe mit einfacher Befolgung der Regel erreichen wird. Ich glaube behaupten zu dürfen, daß diese Regel nicht erdacht, sondern praktisch gefunden worden sei, also jedenfalls zu einer Zeit sich geltend gemacht habe, in welcher wirkliche Schilde wirklich gemalt worden sind. Deßhalb dürfte die Ansicht eines neueren Heraldikers [2], welcher behauptet, dieser alte Satz sei eine „neuere heraldische Regel", nicht festzuhalten sein, denn wenn man auch zugeben kann, daß die Regel erst in Worten ausgedrükt worden sei, als man überhaupt anfing, die Lehren der Heraldik sprachlich wiederzugeben, so ist damit höchstens erwiesen, daß die Regel aus der Praxis und nicht umgekehrt diese aus jener sei geholt worden.

Die älteste Lehrschrift, der oft erwähnte Traité du blason vom J. 1416 nimmt als ausgemacht an: c'est assavoir quant sont de métal sur métal ou couleur sur couleur, sont faulses et par ce moyen congnoit on souvent les armes des gens de bas estat et non nobles u. s. w. Dabei nimmt er allein das Wappen des Königreichs Jerusalem an, indem er behauptet, das bekannte Kreuz sei auf ausdrüklichen Rath und Wunsch aller Ritter, welche den Sieg Gottfrieds von Bouillon miterkämpfen halfen, in der Farbe (aus Roth auf Silber in Gold auf Silber) verändert worden: „que en mémoire et récordation d'icelle victoire excellente luy seroient données armes différentes du commun cours des aultres." Es war also schon damals (1416, wenn man ja wol das angeführte Datum vom J. 1099 als nicht urkundlich belegt beanstanden wollte) allgemeine Uebung oder mit andern Worten die Regel, nur Farbe auf Metall und umgekehrt zu setzen. — Die Regel ist also keinesfalls eine neuere, selbst nicht in den Lehrschriften, zu geschweigen in der Praxis [3].

---

[1] Die in der Praxis angewendeten Farbegattungen sind: Zinnober, seltener Mennig, für Roth, Kobalt oder Ultramarin für Blau, Grünspan oder Schweinfurter (Arsenik)-Grün, Bein- oder Rebenschwarz, Gold, und zwar das Dukatengold, oder Kronegold, auch Gummigutti, seltener Hellöer, Silber oder Weiß und Karmin (Kochenille), auch Krapplak für Purpur. — Ueber das Technische der Wappenmalerei werde ich im II. Theile d. B. das Nöthige beibringen.

[2] v. Hohenlohe: „Ueber das fürstenbergische Wappen", S. 41.

[3] Auch englische Heraldiker von Bedeutung unterstützen die Wahrheit dieses Satzes, wie denn z. B. Planché, S. 23, geradezu sagt: One of the most important rules in heraldry and which has evidently existed from its commencement, is the interdiction against putting colour upon colour or metal upon metal. The reason is obvious distinctness was the grand and primary object of armorial bearings. . . .

Ich gehe noch weiter und behaupte, daß ſich auf der alten Heraldik kein einziges Beiſpiel vom Gegentheil beibringen laſſe, d. h. daß es überhaupt keine ſogenannten Rätſelwappen — armes ſauſſes — in den Zeiten der ächten Heraldik gegeben habe, und daß, wenn hie und da ein altes Wappen gefunden wird, das Farbe auf Farbe oder umgekehrt Metall auf Metall zeigt, es nur durch Mißverſtändniß des Malers dazu gekommen ſei. Ich habe mich in älteren Wappenſammlungen nach derlei Rätſelwappen wol umgeſehen, aber die Beiſpiele, die ich fand, waren nicht derart, daß ſich eine Autorität für ſie begründen ließe. So iſt z. B. in der züricher Rolle das Wappen Lutringen allerdings als Rätſelwappen gegeben, nämlich in Roth ein blauer Schrägbalken. Das Wappen aber iſt unfehlbar falſch, denn Herzog Friedrich von Lothringen führt ſchon 1208 urkundlich und nach ihm alle Herzoge einen mit drei Adlern belegten Schräg-balken [1]), und auf einem Siegel mit Gegenſiegel Herzog Friedrichs vom J. 1292, von dem ich ſelbſt ein vortrefflich erhaltenes Exemplar beſitze, iſt der Schild mit dem Schrägbalken und den drei (ganzen) Adlern zweimal auf's Deutlichſte angebracht. Man muß daher in dieſem Falle gegründeten Zweifel gegen die Unfehlbarkeit der züricher Rolle, reſp. der Quellen des Malers hegen, weil er gerade bei dieſem alten bekannten Wappen das unterſcheidende weſentliche Karakteriſtikon — die drei Adler im Schrägbalken — wegläßt, gegen welchen Fehler derjenige, Farbe auf Farbe geſetzt zu haben, verhältnißmäßig gering erſcheint.

Es iſt ferner nachzuweiſen, daß erſt die ſpätere Zeit Rätſelwappen häufig aus ſolchen gemacht hat, die urſprünglich ganz der Regel gerecht waren. Es kommt nämlich bei gemalten Wappen der Uebelſtand vor, daß, wenn ſtatt Gelb und Weiß wirklich Gold und Silber aufgetragen wird, dieſe beiden Metalle mit der Zeit roſten (oxidiren) und zwar oft in verhältnißmäßig kurzer Zeit, je nach Solidität und Qualität des Stoffes, der Arbeit und der Art der Aufbewahrung. Oxidirtes Gold erſcheint, namentlich wenn es mit Roth oder Braunig unterlegt worden, dann röthlich matt, oxidirtes Silber aber blau, grau und ſogar ſchwarz. Wenn in einem derartigen Falle der das Wappen Kopirende oberflächlich genug in der Beſchauung und unwiſſend genug in Kenntniß der Heraldik war, um die wahre Farbe nicht mehr herauszufinden, ſo malte er eben ein derartiges goldnes Feld einfach roth oder eine ſilberne Figur blau u. ſ. f. So habe ich z. B. bei dem münchener Wappen unſtreitig nachgewieſen, daß der Schild mit dem ſchwarzen Mönche urſprünglich ſilber war und ſein mußte und nicht blau, wie man ihn ſeit 1836 malt [2]); ſo wurde auch der rothe Linden-baum in Silber im Wappen der v. Degenberg, Bayern, ſpäter irrig in Blau gemalt; ſo war das Kreuz und die vier Ballen des v. Liebert jetzt roth in Schwarz führen, urkundlich weißmeißblau früher gold in Schwarz. Aehnliche Beiſpiele habe ich in meinem Wappenwerke bei den Geſchlechtern v. Rotsmann, v. Breitenbauch, v. d. Oſten, v. Eſebeck, Stein v. Lauſniz u. a. — angeführt, und es iſt kein Zweifel, daß alle die ſogenannten Rätſelwappen der Neuzeit, wenn ihre Originale wirklich noch Urwappen waren, ſich in jenen Zeiten ohne Rätſelei zeigen werden, und daß es bei den meiſten ſogar gelingen werde, durch ernſtliche Forſchung zu dieſem Beweiſe der Wahrheit und zur Beſtätigung der Regel zu gelangen [3]).

---

[1]) Siehe Näheres in meinem Wappenwerk unter Altfrankreich, S. 16 ff. Die Farben ſind ſchon in den älteſten gemalten lothringiſchen Wappen: Feld gold, Schrägbalken roth, Adler ſilber. Die Adler findet man, jedoch irrig, ſpäter nur halb.

[2]) Ich that dieß in einem öffentlichen Organe, Abendblatt der k. Münchner Ztg., während der Vorbereitungen zum 700jährigen Jubiläum der Stadt (1858), und daß die Comité meine Gründe daburch, daß es die im Feſtzuge vorkommenden münchener Panner und Schilde alle mit ſilbernem oder weißem Grunde fertigen ließ, daß es der Dringlichkeit meiner beigebrachten Beweiſe Rechnung trage, der wohllöbliche Magiſtrat München aber läßt noch heutzutage bei allen Gelegenheiten den Mönch mit ſchwarzem Gewande auf blauem Felde öffentlich animalen.

[3]) Daß man übrigens ſogar mittelſt kaiſerlicher Diplome auch gegen die heraldiſche Regel ſchon zeitig verſtoßen habe, beweiſt z. B. der Wappenbrief von K. Friedrich III. dd. Neuenſtadt 12. Aug. 1454 für Peter und Hanns die Fröſchl, in welchem „ein ſchwarzer Froſch in rotem Feld" ertheilt wird (Chmel, Regeſta N. 3226), und ebenſo die Wappenverbeſſerung von K. Rudolf II. für Hanns Jörg und Hanns Joachim die Weſtacker von Moß und Kenſtorff, worin ihr altes Wappen,

Die Regel kann jedoch nicht angewendet werden, wenn das Feld oder die Figur an ſich ſchon durch Abgrenzungen aus zweierlei Farben, d. h. aus einem Metall und einer Farbe zuſammengeſetzt ſind, z. B. bei einem roth=ſilber geſchachten Adler in Blau (Mähren), ferner nicht bei den Pelzwerken, von denen weiter unten die Rede ſein wird, und endlich nicht in Nebendingen, wie Kronen, Waffen der Thiere und anderer Figuren, wie denn z. B. die Scheine, Waffen und die Krone des ſchwarzen Reichsadlers in Gold ebenſowol wieder von Gold ſein können, als von Roth. In der Praxis pflegt man dann derlei Nebendinge durch ſcharfe Konturen beſonders ſichtbar abzugrenzen.

Eine von älteren und neueren deutſchen Heraldikern eingereihte Farbe iſt die ſogenannte Aſchfarbe. Ich kenne davon nur zwei Beiſpiele in den Wappen der v. Aſchau, Bayern, und v. Oſterhauſen, Thüringen, bemerke aber, daß ich für die Exiſtenz der Farbe in beiden genannten Fällen keinen Nachweis gefunden habe, der älter wäre, als das 16. Jahrhundert, vielmehr werden die alten Wappen der v. Aſchau immer mit dem goldnen Dreiberg in Schwarz (nicht in Grau oder Aſchfarbe) gefunden, und beim oſterhauſer Wappen findet ſich der Schild urſprünglich von Roth, Gold und Silber, bei einer Linie auch von Roth, Schwarz und Silber, in neuerer Zeit aber von Roth, Aſchfarb und Silber ſchräggetheilt. Durch dieſe beiden Fälle alſo iſt die Exiſtenz oder überhaupt die Nothwendigkeit dieſer Farbe nicht erwieſen, und ich glaube den Grund für die ſpätere Einführung dieſer Farbe nur in den Namensanſpielungen auf Aſche und Oſtern ſuchen zu können. Außerdeutſche Heraldiker kennen die Aſchfarbe gar nicht.

Eine andere ziemlich allgemeine, für die Blaſonirung moderner Wappen ſogar nothwendig gewordene Annahme iſt die der ſogenannten Naturfarbe, lat. tinctura naturalis, franz. au naturel, engl. proper, ital. naturale, holl. natuurlijke kleur. Mit dieſem Namen drückt man eigentlich nicht eine beſtimmte einzelne, ſondern eine ganze Reihe von Farben aus; „natürlich", au naturel, proper, kann alſo ebenſowol von der Fleiſchfarbe der Hände und Geſichter [1], von der braunen Farbe der Haare und Baumſtämme, als von der rothen des Feuers und der grünen der Blätter und Stengel gebraucht werden [2].

Die alten Wappenkünſtler haben auch die natürliche Farbe thatſächlich gekannt, aber ſie wendeten ſie anders an als die modernen, d. h. ſie ſuchten jedesmal die der Naturfarbe des Gegenſtandes am nächſten ſtehende (ganze, d. h.) heraldiſche Farbe, und blieben auch hierin der alten Grundregel von Metall und Farbe getreu. So malten ſie eine natürliche Roſe nicht roſenroth, ſondern roth, einen lebensfriſchen Baum grün, einen herbſtlichen roth oder gold und einen abgeſtorbenen ſchwarz, ebenſo einen natürlichen Elefanten nicht grau, ſondern ſilber, einen hölzernen Rechen nicht braun, ſondern gold, roth oder ſilber. Deßhalb finden wir in alten Wappenrollen die Geſichter und Hände der Menſchen ebenſo häufig ganz ſilber als ganz (zinnober=) roth, je nachdem ſie auf Farbe oder Metall zu ſtehen kamen.

Ich erwähne ſchlüßlich noch der ſogenannten Schattenfarbe (nicht derjenigen, mit welcher man eine erhaben ſcheinende Figur malt und welche die Franzoſen ombre nennen und welche darin beſtehen ſoll, daß die betreffende Figur nicht ſelbſt, ſondern nur ihr Schatten im Schilde erſcheint, wie z. B. Johann von Trazegnies, Vliesordensritter, innerhalb gekerbter rother Bordur von Gold und Blau fünfmal ſchräggetheilt mit dem Schatten eines Löwen geführt haben ſoll [3]. Ich halte die Sache für Spielerei und

---

welches in Gold einen ſchwarzgekleideten Mann mit ausgeriſſener Buche in der Rechten zeigte, dahin verbeſſert wird, daß der Schild von nun an blau ſein ſolle — alſo ein ſchwarz gekleideter Mann in Blau —.

[1] Einige Heraldiker nehmen hier wieder eine beſondere Farbe, die Fleiſchfarbe, franz. carnation, ital. carnacione, holl. vleeschkleur, an.

[2] In dem 1814 entſtandenen Wappen der v. Biſcher (Württemberg) iſt nicht nur die Klippe, auf der ein Fiſcher ſitzt, von natürlicher Farbe, ſondern der ganze Schild ſtellt diplomgemäß „das Ufer eines freundlichen See's von der lächelnden Sonne beſchienen" vor (ſiehe mein Wappenbuch: württemb. Adel. S. 18. T. 25).

[3] Palliot, Indice armorial, S. 479.

fie wird geradezu ungereimt, wenn man bedenkt, daß Palliot im gegebenen Fall noch bemerkt: mit dem Schatten eines ſchwarzen Löwen (à l'ombre d'un lion de sable), wie wenn ein ſchwarzer Löwe einen anderen Schatten werfen könnte, als ein rother oder goldener.

Im Allgemeinen ergibt ſich als praktiſcher Erfahrungsſatz, daß die Heraldiker da auf Abwege geriethen, wo ſie die einfachen alten Regeln verbeſſern oder verkünſteln wollten, und es war dieß insbeſondere in Bezug auf die Lehre von den Farben der Fall, welche durch Einſchmugglung von Mißfarben, wie Aſchfarbe, Schattenfarbe, Blutfarbe, Erdfarbe [1] u. ſ. w. nicht vollſtändiger, ſondern unſelbſtſtändiger geworden iſt.

Ich komme nun zu den Pelzwerken oder der Kürſch, franz. fourrure, engl. fur, holl. pelswerk [2]).

Von der Kürſch werden in der Heraldik drei Hauptarten angewendet, nemlich Hermelin, Feh und Futter.

Hermelin, lat. hermionae, franz. hermines, engl. ermine, ital. armellino, ſpan. armiño, holl. hermelijn, gilt für das edelſte Pelzwerk im gemeinen Leben und iſt auch in der Heraldik, wenigſtens in der deutſchen, nicht ſehr häufig. Dieſes Raubwerk iſt das Fell einer Wieſelart, welche auch bei uns nicht ſehr ſelten, im Winter weiß mit ſchwarzer Schweifſpitze, im Sommer ganz rothbraun iſt. Man pflegt dieſe Kürſch im gemeinen Leben derart zu bearbeiten, daß man die Felle ſtükt und auf dieſelben die Schweifchen in mehr oder minder großer Anzahl einſetzt [3]).

Dieſe Art natürlicher Hermelin findet von jeher und auch in Prachtſtüken der Wappen, z. B. als Futter der Wappenmäntel, Deken, als Aufſchlag von Müzen ꝛc. ſeine Anwendung und unterſcheidet ſich von dem eigentlichen heraldiſchen Hermelin nur dadurch, daß in letzterem der Grund regelrecht ſilber (nicht weiß) mit eigens geformten ſchwarzen Flelen (engl. spots, franz. poudre) ſich zeigt [IX. 66] [4]). Als Feld- und Figurenfarbe ſollte der Hermelin auch immer ſo gezeichnet und gemalt werden, es gibt aber Ausnahmen genug, wie z. B. der Hermelinpfahl in IX. 65 im Wappen der Grafen v. Bregenz aus der züricher Rolle. Dabei iſt nicht ausgeſchloſſen, eine heraldiſche Form der Schwänzchen auch jedem Hermelin, der in Wappen überhaupt, alſo auch außerhalb des Schildes vorkommt, zu geben [5]).

Die Engländer unterſcheiden noch eine Abart heraldiſchen Hermelins, welchen ſie Erminites nennen, und zum Unterſchied vom gewöhnlichen Hermelin den ſchwarzen Schwänzchen zu jeder Seite ein rothes Haar beiſetzen.

Einen ganzen freien oder lebigen Hermelinſchild führten z. B. die v. Wollenſtorff in Oeſterreich und die Grafen von Bretagne. In niederrheiniſchen und burgundiſchen, auch engliſchen und franzöſiſchen Wappen iſt der Hermelin weit häufiger als bei uns. (Vergl. den Indice von Palliot, Fahne, kölniſche Geſchlechter, und Lindeſay's Heraldry.)

Die Sucht nach Abwechſelung oder die ſogenannte Mode hat noch verſchiedene Abarten von Hermelin erfunden — ich rede hier natürlich nur von der Heraldik — nemlich den Gegenhermelin, lat. hermionae contrariae, franz. contre-hermine, engl. ermines, ital. contra armellino, holl. tegenhermelijn — ſchwarz

---

[1]) Siehe auch deren neuerfundene Bezeichnung unten Taf... Fig...

[2]) Um Mißverſtändniſſe zu vermeiden, bemerke ich, daß Kürſch gleichbedeutend mit Pelzwerk überhaupt iſt. Das Wort ſelbſt iſt als ſolches veraltet und lebt nur noch in dem Worte Kürſchner, lat. pellifex, franz. pelletier, engl. furrier. Es iſt daher eine ausſchließliche Anwendung des Wortes Kürſch für eine einzige Gattung von Raubwerk nicht angemeſſen oder gerechtfertigt.

[3]) Der ſogenannte falſche Hermelin hat als Grundwerk weiße Zenotten mit echten oder imitirten Hermelinſchwänzchen beſetzt.

[4]) Die Form der heraldiſchen Hermelinſchwänzchen iſt verſchieden nach Geſchmak und Urſprung der Wappen; ſie kommt z. B. auch kreuzartig vor, wie IX. 66.

[5]) Ich finde ſogar natürlichen und heraldiſchen Hermelin nebeneinander, z. B. auf einem Bilde der Gräfin Iſabeau von Bretagne v. J. 1450, deren Oberleibkleid natürlichen, der Rok aber heraldiſchen Hermelin zeigt (Antiquités II. CLXIX.).

mit filbernen Flecken, dann den Goldhermelin (engl. erminois): gold mit schwarzen Schwänzchen [1]), und Goldgegenhermelin, alias irrig Gegengoldhermelin (engl. pean): schwarz mit goldnen Schwänzchen. Palliot kennt nur den einfachen Hermelin und den Gegenhermelin, Prinsault aber [2]) spricht schon von Hermelin d'or et de gueules.

Das zweite Pelzwerk, welches in der Heraldik angewendet wird, ist Feh oder Fehwerk in mancherlei abweichenden Formen und Farben.

Ursprünglich und eigentlich ist Feh der Balg des norwegischen Eichhornes, welches auf dem Rücken blau-grau [3]), am Bauche weiß mit braunen Rändern ist. Im Handel kommen beide Theile des Felles gesondert zu Markte, als Fehrüken und Fehwammen. Von letzterem werde ich später bei der dritten Art von Kürsch sprechen.

Die Fehrüken kommen in Büscheln zusammengeheftet, schon bearbeitet als Rauhwerk, zu uns und sind durchgehends ohne Rücksicht auf Größe in der (½ durchschnittlicher natürlicher Größe) Form XXXVI. 1338 zugeschnitten. Das obere Ende heißt der Kopf, das untere der Pumpf, und demnach geht der Haarschlag immer von dem schmälern Ende zum breiteren. Ich bemerke diese an sich unbedeutend scheinende Thatsache, weil sie für das praktische Verständniß von Fehwerk überhaupt von großem Belange ist.

Mit sehr geringer Kunst lassen sich aus den Fehrüken die beiden Formen XXXVI. 1339. a u. b. herstellen, je nachdem man die Felle eckig oder abgerundet zuschneidet, und ich nenne die eine (a) die Eisenhutform, die andere (b) die Glockenform.

Die Zusammenstellung von Fehrüken mit einem andern Pelzwerk, insbesondere mit weißem, ist von vortrefflicher Wirkung, und es mag dieß, neben der bildsamen Form, wol eine der ersten Ursachen gewesen sein, warum dieß Pelzwerk in die Heraldik aufgenommen wurde.

Setzt man mehrere gleichartig geschnittene Fehrüken übereinander und füllt die Zwischenräume mit weißem Rauhwerk, etwa als Hermelin (ohne Schwänzchen) oder mit weißen Jenotten aus, so ergibt sich eine Buntschur und zwar in den Stellungen von XXXVI. 1340. d u. e, wobei bei dem einen die Felle aufrecht, bei dem andern gestürzt sind. Bei Nebeneinanderstellung mehrerer solcher Buntschuren ergeben sich die Muster XXXVI. 1341. f u. g in analoger Weise. Mehrere Streifen wie d nebeneinander ergeben das Muster IX. 78, welches man in der Heraldik Pfahlfeh zu nennen pflegt. Mehrere Streifen von e nebeneinander ergeben das heraldische gestürzte Pfahlfeh XXXVI. 1342. Dieselben beiden Arten lassen sich auch erzeugen, wenn man mehrere Streifen von f oder g übereinander setzt, doch so, daß die Fehrüken immer gerade untereinander stehen. Versetzt man sie aber derart, daß in der zweiten wagrechten Reihe die Fehrüken unter die Jenotten zu stehen kommen, und nimmt dann die dritte Reihe gleich der ersten, die vierte gleich der zweiten u. s. f., so entsteht das eigentliche heraldische Fehwerk IX. 72, welches man κατ' ἐξοχήν Feh nennt, und bei gestürzten Fehrüken das Sturzfeh IX. 76.

Es liegt ferner vor Augen, daß man die Buntschuren, statt sie direkt aneinander zu stoßen, auch mittelst Streifen anderer Stoffe verbinden kann. Da Roth zu Blau und Weiß gesetzt das prächtigste Farbenspiel hervorbringt, so mag dieses die Ursache gewesen sein, warum man so häufig, ja fast ausschließlich nur diese eine Farbe in Verbindung mit dem heraldischen Feh findet. Eine derartige Zusammenstellung zeigt sich z. B. bei IX. 71 (Wappen der v. Coucy, Frankreich) und bei IX. 81 (Chastillon).

Es ist aber ferner auch die Möglichkeit gegeben, eine Buntschur nicht blos streifenweise mit farbigem Stoffe zu verbinden, sondern dieß auch in der Art anzuordnen, daß man die Buntschur z. B. ringsum mit rothem Tuche abgrenzt oder umgekehrt ein farbiges Tuch mit einer Buntschur einfaßt (IX. 69) oder ver-

---

[1]) Die v. Lecquenghien in den Rheinlanden führen: in Goldhermelin einen rothen Löwen.
[2]) A. a. O. S. 323.
[3]) Die Kürschner bezeichnen die Farbe des Fehrükens durchgehends als blau, sowie sie auch als nächste ganze Farbe in der Heraldik gemalt wird.

bindungen wie IX. 73, 75, 83, 85 hervorbringt, wobei ich jedoch bemerken muß, daß bei den Zuſammenſtellungen ſelbſt einiger Unterſchied zwiſchen Theorie und Praxis feſtgehalten werden muß.

Es gibt Zuſammenſtellungen, welche ſich ſehr wol gemalt auf dem Papier, ſehr ſchwierig aber in
natura in Buntſchur ausführen laſſen. Sobald nemlich die einzelnen Fehrüten derart gegenüber zu ſtehen
kämen, daß man Kopf an Kopf und Pumpf an Pumpf ſtoßen müßte, ſo erfolgte daraus eine in der kürſch-
neriſchen Praxis thatſächliche Unmöglichkeit, weil in dieſem Falle der Haarſchlag in der einen Reihe der
Buntſchur aufwärts, in der andern abwärts fiele, und zwar folgerecht nicht nur bei den Fehrüten, ſondern
auch bei dem ausfüllenden Rauhwerk. Eine Buntſchur wie IX. 74, 80, 82, 85 u. 87 gehört alſo wenigſtens
unter die praktiſchen Undinge, denn bei 80, welches man in der Heraldik Gegenfeh zu nennen pflegt,
hätten wir in der erſten wagrechten Reihe den Haarſchlag aufwärts, in der zweiten abwärts, in der dritten
wieder aufwärts u. ſ. w. Dagegen hat es keine praktiſche Schwierigkeit, Zuſammenſetzungen wie IX. 69
oder 83 hervorzubringen, da in dem erſtern Falle der Haarſchlag von der Mitte des Tuches oder Schildes
ringsum ſtrahlenförmig auswärts, im letzteren aber von oben nach unten drefſirt werden kann.

Was ich bis jetzt über Form und Behandlung des Fehes und der Buntſchuren überhaupt beigebracht
habe, beruht auf genauer praktiſcher Anſchauung, die ſich jeder Andere, der Luſt und Ausdauer dazu hat,
in den Werkſtätten der Kürſchner gleichfalls verſchaffen kann. Vielleicht mag auch Mancher der Anſicht ſein,
die Sache gehöre überhaupt nicht in die Heraldik, aber ich bin der Ueberzeugung, daß die alten Kürſchner
des 13. und 14. Jahrhunderts ſehr viel mit der Heraldik in Berührung gekommen ſeien und daß in puncto
der heraldiſchen Pelzwerke, insbeſondere des Feh's, nicht ſo viel mitunter Grundfalſches geſchrieben worden
wäre, hätte ſich jeder Heraldiker dieſe Dinge auch praktiſch angeſchaut [1]).

Aehnlich wie bei allen übrigen aus der Natur oder Kunſt in die Wappen übergegangenen Figuren
trägt auch die Darſtellung des Feh's in der Heraldik verſchiedene Karaktere, je nach der Auffaſſung des
Künſtlers und ſeiner Zeit. Die älteſten Formen ſind die, welche die Fehrüten wellen- oder glokenförmig
(IX. 69, 70, 73, 77, 83, 85. XXXVI. 1345), und die, welche ſie in länglich-vierteiliger Form zeigen (IX.
84, 88. XXXVI. 1344. 1346) [2]); die jüngſte Form iſt die eiſenhutartige (IX. 71, 72, 74—76, 78—82
und 86, 87).

---

[1]) Der Leſer wird ſich einer leiſen Verwunderung nicht enthalten können, wenn er mich, der ich in meinen „Grundſätzen der
Wappenkunſt" und ſpäter bei allen anderen Gelegenheiten das gerade Gegentheil meiner hier aufgeſtellten Behauptungen mit
Eifer verfocht — nunmehr mit einer derartigen Theorie und ſolcher Ueberzeugung hervortreten ſieht. Lange Jahre habe ich
omni cum ſapientiae apparatu die Behauptung verfochten, das, was die Heraldiker Feh nennten, ſei urſprünglich nicht Pelzwerk, ſondern ein Heroldsſtük — Eiſenhütlein — geweſen und die Bezeichnung Pelzwerk ſei wenigſtens für die deutſche
Wappenkunſt ganz falſch. Seitdem ich aber Kürſchnerei mit längere Zeit praktiſch anzu-
ſchauen, habe ich angelangen, die heraldiſche Seite dieſes Gewerbes mit zu beſſerem Verſtändniß zu bringen; ich habe
von da an auch die alten Siegel und Wappen, Urkunden und Bilder einſchlägiger Richtung mit anderen Augen angeſehen
und wenn ich noch einige Zeit geſchwankt habe, die Unhaltbarkeit der Eiſenhütlein-Theorie einzugeſtehen oder beſſer mir
ſelbſt einzugeſtehen — tenaciſſimus enim et in errore inventus homo — ſo bin ich durch die ſchon erwähnte v. Hoben-
lohe'ſche Schrift „über das fürſtenbergiſche Wappen" — zur völligen Ueberzeugung und von meiner früheren irrigen Anſicht
ganz zurückgekommen. Ich geſtehe dies um ſo lieber ein, als Niemand, der jene Schrift geleſen, behaupten wird, der Verfaſſer derſelben habe ſich befliſſen, durch gewinnende Redensarten gerade mich für ſeine Anſichten in der Heraldik günſtig
zu ſtimmen.

[2]) Der ſpaniſche Heraldiker de Vara ſagt in Bezug der Form: Los veros ſon una labor Romana a manera de ondas
y en ſus bueltas baze unos arcos o execuetes iguales, y enlavan aſſi texidos en las veſtiduras de los governadores.
Y por ellos los llamaron Veros. Die Darſtellungsweiſe von Feh, wie IX. 64 (nach einem Siegel eines Don-
nersberg v. J. 1250), 88 (ebenſo noch ein Siegel des Witgo de Warte 1270), XXXVI. 1344 (Grabſtein des Eglof von der
Wart, † 1346 Kloſter Baumburg), hat viele Aehnlichkeit mit dem der Siege oder Turnierkragen, derlei Wappen oder
Siegel werden auch häufig auf dieſe Weiſe blaſonirt; ſo z. B. beſchreibt Fahne ein Wappen Overſtolz (XXXVI. 1346) als
drei goldene Turnierkragen von 5. 4. 3. Lätzen in Roth, es iſt aber kurzweg roth-goldenes Feh; Planché nennt dieſe Dar-

Bevor ich nun die in der Heraldik am häufigsten vorkommenden Arten von Fehwerk (alias Eisen-hütlein) aufzähle, bemerke ich noch, daß dieß Pelzwerk unter Beibehaltung der angegebenen Formen nicht nur in Blau und Silber, sondern auch in andern Farben und zwar roth-gold, blau-gold, schwarz-silber und roth-silber vorkommt, wenn man auch nicht erweisen kann, welche Sorten von natürlichem Rauhwerk zur Herstellung dieser Buntschuren gedient haben mögen [1]). Wenn man in der Heraldik von Feh spricht, so versteht man darunter immer natürliches von Blau und Silber, andersfarbige Fehe werden besonders benannt. Schlüßlich geht aus der Entwicklung der Wappenkunst selbst hervor, daß man mit der Zeit, da die wirklichen Schilde außer Gebrauch kamen — und vielleicht schon hundert Jahre früher —, auch angefangen haben wird, die Pelzwerke auf heraldischen Schilden nicht mehr durch natürliche Bunt-schuren, sondern nur mehr mittelst Malerei darzustellen; dadurch wird es auch erklärlich, daß der Maler oder Herold nachgerade auch Zusammenstellungen oder Erfindungen dieser Art machen konnte, welche in natura herzustellen dem Kürschner unmöglich geworden wäre.

Die in der Heraldik vorkommenden Arten von Feh sind nachfolgende [2]):

1) Feh (auch Eisenhütlein), lat. varium, franz. und engl. vair, span. vero, ital. vajo, holl. vair (IX. 70, 71). Derlei führen z. B. die Marschallen v. Pappenheim [3]), deßgleichen die stammverwandten † Marschallen v. Bopfingen, v. Biberach, v. Donnersperg oder v. Dornsperg (IX. 79), ebenso die v. Sallach, Bayern, du Fraisnel und Rochefort, Frankreich. Von Feh und Roth geviertet: Voit, Tirol; in Feh ein rother Balken: Gernstein, Tirol, ebenso rothe Balken: Tauffers, ebenda. Innerhalb einer Bordur von Feh, in G. ein rother Adler: Fürstenberg, Schwaben. Feh unter rothem Haupt: Greul v. Neuperg, Bayern. Roth-goldenes Feh: Overstolz, Köln (XXXVI. 1348); Ferrers, England (XXXVI. 1345 — nach einer Wappenrolle aus der Zeit Eduard I. bei Planché 22). Blau-goldenes Feh: Liskirchen, Köln (1343); v. Aubeterre, Frankreich [IX. 86] [4]). Schwarz-silbernes Feh: v. Berdline, England. Roth-silbernes Feh: v. d. Wart, Bayern (IX. 83. XXXVI. 1344). Roth-goldenes Feh als Einfassung um einen blauen Mittelschild, das Ganze mit einem silbernen Schragen

stellungsweise vair potent counter potent und vielleicht könnte man sie im Deutschen „krükenartiges Feh" bezeichnen. Auf dem besagten wartlichen Grabstein ist, wie hier Fig. 1344 schraffirt ist, vertieft gearbeitet.

[1]) Vielleicht ist der Balg des rothen Eichhörnleins, des Maulwurfs, Zobels oder ähnlich farbiger Thiere verwendet worden. Naturgelbes Rauhwerk wird wenigstens heutzutage nicht mehr verbraucht, es müßte denn die schönste Sorte von Iltis, gelb mit schwarzen Haarspitzen darunter, begriffen werden.

[2]) Ich bemerke, um Mißverständnisse zu vermeiden, daß man, wie bei den einfachen Farben und Metallen, so auch bei den Doppelfarben der Pelzwerke immer die Ausfüllung des ganzen Schildes, Feldes oder der Figur voraussetzt, und bezwegen weder die farbigen noch metallenen Eisenhütlein oder Glocken zählt, sondern sie brevi manu als mosaikartigen Ueberzug der Fläche annimmt. Ich bemerke hier weiter noch, daß die französische Heraldik einen Unterschied in der Benennung desselben je nach der Größe der einzelnen Hüte oder Glocken mit Beziehung auf die Größe des Schildes machen will. Sind die Hüte ꝛc. so groß, daß zwei bis drei Reihen davon den Schild füllen, so nennen sie dieses Feh bestial, Sturm-glotz; sind die vier Reihen davon im Schilde, so nennen sie es menu-vair, Kleinteh. Mir scheint dabei der Willkür und auch dem Mißverständnisse der Maler zu viel Spielraum eingeräumt zu werden. Ebenso könnte man Schach-Wellen ꝛc., welche Felder oder Figuren ganz überziehen, als Doppelfarben (statt als Heroldsstücke) erklären. Ich fürchte nur, hierin die möglichen Konsequenzen nicht vertheidigen zu können, denn nur ein kleiner Schritt weiter, so werden wir z. B. mit Schindeln, Regeln ꝛc. besäte Felder und Figuren ebenfalls als doppelfarbig erscheinen; konsequent müßten wir auch den mit goldenen Lilien besäten blauen Schild von Frankreich u. a. ebenfalls als doppelfarbiges tapetenartiges Muster erklären in allen derartigen Fällen, wo eine bloße Besäung oder ungezählte Abwechslung zweier begrenzter Farben statt hat.

[3]) Die älteren Abbildungen des pappenheim'schen Schildes (z. B. IX. 72 aus Grünenberg) haben bis zum 17. Jahr-hundert haben alle regelmäßiges Feh, d. h. die blauen Hüte stehend. Auch in dem Wappenvereinigungsbrief v. J. 1571 (Hundius, II. 174) wird das 2. und 3. Quartier „mit aufeinandergesetzten Eyßenhüt" blasonirt. Ich sehe keinen Grund, warum man in neuerer pappenheim'schen Wappen Sturzfeh (f. b.) malt.

[4]) Solches blau-goldenes Feh könnte vielleicht auch der Schild der v. Sulzberg (Züricher-Rolle Nr. 60) enthalten sollen?

überlegt: Oettingen, Ries (IX. 77¹), 79. — Das älteste öttingen'sche Siegel IV. 27 hat das Feh als Einfassung um den Schild, ähnlich wie Fürstenberg.) Der Umstand, daß in einem Schilde mit Feh die einzelnen Gloken von oben nach unten zu an Zal abnehmen, hat zu vielfachem Mißverständniß Anlaß gegeben, indem spätere Heraldiker in ihrer Gewissenhaftigkeit so weit gingen, die einzelnen Reihen und Gloken zu zälen und dadurch für ein spezielles Wappen gleichsam diplomatisch festzustellen. Daß bei älteren Schildformen die Zal der Fehrüten oder Gloken gegen den Schildesfuß zu abnehmen müsse, liegt in der Natur der Sache, da der Dreiekschild sich nach unten verjüngt. Dabei ist aber immer im Auge zu behalten, daß das Fehmuster zu allen Seiten in den Rand sich verlief und verlaufen mußte. Gerade diese einfache und naturgemäße Thatsache wurde aber in späteren Jahrhunderten häufig unbeachtet gelassen, namentlich, als man anfing, den Fehrüten eine ausgeprägte Eisenhutform und damit den Begriff von Eisenhüten zu geben. Um dieselbe Zeit kamen auch die halbrunden Schilde (XI. 115) in Aufnahme und dabei, noch mehr aber bei den späteren vierekigen, unten mit einer Klammer geschlossenen Schilden (X. 102. XI. 124), haben die Wappenmaler, Steinmezen u. A., denen möglicherweise ein älteres Siegel oder Wappen der Art vorlag, aus Mißverständniß des Fehwerkes wol gemeint, die Sache recht gut zu machen, wenn sie genau so viele Eisenhütlein in den halbrunden Schild sezten, als sie in dem Dreiekschilde zälten und das war eben falsch, denn in einem halbrunden Schild müssen mehr derselben Plaz haben und nehmen als in einem Dreiekschilde, und in beiden muß das Muster des Fehwerks in den Rand verlaufen. Ein praktisches Beispiel dieser Art Mißverständnisses gebe ich in dem Wappen der Greul v. Reuper und Walkersaich²). Ein Siegel des Ruodiger Greulo vom J. 1298 in meinem Besiz zeigt einen Schild, genau in der Form wie IX. 73. Die Farben sind natürlich hier nach dem Wappen ergänzt, und ich bemerke nur, daß, was hier blau angegeben, dort vertieft, was aber hier mit Silber bezeichnet, dort erhaben ist. Das Feh verläuft in den Rand und zeigt 3. 3. 1 ganze Gloken. Auf einem Grabsteine des Adam Greul v. R., † 1483 zu Kloster Mallerstorf (auch abgebildet in Mon. Boic. XV), ist der Schild halbrund (IX. 75) und zeigt unter dem rothen Haupte in Silber sechs, 3. 2. 1, blaue Eisenhüte, von denen die drei untern weit vom Schildesrande entfernt freistehen, also förmlich künstliche Figuren bilden. Denken wir uns aber diesen Schild nach der punktirten Grenze als Dreiekschild, so ist ein richtiges Feh vorhanden und das Muster verläuft sich regelmäßig in den Rand. Derlei Beispiele wären noch viele aufzufinden und ließen sich namentlich bei den Geschlechtern Pappenheim, Sallach u. a. nachweisen. Ganz dasselbe Mißverständniß hat auch aus dem frühenartigen Feh im oberstolz'schen, liskirchner u. a. Wappen die Stege mit einer abnehmenden Zal von Lözen in halbrunden Schilden hervorgebracht, wie XXXVI. 1343 u. 1346 veranschaulichen wird.

2) Sturzfeh (IX. 76), auch gestürzte Eisenhütlein, lat. varium deorsum (scilicet versum), franz. vair renversé, wobei die blauen Hüte gestürzt und die weißen aufrecht erscheinen, derart z. B. in den neueren Abbildungen der pappenheim'schen Wappen.

3) Pfahlfeh (IX. 78), übereinandergesezte Eisenhütlein, lat. varium pali instar, franz. und engl. vair en pal, ital. varj in punta, holl. paalvair. Hier stehen die blauen Hüte aufrecht gerade übereinander. Drei Pfähle von Pfahlfeh in Roth unter goldenem Haupte: Chastillon, Frankreich; Beaulieu-Marlonay, Braunschweig, ebenso mit einem schwarzen Steg im Haupte: v. Haefften, Meklenburg (IX. 81). Ein Schragen von Pfahlfeh in Roth: Schweppermann, Bayern, Guttenburg, Schweiz (IX. 83).

---

¹) Ex sigillo. In meinem Wappenwerke: hoher Adel, L. 3, trägt die Abbildung durch Mißverständniß des Lithografen — verschiedene Karaktere und sind die einzelnen Gloken im Schilde dort etwas zu eckig, eisenhutartig ausgefallen, sowie auch der Helm des Siegels, den ich unter XXVL 1187 hier wiedergebe, dort in der Form falsch aufgefaßt erscheint.

²) Die Greul waren Dienstleute, vielleicht auch spurii der Grafen von Mallerstorf und Kirchberg und führten mit diesen gleichen Schild. Die Grafen selbst waren wieder stammgenossen und wappenverwandt mit den Marschallen von Pappenheim, Dornsperg und dieser Sippe (Hund, I. 100. II. 159. III. 338. M. B. V. 370. XIV. 142 fl.).

4) Gestürztes Pfahlfeh, lat. varium pali instar deorsum (sc. versum), franz. vair renversé en pal, führen z. B. die Bichi in Bayern (XXXVI. 1342).

5) Gegenfeh (IX. 80), gegeneinandergesezte Eisenhütlein, lat. varium contrarium oder ex adverso positum, franz. contre-vair, engl. counter-vair, ndb. tegenvair, wenn die blauen Hüte und folglich auch, die silbernen übereinander stehen, aber mit der Grundlinie aneinandergestoßen sind. (Vergl. über die praktische Unmöglichkeit dieser Zusammenstellung oben S. 41.) Solches führen: Plessis, Frankreich. — Ebenso eine Bordur von Gegenfeh um einen rothen Schild, worin ein goldner Schrägbalken: la Fayette, Frankreich. — Gegenfeh von Roth und Silber: Scepaux, Frankreich (IX. 82), von Blau und Gold (nach Palliot als Kleinfeh): Hammes in Flandern.

5) Buntfeh, auch verschobenes Feh, durchschnittene Eisenhütlein, lat. varium pali instar alternis tincturis, franz. vair-en-pointe, engl. verry, ndb. bontvair (IX. 74), wenn in einer Reihe die blauen Hüte aufrecht, in der andern abwärts und gegen einander verschoben erscheinen. Auch diese Zusammenstellung ist praktisch unmöglich. v. Hohenlohe bringt übrigens S. 49 die Abbildung eines pappenheim'schen Schildes ex sigillo vom J. 1318, dessen obere Hälfte genau wie Buntfeh aussieht. In der Züricher-Rolle ist ein unbekanntes Wappen Nr. 470 (IX. 85), welches in Roth einen Schrägbalken von Buntfeh zeigt.

6) Feh in verwechselten Farben gespalten IX. 82, praktisch auch nicht herzustellen.

Dieß sind gewöhnlich vorkommende Arten von Feh. Die Herolde haben aber auf dem Papier noch allerlei wunderliche Einfälle gehabt, zu denen namentlich dasjenige Pelzwerk gehört, welches die Engländer verrey nennen und auch wol selbst erfunden haben. Dieß Pelzwerk (IX. 89) hat die Form des Feh, zeichnet sich aber dadurch aus, daß es alle sechs heraldischen Farben abwechselnd wiedergibt. Ich glaube kaum, daß ein Wappen mit derartigem verrey wirklich existirt.

Ich komme nun zum dritten und lezten Pelzwerke, das in der Heraldik Anwendung gefunden hat, zu dem

Fehwammen oder Futter. Fehwammen ist, wie schon bemerkt, der untere Theil des Fehbalges. Er ist weiß mit brauner Einfassung und nur halb so breit als der Fehrüken, daher er, um eine Zeichnung oder ein Muster darzustellen, zu je zweien zusammengestoßen wird; mehrere derartige Doppelfelle aneinander gereiht, geben ein Pelzwerk, das wolken- oder schuppenartig mit brauner Einfassung und einem senkrechten braunen Streifen in der Mitte der Schuppen sich darstellt. Da dieß Pelzwerk in der Regel zu Rok- oder Mantelfutter verwendet wird, so hat es wie im Leben, so auch in der Heraldik diesen lezten Namen häufig ausschließlich erhalten. Die v. Bettwingen in der Schweiz führen gespalten von Fehwammen oder Futter und Roth (IX. 67), die v. Jarstorff, Bayern, führten: geviertet von Futter und Roth. Die Stadt Bregenz erhielt durch Wappenbrief vom 24. Februar 1529 das Wappen der alten Grafen von Bregenz: „ain schilt wie ain sechwamblein fürschen geformiert vnd darinnen ein weisse straffen, darauf nacheinander ober sich stehend drew schwarze hermlein Schwenzlin" [1]. In der Züricher-Rolle ist das Wappen der Grafen v. B. wie hier IX. 65 und das Fehwammen ist mit Blau (statt mit Braun) begrenzt.

————————

Obwol nun im Leben die drei Arten der Pelzwerke: Hermelin, Feh und Futter von entschieden ungleichem Werthe sind, so hat dieß doch ganz und gar keinen Einfluß auf ihren Gebrauch in der Heraldik, sowie auch keine der einfachen Farben höher im Werthe steht, als die andere, und kein Pelzwerk höher, als

---

[1] Siehe mein Wappenwerk: Städtewappen, S. 2, T. II.

irgend eine Farbe. Es ist dieser Umstand, wenn auch an sich klar, dennoch gar häufig, wenn auch nur von Heraldikern sentimentaler Naturanlage, vergessen worden. Die ächte Heraldik hat aber immer dem Satze gehuldigt: Es ist keine Farbe oder kein Metall und Pelzwerk in der Heraldik höher zu achten, als die andere. Ebenso wenig haben die Farben in der Heraldik eine bestimmte Bedeutung, obwol gerade in dieser Beziehung seit mehreren Jahrhunderten und in fast allen Ländern die Heraldiker aller Art unnütze Dinge erdacht und nachgeschrieben haben [1]. Eine bestimmte Bedeutung und konsequent eine Bevorzugung der einen Farbe gegen die andere konnte schon deßhalb nie angenommen werden, weil die Farben ein nothwendiges Mittel waren, gleiche Figuren und Wappen zu sondern, und Jeder sich gewehrt und gehütet haben würde, eine weniger noble Farbe annehmen und führen zu sollen. Ueberdieß grenzt die Prädikatsertheilung für Figuren und Farben, wie sie in den neuen Heraldiken den Wappen und ihren Trägern beigelegt werden, an das Peinliche in Bezug der Angst, Niemanden wehe thun zu wollen [2].

Dieselbe Manie ist übrigens nicht bloß in Deutschland, sondern auch in Frankreich, England u. s. w. eine Zeit lang im Schwung gewesen. Sehr zu wundern ist, daß schon Prinsault im J. 1416 diese Farbenerklärung hat. Er sagt z. B. vom Roth: gueules en armes signifie deux vertus: vaillance et hardiesse, vom Grün: synople en vertu signifie amour, honneur et courtoisie u. s. w. Ich setze ferner aus Lopez de Haro: „Nobiliario genealogico de los Reyes y Titulos de España. En Madrid por Luis Sanchez MDCXXII", die Stelle über das Blau hieher; sie lautet: La segunda color que en regla de armeria tenemos por mas noble despues de las colores, como se ha visto, es la azul, que representa al cielo y al aire. Despues del fuego el mas noble de los quatro elementos, porquen en si mismo es el mas sutil y penetrativo y habil y ayuda a resistir a las influencias, sin las quales ninguna criatura puede papar.

Es existirt auch eine eigene Kupfertafel mit Schilden und Farbenangabe von dem altdorfer Maler Jakob Johann Dexter 1765 mit dem Titel: „Philosophische Explication der Farben zur Historien und Heraldie nach der Ordnung des Firmaments", worin eine Auswal von derartigen Farben-Eigenschaften zu finden ist, z. B. Merkurius, sein Zeichen ☿. Blau und Roth wird violbraun. Violet zu Schwarz: Große Klag, Violet zu Blau: getreue und glückliche Diener, Violet zu Roth: einen Weltmann, Violet zu Gelb: Klugheit, Violet zu Grün: Giftige Zungen, Violet zu Weiß: Freude. Dieser Planet regiert das 1767 Jahr, Regiert Afria u. s. w.

Eine in zweiter Reihe stehende allgemeine Aufbesserung oder Erhöhung der Farben in den Schilden finden wir in der sogenannten Damaszirung. Es ist dieß eine schon in den ältesten Zeiten der Heraldik vor-

---

[1] Die echte Heraldik hat von solchen Süffeleien Nichts gewußt und die v. Klebheim haben ihren Esel mit derselben Würde geführt, als die Engelshofer ihren Engel.

[2] So gibt F. W. Schumacher „Teutsche Wappenkunst", Jena 1644, nachfolgenden Farben und Figuren diese Bedeutung:

   1) Mensch, Mann: Tugend und Klugheit.

   2) Traube: Vortrefflichkeit.

   3) Messer, Schwert: Adel, gut Regiment, Gerechtigkeit, Schutz der Frommen, Macht, Gewalt.

   4) Rauten: Aufrichtig und dem Arglist fremd.

   5) Silber: Die hl. Taufe, Gottesdienst, Treue, Reinigkeit, Unschuld, Aufrichtigkeit, Glückseligkeit, Demuth, Gerechtigkeit, Keuschheit, Jungfernschaft, Hoffnung, Seterig, Bestgübig, Schutz der Waisen und Wittwen.

   6) Gold zu Silber: Sieg wider die Ungläubigen.

   7) Gold zu Roth: Verlangen zum Erwerb.

   8) Silber zu Blau: Wachsamkeit.

   9) Roth: Schön, lebhaft, Liebe, Freude, Hoffnung, blühender Stand, Reinigkeit, Erwartung, Freigebigkeit, Friede, schwaches Leben ꝛc.

Ich habe, um Niemanden zu nahe zu treten, hier absichtlich nur die Farben und Figuren meines eigenen Wappens illustrirt.

kommende Sitte, leere Felder, namentlich größere Flächen mit Verzierungen oder Linien auszufüllen, um dadurch die Eintönigkeit derselben zu unterbrechen und zu mildern.

Damast bezeichnet zunächst das gewässerte Muster der Stahlklingen, welche zu Damaskus gefertigt wurden. Dieß Muster, welches sich bekanntlich durch das Zusammenschweißen von feinen Dräten ergab, wurde auch in anderm Stoffen durch die Weberei nachgeahmt, und die Franzosen nennen es in diesem Falle moiré. Der Karakter der heraldischen Ausfüllungsformen ist aber sehr verschieden von dem des eigentlichen Damastes und schlägt mehr in die Gattung der Ornamentik. Diese heraldische Damaszirung, welche die Franzosen diapré, die Engländer diapered (buntfarbig, geblümt, gemodelt) nennen, zeigt sich sowol in der Art von Gittern mit oder ohne Muster innerhalb der Vierecke oder Rauten, als in der von geschwungenen Linien mit blätter- und blumenartigen Enden. Sehr häufig gleichen diese Ausfüllungen den Stoffmustern ihrer Zeit und man findet in der That noch in den Damaszirungen der Wappen des vorigen Jahrhunderts die Zeichen und den Karakter der damals üblichen schwerdamastnen geblümten Stoffe wieder. Ich gebe hier X. 90—94 mehrere derartige heraldische Damaszirungen mit den betreffenden Jahreszahlen.

Bei gemalten Wappen pflegt man diese Muster mit einer abstechenden Farbe auf die Grundfarbe zu setzen, entweder mit hellerer oder dunklerer, insbesondere pflegt man Metalle mit Farben und umgekehrt zu damasziren, z. B. Gold und Silber mit Roth, Schwarz oder Blau, Schwarz mit Gold oder Silber, Roth oder Grün mit Gold u. s. w.

Neben dieser Bestimmung, leere Flächen auszufüllen [1], hatte die Damaszirung auch noch den Zwek, den Unterschied von Farbe und Metall in den Schilden anzugeben. So wenig sich bei Betrachtung der alten Siegel, Denkmäler ꝛc. diese Absicht des Siegelstechers oder Künstlers verkennen läßt, so wenig können wir doch auf eine bestimmte Farbenbezeichnung schließen, denn die Muster, welche zu diesem Zwek in Siegeln angewendet wurden, waren rein willkürlich, und wenn den einen als Bezeichnung von Metall galt (von den einzelnen Metallen und Farben selbst gar nicht zu sprechen!), das wendete der andere an, um eine Farbe anzudeuten. Es ist daher ganz unhaltbar, zu behaupten, wie dieß schon geschehen ist, es bedeute ein damaszirtes Feld immer Metall, ein nicht damaszirtes Farbe [2].

Zum Beweise, wie willkürlich man in dieser Beziehung verfuhr, seze ich hier zwei Schilde bei. Der erste (X. 95) ist von einem Siegel mit der Umschrift: ... VGONIS DE RVHENST ... aus dem J. 1326. Die v. Rubenstein führten von Gold, Schwarz und Silber getheilt. Für jede Farbe und jedes Metall ist hier ein anderes Muster der Ausfüllung gewält, und so frei, daß man vermuthen konnte, das untere Feld sollte förmliche Figuren, Pfäle und Kugeln enthalten, was aber nicht der Fall war. Der zweite Schild (X. 96) ist von einem Siegel aus dem J. 1343 mit der Umschrift: S . WANI . (Waerneri) D . (de) WOLE . RCOR . (rectoris) ECCE . (ecclesiae) I . (in) EGGE . Diese v. Wolen führten in Silber unter rothem Haupt eine schwarze Spize. Während bei den vorigen Siegel Farbe und Metall damaszirt ist, zeigt sich hier das metallene Feld ledig, aber die beiden Farben durch die Damaszirung selbst unterschieden.

Ich könnte in dieser Art noch viele Beispiele aus Originalsiegeln beibringen, es dürften die gegebenen aber genügen, zu beweisen, daß man allerdings schon sehr frühzeitig eine Unterscheidung der Farben in (nichtgemalten) Wappen im Auge gehabt, dabei aber gänzlich ohne Sistem verfahren sei. Ein allgemeines Sistem konnte sich erst dann bilden, als die Nothwendigkeit bestimmter Farben-

---

[1] Felder, in denen eine Figur steht, welche ja nach den Regeln der Heroldik ihr Feld auszufüllen ohnedieß bestimmt ist, sollten nicht damaszirt werden, da dadurch eine gewisse Unruhe des Ganzen hervorgerufen wird.

[2] Ebensowenig kann man behaupten, Flächen oder Figuren, welche in Siegeln tief gestochen seien, bedeuteten, daß diese Flächen oder Figuren farbig, die erhabenen dagegen Metall seien, denn wenn der Siegelstecher auch namentlich bei Wappen mit verwechselten Farben hierauf Rüksicht nehmen wollte und konnte, so war doch kein Gesez und keine Nothwendigkeit vorhanden, diesen Unterschied immer gleichmäßig befolgen zu müssen.

bezeichnung in Folge der Anlage und Herausgabe großer Wappensammlungen durch den Druk sich unabweisbar geltend machte. Das Malen oder „Ausstreichen mit Farben", wie dieß in den Zeiten vor Erfindung der Buchdruker- und Kupferstecherkunst üblich war, konnte bei der großen Vervielfältigung der gedrukten Wappen nicht mehr stattbaben, weil eben dadurch der Zwek der Verbreitung vereitelt oder mindestens gehemmt worden wäre. Das Beschreiben der Wappen in einem beigegebenen Texte hatte seine guten Vortheile, wenn ein guter Heraldiker dazu verwendet wurde, war aber immerhin kostspielig und für die Benüzung umständlich. Derlei Wappenbeschreibungen enthalten z. B. das rixner'sche Turnierbuch (1530 ff.) und die erste Auflage des Siebmacher (1606) [1]). Man dachte also auf Mittel, die Farben auch bei in Holz oder Kupfer gestochenen schwarzgedrukten Wappen angeben zu können, und die Nothwendigkeit war hier wie in allen Fällen die beste Lehrerin. In heraldischen Holzschnitten ließ man schon im 15. und 16. Jahrhundert das Schwarz stehen, d. h. unausgehoben. So im konstanzer Konzilien- und in Adam Berg's Wappenbuch, welche beide auch noch in gemalten Exemplaren ausgegeben wurden. Borghini hat in seiner Abhandlung: „dell' arme delle famiglie Fiorentine" 1585 in den Holzschnitten die Unterschiede zwischen Metall und Farbe dadurch angedeutet, daß er alles Metall weiß (ausgehoben), dagegen die Farben schraffirt, und zwar alle in derselben Richtung (die wir jezt mit Grün bezeichnen) gibt. Dazu stehen in den Feldern und Figuren aber noch die Anfangsbuchstaben der betreffenden Farben, und zwar R. (rosso, roth), A. (azzure, blau), N. (nigro, schwarz), G. (giallo, strohfarbig, gold) und B. (biancho, weiß, silber) [2]). Bei Kupferstichen aus jener Zeit findet man Schraffirungen in den verschiedensten Richtungen kreuz und quer, allerdings mit dem klaren Zwek, die Farben abzuscheiden, aber doch ohne Plan und Konsequenz. Siebmacher bezeichnete bereits in der zweiten Auflage des ersten Bandes die Farben durch beigesezte Buchstaben, und zwar Gold mit g, Silber mit w, Roth mit r, Blau mit b oder bl, Schwarz mit s und Grün mit einem gezeichneten Lindenblatte. Eine andere Farbenbezeichnung, welche man auch zuweilen findet, wurde mittelst der Planetenzeichen gepflogen, und man markirte Gold mit ☉ (Sonne), Silber mit ☾ (Mond), Roth mit ♂ (Mars), Blau mit ♃ (Jupiter), Schwarz mit ♄ (Saturn), Grün mit ♀ (Venus) und Purpur mit ☿ (Merkur). Im Jahre 1623 hat Jakob Francquart in seiner: Pompa funebris Alberti austriaci (Bruxellae a. cit.) zuerst planmäßige Bezeichnungen der heraldischen Farben durch Striche nach bestimmter Lage und durch Punkte angewendet [3]), seine Schraffirungen haben jedoch keine allgemeine Annahme gefunden.

Nach ihm hat der Jesuit Silvester a Petra Sankta in seine „Tesserae gentilitiae", Rom 1638, diejenige Art Schraffirung angewendet, welche bald darauf überall angenommen und noch heutzutage üblich ist [4]).

Nach dieser Farbenbezeichnung (X. 97) wird Roth mit senkrechten, Blau mit wagrechten, Schwarz mit gekreuzten Strichen bezeichnet.

Für Grün hat man Schräglinien, welche vom vorderen Oberek zum hinteren Unterek gehen, für Purpur ebensolche Schräglinien, doch gerade entgegengesezt dem Grün, nemlich vom hinteren Oberek

[1]) In neuester Zeit wird ein Beispiel davon in Grote's hannover'schem Wappenbuch, bei welchem in den Schwarzdrukeremplaren die Farbenbezeichnung fehlt, aber in einem gedrukten Texte enthalten ist. Das sicherste bleibt immer heraldische Farbenbezeichnung auf den Tafeln und heraldische Blasonirung im Text.

[2]) Grün kommt in den angeführten Wappen nicht vor.

[3]) Er bezeichnete die Farben wie auf der Tafel X. 98.

[4]) Eigentlich soll Marcus Vulson de la Colombiere der Erfinder dieser neuen hachures gewesen sein und dieselbe dem Petra Sankta mitgetheilt haben, welcher sich als den Erfinder ausgegeben und zuerst davon Gebrauch gemacht habe (vgl. darüber Gatterer's „Abriß der Heraldik", S. 11 ff.). Rietstap führt in seinem Handboek, S. 96, noch Schraffirungen von Butkens in Belgien 1626 (X. 99), von Loblowiz in Spanien 1639 (X. 100) und von Thomas de Rouck in Holland 1645 an. Gelenius hat im leztgedachten Jahre die francquardt'sche Schraffirung gebraucht. In England kam die Schraffirung des Petra Sankta zum erstenmal 1654 in Anwendung (Planché, S. 20).

jum vorderen Unterek [1]). Gold bezeichnet man durch Besäung mit Punkten, Silber durch Leerlassung des Plazes.

Von den, gelinde gesagt überflüssigen, Erfindungen neuerer deutscher Heralbiker in Bezug auf Bervoll-kommnung des heralbischen Farbensistems durch die Hinzufügung von Fleischfarbe, Naturfarbe, Orange [2]), Blutroth, Braun, Feuerfarbe, Wasserfarbe, Eisenfarbe [3]) und Erdfarbe habe ich schon oben Erwähnung gethan. Rietstap in seinem „Handboek der Wapenkunde", S. 89, macht uns darüber ein Kompliment, indem er sagt: doch de Duitschers, die van alle natiën de buitensporigste en onregelmatigste heraldiek bezitten, hezigen bovendien nog eenige andere tinten als: de Vuurkleur, de Staal- en Waterkleur etc. Die Bezeichnung dieser Farben, soweit sie erfunden worden, siehe Tafel X. 101. Hier wäre für einen sinnigen Deutschen noch Raum für einige weitere Erfindungen.

In der Blasonirung der Wappen schreibt man entweder den Namen der Farben ausführlich, z. B.: in rothem Felde ein goldener Löwe, oder: in Roth ein goldener Löwe, oder man gebraucht Abkürzungen und Zeichen. Als solche habe ich im Texte meines Wappenbuches R. und r. für Roth, B. und b. für Blau, Gr. und gr. für Grün, Ip. und pp. für Purpur, und das Zeichen # für Schwarz eingeführt. Silber bezeichne ich mit S. und s., und Gold mit G. und g, die fragliche Aschfarbe mit a. Diese von mir eingeführten Abkürzungen haben ziemlich allgemeine Annahme gefunden, und ich bemerke hiezu nur, daß, da ich von dem heralbischen Grundsaze ausgehe, es seien nicht Weiß und Gelb, weil nur aushilfsweise angewendet, sondern die Metalle selbst, Gold und Silber, zu nennen, ich genöthigt war, um Irrungen in Beziehung von S., welches bei Siebmacher Schwarz bedeutet, und S., welches bei mir regelrecht Silber bedeutet, für Schwarz ein besonderes leicht zu immitirendes und anwendbares Zeichen # zu wählen.

---

[1]) In Bezug der Anwendung dieser Schraffirungen der vier Farben bemerke ich, daß der Begriff der Richtung dieser Striche sich mit der veränderten Stellung des Schildes sich nicht ändere, d. h. es bleibt bei einem schiefgestellten Schilde Blau immer in der Breitenachse, Roth in der Längenachse des Schildes, nicht des Papieres, zu schraffiren, es außerdem der Fall eintreten würde, daß dasselbe Wappen einmal ein rothes, ein andermal ein purpurnes, das andermal ein grünes Feld erhielte, je nachdem der Schild selbst senkrecht stünde oder nach Links oder Rechts gelehnt wäre. Dieß scheint z. B. Tyroff in seinem allgemeinen Wappenbuche von Anfang an nicht gehörig gewürdigt zu haben, und kann dieß nun konsequent nicht mehr ändern; ich mache aber meine Leser darauf aufmerksam, daß sie bei einem schiefstehenden Schilde in gedachtem Werke die Schraffirung für Roth nach der Höhe, die für Blau nach der Breite des Schildes, nicht des Schildes, annehmen, z. B. X. 102. 103 das Wappen der v. Plumröder, Schwarzburg. — Für Schraffirung der Helmkleinode gilt dieselbe Regel wie bei den Schilden, d. h. die senkrechtstehenden Kleinode, welche die große Mehrheit bilden, werden wie ein stehender, die schiefgestellten Kleinode, z. B. Jahnen, Fliegenwedel ꝛc., wie ein nach der betreffenden Richtung gelehnter Schild behandelt. Beispiele hiefür werden in nachfolgenden Tafeln gefunden werden (vgl. X. 104 das Wappen v. Degenfeld, Schwaben, und 105 v. Schmerzing, Sachsen).

[2]) Orange ist vom Hause Nassau-Oranien, wahrscheinlich als Anspielung auf den Namen, im 17. Jahrhundert als Hausfarbe angenommen worden; die Wappenfarben Nassau's sind blau-gold, die Landesfarben blau-orange, ebenso in den Niederlanden.

[3]) Eisen- und Naturfarbe, resp. deren Schraffirung, hat Prof. Rinck in Altdorf erfunden.

VII. Der Schild,

lat. scutum, franz. écu, écusson, engl. shield, escutcheon, ital. scudo, span. escudo, ndd. schild, ist jeden=
falls die älteste Schutzwaffe, die wir kennen, und gewiß älter als Helm und Leibharnisch. Der Schild
unterlag je nach dem Kulturzustand verschiedener Völker auch verschiedenen Aenderungen in der Form und
Ausführung, und wir brauchen uns nur die noch heutzutage bei den mongolischen Racen im Gebrauche
stehenden runden Schilde zu vergegenwärtigen, um ein Beispiel einer durch tausend Jahre unveränderten Form
und Kultur zu haben. Daß die Römer und Griechen prachtvolle Schilde hatten, ist gleichfalls bekannt, und wer
des Sängers Homeros Beschreibung des kunstvollen Schildes Achilles' liest, wird sich unschwer eine Vor=
stellung von dem Luxus machen, den man in jenen Zeiten auf den Schild verwendete. Daß die Römer
und Griechen zu gleicher Zeit verschiedene Formen von Schilden kannten, ist aus deren Bestimmung und
Namen zu ersehen. Scutum, cetra, clipeus, parma waren die Hauptarten der Schilde. Auch von unseren
Voreltern ist bekannt, daß sie zu Fuß und Pferde Schilde führten und daß sie diese Schilde mit bunten
Farben bemalten, auf welchen Satz hin die Heraldiker gewöhnlich behaupten, daß man den Ursprung ihrer
Wissenschaft „denen alten Deutschen vindiciren muß."

Wenn man allerdings die Lehre von dem Schilde im Begriffe der Heraldik auf die Untersuchung und
Aufzählung aller möglichen Schildesarten vergangener und gegenwärtiger Völker bauen wollte oder müßte,
so würde man wie Bernd auf den Abweg kommen, auch von Schildesbildern, Helmen u. s. w., also von
der Heraldik der alten Völker zu handeln. Daß dieß aber weder wünschenswerth noch zweckmäßig sei, das
muß uns der Begriff der Heraldik selbst geben.

Schon Schmeizel hat in seiner „Einleitung zur Wappenlehre" dieß erkannt, indem er S. 117 sagt:
„Und also bleiben wir unbekümmert um die Gestalt derer Schilde, welche die Aegyptier, Phönicier, Griechen,
Amazonen, Römer u. s. w. in ihren Kriegen zu Fuß und Pferd gebrauchet.... da in einem compendio
dergleichen excursiones weg bleiben sollen, und das von Rechtswegen." Allerdings meint er, in einem
„systemate" könnten dergleichen Dinge Platz haben, wie bei dem Spenerus, ich glaube aber, daß selbst dort
das Kapitel von den Schilden (I. cap. 3) von Anfang an unrichtig aufgegriffen ist, indem drei Viertheile
dieses Kapitels für die Heraldik unfruchtbare Dinge enthalten. Wenn wir also nach dem gemeinen Sprich=
worte nicht die Kirche um's Dorf tragen wollen, so bleiben wir streng bei der Sache und handeln in der
Heraldik nur von heraldischen Schilden.

Unter einem heraldischen Schilde im weiteren Sinne verstehen wir eine mit bestimmten Bildern
bemalte[1]) Schutzwaffe, deren sich die Streiter im Mittelalter bedienten, um damit die eigene Person zu
deken, und zugleich nach außen gewisse Kennzeichen über ihre Persönlichkeit dabei vor Augen zu stellen[2]).

---

[1]) Dabei ist nicht ausgeschlossen, daß die Bilder selbst auch aus Stoffen, z. B. Tuch, Leder, Pelz ac. geschnitten und aufgelegt
sein konnten.

[2]) Daß letztere Eigenschaft einem wirklichen heraldischen Schilde zukommen mußte, scheint mir unerläßlich, weil sonst unsere
ganze Ableitung des Ursprungs der Heraldik unhaltbar verloren wäre. Daß aber der den Schild Führende nicht immer
Herr des daraufgemalten Wappens sein mußte, das läßt sich einfach dadurch beweisen, daß z. B. die Städte ihren Söldnern
das Stadtwappen auf die Schilde malen ließen. Will man aber bloß die adeligen Schilde als heraldische gelten lassen,
so paßt die Begriffserklärung wie oben dennoch.

Im engeren Sinne des Wortes verſtehen wir unter einem heralbiſchen Schilde eine nach beſtimmten Formen gezogene Grenzlinie für ein Feld und ſeine Bilder.

Hieraus folgt einerſeits, daß das älteſte Wappen auch die älteſte Schildesform zeigen müſſe, anderſeits aber auch, daß es Schildesformen geben könne, welche mit den wirklichen praktiſch ange- wendeten nicht übereinzuſtimmen brauchen, wenn ſie aus einer Zeit ſtammen, in der heralbiſche Schilde nur mehr auf dem Papier in Gebrauch waren.

Daß es zur Zeit der lebendigen Heralbik einen Unterſchied der Schildesformen in Bezug auf die Rationalität gegeben habe, das läßt ſich unbedingt verneinen, denn Zwek und Anwendung blieben und änderten ſich bei allen germaniſchen und romaniſchen Völkern ſo ziemlich übereinſtimmend, und es läßt ſich nicht beweiſen, daß eine Nation gegen die andere während mehreren Jahrhunderten unter einander ganz verſchiedene Schildesformen im Gebrauch gehabt habe, dagegen mag ſeit Aufhören der lebendigen Heralbik ein Unterſchied in der Vorliebe einer oder anderen Nation für dieſe oder jene Form der Schilde durchaus nicht abgeläugnet werden.

Ich unterſcheide demnach urſprüngliche und nachgeahmte heralbiſche Schilde. Die erſteren laſſen ſich in zwei Hauptgruppen bringen, in die Dreiek- und in die Tartſchenform.

Die dreiekigen Schilde ſind die älteſten. Ihre Form und Größe iſt wieder verſchieden je nach der Zeit ihrer Entſtehung und nach ihrer Verwendung. Der Schild des zu Roſſe Streitenden konnte ſach- gemäß nicht ſo groß ſein, als der des zu Fuß Kämpfenden [1]. Vergleichen wir auf Reiterſiegeln des 12. und 13. Jahrhunderts die Höhe des Schildes mit der des Reiters, ſo ergibt ſich faſt durchſchnittlich für erſteren die Hälfte vom Letzteren [2]. Zu Ende des 13. bis zur Hälfte des 14. Jahrhunderts ſind die Schilde der Reiter ſchon bedeutend kleiner und nehmen etwa ein Drittheil der Mannshöhe ein [3].

Zu Ende des 14. Jahrhunderts verſchwinden wenigſtens bei uns die Dreiekſchilde bei Reitern und kommen nur ausnahmsweiſe noch in der erſten Hälfte des 15. Jahrhunderts vor, während ſie in heralbi- ſchen Siegeln, auf Grabſteinen u. ſ. w. ſich etwas länger erhalten haben.

Die Form dieſer Schilde iſt entweder ganz keilförmig oder mit mehr oder weniger ausgeſchweiften Seiten, z. B. I. 7, 8. III, 22. XI. 106 ff. und abgerundeten Obereken, z. B. III. 23, IV. 27.

Von wirklichen Dreiekſchilden ſind uns noch einige Dutzende in der Eliſabethkirche zu Marburg erhalten, worunter ein prachtvoller des Landgrafen Johann (?) von Thüringen. 2 Fuß hoch auf 2 Fuß Breite [4]. Dieſer ſowie die ſpätern Dreiekſchilde überhaupt ſind ganz eben, während die älteſten nach vorne in einem Halbkreis gebogen erſcheinen.

Die nächſtjüngeren Schilde ſind die ſogenannten Tartſchen oder Stechſchilde, lat., ital. und ſpan. targa, franz. targe. Ihr Hauptkennzeichen iſt, daß ſie auf einer Seite mehr ausgeſchweift ſind, als auf der andern, eine nicht unbedingt nothwendige Eigenſchaft ſind halbkreisförmige Ausſchnitte auf der Vorderſeite zum Einlegen des Rennſpießes (113, 115). Dieſe Stechſchilde ſind auch gewöhnlich in ihrer Fläche etwas hohl gebogen, d. h. der Oberrand und der Unterrand ſtehen weiter hervor als die Hauptfläche.

---

[1] Die Anſicht, als ob alle Edelleute, ſowol Dinaſten als Miniſterialen immer zu Roß gekämpft hätten, bedarf nach den Ergebniſſen neuerer Forſchung wol keiner Widerlegung.

[2] Zum Beweiſe bitte ich nur die zahlreichen Abbildungen von Reiterſiegeln in den Mon. Hoici., bei Duellius, Hueber, Han- thaler, Hergott u. ſ. w. zu betrachten.

[3] Auch dieß ergibt ſich bei genauer Anſchauung der Siegel von ſelbſt. Die Bilder aus dem manneſſe'ſchen Koder in v. d. Hagen's Minneſänger geben hier gleichfalls gute Muſter.

[4] Siehe v. Hefner-Alteneck: Trachtenbuch, I. Tab. 82, und mein Wappenbuch: deutſcher Bund, S. 31. Taf. 56. — Auch in Schloß Ambras in Tirol ſind noch viele Schilde, aber nicht heralbiſche, obwol theilweiſe mit dergleichen Bildern bemalt. Im bayeriſchen Nationalmuſeum findet ſich eine gute Anzal mit heralbiſchen Bildern bemalter alter Schilde. Im ſtädtiſchen Muſeum zu Augsburg iſt das Original der bei v. Seiba: Geſchichte der Stiftungen in Augsburg, abgebildeten Tartſche mit dem rehm'ſchen Wappen.

Häufig findet man auch diese Tartschen in der Mitte noch einmal in einen scharfen Grat gebogen (z. B. 114, 115). In ihrem Größenverhältniß zum Manne stehen sie etwa wie 1 : 5, sind also weit kleiner als die älteren Dreieckschilde.

Eine weitere Schildesform jener Periode ist die halbrunde (VI. 46. VII. 54 ff. XI. 115), mit geradlinigem Seiten- und Oberrand und einem halbkreisförmigen Fußrand. Ich habe mehrere hundert Siegel und Grabsteine verglichen, um daraus zu finden, welche der beiden Formen, die der Tartschen oder die der halbrunden Schilde, älter sei. Ich muß gestehen, daß ich hierin zu keinem festen Schlusse gekommen bin. Ich finde nemlich Dreieckschilde noch um dieselbe Zeit, in der schon Tartschenschilde vorkommen, und ebenso Halbrundschilde neben Tartschen- und Dreieckschilden [1]). Es muß weiteren Forschungen überlassen bleiben, diesen Zweifel endgültig zu lösen.

Aus den Tartschen- und Halbrundschilden hat sich zu Ende des 15. Jahrhunderts eine Form herausgebildet, welche die Hauptcharaktere beider vereinigt. Es sind dieß die sogenannten deutschen Schilde (117, 119, 120), welche sich von den halbrunden Schilden durch spitzige Eken, ausgeschweifte Seiten und Einschnitte, von den Stechschilden aber dadurch unterscheiden, daß diese Einschnitte und Eken zu beiden Seiten des Schildes gleichförmig erscheinen [2]). Allmälig mit dem Vorschreiten des Renaissancestiles finden wir mehr und mehr Künstelei an dieser Schildesform; die Eken zeigen sich zuerst wenig, dann häufiger und weiter aufgerollt (121, 122), bis endlich eine förmliche Rahm von Schnörkeln um den Schild sich ausbildet, der Schild selbst aber wieder eine einfache Grenzlinie erhält (123, 124). Diese Schilde pflegt man Rahmen- oder Kartouche-Schilde, ital. cartoccio, zu nennen [3]).

Die eirunden Schilde, wie z. B. XI. 124, scheinen mir in der Wirklichkeit nie geführt worden zu sein, ebenso die obwol schon frühzeitig vorkommenden viereckigen, unten in Form einer Klammer geschlossenen Schilde, lat. scutum gallicum, franz. écu français, ital. samnitico (X. 102, 103. XI. 124) [4]). Von Bannerschilden, lat. scutum quadratum, franz. écu en bannière, ital. scudo banderiale, ndd. banierschild, d. h. ganz viereckigen in Form eines Banners (XXXV. 1324) erscheinenden Schilden kenne ich in

[1]) So z. B. finde ich noch Dreieckschilde bei einem Tegenberg 1390, dagegen einen Tartschenschild schon 1368 bei einem Hrn. v. Obe, dann halbrunden Schild 1406 bei einem Laiming und wieder Tartschenschild 1508 bei einem Törring u. s. w. Ein merkwürdiges Beispiel von Tartsche und Dreieckschild aufeinander siehe unten XL 113.

[2]) Die Italiener nennen diese Art Schilde testa di cavallo, die Engländer auch zuweilen horse's head.

[3]) Auf Tafel XI. sind 106 und 107 von einem Reitersiegel Herzog Luitpold's von Oesterreich und Steier 1203; 109 von einem Siegel der Stadt Bamberg um 1225; 110 von einem Siegel Rudiger's v. .... 1265; 108 aus dem Siegel Burggraf Friedrich's von Nürnberg; 112 von einem Siegel Graf Wilhelm's von Katzenelenbogen; 111 von einem herzogl. pommer'schen Siegel 1339; 113 von einem Grabsteine des Hiltprant Tausfkircher, † 1361 zu Tausfkirchen bei München. Der Ritter hält den Tartschenschild in der Linken; auf diesem ist das vollständige Wappen (in Schwarz ein halber goldener Löwe, der sich ein Schwert durch den Rachen stößt) mit Dreieckschild, Stechhelm und Kleinod. Da dieser Grabstein aus der Tracht des Ritters nach unzweifelhaft gleichzeitig ist, so ersehen wir daraus zur Gewißheit, daß es damals schon gebräuchlich war, ein vollständiges Wappen auf einem wirklichen Schild zu malen. Bekanntlich hat der rebm'sche Schild aus der Mitte des 15. Jahrhunderts auch das vollständige Geschlechtswappen dieser Familie, mit Zugabe einer Dame, die einen Kranz flicht, gemalt. — 118 beide Schilde nebeneinander (Stadion und Freiberg v. Aschau) auf einem Grabsteine zu Landsberg am Lech 1419; 115 Tartsche von einem Siegel Graf Ludwig's von Savoien 1460; 116 von einem Grabsteine des Hanns Stier, † 1453 zu Rosenheim; 117 aus einem Siegel der Stadt München mit der Jahrzal 1478; 118 von einem Grabsteine des Hanns Chienberger, † 1420 zu Seeon; 119 aus einem Siegel der Stadt Schongau 1490; 120 von einem höhenkircher'schen Grabsteine zu Bürgen 1542; 121 aus dem Siegel Herzog Albert V. von Bayern 1372, und 122 von einem Siegel Herzog Johann Friedrich's zu Stettin-Pommern v. J. 1578.

[4]) Repton weist in seinem „Account of the bottoms of escutcheons or shields" in den Miscellaneous tracts, London 1812, S. 194 ff., einen solchen Schild bereits aus einem Denkmale zu Taunton Castle v. J. 1498 nach.

Deutſchland nur die beiden oben S. 19 aufgeführten Beiſpiele aus Siegeln, doch glaube ich kaum, daß bei Entſtehung dieſer viereckigen Siegel an einen Pannerſchild gedacht worden ſei.

Von herzförmigen Schilben iſt der älteſte mir bekannt gewordene auf dem Siegel des Herzogs Heinrich von Oeſterreich vom J. 1220, der ſich in der Siegelumſchrift: Henricus dei gratia dc medellico nennt. Der Schild enthält zwei übereinander ſchreitende Löwen [1]). Ich bemerke jedoch hiezu, daß man ſich auf die Genauigkeit der Zeichnung im angezogenen Buche nicht verlaſſen könne, demnach etwa auch im Original ein bloßer Dreieckſchild geweſen ſein kann. Ein neueres Beiſpiel, das wol bloßer Laune ſeine Entſtehung verdankte, gibt ein Graf Erbach'ſcher Schild bei Spener I. tab. 3.

Die Rautenſchilde, lat. rhombus, franz. écu en losange oder bloß losange, engl. lozenge-shield, ital. scudo feminile, ſpan. escudo a lozanja, ndb. ruitschild, ſind eine franzöſiſche Erfindung und werden von der neueren Heralbik eigentlich nur den Damen zugeſtanden, ſowol ledigen als verheurateten. Palliot S. 308 ſagt darüber: Quand aux escus des femmes ils doivent entre en forme de losange ou fusée, à cause que le principal honneur de la femme consiste au mesnage qui se represente par la quenouille et le fuseau . . . . .

Jedenfalls war das eine ſchöne Zeit, wo man es als die höchſte Ehre der Damen betrachtete, daß ſie ſich auf Roken und Spindel verſtanden, nichtsdeſtominder möchte ich glauben, daß der Urſprung der Rautenſchilde mit dieſer Ehre wenig gemein habe. Die Form dieſer Damenſchilde iſt ſehr handſam und keine der übelſten Erfindungen in der Heralbik. Es iſt übrigens unrichtig, zu behaupten, dieſe Schildform ſei von Frauenzimmern zuerſt oder auch nur allein geführt worden. In der „collection de sceaux des archives de l'Empire“ zu Paris findet ſich das älteſte mir bekannt gewordene Beiſpiel eines Rautenſchildes, und zwar in dem Siegel eines Mannes, des Pierre de la Jauche, eines Ritters aus der Champagne, vom J. 1270. Der Schild enthält ein einfaches Kreuz. Das nächſtälteſte Beiſpiel iſt ein Siegel der Johanna, Gemalin des Grafen Johann von Beaumont en Oiſe 1271. Hr. Drouet d'Arcq, dem ich dieſe gefälligen Mittheilungen verdanke, fügt hinzu: „La comtesse y est représentée en pied et son sceau offre cette singularité que les deux écus qu'il contient, celui de son mari et le sien sont gravées sur sa robe.“ Von dieſem Jahre an finden ſich nach derſelben Mittheilung viele Siegel mit Rautenſchilden in dem gedachten kaiſerl. Siegelkabinete. — Ein Damenſiegel mit rautenförmigem Schilde, deſſen Seiten etwas eingebogen ſind, führte Beatrix von Savoien 1331. Der Schild enthält das ſavoiſche Kreuz allein. (v. Save, Frauenſiegel des Mittelalters ꝛc. S. 142.) (Librario p. 134. Taf. X. 51 hat daſſelbe Siegel etwas abweichend in der Form. Haimon Graf von Savoien führt 1330 und 1332 gleichfalls Rautenſchilde ib. 148. Tab. XIII). Aus dem 15. u. ff. Jahrhunderten finden ſich bei Montfaucon viele Beiſpiele von derartigen Schilden. Meneſtrier in ſeiner „Usage des armoiries“, S. 124, bringt ein Damenſiegel mit Rautenſchild von Alix von Maniel, Wittwe des Johann de Pelle, vom 24. Nov. 1493 bei, mit einem Engel als Schildhalter. Prinſault ſpricht in ſeinem „Traité du blason 1416“ von der Form der Schilde, alſo auch von der vorliegenden überhaupt nicht, und es findet ſich auch kein Beiſpiel dieſer Art unter den Abbildungen.

Ganz runde Schilde kommen auch zuweilen vor, namentlich in Wappen der Hoſenbandritter, weil das Ordensband in Kreisform um den Schild gelegt zu werden pflegt und man daher nicht ſelten den ganzen Schild nach dieſer Form geſtaltet hat.

Man hat ſchon bemerkt, die Schilde nach ihren Formen auch gewiſſen Nationen zugetheilt, und nannte z. B. die Form X. 102 die franzöſiſche, dann die halbrunden ſpaniſche, die eirunden italieniſche, die ausgeſchnittenen aber deutſche Schilde. Daß dies aber gänzlich unbeweisbar ſei, ergibt ſich aus der Anſchauung der alten Muſter, und ich wiederhole, daß die wirklichen heraldiſchen Schilde zu allen Zeiten bei allen Nationen, die ſie führten, ſo ziemlich gleichförmig und gleichzeitig in Uebung geweſen ſeien, daß aber mit

---

[1]) Hueber, Austria illustrata, tab. II. Nr. 5.

dem Aufhören der lebendigen Heraldik Mode und Laune, unbeengt von der Rationalität, das Ihrige in Erfindung und Gebrauch neuer Schildesformen gethan haben [1]).

Die Eintheilung eines Schildes und die Benennung dieser Theile ist althergebracht und bei allen Nationen gleich, sowie es auch durchgehends angenommen ist, daß die Begriffe von Rechts und Links in der Heraldik den entsprechenden im gemeinen Leben gerade gegenüber stehen [2]).

Nach beistehender Figur ist A B der Oberrand, C D der Unterrand, ferner A C der rechte und B D der linke Seitenrand.

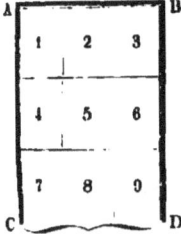

Nach Umständen, d. h. wenn der Schild für sich allein steht, kann man A C auch den Vorderrand und B D den Hinterrand nennen. (Siehe jedoch hierüber weiter unten bei der Stellung des Schildes.) Im Schilde selbst ist 1. das rechte und 3. das linke Oberek, 7. das rechte und 9. das linke Unterek, 5. die Herzstelle. 1. 2. 3. ist Schildeshaupt, 7. 8. 9. Schildesfuß, 1. 4. 7. die rechte und 3. 6. 9. die linke Seite, 2. 5. 8. aber die Pfahlstelle und 4. 5. 6. die Mittelstelle.

Bem.: Liegt in einem Schilde auf der Herzstelle ein Schild, so heißt dieser Herzschild (franz. sur le tout), hat aber dieser Herzschild in seiner Mitte wieder einen kleineren Schild, so heißt dieser letztere Herzschild (sur le tout du tout) und der erstere Mittelschild (sur le tout). In letzterem Falle heißt der Hauptschild auch Rück- oder Rükenschild.

Es können natürlich auch an andern Stellen als der Herzstelle kleinere Schilde aufgelegt sein, man nennt sie dann Schildlein oder Schildchen und bezeichnet dazu ihren Platz, z. B. „das vordere Ober- und hintere Unterek mit einem Schildchen, darin rc." Im k. preuß. Wappen stehen z. B. in der Pfahlstelle vier Schildlein übereinander. Dieß kann natürlich nur der Fall sein, wenn der Schild wagrecht in mehr als drei Reihen getheilt ist, in diesem Falle nennt man auch wol das Schildlein, welches etwas über der Herzstelle, aber nicht im Haupt steht, „auf der Bruststelle" und das über der Fuß, doch unter der Herzstelle gelegte „auf der Nabelstelle".

Die Oberfläche des Schildes heißt Feld, area, champ, field, campo, veld, sobald irgend eine Figur darin erscheint. Hat der Schild blos ein Feld, wie z. B. die meisten alten Wappen, so fällt der Begriff Schild und Feld in der Praxis zusammen, d. h. man kann ebensowol sagen: er führt in rothem Schilde einen goldenen Löwen, als: er führt in rothem Felde einen goldenen Löwen [3]). Ist die Fläche eines Schildes in mehrere Theile getheilt, deren jeder für sich wieder ein Wappen enthält, so hat jede dieser Unterabtheilungen wieder ihr Feld oder ihre Felder, Farben und Figuren. In letzterem Falle pflegt man die Felder der Unterabtheilungen auch Plätze zu nennen, z. B. geviertet, im 1. u. 4. Platz eine Schnalle in Gold u. s. w.

Zeigt ein Schild blos eine Farbe auf seiner Fläche und keine Unterabtheilung oder Figur, so kann man von Feld oder Platz dabei nicht sprechen und man pflegt diese Art Schilde Wartschilde, scuta expectationis, tables d'attente, verwachtingsschilden, zu nennen. Mit dem Worte selbst verbindet sich der Begriff, daß dieser Schild oder resp. der Herr desselben auf ein Wappen warte. Ich kenne von solchen Wartschilden in der deutschen Heraldik nur zwei Beispiele und diese aus ziemlich später Zeit. Als nemlich der pfälzischen Linie des Hauses Wittelsbach im J. 1623 die Kurwürde genommen und an die Linie

---

[1]) Schon Gatterer, S. 3, gibt zu, daß es ein wilder oder Erfahrung streitender Irrthum wäre, wenn man glauben wollte, diese vier Schilde seien nur von den Nationen geführt worden, nach denen sie benannt sind.

[2]) Dem Anfänger in heraldicis wird daher gerathen, um bei Bestimmung von Rechts und Links nicht zu irren, sich das betreffende Wappen vor die Brust zu halten und hiernach zu finden, was ihm rechts oder links sei.

[3]) Die Beisetzung des Wortes Schild oder Feld bleibt bei praktischer Blasonirung in der Regel weg und man sagt z. B. blos: in Roth ein goldener Löwe.

Bayern übertragen worden war, ließ die erstere aus dem rothen Schildlein den goldenen Reichsapfel, den sie bisher als Zeichen des Erztruchsessenamtes geführt hatte, weg und führte fortan eine Zeit lang diesen rothen Schild ganz ledig oder leer, in der Erwartung eines andern Erzamtes und beziehungsweise eines Amtszeichens. Dieser blieb denn auch leer, bis die pfälzische Linie 1758 zum bayerischen Thron gelangte [1].

Ich halte es der Heraldik, resp. dem Begriffe eines Wappens zuwiderlaufend, einen ganz leeren Schild für einen Geschlechtsschild erklären zu sollen. Palliot, S. 617, sagt allerdings, daß die Grafen von Narbonne eine leeren rothen, die Herren von Bourbaux de Puy-Paulin einen ebensolchen goldenen geführt hätten; ebenso führt Rietstap, S. 77, die v. Bossenstein und die Grafen von Herten- stein als Beispiele lediger Schilde in Deutschland an; allein bei Bossenstein erklärt sich der Irrthum von selbst [2], und bei Hertenstein (Siebm. III. 19) würde es ebenso leicht nachzuweisen sein, wenn wir wüßten, welche Familie Hertenstein, ob die österreichisch-bayerische oder die schweizerische Familie damit gemeint, oder ob überhaupt der Name richtig geschrieben sei.

Etwas Anderes sind die mit Pelzwerk bemalten Schilde. Diese kann man wol für richtige Wappen erklären, auch wenn sie außerdem keine Figur enthielten, da die Pelzwerke durch zweierlei Farben sowol als durch die bestimmten Konturen jeder einzelnen Farbe das Bild eines Feldes und einer Figur bieten können. So sind z. B. die Schilde der Marschalken von Pappenheim, Bibrach, Dornsberg u. a. mit Fehwerk bemalte Schilde, z. B. IX. 70, 72, 76, 78, 80, 86 ff., weder Wartschilde noch ledige Schilde zu nennen. Ebenso ist der Schild der v. Boltenstorff [3], welcher gleich dem Schilde der Herren v. Bre- tagne bloß mit Hermelin überzogen ist, kein lediger oder Wartschild, sondern ein richtiges Wappen [4].

Eine gültige Art Wartschilde sind die leeren Schilde oder Schildeshälften, welche manchmal von Damen geführt werden und worüber Weiteres bei den Allianzen und der Wappenvereinigung im II. Theile dieses Buches folgen wird.

Ich komme nun zur Stellung der Schilde. Der allgemeine Grundsatz ist, daß das gegebne Wappen, welches für sich allein besteht, einen senkrecht gestellten Schild habe. Ebenso pflegt man die gestürzten Schilde senkrecht, aber in entgegengesetzter Meinung zu stellen (s. darüber Weiteres im Ab- schnitt vom „Gebrauch der Wappen"); soll aber das Wappen in irgend einer näheren Beziehung zu einem bestimmten Gegenstande stehen, so ist der Schild nach der Richtung gelehnt, in welcher der fragliche Gegenstand sich befindet. Findet sich z. B. auf einer Gelöbnißtafel ein Wappen, so ist es gegen die Haupt- figur der Tafel gewendet; steht ein Grabstein in der Nähe eines Altares, eines Kruzifixes, einer Heiligenfigur

---

[1] 1652 hatte zwar die Pfalz das Erzschatzmeisteramt und die deutsche Kaiserkrone als Amtszeichen erhalten, es ist dieses aber nur ein einziges mal und zwar auf dem Reichstage zu Regensburg 1653 von Kurfürst Karl Ludwig von der Pfalz in dem rothen Schildlein geführt worden (vgl. Siebenkees, S. 7); gewöhnlich findet man das rothe Schildlein mit gelb damaszirt, oft in Form von verschlungenen Buchstaben. Das Erzschatzmeisteramt wurde auch von Kurbraunschweig beansprucht, und letzteres, resp. Hannover, führt noch heutzutage einen rothen Herzschild mit der Kaiserkrone, nachdem es bis zu seiner Einführung auf die Kurfürstenbank (1713) einen leeren silbernen Schild an dessen Stelle geführt hatte (siehe mein Wappenwerk, I. 1, T. 54). In anderer Art pflegten und pflegen manche deutsche Fürstenhäuser, z. B. Preußen (Brandenburg), Sachsen u. a. eine Art heraldischer Würdezeichen dadurch auszudrücken, daß sie unter dem Titel „prae- regalia" in ihrem Wappenschilde ein Feld, gewöhnlich das letzte, ganz ledig und roth ließen (vgl. mein Wappenwerk: deutscher Bund den betr. Staaten).

[2] Rietstap bezieht sich bei Bossenstein wol auf Siebmacher, III. 158, wo der Schild dieses Geschlechtes leer und gold ange- geben ist; das hat aber seinen Grund nur darin, daß eben Siebmacher, als er den III. Theil seines Wappenbuches heraus- gab, die Schildesfigur nicht kannte. Im V. Theil, 185, hat er diese Auslassung gutgemacht und den rothen Adler im Felde gegeben.

[3] Siehe mein Wappenwerk, I. 2, S. 16, Note bei Altfrankreich.

[4] Hermelinschilde führten in Frankreich mehrere Geschlechter (Palliot, S. 391 ff.). Ebenso führten die v. Belde im Kölnischen ein Hermelinfeld mit zwei Löwen im vorderen Obertheil als Beizeichen (Fahne, I, tab. IV. Nr. 162, S. 433).

u. s. w., so kehrt sich das Wappen gegen diesen Hauptgegenstand. Dasselbe findet bei zwei oder mehreren Schilden und resp. Wappen statt, welche zu beiden Seiten eines solchen Gemäldes, Altares u. s. w. angebracht sind, d. h. in diesem Falle sehen die Wappen, welche zur Linken stehen, nach Rechts und umgekehrt die zur Rechten nach Links. Die Schilde von Mann und Frau sehen immer gegeneinander, ebenso die Anen- oder Ortschilde. Dieß ist die alte richtige Regel, welche in neuerer Zeit aus Unverständniß sehr häufig vernachläßigt wurde oder noch wird.

Mit der Stellung des Schildes ändert sich folgerecht auch der Begriff von Vorne und Hinten bei einem Schilde.

Das Vorne ist immer derjenige Seitenrand, welcher dem fraglichen Gegenstande zugekehrt ist und in Folge dessen können und müssen zwei Schilde oder Wappen, welche gegeneinander sehen, auch die Vorderseite nnander gegenüber haben. Ebenso steht in jedem Schilde die Figur, so ferne sie überhaupt einer Richtung oder Umkehrung fähig ist (z. B. die Figuren aus dem Thierreich, dann viele Heroldsstücke, wie Schrägtheilung, Schrägbalken u. s. w.), gegen die Vorderseite desselben gewendet. Dasselbe gilt auch vom Helme und Kleinode, ja es geht folgerecht in gevierteten Schilden die Zälung und Stellung von 1. u. 4. je nach der Richtung des Schildes selbst von rechts oder links oben an.

Diese einfachen Regeln wird Jeder, der Wappen aus der älteren Zeit, sei es auf Denkmälern, Siegeln oder in Büchern, aufmerksam betrachtet, hinlänglich bestätigt finden, und man würde kaum glauben, daß es zähig sei, sie noch ausführlich beizubringen, wenn nicht die Erfahrung tagtäglich Sünden gegen diese Regel vor Augen führte. Ich werde Gelegenheit haben, im II. Theile dieses Buches, und zwar in den Kapiteln von den Allianzen, dem Gebrauch der Wappen und der Blasonirung, ausführlicher hierüber zu sprechen, und erwähne hier nur noch, daß Siebmacher in den ersten Bänden seines Wappenbuches diese Regeln alle sehr wol kannte und befolgte, und daß man bei Betrachtung und Blasonirung seiner Wappen (deren er immer fünf in einer Reihe bringt), bei den beiden rechtsstehenden die linke und bei den linksstehenden die rechte Seite als die Vorderseite annehmen muß, denn nachdem er einmal diese Stellungsweise durchgeführt hatte, mußte er entsprechend auch die Figuren und Theilungen nach der jeweiligen Richtung umsetzen.

Diejenigen meiner Leser, welche weniger geübt in diesen Dingen sein sollten, verweise ich auf die beiden Wappen Degenfeld und Schmerzing, oben Taf. X. 104 u. 105, und bemerke, daß bei diesen Wappen, soferne sie zusammengehörig betrachtet würden, durch die Stellung eine Allianz von Degenfeld (Mann) und Schmerzing (Frau) heraldisch dargestellt wäre und daß bei 104 die rothen Pläze als 1. u. 4., die silbernen als 2. u. 3, bei 105 aber die goldene Hälfte als die Vorderseite, und die rothe als die Rückseite zu betrachten seien. Würden wir diese beiden Wappen umkehren, so erhielten wir die Stellung wie XXXVI. 1347 a u. b, gleichsam eine Allianz von Schmerzing (Mann) und Degenfeld (Frau), und hier ist bei a wieder das goldene Feld vorne und bei b sind die rothen Pläze wieder 1. u. 4. u. s. w.

VIII. Die Schildesbilder.

Alle Bilder, welche in einem Schilde erscheinen können, lassen sich in folgende zwei Hauptabtheilungen bringen, in die **Heroldsstüke** und in die **gemeinen Figuren**. Bei letzteren bieten sich von selbst die Unterabtheilungen in **natürliche** und **künstliche Figuren**. Noch besteht eine Gattung von gemeinen Figuren, bei welchen man in Zweifel sein könnte, ob man sie unter die natürlichen oder unter die künstlichen sezen solle, ich meine die **Ungeheuer**, z. B. Panther, Doppeladler, Einhorn u. s. w., indem man sie ebensowol für abnorme Thiere als für reine Kunstprodukte menschlicher Einbildungskraft erklären kann; ich seze sie als eigene Abtheilung **zwischen** beide, die natürlichen und künstlichen Figuren, wie weiter unten zu ersehen ist. Die **Hauptunterscheidung** zwischen **Heroldsstüken** und **gemeinen Figuren** läßt sich auf die schlagendste Weise festhalten, dagegen ist der von allen früheren Heraldikern gemachte Unterschied zwischen **Sektionen** und **Heroldsfiguren**, wie ich beweisen werde, nicht durchzuführen.

Allgemein gültiges Kennzeichen für ein **Heroldsstük** ist, daß seine Ausgänge in den Schildesrand verlaufen, für eine **gemeine Figur** aber, daß sie auf mindestens **drei** Seiten freischwebe.

Weiter gilt in Bezug der gemeinen Figuren die Regel, daß sie nicht nur das Feld, in welches sie zu stehen kommen, möglichst **ausfüllen** (ohne natürlich in den Rand zu verlaufen), sondern auch, daß sie einen gewissen karakteristischen Typus an sich tragen, der sie mit ihren Vorbildern in der Natur zwar der Idee, nicht aber der Form und Stellung nach übereinkommen läßt. Dieser heraldische Typus ist wieder verschieden je nach dem Alter und Ursprung (Nationalität) des betreffenden Wappens. Gänzliche Naturgetreubheit findet sich in den gemeinen Figuren der ächten Heraldik nicht, und ich behaupte, daß man den Geist der Heraldik gänzlich mißverstehe, wenn man glaubte, durch ängstliche Kopirung der Natur (z. B. eines Thieres, Baumes) oder der Kunst (z. B. eines Thores, eines Koffers u. s. w.) die richtigen Formen zu finden. Der Zwek der Heraldik ist eher, in wenigen Strichen ein karakteristisches Bild, als mit vielen Strichen eine platte Kopie des lebenden oder künstlichen Originales herzustellen. Wie das zu erreichen, das läßt sich nicht lehren, sondern nur lernen und zwar durch ernstes und langjähriges Studium der Formen und Karaktere guter Muster der Heraldik [1]).

---

[1]) Wie schwer selbst das „Lernen" ergehe, dafür habe ich die bündigsten Beweise nicht nur an meinen Anfangsstudien, sondern noch mehr an denjenigen Personen, denen die Kopirung meiner Originalzeichnungen oblag. Trozdem, daß eigentlich Nichts mehr zu thun war, als das „Nachfahren" meiner Konturen, habe ich es in acht Jahren bei den Lithografen, welche mein Wappenwerk auf Stein zu zeichnen hatten, noch nicht dahingebracht, daß ihnen unter hundert Wappen eines gelang, resp. meinen Ansprüchen genügen konnte. Das Publikum, welches über solche mistériös nicht die nöthigen Erfahrungen haben kann, urtheilt daher oft ungerecht über die Fähigkeiten eines Autors.

A. Von den Heroldsstüken.

Wie schon erwähnt scheiden alle[1] bisherigen Heralbifer diese Hauptabtheilung der Figuren in zwei voneinander getrennte Kapitel, in die „Heroldsfiguren oder Ehrenstüke", lat. figurae honorabiles, franz. pièces honorables, engl. honorable oder principal ordinaries, ital. pezze onorabili, nbb. heraldieke sukken, und in die „Sektionen mit geraden und krummen Linien", lat. sectiones, franz. séances, engl. subordinarien oder subordinate ordinaries, ital. partizioni, nbb. onderverdeelingen.

Als Kennzeichen der letzteren (Sektionen) geben diese Heralbifer an, daß der Schild durch sie in gleich viele und große Pläze mit verschiedenem Farben zerlegt werde, während bei Heroldsstüken eine ungleiche Austheilung der Farben und Pläze entstehe[2].

Daß diese Unterscheidung angesichts der wahren alten Heraldif unhaltbar sei, wird dem aufmerksamen Beobachter aus der weiter unten folgenden Erklärung und Anschauung von Heroldsstüken selbst klar werden, im Voraus aber darf ich gegen diese frühere Trennung von Heroldsstüken und Heroldsfiguren anführen, daß er durch sie bei hunderten von Beispielen alter Wappen in Zweifel gesetzt werden, welcher Klasse von beiden sie eingereiht werden sollen, weil sie bald den Erfordernissen der „Sektionen", bald denen der „Heroldsfiguren" entsprechen, daß diese Unterscheidungen demnach eher Verwirrung als Klarheit in die Sache bringen, und also minbestens unpraktisch sind — dann, daß sie der organischen Entwiklung der Heroldsstüke selbst, wie ich sie unten gebe, geradezu entgegenarbeiten; denn während man nach meiner Theorie jedes Heroldsstük aus dem vorhergehenden entstehen läßt, muß man nach der früheren Theorie mitten in der organischen Entwiklung einer Heroldsfigur abbrechen, sobald aus der vermeinten Sektion eine vermeintliche Heroldsfigur entstehen würde. Ich gebe nun zuerst meine Definition von Heroldsstüken und sage:

Ein Heroldsstük ist die Zerlegung eines Schildes oder Plazes in verschiedene (minbestens zweierlei) Farben mittelst Abgrenzung derselben durch (geometrisch konstruirbare) gerade oder gebogene Linien.

Nach dieser Definition können Kugeln, Ringe, Schindeln, Kreuze und derartige Figuren, welche die früheren Heralbifer zu den Ehrenstüken rechneten, auch nicht hieher, sondern müssen zu den künstlichen Figuren gerechnet werden.

Ich beginne nun, die Heroldsstüke, wie sie sich aus einander entwikeln lassen, vorzuführen mit jedesmaliger Beifügung eines wirklich existirenden Wappens[3] dieser Gattung.

Zerlegt man den Schild wagrecht[4] in zwei gleiche Hälften, so entsteht ein: **Getheilter Schild**, lat. transverse sectum, franz. coupé, engl. party per fesse, ital. partito retto oder spaccato, span. partido en fax, nbb. doorsneden (XII. 125). Von S. u. Gr. getheilt: v. Aubrezky; von B. u. S.: Lehrbach; # u. S.: Schenk v. Geyern; S. u. R.: Freudenberg. Wird die Theilungslinie in das obere Dritttheil verlegt, so erhält man: das Haupt, lat. caput, franz. chef, engl. chief, ital. capo del scudo, span. cabo, nbb. schildhoofd (126). In S. ein r. Haupt: Grafschaft Montferrat. In R. ein g. Haupt: Ventimiglia (Vintimilla), Lombardei. Berükt man die Theilung

---

[1] Mit Ausnahme des Schmeizel, welcher beide Sorten zwar trennt, aber unter den gemeinschaftlichen Haupttitel: „Heroldsfiguren" bringt.

[2] Sie rechnen demnach z. B. die Figuren in XII. 126, 127, 129, 131, 133, 137, 138, 139, 141, 143, 152, 153, 170, 172, 179, 183 u. a. zu den Heroldsfiguren, dagegen die XII. 125, 128, 130, 132, 135, 136, 140, 145, 155, 164, 165, 186 u. a. zu den Sektionen.

[3] Ich muß mich des Raumes und der Konsequenzen halber wombglich auf deutsche Familien beschränken.

[4] Ich lege keinen Werth darauf, die Heroldsstüke mit der „Theilung" zu beginnen, sie hätten ebensowol mit der „Spaltung" (siehe unten) begonnen werden können.

in das untere Dritttheil, so entsteht der **Fuß**, lat. campus, franz. champagne, engl. champain, nbd. schildvoet (127). In R. ein *s.* Fuß: Herzschild des fürstl. hohenlohe'schen Hauptschildes (Gnadenwappen). Wird der Schild **zweimal getheilt**, so entstehen drei **Pläze** [1], und diese können entweder von drei oder nur von zwei verschiedenen Farben sein. Im ersteren Falle (128) sagt man z. B. **zweimal getheilt**, oben roth, in der Mitte silber, unten schwarz (v. Neger, Bayern), oder einfacher: getheilt von Silber, Roth und Schwarz: v. Feilitsch, Boigtland; von R., #, S.: v. Schweiniz; von G., #, S.: Grebner v. Wolfsthurn, Tirol, weil man schon aus der Anführung von drei Farben erkennt, daß der Schild zweimal getheilt sein müsse. Im lezteren Falle, d. h. wenn zwei Pläze gleiche Farbe haben, bildet der mittlere Plaz eine eigene Figur, einen **Balken** (sonst auch Querbalken genannt), lat. trabs, franz. fasce, engl. fess, ital. fascia, span. faja, nbd. dwarsbalk, z. B. (129) in G. ein b. Balken: v. Raesfeld, Westfalen; ebenso g. Balken in #: Crailsheim, Franken. Theilt man den Schild **dreimal**, so entstehen vier Pläze (130). Von # u. G. dreimal getheilt: v. Raab, Sachsen, Schellenberg, Bayern (133), ebenso von G. u. z: Thumb v. Neuburg, Schwaben. Bei **viermaliger** Schildestheilung entstehen fünf Pläze, von denen je drei und zwei gleiche Farbe haben. Die zwei gleichfarbigen Pläze ergeben zwei Balken, z. B. in S. zwei r. Balken: v. Reibniz, Sachsen (131). Bei **fünfmaliger** Theilung entstehen sechs Pläze, in welchen die Farben also gleichmäßig vertheilt sind. Von B. u. G. fünfmal und umgekehrt getheilt: 1 u. 4 b v. Sped-Sternburg, Sachsen; von # u. G.: Palland, Rhein (132). Bei **sechsmaliger** Theilung entstehen drei Balken. In S. drei r. Balken: Sazenhofen, Bayern (133). In B. drei g. Balken: Gemünden, Bayern. Ferner: **siebenmal** getheilt von # u. S.: Miltiz, Sachsen (134). In dieser Art fortfahrend kommen wir bis zu 11—13 Theilungen und beziehungsweise 5—6 Balken, z. B. Sachsen: von # u. G. eilfmal getheilt. — Von R. u. G. neunmal getheilt: Burggraf v. Riened. — Zwölfmal von G. u. # getheilt: die hintere Schildeshälfte der v. Wangenheim. Die englische Heraldik sagt bei mehr als achtmaliger Theilung einfach barry (balkenweise), z. B. barry or and argent; die Franzosen bedienen sich dafür des Ausdrukes fascé.

Bem.: In alten Siegeln und resp. heraldischen Denkmälern findet man nicht selten eine gewisse Unbestimmtheit, ja Sorglosigkeit in Betreff genauer Feststellung der Zal der Theilungsstriche und beziehungsweise Balken. Die pommer'schen v. Arnim z. B. führen jezt in R. zwei s. Balken, ältere Beispiele zeigen auch den Schild dreimal getheilt (von R. u. S.) [2]. Den Schild der rheinischen v. Goltstein findet man von G. und B. siebenmal getheilt, aber auch in G. drei b. Balken und in B. drei g. Balken [3]. Den Schild Sachsen geben alte Siegel bald neunmal, bald eilfmal getheilt von # u. G., bald auch mit fünf und sechs # Balken in Gold und umgekehrt [4]. Von den bayerischen v. Leublfing, welche jezt zwei r. Balken in S. führen, findet man ältere Wappen und Siegel, welche den Schild dreimal (von R. u. S. und umgekehrt) getheilt zeigen [5]. In dieser Art könnte ich noch Duzende von Beispielen beibringen, es werden aber die vorstehenden genügen, um die Richtigkeit des Sazes zu beweisen, daß die alte Heraldik zwischen „Sektionen"

---

[1] Um Mißverständnissen vorzubeugen erwähne ich ausdrücklich, daß ich bei einem getheilten, gespaltenen oder irgendwie durch Linien in mehrere gleichgroße Pläze zerlegten Schilde nicht die Pläze, sondern die theilenden Linien zähle. Ich halte diese Auffassung für die unzweideutigste und deshalb richtigste, denn wenn ich einen Schild z. B. siebenmal theile, so müssen daraus acht Pläze entstehen, eben jene, welche die sieben Theilungslinien zwischen sich und innerhalb der Schildesgrenzen haben. — Dieser naturgemäßen Auffassung entgegen findet man in den meisten Lehrbüchern der Heraldik und in vielen Blasonirungen die Sache so, daß man z. B. unter „dreimal getheilt" einen in drei Pläze, also nach meiner Definition einen zweimal getheilten Schild versteht. Den französischen heraldischen Ausdruck tiercé en bande muß man also nach unserer Blasonirungsart mit „zweimal getheilt" oder vielleicht besser in drei Pläze getheilt, aber nicht „dreimal getheilt" übersezen.

[2] S. Bagmihl: Pomm. Wappenbuch, I. 30. — v. Hefner: Wappenbuch, III. T. 1. S. 1.

[3] Am leztgenannten Ort, S. 9, T. 9, und Zahns, I. 105.   [4] Siehe mein Wappenwerk, I. 1, unter Sachsen.

[5] A. a. O. beim bayerischen Adel, S. 14, T. 9.

und „Heroldsfiguren" nicht so ängstlich unterschied, wie unsere gelehrten Heraldiker, denen zufolge z. B. aus den gottstein'schen Varianten mindestens dreierlei verschiedene Wappen, wenn nicht gar Linien oder Familien zu machen wären [1]).

Ich komme nun zu der zweiten Theilungsart des Schildes. Wird dieser seiner Länge oder Höhe nach senkrecht in zwei Hälften getheilt, so nennt man ihn einfach

Gespalten [2]), lat. bipertitum seu perpendiculariter sectum, franz. parti, engl. party per pale, ital. partito perpendicolare, span. partido en pal, ndb. gedeeld, z. B. von ⚌ u. G. gespalten (135): v. Bapdorff; von R. und G.: Dörnberg, Hessen, und Castelnuof, Tirol; von G. u. R.: Ivans, Tirol; von B. u. G.: Plettenberg, Westfalen. Wird der Spalt im vorderen Drittheil gemacht, so entsteht eine

Seite, lat. latus, franz. flanque, engl. flaunch, ital. addestro und sinistro, ndb. zyde, z. B. in G. eine rechte b. Seite (139), in S. eine linke ⚌ Seite (139). Wird diese senkrechte Theilung zweimal nebeneinander angewendet, so gibt dieß drei Plätze. Sind diese von drei verschiedenen Farben, so heißt der Schild zweimal gespalten (franz. tiercé en pal), oder gespalten von (folgen die drei Farben), z. B. gespalten von R., S. u. B.: v. Heldritt, Sachsen (136); von ⚌, S., R.: Tieffenbach, Kärnten. Sind aber zwei Plätze von gleicher Farbe, so heißt der dritte (mittlere) Platz: **Pfahl**, lat. palus, franz. pal, engl. pale, ital. palo, span. pal und baston, holl. paal, z. B. in S. ein r. Pfahl: v. Obernitz, Sachsen (137), G. in ⚌: v. b. Albm. Fahren wir analog der Entwicklungsweise, wie sie oben bei der Theilung gegeben, fort, so erhalten wir: dreimal gespalten von ⚌ u. S.: Boit v. Wendelstein, Franken; von G., S., B. u. G.: in 2 u. 3 bei Niedermayr, Bayern (140). Zwei Pfähle: ⚌ in S.: v. Wittgenstein, Rhein (141); s. in B. 2 u. 3: bei Wolff v. Todenwart, Sachsen; s. in ⚌: Altenau, Oesterreich. Fünfmal gespalten von B. u. S.: v. Seinsheim, Franken (142); kommt auch umgekehrt von S. u. B. fünfmal gespalten vor. Drei Pfähle: ⚌ in S.: Kirchberg (Uetterodt), Thüringen (143). Siebenmal gespalten von S. u. ⚌: Baugreben, Hessen. Drei Pfähle: r. in S.: v. Dallwitz, Lausitz (144) u. s. w. Bei sieben und mehr Spaltlinien sagen die Engländer kurzweg paly, die Franzosen bei vier schon palé, bei noch mehreren vergeté, die Spanier: en bastones.

Bem.: Indem ich mich auf die Bemerkung oben S. 57 beziehe, füge ich hinzu, daß man auch bei dem vorliegenden Heroldsstücke unter Beziehung auf ein vorliegendes Wappen und seine Varianten nicht immer genau ausscheiden könne, wo Spaltungen in ungerader oder gerader Anzal (Pfähle) Platz haben sollen. Wir finden z. B. seinsheim'sche alte Siegel und Wappen, in welchen auch drei Pfähle, andere, in welchen vier Pfähle u. s. w. erscheinen. (Ebenso ist bei den Dallwitz, Schaffgotsche u. A. nachzuweisen, daß ihre Siegel und Wappen in der Mehr- oder Minderzal der Spaltungslinien häufig von einander abweichen.

Die Verbindung von Theilung und Spaltung in einem Schilde ergibt nachstehende Heroldsstücke: **Geviertet**, auch quadrirt, d. h. getheilt und gespalten, lat. quadripertitum, franz. écartelé, engl. quarterly, ital. inquartato, span. en quarteles, ndb. gevierendeeld. Nach der herrschenden Regel sind die zwei in der Diagonale sich gegenüberstehenden Plätze je von gleicher Farbe oder Metall und umgekehrt. Es gibt aber auch Ausnahmen, insbesondere in neueren Wappen. Derjenige Platz, welcher am vordern Obereck liegt [3]), heißt der erste, der am hintern Obereck heißt der zweite, dann der unter dem ersten

---

[1]) Uebereinstimmend läßt sich dieser Satz auch für die gespaltenen, gesparrten, schräggetheilten u. a. Schilde nachweisen.

[2]) Die Bezeichnung gespalten für senkrecht getheilt habe ich eingeführt, weil sie der natürlichen Vorstellung am nächsten kommt und einfach und bündig ist. Frühere Heraldiker nennen bloß „von oben nach unten getheilt" oder „senkrecht getheilt", auch wol bloß „getheilt", während wir, wie oben ersichtlich, die letztere Bezeichnung κατ' ἐξοχὴν für die wagrechte Zerlegung des Schildes angenommen haben.

[3]) Siehe was S. 55 von der Stellung der Schilde gesagt ist.

der dritte, und der unter dem zweiten der vierte Plaz, ſo daß alſo 1. u. 4. und 2. u. 3. korreſpondiren. Von # u. S. geviertet: v. Zollern, v. Graß, v. Boineburg. Von # u. G.: v. Hayn; R. u. S.: v. Schott, Schwaben; G. u. R.: Walderſee, Preußen; B. u. S.: Worachizky, Oeſterreich; S. u. R.: Parmatin, Tirol (145).

　　Bem.: Wegen Unkenntniß oder Vernachläſſigung der oben erwähnten Regel iſt namentlich in Betreff dieſes Herolbsſtükes viel Verwirrung in die heraldiſchen Bücher gebracht worden, ſo daß man in der That bei vielen gevierteten alten Wappen nicht ſicher angeben kann, welche Farbe in 1. u. 4. und umgekehrt in 2. u. 3. gehöre. So unterſcheiden ſich die beiden Stämme Boineburg von der ſchwarzen und von der weißen Fahne dadurch, daß bei erſteren das #, bei lezteren das S. in 1. u. 4. ſteht (ſ. mein: Heſſ. Abel, S. 5, T. 3).

　　In vierterlei Farben geviertet (von R., S., G. u. #) führten die v. Puechenſtein, Tirol (146). Ferner: geſpalten und zweimal getheilt. Von R. u. S. geſpalten und zweimal getheilt: v. Abelebſen (147); — ebenſo von R. u. S.: Marſchall, genannt Greiff, Sachſen, und Hollegg v. Rapberg, Oeſterreich; desgleichen von # u. S.: Weſterholt; S. u. #: Schauroth. Zweimal geſpalten und einmal getheilt von S. u. #: Fuchsmagen, Tirol (149); ebenſo von S. u. R.: Auer v. Puelach und Aßlinger, Bayern. Von R. u. S. geſpalten und dreimal getheilt: Ponidau (148). Getheilt und fünfmal geſpalten von R. u. S.: Roſenberg, Franken. Zweimal geſpalten und zweimal getheilt, oder geſchacht zu neun Pläzen, lat. novem tessellae, franz. équipollé, engl. chequy of nine, ital. punti equivalenti, ſpan. nueve jaqueles, nbb. aangrenzende vakken. Von G. u. B.: Graf v. Genf (150).

　　Das Schach läßt ſich natürlich in dieſer Art durch mehrere Spaltungen und Theilungen vermehren zu 12, 16, 20 u. ſ. w. Pläzen, man pflegt aber jedes Schach über neun Pläzen nicht mehr zu zälen, ſondern einfach als geſchacht, lat. tessellatum, franz. echiqueté, engl. chequy, ital. scacchato, ſpan. escacado, nbb. geschakeerd, anzugeben, z. B. geſchacht # u. S.: Sperberöed, Schwaben (151). Vollkommene Schachbretter zu 64 Feldern ſollen z. B. die v. Prittwiz, Lauſiz (#, g.), führen vermöge einer Sage, die ich a. g. O. erwähnen werde; man findet ihren Schild aber auch zu 24 und weniger Pläzen geſchacht. Ebenſo ſollen die Schach, Bayern, wol auch vermöge des Namens ein vollſtändiges Schachbrett, lat. tabula tesseraria, franz. echiquier, führen, man findet aber dort auch nur 20 Felder. Läßt man in einem neunfeldrigen Schach den mittelſten Plaz hinweg, ſo erhält man das gemeine oder heraldiſche Kreuz, lat. crux, franz. croix, engl. cross, ital. croce, nbb. kruis. In R. ein Kreuz (152): v. Linden, Bayern, v. Bertheim, Baden; in G. ein r. Kreuz: Rechteren, Franken; in # ein g. Kreuz: Raiz v. Frenz, Rhein; S. in R.: Rottal, Steier; B. in S.: Eſſen, Frankfurt. Jeder der vier Etpläze in einem ſolchen Schilde gibt, wenn man ſich das Kreuz hinwegdenkt, eine Bierung, lat. quadrans, franz. und engl. canton, ital. quartello, holl. schildhoek, oder ein Freiviertel, franc quartier, welche je nach ihrer Lage vorderes, hinteres Freiviertel oben oder unten genannt werden. In der Regel verſteht man unter „Bierung" κατ' ἐξοχήν das obere vordere Freiviertel. Z. B. in G. eine b. Bierung: Zollikofer, Schweiz (153); in # eine g. Bierung: Lieben ed; in S. eine hintere r. Bierung: Schönau (ſiehe oben XIII. 58); s. in #: Auffkirchen, Tirol; r. in G.: Mareith [1]; s. in R.: Aichelberg, Schwaben; in R. zwei s. Bierungen am Vorderrand (Ober- und Unterel): Pütrich v. Reichlzhauſen. Umgekehrt: Pelkhoffen, Bayern. Die Mayrhofer in Regensburg führten: Getheilt von R. u. S. mit einem vordern Ober- und hinterem Unterel in verwechſelten Farben. Denkt man ſich an einem Schilde mit Kreuz Alles weg bis auf den oberen Arm des Kreuzes, ſo erhält man das Ort. In R. ein g. Ort: Ueberacker (154); s. in #: Ruerstorffer. Aus einer Verbindung von Theilung und Spaltung ergeben ſich ferner noch folgende

<hr>
[1] führten darnach die Franzin, Tirol, welche aus deren Bierung ein r. Kiſſen gemacht haben (ſiehe mein: Bayeriſcher und tiroler Abel)

Herolbsftüke: Getheilt und halb gespalten, lat. horizontaliter et inferius perpendiculariter sectum, franz. coupé-miparti. Von R., S. u. ⚏ [auch R., ⚏, S.] (156): Gersdorff, ebenso: Parsperg; von ⚏, R., S.: Reiter v. Pibenbach (Laßberg). Halb gespalten und getheilt, franz. miparti-coupé. Von S., R. u. B. (157) [auch R., S., B. u. S., R., B.]: Schaumburg, Franken (s. auch oben VII. 53); von R., S. u. ⚏: Wittern, Sachsen; von R., G. u. B.: Hager, Bayern. Halb getheilt und gespalten, franz. micoupé-parti. Von S., R. u. B. (158): Florianer, Bayern; von S., B. u. G.: Fünfkirchen, Mähren. Gespalten und halb getheilt, franz. parti-micoupé. Von B., R. u. S. (159): Hruchowsky, Böhmen; von S., R., ⚏: Hrzan v. Harras, ibidem. Diese sind die Herolbsftüke, welche aus senkrechten und wagrechten Geraden herzustellen sind; natürlich sind aus diesen wieder weitere Zusammensetzungen, z. B. von Pfahl und Balken, Theilung und Pfählen u. s. w. möglich, diese können aber vermittelst des obigen Schlüssels leicht erkannt und blasonirt werden.

Die Stufe, lat. gradus, franz. degré. Von S. u. ⚏ mit einer Stufe getheilt: Leoprechting und Turberg, Bayern (160). Die Scharte, lat. contra pinna. Von R. u. S. mit einer Scharte getheilt — auch in R. eine s. Scharte —: Dachauer, Bayern (161). Mit zwei Scharten von G. u. ⚏ getheilt: Kalmünzer, Regensburg. Die Zinne, lat. pinna, franz. creneau, ital. merlo. In S. eine ⚏ Zinne — auch von S. u. ⚏ mit einer Zinne getheilt: Walrab, Oesterreich (162); von R. u. S. mit zwei Zinnen getheilt (164): Preising, Bayern. Ebenso mit zwei Zinnen gespalten (163): Rohr, Oberpfalz. Mit drei Zinnen von S. u. R. getheilt: Steinsdorf, Bayern. Die sogenannten welschen Zinnen unterscheiden sich von den gewöhnlichen deutschen dadurch, daß sie oben keilförmig eingeschnitten sind (223).

Ich komme nun zu denjenigen Herolbsftüken, welche durch gerade Linien nach den Schrägen des Schildes sich entwikeln.

Zieht man von einem Oberek nach dem entgegengesezten Unterek eine Linie, so entsteht die Schrägtheilung. Weitaus die meisten Schrägtheilungen gehen in der Richtung vom vorderen Oberek nach dem hintern Unterek, es läßt sich also bei dem Worte Schrägtheilung, Schrägbalken ꝛc. im Allgemeinen immer das Aufsteigen der Balken, Theilung ꝛc. nach der Vorderseite, beziehungsweise das Abwärtssteigen nach der hintern Seite ausdrüken, gleichviel ob der Schild nach Rechts oder Links gekehrt sei. Nur in Ausnahmsfällen findet das Gegentheil statt, und auch diese Ausnahmsfälle lassen sich sehr häufig als Mißverständnisse der schon erwähnten Regel über die Schildesstellung erklären; wo aber wirklich "diplomgemäß" eine Schrägtheilung ꝛc. einmal den entgegengesezten Weg einschlägt, da muß dieß ausdrüklich erwähnt werden.

Die meisten Heralbiker bezeichnen bei jeder Schrägtheilung ꝛc. die Richtung in der Art, daß sie zwischen Rechts- und Links-schräggetheilt genau unterscheiden. Die Franzosen und Engländer haben für diese Richtungen sogar eigene Kunstwörter: tranché, party per bend in dieser Richtung \, und taillé, party per bend einiger für diese / Richtung. Der gelehrte Schubmacher thut sich (1694) nicht wenig darauf zu gut, zwei neue Kunstwörter in die deutsche Heraldik eingeführt zu haben, die er erstere Schrägtheilung "geschnitten" und die leztere "durchzogen" nennt. Ingleichen haben die Franzosen für Schrägbalken in der Richtung \ den Namen bande, die Engländer bend, die Italiener banda, Herr Schubmacher aber "Band", dagegen für den Schrägbalken in der andern Richtung /, beziehungsweise barre, bend sinister, barra und Schubmacher "Straße" erfunden. Die meisten deutschen Heralbiker nennen aber das "Band": Rechtsschrägbalken oder auch Rechtsbalken, und die "Straße": Linksschrägbalken oder Linksbalken.

Andere deutsche Heralbiker, wie z. B. Dorst und Bernd, sind gerade entgegengesezter Ansicht, indem sie das mit Schräglinks bezeichnen, was die übrigen Schrägrechts nennen und umgekehrt. Auch ich habe in meinen "Grundsätzen" dieser "verkehrten Ansicht" gehuldigt, und wenn ich auch den Trost besize, in solchem Irrthume nicht allein zu stehen, so wird mich doch der weitere Schritt, den ich noch thun muß, gänzlich isoliren. Ich sage nemlich: ein Streit, was schräglinks oder schrägrechts sei, ist wie die Erfindung eigener Kunstwörter dafür gänzlich überflüssig, weil in der Praxis unhaltbar, man müßte denn behaupten wollen, jebes Geschlecht ober jeder Wappenherr überhaupt, der Schrägtheilung ober Schrägbalken im Schilbe führt, babe seit Entstehung seines Wappens ben Schild nie anbers als nach der ursprünglichen Richtung gewendet. Sobald er einmal dagegen gefehlt, b. h. ben Schild etwa wegen Allianz ober eines Bildes 2c. nach der entgegengesetzten Seite gewendet hatte, mußte er entweder die betreffende Schrägtheilung gleichfalls ändern, ober gegen die einfachsten Regeln der alten Heraldik verstoßen. Mit der veränderten Richtung müßte aber nach der Ansicht der neueren Heraldiker konsequent auch ein neues Wappen entstanden sein, weil der betreffende Schild bann nicht mehr Linksbalken, sondern Rechtsbalken 2c. ober umgekehrt zeigen mußte.

Ich glaube kaum, daß es nöthig sei, zu dieser gewiß einleuchtenden Erörterung noch ein Beispiel zu geben, ich will dieß aber doch nicht unterlassen, um nicht mißverstanden werden zu können.

Auf dem Grabstein des Reichart Kärgl v. Sießpach († 1476) zu Seligenthal ist der Schild dieser Familie (schräggetheilt von S. u. R., oben ein schreitender # Bär) zweimal angebracht, nemlich als Haupt-wappen mit der Richtung der Schräge nach Rechts, und als Anen- ober Ortschild (rechts oben) mit der Schräge nach Links und entsprechender veränderter Richtung des Bären. Riemand wird hier zweierlei Wappen sehen.

Es erhellt also aus dem Gesagten, daß die Bezeichnung von rechtsschräg- ober linksschräg-getheilt jeder Zeit unklar sei, wenn nicht zugleich mit angemerkt ist, welche Stellung der Schild selbst ein-nehme, resp. ob er gerade vorwärts, allein, ober ob er geneigt, und nach welcher Richtung er es sei. Will man aber bennoch und überdieß eine nähere Richtungslinie der Schrägtheilung angeben, so glaube ich die Bezeichnung schräglinks und schrägrechts in der Art empfehlen zu dürfen, wie sie Bernb und Dorst annehmen, nemlich so, daß man Schrägtheilung ober Schrägbalken nach der Seite benennt, von der sie aus- und abwärts [1]) gehen. Der sicherste Ausweg für ängstliche heraldische Gemüther wird aber immer der bleiben, wie in den Diplomen früherer Zeit [2]) zu sagen „vom vorderen Oberek nach dem hinteren Unterek" ober „von vorne nach hinten" und umgekehrt „schremsweise" ober „schräggetheilt".

Nach dieser Abschweifung, welche ich zu meiner Rechtfertigung gegen gewisse Vorwürfe, als suchte ich aus „Reuerungssucht" ober „Unverstand" feststehende Begriffe zu verkehren, zu geben schuldig war, komme ich wieder auf die Herolbsstüke selbst.

Analog dem Entwiklungsgange bei den Herolbsstüken mit wagrechten und senkrechten Theilungen folgt auch bei den Schrägtheilungen: Schräggetheilt, franz. tranché und taillé, engl. parti per bend und per bend sinister, ital. trinciato ober a sinistra, nbb. geschuind und linksgeschuind. Von G. u. #: Stillfried, Preußen; G. u. R.: Wildenstein, Schwaben, Schweiz; von S. u. R.: Scheb-linger, Bayern; von # u. S.: Abensberg (165). Analog wie bei der Theilung ergibt sich hier auch das Schräghaupt (168) und der Schrägfuß (167). Einen Schrägfuß r. in S. (neben andern Figuren) führten die Balvafone in Italien. Zweimal schräggetheilt. Von R., S. u. #: Starschebel (169). Der Schrägbalken, lat. baltheus und b. sinister, franz. band und barre, engl. bend und bend sinister, ital. banda und sbarra, nbb. schuinbalk und linker bak. R. in S.: Lepel, Mecklenburg (170); S. in R.: Reißenstein, Malsen; # in S.: Stein-Rordheim, Thüringen; S. in #: Schönfeld, Sachsen; G. in B.: Straßer, Desterreich. Dreimal schräggetheilt. Von R. u. S.: Schönburg, Sachsen (171). Zwei Schrägbalken. G. in #: Trebra, Sachsen (172); # in S.: Stein-Lieben-stein, Sachsen. Fünfmal schräggetheilt. Von R. u. S.: Ellrichshausen, Schwaben (173);

[1]) Demzufolge ist 166 schrägrechts und 165 schräglinks getheilt, 169 ein Rechtsbalken und 172 zwei Linksbalken. Nach der Ansicht anderer Heraldiker geht aber der Schrägbalken ober die Schrägtheilung von unten nach oben und nicht umgekehrt, wie ich behaupte, daher sie auch ihre Benennungen gerade entgegengesetzt gebildet haben.

[2]) Daß man loco authentico selbst nicht immer ganz sicher und konsequent verfahre, ersehe ich aus zwei Diplomen desselben Herolbenamtes. Das eine v. J. 1852 für die Familie v. Schreibnen nennt einen Balken in dieser Richtung \ schräg-links, und das andere v. J. 1855 für die v. Sick nennt dieselbe \ Richtung: schrägrechts.

u. S.: Weitershauſen. Drei Schrägbalken. # in G.: Schlaberndorf, Schleſien; r. in G.: Cortenbach, Rhein u. ſ. w. Aus der Kreuzung bei den Schrägen erfolgt: Schräggeviert, lat. decussatum, franz. écartelé en sautoir, engl. quarterly per saltire, ital. inquartato diagonale, ſpan. partido en frange ober en aspa, nbb. schuingevierendeekl. Hier ſind 1. u. 4. die Pläße, die an den Ober- und Unterrand ſtoßen, 2. u. 3. die an dem Vorder- und Hinterrand. Von S. u. R. (174): Paulſtorff (Stingelheim), Bayern; von G. u. R.: Engelbrecht, Bayern (vgl. Siebm., II. 132), und Lamprechtshenin, Elſaß. Gewekt [1]), lat. fuseatum, cuneatum, franz. fuselé, engl. fusily, ital. a quadri acuti, nbb. spits-geruit. Von R. u. G.: Königsegg; B. u. S.: Bayern; # u. G.: Ied. Gerautet [1]), lat. rhombatum, franz. losangé, engl. losengy. ital. a quadri fusati, nbb. geruit. Von R. u. S.: Monaco. Aus der Schrägtheilung können immer hervorgeben: Geschrägt und halbgegengeschrägt von S., R. u. # (175): Apelsberger, Oeſterreich, und halbgeschrägt und gegengeschrägt von S., B. u. R. (176): Ahaufen, Bayern. Dieſe Blaſonirungsweiſe iſt analog derjenigen bei Theilung und Spaltung, beziehungsweiſe den Figuren 156—159 gebildet.

Der Schrägen [2]), auch Andreaskreuz, lat. crux burgundica sive St. Andreae, franz. sautoir, engl. saltire, ital. croce diagonale, ſpan. aspa, nbb. Andrieskruis. B. in S.: York, Preußen; G. in B.: Ibirtart, ebenda. Sind die Schrägbalken von zweierlei Farbe, ſo kann man wol nicht Schragen ſagen, z. B. in G. ein r. Schrägbalken mit einem # geschrägt: Bucher v. Rabau, Oeſterreich; ebenſo in S. ein r. mit einem b.: Mack, Heſſen. Läßt man von der Mitte des Oberrandes zwei Schrägen nach den beiden Unterrunen laufen, ſo erhält man:

Die Spiße oder den Gern [3]), lat. cuspis, franz. pointe, engl. party per pile, ital. punta, nbb. punt. R. in S.: Raittenpuecher, Bayern; # in S.: Weichs, ebenda; S. in R.: Künsberg, Franken (181). Man findet die Linien der Spiße bald ganz gerade, bald etwas einwärtsgebogen — Beides ohne weſentlichen Belang. Sind dreierlei Farben im Schilde, ſo nimmt man an, daß die Spiße den Schild in die zwei übrig bleibenden Pläße, reſp. Farben ſpalte und blaſonirt: Durch eine b. (alias #) Spiße von S. u. R. geſpalten (180): Platſch, Tirol; ebenſo durch eine s. Spiße von B. u. G. geſpalten: Schleg, Schwaben. Man könnte auch ſagen: Von S., B. u. R. oder von B., S. u. G. mit einer Spiße geſpalten. Wiederholt ſich dieſe Theilung zweimal übereinander, ſo nennt man dieß geſparrt, z. B. von R., S. u. # geſparrt: Stingelheim, Pfeffenhauſen, Bayern (182); von B., S., R.: Ruedolff, ebenda. Sind der oberſte und unterſte Plaß von gleicher Farbe, ſo heißt der mittlere Plaß:

Sparren, lat. cantherius, franz. und engl. chevron, ital. capriolo ober scaglione, ſpan. cabrio, nbb. keper. B. in S.: Döllniß, Sachſen (183); s. in R.: Ledebur, Brandenburg; Grebner, Tirol;

---

[1]) Zwiſchen gewekt und gerautet wird in der Regel ebenſowenig unterſchieden, wir zwiſchen Weken und Rauten ſelbſt. Es hat dieß auch ſeine Schwierigkeiten, weil in alten Wappen dieſe beiden Muſter ſehr häufig, ja ſogar mit dem Schache abwechſeln. Eigentlich aber ſollen im geweften Schild die Theilungslinien einen ſpißigeren Winkel unter ſich bilden, als beim gerauteten Schild, ſo daß die Weken länglich ſind und nicht ſeitwärts liegen, während die Rauten gerade ſtehen. Dieſer Unterſchied läßt ſich aber in praxi nicht feſthalten, wie denn auch die Bezeichnung ſelbſt häufig wechſelt. Daß man die einzelnen Weken gezählt habe, dafür finde ich nur ein Beiſpiel im Wappenbriefe der Stadt Gundelfingen v. J. 1462, wo es heißt: x..... den dritten Tailn des Wappens Bauerland das ſind ſiben blaw und weiß Wegk" (ſiehe mein Wappenwerf, l. I, S. 15). Aber hundert bayeriſche Siegel und Wappen geben Beweis, daß man es mit den 21 Weken nie ſo genau genommen hat.

[2]) Die Bezeichnung Schragen für dieß Herolbsfük iſt altheraldiſch, wie denn im Vergleichsbrief der Oettingen und der Burggrafen von Nürnberg v. J. 1381 das Andreaskreuz auf dem Grafenrobe auch ausdrücklich „der Schragen" genannt wird (ſiehe mein Wappenwerf: Hoher Adel, S. 6, T. 4).

[3]) Auch der Ausdruk Gern (von Ger, Gerung) iſt ein echt- und altheraldiſcher, wie wir z. B. aus dem Sippſchafts- und Wappeneinigungsbriefe der Raittenpucher v. J. 1292 (bei Migul. Hund, Stammbuch, II. 264), welche „einen ganz roten Gern zwiſchen zweyer halber weiſſen Gern" führten. Die halben Gernen ſtellen hier das Feld vor.

r. in S.: Gerſtenbergf, Sachſen; g. in #: Chinger, Schwaben. Iſt der Sparren etwas nach einwärts gebogen, ſo nennt man ihn auch Schleife, chevron ployé. Dreimal geſparrt. Von R. u. S.:
v. Werdenſtein, Schwaben (184); S. u. R.: Stupf, Bayern. Zwei Sparren. R. in B. (?):
Breitenbauch, Sachſen; s. in R.: Zwingenſtein, Tirol (185). Drei Sparren. R. in G.: Dorth.
Siebenmal geſparrt. Von G. u. R.: Hanau (186). Dieß Wappen kommt auch g. mit vier und
fünf r. Sparren, auch neunmal geſparrt vor. Die Spize und Sparrung kann auch in der Richtung von
den beiden Oberelen oder nach der Mitte unten gehen und in dieſem Fall erhält man die geſtürzte Spize
oder den geſtürzten Gern, auch Mantel genannt, lat. cuspis inverso situ, franz. pointe renversée, engl.
pile reversed, ital. contra incsto. Von G., S. u. # mit einer geſtürzten Spize geſpalten: Walch
v. Pfauſtett (187) und ebenſo von S., B., G.: Weſſen, Bayern. In S. eine geſtürzte r. Spize (188):
Schleich, Bayern; ebenſo Thüna, Sachſen; s. in R.: Neuhaus, Tirol. Geſtürzter Sparren.
S. in R.: Rumlingen, Schwaben (189). Dreimal geſtürzt-geſparrt. Von S. u. R. (190): Wizleben (dieß Wappen kommt auch umgekehrt von R. u. S. dreimal geſtürzt-geſparrt, auch mit zwei
geſtürzten Sparren s. in R. und r. in S. vor); ebenſo Marſchalf v. Schiltberg, Bayern. Die Spize
wie der Sparren und ihre Ableitungen können auch von einem Seitenrand nach dem andern, gleichwie
(Seitenſpize, Seitenſparren) von einem Unter- oder Oberel nach dem entgegengeſezten Ober- oder
Unteref (Elfpize, Elfſparren) gehen. Die Franzoſen nennen dieß pointe en bande und pointe en barre.
3. B. In R. eine s. Seitenſpize (ſcil. aus dem Hinterrand nach dem Vorderrand): Plankenſtein, Schwaben
(192); item Tachinger, Bayern, und Albeins, Tirol, oder bei drei Farben (191): von G., S. u. R.
durch eine (ſcil. aus dem Hinterrand kommend) Seitenſpize getheilt: Regenbank, Medlenburg; ebenſo von
R., S., G.: Plüskow, ibidem; ebenſo von R., S. u. #: Fraßhauſer, Bayern. In R. ein s. Seitenſparren: Marſchalk v. Stumpfsberg, Bayern. In G. eine # Elfpize aus dem hintern Oberel: Krafft,
Steier (194); item s. in #: Thannberg, ſpäter Welzer, Steier. In S. eine r. Elfpize aus dem hintern Unteref (193): Baben, Schweiz.

Verbindet man die Schrägtheilung mit der Sparrung, ſo ergeben ſich nachfolgende Herolbsſtüke:

Die **Deichſeltheilung**, franz. tiercé en pairle. Von #, S. u. R. (195): Brieſen, Lauſiz; von
S., G. u. #: Walch zu Arburg. Die Deichſel, auch Gabel, lat. furca, franz. pairle, engl. paile oder
pall, ital. pergola, ndd. gaffel. S. in R.: Teuchöler, Niederbayern (196).

Die **Göppeltheilung**, lat. furcatum inverso, franz. tiercé en pairle renversé (197). Der Göppel.
lat. furca inversa, franz. pairle renversé. R. in G.: Bayersdorf, Pölzig, Sachſen (198); s. in #:
Kuchler, Bayern.

Durch Vereinigung aller drei Theilungsarten, der ſenkrechten, wagrechten und ſchrägen, entſteht:

Die **Ständerung**, z. B. von R. u. S. ſechsmal geſtändert (ſchräggeviertet und geſpalten): Rod-
bauſen; ebenſo von S. u. R.: Hilprand, Tirol (199); ebenſo von B. u. S.: Sinzenhofer.

Bem.: Man findet das leztere Wappen auch ſo wie (200), d. h. ſchräggeviertet und getheilt.

Jeder einzelne Plaz heißt eigentlich ein Ständer oder Schoß, lat. conus oder pinnula, franz.
giron, engl. gyron, ital. grembo, ndd. geer, allein man pflegt in der Regel nur diejenige Figur einen
Ständer zu nennen, deren Grenzlinien, aus der Mitte und dem Ober- oder einem der liegenden
Oberel kommend, ſich in der Mitte des Schildes treffen. In S. ein b. Ständer aus dem vorderen Oberel:
Krafft, Oberöſterreich (203), wol wappenverwandt mit den Krafft 194. In R. ein s. Ständer: Eiſer-
ſtetten, Bayern.

Ich komme nun zu einem Stüke, bei dem ich in billigem Zweifel bin, ob es überhaupt zu den Herolds-
ſtüken zu rechnen ſei oder nicht, ich meine:

Die **Borbur**, und zwar die innere und äußere nebſt dem Schildlein. Wird nemlich innerhalb
des Schildesrandes und gleichlaufend mit dieſem eine Linie gezogen, ſo bildet der Plaz zwiſchen beiden die

Schildesbordur oder Einfaſſung '), lat. limbus, franz.' bordure, engl. border, ital. bordura, ndb. zoom, welche in der Regel ⅓ der Breite des Schildes zu jeder Seite wegnimmt; doch gibt es auch breitere Borduren, und manchmal ſo breit, daß der mittlere Plaz gleichſam als ein aufgelegtes Schildlein erſcheint. Es läßt ſich ſchwer entſcheiden, ob z. B. die Droſte in R. ein s. Schildlein oder einen s. Schild mit (breiter) r. Bordur (XII. 204) führen ²). Ebenſo führen eine s. Bordur um B.: Graſſelfinger, Bayern; g. um #: Molsheim, Elſaß.

Bem.: Die Bordur iſt ſehr häufig auch Beizeichen, wie im betr. Abſchnitte zu ſehen ſein wird.

Iſt die Einfaſſung derart, daß ſie gleichſam einen freiſchwebenden Rahmen parallel dem Schildesrande bildet, ſo heißt man dieß eine innere Einfaſſung, lat. orula, franz. und engl. orle, ital. cinta, ndb. binnenzoom. Z. B. in R. eine s. innere Einfaſſung: v. Randow (XIII. 205); ebenſo b. in G.: Landellis, Schottland. Ich weiß zwar, daß die Bordur von den meiſten deutſchen Heraldikern zu den Heroldsfiguren oder Ehrenſtücken gerechnet wird, und auch ich war früher derſelben Anſicht, allein wenn ich die oben gegebene Definition von Heroldsſtücken berückſichtige, ſo paßt ſie gerade auf dieſe fraglichen Stücke, und gerade auf dieſe allein nicht, denn keines derſelben berührt mit ſeinen End- oder Anfangslinien den Schildesrand. Ich wäre daher geneigt, der alten engliſchen Heraldik beizupflichten, welche die äußere Bordur als den Rückſchild eines mehr oder minder kleinen aufgelegten Schildes, die innere Einfaſſung aber als einen falſchen Schild (falſe escutcheon) blaſonirte. Die neuere engliſche Heraldik ſagt übrigens auch border für äußere, orle für innere Einfaſſung und inescutcheon für Schildlein.

Was die Verbindungsmöglichkeit einzelner Heroldsſtücke untereinander betrifft, ſo ergibt ſie ſich ſchon aus der Entwiklung der primitiven Heroldsſtücke; die Blaſonirung der ſo zuſammengeſezten Stücke läßt ſich theils ſchon aus dem Vorhergehenden ableiten, theils erfordert ſie eigene Kunſtausdrücke, wovon das Nöthigſte hier folgend, das Ausführlichere aber im II. Theile dieſes Buches bei dem Abſchnitt „Blaſonirung" beigebracht werden wird.

Was die Veränderung der Grenzlinien oder Konturen anbelangt, ſo hat ſie, gleich der Verbindung der Heroldsſtücke ſelbſt, dem Beſtreben, ähnliche Wappen von einander unterſchieden zu machen, theilweiſe auch dem Geſchmake und der Laune ihren Urſprung zu verdanken.

Die Veränderungen der Konturen in Heroldsſtücken geſchehen dadurch, daß man ſtatt der geraden Linien gebrochene oder gebogene ³) ſezt. Die hauptſächlichſten dieſer gebrochenen Linien ſind:

Der Spizenſchnitt, Zahnſchnitt, auch Zikzaklinie genannt, lat. denticulatum, franz. denté, endenté, engl. indented, ital. dentato, ndb. uitgetand. Z. B. von R. u. S. mit Spizenſchnitt geviertet: Lichtenſtein (206); ebenſo von # u. S.: Altenhauſen, Schwaben; von B. u. G. mit dem Spizenſchnitt ſchräggeviertet: Gumprecht. Balken, Pfähle, Schrägbalken ꝛc. werden auch mit der Zikzaklinie begrenzt; man nennt ſolche dann zikzakgezogen, z. B. Campe: in R. ein zikzakgezogener s. Balken; Beveren (232): in G. zwei zikzakgezogene r. Balken; von B., S. u. R. mit zikzakgezogenen Linien getheilt: Ulm, Schwaben u. ſ. w. Aehnlich wird man blaſoniren einen zikzakgezogenen Sparren, Schragen ꝛc. Sind die einzelnen Spizen dieſer gebrochenen Linie im Verhältniſſe größer, d. h. mehr in die Höhe und Breite gedehnt, ſo ſagt man „mit Spizen" getheilt, geſpalten ꝛc. Z. B. mit Spizen von R. u. S. getheilt: Attems, Krain (207); Herzogthum Franken (Bayern, Limpurg, Rechteren u. ſ. w.); ebenſo von B. u. S.: Zandt, Bayern; von S. u. #: Stockhamer, Bayern; von G. u. B. (auch umgekehrt) mit Spizen geſpalten: Ebner

---

') Man muß ſie nicht mit den bloß „verſchönernden", namentlich in modernen Wappen häufig vorkommenden ſchmalen, meiſt goldenen Schildesrändern verwechſeln. Die lezteren ſind jedenfalls kein Heroldsſtük.

²) Die Frage, ob das Schildlein ein Heroldsſtük ſei, hängt mit der erſten Frage, ob die Bordur eines ſei, zuſammen, wäre aber noch leichter zu entſcheiden, da ein Schildlein in einem Schilde ſo gut, wie deren zwei und drei derſelben zu den künſtlichen Figuren gerechnet werden kann.

³) Die gebrochene Linie muß aber ebenſowol wie die gerade ohne Unterbrechung in den Rand geführt ſein.

v. Eſchenbach (208). Sind die Spiten ſo in die Länge und Breite gezogen, daß ſie die entgegengeſetten Schildes ränder faſt oder wirklich berühren, ſo pflegt man die Zahl der Spiten anzugeben. In dieſem Fall ſind es ſelten mehr als vier Spiten, gewöhnlicher aber bloß zwei bis drei. Sind die Spiten ganz oder vollkommen, ſo ſagt man z. B.: In S. drei aus dem Hinterrande kommende b. Spiten: Montalban, Schlanders, perg, Tirol (209). Iſt eine der Spiten in der einen Farbe nur halb, ſo muß auch eine Spite der andern Farbe halb ſein und man zält in dieſem Falle die Seitenlinien der Spiten und ſagt (221) z. B.: Von S. und # fünfmal ſpitenweiſe oder mit Spiten geſpalten [vielleicht könnte man auch ſagen geſpitt, aber ich denke, wenn man den Grundbegriff von Spalten und Theilen (ſiehe oben S. 59) im Auge behält, ſo wird die Bezeichnung mit Spiten geſpalten (210, 211) und mit Spiten getheilt (207) keiner Mißdeutung unterliegen]: Hauſner v. Purkſtall, Bayern, und: Mindwit, Sachſen; ebenſo drei- mal von K. u. S.: Leuberſtorff, Bayern (210); ebenſo: Beuſt, Sachſen: von K. u. S. fünfmal, Gmainer, Oberpfalz; von G. u. R. ſiebenmal mit Spiten geſpalten; letteres Wappen kommt auch mit drei r. Seiten- ſpiten in G. vor.

Eine Abart dieſer Spitentheilung iſt es, wenn die Spiten oder Theilungslinien gebogen ſind und die Form von Zähnen haben. Man nennt dieſe Spiten auch Wolfszähne, wie denn z. B. das Wappen der v. Tettau und der Kinsky, als: in R. drei s. Wolfszähne aus dem Hinterrand kommend (241), blaſonirt wird. Uebrigens findet man z. B. auch das minkwit'ſche Wappen im Diplom v. J. 1586 als: „ein ſchwarzer Schild aus deſſen vodern gegen den hintern theil drei weiſſe Wolfszähne erſcheinen" bezeichnet, obwol ſonſt gebogene Linien in der Spitentheilung des minkwit'ſchen Schildes [1] nicht gefunden werden.

Abgeſette und verſchobene Linien kommen gleichfalls in der Heraldik vor. So führen die v. Reiche, Weſtfalen: von S. u. # mit einer abgeſetten Linie ſchräggetheilt (242), und die v. Ezirn, Schleſien, führen einen verſchobenen s. Pfahl in R. (243), die Gleiſſenthal, Oberpfalz, aber einen ver- ſchobenen s. Balken in # (244), ebenſo (tincturae nescio): Dorninger, Rieß.

Die Kerbe oder der Kerbſchnitt, lat. striatum, franz. engrelé, engl. engrailed, ital. gratellato, ndb. uitgeſchulpt. Die Form iſt durch den aus dem Leben genommenen Namen hinlänglich deutlich. In S. ein # Kerbkreuz: Sinclair, Schottland, Mecklenburg; g. in B.: de la Croix, Frankreich, Preußen. In S. ein gekerbter r. Sparren (212): Dintner, Nürnberg; ebenſo # in S: Launay, Frank- reich. In G. ein gekerbtes r. Kreuz: Gimnich, Rhein ꝛc.

Der Schuppenſchnitt, lat. imbricatum oder squamulatum, franz. cannelé, engl. invected, ital. scanalato, ndb. ingeſchulpt. Schuppe iſt eine gebrochene Linie in dem der Kerbe gerade entgegengeſetten Sinne; z. B. von B. u. G. (alias umgekehrt) mit Schuppen ſchräggetheilt: Hochſtetter, Tirol (213); von S. u. # mit Schuppen geſpalten: Haynsped von Sallach, ſpäter Salburg (214).

Der Wellenſchnitt, gewellt, gefluthet, lat. undulatum, franz. ondé, engl. undée, auch wavy, ital. ondato, ndb. golvend. Z. B. Süß, Regensburg: fünfmal von S. u. S. gefluthet (217); Gilfa: in Gr. drei gefluthete s. Balken oder Flüſſe. — In S. ein # Schrägfluß (216): Behaim von Schwarz- bach. Von S. u. R. (auch umgekehrt) dreimal mit Wellenlinien geſpalten: Greiff v. Greiffenberg, Bayern (215). Mit Wellen von S. u. # dreimal ſchräggetheilt: Maxlrhain, Bayern. Die gefluthete oder wellen- förmige Grenzlinie hat mit der einfach gewölkten ſo viele Aehnlichkeit, daß oft eine in die andere über- geht. Der einfache Wolkenſchnitt iſt wieder ſehr ähnlich mit der Form des Febwerks (ſiehe oben S. 41) und es wird ſchwierig ſein, bei manchem alten Wappen zu entſcheiden, zu welcher Art die betreffende Form der Begrenzungslinien gehöre.

Ich begnüge mich hier, die heraldiſche Darſtellung einer einfachen (218), lat. nubiatum, franz. enté, ital. innestato, und einer doppelten Wolkenlinie (219), lat. duplice nubiatum, franz. und engl. nebulé,

---

[1] Siehe die Bemerkungen bei dieſer Familie in meinem Wappenwerk: Sächſiſcher Adel, S. 39.

ital. nebulovo, zu geben, und bemerke nur noch, daß in späteren Zeiten häufig aus dem Fehwerk resp. dessen begrenzenden Linien einfache und doppelte Wolken gemacht worden seien, wie wir dieß z. B. von dem Wappen Fürstenberg und Röteln nachweisen können [1]); vielleicht dürfen die heralbischen Wolken überhaupt auf ein Pelzwerk zurückgeführt werden, wenn nicht etwa der Name des Wappenherrn eine andere Ableitung indizirt. Die Danichner von Wolkenstorff (219) führten von R. u. S. und die Ueberlinger, Schweiz, von B. u. S. mit dem Wellen- und Wolkenschnitt schräggetheilt; die Aechter, Tirol, mit Wolken von R. u. S. getheilt; die Blumenstein, Schweiz: mit Wolkenschnitt von B., S. u. G. getheilt; die Gerspeunter, Bayern, von R. u. S. ebenso gespalten (218); man findet bei diesem Geschlecht einfachen und doppelten Wolkenschnitt. Eine etwas bestimmtere Form hat der

Eisenhutschnitt (220), lat. per pinnas acuminatas, franz. crenelé fiché oder palissé, doch begegnet uns auch hier wieder der Uebelstand, daß wir nicht sicher sind, ob bei derartigen Wappen nicht ursprünglich Pelzwerk gemeint sei [2]). Die v. Haßlang und die Kemnatter in Bayern führten: von G. u. R. mit dem Eisenhutschnitt gespalten; ebenso die Tannbrunn, Bayern: von G. u. B. (220). Von B. u. S.: Krätzl von Leaben, ebenda. Außerdem führten diesen Schild die Belschloß in Tirol, die Perger zu Appelstorff und die Rozenhauser in Bayern, doch sind mir nur Siegel und keine gemalten Wappen davon bekannt. Von den Haßlang, Kemnattern und Tannbrunn weiß ich bestimmt, daß die ältesten Darstellungen ihrer Wappen auf Denkmälern und Siegeln die Linie in der Art wie 218, d. h. wie Fehwerk zeigen, während ich es bei den Krätzl, Belschloß und Rozenhausern nicht nachweisen kann, aber analog vermuthe. Somit wäre die Theorie des Wolken- und Eisenhutschnittes noch eine offene Frage in der Heralbik.

Der **Zinnenschnitt** besteht aus mehrmals wiederholter Aneinanderreihung von Zinnen und Scharten. Ueber zwei Zinnen oder Scharten pflegt man nicht mehr zu zälen, sondern einfach als „mit dem Zinnenschnitt" oder „mit Zinnen", lat. pinnatum, franz. crenelé, engl. embattled, ital. merlato, holl. gekanteeld, zu blasoniren; z. B.: Mit Zinnen von R. u. S. schräggetheilt (221): Castelruth, Tirol; ebenso von G. u. #: Freyndorff, Bayern; ebenso von G. u. R. mit welschen Zinnen schräggetheilt: Goldegg, Tirol (223).

Balken, Pfähle, Schragen ɩc. können auch ein- oder beiderseits gezinnt sein; z. B. in S. ein gezinnter # Balken, lat. fascia pinnata, franz. fasce crenelé, engl. fess embattled, ital. fascia merlata: Brangel, Pommern (222); ebenso r. in S.: Ziegler, Sachsen. Die unten allein gezinnten Balken mögen zuweilen irrig in sogenannte Turnierkragen verwandelt worden sein, z. B. bei den v. d. Lippe, welche ursprünglich zwei solche Balken # in S. führten, jetzt aber zwei # Stege oder Turnierkragen. Zwei gezinnte # Schrägbalken in S.: Schlitz, Reuß. In S. drei gezinnte r. Sparren: Hofer v. Lobenstein, Bayern, Württemberg (227). Die doppelt-, d. h. beiderseitig-gezinnten Herolbsstüke haben in der Regel die untere Reihe mit versetzten Zinnen oder Gegenzinnen. Durch einen doppeltgezinnten # Balken [3]) von S. u. G. getheilt, oder: von S., # u. G. mit Zinnen und Gegenzinnen getheilt: Blittersdorff, Schwaben, Rheinlande; ebenso von #, R, S.: Ungelter, Ulm. In R. zwei s. doppelzinnige Balken: Pranckh, Bayern. In R. ein doppeltgezinnter s. Schrägbalken (225): Orttenburg, Bayern, und Schorlemer, Preußen. Von B. und G. mit Zinnen siebenmal schräggetheilt, auch in B. vier g. doppeltgezinnte Schrägbalken: Rogaroli, Oesterreich (226); ebenso von R. u. S.: Riedt, Sachsen, und von S. u. R.: Salviati, Florenz.

Bemerkung: Es kommt namentlich bei einseitig gezinnten Sparren sehr häufig vor, daß die Zinnen, oben nicht gerade (wagrecht), sondern gleichlaufend mit dem Sparren abgeschnitten sind (z. B. bei Hofer

---

[1]) v. Hohenlohe a. a. O. S. 12, 29 ff. — Mein Wappenwerk, I. 1, unter Großherzogthum Baden.
[2]) Die Franzosen nennen diese Theilungsart auch „mit zugespitzten Zinnen" oder auch gleich mit Fehschnitt -valré-.
[3]) Kommt bei dieser Familie auch als Schrägbalken vor.

v. S. (227); dieß wird jedoch nicht beſonders gemeldet. Ebenſo kommt es vor, daß die Zinnen als ſolche ſchräggeſtellt ſind; man pflegt dieſe Begrenzungslinie dann die Aſtlinie und das Herolbsſtül gölbt, lat. per ramos, franz. écoté, engl. raguly, ital. noderoso, nbd. knüstig, zu nennen; z. B.: In B. ein geäſteter a. Schrägbalken: Juſtingen (Freiberg), Schwaben (228). Es iſt aber dabei nicht immer eine neue Begrenzungslinie, ſondern in der Regel nur eine Abwechſelung der Zinnenlinie zu ſuchen, wie denn z. B. gerade in alten Wappen der Ortenburg und Blittersdorf nicht ſelten die betreffenden Grenzlinien als „geäſtet", hingegen aber z. B. in Juſtingen auch „geſpizt" oder „eckgezogen" gefunden werden. Am ſicherſten kommt die Aſtlinie bei dem burgundiſchen Kreuz (XXIV. 1112) vor, das ja eigentlich zwei äſtige Prügel übereinander gelegt darſtellt.

Aehnlich wie bei den Zinnen zält man auch bei den Stufen deren nicht über zwei, ſondern nennt eine mehrmals ſtufenweiſe abgeſetzte Linie überhaupt

Stufenſchnitt, lat. gradatim, franz. coupé en degré, auch pignonné, obwol dieß eigentlich nur für giebelförmige Stufen gelten ſollte, engl. per degree, ital. gradato, nbd. trapvormig, z. B.: Von S. u. R. mit dem Stufenſchnitt, oder „ſtufenweiſe", oder „mit Stufen" ſchräggetheilt (229): Seiboltſtorff, Bayern. In S. ein geſtufter[1] # Schrägbalken: Heiligenberg, Schwaben; ebenſo r. in G.: Gundelfingen, Bayern und Schwaben. In S. eine geſtufte r. Spize: Neuenſtein, Schwaben; ebenſo # in S.: Schwarzenſtein, Bayern. Man pflegt dieſe Figur wol auch Giebel, Staffelgiebel, lat. faſtigium, franz. pignon, zu nennen. Iſt ein Sparren innen und außen getreppt, ſo nennt man dieß auch einen durchbrochenen Giebel, lat. perforatum, franz. pignon ajouré.

Die **Krükenlinie** oder der Krükenſchnitt, lat. patibulatum, franz. potencé, engl. potenced, ital. potenziato. Sie mag mit der Wolken-, Wellen- und Zeblinie urſprünglich flammverwandt ſein, da wir ja auch das Zeb krükenartig begrenzt finden (oben S. 42). Von S. u. B. mit dem Krükenſchnitt oder „mit Krüken" ſchräggetheilt (233).

Die **Kreuzlinie** oder der Kreuzſchnitt, lat. crucibus sectum, franz. croiseté, ital. crociato. Ich kenne davon nur ein Beiſpiel: Von S. u. R. mit dem Kreuzſchnitt getheilt: Egen, Schwäbiſch-Hall (234)[2].

Der **Schnekenſchnitt,** auch Wendeltreppenſchnitt, lat. cochleatim, ital. serpeggiato. Mit zwei Farben: Von G. u. B.: Linbegl, Tirol (235); Palliot blaſonirt dieß Wappen: d'azur a une pointe arrondi d'or. Von G. u. R.: Rordorff, Schweiz (236); ebenſo von S. u. R.: Fridendorff und Leuber, Bayern; bei letzterem Wappen ſind die Schnekenlinien geſchuppt oder beziehungsweiſe gekerbt. Mit dem Schnekenſchnitt von R. u. S. geviertet, franz. écartelé en giron courbé (doppelte Schnekenlinie): Elteresbofen, Schwaben (237). Mit drei Farben: Von R., # u. S. mit Schnekenlinien getheilt, franz. tiercé en pairle courbé (deichſelförmig): Megenzer, Schwaben (238). Aehnlich gibt es auch einen Lilienſchnitt und Herzblatt- oder Lindenblattſchnitt. Hier wären ferner noch anzufügen der Kleeblattſchnitt und der Rachenſchnitt. Ich kenne davon nur ein Beiſpiel: Von S. u. R. mit dem Kleeblattſchnitt ſchräggetheilt, lat. trifolio-sectum, franz. treflé-contre-treflé, engl. flory-counterflory, ital. trifoliato: Kreuzl[3], Bayern (239); ebenſo S. u. #: Rumpf, Kärnten in 2. u. 3. Von S. u. R. mit dem Rachenſchnitt, lat. sauce leonis sectum, franz. taillé en tête de lion oder lionné, ital. illeonito, getheilt: Helchner, Nürnberg (240).

---

[1] Man kann dieſe Figur auch als „eckgezogener Schrägbalken" blaſoniren.

[2] Siebmacher, V, gibt drei Kreuze der Breite nach, in einem Siegel Volkart's Egen v. J. 1399 ſind nur zwei, wie hier auf der Tafel.

[3] Bei dieſen Wappen kommen jedoch auch Darſtellungsweiſen vor, die nicht als Kleeblattſchnitt blaſonirt werden können (ſiehe mein Wappenwerk: † bayeriſcher Abel, S. 17, T. 14), man müßte denn ſonſt auch die in ein Kleeblatt endende gekrümmte r. Spize in S. bei dem Zeurer v. Pfettrach, Bayern, als „Kleeblattſchnitt" blaſoniren.

B. Von den gemeinen Figuren.

Unter gemeinen Figuren versteht man in der Heraldik alle diejenigen Schildesbilder, welche n i c h t in die Klasse der Heroldsstücke gehören, und also entweder Gegenstände aus dem Naturreich oder aus dem Bereiche der durch menschliche K u n s t hervorgebrachten Gegenstände sind. Zwischen diesen beiden Abtheilungen stehen die erdichteten Thiere oder U n g e b e u e r, welche allerdings der Grundanlage nach dem Naturreich entnommen durch menschliche Einbildungs oder Erfindungskraft (Fantasie) insoweit verändert sind, daß lebendige O r i g i n a l e derselben nicht wol existiren konnten und können, z. B. Hähne mit Schlangenschweifen, Wölfe mit zwei Köpfen u. s. w.

Ueber die Darstellungsart der „gemeinen Figuren" habe ich schon oben S. 56 das Hauptsächlichste erwähnt. Daß innerhalb dieser weiteren Grenzen noch eine besondere Abstufung der Formen je nach der Zeit und Nationalität des Wappens selbst bestehe, ist an sich begreiflich, ich muß aber nähere Nachweise dafür dem II. Theil dieses Handbuches vorbehalten und mich hier darauf beschränken, die häufigst vorkommenden Figuren und zwar in allgemein heraldischer Auffassung vorzuführen.

Man theilt die Figuren aus dem Naturreich in der Heraldik

1) in solche aus dem T h i e r r e i c h, und zwar:

    a) Menschen,   c) Vögel,

    b) vierfüßige Thiere,   d) Fische, Amfibien und Insekten;

2) in solche aus dem Pflanzenreich:

    Bäume, Kräuter und Blumen;

3) in solche aus dem Welt und Erdreich:

    Erd und Himmelskörper, Luft und Lichterscheinungen.

Die U n g e b e u e r lassen sich wegen ihrer Mannigfaltigkeit nur als eine Klasse an sich zusammenstellen.

Die k ü n s t l i c h e n Figuren theilen sich in:

    a) Werkzeuge,   d) Kleidung,

    b) Geräthe, Fahrniß,   e) Bauwerke,

    c) Waffen,   f) Marken.

Schließlich ist zu bemerken, daß jedwede gemeine Figur nicht blos als ganze solche, sondern auch in einzelnen Theilen als Wappenfigur erscheinen könne, wie aus nachfolgenden Beispielen sich zeigen wird [1]).

---

[1]) Ich habe, wie bei den Heroldsstücken, so auch bei vorliegendem Abschnitte mich beflissen, wo möglich nur solche Beispiele beizubringen, welche an sich einfach sind und zugleich auch ein bestimmtes Wappen vertreten. Ich that dieß in der guten Meinung, die weniger geübten Leser dieses Buches dadurch klarer auf eben diese Figuren und resp. derartige einfache Darstellungen hinzuweisen. Daß jedes Heroldsstück und jede gemeine Figur gegenseitig wieder kombinirt erscheinen können, ist von selbst ersichtlich; es dürfte aber hier zunächst darum zu thun sein, die Grundfiguren und nicht die zusammengesetzten kennen zu lernen. Ebenso muß ich die kunstgeschichtliche Entwicklung einzelner hervorragender heraldischer Figuren und Formen, sowie die Zusammenstellung aller in der Blasonirung der verschiedenen Zeiten und Länder üblichen Kunstwörter dem II. Theile d. H. vorbehalten.

I. Figuren aus dem Thierreich,

lat. figurae naturales, franz. figures naturels, engl. natural charges, ital. figure naturali,
nbb. natuurlijke wapenfiguren.

a) Vom Menschen.

Der Menſch kommt in den verſchiedenſten Stellungen, Farben, Hantierungen und Kleidungen, generis
masculini und feminini, ganz oder ſtückweiſe in Wappen vor, z. B.:

Knabe. In R. auf # Dreiberg ein nakter Knabe: Schenchenſtuel, Bayern (XIII. 245). Ebenſo
in R. ein naktes Knäblein auf einem Stekenpferd reitend, in der Rechten eine Peitſche ſchwingend: Enickl,
Bayern (268). Zwei ſolche Stekenpferde reitende nakte Knaben (die Herzoge Ottheinrich und Philipp) vor
einem Stadtthor: Neuburg. Desgleichen in R. ein nakter Mann, der einen r. Stern vor die Scham und
zwei gewundene g. Schlangen in der andern Hand hält: Ratold, Augsburg (248).

Mann. Wilder Mann in G.: Dachröden, Sachſen (251); in B.: Drachsdorf, Voigtland. —
Männliches Bruſtbild ohne Arme; r.-gekleidet in B.: Menſch, Sachſen (254); ebenſo r.-gekleidet, mit
Lorbeerkranz um's Haupt in S.: Seybothen, Württemberg; ein ſolches mit Armen, #-gekleidet mit
Hut, in der Rechten drei r. Roſen haltend, in G.: Gehring, Bayern, Sachſen (255). In S. ein männ-
liches Bruſtbild mit r.-geſtülptem hohen g. Hut, r.-gekleidet: Falbenhaupt, Steiermark (267); ebenſo
#-gekleidet in G.: Würzburg, Franken. — Männlicher Rumpf, r.-gekleidet, mit hermelin-geſtülptem
r. Hut in S.: Schlieffen, Preußen (276). — Mannshaupt, gebartetes; in B.: Purgſtall, Steiermark
(273); in #: Bart, München.

Männlein. In R. ein gekrümmt ſtehendes #-gekleidetes Männlein, das beide Hände oder Zeigefinger
in den Mund hält (pfeift): Ungelter, Württemberg in 2. u. 3 (258).

Narr. In S. ein Narr mit # Kleidung und g. Pritſche über der Schulter: Näringer, Oeſterreich
(263). In R. ein Schönbart mit #, s.-geſtükter Kleidung, in der Rechten einen gr. Kranz, in der Linken
einen langen Stab haltend: Heynig, Sachſen, Bayern (256).

Mohr. In G. ein nakter Mohr, einen r. Roſenſtrauß haltend: Wolfskeel und Grumbach,
Franken (247). In S. ein nakter Mohr auf gr. Dreiberg: Winkler v. Mohrenfeld; ein Mohr auf gr. Berg
in G., einen gr. Kranz haltend: Mornberg, Schleſien. Mohr mit Schild und emporgehobenem Wurfpfeil
in G.: Heyder, Bayern. — Mohrenrumpf in G.: Mohr, Tirol (250). Desgleichen r.-gekrönt in S.: Bisth.
Freiſing (252); item ungekrönt mit s. Stirnbinde: Pucci, Toskana. — Mohrenkopf # in G.: Craus-
haar, Sachſen. 3 Mohrenköpfe in G.: Peuntner v. Eberswang, Bayern; ebenſo in der vorderen Hälfte des
Schildes: Seydewit, Sachſen. — Mohrin aus r., s. Schach wachſend in B.: Löben, Schleſien (251).
In G. auf r. Hirſch reitend ein nakter Mohr: Reitmoor, Bayern (209).

Mönch. Ein Ziſterzienſermönch, ein r. Buch in der einen und einen Gehſtok in der andern Hand
haltend: Münchhauſen, Thüringen (260). Pfaffe mit Buch in weißem Korhemd in G.: Pfaff, Schweiz,
in R. wachſend: Pfaffenhofen, Stadt in Bayern. In G. knieend mit emporgehobenem aufgeſchlagenem
Buch ein Benediktinermönch: Ruhwurm (Gleichen), Sachſen (262); ebenſo in S.: Fronheimer, Bayern.

Nonne. In S. [1]) eine #-gekleidete Nonne [2]), auf einem Stuhl ſitzend und von einem vor ihr

---

[1]) Neuerlich wird das Feld blau gemalt. Man findet es aber auch gold.

[2]) Ob dieſe Figur gerade eine Nonne vorſtellen ſolle und nicht vielleicht überhaupt eine ſchwarzgekleidete Frau, das ließe ſich
nur entſcheiden, wenn man die älteſten Siegel und Denkmäler dieſer Familie genau betrachten könnte.

ſtehenden Haſpel abwindend: Oberndorff, Oberpfalz (266). Eine Nonne mit weißem Habit und # Scapulier und Schleier ſtehend in B.: Kuhm, Preußen.

Einſiedler. In G. ein b.-gekleideter Einſiedler mit übergezogener Gugel, in der Rechten eine Hake und einen Roſenkranz haltend, in der Linken eine Haue über der Schulter tragend: Einſiedel, Thüringen (259).

Fräulein, r.-gekleidet in G., in jeder Hand einen gr. Kranz haltend: Schad, Heſſen; desgleichen s.-gekleidet in R., einen Blasbalg haltend: Blasbelch, Thüringen. In B. ein g.-gekleidetes gekröntes Fräulein, das einen Barſchfiſch in der einen und einen Büſchel Blumen in der andern Hand hält: Borſch, Schwaben. In S. ein nakter weiblicher Rumpf: Bußner, Bayern (248); in R.: Gutbier, Sachſen; in R.: Tuttlinger, Bayern. In G. aus s. Felſen wachſend ein naktes Weib, in der Rechten ein r. Hirſchgeweih haltend: Perger zu Clamm, Oeſterreich (249). — Frau mit Gansrumpf auf dem Kopf in R.: Kneidinger.

Kaiſer. In G. auf gr. Fuß der deutſche Kaiſer reitend: Stadt Hollfeld, Franken (270).

Ritter. In R. ein g.-geharniſchter Ritter, in der Rechten ein blankes Schwert haltend, mit der Linken auf einen s. Schild, darin ein # Doppeladler, geſtützt: Wich, Hannover (261).

Bem.: Derlei Ritter führen z. B. auch die Sichart #-geharniſcht in B.; die Teutſcher s. in Blau mit Schild u. ſ. w.; ebenſo die Kellenbach, Kolb und Reinhard in Würtemberg; Manner, Oeſterreich: in R. ein Geharniſcher mit Hellparte auf der Schulter. Zwei kämpfende Ritter (alias ein Ritterſchlag) in R.: Maneſſen, Zürich (ſiehe oben III. 19). Aehnlich iſt das Wappen der v. Holdrungen, Oberpfalz, welches in R. zwei unter einem Baume ringende Männer zeigt. — Tanzende Paare, zwei, in einem Balken des Schildes der Stadt Danzig. In R. ein Ritter auf s. Pferd mit r. Schild, darin ein s. Doppelkreuz, in der Rechten ein Schwert ſchwingend: Lithauen, Polen; auch Kretin, Bayern, in 2. u. 3 (272), Gugler, Bayern, Turnierritter in #, g., b.-getheiltem Feld. In B. ein Ritter auf s. Roß mit einer Streitart: Reutter, Bayern.

Fähndrich. In G. ein Fähnrich in b., s. und r., s. geſtreifter Landsknechtkleidung, über der Schulter eine r., g., b., s. mehrmals gebänderte oder getheilte Fahne tragend: Miller v. Altammerthal, Oberpfalz (257).

Hirte. In R. auf gr. Fuß ein s.-gekleideter Hirte: Herber, Sachſen (264).

Bettler. Ein Bettler mit Stok und Schale in G.: Bettler v. Herbern, Schweiz.

Bauer. Ein Bauer, die Erde anſhaltend, reutend: Tirſchenreuth, Stadt, Oberpfalz.

Nachtwächter. Ein Nachtwächter, alias Hellpartierer, r.-gekleidet in S.: Seidel, Bayern.

Wegmacher. Ein Wegmacher, g.-gekleidet mit Haue in #: Wegmacher, Bayern.

Heilige. Der hl. Johannes v. Nepomuk in G. auf gr. Dreiberg: Hofer, Bayern. — Der hl. Joachim in B.: Joachimsthal, Gewerkſchaft, Böhmen. — Der hl. Petrus mit Schlüſſel in S.: Stadt Trier (283). — Der hl. Georg, zu Fuß, einen g. Drachen erſtechend in B.: Gerſtenbergl, Sachſen (266), Pauer, Frankfurt. Derſelbe, zu Pferde, in R.: Moskau, Rußland; in B.: St. George, Naſſau, Bayern. — Der hl. Martin zu Pferd: Martin, Bayern.

Engel. In B. ein s.-gekleideter, g.-geflügelter Engel betend: Engelshofer, Bayern (282).

Gottheiten. In S. auf geflügelter b. Kugel ſtehend die Göttin Fortuna, einen Merkurſtab in der Linken haltend und ein s. Tuch über ſich ſchwingend: Süßlind, Bayern (271); item in R., doch ohne den Stab: Premerſtein, Krain. — Minerva mit Schild und Speer im vordern Felde: v. Kadle, Sachſen. — Juſtitia mit Wage: Kauffmann, Würtemberg, Schnorr, Sachſen.

Türke. Ein Türke mit Pfeil und Bogen ſchießend in R.: Greiner, Bayern. Ein ſolcher ſchlafend (liegend) im Schildeshaupt: Appell, Bayern. — Chineſe, alias Tartar, im g. Rok an den Händen geſtümmelt in B.: Haupt, Bayern, Sachſen. — Drei Türkenköpfe in B.: Böhlau, Below, Pommern.

Bergknappe. Bergknappen führen die Ginanth und Rogiſter.

Koch. Ein Koch, g.-gekleidet auf g. Dreiberg mit zwei g. Kochlöffeln in #: Koch, Memmingen.

Leichnam. Menſchlicher Kadaver in # Sarg auf # Schragen in R.: Leichnam, Heſſen (281).

Auge. Auge Gottes (auf g. Strahlen) in B.: Wille, Heſſen. — Auge auf einem Schrägbalken: Odl; Bayern.

Hand. Eine offene Hand in g.-bordirtem r. Schilde: Sinner, Bern; in g.-r.-getheiltem Felde: Stettner v. Grabenhofen, Bayern; mit r. Kreuz belegt in R.: Gießer, ebenda (277). — Drei n. (r.) Hände in S.: Makmalane, Schottland. — Sechs Hände, 3. 2. 1., in R.: Baſenſtein, Elſaß. — Treue Hände in S. über B.: Tauſch, Bayern; ebenſo im b. Schildeshaupte: Miller, Sachſen (275).

Arm. Ein Arm; r.-gekleidet einen s. Ballen haltend in G.: Jnkofer, Niederbayern (284); geharniſcht mit g. Streitkolben in R.: Reichened, ſpäter Sauer, Steier (276); ebenſo mit drei s. Blumen in der Hand: Dondorff, Bayern. — Zwei Arme; r.-gekleidet in G.: Rasp, Steiermark; geharniſcht, einen g. Ring haltend in R.: Derßen, Mecklenburg (278); ebenſo aus g. Dreiberg in R. einen g. Schlüſſel haltend: Keller v. Schleitheim, Bayern. Zwei geharniſchte Arme hintereinander, ein abgebrochenes Schwert haltend, s. in R.: Kemp v. Thornaſton, Schottland. Drei Arme in R., im Dreipaß geſtellt, führt die Familie Tremaine, England.

Fuß, natürlich in #: Fuß, Bayern (279); ebenſo in R.: Schaufuß, Heſſen; geharniſcht in R.: Schinkel, Pommern. — Drei Füße im Dreipaß; # in G.: Stadt Jüßen, Bayern (280); ebenſo gehar- niſch s. in R.: Rabenſteiner, Franken; ebenſo Inſel Mann (Isle of man), England; auch für Sizi- lien iſt im Wappen des Königs Murat eine ſolche Figur als Wappenbild aufgenommen worden, ent- ſprechend dem auf römiſchen Münzen erſcheinenden Simbol von Trinucria.

Todtenkopf. Selbſt Todtenköpfe und Gebeine kommen in Wappen vor, z. B. drei s. in B.: Biefv, Italien, und ebenſo in R.: Bialoglowski, Polen. Friederici in Sachſen: Jn B. ein Todtenkopf vor zwei geſchrägten Beinern, in den Oberecken eine g. Sonne und ein g. Stern; Purgolt, Burgund: in R. einen s. Todtenkopf über g. Mond.

Jch bemerke zum Schluſſe dieſer Abtheilung noch, daß es in der Heraldik unthunlich ſei, Figuren, welche ein beſtimmtes Größenverhältniß ausdrüken ſollen, z. B. Rieſen und Zwerge als ſolche verwenden zu wollen, denn da jede gemeine Figur ihr Feld möglichſt ausfüllen ſoll, ſo muß bei gleich großen Schilden oder Feldern der Zwerg ebenſo groß ſein als der Rieſe. Es gibt aber dennoch derartige Wappen, z. B. das der Rieſe v. Stahlburg, Frankfurt, mit einem geharniſchten „Rieſen", und das der Zwerger in Württemberg mit einem „Zwerge".

b) Von vierfüßigen Thieren.

Dieſe erſcheinen entweder aufgerichtet, ſteigend, lat. erectus, saliens, franz. und engl. rampant, oder ſchreitend, lat. gradiens, franz. und engl. passant. Seltener ſtehend, noch ſeltener liegend. Die aufgerichtete Stellung mit aufgeſchlagenem Schweif iſt die regelmäßige und wird daher nicht beſon- ders gemeldet. Hiebei iſt zu bemerken, daß man bei den aufgerichteten oder ſteigenden Thieren alle vier Füße (beim Löwen: Vorder- und Hinterpranken, beim Bären: Tatzen, bei der Katze: Pfoten, beim Hirſch: Läufe, bei den meiſten Thieren aber: Füße genannt) zugleich frei ſieht, während man bei den Hir- ſchen, Haſen, Füchſen, Eichhörnchen und einigen andern Thieren manchmal den zweiten Hinterlauf oder Fuß durch den erſten verdekt ſieht. Man ſagt in dieſem Falle wol auch „ſpringend" ſtatt aufgerichtet, es iſt dieſe Unterſcheidung aber lediglich ohne praktiſchen Werth. Schreitende Thiere erheben einen Vorderfuß, ſtehende haben alle vier Füße am Boden; liegende oder ruhende Thiere ſind gleichfalls au naturel,

erscheinen aber, wie bemerkt, in Wappen äußerst selten. Gekrüpft heißt ein Thier, das auf den Hinter-
füßen sitzt. Außerdem versteht sich bei allen Thieren, wenn nicht besonders anders gemeldet, daß sie von
der Seite, en profil, gesehen seien. Wenn ein Thier gekrönt ist, so muß man dieß besonders melden,
und zwar versteht man unter „gekrönt" immer mit einer einfachen goldenen Krone, sogenannten
Helmkrone, auf dem Haupt; ist die Krone andersfarbig als golden und anders geformt, z. B. eine
rothe Krone, eine Spangenkrone u. s. w., so muß dieß ebenfalls bemerkt werden. — Unter Waffen der
Thiere versteht man Zähne und Krallen (bei den Vögeln Schnäbel und Füße, Ständer oder Krallen). Die
Waffen sind in der Regel abstechend gemalt, z. B. bei einem goldenen Löwen in Schwarz — roth oder silber.
Die Sache hat aber nur Bezug auf die Schönheit und ist nicht von Bedeutung, obwol die Franzosen dafür
sogar eigene Kunstausdrücke haben, z. B. lampassé (bezungt) und armé (gewaffnet), weil sie auch noch die
jeweilige Farbe der Zunge melden, was wir in der deutschen Heraldik nicht thun, sondern solche in der
Regel als roth annehmen.

Der **Löwe**; s. in #: Oberkirch, Sachsen, und Warsberg, Preußen (XIV. 275); g. in #: Keck
v. Schwarzbach; g. in Gr.: Erligheim, Schwaben; b. in G.: Solms, Rhein; r. in S.: Buch, Mecklenburg, und Brandis, Tirol; s. in R.: Döring, Braunschweig. — Gekrönt; # in S.: Münchingen, Schwaben; r. gekr. g. in #: Pfalz; s. in B.: Hemsteert, Niederland; b. in G.: Lützelburg, Rhein; # in G.: la Perouse, Savoien; s. in R.: Dewall, Rhein; r. mit g. Pfoten
in S.: Adam, Bayern; ebenso, aber gekrönt: Penz, Mecklenburg (280), bei letzterer Familie manchmal
auch schreitend; s. in R.: Raven, Mecklenburg. — Halb; s. und gekrönt in R.: Grundherr, Nürnberg
(280); g. in B.: Grath, Nassau; r. gekrönt g. in #: Hegnenberg, Bayern (XXXI. 1313); ebenso,
ein Schwert in den Rachen stoßend, # in S.: Senft v. Pilsach, Thüringen, und g. in # (ungekrönt): Lauf-
kirchen, jetzt Moreau in Bayern (XI. 113). — Rumpf[1]; r. in S.: Auer v. Winkel, Bayern; ebenso:
Strauwitz, Sachsen (282). Löwenkopf; vorwärtsgekehrt, r. in S.: Kahlben, Mecklenburg (284);
g. in Gr.: Libetown, Schottland. — Drei gekrönte Löwenköpfe; s. in B.: Plawen, Tirol (285);
ebenso s. in R.: Ruost, Oesterreich; ungekrönt r. in S.: Schwichelt, Hannover; Bilbrecht, jetzt
Ehrenk, Bayern; ebenso Zerbst, Schwarzburg; Scot, Schottland. — Löwe, vorwärtsgekehrt,
(guardant) s. in R.: Lobron, Tirol (277); g. in R.: Sayn, drei s. in R.: Roß, England, Preußen.
— Schreitend[2]; auf b. Dreiberg r. in S. und gekrönt: Calw, Schwaben; r. in S. über B.: Ow,
Schwaben; ebenso gekrönt g. in R. über drei s. Spitzen: Schönborn, Rhein. — Liegend: Keller,
Preußen; v. d. Brüggßhen, Rhein. — Gekrüpft; vorwärtsgekehrt, g. in R., einen g. Schlüssel und
eine g. Lilie haltend: Schertel v. Burtenbach, Bayern (288); ebenso, zwei s. Teller haltend: Teller,
Umbau; gekrüpft g. in B. mit Palmzweig in der Pranke, oberer Platz von: Anethan, Bayern. —
Zwei Löwen, schreitend; s. in R.: Auerswald, Lausitz (276); ebenso, doch gekrönt: Madmünster, Rhein.
— Ebenso, vorwärtsgekehrt; g. in R.: Braunschweig; s. in S.: Hohenlohe, Franken; ebenso, ge-
krönt r. in S.: Ramschwag, Schweiz. — Zwei Löwen, gegeneinandergekehrt (combatant); # in S.:
Lavier, Anhalt. — Boneinandergekehrt, abgewendet; r. in G.: Rechberg, Schwaben (281);
s. u. gekrönt in R.: Hasselwander, Oesterreich. — Gespalten, (halb,) geschrägt; s. und gekrönt in R.:
Ammon, Franken (283). — Drei Löwen, gekrönt; r. in S.: d'Ambly, Preußen; ebenso s. in R.:
Zandt v. Merl, Sachsen (270); nicht gekrönt: Roß, Schottland (bei Lindesay sind es gewöhnliche Löwen,

---

[1] Unter **Rumpf** versteht man in der Heraldik Kopf, Hals und Brust (ohne Arme oder Füße) eines Menschen oder
Thieres.

[2] Ich bemerke, daß in alten Siegeln und Denkmälern überhaupt, insbesondere in Bezug auf den Löwen Beispiele gefunden
werden, woraus erhellt, daß man zwischen schreitend und stehend nicht ängstlich unterschied. Beweise dafür geben die
„Seeaux des rois et reines d'Angleterre", die reichhaltige Zusammenstellung von derartigen Thieren in „Die hohenlohischen
Siegel des Mittelalters, Oehringen 1857."

das Gesicht nicht vorwärts). — Uebereinanderschreitend; b. in G.: Dänemark. — Ebenso, vorwärtsgekehrt; g. in R.: England (278). — Löwenpranke; s. in R., einen g. Schlüssel haltend: Humbracht, Rheinland, Heimbrachts, Hessen (287).

Die meisten Heraldiker trennen die hier oben unter Löwe beigebrachten Varianten in zweierlei Arten von Thieren — in Löwen und Leoparden, indem sie den schreitenden und den aufsteigenden Löwen, sobald er das Gesicht vorwärtsgewendet zeigt, einen Leoparden nennen, und zwar derweil, daß sie den Löwen mit vorgekehrtem Gesichte einen gelöwten Leoparden, léopard lionné, den Löwen mit seitwärtsgekehrtem Gesichte aber (wenn er schreitet) einen leopardirten Löwen, lion léopardé, nennen [1]. Wie die Herolde dazu kamen, dem Löwen in zweierlei Stellungen zweierlei Namen zu geben, das läßt sich nicht wol sagen. Gewiß ist, daß man mit dem Namen Leopard in früheren Zeiten einen derartigen Unterschied, d. h. ein von dem Löwen verschiedenes Thier nicht bezeichnen wollte, wie denn beide Benennungen in der alten englischen Heraldik vom J. 1235, wo der Name dort zum erstenmal vorkommt, bis zum Ende des 15. Jahrhunderts, wo sie wieder außer Uebung kam, häufig nebeneinander erscheinen [2]. Seit jener Zeit blasoniren die englischen Herolde das Wappen ihres Hauses und Landes immer „gules, three lions passant-regardant or" und nicht mehr three leopards etc.

Ich bin der Ueberzeugung, daß die große Anzal der schon in ältesten Zeiten in Wappen auftauchenden Löwen die Veranlassung dazu geben mußte, diese Wappenbilder nicht blos durch Farbe, sondern auch durch Stellung und Zal (Vermehrung) zu unterscheiden. Die bloße Laune des Wappenherrn kann hier gleichfalls von Einfluß gewesen sein. Daß man zwei Löwen übereinander schicklicher stehend oder schreitend als aufspringend anbringen konnte, gibt der Augenschein. Ich habe aber auch schon zwei alte Beispiele gesehen, daß man von zwei Löwen in einem Dreieckschilde den obern stehend, den untern aufspringend darstellte (u. a. ist in Nürnberg in der St. Jakobs- (?) Kirche ein Grabstein mit einem derartigen Wappen zu sehen und es ist richtig, daß man dadurch den Schild auch ausfüllte, aber nicht ohne einige Verletzung des Schönheitsgefühles. Drei Löwen konnte man übereinander nur stehend anbringen (278), denn aufspringend hatten sie nur zu 2. 1 (279) Platz. Ich glaube, daß wir mit der Hauptbenennung Löwe unter Beizeichnung irgend einer nicht gewöhnlichen Stellung für alle Zwecke vollständig ausreichen werden.

Kaze (Kater); s. in R.: Kazmair, Bayern; s. und gekrönt in B.: Adelige Gesellschaft „zur Kaz" in Konstanz (289); ebenso, nicht gekrönt: Schlüchter, gen. Kazbiß, Hessen; s. in R.: Tezel v. Kirchensittenbach, Nürnberg; # in B.: Schotte, Bayern; s. in R.: Westernhagen, Hessen. — Sizend, mit

---

[1] Andere sehen die schreitende Stellung als Karakteristiken des Leoparden an und nennen deshalb auch die mit seitwärts gekehrtem Gesichte schreitenden Löwen: Leoparden, und bemerken nur, wenn ein solcher „Leopard" das Gesicht nach vorne sieht. — Brinsault sagt: Les lyons de leur nature sont rampans et les léopars passans, et c'est la première différence entre lyons et léopars. Et s'ils sont au contraire on dit: un lyon léopardé et un léopard lyonné. L'autre différence est, car le lyon en armes a seulement un oeil et une oreille, et le léopard en a deux, comme on peut veoir ey-dessoulz. Dabei gibt er vier Abbildungen mit darunter stehenden Blasonirungen, welche aber zu seiner obenangeführten Erklärung nicht passen, denn er nennt einen s. Schild mit auffspringendem r. Löwen vorwärtsgekehrt „d'argent à un léopard de gueules", und einen Schild mit schreitenden vorwärtssehenden Löwen # in S. „d'argent à un léopard lyonné de sable". — Auch aus neuester Zeit finde ich ein Beispiel, daß die französischen Heraldiker in der Bezeichnung dieses Betreffs nicht sicher übereinstimmen und zwar in einem arrêté de Louis p. l. g. d. D. Roi de France dd. Paris le 29. Juin 1819, worin das Wappen des François Gabriel de Bray (né a Rouen 27. Dec. 1765) anerkannt und beschrieben wird: D'argent au chef de gueules chargé d'un lion leopardé passant d'or. Dabei ist aber es nach den erwähnten Annahmen oder Regeln der Heraldik unzweifelhafter Leopard oder ein schreitender Löwe mit vorgekehrtem Gesichte gemalt (ex cap. vid.).

[2] Planché hat die Beweise hiefür (Pursuivant, S. 69 ff.) zur Evidenz beigebracht, wobei er gleichfalls zugibt, daß „infinite learning and valuable time have been most deplorably wasted, for want of the simple clue which would in a moment solve the mystery."

Maus im Rachen; # in G.: Kaßbeck, Hessen. — Zwei Katzen; s. in R. gegeneinander aufgerichtet: Strebeloß, Hessen.

Affe, resp. Meerkatze, sitzend, mit Halsband und Kette; g. in R. mit s. Kette: v. Prag, Oberösterreich. — In B. auf g. Dreiberg mit Reif um den Leib, einen Apfel haltend: Ketzel, Nürnberg (296); ebenso # in S. auf gr. Berg: Meerkatz, Schlesien. In S. ein r. Affe sitzend mit g. Apfel: Affenstein, Elsaß.

Luchs; s. in B.: Luz, Schlesien. — Eizend; s. in Gr.: Luzburg (Mittelschild), Bayern; ebenso in B.: Luzenberger, Oesterreich; g. im oberen Plaze des r.-g.-schräggetheilten Schildes: Escher vom Luchs, Zürich. — Gekrönt; g. widersehend in B.: Haus oder Stammwappen Rys, Polen.

Hund, zwei halbe Hunde, Windspiel oder Wind; # in S. mit g. Halsband: Passow, Mecklenburg (290); s. in R. auf gr. Berg: Herding, Bayern; r. in G.: Wangenheim, vordere Schildeshälfte; s. in r.-b.-schräggetheiltem Feld: Baldinger, Ulm. — Eizend; s. in # auf g. Dreiberg: Kluegbamer, Bayern. — Drei Winde übereinander springend; s. in #: Hundpiß, Schwaben (295); s. in R.: Pöhnen, Westfalen; # in S.: Autenried, jetzt Reck v. A., Bayern. — Brak, Prach oder Leithund, schreitend und stehend; s. in B.: Hund v. Altengrotlau, Preußen, und Balbek, Schwaben; s. in R. auf # Dreiberg: Wager, Bayern (291). — Auffpringend; # mit g. Halsband in G.: Pottenstein, später Lamberg; # in S.: Ierlago, Tirol; ebenso mit r. Bein im Rachen: Prack. — Zwei s., s.-gestellte Braken an einer s. Leiter auffpringend in R.: be la Scala, v. b. Leiter, in Verona und Bayern (292). — Brake, halber; # in S.: Bultejus, Sachsen. — In G. zwei # Braken an einem Brin zerrend: Schnurbein, Bayern, unteres Feld; in R. zwei voneinander gelehrte gekoppelte s. Braken: Leißenwolf, Krain, in 4. (XV, 370). — Brakenköpfe, drei, voneinander gelehrt; s. mit g. Halsbändern in B. (alias R.): Borries, Hannover (294). — Röhe, halber; # in G.: Pfeffinger, Bayern; ebenso in S., aus g. Flechtzaun wachsend: Zaunried, Bayern. — Rüdenkopf mit Stachelhalsband; s. in R.: Wembing, Schwaben, Roß, Tirol, und Rüdt v. Collenberg, Franken (293).

Pferd; ledig, schreitend; # in S.: Pferdsdorff, Franken; item # in G.: Sybel, Hessen (im obern Plaz). — Gezäumt, schreitend; # in S.: Grote, Hannover (298). — Ledig, springend; s. m. B. über zwei g. Balken: Chauboir, Bayern; s. in R.: Westfalen; # in S.: Kanig, Sachsen. — Gezäumt; s. in R.: Gurren und Haag, Bayern (299); ebenso gezäumt und gesattelt: # in S.: Zallach, Bayern und Schweiz. — Füllen; r. in R. auf g. Berg: Füll, Bayern, daß Pfetten; # in S.: Füllen, Schweiz. — Drei ledige Rosse übereinander; # in S.: Brüd, Sachsen (301). — Halbes Roß; # in G.: Glauffenburg, Tirol, Bayern. — Roßrumpf, ledig; # in S.: Plieningen, Schwaben (300); r. in S.: Schlegel, Sachsen; r. in G.: Wildenau, Bayern. — Gezäumt; r. in S.: Jobel, Franken; # in G.: Heydach, jetzt Hegnenberg, Bayern. — Ein Roßfuß (gebogen); # in G.: Abinberg, Franken. — Drei gezäumte Roßrümpfe; s. in R.: Breydel, Bayern.

Esel, alias Maulthier; # in S.: Riedheim, Schwaben, Frumesel, Bayern (303). — Schreitend; auf s. Fuß in G.: Esler, Franken, Nürnberg (305). — Halber Esel; s. in R.: Radniz, Bayern (302); r. in S.: Hellborf, Sachsen. — Eselskopf; s. in B.: Zeppelin, Mecklenburg (304), kommt auch seitwärts gelehrt vor; # in G. mit gr. Blättern im Maul: Riebesel, Hessen, # in S.: Biberen, Franken.

Wolf; s. in R.: Weißenwolf, Krain; # in G.: Ende, Thüringen; Wolfersdorf, ebenda (306). — Widersehend; r. in G.: Waltenhofen, Bayern, Tirol. — Schreitend; # in S.: Wolf v. Gudenberg, Hessen. — Halber Wolf; # in G., auch s. in R.: Engelschalf, Bayern. — Lauernd; # in G.: Asseburg, Braunschweig (308). — Wolf raubend (mit # Hirschgeweih im Rachen); r. in S.: Wolframsdorf, Sachsen (309); mit r. Hund im Rachen; # in G.: Kalitsch, Anhalt. — Wölfin mit Romulus und Remus, in B. auf gr. Boden: Rummel, Bayern (XV. 365). — Zwei Wölfe übereinander; r. in G., gekrönt und mit g. Halsbändern; Bord, Pommern (307). — Auf

Wölfe, 2. 2. 1, die obern vier gegeneinander gekehrt; s. in B.: Decchielli, Modena. — **Wolf,** angekleidet; r. mit s. Röcklein in S.: Trainer (310) (kommt auch s. mit s. Rock in R. vor); s. mit b. Kutte und übergezogener Gugel in s.-r. gespaltenem Felde: Rayhaus, Krain, Schlesien.

Fuchs; s. in B. (alias Gr.): Reineck, Hessen, Nassau, Frankfurt; r. in S.: Voß, Pommern; r. in G.: Fuchs, Franken und Tirol (311). — Raubend (mit einer Gans im Rachen); r. in G.: Bobenhausen, Schwaben, jetzt Preußen (313); s. in G.: Brandenstein, Thüringen. — Mit umgebundenem # Tuch, in welchem hinten eine Gans steckt; s. in R.: Schad, Hessen (312).

Der Unterschied zwischen Wolf und Fuchs ist in Praxi nicht immer kenntlich genug. Eigentlich sollte der Wolf den Schweif erhaben tragen und die Stellung des Löwen zeigen, der Fuchs aber sollte den Schweif gesenkt und die Vorder- und Hinterfüße gleichlaufend haben, wie auf Tafel XIV. Diese Merkmale werden aber nicht immer eingehalten. Daß zwei Linien der v. Voß sich in ihren Wappen dadurch unterscheiden, daß bei der einen der Fuchs den Schweif erhaben, bei der andern gesenkt trägt, ist wenigstens für die Neuzeit konstatirt.

Bär, # in G.: Behr, Sachsen. — Schreitend; # in S.: Behr, Mecklenburg; ebenso auf r. Dreiberg: Perfall, Bayern (314). — Aufsteigend; # in S.: Behr, Mecklenburg; Lochau, Sachsen; # mit g. Halsband in S.: Pernauer, Bayern; # in G.: Berndorffer und Baar, Bayern (XIV. 315). — **Zwei Bären;** # in S. von r. Dreiberg gegeneinander aufsteigend: Hersal, Bayern. — **Bärenrumpf;** # in S.: Egloffstein, Franken. — **Bärenköpfe;** drei, voneinander in G.: Petz v. Lichtenhof, Nürnberg (XV. 369). — **Bärentatze;** eine # in G.: Menthofer, Bayern; ebenso r. in G.: Del Caccia, Toskana; zwei s. in R.: Bintler, Tirol (XIV. 316). — # in S.: Gleichen-Rußwurm, Thüringen.

Ochse, schreitend; s. in B.: Brandenburg, Schwaben; s. in Gr.: Boßlarn, Bayern. Jungochse; g. in R. mit Ring: Auersperg, Steiermark; # in G.: Plessen, Mecklenburg, Rehm, Augsburg; r. in S.: Stammhaus Ciolek, Polen (Poniatowski); ebenso Ochs, Hessen, Harscher, Schwaben (317); # mit einem s. Vorderbein in R.: Rembold, Augsburg. — **Stier;** r.-s. getheilt von g. Schildte auffspringend in #: Stier, Bayern (XI. 116); b. mit dem Sternbild des Stiers (7 g. Sternen) belegt in S.: Nelli, Florenz. — **Halber Ochse;** s. in R.: Jöchl, Tirol; r. in S. mit Ring durch die Nase: Rauber, Kärnten (318); gekrönt in S.: Schmidl v. Straubing, Bayern. — **Auerochsenrumpf** mit Ring: # in S.: Auer, Preußen; ebenso Beneckendorff; desgleichen mit Ring # in S.: Rindsmaul, Steier. # in S. ohne Ring: Edlmann, Bayern. — **Urkopf;** gekrönt vorwärtsgekehrt # in G.: Mecklenburg, ebenda (319). — **Ochsenkopf;** # in S.: Weißenbach, Sachsen; # in G.: Sandizell, Bayern. Drei gekrönte # in G.: Hawsförde, Braunschweig. — **Ochsengehörn;** r. in S.: Sachsenheim, Schwaben (320); s. in R.: Gebhart, Tirol; # in S.: Jecklin v. Hohenrealta, Graubündten. — **Kalb,** aufspringend gekrönt; in r. s. gestreiftem Schilde: Kalb, Sachsen, Bayern. — **Kühe;** drei g. in Gr.: Dachiern, Bayern, Stammwappen (XV. 372).

Schaf, schreitend; s. in B.: Lynker, Sachsen, Bachof, Preußen (XIV. 321); s. in R.: Löffelholz, Bayern. — **Osterlamm;** s. in R.: Brixen, Bisthum (373); ebenso in B.: Ostertag, Schwaben. **Widder,** schreitend; s. in R.: Bonin, Pommern; ebenso und widersehend s. in R.: Kopau, Franken (323). — Auffspringend; s. in R.: Rammelstein, Bayern; # in S.: Schaffhausen (322); ebenso in G. auf # Berg: Huber v. Mauern, Bayern; r. in G.: Schöps v. Löwenend, Bayern, Stammwappen. — Drei Widder; s. in B.: Orlandini, Toskana. — **Widderkopf;** Bonin: # in G., item Buseck (324), letztere auch in R. — **Widderhörner;** # u. r. auf b. Dreiberg: Widerspach, Bayern (325).

Hase, auffspringend; s. in R.: Stözlinger v. Eisolsried, Bayern; ebenso Haas, Schwaben; g. in B.: Hasza, Schlesien (XV. 371); s. in B. mit einem gr. Hüfthorn um den Hals gehängt: Aneland, Schottland. — Sitzend auf # Dreiberg; s. in B.: Häseler, Oesterreich; ebenso in R.: Freih.

ibidem. — Laufend; in r. Balken auf R.: Haaſi, Bayern, in 2. u. 3. — Zwei Haſenköpfe; g. in B. aus dem Spalt wachſend: Malzahn, Mecklenburg, vordere Hälfte.

Biber; # in G.: Beverförde, Weſtfalen, Bibra, Franken, Gnaſſer, Steiermark (332); g. in B.: Biberach, Stadt, Württemberg; s. in R.: Hübſchmann v. Biberbach, Elſaß.

Fiſchotter; in S. im oberen Platz: v. Ott, Bayern.

Marder; r. in G.: Muggenthal, Bayern (333). — **Edelmarder, Hermelinthier**; s. in R.: Harm, Tirol (350).

Meerſchwein, auffpringend; in G. innerhalb r. Bordur: Mörſchwein, Elſaß.

Dachs, ſchreitend; s. in B.: Taffis, Tirol (334). — Auffpringend; s. in R.: Dachsperg, Bayern (335).

Eber, auffpringend; # in S.: Baſſewitz, Mecklenburg (326). — Schreitend; auf gr. Drei-berg in S.: Neu-Eberſtein, Schwaben (327). — Eberrumpf; # in S.: Reiſchach (328). — Jſu; # in G.: Sünching, Bayern (330)[1]); # in S.: Schweinpöck, Steier. — Halbe Sau, auch Rumpf; # in S.: Kammerau, Bayern. — Eberkopf; # in S.: Hardenberg, Preußen (329); s. in R.: Chiſſam, Schottland; drei s. in S.: Grenzing, Sachſen. — Ferkel; drei g. in B.: Champorcin, Frankreich, Reuß (331); drei übereinander # in S.: Formentini, Görz.

Jgel; # in S.: Staudigl, Nürnberg; # in G.: Jgelshofer, Oeſterreich (XV. 374); g. in R. in gr. Neſt ſitzend: Jgel, Salzburg, und Loß (jetzt Kleiſt), Preußen. — Drei Jgel; # in S.: Hereiß, Schottland.

Hirſch, ſchreitend, auch ſtolzſchreitend; # in G.: Stolberg, Sachſen (336); r. in S.: Hirſch-berg, Oberpfalz. — Auffpringend; s. in B.: Troyff, Württemberg, und Waydtmann, Bayern; g. in B.: Kuchler, Bayern; item mit r. Halsband: Pasquali, Florenz; # in S.: Geismar, Heſſen; r. in G.: Wallwitz, Sachſen (338). — Halber Hirſch; s. in B.: Oldenburg, Mecklenburg (342); r. in S.: Cowzow, ibidem; g. in B.: Drechſel, Bayern. — Liegend; mit r., s. geſtreifter Decke in S.: Meding. — Jammhirſch, auch Dänlhirſch genannt; auffpringend in #-g. ſchräg-getheiltem Schilde mit verwechſelten Farben: Thenn, Salzburg. — Schreitend; g. in #: Stempfer, Oeſterreich. — Drei Hirſche, ſpringend; g. in B.: Stolzbirſch, Augsburg. — Hirſchrumpf; g. in B.: Sarnthein, Tirol (337); r. in S.: Affeting, ſpäter Muggenthal, Bayern; drei # in G.: Zündt, Schwaben, Bayern; # in S.: Crawfurd, Schottland; b. in S.: Abannay, ibid. — Kopf, vorwärts-gekehrt; s. in B.: Luſtnau, Schwaben; r. in S.: Ziegler, Schwarzburg (339). — Hirſchgeweih; s. in R.: Mirbach, Rhein (341); g. in B.: Poyßl, Oberpfalz; s. in B.: Ubaldini, Florenz. — Hirſchgeweih mit darübergelegter Stange, # in S.: Schlichting, Preußen (344). — Eine Stange, # in G.: Sumerau, Krain, auch Behamb v. Adelzhauſen, Bayern; s. in B. über g. Dreiberg: Hornſtein, Schwaben (343); s. in B. mit g. Sternen beſtekt: Finſterwald, jetzt Firmian, Tirol. — Zwei Stangen übereinander, # in G.: Tanner, Schwaben. — Drei Hirſchſtangen, # in G.: Württemberg, Landau (345).

Rehbock; r. in S. über drei gr. Kleeblättern: Eydorff, Bayern (340). — Gekrönt; g. in # auf gr. Berg: Rebbiger, Preußen (gewöhnlich als Hirſch). — Hindin, ſchreitend; # in S.: Be-neckendorff-Hindenburg, Preußen (346). — Reh, ſchreitend; r. in S. auf gr. Fuß: Regenau, Bayern. — Auffpringend; g. in B: Fugger vom Reh, Augsburg (wird wie eine Hindin dargeſtellt). — Rehſchlegel; r. in S.: Abenſtorffer, Bayern (XV. 368).

Eichhorn; getrüpft r. in S.: Treitlkofer v. Menzing, Bayern; r. in G. auf gr. Dreiberg, nagend, d. b. mit den Vorderpfoten eine Azung haltend: Bennigſen-Förder (347).

----

[1]) Als dieſe Sau in's Fein dsheim'ſche Wappen kam, wurde ihr die Ehre, gekrönt zu werden.

Kameel; g. in ⚔: Puebinger, Bayern (354); item, auf s. Fuß: Seeau, Oesterreich; r. in G.: Schmolze, Schlesien; g. in R.: Puelacher, Bayern.

Elefant; s. in R. auf g. Berg: Helfenstein (348); s. in B. mit ⚔ Thurm und g. Dede, darauf ein ⚔ Doppeladler: Lefort, Mecklenburg; g. in ⚔ auf ⚔ Dreiberg: Schauer, Regensburg; s. auf g. Dreiberg unter gespiztem g. Haupte in B.: Höfner, Oesterreich.

Rashorn; g. in B. auf s. Mauer stehend: Lorenz, Hessen (349).

Gemse; von s. Felsen auffspringend ⚔ in G.: Enzenberg, Tirol; auf s. Felsen lauernd ⚔ in G.: Klippstein, Hessen (351); ebenso in B.: Wollensburg, Krain. — Gemsrumpf; ⚔ in G.: Biarowsky, Bayern. — Gemsgewicht; ⚔ in S.: Lichtenberg, Sachsen, und Dheimb, Hessen; s. in B. aus g. Krone: Trabotusch, jezt Morawizky, Bayern.

Bok; s. in ⚔: Leutrum, Schwaben, und Forell, Schweiz, Preußen (353); s. in B.: Gräfendorff, Sachsen, und Poxau, Bayern; ⚔ in G.: Bodman, Schwaben, und Steinberg, Mecklenburg; ⚔ in S.: Irmtraut. — Zwei Böke übereinander; ⚔ in G.: Bod, Westfalen (XV. 367). — Halber Bok; s. in R.: Mörl, Tirol; ⚔ in G.: Weiß, Sachsen. — Boksrumpf; s. in R.: Gebsattel, Franken, und Kameda, Preußen (353); ⚔ in G.: Mamming, Tirol. — Bokshorn; ⚔ in G.: Gaisberg, Schwaben; ⚔ in S.: Adelsheim und Fechenbach, Franken, Reinhold, Schwaben, Federspil, Graubündten, Tirol (XV. 366); h. in S.: Glöben, Mecklenburg.

Steinbok, stehend; ⚔ in G.: Keller vom Steinbock, Zürich. — Steinboksgehörn; ⚔ in G.: Rosilon, Schweiz; ebenso auf s. Felsen stehend: Luegstein, Tirol. — Zwei Steinböke stehend; s. in ⚔: Reiffenberg, Schweiz.

Maus; ⚔ in S.: Ritschamer, Bayern; ⚔ in G.: Maus, Meusel, Nürnberg. — Zwei Mäuse nebeneinander; ⚔ in s. Balken: Stadt Arras, Frankreich.

Fledermaus; g. in B.: Cor, Frankreich; über einem gr. Granatapfel ⚔ in G.: Trippel, Schaffhausen.

c) Bögel.

Das Federvieh kommt in Wappen sehr häufig und in vielerlei Arten und Gestalten, ganz und theilweise vor. Weitaus am zalreichsten ist der Adler und einzelne Theile desselben (Flug, Rumpf, Krallen) vertreten, und es verschwinden dagegen an Zal die übrigen Bögel als Wappenbilder. Deßhalb ließen sich auch von Beispielen für Adler wol hunderte beibringen, wo uns hier für andere kaum ein paar zu geben möglich wird.

Die Bögel erscheinen entweder aufffliegend oder sizend, selten und nur im Wappen der späteren Zeit ganz freistiegend. Ein sizender Bogel hat die Flügel am Leibe liegend (XV. 391, 395, 400, 404 ff.), ein aufftiegender trägt dieselben erhoben (393, 405, 424, 439 u. a.). Der Adler hat in der Heraldik von jeher eine besondere Gestalt, welche, obwol der Kunstrichtung jeweilen folgend, dennoch sich im Wesentlichen gleich geblieben ist. Der Adler wird nur auffliegend dargestellt, doch zum Unterschied von andern aufftiegenden Bögeln derart, daß die beiden Flügel und die Krallen gleichmäßig zu beiden Seiten des senkrecht stehenden Leibes, der Schweif aber ebenfalls gleichmäßig ausgebreitet am untern Ende des Leibes erscheint. An den Flügeln sind die Federn, der. Schwingen, auseinander gehalten und wieder simmetrisch vertheilt, gleichwie auch die Zehen an den Krallen. Der Schnabel ist in der Regel offen mit weit vorgestrekter Zunge und der Hals leicht gebogen. Die kunstgeschichtliche Entwiklung des heraldischen Adlers werde ich im II. Theile d. B. geben.

Adler; ⚔ in S.: Kreuzburg, Sachsen (XV. 375); ebenso Ramsay, Schottland; s. in ⚔: Kötb, Hessen; r. in S.: Bergh, Preußen; gekrönt mit g. Kleeblattsichel auf dem Fluge[1]: Mark Bran-

---

[1] Die jezt sogenannten Sicheln, welche sowol auf der Brust allein, als halbkreisförmig über Brust und Flügel, oder nur über

denburg (376); b. mit a. Sichel in S.: Wiebebach, Sachsen. — Schräggestellt; # mit a. Sichel auf der Brust in S.: Loblowiß (Poppel), Böhmen (377). — Ueberel, überzwerch, gestellt; a. in B.: Röder v. Thiersperg, Hessen, Schweiz (378); # in G.: Eptingen. Vielleicht soll es dieselbe Stellung sein, wie bei Loblowiß. — Zwei Adler übereinander; # in G.: Hornberg, Schweiz (379). — Drei Adler; # in S.: Gültlingen, Schwaben (380); a. in B.: Leiningen, Rhein; r. in G.: Coeverden, Nieder-rhein. — Mehrere; fünf, 3. 2. 1, g. in B.: Oberösterreich (sonst als Lerchen benannt); ebenso: St. Marie-Eglise, Bayern. — Halber Adler; r. in S. über geschrägten r. Stäben: Waldegg, Bayern; # in G. mit Fisch im Schnabel: Schad, Ulm (382). — Rumpf; # in S.: Bischofshausen, Thü-ringen (383). — Rümpfe; zwei # Adlerrümpfe voneinandergekehrt in G.: Urf, Hessen (384). — Flgl; ein g. in #: Kyau, Lausiß; a. in B. mit g. Sichel: Susenberg (385); r. in S.: Hodenberg, Westfalen. — Flug [1]; a. in R.: Rothaft, Schwaben; g. in R.: Erffa, Thüringen (386); a. in B.: Redrodt, Sachsen. — Flügel; drei, 2. 1, # in G.: Diebitsch, Schlesien; a. in R.: Wattewyl, Schweiz (387); drei, 1. 2, # in S.: Lüttwiß, Schlesien. — Kopf; drei gekrönt in G.: Rothkirch, vielleicht auch Hennen- oder Greifenköpfe. — Füße und Krallen; 1 # in S.: Holleufer, Sachsen (388); r. in S.: Anesebeck, Hannover; Starzhauser, Bayern. — Dergl. drei; r. in S.: v. d. Schulen-burg, Braunschweig (389); drei übereinander a. in #: Thannhauser, Bayern (führten auch manchmal nur eine Kralle). — Geschrägt zwei; r. in S.: Häl, Tirol; # in S.: Krell, Württemberg.

Falke, Jagdfalke (mit r. Haube und g. Schellen); in B. auf a. Balken: Falkenhausen, Bayern, Preußen; ebenso auf a. Ast: Lengerke, Sachsen (392). — Drei gewöhnliche Falken fliegend a. in B.: Fal-kenstein, Elsaß. — Aufliegend; g. in R.: Fald, Niederlande, Hessen; a. in R. von # Dreiberg: Schwaben, Marlt in Bayern (390); g. in B. von a. Felsen: Falkenstein, Oesterreich.

Habicht; a. in B. aufliegend: Habißheim, Hessen.

Geier; sitzend auf gr. Berg in B.: Geyer, Bayern, in 1. u. 4. (391); ebenso in S.: Lang, ibid. — Aufliegend # in G.: Geier v. Osterberg, Oesterreich; in G. ein # Geier mit einer Maus in der Kralle: Strasswalcher, Bayern. — Geierrumpf; gekrönt # in G.: Geyer, Preußen.

Rabe; sitzend und gekrönt in S.: Canstein, Rhein (394). — Aufliegend (ungekrönt) in G.: Franting, Bayern; in S.: Göler v. Ravensburg und Helmstadt, Rhein, und Menzingen, Schwaben (393).

Krähe; Dohle mit Ring im Schnabel auf gr. Dreiberg in S.: Trotha, Hessen (395). — Zwei Krähen nebeneinander # in S.: Holzabel, Hessen. — Drei, 1. 2, # in G.: Chrapen, Sachsen; drei, 2. 1, fliegend, nach Adlerart, # in S.: Tubeuf, Bayern (396).

Staar; auf # Dreiberg in S. sißend: Stäringer, Bayern (443).

Sperling; # in S.: Lüningl, Preußen; item auf einer g. Stüße sißend in B.: Sperl, Bayern, Sachsen. — Drei; a. in B., Sperling, Mecklenburg (397).

Goldammer; mit einem Ring im Schnabel in B.: Bülow, Pommern (398).

Goldamsel; # mit g. Brust in G. auf gr. Fuß: Mangstl, Bayern, in 2. u. 3 (400).

---

leßtere allein gelegt erscheinen, sind immer von Metall tingirt, und waren, wie ich unten bei den Kleinoden weiter zeigen werde, ursprünglich Spangen zur Befestigung, später bloße Verzierung. Der Schluß der Sichel durch eine Kleeblattform ist jünger, als der mit ledigen Spißen oder Hörnern.

[1]) Unter Flug versteht man die zwei zusammengehörigen Flügel, welche zuweilen am unteren Ende verbunden, z. B. durch einen Fingerring, wie bei den Mengersen, sehr oft aber frei sind. Sollen zwei Flügel als Flug blasonirt werden, so müssen die Schwingen von einander- und die Sarzen (Flügelbeine) gegeneinandergekehrt sein. Einen solchen Flug pflegt man auch offen zu nennen, zum Gegensaß des geschlossenen Fluges, der als Kleinod (siehe XXVII. 1196) häufig vorkommt.

Amſeln, von Krähen und Raben durch den g. Schnabel zu unterſcheiden, gewiß aber oft mit dieſen verwechſelt. — Drei in S.: v. d. Borch, Bayern; in S. auf # Balken drei hintereinander ſizend: Reu-ſchenberg, Rhein; ebenſo ohne Balken in S.: Gyſenberg, jezt Weſterhold, Rhein (399).

Merletten, geſtümmelte, regelgerecht entenartige kleine Vögel, welche namentlich in franzöſiſchen und niederrheiniſchen Wappen nicht ſelten. — Zwei # Merletten in s. Haupt über B.: Spizemberg, Preußen (401). — Drei; # in G.: Dambés v. Florimont, Frankreich, Bayern; # in S.: Thibouſt, Bayern, in 2. u. 3 (402). — Ebenſo neun, 3. 3. 2. 1.: Pioſasque v. Schönbrunn, Bayern.

Schwalbe; auf g. Stern ſizend in R.: Swalenberg, Lippe (403). — Sechs Schwalben, 3. 2. 1. in G.: Ronbinelli, Toskana.

Schwan; s. in B.: Geuſau und Plöß, Sachſen (404); r. in G.: Steinfurt, Bentheim; s. in R.: Schwangau, Bayern, und Tettighofen, Schwaben. — Aufliegend; g. in #: Freundsperg, Tirol; g. in R. mit g. Ring im Schnabel: Gremp, Schwaben (405).

Uttenſchwalbe (Cormoran) iſt # mit r. Bruſt und Waffen. — In G.: Cloſen, Bayern (406); ebenſo in S.: Uttendorfer in Oberöſterreich[1]).

Gans; s. in B.: Ganßer v. Ganßberg und Pechtaller v. Delling, Bayern (407); s. in R. auf gr. Berg: Deym, Böhmen (alias eine Ente). — Geköpfte Gans; s. in #: Landſibler, Bayern (409). — Die Gansborn in der Oberpfalz führten in B. eine s. Gans, der ein # Hüfthorn umgängt iſt. — Gansköpfe; drei s. in B.: Flugi, Graubündten, Tirol (408); ebenſo in R., der untere geſtürzt: Orzychowsky, Böhmen.

Löffelgans; s. auf gr. Dreiberg in B.: Löffler v. Haunriz; s. in R. auf s. Waſſer: Löffler, Oberöſterreich (442); wol nur ein Zweig der L. v. Haunriz.

Ente; auf gr. Fuß in #: Endter, Bayern. — Aus gr. Schilf auffliegend, s. in R.: Stal, Schleſien (410).

Hahn; wird mit ſtarkmarkirtem Kamme, Bart, Schweif und Sporen, in der Regel in ſtreitfertiger Stellung, einen Fuß erhoben, dargeſtellt; ſtehend r. in S.: Hahn, Mecklenburg (411), s. in B. auf g. Dreiberg: Langen, Frankfurt; # in G. auf gr. Dreiberg: Steinling, Bayern. — Zwei Hähne; kämpfend (gegeneinander aufgerichtet) # in G.: Alt-Grießenbeck, Bayern (412). — Voneinandergekehrt, # (auch r.) in G.: Rummel, Nürnberg. — Drei; g. in #: Gaultier, Preußen, in 1. u. 4. (413). — Hahnenkämpfe; ein # in G.: Alberstorff, Bayern; zwei r. in S. voneinandergekehrt: Harling, Württemberg (414).

Koppe; in S., oberes Feld: v. Köppelle, Bayern. Iſt im Diplom nicht als Koppe oder Kapaun, ſondern als regelrechter Hahn n. Farbe abgebildet, aber als Koppe blaſonirt.

Henne; # in G. auf gr. Dreiberg: Henneberg, Thüringen (415); ebenſo auf # Dreiberg: Brenna, Sachſen, in 2. u. 3; ebenſo in S.: Hennigs.

Truthahn; auf einem geſtürzten r. Mond über r. Stern in G.: Hünerwadel, Bern.

Faſan; in S. auf gr. Berg: Wrisberg, Mecklenburg, Brueſchenk, Oeſterreich, Baſold, Franken (416); in G. (oberes Feld): Faſchang, Salzburg.

Pfau; wird mit b. Körper, gr. Schweif, worin die Augen g. mit r. Einfaſſung, gemalt. — Schreitend; in S.: Pruckner, Franken, v. Hall, Schwaben; in r., g. ſchräggeſtreiftem Felde: Wied, Rhein (418). — Gekrönt; in R. auf gr. Fuß: Göswiz, Oeſterreich, in 2. u. 3. — Weißer Pfau in g.-b.-geſpaltenem Schilde: Peterswaldsky, Böhmen. — Auffliegend (nach Adlerart geſtellt) in G. mit zwei gr. Kleeblättern zwiſchen dem Fluge beſtekt: Enben, Mecklenburg (429). — Halber; in S.: Glennau und Pfannauer, Oeſterreich (419). — Radſchlagend; in G. auf r. (alias b.) Dreiberg: Perghofer, Oeſterreich (417); in S.: Pranger, Oeſterreich. — Drei (b.) Pfauenköpfe; in S.: Neuſtetter,

---

[1]) Bei Ducllius, I. 163, ad annum 1317. — Hueber, Austria, tab. XXIX. N. 9, mit Fiſch im Schnabel ad ann. 1468.

Nürnberg (435). — Die **Pfauenfedern**, Spiegel genannt, kommen als Schmuk und Verzierung der Kleinode, ganze Pfauenschweife ebenfalls als Helmzierden allein vor.

Sittich oder Papagei; in G. auf gr. Zweige sizend: Papin, Rosenheim, Bayern. — **Gekrönt**; in G.: Buchenau, Oesterreich (420). — **Zwei**, voneinander gekehrt in S.: Simon, Regensburg. — **Drei** in G.: du Ponteil, Bayern (421), bei diesem Geschlecht werden sie auch Kakadu's genannt, sind aber dennoch grün gemalt. **Fünf**, 2. 2. 1, in G. mit r. Halsbändern: Berlepsch, Hessen.

Strauß, in der Regel s. mit bunten Schweiffedern und mit einem Hufeisen im Schnabel; in R.: Strauß, Württemberg; Tollinger, Regensburg (422); in B.: Meerheimb, Mecklenburg, in 2. u. 3. — Straußenrumpf; s. in R. (ohne Hufeisen): Strauß, Altbayern (423). — Straußenfedern kommen auch als Wappenbilder, z. B. bei den Scholley, Hessen, Harras, Böhmen, Feder, Bayern u. a., am häufigsten aber als Helmkleinode vor.

Reiger soll durch seine Kammfedern kenntlich sein; stehend, s. in R.: Zoltaner, Augsburg. — **Auffliegend**; s. in R.: Greyerz, Schweiz; ebenso n. in G. auf gr. Fuß: Reyher, Preußen. — **Drei** Reigerrümpfe nebeneinander in G.: Steinfelß, Mendl v. St., Bayern (425).

Storch; s. in B. (427): Schilwaz, Bayern (bei diesem Wappen auch auffliegend), Storch, Mecklenburg (hinteres Feld); mit einem Frosch im Schnabel und einem Stein in der Kralle, s. in R.: Rambaldi, Bayern. — **Zwei** mit Kronen am Hals, hintereinander in R.: Sigenheimer, Bayern (428). — Storchenrumpf, aus g. Krone; #: Erfinger v. Dorfacker, Bayern, und Schenpichler v. Schenpichl, ib.

Kranich, hält in der Regel ein Ei oder einen Stein in einer Kralle; s. in # auf gr. Dreiberg: Gregory, Sachsen; s. in B. auf gr. Dreiberg mit einer g. Kugel in der Kralle, Marquard, Hessen (426); # in S. von gr. Dreiberg auffliegend: Wächter, Württemberg. Ohne Stein: g. in S.: Herrschaft Kranichsberg, Reuß. — **Drei** Kraniche; s. in R.: Cranstown, Schottland.

Zaunkönig; auf dem Rüken einer Krähe sizend in B.: Zaunschliefer.

Pelikan, wird gewöhnlich sich die Brust aufbeißend in seinem Neste dargestellt mit Jungen, die er mit seinem Blute füttert. Ich habe dieß Wappenbild in älteren Wappen nicht auffinden können, dagegen finde ich es schon 1381 in einem Deutschordenssiegel der Kommende Neustadt in Oesterreich (Duellius, III. S. 127, Nr. 71); in B.: Hartmann, Sachsen (430); in b.-#-gespaltenem Schilde: Hofmanßegg, ibidem; g. in R.: Faber, Bayern; # in S.: Feeler (hinterer Plaz), ebenda. — **Drei** Pelikane, stehend (ohne Nest), r. in S.: Ormistoun, Schottland.

Phönig; r. aus g. Flammen in S.: Lamezan, Bayern, 2. u. 3 (432); ebenso g. in B.: Stoigner, Bayern; s. in B. unter einer g. Sonne: Capo d'Istria, unterer Plaz.

Eule; g. in B.: Auffenstein, später Khevenhiller, Steiermark; r. in S.: Herwart, Augsburg (431); ebenso Keuzl, ebendaselbst; bei lezterem Wappen soll es wol als Keuzlein blasonirt werden.

Kukuk; in S. sizend: Gudenberger, Franken.

Lerche; in s. Sparren auf Roth: Lerchenfeld, Bayern; drei g. in # nach Adlerart: Lerperger, Tirol; ebenso g. in B.: Vogelfang, Oesterreich.

Wachtel; in G.: Wachter, Bayern, in 2. u. 3; drei s. in B.: Wachtl v. Daun, Oesterreich.

Trappe; gekrönt s. in R.: Trappe, Oesterreich (438).

Widehopf; in B. auf g. Stamm sizend: Poppendorf, Oesterreich (433); in #: Hopfner, Bayern; in R.: Klauer, Hessen.

Eisvogel, mit b. Flügeln und g. Brust; drei in S.: Eisvogel, Nürnberg (434); ebenso mit gr. Blättern im Schnabel: Ryß, Oesterreich.

Schnepfen; drei in Gr.: Labrique, Bayern (437).

Gimpel; # mit r. Brust auf gr. Dreiberg in G.: Golla, Straßburg, Bayern (441). — **Drei** Gimpel hintereinander auf g. Schrägbalken in B.: Gumpelshaimer, Regensburg.

Auerhahn; auffliegend in B.: Auer v. Aufhausen, Bayern. — Sitzend in G. auf gr. Fuß: Aurnhamer, Schwaben.

Bachstelze (vielleicht Rußhäher); auffliegend in G.: Hartter v. Hartenstein, Bayern (429).

Finke; auf gr. Zweig in R.: Fink, Bayern (Schildhaupt).

Birkhahn, wird in seiner n. Farbe # gemalt; in B. auf gr. Berg: Birkhahn, Preußen; in S.: Birkmayr, Bayern (436); item gekrönt in G.: Birkmann, Rhein. — **Birkhahn**; drei # in S.: Molke, Mecklenburg (440).

Zeisig; auf gr. Stamme sitzend in B.: Zeiß, Oesterreich.

Taube; s. in R.: Seepöch, Bayern; mit Oelzweig (im Schnabel) auf Vergißmeinnicht sitzend: Kobell, Bayern; auf einem gebogenen gr. Oelzweig in R.: Loebl, Oesterreich, und Ziegler-Schönstett, Bayern (444); in B. auf gr. Dreiberg: Pigenot, Bayern. — **Turteltaube**; s. in #: Ronne; drei s. in B.: Piccheni, Florenz. — Taube mit Oelzweig fliegend in B.: Zell, Oesterreich; als hl. Geist s. in B. auffliegend von gr. Dreiberg: Geist v. Wildeck, Schwaben. — Unbestimmter Vogel. Z. B.: Grauvogl, Bayern: in G. auffliegend ein Vogel mit grauem Gefieder.

Vogelleier; drei s. in R.: Cyrl v. Waldgries, Tirol.

d) Von Fischen, Amphibien und Insekten.

Auch von dieser Klasse des Thierreichs kommen mannigfache Beispiele in Wappen vor, darunter sind Fische am häufigsten. Die äußere Form derselben läßt die Gattung nicht immer genau erkennen und es muß gar oft der Name des Wappenherrn oder die traditionelle Benennung des Wappenbildes bei irgend einer Familie die nähere Auskunft darüber geben. Es hat übrigens keine Schwierigkeit, die meisten der heraldischen Fischarten auch durch ihre äußere Form schon kenntlich zu machen, z. B.

Die **Barbe**, welche gewöhnlich zu zweien, voneinandergekehrt, erscheint; zwei g. in R.: Mömpelgardt, Württemberg; s. in B.: Hartitsch, Sachsen (XVI. 445); s. in R.: Siglingen, Schwaben. — Barbenköpfe; drei s. in R.: de Bary, Frankfurt, Bayern.

Salm; s. in B.: Regel, Donauwörth; zwei g. in R.: Werningerode, Thüringen.

Barsch; drei übereinander b. in G.: Proff, Rheinland (447).

Hecht; b. in G.: Schwöller, Regensburg (448); s. in R.: Rieben, Mecklenburg (wird auch als Bürstling blasonirt). — Drei übereinander; r. in S.: Seydlitz, Sachsen; ebenso s. in B.: Gadow Mecklenburg.

Karpfe; senkrecht gestellt g. in R.: Kechler, Württemberg (450). — Schwimmend (wagrecht) s. in B.: Glaubitz, Schlesien (449). — Halber; b. in S., auch s. in B., gekrönt und ungekrönt: Böninghausen, Westfalen (451); s. in R.: Speßhardt, Sachsen.

Fischschweif; aus g. Krone wachsend s. in B.: Hainzel, Schwaben (452). Eine Linie führt drei solche Figuren im Schilde.

Forelle; s. in R.: v. d. Tann, Franken (453).

Häring; drei schrägübereinander b. in S.: Häringl, Rhein; in R. drei Häringe, alias Hechte, im Dreipaß gestellt: Münsterer, Regensburg (454).

Aal; zwei s. in R. über- und voneinander: Ruepp, Bayern (455). Könnten auch Schleien sein.

Delfin; b. in G.: Monypeny, Schottland, Delfinat, Dauphiné, Frankreich (456). — Drei übereinander g. in B.: Delfini, Florenz.

Bem.: Die Form, wie man die Delfine in neueren Wappen darstellt, könnte ebensogut auf Wallfische gedeutet werden; z. B. s. in B.: Neibecker, Sachsen, Alberti, Preußen; ebenso über Wasser: Brigido, Krain (457), später zwei Delfine nebeneinander.

Stockfisch; zwei voneinandergekehrt s. in R.: Cabillau, Bayern (458). — (Getroknet oder gescheitelt) gekrönt s. in R.: Island (459). Ein Fisch in der Mitte zerschnitten und beide Theile von, und übereinander s. in #: Thumer, Bayern.

Die **Fischhaut**, in der Regel als S. mit # Schuppen dargestellt, erscheint ähnlich den Pelzwerken zuweilen als Farbe — Feld- und Figurenüberzug — in Wappen, z. B. getheilt von R. in b. Fischhaut: Laubsky, Galizien; item die untere Hälfte bei v. Strätman (oberhalb # Bok in G.); r. und s. Fischhaut getheilt: Reuburg a. J. In S. (Fischhaut) ein r. Pfahl: Stürgl, Steiermark, resp. Plankenwerth; die Tattenbach in Bayern führen in S.: ein Schrägbalken mit r. Fischhaut überzogen.

Fischgräten; s. in R. schräggelegt: Grabel, Bayern (450). — Zwei geschrägt g. in R.: Grabel, Steiermark.

Schlange; g. in #: Wurm, Oberösterreich; b. in G. gekrönt: Paradeiser, Kärnten; # in G.: Dietrichstein in 4; b. in S. ein Kind verschlingend: Mailand resp. Visconti (461). — Zwei Schlangen ineinandergewunden s. u. # in G.: Ottmaringer, Bayern (463); b. und gekrönt über # Dreiberg in G.: Järtl, Bayern (später an Scharfsöder).

Natter; b. in S. auf r. (auch gr.) Dreiberg: Oberndorffer v. Stefanskirchen, Bayern (462).

Schildkröte; # in G.: Eßlinger, Schwaben; g. in R.: Jakob v. Ebelspach, Franken (464). — Zwei # in g. Schrägbalken auf #: Engl, Oesterreich; im Schildesfuß darüber b. Stern in G.: Zesters, Oesterreich.

Eidechse; schräggestellt gr. in G.: Staubacher, Kärnten (465), später in r., g. schräggetheiltem Felde.

Blutegel; drei auf einem g. Schrägfluß in B.: Egloff, Bayern (477).

Krokodil; an einem Palmbaum angekettet in R.: Stadt Rismes, Frankreich[1].

Schnecke; in G. auf # Berg: Schnegg und Moser am Weyr, Bayern (466); s. in # auf gr. Dreiberg: Schneck, Franken. — Zwei; in gr. Häusern hintereinander kriechend in S. (oberes Feld): Stebmann, England, Rhein. — Schneckenhaus; s. in R.: Schneckenhauser, Schlesien. — Meerschnecke; r., s. gewunden in S.: Bach, Schwaben, Bayern (467). Das Wappenbild dieses Geschlechtes scheint in spätern Zeiten mißverstanden worden zu sein, denn ein Siegel des Edelknechtes Albert v. B. vom J. 1376 zeigt deutlich ein Widderhorn mit dem Grind (Mone, Zeitschrift VII. 454; mein Wappenwerk, † schwäb. Adel S. 9, T. 1).

Muscheln, Jakobsmuscheln; eine s. in B.: Grimmel, Bayern (468); s. in R.: Horitsch, Steier. — Zwei r. in S.: Eyb, Franken (469); item, s. in B.: Mermann, Bayern; drei schrägbintereinander r. in S.: Renßeb, Tirol. — Vier s. in B. beseiten zwei geschrägte Pilgerstäbe: Tautphöus, Bayern. — Fünf, 2. 1. 2, g. in B.; Suares della Conca, Florenz. — Sechs, 3. 2. 1, s. in Gr.: Gebenich, Rhein.

Krebs; gewöhnlich gesotten, d. h. roth, aufrecht, in S.: Ditten, Medlenburg, Krebs, Franken (470); ebenso schräggestellt: Hager, Bayern; # in G.: Krabler, Oesterreich. — Scheeren; zwei r. in S.: Pawel, Westfalen (471); ebenso Steinhaus, Tirol.

Skorpion; # in G.: Storp v. Freudenberg, Schweiz (478); ebenso gestürzt: Schorup, Straßburg (wol eines Stammes mit Storp) und Gusman, Spanien.

Frosch; gr. in R., schräggestellt (472): Fröschl, Wasserburg (ex mon. pictis); g. in #, aufrecht: Fröschl v. Marzoll.

Deffeln, Maueröffeln; drei # in S., einen # Sparren beseitend: le Masson, Bretagne.

Hirschkäfer, Schröter; g. in #, schräggelegt: Teufel, Tirol; s. in G.: Schröttinger v. Seebach, Bayern. — Fliegend; s. in B.: Schröter, Mecklenburg, Sachsen (474). — Schröterhörner; g. in r. s. gestreiftem Feld: Schröttl, Oesterreich; r. in G.: Nicolai, ebenda (480).

---

[1] Siehe mein Wappenwerk: Städte, S. 15. T. 27. Bei Paulet ist das Feld g. angegeben.

Käfer; # in G., aus # Theilung wachsend: Dietenhamer, Bayern, Augsburg (478).
Heuschrecke; gr. in R.: Schreckinger v. Haslach (479); r. auf s. Schrägbalken in B.: Schröd
v. Schrödenstein, Oesterreich. — **Drei** g. in #: Holde, Salzburg.
Grille; # in G.: Grill, Bayern (482). — **Zwei**; g. in # im Wappen der Grillen v. Altdorf,
Oesterreich (zu beiden Seiten eines g. Balkens, worin ein # Löwe).
Werre oder Maulwurfsgrille; in G. über s. Dreiberg eine n. Werre: Wernberger, Oester-
reich (481).
Bienen; drei g. in R.: Barberini, Rom (484); ebenso, g. in R.: Thal, Schwarzburg, in 2. u. 3.
Mücke in S.: Moschkon, Krain (?).
Schmetterling; ein s. mit # Augen (Spiegeln) in R.: Rancroles, Pikardie. — **Drei** s. Nacht-
falter in B.: Barrin, Burgund (483).

II. Figuren aus dem Pflanzenreich.

. Bäume, Pflanzen, Früchte, Blumen und Blüthen erscheinen in Wappen immer in einer der Natur
ähnlichen, aber ornamentirten Form, und in einer der Naturfarbe zunächstkommenden heraldischen Farbe. Die
Bäume zeigen in der echten Heraldik eine der natürlichen Gestalt am wenigsten nachkommende äußere Gestalt,
indem sie in der Regel nur wenige gleichförmig vertheilte Aeste mit deutlich kennbaren Blättern und Früchten
haben. Dieser Umstand ist um so bedeutungswerther, als außerdem (bei einer rein der Natur imitirten
Gestalt und Kontur) es nicht leicht möglich ist, die verschiedenen Baumarten im Kleinen zu unterscheiden.
Eichbaum; in S.: Gentzow, Mecklenburg, ebenso Aichach, Stadt in Oberbayern (485); item in
G. innerhalb Hermelinbordur: Liboy, Frankreich. — **Drei Eichbäume**, einen b. Stern beseitend, gr. in S.:
la Roche, Bayern (501). — **Eichstamm**; # mit zwei gr. Zweigen auf gr. Berg in G.: Stumpf, Würt-
temberg, Mecklenburg (486). — Eichenast; r. mit gr. Blättern in S.: Grävenitz, Mecklenburg (487); ebenso
Wagner, Sachsen; s. in R.: Brock; g. in B.: Warbenburg, Sachsen. — Eichenzweig; gr. in G.:
Biberstein, Schlesien (488), ebenso g. in B., oberes Feld von Uckermann, Sachsen. — **Eichel**; eine
g. in R., gestürzt: Scharffenstein, Regensburg (489). — **Zwei** g. Eicheln an einem s. Stiel auf
gr. Dreiberg wachsend in R.: Söll v. Aichberg, Tirol (490); ebenso verschränkt g. auf g. Dreiberg in #:
Aicher v. Herrengierstorf, Bayern. — **Drei**; aufrecht g. mit gr. Kapseln in B.: v. d. Capellen, Rhein
(491); gestürzt in R.: Werbrichshausen, Franken.
Lindenbaum; r. in S.: Forster v. Wilbenforst und Degenberg, Bayern; # in S.: Hedders-
dorf, Franken; # in G.: Stadt Lindau, Bayern; g. in B. auf s. Felsen: Lindenfels, Sachsen;
g. in R.: Ifflinger, Württemberg (492). — Lindenzweig; in Form eines 8 gewunden in S.: Seden-
dorf, Franken (494). — Lindenast; schräggelegt r. in S.: Pflugk, Sachsen; ebenso s. in R.: Klüß,
ibid.; s. in S.: Anbang, Bayern (493). — Lindenstamm; # mit zwei gr. Blättern in G.: Taube,
Württemberg. — Lindenblatt; gestürztes gr. in S.: Regnoldsweiler, Schwaben; ebenso Dobschütz,
Schlesien. — Ein Blatt mit Wurzel, oder ausgerissene Lindenpflanze; s. in R.: Fridinger, Nördlingen
(495). Zwei solche Pflanzen geschrägt: Stosch, Schlesien (496). Drei r. Lindenblätter in S.: Danell
v. Schechen, Bayern; s. in R.: Erlbeck, ib.; gr. in B.: Jowlis, Schottland. — Gestürzt; drei
gr. in S.: Bodmann, Schwaben, ebenso Mazen (Carlowitz), Sachsen (497); gr. auf einem s. Schrägbalken in R.: Gumppenberg, Bayern. — Schräg hintereinander; s. in R.: Laubenberg, Tirol
jetzt Pappus, Bayern (490), desgleichen # in S.: Milchling, Hessen. — Sechs, 3. 2. 1, b. in S.:
Brewer, Rhein. — Drei gr. Lindenblätter mit den Stielen im Dreipaß gestellt in S.: Meyrl,
Nürnberg (498).

Seeblatt, in der äußeren Form ähnlich dem Lindenblatt, gewöhnlich gestürzt — manchmal nur durch den Namen des Wappens oder durch Tradition als solches zu erkennen. — Ein r. Seeblatt aus # Dreiberg in S. wachsend: Kienberger, Bayern, von denen es das Kloster Seeon angenommen. — Drei Seeblätter, in den Dreipaß gestellt, r. in S.: Seereuter, Bayern. — Häufig ist das Seeblatt dreipaßförmig durchgeschlagen und diese Figur irrig als Schröterhörner blasonirt, z. B. drei durchgeschlagene Seeblätter r. in S.: Seebach, Thüringen, ebenso Engern, Westfalen (500).

Erle; drei beseiten einen r. Sparren in S.: Erlenkamp (Langermann), Mecklenburg.

Palmbaum; in S. auf gr. Berg: Kayserlingk, Preußen (503); item in 2. u. 3: v. Thon-Dittmer, Bayern; ebenso in s.-r. getheiltem Felde: Doring, Sachsen; in K. ein s. Balten, vor dem Ganzen ein Palmbaum: Palm, Württemberg.

Weide (salix); in G. im obern Felde bei: Salis, Graubündten; in R.: Gillabots, Oesterreich; in S. auf gr. Dreiberg: Weiden, Franken (505). — Weidenzweig; in s.-r. gespaltenem Schilde, mit beiderseits vertheilten Blättern, welche vorne gr., hinten s. (d. h. umgewendet) sind: Weidenbach, Sachsen (506).

Oelbaum; in G.: Olivier, Frankreich (504).

Lorberzweig; gr. mit g. Früchten in B.: Zincken, Preußen.

Tannenbaum; in S. auf gr. Boden: Tanner, Zürich; in G. (mit Früchten): Tschudi, Schweiz, Schwarzburg (508); in G. auf s. Felsen (ohne Früchte): Spreti, Bayern (509), dürfte eigentlich mehr ein Lerchenbaum sein. — Tannenzapfen; drei g. in #: Waldburg und Stadion-Thannhausen (510); ebenso in B.: Barennes, Frankreich, Bayern, und über # Dreiberg: Thanberger, Oesterreich.

Fichte; auf gr. Dreiberg in R.: Fichtel, Oberpfalz.

Zirbelnuß, eine gr. auf g. Säulenkopf in s.-r. gespaltenem Schilde: Stadt Augsburg (511). — Drei Zirbelnüsse; g. in R.: de Pineis, Oesterreich.

Birke; in g.-r. getheiltem Felde: Pirckheimer, Nürnberg (512). — Eine ausgerissene Birke dreiblättrig) gr. in R. durch eine g. Krone gesteckt: Pirkach, Oesterreich.

Esche; durch eine g. Krone gesteckt in S.: Asch, Landshut (507).

Buche, ähnlich der Linde; g. in B. zwei Buchenblätter geschrägt aus # Dreiberg: Pucher v. Walterswaich, Bayern (514). — Buchenzweig; in S.: Buchwald, Schwarzburg.

Pappel, deutsche, oder Silber; in S. ein gr. Pappelbaum: Felber, Biberach (513). — Hohe oder italienische; drei nebeneinander auf gr. Fuß in S.: Bäumler, Bayern; ebenso in G.: Heufler v. Rasen, Tirol; item in S. auf gr. Dreiberg: Hügel, Württemberg (502).

Prügel, Aeste ohne Blätter; g. in B. zwei geschrägt über ein Flechtzaun im Stammwappen der Baumgartner, Bayern. — Verkohlt; # in G. schräggelegt: Schönfeld, Bayern; item über gr. Dreiberg: Scharföder, Bayern (515). — Brennend; auf gr. Dreiberg in G.: Brand, Bayern; drei g. aus # Dreiberg nebeneinander in R.: Tannberg, Tirol (516); ebenso s. in B.: Stange, Schweiz; zwei geschrägt # in G.: Saal, Schwaben.

Apfelbaum; mit Früchten in G.: Apfaltrer, Niederbayern, Krain (517). — As eines Apfelbaumes; # mit s. Früchten in G.: Bißthum v. Eckstädt, Thüringen (518). — Apfel; g. mit gr. Blättern in B.: Holzapfel, Franken (519); ebenso mit zwei gr. Blättern in S. nebst den Worten DEUS DIES: Balbari, Krain; drei gr. Aepfel in S.: Kries, Pommern (520).

Krekenbaum; s. in R.: Waffenau (524); r. in G.: Crequy, Frankreich. Palliot nennt auch das Wappenbild der Jfflinger (492) einen crequier.

Birnbaum; auf gr. Fuß in S.: Frugoni, Oesterreich (521). — Birne; sechs, 3. 2. 1, gr. in G.: de Peri, Oesterreich (522); s. (auch g.) in B.: Peruzzi, Florenz.

Dürres Baum; in S. auf gr. Berg: Gaertner, Sachsen (XVII. 526); in R.: Baumgartner, Preußen; in g.-r. gespaltenem Schilde, mit einem Hüfthorn behängt: Kaindorfer, später Albler, Bayern.

Dornzweig; # in S.: Dorner, Bayern (528); ebenso auf r. Dreiberg: Dormair, ibid.; ebenso in G. auf gr. Dreiberg: Dornsperg. — Dornstrauch; ausgerissen in r.-g.-getheiltem Schild: Malaspina, Toskana. — Dornenkranz; g. in B.: Horben, Schwaben, in 2. u. 3.

Holunderbusch; g. in # von zwei s. Lilien begleitet: Holderbusch, Rothenburg.

Granatapfel, wird aufgesprungen, so daß man den Saamen sieht, dargestellt; gr. in S.: Granada, Königreich, Spanien (XVII. 629); ein g. mit gr. Blättern in B. über zwei s. Balken: Raab, Bayern. — Drei; s. in #: Agliardis, Bayern; g. in R.: Berger (ohne Blätter), Bayern, in 2. u. 3 (530).

Mohnkolben, Magenkolben; drei g. in R. nebeneinander: Böller, Schwaben; drei s. in R. auf gr. Dreiberg: Paur v. Haiz, Bayern (523).

Kleeblatt; s. in R.: Mindorf, Steier (XVII. 525); # in S. auf # Berg: Reltharbt, Ulm. — Drei an einem Stiel; gr. in S. innerhalb gr. Bordur: Calatin, Bayern (527). — Drei, im Dreipaß gestellt, # in S.: Carlowitz, Sachsen (531).

Waldklee; 1 gr. in S. auf gr. Berg: Doláus, Hessen (532). — Ohne Stiel; r. in G.: Cleen, Rhein; r. in S.: Lesch (533); # in S.: Norbeck-Rabenau, Hessen.

Farrenkraut; gr. in S. auf r. Dreiberg: Edelshauser, Bayern. Das Wappenbild der Waßmannstorffer (s. unter Distel) wird ebenso abgebildet.

Nesselblatt; in S. drei aus gr. Dreiberg: Nettelbladt, Mecklenburg, Stammwappen (534).

Distel; in #, g.-gespaltenem Feld eine n. Distel: Distl, Bayern. — Vier Distelblätter an einem Stiel; g. in # auf g. Dreiberg: Waßmannstorffer, Bayern (535); wird auch für Farrenkraut erklärt. — Drei Distelblätter, ledig; gr. in S.: Irwyn, Schottland.

Dillkraut; auf gr. Fuß: Dillen, Württemberg, in 1. u. 4 (536).

Hanf; drei Hanfstängel in S.: Ziegesar, Hessen (557).

Schilf und Rohr mit Kolben; zwei geschrägt aus # Dreiberg in G.: Sinzenhaufer, Bayern (538). — Drei in S. aus geflutedem Fuß: Mermoser, Bayern (539); ebenso in G. aus # Dreiberg: Mostorffer, ib.; item in R.: Murhamer, ib. — Drei auf gr. Berg in S.: Globig, Sachsen. — Ein Bund Schilfrohr; gr. in G.: Overschie, Niederrhein (540).

Binsen; aus s. Wasser wachsend in B.: Binzinger, Franken.

Aehren; drei Walzenähren g. in B.: Stoupy, Burgund; drei g. auf gr. Berg in B.: Lippe, Sachsen (541).

Garbe; eine g. in #: Schaub, Regensburg; ebenso auf s. Dreiberg: Kornfail, Schlesien, Tirol (542). — Drei; g. in #, auch in B.: Puechheim (Schönborn), Oesterreich (543).

Blumenstok; g. auf r. Dreiberg in S. mit gr. Blättern: Herbstheimer (544); ebenso mit r. Rosen: Rava, Sachsen.

Epheublätter; drei gr. in S.: Boslarn, Bayern, in 2. u. 3 (545).

Rebe; g. auf gr. Dreiberg in #: Kleewein, Franken (546); ebenso gr. in S.: Rebelsing, Bayern. — In B. zwei g. Rebzweige geschrägt: Larisch, Schlesien, in 2. u. 3 (547).

Traube; gr. in G.: Zoller, Schweiz; b. mit gr. Blättern in G.: Schwab, Franken (548); r. mit gr. Blättern in S.: Mosham, Bayern, in 1. u. 4; ebenso g. mit gr. Blättern in B.: Pettenkofer, Bayern, in 1. u. 4; ebenso Seybold, ebenda, in 2. u. 3. — Drei; r. im s. Schildeshaupt: Moro, Venedig, Bayern. — Zwei g. Trauben an einem Stiel aus gr. Dreiberg wachsend in B.: Ritsch, Tirol (549). — Drei s. Trauben mit gr. Blättern in R.: Rufillon, Bern.

Nusse, welsche; drei g. in #: Nusser, Oesterreich (350).

Reis; gr. in G.: Reisach, Steier.

Erdbeeren; r. mit gr. Blättern aus gr. Dreiberg in G.: Weiler v. Garaphausen, Bayern (351).

Räbe, sogenannte weiße; s. in # mit gr. Kraut: Leutschach, Oesterreich (552). — Drei in R.: Ruob, Steiermark (553).

Zuckererbsenschoten; drei g. in B.: Le Pois, Oesterreich (554).

Kohl; in S. drei gr. Kohlköpfe: Choux, Frankreich (575).

Safran; drei Safranblumen r. mit g. Saamen und Putzen und gr. Stengeln auf g. Dreiberg in S.: Saffran, Regensburg (555).

Pfefferstrauch; # in S. auf gr. Dreiberg: Pfefferl, Oesterreich.

Rose. Die heraldische Rose ist die gemeine fünfblättrige Feld- oder Waldrose, s. oder r. mit g. Saamen und gr. Putzen. Sie kommt natürlich als Wappenbild in allen möglichen Farben vor. Die gefüllten Rosen sind, wie sie bei uns in der That erst später bekannt, so auch erst später (Ende des 14. Jahrhunderts) in der Heraldik angewendet worden. Ein Unterschied in der Geltung ist jedoch nicht zwischen ihnen, die gefüllte macht aber, besonders wenn allein, im Schilde mehr Effekt, als die einfache. — g. in B.: Guttenberg, Franken; r. in G.: Stein, Nassau; r. (auch b.) in G., auch b. in S.: Saltern, Braunschweig (557); r. in S.: Rosenberg, Polen; s. in #: Lampoting, Bayern (556); s. in R.: Rosenheim, Markt in Bayern; s. in r., # -getheiltem Feld: Marenholz, Preußen; s. in s.-bordirtem # Feld: Raymair, Bayern. — Zwei sogenannte Windrosen; g. nebeneinander in R. über G.: Tscheberg, Hannover (558); zwei s. nebeneinander in R. im unteren Feld: Köppelle, Bayern. — Drei; s. in #: Holzhausen, Frankfurt; r. in S.: Törring, Bayern (559); r. in G.: Bouwingshausen, Mecklenburg, und Heublin, Franken. — Rosenzweig; natürlicher (mit r. Rose und gr. Blättern) in S.: Huber v. Mauth, Bayern, in 2. u. 3 (560). — Drei r. Rosen an Stielen in S.: Rapperswyl, Schweiz. — Drei s. Rosen an g. Stengel auf g. Dreiberg in # nebeneinander: Geltinger, Bayern (561); ebenso mit gr. Stengeln auf s. Dreiberg in R.: Rosenbusch, Bayern. — Fünf, 2. 1. 2, s. in #: Fraxeir v. F.; ebenso in B.: Fraxeir v. Lowgate, Schottland. — Neun, 3. 3. 2. 1, s. in B.: Blum, Hannover (562); ebenso, 3. 3. 3, s. in R.: Odershausen, ebenda. — Kranz von Rosen; r. Rosen und gr. Blätter in S.: Rosenheimer, Kärnten; ebenso Bieberfee, Anhalt (563); r. und s. Rosen (ohne Blätter) in R.: Thumberger (Taufkirchen), Bayern; ebenso aus r. Rosen drei Kränze in G.: Schick, Hessen (564).

Daß die heraldische **Lilie** wie alle übrigen Blumen und Bäume der Natur entnommen, und daß ihr Urbild die gewöhnliche Schwertlilie, die in verschiedenen Farben vorkommt, sei, darüber ist heutzutage kein Zweifel mehr. Die Heraldiker des vorigen Jahrhunderts, und insbesondere Gatterer, haben die heraldische Lilie für eine Hellpartenspitze erklärt, es ist aber umgekehrt: die Hellpartenspitzen sind wegen der hübschen und passenden Form der heraldischen Lilie nachahmlich gemacht worden. Einen sprechenden Beweis, daß man auch bei uns in Deutschland die Gartenlilie heraldisch darstellen wollte, gibt das Wappen der Marwanger in Bayern (hier 565 nach einem Grabstein zu Seeon), welches in # eine s. Lilie mit Stiel und Wurzeln ausgerissen zeigt. Ein weiteres Beispiel für Italien gibt das Wappen des alten Geschlechtes Del Bene in Toskana, welches eben solche ausgerissene Lilien geschrägt s. in B. führt. In Frankreich hat man die Lilien des königlichen Schildes nie für etwas Anderes gehalten, als für die Nachbildung der gelben Loirelilie und auch nie anders als fleur-de-lis genannt. Nur Mr. de Beaumont hat neuerlich den Versuch gemacht, die Lilie von der egiptischen Lotosblume abzuleiten (s. oben I. 4). Ich werde über die verschiedene Form der Lilie im II. Theile dieses Buches Weiteres beibringen und hier nur Beispiele von Wappen mit Lilien zu geben mich begnügen. — Eine Lilie; r. in G.: Wachtendonk, Preußen; r. in S.: Plotho, Braunschweig (566), Kampf, Mecklenburg; s. in #: Schad, ebenda; g. in #: Langwerth, Nassau. — Gespalten; liegend g. in B.: Rabe, Mecklenburg (567). — Drei Lilien; s. in Gr.: Teuscher, Bayern (568); s. in R.: Vetter v. d. Gilgen; s. in R.: Mons, Nassau, Bianco, Preußen; g. in B.: Bourbon; # in S., 1. 2: Roepert, Sachsen (569); ebenso 2. 1: Lilien, Westfalen (später innerhalb r. s.-gestülter Vordur). Drei Lilien s. an gr. Stengeln auf gr. Dreiberg in B.:

Baliganb, Bayern (570). — **Vier Lilien**, voneinandergekehrt, r. in S.: **Broizem**, Sachsen (571).
Fünf, 3. 2, s. in R.: Lorber, Bayern (572). — **Sechs**, 3. 2. 1, g. in B. unter g. Haupt: **Portia**,
Oesterreich; s. in B. unter ausgezacktem g. Haupt: **Kämmerer v. Worms** (573).
        Nelken; drei r. mit gr. Kapseln und Blättern in S.: **Tornay**, England (574).
        Edelweiß in #: **Sewen**, Schweiz (577).
        Maiglöcklein mit Blättern in B.: **Meyer**, Hessen (578); ebenso und auf g. Dreiberg in 2. u. 3.:
Dormair, Bayern.
        Mispelblüthen; drei r. in S.: **Wildenberg**, jetzt **Hatzfeld**, in 2. u. 3 (579).
        Veilchen; b. mit gr. Stiel und Blättern in S.: **Babut**, Frankreich (576). — **Drei**; g. (alias r.)
an gr. Stengeln aus gr. Dreiberg in B.: **Beibelbaum**, Tirol (580).

III. Figuren aus dem West = und Erdreich.

        Die **Sonne**, in der Regel gold, wird als Scheibe mit menschlichem Antlitz und 16 Strahlen, von
denen acht gerade und acht geflammt sind, abgebildet. — In B.: Ludwiger, Sachsen, Hesse, Hessen;
in R.: Egger (581). — Aufgehende Sonne; in B. aus s. Dreiberg wachsend: Anns, Bayern.
Frankfurt. — Untergehende Sonne (über s. Wasser in B.): untere Schildeshälfte von Janinetti,
Oesterreich. — Sonne in R. über drei Reihen s., b. Wolken: Schönpichler, Oesterreich (603); von
drei g. Sternen begleitet in B.: Buongirolami, Florenz. — Eine rothe Sonne in S. führt die englische Familie La Hay. Bei Planché 111 ist sie mit 24 geraden Strahlen abgebildet.
        Der **Mond** wird immer als Sichel abgebildet, bald mit, bald ohne Gesicht. Ein „gesichteter Mond"
wird besonders gemeldet. Die Stellung des Mondes ist entweder liegend (582) oder gestürzt (584)
oder stehend, d. i. nach der Seite gekehrt (583. 585 ff.); letztere Stellung pflegt man auch zu- oder abnehmend zu nennen, je nachdem der Mond in Form eines ɔ oder eines C erscheint. Diese Bezeichnung
ist jedoch, wie ich mich überzeugt habe, nicht durchführbar, denn da nach den Regeln der alten Heraldik jede
Schildesfigur sich nach dem Vorderrande kehrt, so muß auch ein stehender Mond die Hörner nach der Richtung
des Schildesvorderrandes tragen (583); ist nun zufällig der Schild nach links gekehrt, so muß sich auch der
stehende Mond nach dieser Seite wenden und es würde deßhalb dieselbe Familie, wollten wir die Bezeichnung beibehalten, das einemal einen zunehmenden, das anderemal einen abnehmenden Mond führen, was
nun allerdings für die alte Heraldik nicht von Bedeutung, desto mehr aber für die Aengstlichkeit der neuen
Heraldiker eine peinliche Thatsache wäre. Ich sage daher einfach, der stehende Mond hat die Hörner
allweg gegen den Vorderrand gekehrt und dieß wird nicht gemeldet. Kommt der seltenere, wenigstens für die
ächte Heraldik nicht wol denkbare Fall vor, daß bei einem rechtsgekehrten Schilde ein stehender Mond die
Hörner nach links wende, so mag man dieß besonders erwähnen. Will aber Jemand denn doch die
Bezeichnung zu- oder abnehmend beibehalten, so mag er es thun, dabei aber nicht vergessen, die jeweilige
Stellung des Schildes zugleich zu melden. — **Mond**; stehend (zu- oder abnehmend) s. in # (gesichtet):
Martens, Sachsen (583); g. in B.: Baiswyl, Schweiz, und Reutner v. Wyl, Württemberg; r. in
G.: Dambach, Elsaß. — Liegend; r. in S.: Wellwart, Schwaben (582). — Gestürzt; g. in B.:
v. b. Pforbten, Sachsen, Bayern (584). — Zwei g. Monde voneinandergekehrt in #: Lewser,
Steiermark und Sachsen (585); g. in B.: Stuttersheim, Thüringen, ebenso Zyly, Schweiz. — Drei Mond
voneinandergekehrt # in S.: Hanstein (586); g. in B.: Puechberg, Bayern. — Nach gleicher Seite
r. in S.: Bodenhausen, Westfalen (588); s. in B.: Monroy, Mecklenburg; 1. 2. gestellt voneinandergekehrt:
Jöstl, Steiermark. — **Sonne und Mond**; in S. drei voneinandergekehrte b. Monde, jeder mit einer r. Sonne

innerhalb der Sichel (Sonnenfinsterniß?): Uetterodt, Thüringen. — **Vier gestürzte Monde**, 2. 2, # in G.: Gleichen, Schwaben.

Stern, fünfstrahlig; g. in R.: Zech v. Lobnig, Steier; r. in G.: Lanros, Frankreich. — Sechsstrahlig; 1 g. in B.: Rinkel, Bayern. — Siebenstrahlig; r. in S. auf b. Felsen: Sternenfels, Schwaben; ebenso, gesichtet; r. in S. mit g. Gesicht: Sterner, Regensburg; g. in B.: Gillenstierna, Schweden. — Achtstrahlig; g. in B.: Sternberg, Preußen; # in G.: Waldeck, Waldeck; r. in g.-s.-gespaltenem Felde: Da Perraz Zano, Florenz. — **Fünf**, 2. 1. 2, achtstrahlige r. Sterne in G.: Deffonseca, Italien. — **Drei Sterne**; g. in B.: Zilli, Steiermark; s. in B.: Rospoth, Sachsen; r. in S.: Rölner v. Oberhaunstatt, Bayern. — **Fünf Sterne** im Schragen; g. in B.: Niederer, Bayern; r. in S.: Albartspeck, Bayern. — **Acht**, 3. 2. 3, g. in B.: Möller v. Lilienstern, Mecklenburg. — **Sind** und **Sterne**; in B. ein g. Stern über einem liegenden g. Mond: Stammhaus Leliwa, Polen; ebenso ein s. Stern über einem gestürzten s. Mond in B.: Heydenhaus, Oesterreich. In B. ein liegender s. Mond mit zwei g. Sternen besteckt: Baumbach; in B. ein s. Mond von drei s. Sternen begleitet: Beulwiß, Bayern. — **Mond** und halber Stern aneinandergestoßen; g. in B.: Aßwanger, Tirol.

Komet, NB. g. Stern mit s. Schweif; ein solcher in R.: Bonviso, Italien. — **Drei Kometen**; in B.: Houlley, Frankreich. — Schräglaufend; in B.: Comazzi, Oesterreich; ein s. in B. zwischen zwei g. Sternen über gr. Dreiberg: Gibelli, Görz.

Wolken; die heraldischen Formen und Linien derselben sind bereits oben bei den Heroldsstücken gegeben. Natürliche Wolken kommen erst in Wappen der spätesten Zeit vor und dann in der Regel in der Ecke oder am Rande des Schildes mit einer daraus hervorbrechenden Figur, gewöhnlich Arm, Hand oder dergl. Da die Farben der heraldischen Wolken nur zwischen B. und S. wechseln, so ist in sehr vielen Fällen, namentlich bei alten Wappen, kaum zu bestimmen, ob Wolken oder Fehwerk gemeint sei, z. B. Schönpichler in Oesterreich (603) führen die untere Schildeshälfte gewolkt von S. u. B. (wenn es nicht allenfalls ursprünglich Fehwerk war?) — doch könnte hier wol eine aus Wolken aufgehende Sonne gemeint sein. — B.-s. Wolken (Fehwerk?) mit zwei r. Balken überlegt: Leuthorst, Westfalen. — In G. innerhalb eines B.-s. Wolkenkranzes der Reichsadler: Apian, Bayern (604). Hier ist, obwol die Form und Farbe auf den ersten Anblick gleichfalls auf Fehwerk deuten könnte, dennoch im Diplom von Wolken die Rede.

Gewitter; die Wetter, frankfurter Patrizier, führten ein derartiges Bild im Schilde.

Blitze sind in der Heraldik flammenartig geformt; so z. B. findet sich ein in acht wappenmäßiger Weise dargestelltes Gewitter zugleich vollkommen redend in Bezug des Namens in dem Schilde der v. Donnersperg, Bayern (XVIII. 605): In # aus s. Wolken im Haupte abwärtszuckend drei g. Blitze über einem g. Dreiberg im Schildesfuß. In modernen Wappen werden die Blitze unschön als Zitzaklinien mit Pfeilspitze dargestellt, z. B. g. in R. schrägherabfahrend: Brandt, Preußen in 1 u. 4.

Flammen werden wie Blitze dargestellt, doch steigen sie immer von unten hinauf; z. B. drei Flammen nebeneinander; g. in B.: Deng, Oesterreich (606), annoa geflammte Spitzen?; g. in #: Füter Feuer v. Fürsberg, Steier; r. in S.: Zibel, Schweiz. — **Drei schwebende**, r. in S.: Nicola, Oesterreich. — Flammen mit Funken, g. aus r. Dreiberg in S. wachsend; hiebei füllen die g. Funken ähnlich wie gesät das Feld zwischen den Flammen (621).

Regenbogen, in der Regel dreifarbig, r., g., b., seltener b., g., r. und bogenförmig gestaltet. Ein Regenbogen in S.: Pogner, Bayern (608). — **Zwei** übereinander: Graf v. Weilheim, ebenda; zwei senkrecht voneinandergekehrte; in S.: Hacke, Westfalen, Bayern (609), hier ist das B. oben, resp. angrenzend. — **Drei** übereinander freischwebend; in B.: Phull, Württemberg.

Berg; hierunter versteht man regelrecht einen Dreiberg und zwar aus dem Schildesfuße wachsend. Schwebt ein Berg frei, so wird dieß gemeldet, obwol dadurch kein entscheidendes Merkmal zweier Wappen gegeben ist; s. in R. schwebend: Silberberg, Kärnten (610); r. in S.: Rötenberg, Allgäu;

gr. in G. (schwebend): Homberg, Hessen; g. in ⚏ (Aschfarbe): Aschau, Bayern. — Sechsberg, schwebend: ⚏ in G.: Waßeneck (auch r. in S.), Schwaben (611); g. in ⚏: Grünenberg, Schweiz, s. in R. mit durchgeschlagenem Kreuz: Creizberg, Krain. — Drei Sechsberge; s. in B. (hier verstehen sich von selbst schwebend 2. 1.): Montenuovo, Oesterreich; ebenso s. in ⚏: Winterberg, Schweiz (618); Berg von piramidaler Form; gr. in S.: Bühler, Württemberg; g. in ⚏: Offinger, Bayern (612.

Felsen; drei, auch zwei n. Felsenkegel, zuweilen gr. Berge in S.: Offenberg, Preußen (613. Eine besondere staffelförmige Darstellung hat der h. Felsen mit daraufstehendem r. Stern bei den v. Stettenenfels, Schwaben.

Lawine; Lahne, von einem Felsen abrutschend; s. in R.: an der Lahn, Tirol (614).

Steine, ein Haufen Steine; s. in R., auch s. in ⚏: Steinhauffer, Bayern, Tirol (617).

Brennender Berg; ⚏ mit r. Flammen in S.: Flamm, Tirol; gr. mit r. Flammen in S.: Brennberg (Lerchenfeld), Bayern, und Feurberg, Schweiz (617); ebenso g. aus gr. Dreiberg: Heißberg (Düdher v. Haslau), Salzburg, Westfalen; s. mit g. Flammen in ⚏: Brennstein, Nassau. — Feuerspeiender Berg; ⚏ in S.: Senkenberg, Württemberg (623); b. in G.: Macloib v. Leutiß, Schonland. — Berg, Fels, von dem ein Bach herabrinnt (619): Lengrießer, Bayern in 3. Soll das Lengrießer (Jsar-) Thal versinnlichen; s. auf b. Fuß in R. (in 2. u. 3.): Kapf v. Weißenfels, Oesterreich.

Wasser, See, Meer; die von der Meer führen im 4. Plaze des Schildes das s. Meer über gr. Ufer (620). Die Seeau, Oberösterreich einen s. See in gr. Au (618). — Austerbank; in B. 1. u. 4. v. Edlersberg, Oesterreich (622). Vielleicht sind es drei Perlenmuscheln, die im Wasser schwimmen! **Bäche** und Flüsse werden wie gestuthete Balken, Schrägbalken oder Pfähle dargestellt, und es ist in der Regel nur im Zusammenhalt mit dem Namen des Wappens zu ersehen, ob ein Bach oder ein gestuthter Balken gemeint sei. Als Bach oder Fluß erklärt sich z. B. der gestuthete s. Pfahl in R. bei den Schnaitbach, Bayern; ebenso s. in gr. bei den Lummerin, Schweiz. — Drei s. Schrägbäche in R. führen die v. Wittenbach, Schweiz und Schwaben.

IV. Ungeheuer,

lat. monstra, franz. figures chimeriques, engl. monstres, ital. figure chimeriche, nbb. horsenschimmige figuren.

Die Heraldiker waren in älteren Zeiten, wo überhaupt die Sage noch mehr Grund und Boden und mehr Wachsthum genoß als heutzutage, nicht die lezten der Künstler, welche fabelhafte Wesen am Leben ausstatteten, wenigstens das lebendige Bild, das sie sich davon machten, durch die Mittel der Darstellung sich selbst und Anderen vor Augen führten. Zusammensetzungen aus Thier und Menschen sowie aus verschiedenen Thieren unter sich bilden die Hauptfiguren unter dieser Abtheilung. Ich habe alle diese Geschöpfe, so weit sie in Wappen vorkommen, in eine eigene Klasse vereint, während sie von früheren Heraldikern immer unter die gemeinen Figuren eingereiht wurden, und zwar da, wo sie zunächst mit einer wirklichen natürlichen Figur in Aehnlichkeit der Formen Plaz fanden, z. B. das Einhorn bei dem Pferde, der Doppel- und Jungfernadler bei dem Adler, der Greif beim Löwen u. s. w. Den Namen Ungeheuer, den ich dieser Klasse von Figuren geschöpft habe, glaube ich einfach aus der Etimologie des Wortes selbst rechtfertigen zu können. Die weitverbreitetsten heraldischen Ungeheuer sind der Greif, der Drache, das Einhorn, der Panther, die Melusine und der Doppeladler. Außerdem gibt es in einzelnen Wappen noch eine große Zahl von Ungeheuern, wie die nachfolgenden Beispiele erweisen werden.

Zusammensezungen aus Mensch und Thier:

In G. ein **Vogelmann**, der obere Theil (Vogel) s., der untere (Mann) #: Vogelmann, Schwaben (625); ebenso in s.-r.-getheiltem Schild, der Vogel #, die Füße geharnischt s.: Lempide, Preußen.

Löwenmann; in b.-g.-getheiltem Felde der obere Theil (Löwe) g.-gekrönt, mit beiden Pranken ein Schwert wagrecht empor haltend, der untere Theil (Mann) # mit Rutschfell (Bergknappe): Elterlein, Sachsen (626).

Mannlöwe, schreitend; g. auf gr. Dreiberg in #: Götschler, Salzburg (637).

Zentaur, mit Pfeil und Bogen; von g. Stern überhöht in #: Robschüz, Preußen, in 2 (627). — Zentaurin; s. in R. mit g. Zopf: Krauter, Nürnberg (629).

Teufel oder Mohr mit Bocksfüßen und Drachenschwanz; auf # Kugel stehend und in jeder Hand eine # Kugel haltend: Kugler, Schwaben (628). — Teufelsrumpf mit zwei Ohren und b. Kragen in S.: Janorinski, Polen; ebenso in G. (irrig Roth) mit zwei s. Eselsohren: Herda, Thüringen; mit einem solchen Ohr in G.: Prockendorff, ibidem (630). Ich habe auch gelesen, daß die Wappenfigur der Herda das Bild der Göttin Hertha sein solle, dann gehörte diese jedenfalls nicht zu den Grazien in Walhalla. — Geflügelter Mohrenrumpf mit s. Wamms und Flügeln in R.: Lampfrizham, Bayern (632).

Waldfrau; oben Weib (nakt), unten Thier (#), in G.: Friß, Krain (631).

Meermann; geharnischt mit Stechhelm, ein Schildlein vor sich haltend, in R.: Zweiffel, Rottenburg (633). — **Meerfrau** oder Melusine; mit einem Schweif nakt in R.: Burdian, Franken (634); ebenso aus s. Wasser mit Kamm und Spiegel: de Marées, Preußen; ebenso, gekrönt einen Spiegel haltend in # über #, g. Schach: Emmerich, Bayern; ebenso mit zwei Schweifen, nakt: Baibel, Schwaben; ebenso in g.-b.-getheiltem Feld: Strobl, Steiermark; ebenso gekrönt und g.-gekleidet in R.: Fend, Augsburg (636). Ferner

Zusammensezungen verschiedener Thiere:

Geflügelter Löwe. Dem hl. Markus, Evangelisten, wird ein solcher als Simbol beigegeben und die Republik Venedig hat dieß Ungeheuer als Wappenbild angenommen und zwar mit g. Schein, liegend auf gr. Fuß, g. in B. mit einem aufgeschlagenen Buch vor sich, darauf die Worte: PAX TIBI MARCE EVANGELISTA MEVS (635). Derselbe in 1. u. 4: Dorne, Preußen; in R.: Marz, Oesterreich. — Derselbe wachsend; g. in B.: Stieler v. Rosenegg und Wagram, Oesterreich, in 2. u. 3. — Geflügelter Löwenkopf; g. mit s. und r. Flügel in B.: Egloffsheim, Bayern (638). — S.-geflügelter halber # Löwe in G.: Schwab, Bern (624).

Seelöwe, oben Löwe, unten Fisch; g. in R.: Imhoff, Augsburg (639); ebenso in B. auf gr. Fuß, oben g., unten s., drei r. Rosen in der Pranke haltend: Wesseleny, Ungarn.

Zwei Löwen mit einem Haupt, voneinandergekehrt, gekrönt in G. (640). Das Wappen findet sich an einem Denkmal zu Altenburg in Oesterreich, der Name der Familie ist mir zur Zeit nicht bekannt.

Löwe mit Pfauenschweif; r. in G.: Eppli v. Fällanden, Schweiz (641).

Löwe mit Menschenkopf und g. Stirnbinde; # in S.: Thumgast v. Klebstein, Bayern (642).

Musenpferd, Pegasus; g. in # auf gr. Dreiberg: Ebenhöch, Oesterreich; s. in B. auf g. Dreiberg: Soyer, Bayern; ebenso g.-geflügelt ohne Dreiberg: Benning, Hessen (644).

Seepferd; in s.-#-getheiltem Felde mit verwechselten Farben: Geffenberg, Bayern (643).

Einhorn; g. in #: Strölin, Schwaben, Sendlinger, Bayern; s. in R.: Gall, Steiermark (645); s. in B.: Walbenfeld, Franken. — **Drei Einhörner**, schreitend; # in S.: Clairaunay, Frankreich (646). — **Halber**; g. in B.: Mont und Egenhofer, Bayern (647); g. in #: Perwang, ibidem; # in S.: Perkhofer, ibid. — Einhornrümpfe, zwei voneinander; s. in R.: Helmsdorff, Schwaben (648). — Einhorn mit Fischschwanz; oben #, unten s. in s., r.-getheiltem Felde: Rimptsch, Böhmen, jetzt Weyber, Schlesien (649).

Katze mit Menschenkopf und s. Hut; s. in R.: Pachhamer, später Fröschl, Salzburg, in 2. u. 3 (650).

Fuchs mit Hahnenschweif; r. mit # Schweif in G.: Leipziger, Sachsen (651).

Wolf mit zwei Köpfen (b. mit r. Köpfen in S.): Stumpf v. Büchel, Bayern. NB. auf einem Grabsteine des Conrat St. v. B. aus dem 14. Jahrhundert zu Indersdorf ist dieß Unthier so wie hier (652).

Schaf mit zwei Köpfen schreitend; s. in B.: Aleffanbri, Florenz.

Panther; b. in S.: Stadt Ingolstadt, Bayern; s. in K.: Scheuerl, Nürnberg (653); s. in Gr.: Steiermark; g. in #: Minner, Augsburg. — Halber, aus gr. Berg wachsend; # in S.: Felsenberg, Schwaben; ebenso aus r. Dreiberg b. in S.: Pfüringer, Bayern (654).

Drache, in der Regel mit nur zwei Füßen; g. in B.: Wurmb, Sachsen (655); s. in R.: Drachenfels, Rhein (655); r. in S.; Breidenbach, Hessen; # in G.: Pappus, Tirol; r. in G.: Dragomanni, Toskana; g. in R. mit darüber schwebendem g. Kometen: Cioli, ibidem.

Lindwurm, in der Regel mit vier Füßen; 657 ist der Schild der bayerischen Eßwurm, welche ihr Wappenthier einen Lindwurm nannten.

Hydra; drei s. in R. hintereinander im oberen Platze der v. Joyeuse, Frankreich, Schweiz (hier, 656, ist nur eine derselben gegeben).

Zerberus, Höllenhund; Herkules mit dem Höllenhund kämpfend in S.: Greimolt, Bayern (658).

Schlange; geflügelt und kriechend b. in G.: Cranach, Preußen (675).

Nesselwurm; # in G.: Ginsheim, Bayern (683).

Doppeladler[1]; # in G. mit g. Scheinen: Deutschland, resp. hl. röm. Reich (664); r. in G.: Reimbyl, Rhein (659); gr. in S.: Brumbach, Elsaß; # in S.: Below, Mecklenburg, Bibl. Frankfurt; geköpft # in S.: Pritzbuer, Mecklenburg (662). — **Vier Doppeladler**; 2. 2, in G.: Montecucoli, Desterreich (660); ein Doppeladler, g. in B. mit gekrönten s. Löwenköpfen: Koporellen, Schwaben (661).

Jungfraunadler; g. und gekrönt in B.: Stadt Nürnberg, Bayern (665); ebenso Erlin v. Rosenberg, Elsaß, und Merla, Hessen; g. in # gekrönt, von vier, 2. 2, g. Sternen besaitet: Ostfriesland; Adler, einfacher; mit Wolfskopf und g. Mond auf der Brust # in S.: Fland, Thüringen (663); ebenso mit Bockskopf # in G.: Stadt Treiß (676).

Hahn mit Drachenschwanz; # in G.: Ried (später Auepach), Tirol (666). — Mit Fischschwanz (# mit b. Schwanz) in G.: Geys, Schwaben (680). — Mit Menschenkopf; # mit r. Stulphut in S.: Oxsifisch, Desterreich, in 2. u. 3. (667); ebenso in s., r.-getheiltem Felde auf # Kissen stehend: Bienner, Steiermark. — Mit Bockskopf; # in G.: Kokoreki, Polen (678).

Gans mit drei Köpfen; s. in #: Zirnberger, Bayern (668).

Storch mit zwei Köpfen; s. in B.: Weiler, Rhein (669).

Greif. Dieser ist im oberen Theil Vogel, im untern Löwe, und seine Vorderfüße sind daher Vogelkrallen, seine Hinterfüße Löwenpranken. Daß der Greif den Schweif zwischen den Füßen eingezogen tragen solle oder müsse, wird durch Hunderte von älteren Mustern widerlegt; g. in B.: Muffinen,

---

[1] Ueber den Doppeladler werde ich im II. Theil ausführlichere Nachweise beibringen.

Bayern, und Canoſſa, Italien; ⚌ in S.: Landþyr, Schottland, Wath, Nürnberg; ⚌ in G.: Albrechtsheimer, Oeſterreich, Bayern; s. in R.: Agamitowski, Preußen; g. in R.: Martelli, Toskana; g. in ⚌, zuweilen auch gekrönt: Doviato, Italien (670). — Greifenköpfe; drei g. in ⚌: Tſchalaturn, Ungarn (681). Greif, geſchwänzt (r. mit s. Schweif in B): Puttkamer, Pommern (671).

Fiſch, geflügelt; s. in R.: Truchtlachinger, Bayern, und Pölzig, Sachſen (673); s. in B.: Brockdorff, Holſtein; in speсіе Secht, geflügelt und gekrönt g. in B.: Hechtshauſen, Oldenburg (679). — **Gehörnt**; s. in B. mit s. Hirſchgeweih: Gutten, Schleſien (672). — Mit **Hirſchkopf**; s. in R.: Pogorski, Polen (677). Aehnlich iſt die Wappenfigur der v. Zeggein oder Zeggyn in Bayern (aus Ungarn ſtammend), nur daß zuweilen ſtatt des Fiſchſchweifes ein Schneſenhaus ſich zeigt (682). **Halb Krebs**, halb **Stier**; oben r., unten gr. in S.: Grasmann, Bayern (674).

Ob hieher und überhaupt urkundlich?: In R. drei s. Blumen, aus deren Kelchen Mädchenköpfe hervorwachſen: Gleich v. Miltiz, Sachſen.

V. Künſtliche Figuren.

a) Werkzeuge, Geräthſchaften, Fahrniß und Theile derſelben [1].

Die künſtlichen Figuren in der Heraldik, lat. figuræ artificiosae, franz. figures artificielles, engl. artificial objects, ital. figure artifiziali, ndb. kunstmatige figuren, ſind mehr oder minder manierirte Darſtellungen von Gegenſtänden, welche durch menſchlicher Hände Arbeit hergeſtellt werden. Es erſcheinen davon in den Wappen ſo vielerlei Beiſpiele, daß wir von Werkzeug, Fahrniß, Bauwerk, Waffen, Kleidungsſtüken ꝛc. kaum eines kennen, das nicht ganz oder in einzelnen Theilen darin zu finden wäre; dagegen iſt es auch richtig, daß wir ſo manches hieher gehörende Wappenbild nicht ſicher zu benennen wiſſen, größtentheils aus dem Grunde, weil derlei räthſelhafte Werkzeuge entweder lange nicht mehr gebraucht werden oder wenigſtens unſeren Augen in ſo veränderter Form erſcheinen, daß wir in ihnen die heraldiſchen Figuren nicht wieder erkennen mögen. Manche ſolche, den Heraldikern des vorigen Jahrhunderts noch unbekannte Figur iſt ſeitdem durch Studium und fleißiges Vergleichen alter Trachten und Geräthſchaften, Bauwerke ꝛc. in ſeiner wahren Bedeutung erkannt und benannt worden, nicht aber darf ich verhehlen, daß auch hierin dem denkenden Heraldiker noch ein gut Stük Forſchung übrig gelaſſen bleibe.

Haken, Aexte, Beile; ein s. mit g. Stiel in R.: Topor, Polen; ein ſchräggelegtes in B.: Biel, Meklenburg; ein Beil s. mit Stiel in einen g. Hakſtok geſchlagen: Riemhofer, Bayern (XX. 776). — **Zwei** voneinandergekehrte Aexte oder Beile; s. mit g. Stielen in R.: Löſch, Rottenburg, Bayern (XIX. 685); ebenſo in B.: Zabern, Heſſen. — Zwei geſchrägt; s. mit g. Stielen in ⚌: Mordag, Krain (680). — **Drei**; r. in S.: Jberg, Schwaben; ebenſo in G.: Stetten, Schwaben (687). — **Drei** abwärts übereinanderliegend; in R.: Bilow.

Meſſer, Weinmeſſer, Hippen; ein s. in B.: Heppe, Heſſen (689). — **Zwei**, voneinandergekehrt; s. mit ⚌ Heften in G.: Wildungen, Heſſen (688); ebenſo in g., r.-ſchräggetheiltem Felde: Dietrichſtein, Steiermark. — **Drei** Jagdmeſſer, liegend; in R.: Jagstheim, Franken (690); ebenſo in

---

[1] Ich bekenne, daß die Feſtſtellung des haarſcharfen Unterſchiedes zwiſchen Werkzeug und Geräthſchaft, wie zwiſchen Geräthſchaft und Fahrniß, mir, wenigſtens in Bezug auf die heraldiſchen Figuren, nicht ſo leicht dünkte, als wol Manchem auf den erſten Anblik ſcheinen möchte. Ich habe deshalb auch vermieden, hier in Aufſtellung von präziſirten Unterabtheilungen mich einzulaſſen.

B.: Zesterfleth, Preußen. — **Karise** (knifes), Pergament- oder Lederschneidmesser: drei s. in R.: Tornow, Mecklenburg (XX. 790). — **Hakmesser, Dagmesser;** b. mit r. Handhabe in S.: Altnach, Schwei (691). — Drei Hakmesser hintereinander; s. mit g. Heft in R.: Eschlbach, Bayern (XX. 789). — **Schabmesser;** s. mit g. Handhabe in B.: Schab, Hessen (716).

Gabeln, Eßgabeln; zwei s. mit g. Heften in R., geschrägt: Borrini, Krain (692). — **Eisgabeln** (mit Stielen); g. in R. geschrägt: Gabelkofer, Bayern, Oesterreich (693). — **Heugabeln;** rat s., an beiden Spitzen mit g. Garben bestekte in R.: Methniz, Steiermark (694). — **Drei s.** Gabeln (ohne Stiele) in B.: Dequede, Preußen. — **Zwei** dreizinkige, geschrägt; ✠ mit g. Stielen in S.: Hopfgarten, Sachsen (695).

Fischspeer; ✠ in S.: Ebnet, Schwaben (696). (NB. auf dem Helm mit angespießtem Fisch). — Gestürzt mit angespießtem b. Fisch in S.: Fischmaister, Oesterreich.

Rechen; r. in G. auf gr. Dreiberg: Grabie I., Polen (697). — **Zwei,** geschrägt; s. in R.: Neuhauser, Bayern (690); r. in S.: Walbeck, Schwaben; ebenso, ✠ in S. über gr. Dreiberg: Wizendorff, Mecklenburg. — **Drei** im Dreipaß um einen s. Ring gestellt; r. in G.: Grabie II., Polen (699).

Dreschflegel; zwei s. mit g. Stielen in R.: Königsfelder, Oesterreich (700); ebenso: Flegelberg, Schweiz.

Sense; eine s. mit g. Stiel, schräggestellt in R. (auch in B. und in ✠): Mader, Schwaben (701). — **Zwei Sensen;** geschrägt und mit r. Band gebunden in B.: Meyer, Frankfurt (702). — **Drei Sensen** nebeneinander, die mittlere gestürzt, in B.: Meyer, Hamburg (703). — **Sensenklinge;** eine schräggelegte s. in ✠: Segesser, Schweiz (704). — Zwei voneinandergekehrt s. (auch g.) in B.: Biffingen, Sachsen (705). — Drei s. Sensenklingen im Dreipaß um eine r. Rose gestellt in ✠: Groland, Nürnberg (706), ebenso g. in R. um eine s. Rose: Rola, Polen.

Sichel; eine s. mit g. Hefte in R.: Streitberg, Franken (707); mit r. Heft in G.: Sichler, Bayern. — **Zwei** voneinandergekehrt in B.: Gärtringen, Schwaben (708); in R.: Castner v. Reichenhall, Bayern. — **Zwei** hintereinander in R.: Wagenheil, Krain (709); drei, 2. 1, g. in B.: Hauser, Nassau. — Eine s. Sichel und gestürzter Rechen geschrägt in B.: Buri, Hessen (710).

Spaten, Grabscheit; ein s. in R.: Grabscheidt, Steier (711). Schräggelegt in r.-b.-gespaltenem Schilde: Rabekly, Oesterreich (712). — Schräggelegt und gestürzt; ✠ in G.: Sizenhoffer, Bayern (713). — **Zwei** geschrägte ebenso: Grabner, Franken. — **Drei** nebeneinander; g. in R.: Sauer, Krain (714). — Drei im Dreipaß gestellt; ✠ in G.: Greißeneck, Steier (715).

Jetten; zwei geschrägte an g. Stielen in R.: Jett, Schwaben (741). — **Gartenhauen:** s. mit g. Stielen in R.: Kreitt, Bayern.

Ruder; zwei gestürzt geschrägt s. in R.: Rotshausen, Rhein (717). — Zwei aufrecht geschrägt b. in G.: Böselager, Preußen; r. in S.: Ruedorffer, Bayern, in 2. u. 3.

Winkelmaß; g. in ✠: Kirmreith, Bayern (718). — **Drei;** voneinandergekehrt s. in B.: Beyer, Rhein (742).

Keile (Zeltnägel); drei r. in S. nebeneinander: Preen, Mecklenburg (719). (Vergl. auch unter Nagel.)

Feuerstahl; g. in B.: Schurf, Tirol; s. in R. schräggestellt: Schurfeisen, Bayern (721). — **Zwei;** voneinandergekehrt ✠ in G.: Stahl, Oesterreich (722).

Scheere, Tuch- auch Schafscheere; eine stehend r. in S.: Langen, Westfalen (723). — **Zwei,** ebenso: Giech, Franken, Marschall v. Altengottern, Thüringen. — Eine schräggelegt r. in S.: Haldenberg, Bayern. — **Drei;** schräggelegt ✠ in S.: Eisenhofer, Bayern (724). — **Schneiderscheere;** eine offene r. in G.: Scherenberg, Franken (725).

Hammer; 1 schräggelegt s. in B.: Blankart, Preußen (726). — **Drei** r. in S.: Neuenstein, ebenso s. mit g. Stielen in R.: Altenstein, Schwaben (727); item schräggelegt r. in S.: Kolff, Preußen.

— Ein Hammereisen (ohne Stiel) s. in R.: Oberländer, Bayern (XXI. 888). — Schlegel; drei s. in R.: Schlegel, Franken; g. in ⚊: Fragner, Bayern (728).

Zange; schräggelegt r. in S.: Amranger, Bayern (729); ebenso s. in B.: Lottner v. Amerang, ibidem. — Geradestehend r. in S.: Zangberger, ibidem. — Liegend g. in ⚊ über S.: Zenger, Oberpfalz. — Schafzwinge; ⚊ in G.: Varnhagen v. Ense, Rhein (731); s. in ⚊: Carnap, Preußen, oberes Feld. — Drei ⚊ in S.: Schwanebeel, Rhein.

Klammer; zwei abgewendet stehend, dazwischen ein gestürztes Schwert: Bialachowski oder Klamry, Polen (730).

Doppelhaken; liegend s. in ⚊: Biedenfeld, Hessen, Bayr v. Calbiß, Tirol (733). — Stehend ⚊ in S.: Tettenborn (732); ebenso, in Form eines Z in der Mitte durchbrochen, s. in B.: Binzerer, Bayern (744). — Drei r. in G.: Galen, Preußen (743); drei nebeneinander s. in R.: Bielikolicz oder Hali, Polen. — Ohne Spitzen zwei übereinander s. in R.: Kölberer, Bayern (734); ebenso, gekreuzt: Borejko, Polen (735). NB. Die Engländer nennen diese seltene Figur in der Heraldik Fylfot.

Bohrer; ⚊ mit g. Handhabe in S.: Reber, Schwaben (736).

Pfrieme; s. in B.: Scharer, Bayern (720).

Stridegel; in g., ⚊-getheiltem Schilde mit verwechselten Farben: Marstaller, Nürnberg (737).

Kamm; g. in ⚊ gestürzt: Kemnat, Schweiz (738); ebenso b. in G.: Anrep, Preußen. — Drei r. in S.: Aix, Niederrhein, Preußen.

Säge, Handsäge; s. in R. schräggelegt: Malkas, Franken (745). — Sägblatt mit Handhabe, s. in ⚊ schräggelegt: Sagrer, Bayern (746); ebenso s. in R.: Schneidheim, Bayern, in 2. u. 3.

Zirkel mit Kreisbogen; gestürzt r. in S.: Gottesfeld, Franken, und Peßlinger, Bayern (739). — Offener; s. von zwei s. Sternen und einem s. Kreuz besteit in B.: Ißstein, Hessen.

Stößel, Pflasterstößel, Rammklöße; drei r. in S.: Könneritz, Sachsen (740). NB. Werden oft irrig als Henkelkrüge gezeichnet.

Angel; s. in R.: Miningerode, Braunschweig; s. in ⚊: Achdorffer, Bayern (748). — Gestürzt; r. in S.: Brunn, Elsaß, Franken (749). — Wolfsangel; eine s. in B.: Mayenthal, Franken (750). — Drei; gestürzt s. in R.: Pflummern, Schwaben; ⚊ in G.: Stain (751); g. in ⚊: Stadion, ibidem. — Doppelte Wolfsangel; ⚊ in G.: Hapfeld, Hessen; r. in G.: Breidenbach, Hessen (752).

Hechel; schräggelegt g. in R.: Hechlingen, Schwaben (747).

Spulen; drei r. in S.: Haren, Sachsen (753).

Knäul Faden; s. in G.: Zwirner, Oesterreich (754).

Schraubstock; ⚊ in G.: Inaporz, Tirol, im vorderen Platz (755).

Ortband, Spange; schräggelegt s., auch g., in ⚊: Spangstein, Krain (756), ebenso ⚊ in S.: Bröder, Preußen. — Drei; geschrägt s. in R.: Schilling (761).

Geiseln; drei b. mit g. Knöpfen und Ränglein in S.: Tragenreitter, Bayern (757).

Kesselhaken, eine speziell norddeutsche Wappenfigur; r. in G.: Ketler (758); ⚊ in S.: v. d. Decken, Westfalen, und Twickel, ibid. (760). — Drei; an einem Stab hängend s. in R.: Hateln, Bremen (759).

Feuerhaken; schräggestellt r. in S.: Winßingerode, Preußen (XX. 770); s. in R.: Bronikowski oder Osenka, Polen; Zeller v. Riedau, Bayern; ⚊ in S.: Bischoffswerder, Preußen. — Polen, zwei, mit Handhaben, im Keil mit den Spitzen zusammengestellt, s. in B.: Sauerzapf, Oberpfalz (764). Sind wol ursprünglich bestimmt benannte Handwerkszeuge? — Schiffshaken; zwei s. mit g. Stielen geschrägt in R.: Ebinger, Ulm; ebenso Neubeuern, Markt, Bayern (XXII. 925).

Bremse, Wagenbremse; ⚊ mit g. Beschläg und Kette in S.: Premser, Niederbayern (XX. 766).

Pfahlschuh; g. in B.: Pfaler, Bayern (765).

Uhrzeiger; schräggelegt s. in B.: Zaiger (768).

Nuler; # in G.: v. b. Hoop, Niederlande, Hessen (769); s. in B.: Hönning, Westfalen; # u S.: Hafner, Salzburg, in 1. u. 4. — Drei; g. in B.: Lentken, Preußen. — Gestürzt mit durch bezogenen g. Seil (vulgo Zopf) s. in #: Stubenberg, Oesterreich (771).

Nägel; drei # in G.: Nagelsberg, Schweiz (772); ebenso gestürzt s. in #: Ryle, Schottland (könnten auch Keile sein).

Kette; senkrecht hängend g. in #: Schlippenbach, Preußen (773). — Balkenweise; s. in R.: Budberg, Westfalen (774). — Geschrägt; zwei Ketten an einem Ring b. in S.: Zandini; ebenso in G.: Galigai, Toskana.

Spindel; s. mit g. Garn und Ringen in R.: Ruestorffer zu Kirchberg, Bayern (775).

Spahn; schräggelegt g. in #: Spahn, Oesterreich (791); s. in R.: Spänlin, Schwaben.

Butterfaß, Rolltrommel; g. in #: Röll, Bayern, Schwaben (777).

Blasbalg; g. in #: Berrig (Berg?) (778).

Feuerwedel; r. in S.: Levezow, Mecklenburg (792). Wird auch als Fallgitter, als Rost und als Egge dargestellt. — Fliegenwedel von Pfauenspiegeln; drei nebeneinander mit s. Schäften in R.: Rabensteiner v. Wirsberg, Franken (794). — Zwei mit g. Schäften geschrägt in R.: Heidebreken, Pommern (793).

Schale; mit Handhabe g. in B.: Scheler, Württemberg (779). — Drei flache Schalen g. in #: Schall, Oesterreich (780). — Teller; g. in #: Lengheim, Krain (781). — Drei s. Schüsseln mit g. Löffeln in Gr.: Ramschüssel, Steiermark (782).

Ring; s. in #: Knörringen, Burgau, Schwaben, Altenbockum, Preußen (783); s. in R.: Bettendorff, Oberpfalz. — Drei; s. in B.: Freitag, Westfalen (784); # in S.: Battersheim zu Prud, Oberösterreich.

Ampeln, Lampen; drei # mit g. Flammen in R.: Lamp, Sachsen (788). — Windlichter; ein gr. mit r. Flammen in S., auch s. in B.: Sailer, Lindau, Schweiz (786). — Leuchter; dreiarmiger g. in B. (alias s.): Möllendorf, Brandenburg (785). — Fünf einfache in Schragen gestellt g. in B.: Quast, Preußen (787). Sollen ursprünglich Quäste oder Quasten gewesen sein.

Kumpf (zum Aufbewahren des Wetzsteines); drei g. Kumpfe in #, einen g. (alias s., g., s.) Balken beseitend: Kumpfmühl, Bayern (795).

Hängkessel, mit Rinken; in S.: Pfersheim, Schwaben. — Ueber brennendem Feuer # und r. Flamme in G.: Kern v. Zellereit und Jungwirth, Burghausen, Bayern (790). — Drei; g. in B. (ohne Feuer): Keßler, Oesterreich (797).

Höllhafen, Jagdhäfen mit Füßen und Handhaben; r. in S.: Hefner v. Suntheim und v. Schweibrunn, Schwaben (798). s. in R.: Preuhaven zum Klingenberg, Oberösterreich. — Ein Ring zum Aufhängen; g. in B.: Oelhafen, Nürnberg (ursprünglich allein im Schild, später von einem Löwen gehalten). — Drei Höllhäfen; g. in #: Grapen, Pommern (799). — Ratschhäfen (ohne Füße und einer Handhabe; drei # in G.: Pignatelli, Rom; ebenso s. in B.: Hefner v. Adlersthal, Bayern (800); s. in R.: Uterwiek, Niederrhein.

Kanne; g. in R.: Schilling v. Cannstadt, Württemberg (801). — Drei; s. in B.: Kanneberg, Brandenburg (802). — Gießkanne, Spritzkrug; drei b. in S.: Holzheimer, Bayern (804).

Kopf oder verdekter Becher; ein s. in R.: Schenk v. Liebenberg, Schweiz. — Drei, 1, 2, g. in R.: Kopf, Steiermark (805). — Doppelscheuer, Doppelbekelbecher; s. in #: Besserer, Ulm (806) auch in der Form wie XXIX. 1235 vorkommend. — Drei g. in R.: Dewitz, Pommern (807). — **Wasserschlauch**, Waterbugel, drei s. in R.: Ros v. Rutland, England (XXL 883), eigentlich Trudbut v. Watte, und durch Erbheirat von diesen an die Ros gekommen (Planché 117). Die Formen waren in verschiedenen Jahrhunderten verschieden, das Wappenbild ist exclusiv englisch. — Drei g. in B.: Wallace, Schottland. — Sturzbecher; drei s. mit g. Reifen in #: Donnet, später Aham, Bayern (XXI. 846); ebenso s. in R.: Grünsberger, Ulm.

Trinkglas; s. in R.: Glasnapf, Nürnberg. — Mit Pußen; s. in R.: Leitgeb, Landshut (808); mit g. Stern besteckt ebenso: Escher vom Glas, Zürich. — Kelch; r. auf b. Dreiberg in S., darüber schwebend zwei r. Klammern (?): Stauffenberg, Elsaß (810); gr. in G. (Römer): Kelchen, Schwarzburg (809). — Champagnerkelche; drei s. in G., einen r. Sparren beseitend: Hieronymi, Mecklenburg.

Reiseflasche; r. in S.: Flasch, Nürnberg; s. in R.: Herbishofen, Schwaben; # in G.: Eblwed, Bayern (811).

Pfanne; drei s. Pfannen nebeneinander in B.: Pabilla, Kastilien.

Faß, Lagel; g. in R.: Lagelberg, Bayern, Österreich (812). — Fischlagel; s. mit g. Reifen in R.: Pütrich und Tulbeck, München. — Drei Lägel; g. in R.: Bohenstein, Schwaben (813).

Bütsche, Kübel; s. in R. auf # Dreiberg: Pötschner, München (814). — Stübich; g. in R.: Stübig, Steiermark. — Salzscheibe; g. in #: Salzinger, Bayern (815); s. mit g. Reifen in #: Furtaller, ibidem.

Eimer; g. mit s. Reifen in R.: Emerberg, Steiermark; s. in B.: Truchseß v. Emerberg ibidem (816).

Butte mit Tragbändern; s. mit g. Reifen und Bändern: Buttlar, Treusch v. Buttler, Germar, Hessen (817). — Ohne Tragbänder; mit Krüke zum Tragen s. in B.: Stozingen, Schwaben (818).

Rauchfaß; s. in B.: Rauch, Mecklenburg (819).

Korb, Handkorb; g. in #: Korbhamer, Bayern (822). — Blumenkorb; g. in # mit g. Handhabe (Armreif): Wurmrauscher, Bayern. Ohne Handhabe; g. in B.: Buttler, Polen (820).

Jußhorn; eines s., g.-gestreift in S.: Herbst, Oberpfalz (821). — Drei g. in B.: Vordelius, Kurland, in 1. u. 4 (824).

Sieb; g. in B.: Häsuben, Oberösterreich; s. auf s. Dreiberg in B.: Siber v. Piesnitz, Steier (823); g. in r., s.-geviertetem Schilde: Crivelli, Lombardei, Bayern — crivello ist ein provinziales italienisches Wort für Sieb —; g. in # in 2. u. 3: Adelmann, Württemberg.

Stuhl; s. in R.: Zweng, Bayern (825); g. in R.: Landsiedler. — Bank, alias Hofer; # in S. (auch in G.): Stubenhart, später Schöner v. St., und Auersperg, Steier (827). Bank, davon aufliegend ein s. Falke; g. in R.: Bank, Schlesien.

Tisch; g. in #: Falzner, Nürnberg; gedekt mit weißem Linnen und mit Schüsseln besetzt in #: Falkenstein, Thüringen (826). — Tischgeräth, Gestell; # in S.: Marschall v. Ostheim, Franken (828); eines g. in R., darauf zwei Sittiche sizend: Uttershausen, Hessen (829). — Drei b. in G.: Boischotte v. Erps, Bayern, Niederrhein (830); ebenso r. in S.: Monfort, ibidem. NB. Vielleicht sind es auch nur Stuhlgerüste oder Gestelle.

Fenster, Guter; mit g. Rahm und # Beschläg in R.: Stuben, Schweiz (835). — Großes mit Pußenscheiben und # Rahm, die unteren Flügel offen, in G.: Fensterer, Österreich (834).

Truhe; # mit Stahlbändern (auch mit g. Beschläg) in S.: vom Holz, Württemberg (831). Bei Grünenberg ist das Wappen der Herrschaft Hohenstauffen genau so, nur daß das Schlüsselloch in Form eines Reichsapfels durchgeschlagen ist.

Wiege; r. in S., darauffizend ein gr. Vogel: Grimmschüz, Krain (832).

Kleiderständer; g. in R.: Henkel, Kloch und Sobed, Schlesien (833).

Thürschloßblatt; # in S.: Stabler v. Stablkirchen, Oberösterreich, später Neubauser (837). Bei Siebmacher III. 64 irrig als Schachbrett gegeben.

Gloke; g. in #: Glockner v. St. Peter, München (836). — **Zwei**; g. in R.: Ibalhaim, Bayern (388).

Stundenglas; s. in g., # = gespaltenem Schild: Heyne, Sachsen (XXIII. 1009).

Wage; s. in B.: in der einen Schale ein Schwert, in der andern ein Buch liegend (XXIII. 1007): Zschinsky, Sachsen.

Kissen; s. mit g. Quasten in R.: Kußnach, Schweiz (939). — **Drei** (Polster); schräggestellt r. in S.: Murray, Schottland (840).

Schlüssel; ein s. in R.: Schlüsselberg, Tirol; g. in B.: Riccardi, Toskana (841). — **Zwei**, geschrägt # in S.: Schimmelpfennig, Preußen; s. in R.: Regensburg, Stadt (842); g. in B.: Gori, Florenz; ebenso g. in s.-b. gespaltenem Schild: Uechtritz, Lausitz. — Boneinandergelehnt s. in R.: Blücher, Pommern; s. in B.: Schlüsselberg, Oberösterreich (844). — **Drei**; liegend übereinander r. in S.: Portner, Augsburg (843); g. in R.: Gibsone, England, Preußen; schräg übereinander s. in R.: Speth v. Zwiefalten, Schwaben (XXI. 845). Bei letztem Geschlechte werden sie auch oft als Sägen benannt und gezeichnet; was das Richtigere sei, darüber müßten die ältesten Siegel und Denkmäler der Familie Aufschluß geben.

Harfe; # in G.: Landschad, später Bohn v. Winheim, in 2. u. 3 (847); g. in #: Harfenberg, Schwaben; g. in B.: Budenhagen, Sachsen, Irland. — **Saite**; schräggelegt, gestürzt, g. in B. von fünf g. Kleeblättern, alias Sternen, beseitet: Holleben, Schwarzburg (848). — **Lautenhals**; g. in s. Flatow, Pommern (849).

Geige; g. mit schrägdarübergelegtem Bogen in B.: Viola, Legnago (850); schräggelegt s. in R.: Geiger, Oesterreich (vorderer Platz). — **Drei**; gestürzt g. in R.: Swieten, Krain (851).

Posthorn; g. in #: Jenisch, Sachsen; ebenso Födransberg, Krain, in 1. u. 4 (852).

Trompete; schräggelegt g. in B.: Rand, Oberösterreich (853).

Jägdhorn; Hiefhorn; r. mit s. Beschläg und Schnur in B.: Mandelslohe (854); ebenso über r. Dreiberg in G.: Horned v. Hornberg, Schwaben; # mit r. Schnüren in G.: Naibt v. Rennerting, Oberösterreich; s. mit g. Schnur in R.: Silber, Württemberg. — **Zwei**; gestürzt und voneinandergekehrt # mit g. Beschläg und Schnur in R.: v. d. Becke, Bayern. — **Drei**; r. mit g. Beschläg und Schnur in S.: Walsleben, Mecklenburg; drei übereinander ohne Schnüre # mit s. Beschläg in R.: Auer v. Tobel, Bayern (855); s. mit g. Beschläg in R.: Weissenhorn (Fugger), Schwaben; ebenso in B.: Guicciardini, Florenz. — **Trinkhorn**, auf Füßen stehend # in G. mit s. Lilien bestekt: Kralow, Polen, Pommern (856).

Schellen; eine g. auf # Balken in S.: Ernau, Schwaben. — **Zwei** g. in B.: Cöln, Preußen (unterer Platz). — **Drei** g. Schellen in R.: Glavel, Frankreich (858); ebenso in Gr.: Kermassement, Bretagne.

Schachbrett; s., # mit g. Rahm in R.: Buben, Schweiz (859). — **Schachthurm**, Roch, Rol, ein s in S.: Stürmer v. Unterneffelbach, Franken (860); s. in R.: Sulzer, Augsburg. — **Zwei** # in S.: Rochow, Sachsen (861); s. in R. unter G.: Frescobaldi, Toskana. — **Schachklein** s. in R.: Herzheimer, Bayern (862); # in S.: Heseloher[1]), ibidem. — **Schachbauer**; drei # in S.: Wavane von Steinstown, Schottland (896).

Würfel; drei g. in B.: Billerbeck, Preußen (865); ebenso s. in R.: Ausin, Bayern (Herzschild); drei, übereksgestellt, s. in R. über g. Dreiberg: Spillberger, Bayern (864).

Kreisel; g. in R.: Pidoll, Bayern (865), im unteren Platze.

---

[1]) Hund sagt, wahrscheinlich durch den Namen verleitet, es müßten bei dem Wappenbild dieses Geschlechtes Eselsköpfe statt der Pferdeköpfe sein.

Globus; s. in Gr.: Dangel, Preußen (866); item innerhalb eines b. mit s. Sternen besetzten Reifes, auf dem Kreuze des Kristusordens liegend: Brasilien.

Ballen, Kugeln; 1 r. in G.: Anselfingen, Schwaben (868); s. in # innerhalb g. Bordur: Schmid, Zürich; # in S.: Raittenau, Schwaben. — Drei; s. in R.: Welz, Schwaben (867). — Fünf; r. in S. im Schragen: Söll, Tirol, Herzschild (871). — Sechs, 3. 2. 1, g. in #: Devicq, Bayern (869). — Acht Ballen r. in S. am Schildesrande vertheilt: Staëll, Westfalen. — Vierzehn, 4. 4. 3. 2. 1, g. in B.: Bülow, Mecklenburg (870).

Kegel; ein g. in B. auf s. Dreiberg: Roland, Rhein (872). — Zwei # in S.: Peilstein, Schwaben (873). — Drei nebeneinander s. in R.: Mütschephal, Eichsfeld, alias Saülen (874).

Münze; eine s. in R.: Creuzer, Oesterreich (875). — Drei g. Thaler mit einem Adler bezeichnet in S.: Inkoffer, Bayern (876); findet sich auch als drei b. Adler innerhalb g. Ringe in S. — Drei s. Thaler in B.: Taller v. Neuthal, Oesterreich, im unteren Plaze. — Fünf; s. auf gewölbtem r. Schragen in G.: Zwanziger, Bayern. — Sechs; s. in Gr. unter G.: Ritter v. Grünstein, Rhein.

Spielkarte; Herzsechs in einem von G. und # schräggetheilten Schilde nach der entgegengesezten Schräge gelegt: Spielhausen, Sachsen.

Spiegel; drei runde s. mit g. Rahmen in R.: Spiegel v. Pickelsheim, Hessen (878).

Reiterwagen; schräggestellt s. in R.: Wagenrieder, Bayern (879).

Schäferkarren; s. in R.: Cabanes, Rheinland (881). — Pulverkarren; r. in S.: Rabatta, Görz.

Kutsche; r. in G.: Kotsch, Sachsen, oberes Feld.

Wagengestell; r. in S.: Carrara, Italien (877).

Wagenrad; g. in #: Syberg, Rhein; Neuenstein, Elsaß (880); s. in R.: Berlichingen, Franken; r. in S.: Jagon, Mecklenburg; s. in B.: Bolanden, Rhein; Wreech, Preußen. — Drei Räder; # in G.: Steinau, Sachsen (882). — Halbes Rad; # in G.: Radeck; r. in S.: Stückrad, Sachsen; s. in B.: Reinhardstöttner, Bayern (884). — Felgen; zwei voneinandergekehrt; zwei r. in S.: Dinfelgen, Schweiz (885); ebenso g. in #: Pernstorffer, Oesterreich, in 1. u. 4.

Schubkarren; s. in R. von zwei gr. Kleeblättern beseitet: Ludolf, Erfurt.

Radsperren; zwei s., r. in #, s.-gespaltenem Schilde von einandergekehrt: Helfendorffer, Bayern (906). — Rabnabe; # in r., s.-gespaltenem Schilde: Heidenab, Franken (887).

Wagenkipf, Wagenrunge; s. in R.: Epelhaufer, Bayern, und Runge v. Schilbau, Schlesien (889). — Wagenscheit; s. in R.: Mengersreuter, Bayern (886).

Schlitten; # in S.: Schlittstedt, Sachsen (890). — Schlittenschleifen; zwei übereinander s. in R.: Schlitters, Tirol (891).

Schiff, Boot; g. in R.: Lodzia, Polen (892); s. in B.: Bothmer, Holstein; ditto auf s. Wasser schwimmend: Both, Mecklenburg; s. Boot mit g. Mast (auch ohne diesen) in R.: Urfarer v. Urfarn und Arnbach, Bayern (844). — Boot mit Handruder # in S.: Ihannhausen, Schwaben; ebenso b. in S.: Zurfee, ibidem. — Segelschiff; g. mit s. Segel und österreichischer Flagge in S.: Milieski, Galizien (895); mit Mast ohne Segel und mit einem Feuer im Mastkorb, # in G.: Argyll, Schottland (897). — Perlmutter; auf s. Wasser in B. unter einem g. Haupt, darin die Worte: Deo Duce: Wittigen, Sachsen. — Orlog, Kriegsschiff, mit schwedischer Flagge in S.: Struensee, Preußen.

Pflug; s. in R.: Straubing, Stadt, Bayern (898). — Pflugschaar; r. in S.: Binke, Mecklenburg (899); s. in R.: Sandersleben, Sachsen; b. in S. schräggestellt: Erding, Stadt, Bayern (762); b. in G.: Pollinger, Bayern; ebenso an den Esen in Kleeblattform ausgeschnitten: Haidenreich, Bayern (XX. 707). — Zwei gestürzt # in G.: Arand, Württemberg (763). — Drei solche: v. d. Bussche, Hannover (901). — Drei im Dreipaß gestellt, s. in R.: Kaltenborn, Preußen (900). — Pflugschleife; s. in R.: Welling, Oesterreich, Bayern, im vorderen Plaze (902).

Leiter; s. in B.: Malnthein, Kärnten; Depenhausen, Westfalen (903). — Feuerleiter,

schräggestellt ⚮ in G.: Lützow, Mecklenburg (905). — Faßleiter, schräggelegt ⚮ in S.: Horned v. Beu-
heim, Schwaben (907); r. in G.: Allendorff, Rhein; Schwanden, Schwaben.

Steigbaum; r. in S.: Bredow, Preußen; schräggelegt: Donop, Westfalen (904).

Bienenkorb; g. in B.: Imler, Schwaben (908). — Drei; s. in R.: Büren, Schweiz (909).

Mülrad; g. in ⚮: Müller v. Friedberg, Schwaben (910); ⚮ in G.: Mülinen, Schweiz;
r. in S.: Hendl, Tirol; s. in B.: Miller, Bayern. — Drei; r. in S.: Kardorf, Mecklenburg (911).

Mulstein; s. in R.: Ermreich, Nürnberg (912). — Halber; s. in R.: Molstein, Böhmen.

Müleisen; s. in R.: Eisenreich, Bayern (914), Müleisen, Augsburg. Bem.: Eine alte Form
von Müleisen siehe in einem Siegel des Conradus Scheverstein de Molehusen v. J. 1238 (Zeitschrift
des Vereins f. thüring. Geschichte IV. 472 ff.).

Handmühle; s. auf g. Dreiberg in ⚮: Urmiller, Bayern (913).

Feuerkorb; ⚮ mit r. Flammen in S.: Proed, Sachsen (915).

Fischreuse; g. in ⚮: Seutter, Lindau; schräggelegt s. in R.: Reischinger, Oberösterreich (916).

Egge; schräggelegt g. in R.: Eggenberger, Oberösterreich (917).

Hundskoppel; r. in S.: Pausach, später Wagensberg, Tirol (918).

Schäferschippen (annon Reuten?); zwei geschrägt s. mit g. Stielen in ⚮: Magensreiter,
Bayern (919).

Ochsenjoch; drei ⚮ in G.: Lutz, Schwaben (920).

Kummet; g. in R.: Gutenhag, später Herberstein, Steiermark (921); polnisches Bauernkummet,
schräggestellt s. in R.: Chomanto, Polen (923).

Sattel; r. in G.: Sättelin, Schwaben (924).

Pferdekreuse, alias Stange; ⚮ in G.: Fleckenbühl, Hessen (922); mit Flügeln an der Seite,
schräggelegt s. in B.: Brüsewitz, Pommern (XXII. 927).

Hufeisen; s. in B.: Trautson, Tirol (926). — Drei; ⚮ in G.: Almsheim, Bayern (928). —
Auf, 3. 2; b. in S.: Eisenstatt (929).

Sak; vier s. in R. im Schragen gestellt: Sack, Sachsen (930). NB. Palliot blasonirt dieß Wappen als
de gueules à quatre larmes d'argent posées en sautoir etc. — Beutel; g. mit s. Schnur in R.: Kramer, Ulm; r. mit r. Schnur in G. (931): Birgolt, Bayern (Geldbeutel?).

Zelt; s. mit r. Futter auf g. Dreiberg in B.: Zelter, Oesterreich (932); innerhalb desselben das
Muttergottesbild von Altötting, in B.: Neuötting, Stadt, Bayern. — Zwei Zelte; s. auf gr. Boden
in B.: Seckenberg, ibid.

Maueranker; schräggelegt r. in S.: Bellinghausen, Rhein, später Münch v. B.;   s. in R.:
Hanseler, Rhein (934). — Schiene; ⚮ in S.: Loë v. Wissen, Rhein (933).

b) Bauwerke und Theile derselben.

Burg; s. mit r. Dächern, dreithürmig, auf g. Dreiberg in Gr.: Amsberg, Mecklenburg (935);
g. in B., zweithürmig, auf gr. Fuß: Burghaus, Preußen; ebenso dreithürmig: Borgstede, ibid.;
r. in S.: Weilheim, Stadt, Bayern (937). Burg mit einer gefesselten Jungfrau zwischen zwei Thürmen:
v. d. Kettenburg, Mecklenburg (939).

Thurm; s. mit g. Dach auf g. Dreiberg in R.: Harsdorff, Nürnberg (936); ⚮ in S.: v. d. Bongs,
Preußen (938).

Burgthor; s. in R. mit offenem Thor: Riederthor, Tirol (940). — Festungsthor (von Szigeth,
Ungarn); s. in R.: Huyn, Oesterreich, Herzschild (944). — Giebel; s. in ⚮: Thürheim, Schwaben;
s. in R.: Greimolt v. Holzhausen, Bayern (942). — Thor oder Thüre; verschlossen von zwei Löwen
gehalten g. mit ⚮ Rahmen in G.: Portinari, Toskana.

Fallgitter; s. in R.: Gatterburg, Oesterreich; # in S.: Schwarzkoppen, Hessen (941); g. in B.: Schele, Hannover.

Gatter; schräggelegt s. in R.: Harthausen, Braunschweig (943). — **Schräggitter**; über den ganzen Schild gelegt r. in S.: Marschall, Thüringen; r. in G.: Moy, Bayern (945).

Planke; s. in R. auf # Dreiberg: Plank, Bayern (947). — **Feldgatter** (zwei Pfäle, schräg mit einem astigen Baum überlegt); g. in R.: Fernberger, Bayern (946). — **Geflochtner Zaun**; g. in # mit Stiegel: Stapfer, Schweiz (XXIII. 1005). — gr. in S. ohne Stiegel: Zare, Schottland. — g. in B., daraus hervorwachsend ein g. Löwe: Baumgartner, Bayern; item in S., daraus wachsend eine # Rübe: Zaunried, Bayern (948).

Kirche; s. mit r. Dache in #: Diepersfirchen, Bayern (949); s. mit b. Dache in R.: Kirchbeim, Elsaß.

Monstranz; g. in S.: Brobreis, Bayern (973).

Altar; brennend s. in #: Abel, Württemberg (951).

Säule; gekrönt s. in R.: Römbild (XXIII. 1006); schräggelegt # in G.: Kurzleben; ditto gefrönt: Zenge, Sachsen (1008). — Zwei g. Säulen mit g. Lilien besteft, dazwischen zwei gestürzte Schwerter geschrägt in R.: Ximenes, d'Aragona, Spanien.

Haus, Schloß; g. auf s. Felsen in B.: Steinhausen, Oesterreich (950); g. in Gr.: Gillhausen, Preußen, in 2. u. 3.

Stadel; s. in R.: Stabler, Bayern (952).

Ziegel; drei r. in G.: Frankenberg, Schlesien (953). — **Preise, Hohlziegel**; 1 s. in R. schräggelegt: Pettenbeck, Bayern, Stammwappen (954).

Ofen; s. in #: Oven, Frankfurt (955); gr. in S.: Oefele, Bayern, in 1. u. 4.

Strohdach; g. auf vier s. Pfosten in R.: Brog oder Lesczyc, Polen (956).

Wachthaus; mit angelegter Stiege g. in B.: Schad v. Mittelbibrach, in 2. u. 3., wegen Warthausen (957).

Windmühle; s. mit r. Flügeln auf gr. Berg in G.: Ambel, Delfinat; s. auf gr. Dreiberg in B.: Häbling v. Lanzenauer, Oesterreich, Köln, in 1 (959).

Kohlenmeiler; brennend # in S. (alias B.): Koler, Allgäu (958).

Brunnen, Ziehbrunnen; r. in G.: Püß, Preußen (960); s. in B.: Reubronner, Bayern. — **Gelzenbrunnen**; # in G. auf gr. Fuß: Schönprunner, Bayern (961). — **Röhrbrunnen**; # auf r. Dreiberg in G.: Pronner v. Aichbichl, Bayern (962); ebenso s. mit Wassergrand in B.: Hailbronner, Schwaben (963). — **Röhrbrunnen**, bäurischer Art; g. in R. auf gr. Berg: Auer v. Aufhausen, Bayern, in 2. u. 3 (964).

Pyramide mit darangelehntem Pilgerstab; s. in B. auf gr. Fuß: Großer, Oesterreich (965).

Schanzkorb; s. in R.: Kripp v. Freudenegg, Tirol (966).

Schleusen; drei g. in s (alias r. in S.): Spiringk, Niederrhein (unteres Feld) (967). Bei Siebmacher II. 121 fälschlich wie Bienenkörbe.

Steg und **Brüke**; zwei # in S.: v. d. Lippe, Rhein (968). Vergl. unter Beizeichen Steg, Kragen. — **Steinerne Brüke**; s. in B.: Pruckberg, Bayern (969). — **Gedekte Brüke**; s. mit r. Dach in B.: Brugger, Bern (970). — **Schlagbrüke**; g. in B.: Angermünde, Schlesien (972). — **Brüke von oben gesehen** mit zwei Pfeilern; s. in R.: Innsbruck, Stadt in Tirol (971).

c) **Bekleidungsſtüke, Schmuk und Würdezeichen, Waffen, Kriegsgeräthe und Theile derſelben.**

Hut; g. geſtülpt r. in S.: Beham v. Kagers (974); r. mit Hermelinſtulp in G.: Falkenſtein, Sachſen (974). — **Judenhut**, Schabbes: Jüdden, Köln, Judmann, Bayern. — **Bauernhut**; # in S.: Capellini v. Widenburg, Oeſterreich. — **Edelmannshut** mit Schnüren; s. in R.: Stammler, Ulm; hermelin geſtülpt s. in R.: Meyer v. Knonau, Zürich (975); r. in S.: Dobeneck, Sachſen (977). — Geſtürzter Hut; s. mit Hermelinſtulp in #: Bruch, Rhein (981). — Hoher Hut mit r. Federn in S.: Schmid, Bayern, in 2. u. 3. — # Hut auf einer s. Stange ſtehend in G.: Ehrne = Melchtal, Bayern (980). — **Drei Hüte**; b. in S.: Kayb, Schwaben; # in G.: Holzhauſen, Heſſen (978).

Mützen; drei r. in S.: Rotangſt, Regensburg (979). Bem.: Die Hüte wie 978 werden manch mal irrig auch „Mützen" benannt. — **Kreiner Hüte**; drei r. in S.: Hölzl zum Lueg (Tirol), jezt Traut mannſtorff (XXIII. 1010). — **Pohlerhut**; r. in S.: Heinleth, Bayern, im Schildeshaupt.

Kugel; r. in S.: Nezer, ſpäter Metbniß, Steiermark (982); b. mit g. Einfaſſung in S.: Reuchinger, Bayern; # in S.: Ezenhaufer, Bayern.

Schuh; gekrönt r. in B. auf gr. Dreiberg: Schuhmann, Oeſterreich (985). — **Holzſchuh**; # und r. Futter in G.: Holzſchuher, Nürnberg (984). — **Sohlen**; drei g. in # im Dreipaß geſtellt: Soler, Schwaben.

Strumpf; von Feh (Pelzſtiefel?) in R.: Kronenberg, Franken (983); s. in Gr.: Hallberg, Niederrhein, in 4.

Handſchuh; s. in B.: Handſchuchsheim, Schwaben (987). — **Faustlinghandſchuh**; s. in R.: Penningen, Steier (986).

Aermel; r. in G.: Haſtings, England (XXIII. 1071). Die Franzoſen nennen dieſe ſpezifiſch engliſche Figur manche maltaillé, die Engländer aber bloß maunch.

Stirnbinde; s. in R.: Stammwappen Kalencz, Polen (988).

Taſche oder Wetſchger; drei # in G.: Taſchner zu Jntobel, Bayern (989).

Fingerring; g. in B.: Schneben, Weſtfalen, Enzberg, Schwaben (990).

Kokarden, Karten; r.–b., r. drei. 2. 1, in S.: Märden, Rhein.

Schnallen; eine s. in #: Schmidberg, Kärnten (991); r. in S.: Nagel, Preußen; s. in R.: Graßwein, Steier; item mit durchgeſtektem Dorn s. in R.: Zedliz, Preußen (992). — **Drei**; s. in B. ſchrägbintereinander: Boos v. Waldeck, Rhein (993).

Zepter; zwei geſchrägt g. in B.: Schurff, Tirol, in 1. u. 4 (994). — Zepter durch eine Krone geſtekt g. in B.: König v. Warthauſen, Württemberg (996).

Krone; g. in B.: Schärffenberg, Oeſterreich; s. in #: Schmalz, Bayern (995); auf r. Kiſſen liegend in S.: Firmian, wegen Leopoldskron (997). — **Drei**; g. in B.: Schweden; item Grant v. Treuch, Schottland. — Drei g. Kronen in r. Haupte über Hermelin: Köln, Stadt am Rhein (999). — **Zakenkrone**; g. in B.: Malchus, Württemberg (998). — **Königs-** oder Spangenkrone; g. in B.: König v. Königsthal, Bayern, in 1. u. 4. — **Ungariſche Königskrone**; in B.: Pechmann, Bayern, Herzſchild (1000). — Oeſterr. **Erzherzogshut**; in S.: Schurff, Tirol, in 2. u. 3. — **Reichskrone**; in R. zu beiden Seiten eines b. mit zwei halben g. Hirſchen beſtekten ſchrägbalkens: Kunowiz, Oeſterreich.

Reichsapfel; s. in Pp.: Courten, Oeſterreich (1001); ditto in #: Gulden, Bayern; b. mit zwei g. Sternen belegt in G.: Beroldingen, Württemberg, in 1. u. 4.

Biſchofsmüze; g. in S.: Schlaberndorf, Preußen, in 2 (1002).

Biſchofsſtäbe; geſchrägt g. in R.: Schlaben, Preußen (1003).

Ruthenbündel, fasces; 2. mit b. Bändern und r. Beilen in Gr.: St. Gallen (XXIII. 1058); r. in G. mit Lanze (statt des Beiles): Carlsbausen, Hessen, vorderer Platz.

Feldherrnstab; 2.-beschlagen #, schräggelegt in G.: Flemming, Preußen, in 1. u. 4; ebenso # mit g. Beschläg in B.: Canstein, Hessen, in 1. u. 4 (1068). — Preuß. Feldherrnstab; 2. mit # Adlern besät, mit einem blanken Schwert, geschrägt auf gr. Lorbeerkranz liegend in G.: Blücher v. Wahlstatt, in 2.

Gurt, Schwertgurt; 2. in #, von g. Schindeln besäiet (1004): Bellersheim, Hessen (auch r. in S.).

Sporen; ein 2. in R.: Dachau, Markt in Bayern (1011). — Drei; g. in #, einen g. Sparren beseitend: Ritter v. Bachbausen, Schwaben, Bayern (1012). — Sporenrad, alias Stern; r. in G.: Lauros, Bretagne (1013).

Eisenhut; 2. in R.: Schneeberg, Tirol (1014); b. in S.: Mangold, Schwaben. — Drei; b. in S.: Landshut, Stadt, Bayern; ebenso: Bayeren, Schwaben (1015). — b. 2.-gespalten in G.: Wendt, Bayern; # in S.: Kettelhodt, Sachsen (1017). — Helm; # in G.: Wildungen, Hessen (1016). — Mit r. g. Federn, dahinter zwei Schwerter geschrägt in B.: Hiller, Sachsen, Preußen. — Mit Kleinod (nakte Jungfrau wachsend) in B.: Hideffen, Hessen (1018). — Drei Helme; 2. in R.: Richarme, Frankreich, ebenso in B.: Saint Pbale, ibidem. — Kübelhelm'); g. in R.: Helmsbofen, Schweiz. — Drei solche, 2. in #: d'Aubeny, England.

Schwert; schräggelegt 2. in R.: Hainpel, Lindau, Kreß, Nürnberg (1079). — Zwei; nebeneinander in R.: Zipflingen, Schwaben (1020). — Zwei Schwerter gestürzt und geschrägt in R.: Tiebenbrod, Westfalen (1021). — Drei; nebeneinander gestürzt keilförmig gestellt 2. in R.: Rinerbetti, Toskana. — Zwei Degen; 2. mit g. Gefäß in B. geschrägt: Düringsfeld, Preußen (1022).

Brustharnisch, Panzer; 2. in R.: Harnier, Hessen (1023). — Eines preuß. Gardeküraffiers mit dem Rok derselben, darunter zwei geschrägte Pistolen in 2., #.-schräggeviertetem Schilde: Bockelberg, Preußen (1024).

Ringkragen (hausse-colle); 2. mit dem preuß. Adler und Fahnen bezeichnet in R.: Hartmann, Preußen, in 1. u. 4.

Eisenhandschuh; 2. in g.-r.-gespaltenem Felde: Rohde, Hannover (1025). — Drei; 2. in B.: Elbel, Hessen (1026).

Hellparten; geschrägt mit g. Stiele in B.: Lamparter, Schwaben (1037); ebenso gestürzt: Raith v. Weng, Bayern. — Glaen oder Lanzen mit lilienförmigen Spitzen, zwei, geschrägt r. in S.: Benningen (1029).

Gleverad, alias Karfunkel; 2. in R.: Gleve (1028). — Ein g. in 2.-r.-getheiltem Felde: Giandonati, Toskana. — g. in R., kettenförmig im Vierek verbunden: Ravarra (1030). Bem.: Ueber diese Figur wird im II. Theile d. Buches Mehreres beigebracht werden.

Bajonette; schräggelegt drei 2. in B.: Brandt, Preußen, in 2. u. 3 (1031).

Schildbein; 2. in R.: Czerwnia oder Janina, Polen (1032). Daß der Schild hier in Tartschenform ausgeschnitten ist, unterscheidet den Wappenschild von einem 2. mit r. Bordur (s. oben S. 65). Es ist aber sehr fraglich, ob nicht auch das Wappen Czerwnia ursprünglich auch blos 2. mit r. Bordur war, also zu den „Herolbstüken" gehörte und nicht zu den „künstlichen Figuren", und umgekehrt ergibt sich hier

___
') Ich bemerke, daß wie bei den meisten heraldischen Figuren, welche aus dem Leben gegriffen sind, so auch hier der Fall vorkommt, daß man in Siegeln oder Abbildungen eines bestimmten Wappens aus dem 14. Jahrhundert den oder die Helme nach damaliger Mode, in einer anderen Darstellung des nemlichen Wappens aus dem 15. und 16. ff. Jahrhunderte wieder nach der herrschenden Mode u. s. w. findet. Daher kommt es, daß manche Familie jetzt einen Spangenhelm führt, die vordem einen Siech- oder wol gar einen Kübelhelm im Schilde hatte, oder einen Mann mit regdrechtem Plattenharnisch, statt mit den Ringgeflechten früherer Zeit. Zuweilen behielt man das Wappenbild jedoch immer unverändert bei.

praktisch die Frage, ob die Einfassung bei einem sonst leeren Schilde überhaupt zu den Herold8stücken zu zählen sei. — Zwei; r. über gr. Dreiberg in S.: Graßwallner, Bayern (1033). — Drei: g. in R.: Meggau, Oberösterreich; s. in R.: Weinsberg, Schwaben (1034); r. in S., auch in Hermelin: Have, Schottland; ebenso im Dreipaß # in G.: Hovell, Rhein (1035). — Schild, g., von einem blanken Schwert durchstoßen in R.: Helbt, Hessen (1036).

Morgensterne; zwei g. mit s. Stielen in # geschrägt: Aresinger, Bayern (1057). — **Streitkolben**, zwei geschrägt g. in R.: Varnbüler, Schwaben (1038); # in G. mit anhängendem r. Riemen: Gonti, Toskana. — Drei nebeneinander # in G.: Lüpelkolb, Franken (1039). — Drei im Dreipaß gestellt s. in #: Kitschger, Schlesien (1040.) — Fünf, 3. 2, s. in R.: Schenk v. Limpurg, Franken (1042). — Keulen; zwei geschrägt s. in R.: Keul, Schlesien; g. in #: Keyl, Augsburg. — Drei keilförmig gestellt g. in B.: Adami, Toskana.

Streitbeil, Parte; ohne Stiel # in S. schrägliegend (1043): Parteneck, Bayern. (Vergl. unter „Beizeichen" die fünf Partengeschlechter.) — Zwei; voneinandergekehrt mit g. Stiel in B.: Sturmfeder, Schwaben (1044); ebenso auf g. Dreiberg: Partenstein, ibidem.

Armbrust; s. in g.-r.-getheiltem Schilde: Wenck, Elsaß (1045). — Armbrustgeckl; schräggelegt s. in B.: Bennigsen, Preußen (1046). — Zwei; nebeneinander s. in R.: Maurer, Bayern (1047).

Bogen; gespannt mit aufgelegtem Polz, schräg, # in G.: Schüp, Nürnberg (1050); item mit Pfeil geradstehend s. in Gr.: Büßler, Preußen (1048). — Drei übereinander g. in B.: Arco, Bayern (1049). — Polz, auch Vogelpolz genannt, vorne stumpf; drei schräggelegt s. in R.: Cirißer, Schlesien (1051), wenn nicht ursprünglich vielleicht Streitkolben oder Kürißprügel?

Pfeil, Strahl; # auf s. Schrägbalken in R.: Schrenk, Ridler, Ligsalz, Bayern; ebenso Held, Nürnberg (1056). Bei letzterem Geschlecht ist das Kleinod verschieden (ein Bralenrumpf). — Drei schrägübereinander s. in B.: Stralendorff, Mecklenburg, im vorderen Platz (1054). — Drei geschrägt g. mit s. Spitzen und Flitschen (Flugwerk) in R.: Scharfstetter, Bayern (1057). — Pfeilspitze; schräggelegt r. in G.: Stralenberg, Schwaben (1052). — Zwei; voneinandergekehrt s. in R.: Bogorva, Polen (1053). — Wurfeisen (von Einigen als Pfeil, an dem unten ein Schnurbart hängt, blasonirt); s. in R.: Sedlnitzky, Polen (1055). Ganz dieselbe Figur und immer als Pfeil benannt, schräggelegt in R., führte das bayerische Geschlecht der Grabner.

Granaten; eine s. in R. mit g. Brand oder Flammen: Bega, Oesterreich (1059). — Drei # in G.: Marbefeldt, in 3 (1060); ebenso # in S.: Krauel v. Ziskaberg, Preußen, im hinteren Platz. — Fünf, 2. 1. 2, s. in r.-b.-gevierteltem Schilde: Heyden, Preußen.

Fahne, Panner; g. auf g. Zinne in B.: Prunner v. Vasoldsberg, Steier; ebenso b., s.-gewelt in S. auf g. Zaun gestellt: Wieland v. Usterling, Bayern (1061); s., #, s.-getheilt an g. Lanze schräggelegt in B.: Wedekind, Schwarzburg, in 1. u. 4. — Reichssturmfahne (XXXV. 1331); schräggelegt in B.: Württemberg, wegen des Erzpanneramtes. — Zwei Fahnen; über # Dreiberg geschrägt # mit r. Lanzen in G.: Bockwiller, Regensburg. — Drei g., s.-getheilt auf g. Dreiberg in S.: Rebau, Schlesien (1062). — Kirchenfahne; r. in S.: Tübingen, Schwaben (1063). In anderen Farben führen diese Kirchenfahnen oder Gonfanon noch mehrere alte Dynasten jener Gegend, z. B. Werdenberg, Montfort u. a. S. hierüber den Abschnitt „über die Wappen der Grafen v. d. Fahne," bei v. Hohenlohe-fürstenberg. Wappen S. 55 ff.

Trommel (auch Pauke); g. in B. schräggelegt: Dubna, Böhmen, Hessen (1064 u. 65). — Zwei; s., r.-gemalt, nebeneinanderstehend in Gr.: Korzfleisch, Preußen, in 4.

Kanone; g. mit s. Laffette in Gr. auf s. Berg: Tunderfeldt, Pommern (1066); ebenso in B.: Stake, Schweden, in 1. u. 4. — Kanonenlaffete; geschrägt g. in B.: Horn, Schweden, Preußen, in 1. u. 6 (1070); item Höfer, Preußen, in 1. u. 4. — Mörser; senkrecht gestellt g. in S.: Luckner, Preußen

(1069). — Drei; g. in B. schräggestellt: Profile, Mark (1067); auf Lafette, in S.: Eyff, Hessen, im hintern Plaße. — Kanonenkugel; drei, 1. 2. # in G.: Holßendorff, Preußen, in 2.

Fußangel, chaussetruppe; s. in R.: Stromer, Nürnberg (1073); in B.: Eberstein, Sachsen (1074). — Drei; s. in R.: Picard, Frankreich. Die Wappenfigur der Stromer kommt auch in der Form wie bei 1074, und umgekehrt die der Eberstein in der Form wie 1073 vor. Die Lilien aber sind jedenfalls nur Verschönerungen.

Weken; ein s. in R.: Grafeneck, Bayern; r. in S.: Korborf, ibidem, Schwerin, Pommern (1076). — Zwei; s. in R.: Köniß, Sachsen; # in G.: Oberg, Preußen (1077). — Drei; s. in B.: Ballbrunn, Oesterreich (1079); drei schrägbintereinander r. in S.: Zinnow, Preußen; s. in R.: Lüßenrode, Sachsen, g. in B.: Peyer, vulgo Wedliß-Peyer, Schaffhausen (1070), zum Unterschiede von den Peyer im Hof, welche ein # Rad in G. führen und die Rädlis-Peyer genannt werden; drei im Dreipaß r. in S.: Braun, Westfalen (1092); drei nebeneinander s. in #: Eßter, Bayern (1084). — Durchbrochener Weken; b. in S.: Treane, Bretagne (1083). Drei; s. in R.: Puy-du-Fou, Frankreich.

Breße; g. in R.: Breßenheim, Bayern, Oesterreich (1078).

Semmel, auch Schild genannt; s. in R.: Semler, Nürnberg, Görß (1081).

Butterweken; drei s. auf # Schrägbalken in G.: Butterer, Steier (1075).

d) Kreuze, Zeichen und Marken.

Sowie als Herolbstüke erscheinen auch als gemeine, beziehungsweise künstliche, Figuren, die **Kreuze** häufig in den Wappen, und frühere Heralbiker haben öfters auch alle Kreuze unter den „Herolbsfiguren" aufgezählt. Ich halte jedoch an dem Hauptkriterium eines Herolbstükes, daß es überall in den Rand laufe, so thunlich, immer fest und rechne deßhalb die freischwebenden Kreuze nicht zu jenen, sondern zu den künstlichen Figuren.

Es gibt eine Menge der verschiedenartigst geformten Kreuze in den Wappen, ich muß mich aber hier begnügen, nur die am öftesten vorkommenden aufzuzählen. Ich nenne also vorerst das

Schwebende Kreuz, welches sich von dem gemeinen Kreuz als Herolbstük (oben XII. 152) nur dadurch unterscheidet, daß die vier Arme nirgends an den Rand stoßen. Ein solches führt s. in R. die schweizer Eidgenossenschaft (1109); ebenso aber im vordern Oberk schwebend: Schwyz, Kanton. — **Passionskreuz** (hat die Seitenarme kürzer als den Pfahl); s. in R.: Taxis in 2. u. 3 des Rükschildes (1085); r. in G.: Bohm, Preußen, in 3; item auf gr. Dreiberg # in S.: Landsberg, Stadt, Bayern (1087). — **Ankerkreuz**; g. in # Hofwart, Schwaben (1088); s. in B.: Pondelli, Schweiz, Preußen, in 2. u. 3; dasselbe mit gekrönten Drachenköpfen r. in S.: Havert, Niederrhein (1090). — **Egerkreuz**; s. in R.: Biblingen, Schwaben; r. in G.: Waiß v. Eschen, Hessen, oberes Feld; Hermelin in R. (alias B.): de la Haye, Bretagne (1080). — **Krükenkreuz**; s. in R.: Pordon, Neuburg (1089); # in G.: Marßani, Tirol; in S.: Jerusalem, Königreich (1091); in S.: Mabon v. Emsburg, Salzburg in 1. u. 4. — **Ankerkreuz**; r. in S.: Carlyle, Schottland, du Troffel, Mecklenburg (1092); g. in B.: Franceschi, Florenß. — **Stakkreuz**; g. in B.: Delmenhorst, Herrschaft, Oldenburg (1103). — Drei Stekkreuze s. in R.: Cropp, Frankreich (1111), auch ohne die Kleeblattenden, d. b. glatt. — Zwei geschrägt # in G.: Kirnschmalz, Bayern (1108). — **Patriarchenkreuz**; zwei armiges s. in R.: Swienciß, Polen (1093); ebenso über s. Felsen: Merß, Bayern; in R. aus gekröntem gr. Dreiberg: Neu-Ungarn; g. neben s. Schlüssel in R.: Narbonne, Stadt, Frankreich; ebenso dreiarmiges s. in R.: Boyça oder Modßela, Polen (1094). — **Maltheserkreuz**; s. in R.: Eruçon, Polen (1100). — **Johanniterordenskreuz** in #: Lehndorff, Preußen, in 2 (1102). — Das preußische eiserne Kreuz in G. führen z. B. Harbenberg und Blücher-Walstatt, in 2 (1098). — **Sterukreuz**;

in G.: Durster v. Hohenkreuzberg, Bayern, (1110). — **Abgebrochenes** Kreuz; b. in S.: Maner-hofer, Bayern (1104). — **Antoninskreuz** oder Richtscheit; s. in B.: Bucherer v. Dräsendorff, Oester-reich, in 1. u. 4 (1096). — **Kleeblattkreuz**; r. in S.: Edelkirchen, Rhein (1095); g. in B.: Vitti-gardi, Florenz. — **Gabelkreuz**; # in G.: Truchseß v. Aulental, Schwaben (1105). — **Colsenerkreuz**; g. in R.: Pellet-Narbonne, Preußen, Frankreich, in 1. u. 4 (1097); dasselbe durchbrochen g. in R.: Tolosa, Spanien, item Mozzi, Italien. — **Kugelkreuz** (ital. croce pomata); s. in R.: de Lisle, Bretagne (1107); ebenso in r.-b.-geviertetem Schilde: Thomas, Provence. — **Ankerschragen**; r. in S.: Kempf von Angreth, Oesterreich, Hessen (1099). — Drei Schragen g. in B.: Zundwyn, Niederrhein (1101); s. in R. über gr. Dreiberg: Bergen op Zoom, Marquisat, Niederrhein. — **Burgunderkreuz** (in Gestalt zweier geschrägten Aeste oder Prügel) # in G.: Howora, Böhmen (1112); s. in R. (?): Ehreberg, Salzburg.

Seltener als die übrigen künstlichen Figuren erscheinen in Wappen **Schriftzeichen**, Buchstaben und Worte. Sicher haben diese Wappenbilder einen außergewöhnlichen Ursprung, leider ist es uns aber nur selten möglich, den historischen Grund dafür aufzufinden. Manchmal hat die Ueberlieferung im Volke, sei es nun im guten oder üblen Sinne, derlei Buchstaben oder Worten eine bestimmte Erklärung gegeben, z. B. bei den drei P, welche die Böhlin von Frickenhausen s. in # Balken auf S. führten, und welche mit Bezugnahme auf den Gewürzhandel, durch den das Geschlecht zu Vermögen gekommen war, als die Anfangsbuchstaben von Piper Peperit Pecuniam gedeutet wurden, oder bei dem doppel R, welches die Langenmantel von Westheim, ein altes augsburger Geschlecht s. in R. führen (1124), und welches vom Volke als Rips Raps, d. h. erwerbsgierig, neidig, erklärt wurde, während es urkundlich und ursprünglich nur die Haus- und Siegelmarke eines Langenmantel war und den Anfangs- und Endebuchstaben seines Vornamens Rudiger vereinte. Ebenso sagen die Italiener, welche Nicht-Römer sind, die vier Buchstaben S. P. Q. R., welche Rom g. auf einem s. Schrägbalken in R. führt, hießen nicht Senatus Populusque Romanus, sondern Sono Pazzi Questi Romani. Aehnlich wie bei den Langenmantel mag auch bei den Althann, Bayern (1115), Seyboldt, Bayern (1120), und Reding, Schweiz (1122), der Anfangsbuch-stabe des Namens als Wappenfigur oder wenigstens als Beigabe und Unterscheidungszeichen gewält worden sein. Interessanter, wenn auch nicht völlig urkundlich verbürgt, ist der Ursprung des Wortes **Allein** im Wappen der Tuschel von Seldenau in Niederbayern (1123). Heinrich T. v. S. hatte nemlich das Unglük, daß ihm seine Frau entlief und daß er sie nach Jahren zufällig auf der Romfahrt mit Kaiser Ludwig IV. in jener Stadt als die Frau eines deutschen Schusters wiederfand. Er verzichtete beim Anblik der zahl-reichen Familie dieses Landsmannes unaufgefordert auf alle Rechte an seine ehemalige Gattin, und setzte von da an in den g. Balken seines # Schildes das Wort Allein[1]. Tuschel errichtete mit seinen Gütern ein Korherrenstift zu Vilshofen und dieses hatte bis zur Sekularisation den tuschel'schen Schild als Kloster-wappen fortgeführt.

Aehnlichen guten Ursachen mögen auch andere derartige Worte und Buchstaben, z. B. das Lieb der Zachreiß, Bayern, später Starzhauser, auf s. Balken in # (1121), das IAM der Haimb in Nürn-berg s. auf b. Balken in r.-s.-geviertetem Schilde (1119) und das AVE der Radler in Franken (1117 # auf s. Balken in R. ihre Entstehung verdankt haben. Das LL, g. in S. (1118) im Herzschilde der Carmer in Preußen, bedeutet Liber Legum, wie man gewöhnlich liest; was aber die drei Monogramme Kristi von den drei Nägeln beseitet, # in S. im Wappen der österreichischen Greifensee (1116) bedeuten, ist mir z. Z. nicht bewußt. — Ein Unicum in dieser Beziehung dürfte das Wappen des Orlando di Lasso, des bekannten Musikdichters am Hofe Herzogs Wilhelm V. von Bayern, bieten. Dasselbe (1113) hat einen von S. und B. mit gebogenen Linien gevierteten Schild, mit einem s. Balken, darin drei g. Musikzeichen:

---

[1] Die Sage erzält weiter, daß er von da an die Gewohnheit gehabt habe, bei jeder Gelegenheit zu sagen: Nein, nein — zwei Hund' an einem Bein — ich Tuschel bleib' allein.

ein Kreuz, ein Auflösungszeichen und ein Be, in den s. Plätzen des Schildes aber außerdem noch zwei g. Kreuzlein.

Die seltsamsten, wenn auch nicht seltensten Wappenbilder sind die eigentlichen Chiffren, Zeichen oder **Marken** (1125—64). Der letztere Name scheint mir der bezeichnendste zu sein, weil ich der Ansicht bin, daß weitaus die meisten dieser Art Wappenbilder ursprünglich nichts Anderes waren, als eine Art von Kennzeichen, die ein Eigenthümer seinem beweglichen Eigenthum, sei es nun Fahrniß, Vieh oder dgl. aufzudrücken, einzubrennen, einzuschneiden pflegte, und welches Kennzeichen anfangs persönlich, später erblich zur Hausmarke wurde. Auch Handelszeichen fallen in die Klasse der Haus- oder erblichen Marken, während z. B. Notarialszeichen, Monogramme und Steinmetzzeichen in die Klasse der persönlichen Marken gehören. Diese Hausmarken, deren Gebrauch in manchen Gegenden noch heutzutage nicht aufgehört hat, sind nun mit der Zeit bei einem oder anderen Geschlechte in die Wappen übergegangen, d. h. Wappenfiguren geworden. Weitaus die meisten solcher Figuren finden sich in den Wappen des polnischen Adels, und es möchte aus dieser heraldischen Wahrnehmung auch der historische Schluß erlaubt sein, daß weitaus der meiste polnische Adel aus dem Bauernstande hervorgegangen sei. Diejenigen Hausmarken, welche in spezifisch deutschen Wappen vorkommen, halte ich größtentheils als aus Handelszeichen, wie sie die Kaufleute auf ihre Ballen und Sendungen zu malen pflegen, entstanden.

Eine unangenehme Eigenschaft für den Heraldiker tragen Wappen mit derlei Figuren übrigens vor andern mit sich, ich meine die, daß sie sich gar selten eigentlich blasoniren lassen. Ihre äußere Form hat so wenig bestimmte Aehnlichkeit mit einer anderen künstlichen Figur, daß wir, wenn wir auch für den ersten Anblick glauben, z. B. einen Pfeil, oder eine Gabel, einen Buchstaben zu sehen, wir dennoch bei genauer Betrachtung uns überzeugen, daß wir weder das eine, noch das andere wirklich vor uns haben. Ich habe auf Tafel XXIV. eine kleine Anzal solcher Markenschilde abgebildet, und zwar meistens nur Varianten derselben Figur, ich gestehe jedoch, daß eine Beschreibung im heraldischen Sinne, d. h. kurz und bündig, mir bei den allermeisten derselben unmöglich scheint. Vielleicht wäre es nützlich, ein besonderes Blasonirungssistem für die Markenwappen zu konstruiren, ich für meinen Theil glaube aber, daß ein einseitiges Vorgehen hierin wenig empfehlenswerth sein dürfte. Der polnische Adel gibt sich hierin ebensowenig einer präzisirten Blasonirung hin, indem er die Bilder der Wappen einfach mit dem Namen desselben bezeichnet, weil dort Jeder die betreffenden Bilder täglich vor Augen hat. So wird z. B. das Wappen Koscieзsa (1126) in seiner Grundform als bekannt angenommen und die Varianten werden einfach nach ihren Abweichungen genannt, z. B. Kojaluwicz Bijut (1129): Wappen Koscieзsa ohne den Strich, oder: Dalinski (1128): Koscieзsa mit dem Strich und von zwei s. Sternen beseitet u. ff. Die nachfolgenden Schilde sind 1125: Paworowski, 1126 bis 1132 und 1153 sind Koscieзsa und Abarten desselben, nemlich 1127: Dolski, 1128: Dalinski, 1129: Kojalowicz Bijut, 1130: Pulsзta, 1131: Wolkowicz-Kolenko, 1132: Wadзkiewicз und 1153: Dorohostajski. Ferner ist 1133: Barpcзla, 1234: Ebrunecki, 1135: Brзuska oder Roзmiar. 1136 bis 1140: Wappen Syrokomla und Abarten desselben, und zwar 1137: Bielicзlo, 1138: Olminski, 1139: Jalowski, 1140: Hollub. 1141 bis 1149 sind Abarten des Wappens Lis, nemlich 1141: Woronowicз, 1142: Wirbiski, 1143: Sapieha, 1144: Jerlicз, 1145: Karnice-Karnili und Siforski, 1146: Oldзewski, 1147: Kosmowski, 1148: Dorosзkiewicз, 1149: Kenзtort. — 1150 ist Wappen Glinski (wird von den polnischen Heraldikern als: Thor und Anker blasonirt), 1151: Krosзynski oder Lichtarз (ebenso als „Leuchter“), 1152: Kurcз, 1153: Dorohostajski (Abart von Koscieзsa), 1154, Moszowski, Moschkowski. — Nun folgen einige deutsche Wappen mit Marken und zwar 1155: Bieregg, Bayern (im Grafendiplom als „Haken mit darübergelegten Nägeln“ blasonirt, alias auch als kleine Hörner gezeichnet); 1156: Trittan, Bayern (ein Drudenfuß s. in #); einen doppelten Drudenfuß # in G. führen die von Kleinsorge, Preußen; 1157: Glüz, Solothurn; 1158: Kapf (wahrscheinlich Handelszeichen); 1159: Stainauer, Bayern (waren ursprünglich ein bürgerliches Handelsgeschlecht zu München); 1160: Pappenberger (regensburger Geschlecht. Die Figur wol auch ein Handelszeichen?); 1161: Scheurer, Bayern. Ebenso aber gestürzt g. in B. führen es die Billichgraz in Krain, wurde später als Bogen mit Pfeil blasonirt; 1162: Stibing, Brandenburg; 1163: Kaiser, München, bürgerlich, und 1164: Staubacher, Rosenheim, bürgerlich.

IX. Der Helm.

D er Helm, lat. cassis, galea, franz. heaume, casque, timbre, engl. helmet, ital. elmo, ndb. helm, als Rüstung des Hauptes ist jünger als der Schild in seinem Gebrauche, so auch ist in der Heraldik sein Vorkommen später als das des Schildes. Wie wir bei den Schilden heraldische und nicht heraldische unterschieden, so müssen wir dieß auch bei den Helmen festhalten.

Ein heraldischer Helm hat den Hauptzwek, eine Helmzierde (Kleinod) zu tragen. Helme ohne Kleinode können, selbst wenn die Form derselben sonst mit denen der in der heraldischen Zeit üblichen übereinstimmt, nicht wol zu diesen gerechnet werden. Der Helm ist, wenigstens in der deutschen Heraldik, immer ein wesentlicher Theil eines vollständigen Wappens gewesen, und hat pars pro toto sogar dasselbe allein vertreten, wie wir denn nicht wenige Siegel kennen, welche blos den Helm mit Kleinod ohne Schild enthalten (vgl. oben S. 21 die Urkunde wegen des Törringer Siegels). Ob auch Körperschaften auf ihren Wappenschilden Helme zukommen, das möchte der Natur der Sache nach verneint werden müssen. Wir haben zwar diplommäßige Verleihungen von Wappenhelmen an Städte, z. B. Görlitz, Ueberlingen. Speier u. a., allein bei ruhiger Ueberlegung möchten wir uns fragen: wer sollte dann bei einer Körperschaft diesen Helm in Wirklichkeit getragen haben — etwa der Bürgermeister? Oder war der Helm blos auf dem Papier oder Pergament, oder endlich haben vielleicht alle Bürger, oder auch blos die Rathsherren solcher Städte derartige Helme in der Praxis geführt? Mir scheint etwas Widernatürliches oder Nichtnaturgemäßes in der Ertheilung und dem Gebrauche von Helmen bei den Wappen von Körperschaften zu liegen, wenn dieser auch zur Thatsache geworden ist.

Von heraldischen Helmen kennen wir zwei Hauptgattungen, die sogenannten „geschlossenen" galeae clausae, und die „offenen" galeae apertae. Zu ersteren rechnen wir die Kübelhelme und die Stechhelme, zu letzteren die Spangenhelme und die ganz offenen oder Königshelme, dieselben folgen sich zugleich im Alter ihres Vorkommens nach der angegebenen Ordnung.

Die ältesten heraldischen Helme sind die Kübel- oder Sturzhelme. Sie haben ihren Namen theils von ihrer Form, theils von ihrer Gebrauchsart. Man pflegte diese eigentlichen Streithelme, welche den ganzen Kopf bis zur Schulter gleichmäßig einhüllten, nicht unmittelbar baarhaupt zu tragen, sondern man hatte eine kleinere anliegende eiserne Kopfbedekung, eine Kesselhaube auf dem Kopf, oder auch blos das gugelartige Panzerhemd übergezogen und über diese Kopfbedekung stürzte man den eigentlichen Kübelhelm, welcher demgemäß sehr weit sein mußte, auf den Schultern frei aufsaß und mittelst einer durchgezogenen Kette am Panzer oder Leibrok befestigt und vor dem Herabfallen geschützt wurde[1]. Die Helme hatten

---

[1] Diese Kette ist in einer altfranzösischen Aufzählung der Rüstungsstüke eines Ritters ausdrüklich angeführt: „Item deus chaisnes — une pour l'espée et l'autre pour le heaume attacher" (Allou: „Études sur les casques du moyen age. Memoires de la société royale," X. 287 sqq.).

außerdem in der Gegend des Mundes Durchbrechungen in Form von Löchern oder Gittern, um das Athmen des Streitenden zu erleichtern. Bei manchen Abbildungen sind diese Durchbrechungen so weit, daß man sie für einen förmlichen Rost halten möchte, z. B. auf einem Reitersiegel des Wildgrafen Konrad v. J. 1331, aus welchem ich den Helm in doppelter Größe XXXVI. 1348 entnehme.

In Tannenburg, Hessen, wurde ein solcher Kübelhelm in originali ausgegraben [1]). Er ist zwischen 11 und 13½ pariser Zoll hoch und 11″ breit und fast ebenso tief.

Man findet von dieser ältesten Gattung heraldischer Helme eine große Anzal auf Denkmälern, Gemälden und Siegeln mit verschiedenen Einzelheiten, Abänderungen und Uebergängen, und ich habe deren auf den Tafeln XXV bis XXX unter jedesmaliger Angabe der Jahrzal ihres urkundlichen Vorkommens sechsundzwanzig mitgetheilt. Der Beschauer wird ohne weitere Erklärung sich bei aufmerksamer Betrachtung dieser verschiedenen Muster die Grundformen und Karakteristik der Kübelhelme leicht zu eigen machen.

Das Material dieser Helme war wol in der Regel Eisen, wie bei dem tannenburger; wir finden aber, daß lederne Sturzhelme gleichfalls im Gebrauche waren, wie denn z. B. bei einem Turnier zu Windsor (1278) unter König Eduard II. von England lauter lederne Helme, theilweise versilbert und vergoldet im Gebrauche waren [2]). Ferner gab es auch Helme, deren vordere Hälfte Eisen, die hintere aber Leder oder Holz und mittelst Spangen mit dem Vordertheil verbunden war, wie z. B. der Helm XXV. 1168 von einem Schonstetter'schen Grabstein in Griestätt am Inn beweist. In einem Pergamentkodex der pariser Bibliothek aus den Zeiten Ludwig des Heiligen finden sich die Sturzhelme der Ritter fast alle purpurn gemalt [3]).

Der nächstälteste heraldische Helm ist der Stechhelm (XXV. 1169, 1174, 1175. XXVII. 1195 ff.), welcher sich dadurch auszeichnet, daß er vorne am Augenschlitz in eine mehr oder minder vortretende Spitze getrieben ist, im Gebrauch aber von dem Kübelhelm sich dadurch unterschied, daß der Streitende unter diesem Stechhelm nicht noch eine eiserne Kopfbedekung, sondern nur eine tuchene Müze trug, wol auch gar bloßbaupt war.

Der Helm selbst war vorne am Harnisch mit Schnalle und Riemen befestigt (daher an vielen alten Vorstellungen sich am vordern Halskragen Schnallen [XXIX. 1233] zeigen), saß knapp auf den Schultern und die Weite des Halses betrug nicht mehr, als daß man mit dem Kopf unbehindert ein- und ausfahren konnte [4]).

Daß zwischen dem Kübel- und Stechhelm verschiedene Uebergangsformen sein mußten und waren, das läßt sich nicht nur der Sache selbst nach begreifen, sondern auch durch Tuzend von Beispielen aus Denkmälern beweisen [5]).

Dadurch, daß man den Augenschlitz der geschlossenen Helme allmälig erweiterte und mit Spangen wieder verwahrte, entstanden die sogenannten offenen oder Spangenhelme (XXV. 1170, 1172 ff.)

Eine Mittelgattung zwischen Stech- und Spangenhelmen, welche beider Vortheile zu vereinen scheinen, war im lezten Drittel des 14. Jahrhunderts in England gebräuchlich, wie man dergleichen in den Wappen

---

[1]) Abgebildet in J. v. Hefner und J. W. Wolf: „Die Burg Tannenburg und ihre Ausgrabungen," Tab. X., und hiernach unsere Abbildung XXV. 1165. 1166. Ein zweites Exemplar befindet sich in der Waffensammlung von L. Meyrick in England.

[2]) Copy of a roll of purchases made for the tournament of Windsorpark in the sixth year of K. Edward II. (Archaeologia XVII. 297 sqq.)

[3]) Allou, a. a. O. 338.

[4]) Diese Thatsache sollte beim Zeichnen aller heraldischen Helme berücksichtigt werden, leider aber sieht man so viele Tausende von Helmen auf Wappen der Neuzeit, deren Hals so eng im Verhältniß zum Kopfe ist, daß man an ein Einfahren unmöglich denken kann. Helme, die auf der Seite geöffnet werden konnten (z. B. XXV. 1176), gab es wol auch, aber meines Wissens kommen sie erst nach der Zeit der eigentlichen heraldischen Helme, meist zu Ende des 16. Jahrhunderts vor.

[5]) Man vergleiche z. B. die geradlinige Vorderkante bei XXV. 1167, 1171, gegen die schon etwas eingebogene bei 1168 und XXVI. 1191.

mehrerer Hosenbandordensritter jener Zeit in der Windsorkapelle, z. B. bei Henry Percy, Graf von Northumberland, † 1489, John Cheyney von Sherland, † 1495, u. a. findet. Hier geht die Spize des Stechhelms weit vor, der Augenschliz ist aber mit gewölbten Spangen vergittert (XXXVI. 1349). — Desgleichen zeigt der Helm (XXX. 1245) von dem Wappen des Grafen Heinrich v. Essex, † 1485, eine absonderliche Form. Gegen das Eindringen der Lanzenspizen konnten diese offenen Helme nicht gebraucht werden, wol aber konnte man im Schwertkampf damit aushalten, daher auch noch zur Zeit, als diese Spangenhelme längst im Gebrauch waren, zu den eigentlichen Stechen und Rennen immer die geschlossenen oder Stechhelme und die Rennhüte verwendet werden mußten.

Die Salade oder Rennhüte[1]), welche man bei den sogenannten Scharfrennen im 15. und 16. Jahrhundert gebrauchte, waren eine Abart der Stechhelme und derart gerichtet, daß sie ähnlich einem Hute oder einer Müze aufgesezt wurden, vorne einen Augenschliz hatten und auf ein am Brustharnisch festgemachtes Kinnstük (Barthaube) paßten. Auch auf diesen Rennhüten hat man wirkliche Kleinode getragen, wie uns z. B. XXVI. 1190 von einem ebensteter'schen Grabstein zu Gars und XXVIII. 1220 von einem perenpöd'schen Denkmal ebenda beweist.

Die jüngste Gattung wirklicher Streithelme (soferne sie in der Heraldik Anwendung fanden), sind die Burgunderhelme (bourgignons), welche auf der Seite zu öffnen waren und ein Visier zum Aufschlagen hatten. Sie haben sich, wie ich glaube, aus den Saladen herausgebildet. Ich kenne ein merkwürdiges Beispiel eines solchen Burgunders mit Kleinod (wachsender Mann) und Helmdeken auf dem Grabsteine des Peter Paumgartner zu Wasserburg am Inn vom J. 1500. Der Helm selbst ist XXV. 1180* abgebildet.

Aus diesen Burgundern entstanden, wenn sie mit offenem Visiere und gerade vorwärtsgekehrt dargestellt wurden, die späteren sogenannten königlichen Helme (s. u.), welche wir, meistens ganz golden und rothgefüttert, auf den Schilden einiger Fürsten, z. B. der bourbonischen Könige von Frankreich, des Königs von Preußen u. a. erbliken.

Mit der höheren Ausbildung der Turniere kam die Sitte der Helmschau in Gebrauch, d. h. es mußte jeder Turnierende seinen Helm mit Kleinod an einem gewissen Orte aufstellen, "zur Schau auftragen" und über seine Fähigkeit, zu turnieren, von aufgestellten Richtern (welche aus Damen und Herolden bestanden) aburtheilen lassen. Wurde er unwürdig befunden, "so hieß man ihn abtragen," d. h. man bedeutete ihn, seinen ausgestellten Helm wegzunehmen und sich für dieß Turnier damit nicht mehr sehen zu lassen[2]).

Die so ausgestellten Helme waren, soweit ich Abbildungen davon gesehen habe, nur Spangenhelme und trugen außer ihrem Kleinod noch ein kleines Schildlein mit dem Geschlechtswappen um den Hals gehängt.

Das "Auftragen der Helme" war überhaupt eine bedeutungsvolle Handlung in alten Zeiten und beziehungsweise die äußerliche Anerkennung gewisser Pflichten, die der Auftragende Demjenigen gegenüber hatte, dem er auftrug. So heißt es z. B. in der Vertragsurkunde, welche die Hauptleute der Gesellschaft "zum Greiffen" im J. 1435 dem Herzog Albrecht von Bayern ausstellten[3]): "wär ein Sach daß der Herzog selbst zu dem Schimpf (Streit) etwa hinreiten würde, so soll ein jeder von der Gesellschaft seinen Helm zu dem Herzog tragen und sezen in dessen Herberg und auf das Tanzhaus, wann wir (Herzog Albrecht) meinen, daß sie (die Ritter) das billig thun als unser Landleut' ihrem

---

[1]) XXV. 1179 nach Original im Nationalmuseum dahier mit beweglichem Nasen und Aufschlag und mehreren Löchern, welche wol zur Befestigung des Kleinodes dienten.

[2]) Von einer derartigen Helmschau findet sich eine Darstellung im schon erwähnten grünenberg'schen Wappenbuch; auch bei Rixner ist die Helmschau in Holzschnitt öfters zu sehen.

[3]) v. Freiberg: "Ueber Ritterbünde" in den Gelehrten Anzeigen, XI. Bd. (1840), S. 755.

Landesfürsten." Daß hierunter der wirkliche kennbare Wappenhelm verstanden war, ist wol kaum anders zu glauben.

Man bediente sich der Spangenhelme beim „Klopfet" (Turnier mit Kolben und Schwertern), und es bildete sich namentlich um die Mitte des 15. Jahrhunderts eine Abart von Turnier aus, das „Abhauen der Kleinode", d. h. die zu Fuß oder zu Pferde kämpfenden Ritter bemühten sich, mit Schwertern sich gegenseitig die Helmkleinode zu zerhacken oder herabzuhauen [1].

Wann die offenen oder Spangenhelme, galeae cristatae, aufgekommen seien, das läßt sich auf einen Zeitraum von 50 Jahren nicht genau bestimmen.

Ich habe nicht versäumt, nach den ältesten Beispielen des Vorkommens solcher Spangenhelme zu suchen und ich gebe hier, was ich in diesem Betreff gefunden habe.

Im J. 1414 führt Kaspar der Torer v. Eurasburg (bayer. Adels) einen Spangenhelm in seinem Siegel. Dieß Vorkommen hat den Kotherrn Lusatius von Kloster Beuerberg, der dieß Siegel in seinen Anmerkungen zu den beuerbergischen Urkunden beschreibt [2], zu folgender Bemerkung veranlaßt: „Ad hoc documentum observo prima vice occurrere notabilem sigilli seu scuti gentilis Portariorum [3] mutationem — cum enim ab antiquissimis temporibus istud praeter duo cornua arietis [4] nihil complecteretur, hic modo Casparus cristatam cassidem imposuit cui cygnus insidet, quo jure vel privilegio me hactenus latet." Es ist diese eine um so schätzenswerthere Notiz, als der gelehrte Kotherr, welcher alle Urkunden des Klosters und ihre Siegel genau betrachtete, gerade diese Auffallendheit der besondern Erwähnung würdig fand.

Zu Landsberg am Lech findet sich der Grabstein mit den Schilden Stadion und Freiberg von Aschau [5], welches einen gekrönten Spangenhelm (XXV. 1172) mit dem freibergischen Kleinod (silberner Federbusch) enthält, und vom Jahre 1419 laut der Inschriften stammt, was dem Karakter der Zeichen ꝛc. nach wol als richtig, resp. gleichzeitig angenommen werden kann [6].

1435 führt Hans von Anöringen, Landvogt zu Burgau, einen Spangenhelm in seinem Siegel (in meiner Sammlung).

Aus dem Jahre 1438 kenne ich einen Grabstein zu Truchtlaching an der Alz mit dem Wappen des Peter von Truchtlaching, welches auf dem Schilde einen Spangenhelm enthält (XXV. 1170) [7].

Vom Jahre 1450 besitze ich ein buebenberg'sches Siegel mit Spangenhelm (s. XXXIII. 1261). 1453 hat Hueber (Austria illustrata), Taf. XXVII. Nr. 13, ein Siegel Friedrichs von Hohenberg (mit dem Wolf) mit Spangenhelm.

Von dieser Zeit an sind die Spangenhelme auf Denkmälern der Turniergeschlechter nicht mehr selten und hiemit stimmt auch, was der gelehrte Wiguläus Hund in seinem Stammbuche (II. 409) sagt:

„Die offn Helm und quartierten Schildt [8] seynd erst bey hundert Jaren ongefährlich, nach-

---

[1] Hieraus darf geschlossen werden, daß wenigstens die Kleinode, welche man auf den sogen. Turnierhelmen trug, nicht aus solchen Stoffen und nicht so massiv gemacht sein konnten oder durften, daß sie dem Schwerthieb ernsten Widerstand geleistet hätten. Siehe davon weiter bei den „Kleinoden".

[2] Schriftliche Mittheilung des Herrn Beneficiat Geiß in München.　　[3] Se. der Torer.

[4] Der Schild der Torer enthält in N. zwei r. Bokshörner voneinandergekehrt.

[5] Beide Schilde aus diesem Grabsteine sind oben Taf. XI. 114. gegeben.

[6] Hund, II. 96: „Conrad von Freyberg, † 1373, seine erste Hausfrau Gutta v. Rechperg, seine andere R. v. Stadion, die liegt zu Landsperg begraben, hat einen Stein an der Wand: Obiit 1439," fügt aber hinzu: „diese Jahrzal reimt sich zu Herrn Conrads Absterben nit, sie müßte 66 Jar nach ihm tot seyn." Ego memet legi 1419 in lapide, das reimt sich wol.

[7] Ebendaselbst ist ein Grabstein von Jorg Truchtlinger, † 1425, sehr abgetreten, gleichfalls mit Spangenhelm, möglicherweise aber gleichzeitig mit dem ebengenannten gefertigt, da die Arbeit genau dieselbe ist.

[8] Unter „quartiertem Schild" versteht Hundius nicht „gevierte" einfache Wappenschilde, sondern zweierlei Wappen

dem man 1450 gezelet, auffkommen, zuvor gar wenig gebräuchig gewesen, auch bey den rechten Tur-
niergeschlechten."

v. Hoheneck in seinem „Stände von Obberens", im Vorwort sagt, daß Hr. Jörg von Eckartzau
1478 [1]) der erste gewesen sei, welcher einen offenen Helm geführt habe. Dem widerspricht aber das
oben angeführte Siegel des v. Hohenberg v. J. 1453, welches aber Hrn. v. Hoheneck immerhin unbekannt
geblieben sein mag.

Daß der Stechhelm und der Spangenhelm ursprünglich in ihrer Bedeutung und in ihrem Werthe
sich ganz gleich standen, das geht aus dem Vorhergesagten zur Genüge hervor. Beide waren Schutzwaffen
im ritterlichen Streite.

Gegen Ende des 15. Jahrhunderts, als der Gebrauch der Spangenhelme allgemeiner wurde, muß
auch der niedere, nicht reichsturniergenossene Adel angefangen haben, sich der Spangenhelme auf
seinen Siegeln und Grabsteinen zu bedienen, er zog sich dadurch jedoch Beschwerniß von Seite des Turnieradels zu, wie denn die bayerischen Turniergeschlechter sich vor dem Abschiede des Landtages zu München
1506 beim Herzoge u. a. beschwerten [2]):

„Nämlich und zuerst daß sie (die vom niederen Adel) Unsere Zeichen und Turnierhelme
aufmahlen und in die Siegel und Grabstein machen."

„Zum andern, daß sie Uns unsre Söhne und Freunde freventlich dutzen."

„Zum dritten, daß sie sich des Titels, der Uns zugebührt, in Geschriften unterstehen zu
unterziehen, ja samt mehr und andern, damit sie sich Uns vermuthen zu vergenossen, daß
Uns fürder unleidentlich ist u. s. w."

Die Beschwerde ist unterzeichnet: „wir der mehrere (d. h. mehr geltende, höhere) Adel Euer Gnaden
Fürstenthumes in Obern- und Niedernbaiern jetzt allhier versammelt." Zu den Vertretern desselben zählten,
wie aus einer andern Urkunde ebenda S. 350 ff. hervorgeht: Bernhardin von Stauff, Herr von Ehrenfels, Hanns von Closen zu Arnstorff, Jörg von Gumppenberg zu Pöttmes, Bernhard von Seiboltstorff zu Seiboltstorff, Ritter, und Wilhelm Raidenpucher zu Stephening. — Die Partei des
niederen Adels vertraten in dieser Sache: Kristoph Lung, Sigmund Abenstorffer, Sigmund Buecher,
Jakob Bschächl und Sigmund Aichstetter.

Wenn nun auch die Beschwerde des Turnieradels in Betreff des Helmes von unsern Ansichten aus
betrachtet eine lis de lana caprina genannt werden müßte, so war sie es doch nach dem Parteistandpunkt
und den Ansichten damaliger Zeit nicht, und nur nach diesen können wir sie richtig beurtheilen [3]). Man

---

[footnote continued] durch Bletrung in einem Schild vereinigt. Von dieser und den übrigen Arten der Vereinigung und Zusammenstellung
mehrerer Wappen werde ich im II. Theile d. B. zu handeln haben, für jetzt erlaube ich mir nur die Bemerkung, daß Her-
bius in Betreff des Zeitpunktes, da zuerst gevierte Wappen vorkommen, nur Bayern und nur den Adel des Landes im
Auge hatte. Unter den regierenden Häusern, insbesondere in Frankreich, England und Spanien, kommen gevierte Wappen
schon zu Ende des 13. Jahrhunderts vor.

[1]) A. a. O. steht zwar 1378, das ist aber offenbar ein Drukversehen, denn gedachter Jörg v. E. war 1502 schon ein bejahrter
Mann.

[2]) v. Krenner: „Bayerische Landtagshandlungen in den Jahren 1429—1513," XV. Bd., S. 401 ff.

[3]) Das eigentlich Peinliche der Klage liegt in dem gänzlichen Mißkennen der Stellung des höheren Adels gegen die niederen. Der Hochmuth, welcher aus und zwischen den Zeilen dieser Beschwerde hervorblikt, läßt einen Schluß auf
die damals schon vorkommende Verkennung von Zwek und Wesen des Adels durch die Standesgenossen selbst ziehen. Zu
Verantwortung des niedern Adels gegen die gedachte Beschwerde war in den Originalakten, aus denen v. Krenner schöpfte,
nicht zu finden, und ich selbst habe mir vergeblich Mühe gegeben, dieselbe in hiesigen Archiven aufzuspüren. Das Dokument
wäre für die Geschichte des Adels, wie insbesondere auch der Heraldik von hohem Interesse. Möglich nun, daß jene
Verantwortung, welche der „niedere" Adel in seiner hierauf eingereichten und mit „wir der mehrere Adel an der
Zahl des Fürstenthums zu Bayern" unterzeichneten Replik dem nächsten Landtage vorzulegen versprach, möglich also, daß

hielt damals den **Spangenhelm** für **höher im Werth** als den Stechhelm, und insofern ist auch die feststehende Meinung der späteren Heralbiker zu vertheidigen, wenn sie sagen, der **Turnierhelm** oder der **Spangenhelm** sei ausschließlich der **abelige Helm**. Muß man ja doch hundertfältig in Abels- und Wappen- briefen des 16. und der ff. Jahrhunderte ausdrücklich und weitläufig lesen, z. B. daß als Zeichen der Standes- erhöhung der **Stechhelm** eröffnet, d. h. zu einem **Spangenhelm** gemacht, oder „in einen **frei-offen- abeligen Turniershelm** veränbert, verbessert und erhöht" worden sei [1].

Von Mitte des 16. Jahrhunderts an also darf man unter der Bezeichnung „abeliger Helm" oder „offener Helm" oder „Turnierhelm" nichts Anderes mehr begreifen als einen **Spangenhelm**, und von dieser Zeit an war der Abel auch höchst ängstlich darauf besorgt, sein Wappen ja nie anders als mit „Turniers- helm" fertigen zu lassen.

Heutzutage ist man weniger peinlich in diesen Dingen, d. h. man wendet bei abeligen Wappen, wenn sie im Stile bis etwa zu 1450 entworfen und ausgeführt werden, auch Kübel- und Stechhelme an, ohne baburch sich eines Rechtes zu vergeben und vergeben zu wollen. Dagegen, und nachdem einmal die Sitte um sich gegriffen hat, daß fast jeder Bürgerliche sich eines Wappens bedient, sollte man billig barauf be- stehen, und sollten namentlich Graveure, Steinmetzen und Maler sollten es sich zum Grundsaze machen, anerkannt **bürgerliche** Wappen nur mit geschlossenen oder Stechhelmen zu fertigen.

Es kommen auch offene und geschlossene Helme nebeneinander vor, z. B. im fürstl. **hohen- lohe'schen** Wappen, wo der **alte** hohenlohe'sche Helm allein als Stechhelm bargestellt ist, während die übrigen Helme **Spangenhelme** sind.

Die Form der Spangenhelme wechselte natürlich mit dem Verlaufe der Zeit, wie aus den Abbildungen auf Tafel XXV—XXX., welche alle mit den betr. Jahrzalen versehen sind, hinlänglich abzunehmen ist. Ich bemerke noch, daß XXV. 1178 von einem Grabsteine des Wilhelm von Billenpach, † 20. Nov. 1504 zu Kloster Wiltau bei Innsbruck sei, und 1177 das Bruchstük eines derartigen absonderlich geformten Helmes in der fürstl. öttingen'schen Rüstkammer zu Wallerstein barstelle [2]. Ein ähnlicher vollständig erhaltener Helm findet sich in Ambras und ein anderer in dem städtischen Museum zu Augsburg. Die Originalhelme sind alle sehr schwerfällig und ich würde sie kaum für etwas Anderes als Fecht- und Klopfhelme halten können, wenn nicht gerade jener heralbische Kleinobhelm auf dem wiltauer Denkmal so auffallend ähnliche Form und Vergitterung zeigte. — XXV. 1176 ist nach einem vergoldeten, reich damaszirten Originalhelme im Dome zu Augsburg. Dieser Helm, welcher von der Weberzunft baselbst jährlich neben anderen Insignien in feierlicher Prozession herumgetragen wird, stammt aus der Zeit Maximilians II. und wurde auf meine Veranlassung im Jahre 1857 während der Germanistenversammlung in jener Stadt zum erstenmale ge- nauer besichtigt und abgeformt. Der Helm ist an der Seite zu öffnen und das Gitter (Visir) kann noch einmal besonders geöffnet werden. Oben läuft ein wulstiger Grat von vorne nach hinten. Bei den alten Spangenhelmen waren die Spangen fest und unbeweglich mit dem Helme verbunden. An manchen Mustern finden wir sie mit blattförmigen Enden oben und unten an der Helmöffnung angenietet, bei andern meistens scheinen sie aus Einem Stük mit dem Vorbertheil des Helmes getrieben und die Lichter herausgeschnitten zu sein (1172). Manche haben flache, manche flabartige, andere wieder gewundene (1173) Spangen. Mode und Waffenschmiedsfertigkeit werden barin das Meiste gethan haben.

biefe Verantwortung gar nicht eingereicht wurde, wobei es aber mindestens auffallend genannt werden müßte, daß der niebere Abel die Vorwürfe des „höbern" Abels unerwibert beigeleßt haben sollte — möglich auch, daß die Verantwortung unan- genehme Dinge enthielt und beshalb gelegentlich beseitigt wurde — saltisch ist, daß sie bisher in den gebrukten und band- schriftlichen Lanbtagsverhanblungen nicht aufgefunben worden ist.
[1] Diese stehenben Redensarten in Abelsbiplomen sind zu bekannt, als daß ich noch Beispiele bavon anzuführen brauchte.
[2] Der Hinterkopf war von Leder, wie aus ben Bruchstüken zu erkennen, und ist abgerissen.

Noch erwähne ich der sogenannten Halskleinode, münzenartiger an g. Ketten um den Hals der Helme hängender Zierden (XXX. 1248), welche man von dem Ende des 15. Jahrhunderts an häufig und zwar meiner Erfahrung nach zuerst allein bei den Spangenhelmen findet. Ich halte diese Halskleinode für Ehrenzeichen der Turniervögte, welche allmälig auf die Turniergenossen und ihre Geschlechter überhaupt gekommen zu sein scheinen. So viel ist sicher, daß man schon um die Mitte des 16. Jahrhunderts der Ansicht war, diese Halskleinode gehörten an jeden adeligen Helm [1]), und daß man zu Ende dieses und in den folgenden Jahrhunderten sie sogar schon in bürgerlichen Wappenbriefen durchgehends gemalt und beschrieben findet [2]).

Meiner Ansicht gemäß sollte man mit dieser Zierde etwas sparsamer umgehen und sie nur dem Turnier- oder weitestens nur dem Uradel zugestehen; doch ist der Gegenstand am Ende eines ernsten Streites kaum würdig.

Um noch von der Farbe der Helme zu sprechen, so ist dieselbe bei der Mehrzal der vorkommenden gemalten und beziehungsweise wirklichen Helme Silber, resp. polirtes Eisen. Goldene Helme sind in älteren Wappen, außer in der Züricher-Rolle, welche mit Ausnahme eines einzigen lauter g. Helme hat, äußerst selten und nur von Fürsten und hohem Adel geführt, aber schon im 16. Jahrhundert kommen goldene Helme so häufig auch beim niederen Adel vor, daß man einen Schluß auf das Alter und den Rang des Geschlechtes darauf nicht mehr bauen kann [3]). Von purpurnen Helmen habe ich oben S. 109 bereits Erwähnung gethan.

Zum Schlusse dieses Abschnittes sollen über Stellung, Zal und Größenverhältniß der Helme einige Bemerkungen folgen.

Die Stellung des Helmes ist ordentlicherweise am Oberrand des Schildes.

Ist der Schild geneigt, so steht der Helm auf dem erhöhten Obereke und zwar entweder nach vorne gekehrt oder nach der Richtung, die der gelehnte Schild einnimmt (XXX. 1240 ff.).

Es ist demnach auch begreiflich, daß auf einem geneigten Schilde nicht mehr als ein Helm stehen kann, und umgekehrt, daß man einen Schild, der mehr als einen Helm trägt, verständigerweise nicht neigen könne, weil sonst der eine Helm abgleiten müßte.

Sind zwei Helme auf einem Schilde, so stehen sie ordentlicherweise gegeneinandergekehrt (XXX. 1247, 1249) [4]), und zwar ist der rechtsstehende Helm in Rang und Zälung der erste, der linksstehende der zweite.

Ausnahmsweise kann man bei Zusammenstellung von zwei Wappen, deren jedes einen oder zwei Helme hat, den Helmen je eines Wappens dieselbe Richtung, d. h. nach dem gegenüberstehenden Wappen geben.

Zwei Helme sollten von Rechtswegen nur da angewendet werden, wo im Schilde zweierlei Wappen vereint sind. Dieß war auch die erste Ursache, warum man zwei Helme überhaupt auf einen Schild setzen und setzen konnte, denn vernünftigerweise konnte ein Wappenherr nur einen Helm gebrauchen, daher denn auch nicht selten selbst bei Vereinigung von zwei und mehreren Wappen in einem Schild in früheren Zeiten doch nur ein Helm gebraucht wurde, wie dieß z. B. bei Braunschweig, Bayern, Nassau in älteren

---

[1]) Schon Borghini alterirt sich 1585 über den Mißbrauch dieser Halskleinode, indem er S. 107 sagt: E Medaglie al collo che non hanno fine.

[2]) Im Wappenbrief der v. Mangstl, Bayern, dd. 17. Brachmonats 1788, ist ausdrücklich erwähnt, daß die Münze an einem rothen Band um den Hals des Helmes gehängt sei.

[3]) Die freie Reichsritterschaft präsumirte vom 17. Jahrhundert an das Recht, goldene Helme zu führen, und Salver sagt von den Ordensproben beim Domstift Würzburg S. 172: Die Helme werden goldfärbig gemalt, weil der Adel dieser drei Reichskreisen zum Zeichen des Vorzugs seiner Unmittelbarkeit parate Helme führert.

[4]) Dasselbe gilt auch, wenn zwei zusammengehörige Wappen nebeneinander gestellt sind, z. B. bei Allianzen, Ahnenproben ꝛc.

Zeiten geschah. Dabei war es jedoch unbenommen, zwei oder mehrere Kleinode auf einem Helm zu-
sammenzubringen (siehe unten bei den „Kleinoden"). Dagegen ist es ein Mißbrauch oder ein Mißverständniß, wenn man glaubt, gewisse Adelsklassen müßten sich auch durch die Zal der Helme auf ihren
Schilden kennzeichnen [1]), und ich wiederhole, daß nach alter Wappensitte, jeder so viele Helme zu
führen berechtigt sei, als vielerlei verschiedene Wappen (nicht Felder oder Figuren) er in seinem Schilde
vereint hat. Es kann daher auch ein einfacher Edelmann, wenn er z. B. durch Erbe oder Kauf zu der
Berechtigung gekommen ist, zwei, drei und mehrere Wappen abgestorbener Familien in seinen Schild auf-
nehmen, konsequent auch die dazu gehörigen Helme auf den Hauptschild setzen und resp. möglicherweise
auch zehn Helme führen so gut als einen einzigen. Ich werde im II. Theile d. B. praktische Beispiele hievon geben.

Bei drei Helmen steht der mittlere ordentlicherweise gerade nach vorne, die beiden anderen aber
gegen ihn gekehrt (XXX. 1250); hat jedoch der mittlere Helm ein Kleinod zu tragen, das nach der Seite
gewendet ist, z. B. einen wachsenden Löwen, einen Rumpf ꝛc., so mag man ihm auch eine etwas schräge
Stellung geben.

Bei drei Helmen kommt im Rang zuerst der mittlere, dann der rechte, dann der linke. Ich bemerke, daß dieser Rang nur beim Entwurf eines Wappens von Bedeutung ist, dagegen bei der Beschreibung der Helme ohne Belang, wie in dem Abschnitt „Blasonirung" weiter erörtert werden wird.

Bei vier Helmen stehen je zwei nebeneinander gestellte gegen die beiden anderen gekehrt, und ist
der Rang derselben so, daß zuerst der innere rechts, dann der innere links, hierauf der äußere rechts
und zuletzt der äußere links folgt.

Bei fünf Helmen steht der mittlere wieder gerade vorwärts und die anderen vier wie bei vier
Helmen, auch folgt der Rang genau so, d. h. der mittlere ist der erste, der ihm zur rechten steht der zweite,
der zur linken der dritte u. s. f.

Das Größenverhältniß des Helmes zum Schilde läßt sich sowol aus dem Vergleich von Original-
schilden und Helmen als aus zahlreichen alten Denkmälern dahin angeben, daß der Helm (ohne Kleinod)
ungefähr eben so hoch sei als der Schild. Dieß gilt aber genau genommen nur von einfachen Wappen
mit einem Helme.

Bei mehreren Helmen auf einem Schilde nimmt die Größe der ersteren im selben Verhältnisse ab, als
die des letzteren zunimmt, so zwar, daß die Höhe der Helme gegen die des Schildes von ½ bis ⅓ herab-
sinken kann. Die Sache erklärt sich dadurch, daß, da für die Anbringung der Helme regelrecht nur der
Oberrand des Schildes geeignet ist, die Breite des Oberrandes aber durch die Höhe des Schildes selbst
bedingt ist, die Helme sich volens volens eben zusammenschmiegen und drücken müssen. Daß dabei die
Schönheit nicht befördert wird, ist klar; dennoch aber ist es beim besten Willen nicht immer möglich, alle
gewünschten Helme, auch wenn man sie noch so klein hielte, auf diesem Oberrande anzubringen, und müssen
daher hie und da die äußersten wol etwas baumeln [2]), wie dieß z. B. bei dem brandenburg-anspach-
schen Wappen, das fünfzehn Helme zählte, der Fall war [3]).

Die französische Heraldik und die ihr nachgebildeten leiden in Bezug der Helme wenigstens seit dem
16. Jahrhundert an einer bedeutenden Unsicherheit. In altfranzösischen und altenglischen Wappen
findet man Kübel-, Stech- und Spangenhelme wie bei der deutschen Heraldik [4]), in der neueren Zeit aber

---

[1]) So findet sich z. B. im „Handbuch für den Adel und die Ordensritter Oesterreichs," von Mich. Hahn, Pestb 1856, S. 31.
die Behauptung: „Den Unterschied der verschiedenen Adelsstufen zeigt beim niederen Adel die Anzal der Helme.
einen beim einfachen Adel, zwei beim Ritterstande ꝛc."
[2]) Es kommt im 17. Jahrhundert auch vor, daß man, um die Masse der Helme alle zur Schau tragen zu können, einige
derselben sogar in freier Luft neben dem Schild oder „auf dem Boden" setzte, z. B. bei badischen Wappen.
[3]) Siehe mein Wappenwerk: „Deutscher Bund", Taf. 16.
[4]) In dem angezogenen „Traité du blason" findet sich jedoch von Helm, Kleinod ꝛc. kein Wort erwähnt. Auch de Bara

sind die Helme bei den englischen Wappen ganz außer Gebrauch gekommen. In der französischen Heraldik existiren sie zwar noch, haben aber eine verfehlte Auffassung und Bestimmung erlitten.

Palliot gibt das Kapitel der Helme (nach den damaligen und noch heutzutage geltenden Annahmen) derart:

1) **Kaiser** und **Könige** führen vorwärtsgekehrte, ganz offene goldene Helme „pour montrer qu'ils doivent avoir l'œil par tout et pour commander sans empêchement". 2) Die **Prinzen** und **souverainen Fürsten** führen den Helm wie die Könige, doch etwas weniger offen. 3) Die **nichtsouverainen Prinzen** und **Fürsten** führen silberne Helme mit neun Spangen (grilles). 4) Die **Marquisen**: silber mit sieben Spangen. 5) Die **Grafen** und **Vizegrafen** (Vicomtes): nach rechts gekehrt, silber mit sieben Spangen. 6) Die **Freiherren** und **Altadelleute** (Uradel): ebenfalls rechts gekehrt und mit fünf Spangen. 7) Die **Edelleute von acht Schilden** (de trois races paternelles et maternelles): von Stahl, rechtswärts gekehrt und mit drei Spangen. 8) Die **Junker** (escuyers) und **Neugeadelten**: Stahlhelm mit herabgelassenem Visier" rechtsgekehrt. Endlich 9) Die **Bastarden**: wie die Neugeadelten, doch nach links gekehrt.

Ganz ähnliche Regeln über die Rangordnung der Helme gibt Ginanni in seiner Arte del blasone p. 76 sqq. und Burke in der Encyclopaedia of heraldry. Auch Rietstap hat in seinem Handbook für die niederdeutsche Heraldik diese moderne Helmtheorie beibehalten, obwol er die Ansichten, welche ich in diesem Betreff bereits in meinen „Grundsätzen" niedergelegt habe, nebenbei adoptirte.

Wir ersehen aus Obigem, welchen Zwang sich die außerdeutsche moderne Heraldik in Bezug des Gebrauches der Helme angethan hat, und welch' möglicher Verwirrung sie sich dadurch preisgibt; denn wenn z. B. nach ächter heraldischer Praxis ein Edelmann seinen Helm gemäß der Stellung des Schildes 2c. nach links kehren würde [1]), müßte er sich coram publico der Gefahr preisgeben, für einen Bastard gehalten zu werden, oder eine etwas größere Helmöffnung machte aus einem Prinzen einen König.

Die napoleonisch-französische Heraldik, von der ich im II. Bande dieses Werkes ausführlicher handeln werde, läßt die Helme gänzlich abgeschafft und an ihre Stelle Barette, toques, mit Straußenfedern gesetzt, welche je nach der Zal der Federn wieder den Rang des Wappenherrn bestimmen sollen.

In England ist der Gebrauch von Helmen in der Heraldik seit dem vorigen Jahrhundert auch fast gänzlich abgekommen und man pflegt die Kleinode und die ihre Stelle vertretenden Devisen 2c. freischwebend oder auf Wulsten über dem Wappenschilde anzubringen. Auch hievon wird im II. Theile dieses Buches bei dem Abschnitt: „Nationale Karakteristik" ausführlicher die Rede sein.

---

und Scohier behandeln dieses Kapitel nicht. Ersterer giebt jedoch am Schlusse des Buches ein Wappen mit Helm in Holzschnitt.

[1]) Siehe oben S. 54 ff.

X. Die Helmkleinode.

Kleinod oder Helmzierde, lat. apex, franz. cimier oder timbre, ital. cimiero, engl. crest, nbb. helmtecken, ist ein körperlicher Schmuck, welcher auf dem Helme des Edelmanns in der Zeit der lebendigen Heraldik wirklich befestigt war und zugleich mit diesem getragen wurde ¹). Heutzutage verstehen wir unter Kleinod in der Heraldik eine aus dem Wappenhelme hervorkommende Figur, welche mit den Bildern und Farben des Wappenschildes in Beziehung steht oder nicht. — Daß die Kleinode mit dem Helme verbunden sein mußten und resp. waren, bemerke ich besonders deßhalb, weil man heutzutage nicht selten Abbildungen von Wappen trifft, bei denen die Kleinode frei über dem Helme schweben. Fliegende Kleinode hat es nie gegeben, und konnte es begreiflicherweise auch nie geben. Das aber in praxi unmöglich, wird dadurch, daß man es auf dem Papier oder Pergamente malt, nicht möglich ²).

Daß Kleinode wirklich, d. h. in natura, auf den wirklichen Helmen getragen worden seien, dafür sprechen Wahrnehmungen verschiedener Art.

Zuerst finden wir in den Zeiten, da überhaupt Helme mit Kleinoden vorkommen ³), derartige Zierden in Reitersiegeln in unzähligen Beispielen. Es wird Niemanden beifallen, zu behaupten, daß die Figur eines solchen Reiters nicht den Inhaber des Siegels vorstellen solle, und zugleich ist aus dem Zusammenhalt mit sonstigen Denkmälern und Abbildungen, sowie aus der Haltung des Reiters selbst ersichtlich, daß er in dem Augenblicke dargestellt sein wollte und dargestellt worden sei, wo er kampfgerüstet mit voller Wehr, mit allen ritterlichen Auszeichnungen in den Streit zog. Auch auf Grabsteinen ließ man die Verstorbenen in vollem Waffenschmuck getreulich abbilden, ja es findet sich sogar im hiesigen Nationalmuseum in einer Bilderhandschrift aus dem 15. Jahrhunderte eine Abbildung, wie der Künstler die Umrisse eines Grabdenkmals entwirft, während der Leichnam im Waffenschmuck in originali neben ihm liegt.

Es ließe sich demnach nicht abnehmen, warum bei derartigen Darstellungen zwar die wirkliche Rüstung und Wehre, die wirkliche Fahne, Pferdedecke 2c., nicht aber auch der wirkliche Helm sollte wieder-

---

¹) Die mit Figuren bemalten Helme, z. B. der Kübelhelm auf einem Denkmale des Amplius dictus Glocner zu St. Zeno bei Reichenhall vom Jahre 1362, auf dessen Seitenfläche sich die Glocke des Schildes wiederholt findet, sowie das mit einem halben Löwen bemalte Bacinet bei Bredius, sigilla comitum p. 52, oder der mit einem Adler bezeichnete Helm in dem Reitersiegel des Ritters Ludwig von Savoien bei Cibrario (XXX.) können wegen dieser Bemalung allein wol nicht als Kleinodhelme betrachtet werden, wenn nicht der erstere Helm auch noch besonders einen Flügel und der letztgenannte ein Schirmbrett oder Fächer obenauf als Helmzierde trügen.

²) Man sehe unsere modernen Diplome und Wappenbücher, z. B. das österreichische Wappenbuch, IV. 11, wo bei Gf. Kohary ein „Auge Gottes" frei über dem Helme, oder VII. 82 bei Graf Terlago, wo ein gespaltener halber Adler gleichfalls über dem Helme fliegt, oder das bayerische Wappenbuch, V. 93, wo bei v. Harscher die „Lust" zwischen den Hörnern des Kleinodes von B. u. R. schräggetheilt ist u. s. w.

³) Ich bemerke, daß ich nur von heraldischen Helmen und deren Zierden spreche. Die Sitte, den Helm zu schmücken, ist ja fast so alt als der Gebrauch der Helme selbst, und ich weise hier nur auf den ehernen etruskischen Helm mit hörnerartigen Aufsätzen im Museum zu Mainz hin (Lindenschmit: „Die Alterthümer unserer heidnischen Vorzeit", III. Heft, Mainz 1859).

gegeben, beziehungsweise warum gerade in lezterer Beziehung eine Ausnahme gemacht und nur ein scheinbarer Helm, eine ideale Kopfbedekung sollte angebracht worden sein [1]).

Wir wissen ferner aus den Turnierordnungen, daß bei der Helmschau wirkliche Helme mit Kleinoden aufgetragen worden seien und daß im Schwert- und Kolbenturnier mit diesen Helmen und um diese Kleinode gestritten wurde. Einen Beweis dafür gibt u. a. das Schreiben des Marschalken v. Oberndorff an Rappold Rosenhardt von 1399 bei Eichhorn, Rechtsgeschichte, §. 337. Rosenhardt wollte nemlich die Turnierfähigkeit für sich und sein Geschlecht in Anspruch nehmen und der Marschall schrieb ihm hierauf u. A.: „Und bin zu Zell gewesen zu einem Turney und von den Brief den du mir gesendet hanst tragen für Herrn Ritter und Knecht vnd han an den (von diesen) erfahren, daß dein Helm noch keines Rosenhardts Helm an keinem theil (niemals) zu dem Turney nie komen ist in diesen Landen vnd kundt an den rittern vnd knechten die dazumal den Brief hörttend vnd erfahren wie du gewapnet warest in Schilt oder uf Helm.“

Im heilbronner Turnier (1485) wird das Helmkleinod sogar als nothwendiges Erkennungszeichen des Turnierenden in den Schranken erklärt und darüber festgesezt: „Item welcher der in die schranken des Thurnirs kompt vñ sein Cleinot abthut, sich nit will erkennen lassen, oder dem man (es) abgebrochen, mit dem mag man es halten vñ schlagen wie võ alter Herkommen ist“ [2]).

Selbst in den bloßen Uebungsturnieren an Fürstenhöfen und in Städten, auch in den sogenannten Faßnachtsspielen trug man Kleinode auf den Stechhelmen, mitunter spaßhafter Natur, wie wir z. B. aus dem vortrefflichen Turnierbuch Herzog Wilhelm's IV. aus den Jahren 1510—45 [3]) mancherlei derartige Kleinode finden, wie Kochlöffel, Birnen, Semmeln, Vogelnester, Schalksnarren ꝛc.

Cibrario hat uns in seiner Abhandlung über die Siegel des Hauses Savoien [4]) verschiedene urkundliche Notizen über die Kleinode savoischer Fürsten aufbewahret, z. B. aus den Jahren 1356 und 1374, 1380 (l. c. S. 43 ff.). Darin heißt es unter den Ausgaben, die für das Rüstzeug des Grafen Amadeus gemacht worden sind: „Item unam crestam pro ponendo supra bacignetum que est de argento deaurata una cum tresdecim imbochatis plumarum supra“ und „item pro uno capite leonis et duabus aliis argenti dorati seminatis Cordibus positis supra unum ex bacignetis domini.“

Hieraus ist zur Gewißheit ersichtlich, daß man Kleinode auf den wirklichen Streithelmen trug, und daß sie der Graf von Savoien aus vergoldetem Silber gefertigt hatte. Von einem Edelmann Heimon von Challaut, welcher am 28. Juni 1356 mit dem Grafen von Savoien zu Chambery stach, ist gleichfalls (S. 63) aufgezeichnet, daß das Kleinod bemalt war. — Wie hier von Italien, so bin ich im Stande, auch von England einen urkundlichen Nachweis zu liefern, daß man dort auf den Streithelmen wirkliche Kleinode trug. In dem Testament des „schwarzen Prinzen“ vom J. 1376 (s. u. S. 159) bestimmt dieser u. A. wörtlich über sein Grabdenkmal: „and an effigy of our Selves fully armed of war with Our arms quartered, with one crest of the leopard (on the helmet) put under the head of the effigy.“ Der Prinz wollte sein Bild in derselben Art in Stein gehauen wissen, wie er selbst in voller Wehr zum

---

[1]) Wenn man kurzweg behaupten will, die mittelalterlichen Streiter hätten gleich unsern modernen Soldaten eine „Kampagneuniform“ und eine „Paradeuniform“ gehabt, so wird man sich am leichtesten über alle Zweifel hinwegsezen, und bleibt mir noch übrig, den Beweis dafür beizubringen.

[2]) Wenn Rixner in Bezug seiner Turnierlisten noch so fabelhaft sein mag, so ist er doch in Betreff der Turniergebräuche gewiß verläßig, weil darin ihm noch frische Ueberlieferungen, wol auch schriftliche Aufzeichnungen zu Gebote standen. Die betreffende Stelle steht in der Ausgabe 1532, Blatt 199ᵇ.

[3]) Prachtkohor der münchner Staatsbibliothek, herausgegeben von Schlichtegroll und Sennefelder (als eines der ersten größern Produkte der Lithografie) 1817. Das Original des Turnierbuches ist von dem Wappenmeister des Herzogs und auf dessen Befehl angefertigt worden.

[4]) I sigilli de' principe di Savoia dal cavaliere Luigi Cibrario. Torino 1834.

Kampfe gerüstet war, seinen gevierteten Schild am Arme und den Helm mit dem Kleinod des Löwen unter dem Haupte. Letztere Sitte war bekanntlich auch in Deutschland auf Grabsteinen jener Zeit in Gebrauch und möglicherweise hat man vielleicht auch die Todten selbst in dieser Lage und Ausrüstung begraben.

Die Beschreibung eines wirklichen deutschen Kleinodes aus einer Zeit, in welcher es in der That vor Augen stand, finden wir in der schon oben erwähnten Vergleichsurkunde des Bischofs von Regensburg zwischen den zwei Linien der Raittenpuecher 1290. Darin (Hund, Stammbuch, II. 264) heißt es: ihre Eltern haben ihr Erbe und Schild voneinander getheilt, „aber ihrer Clainet auff des Helm haben sie beyder seit alweg gleich gefürt vnd gebraucht, Nemblich zwo stangen mit Herml vberzogen vnnd oben, in jeder Stangen ain Busch von schwarzen Hannenfedern, vnd sollich ihr Clainot habn sie auff dem Helm in einer gelben Cron oder in roter vnd weisser Seiden gewunden wie ain Crantz gefürt vnd gebraucht." Wir sehen also, daß das in späteren Abbildungen als „zwei Säulen von Hermelin" abgebildete, mit schwarzen Federn oben besteckte Kleinod der Raittenpuecher in natura zwei hölzerne (?) Stangen mit Pelz überzogen waren und das oben darauf ein Büschel schwarzer Hahnfedern gestellt, sowie daß der Pausch von rother und weißer Seide gefertigt war.

Auf solche Wahrnehmung hin möchte kaum mehr ein Zweifel über das historische Dasein und den Gebrauch wirklicher Helmzierden obwalten können, und es ist in der That eine vereinzelte Ansicht, wenn v. Hohenlohe a. a. O. S. 51 ff. behauptet, daß man troz des häufigen Vorkommens von Kleinoden auf Siegeln und Denkmälern dieselben doch „nur bei den Turnieren und auch auf diesen nur ausnahmsweise und überhaupt in späterer Zeit wirklich getragen habe". Das Argument, auf welches der Verfasser am meisten Gewicht zu legen scheint, ist: „Wäre der Helmschmuk dauerhaft — also von Metall — gefertigt worden, so würde derselbe viel zu schwer gewesen sein; hätte man denselben aber so leicht gemacht, daß er bitte getragen werden könnte, also z. B. von Leder, so würde er viel zu gebrechlich gewesen sein 2c." Hiegegen läßt sich nur wiederholen, daß falsch dem Grafen von Savoien ein silberner — also metallner — Helmschmuk nicht zu schwer gewesen, sonst würde er ihn sich wol von leichten Stoffe habe machen lassen, und das jedenfalls der Helmschmuk nicht überhaupt von einer ewigen Dauer eines in freier Luft getragenen, in Streit und Kampf, an dem hervorragendsten Körpertheile des Ritters angebrachten Schmukes, nie die Rede sein konnte, sonst müßten uns wol noch ungleich mehr wirkliche Kleinode erhalten worden sein. Es haben sich zwar noch ein paar Helme mit Kleinoden der Hohenlohe-Bruneck und der Speth von Zwifalten in der Kirche zu Greglingen, Württemberg, erhalten (s. v. Hefner-Alteneck, Trachten des Mittelalters), aber diese Beispiele wollen nicht von Allen als ächte wirkliche Kleinode gelten gelassen werden.

Das Vorkommen von Helmkleinoden oder Helmen mit heraldischen Kleinoden tritt merklich später, als das der Schilde mit heraldischen Bildern ein, und gleichwie die Wappenschilde beim höheren Adel früher sich finden, als beim niedern, so verhält es sich auch mit den Kleinoden.

Ob dadurch auf ein besonderes Vorrecht des höheren Adels, Helme mit Kleinoden tragen zu dürfen, zu schließen, oder ob blos die Mode zuerst von Oben gekommen sei, das möchte kaum zu entscheiden sein.

Montagu sagt in seinem „Guide" p. 47, die Kleinode scheinen ursprünglich ein Zeichen hoher Würde und eines höheren Rechtes als des bloßen Wappenschildesrechtes (the mere right to bear arms) gewesen zu sein. Auch bei uns in Deutschland habe ich schon Ansichten von der „hohen Würde der Oberwappen" (so pflegt man nemlich Helm und Kleinod auch zu nennen) gehört, ich muß aber darauf verzichten, hierin ein bestimmtes Urtheil abzugeben, weil nach dem jezigen Standpunkt unsers heraldischen Wissens in diesem wie in sehr vielen Punkten nur Ansichten, nicht unwiderlegliche Behauptungen aufzustellen sein dürften.

Daß es Kleinode gegeben habe, deren Besitz oder Führung ein besonderes Vorrecht gewährte oder wenigstens eine hohe Ehre und Bevorzugung mit sich brachte, das erhellt aus einigen Beispielen unwiderleglich.

Burggraf Friedrich IV. von Nürnberg (Zollern) erkaufte am 10. April 1317 „das Klynod des pracken=
haubts", d. h. einen Braken= oder Leithundrumpf von Lutold von Regensberg, schweizerischen Adels,
als rechtliches Eigenthum um 36 Mark Silber [1]). Daß bei diesem Kaufe irgendwelcher Vortheil für den
Käufer inbegriffen war, wird wol Niemand in Abrede stellen [2]). Von der Zeit an führten die Zollern
einen goldenen Brakenrumpf mit rothem Ohr auf ihrem Helm. Die v. Regensberg aber nahmen
durch den Verkauf ihres Kleinodes ein anderes, eine Bischofsmüze, an, obwol ihnen die Fortführung
des Brakenrumpfes nicht entzogen worden war. Dieß neue Kleinod brachte die Burggrafen aber bald in
Mißhelligkeiten mit den Grafen von Oettingen im Ries, welche gleichfalls (urkundlich zuerst um die Mitte
des 14. Jahrhunderts) einen solchen Brakenrumpf und zwar in gleichen Farben, wie die Zollern, führten,
und wol mit gleichem Rechte zu führen behaupteten. Woher und warum die Oettingen, welche vor
dem gleichfalls ein Schirmbett (XXVI. 1187) führten, das Kleinod des Brakenhauptes sich aneigneten, darüber
ist bis jezt meines Wissens kein urkundlicher Beleg gefunden worden, ich wage nur die Vermutung, daß sie
ihn ohne den anderseits schon erfolgten Verkauf zu kennen, gleichfalls von einem Regensberg erworben hatten.

Nun war aber, wie schon erwähnt, dem Burggrafen sehr unlieb, ein solches Kleinod vom andern Ge=
schlechte geführt zu sehen, und es kam daher nach längerem Streiten zu einem Vergleich (vermittelt durch
drei Herzoge von Bayern und einen Landgrafen von Leuchtenberg), daß beide Geschlechter das Kleinod
des Brakenkopfes fortan ungestört führen sollten, doch mit dem Beding, daß die Grafen von Oettingen
auf den (rothen) Ohren den (weißen) Schragen, wie sie mit demselben im Schilde gewappnet seien,
gleichermaßen und zwar eines Fingers breit anbringen sollten, was denn auch geschehen ist, und von
den Oettingen in der neuen Weise fortan geübt wurde.

Aus diesem Streite und Entscheide läßt sich schließen, daß mit dem besagten Kleinode ein Vorrecht
irgend welcher Art verbunden war [3]), daß Kleinode mit ihren Rechten verkäuflich waren, daß sie in
Folge dessen ebenso viel werth sein mußten als Wappenschilde selbst oder ganze Wappen, welche ja auch
abgetreten und verkauft worden sind, ferner, daß dieß Kleinod wirklich getragen und benüzt worden
sei, sonst würden nicht nur die beiden Familien darüber streitlos geblieben sein, sondern man würde nicht
nöthig gehabt haben, sogar das Größenverhältniß des neuen Beizeichens genau zu bestimmen.
Mit dem angegebenen „Fingersbreit" wollte man wol nur bezwecken, daß dieß auch auf die Entfernung
sichtbar sein solle. Ich schließe endlich eben aus diesem Maßstabe, daß, wenn der Schragen auf den Ohren
eines Fingers Breite hatte, das ganze Kleinod 14—16 Zoll in natura doch gewesen sein müsse [4]).

Aus England ist ein merkwürdiges Beispiel von Schenkung eines Kleinodes und von dem Unter=
schiede zwischen erblichen und persönlichen Kleinoden bekannt. (Eduard III. führte, bevor er König wurde
(1327), als Kleinod einen Adler, später als König den stehenden gekrönten Löwen, das Kleinod aller eng=
lischen Könige. Im Anfang seiner Regierung verlieh er nun sein (persönliches) Kleinod des Adlers an
Wilhelm von Montagu, Grafen von Salzberg (Salisbury), und damit er „die Ehre dieses Kleinodes

---

[1]) Siehe mein Wappenwerk: „Hoher Adel", unter Oettingen, S. 6.

[2]) Das frühere Kleinod der Zollern war ein mit Lindenblättern besätes Schirmbrett, ganz ähnlich dem XXVI. 1187.

[3]) Wären es Hörner, Flügel, Schirmbretter oder dergl. gewesen, so würde man sich wol kaum darum gestritten haben. Der
Brakenrumpf als Kleinod ist sehr selten und ist mir außer Zollern und Oettingen aus älteren Zeiten nur dem
württembergische † Geschlecht Waldegg bekannt, welches vor 1300 auch ein Schirmbrett, später einen Brakenrumpf, # mit
v. Ohren, darauf zwei geschrägte v. Rechen als Kleinod führte und ursprünglich das Waldvogtamt der Grafen v. Calw
inne hatte (siehe mein Wappenwerk: „† schwäbischer Adel", S. 16); hieher dürfen aber diejenigen Wappen nicht gezält
werden, welche als Namensanspielung einen Braken führten oder führen, z. B. die Hardter v. Prackenfels, die
Prasch u. a.

[4]) Dieses Maß wird auch durch einen Grabstein der v. Oettingen aus dem Jahre 1353 zu Kirchheim im Ries bestätigt, auf
welchem der Graf in voller Rüstung und in Lebensgröße abgebildet ist, der Kübelhelm mit dem Brakenkleinod unter dem
Haupte liegend.

um so beſſer aufrecht erhalten könne", gab er ihm dazu verſchiedene Lehen. Der Graf von Salzberg aber
verlieh hinwiederum auf den Wunſch des Königs dieß Kleinod des Adlers an Lionel, den Sohn deſſelben,
dem er zu Pathe geſtanden war. Der König nahm dieß Geſchenk gnädiglich an und belieh dem Grafen
die Lehen [1].

Ein ähnliches Ehrengeſchenk machte Pfalzgraf Ruprecht von Bayern, dd. Speier, 1. Dezbr. 1353,
ſeinen Reſſen Adolf und Johann Gebrüder Grafen von Naſſau, indem er ihnen zu rechtem Lehen für
dieſe und ihre Erben „allewege zwene die eldeſten Sone von des vatters ſtamme, die graven zu Naſſowe
ſin".... „zwei Hörnner von irm Wappen von Raſſow vf dem Helme zu furen vnd da tuſchen eyn gulbin
Lewen ꝛc. [2]" verlieh. Dieſer (rothgekrönte) ſitzende goldene Löwe, wie ihn die Grafen von Naſſau ſeitdem
zwiſchen zwei mit goldenen Schindeln beſäten blauen Hörnern ſitzend führten, war ein Ehrenkleinod [3]. Zugleich gibt uns vorliegender Fall ein Beiſpiel von Vereinigung zweier Kleinode auf einem Helm, wie ſie
in der deutſchen Heraldik öfters vorkommt [4].

Ueber den Stoff der Kleinode laſſen ſich aus dem Vorhergehenden nur inſoferne Folgerungen ziehen,
daß es dem betreffenden Wappenherrn anheimgeſtellt war, dieſen nach Luſt und Gutdünken oder je nach
vorhandenen Mitteln zu wählen. Ebenſo mag urſprünglich oft der Verbindung zwiſchen Helm und
Kleinod beliebig dem Wappenträger anheimgeſtellt geweſen ſein, denn wir finden z. B., daß Kleinode zur
Seite oder oben aus dem Helme ohne Weiteres hervorkommen, während bei andern die Art der Befeſtigung
durch ein darübergezogenes Tuch, welches unmittelbar in die Helmdeken übergeht, verborgen wurde. Etwas
ſpäter kamen die Wulſte, Pauſche, Ringe, Kränze, Kiſſen und die Helmkronen als Mittelglieder zwiſchen Helm und Kleinod auf.

Wir haben geſehen z. B., daß die Raittenpuecher einen aus roth und weißer Seide gewundenen
Bauſch oder auch eine gelbe Krone 1294 als Vermittlungsglied auf ihrem Helme führten, und es iſt,
der beſagten Urkunde nach, wenigſtens dortmals ein Rang- oder Werthunterſchied zwiſchen beiden Arten
von Vermittlungen nicht erſichtlich.

---

[1] Die Urkunde iſt abgedrukt bei Montagu, S. 71. Die betreffende Stelle lautet: And now the said earl hath at our
request of his great affection, granted to Lionel our most dear son, to whom the said earl stood godfather,
the said creat to be by him borne to our honour and remembrance..... Datum Kyenraynge 10
Sept XIII. (1340).

[2] Siehe mein Wappenwerk: „Deutſcher Bund", unter Naſſau, S. 41. Die Urkunde iſt nach dem Original im Jdſteiner
Archiv wörtlich abgedrukt in: Roſſel, das Stadtwappen von Wiesbaden. 1861. S. 64.

[3] Der erwähnte Graf Johann von Naſſau hatte ſchon früher — 1344 — von einem Grafen von Katzenelnbogen deſſen
Kleinod „aus Liebe und Freundſchaft auf ſein lebenlang zu führen" erhalten (Wend: Heſſ. Geſchichte, I. b., p. 177), und
hat alſo nochmals 1353 ſein Kleinod verändert oder vielleicht in Wirklichkeit zweierlei Kleinodhelme gehabt, je nach Gelegenheit und Bedarf.

Daß die Kleinode in älteren Zeiten bei uns veränderlich geweſen, erhellt ſchon aus den obenangeführten Beiſpielen
von Kauf und Schenkung neuer Kleinode; es mögen aber auch Erbſchaft, Amt und Heurat, wol auch bloße Laune dazu
beigetragen haben.

So führt Ulrich von Abensberg in ſeinem Reiterſiegel de anno 1306 auf dem Helm ein Fähnlein, während ſein
Sohn Albrecht 1396 ſchon die beiden Eſelsohren (XXIX. 1226) führt.

Durch die Veränderung des Kleinods hat man in der deutſchen Heraldik auch Unterſcheidung verſchiedener Zweige
eines Geſchlechtes bezwekt und ſehr häufig kann man gleiche Schilde verſchiedener Geſchlechter nur durch die Kleinode
unterſcheiden.

[4] Eine ähnliche Vereinigung finden wir z. B. beim alten kurſächſiſchen Wappen, wo der Helm den hohen Hut (ſächſiſches Kleinod)
zwiſchen den mit Fähnlein beſtekten Hörnern, (Kleinod des Erzmarſchallamtswappens) trägt (ſiehe mein Wappenwerk:
„Deutſcher Bund", Sachſen). — Zwei, wenn nicht gar drei Kleinode ſind ferner vereint auf dem Helme der v. Bülow,
Mecklenburg (ſiehe mein Wappenwerk: „Preußiſcher, ſächſiſcher, heſſiſcher und mecklenburgiſcher Adel").

Was die Pausche betrifft, so waren sie in der älteren deutschen Heraldik weniger in Uebung als in der späteren, wo man sie namentlich in bürgerlichen Wappenbriefen „als ein gewunden Pausch oder Punt" oft ertheilt und beschrieben findet. Dagegen hat die französische Heraldik diese Art von Vermittlung unter den Namen fermails, fermant, carcans, agrafes mehr als die Kronen angewendet, und diese Ringe waren nicht selten von echtem Gold und Silber und mit Edelsteinen besetzt, je nach den Wappenfarben. So finden wir z. B. im Turnier des Königs Renatus von Lothringen, daß der Sieger Ferdinand von Lothringen als Dank (Preis) erhielt

Un fermaillet d'or tout marcis,

Semé de diamants et rubis [1]).

Kronen sind noch im 14. Jahrhunderte auf deutschen Helmen selten, wie denn noch in der Züricher Wappenrolle nur zwei gekrönte Helme (Kärnten und Oesterreich) vorkommen, ob aber vom Uranfang den gekrönten Helme ein bestimmtes Vorrecht gegen die nichtgekrönten zugestanden war, läßt sich nicht sicher erweisen [2]). Gewiß ist, daß schon im 15. Jahrhunderte die „Besserung" eines Wappens durch alleinige Zugabe einer Krone auf den Helm verwirklicht wurde, z. B. 6. Januar 1439 von A. Albrecht II. am Wappen des Ulrich Schochtel [3]), welche Sitte dann im Laufe der Zeit so ausgeartet ist, daß man sich einen „ungekrönten" abligen Helm gar nicht mehr zu denken vermochte. Mit oder ohne urkundliche Erlaubniß wurden nach und nach alle Helme auf deutschen Wappen gekrönt und zwar nicht selten zum Nachtheile des Kleinodes selbst, welches sich in eine Krone gezwängt, oft unangenehm gedrückt, mager oder gestreckt ausnimmt, wie denn z. B. ein paar Hörner, Flügel u. a. schwungvollere Linien zeigen können, wenn sie etwas mehr an den Seiten des Helmes als direkt aus einer Krone oben hervorkommen dürfen (vgl. XXVI. 1180 ff. u. 1189 ff. — XXVII. 1197), oder ein Rumpf, eine wachsende Figur sich bessergeformt ausnehmen werden, wenn sie ohne Mittel in die Deken übergehen, als wenn sie durch eine Krone unten abgeschnitten werden (z. B. XXVII. 1207 ff., XXVIII. 1210 u. 1212 ff.).

Die Stellung der Kleinode richtet sich nach der des Helmes, und es kann daher z. B. ein Thier-Rumpf bei einem vorwärtsgekehrten Helm nach vorne, und ein andermal, wenn der Helm nach rechts oder links gekehrt ist, eben dahin gewendet, von der Seite aus gesehen werden. Die schlechteste Zeit der Heraldik hat (aus Aengstlichkeit vor allenfallsiger Subsumirung von Bastardie, s. u. b. d. Beizeichen), wie die Figuren im Schilde, so auch die Kleinode nach rechts gekehrt, mochte der Schild oder der Helm auch nach vorne oder gar nach links sehen. Daß dieß gegen alles Wesen der Heraldik, erhellt dem denkenden Leser von selbst.

Nach diesen einleitenden Bemerkungen über die Kleinode komme ich zur Aufzählung der am Häufigsten vorkommenden Arten derselben. Die Kleinode lassen sich im Allgemeinen eintheilen in Hörner und Flügel, Büsche, Rümpfe, wachsende und ganze Thiere oder Menschen, und in Gegenstände menschlicher Erfindung, als Hüte, Ballen, Köcher, Schirmbretter 2c. Die meisten Kleinode dienen neben ihrem Zwecke als Helmschmuck auch noch durch ihre besondere Form oder Bemalung als Mittel, einen geistigen und bildlichen Zusammenhang mit dem dazugehörigen Wappen vor Augen zu stellen. Manche Arten von Kleinoden sind, so möchte man glauben, schon mit dieser Absicht erfunden oder gewält worden, und diese könnte man füglich Hülfskleinode nennen, z. B. die Köcher, Schirmbretter, Stulphüte u. a. Jedes dieser einzelnen Kleinode wird wieder, je nach der Zeit seines Entstehens, verschiedene Form zeigen und es kann seine

---

[1]) Mémoires de la societé des antiquaires, X. 300 sqq.

[2]) Ich erinnere mich, in alten Chroniken zu verschiedenen Malen gelesen zu haben, daß bei diesem oder jenem Streit so viele Helme, „darunter so und so viele gekrönte", gewesen seien, bin jedoch im Augenblicke nicht im Stande, die betreffenden Stellen hier genauer angeben zu können.

[3]) Lichnowsky: „Regesta", Nr. 4141.

Hauptfigur auf mannigfaltige Art geschmückt, verziert und verschönert sein, z. B. durch Bestekung mit Federn, Pfalen, Binnen oder Kämmen u. s. w.

Ich nenne als die erste Gruppe der in Deutschland am häufigsten vorkommenden Kleinode die Hörner[1], welche paarweise zusammenpassend, so wie sie der Ochse oder Büffel trägt, auf den Helmen erscheinen und zwar in frühesten Zeiten mit natürlichen Enden, i. e. Spitzen „geschlossen", kürzer und gedrungener (XXVI. 1180, 81, 82, 85), später allmälig mehr in die Länge gezogen, oben gerade abgeschnitten (1183, 84), zulezt mit einem schalenförmigen Ansaz, den sogenannten Mundlöchern oder Mündungen an den Enden (1189, 90). XXVI. 1180 ist von einem sehr schönen Reitersiegel des Landgrafen Heinrich von Hessen 1289. Die Verzierung dieses als Büffelhörner gekennzeichneten Kleinodes besteht nach der Praxis in späteren hessischen Wappen aus g. Stäbchen, deren jedes drei Lindenblätter trägt. Mir scheint, daß man einfach mit Lindenzweiglein besteckte Hörner vorstellen wollte. Diese Verzierung ist in älteren Wappen und fast alleinig nur bei den Hörnerkleinoben zu finden, wie denn z. B. auch die Hörner am bayerischen Kleinod mit derlei Lindenzweigen oder Blätterstengeln zuweilen besteckt erscheinen. Aehnlich ist das Kleinod 1182 von einem Siegel Friedrichs von Trubenheim aus d. J. 1291. Hier steht zwischen den Kuhhörnern ein Fliegenwedel, resp. einige Pfauenspiegel, in einem Schafte.

Mehr gebogen und nicht verziert sind die Ochsenhörner auf dem Helme 1181 nach einem Glasgemälde im Dom zu Regensburg c. 1350. Der dazugehörige Schild enthält einen s. Schrägbalken in B. Diese Schildesfigur ist auch auf dem Kleinode durch die in der Schräge angebrachten s. Spangen an den h. Hörnern betalbisch angedeutet[2]. — (1183) ist nach einem Grabstein des Heinrich Ambranger, † 1410, im Kloster Baumburg und (1184) nach einem solchen des Georg v. Preifing, † 1487, bei St. Emmeran in Regensburg. Bei beiden zeigen die Hörner besonders gefällige Konturen und sind oben gerade abgeschnitten. Die Hörner am ambranger Helm sind wie die des preifinger zweifarbig, und während bei lezterem der gekrönte Sittich dazwischen sizt, sind jene außen verziert und zwar das vordere (r.) Horn mit s. Hahnenfedern, das

---

[1] Daß diese Figuren wirkliche Hörner waren und vorstellen sollten, ist nicht nur aus der Ueberlieferung, sondern auch aus der Form unwidersprechlich erwiesen. Daß man manchmal Elefantenzähne, Eberbauer oder wol gar Elefantenrüssel dahinter suchte und sie so nannte, ist nicht zu läugnen; ich sehe aber nicht ein, warum man von dem nächstliegenden zu dem ferneren greifen solle. Daß Eberbauer auch von den Ureltern je so groß und mafsig gewesen seien, um sich als Kleinod bemerkbar zu machen, steht zu bezweifeln, doch wäre es in einzelnen Fällen möglich anzunehmen. Daß man Elefantenzähne bei uns in Deutschland auf dem Helme getragen habe, ist unwahrscheinlich, noch unwahrscheinlicher aber ist es, daß man in der echten Heraldik sich je ein paar Elefantenrüssel auf den Helm gesteckt habe. Wo sollte man auch die Elefanten dazu herbekommen haben, die man doch kaum als Wappenbilder resp. Schildesfiguren kannte, und wie sollten wirkliche Rüssel als Helmschmuk nur einigermaßen praktisch gewesen sein? Ich habe daher nicht ohne Erstaunen den Auslaß gelesen, den Hr. Rietstap in seinem vortrefflichen „Handbock der Wapenkunde“. Gonda 1857, in diesem Betreff S. 303 macht, in welchem er zu Gunsten der Elefantenrüssel und zu Ungunsten meiner Ansicht wörtlich sagt: De heer von Hefner voert in zijne Grundzäge der Wappenkunst een heftigen strijd tegen de schrijvers die den naam van olifantstrompen durven geven aan deze voorwerpen, die hij en de Duitsche heraldiek steeds buffelhoorns (Büffelhörner) gelieven te noemen. Gaarne neem ik zijne verzekering aan dat het in den oorsprong buffelhoorns geweest zijn; maar waarom beeldt men ze dan onveranderlijk als olifantstromen af? Want het is mij volslagen onmogelijk iets anders daarin te zien. Men zou zich bespottelijk maken door, op een olifant wijzende, te zeggen: Ziedaar een buffel? Is het dan niet even belachelijk olifantstrompen te teekenen en den beschouwer te willen opdringen dat het buffelhoorns zijn? Het eenige gevolg, t'geen men uit dezen twist kan trekken is dat het aan de Duitsche kunstenaars in den loop der tijden geheel ontgaan moet zijn hoe een buffelshoorn er uitziel.

Könnte man nicht mit demselben Rechte fragen, ob es nicht den niederdeutschen Künstlern im Laufe der Zeiten gänzlich entgangen sei, wie Büffelhörner aussehen?

[2] So finden sich noch manche andere Schildesbestheilungen an den Hörnern des Kleinodes angedeutet, z. B. bei den Welden, bei denen das vordere Horn roth, das hintere grün mit s. Spange, entsprechend dem von R. u. Gr. gespaltenen Schilde, dessen gr. Hälfte einen s. Pfalen hat. Die Welden führen außerdem noch ihre Hörner mit Pfauenspiegeln außen und in der Mündung besteckt.

hintere (s.) mit r. Binnen oder Kamm. — (1185) nach einem nothaft'schen Siegel v. J. 1385. Die Farbe der Hörner und Spangen gibt hier den Wappenschild, welcher in G. einen b. Balken hat, soweit thunlich wieder. Das (s.) Hündlein, das zwischen den Hörnern steht, mag ursprünglich aus Liebhaberei irgend eines Rothaft hinzugekommen sein, vielleicht hat es aber auch amtliche oder genealogische Bedeutung. In späteren Zeiten findet man den Hund als Leitbraken mit Halsband ¹) in der Regel sitzend. — (1190) ist von einem ebenstetter'schen Denkmale v. J. 1490 zu Kloster Gars. Dort steht der Ritter geharnischt baarhaupt mit einem Fähnlein (XXXV. 1318) in seinen Wappenbildern in der Hand und der Helm (Salat) mit dem Kleinode zu seinen Füßen. Hier finden wir schon den Anfaz der Mundlöcher bei den r.-s.-übereckgetheilten Hörnern; (1189) nach dem Wappen des Pfalzgrafen Hans von Bayern-Sponheim bei Riz na Blatt 10. Zwischen den b.-s.-gewelten Hörnern fizt ein g. Löwe, r.-gekrönt mit einem Pfauenschweif in der Krone. Das Beispiel gibt eine gelungene Vereinigung dreier Kleinode, die Hörner wegen Bayern der Löwe wegen Pfalz und der Pfauenbusch wegen Sponheim. Die Mundlöcher der Hörner sind hier schon sehr ausgeprägt, aber beide lassen die eigentliche Oeffnung nicht erblicken, wie sonst in der Regel üblich. Daß diese Mundlöcher gleichfalls benüzt werden, um sie mit Federn, Ballen oder andern dergleichen Dingen zu füllen, bestehen oder verzieren, ist eine hinlänglich bekannte Thatsache.

Die zweite Gruppe der Kleinode bilden die Flügel und Flüge ²). Ihre Form ist mehr oder minder der Natur ähnlich, grenzt aber manchmal so nahe an die eines Schirmbrettes, daß ich nach Betrachtung vieler Beispiele alter und neuer Flug- und Schirmbrettformen der Ansicht geworden bin, diese beiden Arten heraldischer Kleinode seien ursprünglich so nahe verwandt, daß sie sich in manchen Fällen gar nicht mehr auseinanderhalten lassen ³). Dabei soll nur gesagt sein, daß die ausgeprägte Form beider nicht karakteristisch genug zur Unterscheidung wäre (vgl. XXVI. 1192 u. XXVII. 1183).

Die Flüge und Schirmbretter geben durch ihre größere Fläche noch mehr als die Hörner Gelegenheit, die Schildesbilder zu wiederholen. So führten z. B. die Grafen von Hals in S. einen b. Balken; ihr Kleinod hier (1188) und (1194) nach zwei Siegeln aus den Jahren 1289 und 1290 zeigt einen offenen Flug mit dem Balken belegt. Aehnlich läßt sich aus den Flug- und Schirmbrettkleinoden der meisten Familien erkennen, wie sie im Schild gewappnet erscheinen, z. B. Luchs, Regensburg: in R. drei s. Lilien. Ihr Kleinod (nach einem Glasgemälde im Dom daselbst um 1350) siehe 1193; Ruestorffer, Bayern: Ihr Schild in ⚏ ein s. oberes Ort; ihr Kleinod (XXVII. 1195) nach einem Siegel; Rinkhofer, Bayern: in ⚏ unter s. Haupt ein s. Ring; ihr Kleinod nach einem Grabsteine zu Trostberg (XXVII. 1196). Martin, Wasserburg: in R. auf ⚏ Dreiberg ein nakter Knabe; ihr Kleinod: 1198; Aspermont, Rheinland: in R. ein s. Kreuz; das Kleinod: 1192. Wo aber nicht die ganze Schilderei auf dem Kleinode, Flug- oder Schirmbrett wiederholt erscheint, da finden sich doch meistens noch die Schildesfarben oder Thei-

---

¹) Daß der Hund einen Henkerstrik um den Hals tragen solle, wie der Volksmund will — indem er auf die richterliche Thätigkeit des niederbayerischen Bizthums Rothaft bei der Ertränkung der Agnes Bernauer anspielt —, halte ich für Nichts mehr als eine Fabel.

²) Ein einzelner Flügel wird auch in der Heraldik so benannt (1193, 95, 98); z. B. zwei Flügel heißen Flug, und zwar wenn sie von vorne gesehen werden (1192, 94, 97, 1200), offener, und wenn sie von der Seite gesehen werden, sich also beinahe beken (1196), geschlossener Flug. Wird ein Helm mit offenem Flug seitwärts gekehrt, so soll der Flug geschlossen erscheinen, oder umgekehrt der geschlossene Flug ist von vorne gesehen ein offener.

³) So ist von manchen Geschlechtern nachzuweisen, daß ihre Helmzierden, welche ursprünglich (wenigstens für unsere Augen) Schirmbretter waren, in späteren Zeiten als ausgeprägte Flüge erscheinen. Ein Beispiel derart gibt das Wappen der Mämminger zu Regensburg, deren Kleinod nach einem Grabsteine von 1350 unter (1191) dargestellt ist und einem Fächer oder Schirmbrett ähnlicher sieht als einem Fluge, während dasselbe Kleinod derselben Familie ein Jahrhundert später als ausgeprägter schwarzer Flug erscheint (Hilmaier's regensburger Wappenbuch, Mss. im Besiz des histor. Vereins von Oberpfalz Bgl. auch die Flüge bei Brebius, S. 57 ff. und bei Cibrario, tab. 8 ff.).

lungen darauf angebracht, z. B. XXVII. 1197 das Kleinod der Wartenſteiner, ein b., g.-überelge-theilter offener Flug, welche den Schild b. und g. geviertet, in 1. und 4. einen halben g. Adler, in 2. und 3. einen ⚜ Löwen auf Felſen führten; oder (1200) das Kleinod der Prunner, Bayern, ein Flug r., g. (nach einem Grabſteine in Inderſtorff v. J. 1407). Im Schilde ein r. Brunnen in G.

Was die Form der Flüge und Schirmbretter anbetrifft, ſo wird ſelbe aus den Tafeln XXVI. und XXVII. zur Genüge erſichtlich. Die Schirmbretter 1185 u. 1187, erſteres ex sigillo ducissae Agnetis de Silesia, 1380, wiederholt den Schild in Farben und Theilungen, letzteres nach einem öttingiſchen Siegel um 1300, hat keine der Schildesfiguren wiederholt[1]), ſondern iſt mit Lindenblättern beſät und an den Spitzen mit Ballen beſtekt. In beiden Fällen erſcheint das Schirmbrett doppelt, nach Art eines ge-ſchloſſenen Fluges; die eigentlich bekannte Form dieſer Kleinodgattung iſt aber entweder rund oder ſechs-eckig, an den Spitzen meiſtens mit Kugeln und Federn verziert (1192). Auch die Schwingen der Flüge erſcheinen oft mit Lindenblättern an den Spitzen (1200) verziert, zuweilen enden auch die feinen Fäden zwiſchen den Schwingen mit ſolchen Blättern, wie z. B. beim niederbayeriſchen Flugkleinod.

Die dritte Gruppe der Kleinode ſind die Federn und Federbüſche. Unter dieſen ſind Pfauen- und Hahnfederbüſche wol die älteſten, Straußenbüſche aber die jüngſten; die Federnkleinode kommen ſelten ohne alle Verbindung aus dem Helm (wie 1199 nach einem ſavoiſchen Siegel), am häufigſten ſind Kronen als Vermittlungsglieder und es nehmen ſich in der That auch nur in dieſer Art die Büſche wirklich ſchön aus. Ein allbekanntes Kleinod dieſer Gattung iſt das öſterreichiſche mit dem Pfauenbuſch (1201). Die Freiberg führen einen weißen Federbuſch, urſprünglich nach Siegeln und in der Züricher-Rolle gänſefeder-artig, gerade, ſpäter und ſchon zu Anfang des 15. Jahrhunderts mit ausgeprägten Straußfedern, d. h. oben übergeſchlagen (1202). Bei 1203, nach einem holzhauſer'ſchen Grabſteine zu Frankfurt kommt der ⚜ Hahnfederbuſch zwiſchen zwei s. Roſen hervor. Die Holzhauſer führten in ⚜ drei s. Roſen. Hahn-federbüſche ſind zuweilen mißverſtanden, in ſpätern Zeiten als Gras oder Schilf wiedergegeben worden, z. B. bei den Beyſſel von Gimnich, wo die Ente auf dem Helm jetzt vor gr. Schilf, ſtatt vor ⚜ Hahn-federbuſch ſteht (ſ. m. Wappenwerk: Pr. Adel). Zuweilen ſind die Federn in einem Schaft ober Köcher, wie bei XXIX. 1232 ff., und überhaupt dienen Federn und Pfauenſpiegel als erwünſchtes Mittel, um damit alle Arten Kleinode zu beſtekten und zu verſchönern, z. B. a. a. O. 1227 die Hirſchſtangen, 1228 den Mond, 1229 die Sichel, 1230 den Hut, 1233 das Hüfthorn, 1235 die Scheuer, 1236 die Lilie, 1237 die Kugel und 1239 den gekrönten Ring. Auch auf Taf. XXVIII. finden ſich noch Beiſpiele der Art: 1210, 12, 13, 19, 23 und in praxi überhaupt unzählige.

Die vierte Gruppe von Kleinoden bilden die Hüte. Wir haben im Allgemeinen zweierlei Hüte: hohe (XXIX. 1230, dann auf mehreren Rumpfkleinoden XXVII. u. XXVIII.) und niedere (XXIX. 1237), alle ohne Ausnahme aber ſind in der alten Heraldik geſtülpt, d. h. es zeigt ſich unten das Futter des Hutes in einem breiten Umſchlag. Erſt ſpäter hat man angefangen, bei gekrönten Helmen mit Stulp-hüten an letzteren den Stulp allmälig hinter die Krone zu verſteken und letzlich ganz durch dieſe zu erſezen; hiedurch iſt die unpaſſende, in der Zopfzeit häufig vorkommende Blaſonirung von hohen Stulphüten als „Säulen" oder „Pyramiden" in einer Krone entſtanden.

Die Hüte ſind gleichfalls ſehr geeignet, die Schildesbilder und Farben darauf zu wiederholen und gehören in dieſer Beziehung auch zu den Hülfskleinoden, zuweilen dienen ſie jedoch blos als Vermittlungsglied zwiſchen der eigentlichen Kleinodfigur und dem Helme, z. B. der r.-geſtülpte niedere g. Hut auf dem Helme der engliſchen Könige, zwiſchen deſſen Stulp der Löwe, das eigentliche Kleinod, ſteht. So ſcheint bei XXIX. 1237 der ⚜-geſtülpte niedere s. Hut nur Vermittlung und die s. Kugel mit den ⚜ Federn beſtekt, das

---

[1]) Den dazu gehörigen Schild ſiehe IX. 77. Die Farben des Kleinodes habe ich analog den Wappenfarben der Oettingen gemalt, kann aber nicht für die Richtigkeit einſtehen, da ich kein gemaltes öttinger Kleinod dieſer Form geſehen habe.

eigentliche Kleinod. Die g. Lilie, mit welcher der Stulp belegt, ist eine Wiederholung aus dem Schilde des Ritters Johann v. Lorch, von dessen Wappen aus dem J. 1532 das Kleinod genommen ist.

Der hohe Stulphut ist in der Regel an der Spitze mit Federn irgend einer Art bestekt, welche Befestigung entweder, jedoch selten, direkt sich zeigt, oder durch eine Kugel, Krone u. dgl. vermittelt wird. 1230 ist ein s.-gestülpter hoher r. Hut, gekrönt und mit r., s., # Federn bestekt, als Kleinod der Höchenkircher von Bürgen, nach einem Grabsteine vom J. 1542 daselbst. — Sehr häufig sind Hüte nicht blos in den Farben, sondern auch in den Bildern, mit denen sie bemalt erscheinen, eine Wiederholung des Schildes, und zwar eben so oft in gerader, wie in umgekehrter Ordnung. So z. B. führen die Zoller von Straubing den Schild getheilt von R. und S., unten drei r. Ballen; ihr Kleinod ein s.-gestülpter r. Hut, der Stulp mit den drei Ballen belegt; hier ist also die ganze Wappnung auf dem Hute wiedergegeben, und zwar in der gleichen Stellung, dagegen führen z. B. die Precht von Hochwart: getheilt von R. und G., oben drei g. Weken nebeneinander; ihr Kleinod: ein r.-gestülpter g. Hut, mit # Federn bestekt, auf dem Stulp drei g. Weken. In diesem Falle zeigen sich die Schildesbilder und Farben in verkehrter Ordnung auf dem Kleinode.

Daß die Hüte, soferne sie als wirkliche Kleinode gebraucht wurden, von weichen Stoffen, also etwa von Tuch oder Seide gewesen seien, glaube ich aus vielen gutgearbeiteten heraldischen Denkmalen entnehmen zu können, bei denen der Künstler sogar die schweren oder leichten Falten des Originales auf dem Steine wiedergab, z. B. bei einem Schelbed'schen Grabstein in Trostberg.

Eine besondere Art von Hüten waren die aus Stroh geflochtenen Badhütchen, die im Mittelalter in Gebrauch standen; deren führte z. B. drei gestürzte nebeneinander auf dem Helm das altbayerische Geschlecht der Stumpf, wie hier (1231) nach einem Grabsteine im Kreuzgange zu Jnderstorff.

Eine fünfte Gruppe von Kleinoden findet sich in den Rümpfen und den wachsenden Bildern von Menschen und Thieren.

Diese Klasse von helmzierden rechne ich unter die dankbarsten in der Heraldik, theils wegen der Leichtigkeit, mit welcher sich lebende Figuren des Schildes in ihnen als Kleinode wiedergeben lassen, theils wegen der Möglichkeit, auf der Oberfläche derselben todte Schildesbilder (Herolds- und Kunstfiguren) zu wiederholen, theils endlich auch wegen der Schönheit ihrer Formen. XXVII. 1204 bis XXVIII. 1222 geben verschiedene Beispiele von Rümpfen und wachsenden Bildern. Den letzteren Ausdruk „wachsend" gebraucht man in der Heraldik von menschlichen und thierischen Figuren, welche bis über die Hälfte des Leibes aus einer bestimmten Begrenzungslinie hervorstehen; kommen sie aus einer Krone, so sagt man auch wol „hervorbrechend". Der Unterschied der wachsenden Figuren von den Rümpfen ist der, daß jene immer noch die beiden Vorderfüße, Pranken, Arme, bei Vögeln die Flügel zeigen, während leztere blos Kopf, Hals und Brust, ohne Arme, Füße oder Flügel bemerken lassen. Dazu bemerke ich noch, daß man in besseren Mustern bei wachsenden vierfüßigen Thieren den Schweif nicht sieht und daß beide Arten von Kleinoden am Rüken auch mit Federn, Ballen und Binnen verziert erscheinen. Welche der beiden Gattungen älter sei, ist nicht grundsätzlich hinzustellen, in der Regel aber sind Rümpfe älter als wachsende Figuren, und man hat in späteren Zeiten gar oft aus dem Rumpfe in älteren Mustern eine wachsende Figur gemacht. Es finden sich aber ebenso frühe schon Beispiele von wachsenden Bildern in Siegeln und auf Denkmälern und namentlich enthält die Züricher-Rolle deren eine gute Anzal.

Die auf den Tafeln mitgetheilten Muster sind: 1204 zwei s. Hahnenrümpfe mit r. Waffen [1]) aus einem Siegel des Rüdiger Manneffe vom J. 1358. — 1205 ein g. Löwenrumpf, gekrönt und mit Pfauenschweif in der Krone, die b. Deke unter dem Haar des Rumpfes hervorkommend, nach dem bemalten Grab-

---

[1]) Ich bemerke, um Mißdeutungen zu entgehen, daß, wo ich hier ein Siegel vor dem 16. Jahrhundert als Quelle anführe und die Farben dazu benenne, diese lezteren natürlich nach gemalten Beispielen desselben Wappens ergänzt seien.

steine des Günther v. Schwarzburg in Frankfurt [1]). — 1206 ein r.-gekleideter Mohrenrumpf mit r., s.-gewundener Kopfbinde und g. Ohrring, Kleinod der Haller nach einem gemalten Denkstein vom J. 1376 in der Nähe des St. Johanniskirchhofes in Nürnberg. — 1207 ein nakter weiblicher Rumpf mit g. Zöpfen, r., s. Kopftuch und niederem r. Hut darüber, nach dem Grabsteine der Tutlinger zu Trostberg. — 1208 ein g.-gekleideter Mannsrumpf mit #-gestülptem g. Hut, der an der Spize mit # Hahnfedern besteckt ist, l. Helm des trennbed'schen Wappens aus dem herzheimer Stammbuch vom J. 1520. (Den Stammschild der Trennbeden s. XXXI. 1257). — 1209 ein r.-gekleideter bartiger Mannsrumpf mit ganz r. Stulphut, der mit b.-s. Feder besteft ist, nach einem bemalten Denkmale an der Kirche zu haßfurt vom J. 1455: Kleinod der v. Seinsheim. — 1210 tichtl'sches Kleinod: ein s.-gekleideter bartiger Mannsrumpf mit b.-gestülptem s. Hut, gekrönt und mit b., s. Federn besteft, nach einem Grabstein zu Tuting vom J. 1532. Zuweilen findet man auf dem Hutstulp des Rumpfes die drei g. Sterne wiederholt, mit denen die Tichtl auf einem b. Schrägbalken in S. gewappnet sind. — 1211 ein r.-gewaffneter x Eselsrumpf nach einem Grabsteine der Feurer zu Pfetrach vom J. 1480 im Kloster Seeligenthal. — 1212 Kleinod der Pienzenauer, aus einer Krone hervorbrechend (sonst auch ohne Krone gerabezu aus den Defen), ein s.-gekleideter Mannsrumpf mit gezaftem # Fürtüchlein vor Mund und Ohren, und einem x-gestülpten, gekrönten, mit # Federn besteften s. Hut, auf dessen Stulp drei g. Aepfel sich zeigen (nach einem Denkmal zu Aibling). — 1213 ll. Helm der Trennbeden, Gegenstüf zu 1208, ein r. Drachenrumpf, ein g., gekröntes, mit s. Federbüschen bestektes Joch im Rachen haltend. — 1214 ein Bärenrumpf mit Kette um den Hals nach einem der Inschrift nach unkenntlichen Grabstein vom J. 1430 zu Altenbeurn am Jnn. — 1213 ein wachsender r. Adler mit g. Flügelspangen, nach einem gemalten Grabsteine der Burggrafen von Augsburg, ebenda im Domkreuzgang. Aus diesem Beispiel ist der ursprüngliche Zwek der Spangen auf den Flügeln besonders deutlich zu ersehen; sie dienten, um die aus Leder, Holz 2c. gefertigten Kleinode dieser Art, welche wegen ihrer größeren Fläche dem Fangen des Windes und dem Zerreißen mehr als andere Arten von Kleinoben ausgesezt waren, zu konsolidiren. Ebenso deutlich zeigt sich eine solche Spange auf dem Kleinodadler eines schlesischen Wappens in einem Siegel vom J. 1380, wo dieselbe mandartig geformt von einem Ende des Flügels zum andern und über die Brust gelegt ist (XXXVI. 1350). Merkwürdig ist bei diesem Siegel auch die außergewöhnliche faltenartige Stellung des Adlers auf dem Helme, während derselbe im Schilde regelrecht sich zeigt. — 1216 ein wachsender Wolf mit Gugel auf dem Rüken, nach einem Grabsteine vom J. 1485 zu Wasserburg. — 1217 ein wachsendes r.-gezäumtes x Roß, ex sigillo Sallach 1484. — 1218 ein gekrönter wachsender # Löwe, nach einem Denkmale eines Truchseß von Höfingen aus dem J. 1494 im Kreuzgang zu Augsburg. — 1219 ein wachsender Mann m r.-s., gestreiftem Rok, auf einem solchen Stulphut, der mit s. Federn besteft ist; in der Rechten schwingt er einen r., s.-gespaltenen Kolben: Kleinod der Kolb v. Warttenberg, nach einem Wappen vom J. 1532. — 1220 ein wachsender Bär an einem Apfel nagend, nach dem schon angeführten perenbed'schen Grabsteine zu Gars. — 1221 ein wachsender b.-gekleideter bartiger Mann mit g.-gestülptem b. Hut, der eine g. Quaste an der Spize trägt, eine Hellparte über der Schulter haltend, nach dem schönen Grabsteine des Hanns Baumgartner zu Kufstein vom J. 1493. — 1222 ein wachsendes r.-gekleidetes, gekröntes Frauenzimmer mit fliegendem g. Haare, einen gr. Kranz haltend, nach einem Wappen der Pernstorffer vom J. 1612.

Seltener als Rümpfe und wachsende Figuren sind ganze Menschen oder Thiere, z. B. 1223 auf r. Kissen (Vermittlungsglied) sizend eine s. Kaze, gekrönt und in der Krone mit s. Federbusch besteft: Kleinod

---

[1]) Das prachtvolle Denkmal ist, nach Böhmer's Mittheilung in der Tibaskalia vom 8 ff. Februar 1856, am 11. Dezember 1352 vollendet worden, also nur drei Jahre nach dem Tode des Grafen und Gegenkaisers. Da dieser in voller Kriegsrüstung abgebildet ist und seinen Kleinobelm selbst in der Rechten hält, so deutet dieß wol zweifellos darauf, daß hier kein wirklicher Streithelm mit wirklichem Kleinod abgebildet worden sei.

der Laiminger, vom selben Denkmale wie 1212. — Ein Bettler auf dem Helme der Bettler v. Herdern, hier (1224) nach der Konstanzer-Rolle. — 1225 ein Knabe in r., s.-gevierteter Kleidung, in der einen Hand ein g. Trompetchen, in der andern einen s. Ballen haltend: Kleinod der Kind, Steiermark, von der Schrot daselbst beerbt.

Noch seltener sind Köpfe von Menschen oder Thieren, die ohne Hals oder andere Vermittlung durch auf dem Helme liegen. — So führten z. B. die Woller von Regensburg im r. Schild einen s. Schrägbalken mit drei # Adlern belegt. Auf dem Helm erscheint ein bartiges Mannshaupt, dessen reiches s. Haupthaar zu beiden Seiten statt der Deken herabwallt (XXIX. 1227). Ich kenne von ähnlicher Art nur noch das Kleinod der Landschaben mit dem g.-gebarteten gekrönten Mannshaupt und aus neuerm Wappen das der (1740 geadelten) Merz in Bayern, welches ein gekröntes g. Löwenhaupt zeigt, dessen Mähne statt der Deken herabwallt. In unserem vorliegenden Falle sollte das Kleinod vielleicht auf den Namen anspielen, indem das Bart- und Haupthaar des wirklichen Kleinods etwa von Wolle gemacht war. Der Kopf trägt ein s. Geweih, dessen Enden mit # Hahnfedern besteft sind; eine Linie der Woller führte als Beizeichen auf dem Helm die hintere Hirschstange halb s., halb r. oder s.-r.-getheilt, wie auch hier nach einem Glasgemälde im regensburger Dom.

Der außer diesen Hauptgruppen noch vorkommenden Arten von Kleinoben sind so viele, daß man sie fast in ebenso viele Abtheilungen als Beispiele sondern müßte; der praktische Heraldiker wird bei Anblik eines derselben alsbald erkennen, ob und inwiefern es mit der Wappnung des Schildes in Beziehung steht. Ich ziehe es vor, hier nur beispielsweise einige weitere bestimmte Kleinode mitzutheilen.

1228 von einem Grabstein Herrn Wilhelm's v. Puechperg im Kreuzgang des Domes zu Regensburg. Der g. Mond ist aus dem Schild (in B. drei g. Monde) entnommen und zur Verschönerung an beiden Hörnern mit Pfauenspiegeln besteft. Aehnlich führen auch die v. Wöllwart in Württemberg ihren rothen Mond mit Pfauenspiegeln besteft, doch auf einem g. Kissen ruhend.

So ist auch die Sichel auf dem Helme nach einem streitberg'schen Denkmal ebendaselbst außen mit g. Pfauenspiegeln rundum besteft (1229), während sie im Schild ohne diese erscheint. — Die Esels-ohren (1226), s. u. #, sind nach einem abensberg'schen Siegel vom J. 1396. Der Schild ist von # u. S. schräggetheilt. — 1232 zwei mit Hermelin überzogene, mit # Hahnfedern besteste Schäfte nach einem Wappen der Raittenpuecher (s. oben 119) vom J. 1585. — 1233 ein g.-beschlagenes b. Hüfthorn, im Mundloch mit b., g. Federn besteft: Kleinod der Pelhaimer, Bayern; ihr Schild von G. u. B. schräggetheilt. — 1234 ein s., mit # Federn gefüllter Köcher [1], mit drei # Schafscheeren bemalt oder belegt: nach einem Grabstein der Eisenhofer im Kreuzgang zu Inderstorf vom J. 1459. Das alte Kleinod dieses Geschlechtes war ein s. Hut, oben darauf eine # Scheere (IV. 26). — 1235 das Kleinod der Beiserer, nach einem Denkmal vom J. 1460 zu Ulm: zwei #-gekleidete aus einer Krone hervorbrechende Arme halten einen s. Dekelbecher, der oben mit # Federn besteft ist. — 1236 Kleinod der französ. Könige, auch der Herzoge von Burgund: eine sogenannte Doppellilie, jedes Ende mit einem r. Federballen, alias auch Pfauenspiegel, besteft [2]. — 1238 auf #, s. Bausch zwischen zwei in den Mündungen mit s. Lilien besteften Hörnern, eine s. Lilie; nach einem Wappen des Christof Abele vom J. 1615. — 1239 ein r. Kissen, darauf eine g. Krone, aus dieser ein gekrönter s. Ring mit # Federn besteft, nach einem Denkmale des Wilhelm von Burgau vom J. 1425 zu Altenbeurn.

Wir ersehen aus dem vorgehenden Abschnitte über Helm und Kleinod, daß dieselben in der alten lebendigen Heraldik eine bedeutende Rolle gespielt haben und daß diese beiden Stüke in unserer heutigen Wappenkunst noch immer ein sinnreiches, bildsames und dankbares Erhöhungs- und Unterschei-

---

[1] Fahne: „Kölnische Geschlechter", II. 47, blasonirt einen solchen mit Federn gefüllten Schaft auf dem Helme der v. Geretstein als einen Stieselschaft.

[2] Vgl. mein Wappenwerk, unter Altfrankreich, T. 24 ff.

bungsmittel der Wappen selbst bieten. Es wäre daher wol ein nicht anerkanntes Geschenk, daß wir der modernen Richtung gewährten, wollten wir, wie von Seite des Verfassers der Schrift „Ueber das fürstenbergische Wappen" vorgeschlagen wird, Helm und Kleinod in der neuen Heraldik und ihren Produkten ganz weglassen und an ihrer Stelle nur Rangkronen anwenden — der Historiker wie der Künstler müßten wol diesen punischen Tausch nicht zu billigen, abgesehen davon, daß uns ja unter den jezigen Umständen beide Mittel — Kleinod-Helm und Kronen — zur freien Verfügung stehen.

XI. Die Helmdecken.

Die Helmbeken oder kurzweg Deken, lat. laciniae, tegumenta, franz. lambrequins, auch couvertures, engl. lambrequins oder mantlings, ital. lambrequini, span. penachos, ndb. helmdekkleeden, waren ursprünglich Bänder oder Zeug- und Tuchstüke, welche zur Befestigung der Kleinode auf den Helmen, wol auch zur Verdekung derjenigen Stelle, an welcher diese mechanische Verbindung selbst Platz fand, gebraucht wurden. Mit der Zeit mag wol auch der Schönheitssinn diesen Stoffen eine mehr oder minder gefällige Außenlinie oder Drappirung gegeben haben, im Allgemeinen aber glaube ich, daß man bei dem Begriff Deken dieselben vorerst nur als ein Mittel zum Zweke, nicht als den Zwek selbst zu betrachten habe; deßhalb möchte auch die Ansicht früherer Heraldiker, daß sie zum Schuze des Helmes erfunden worden, nicht haltbar sein. Es gibt viele alte Beispiele von Helmen mit Kleinoben, an denen gar keine Spur von Deken sich zeigt (z. B. IV. 29. XXVI. 1180, 87, 88, 94. XXVII. 1199), aber auch eine große Anzal von heraldischen Siegeln und Denkmalen ältester Zeit, bei denen tuch- oder bandförmige Vermittlungen dieser Art sich finden, z. B. XXVI. 1182. Da die Helmkronen an sich auch schon eine Art von Verbindungsgliedern zwischen Helm und Kleinod sind, so sollte uns am wenigsten wundern, wenn wir bei gekrönten Helmen die Deken am spätesten auftreten sähen. Beweise für das Gegentheil sind aber auch nicht selten.

Die Form der Deken ist je weiter zurük, desto einfacher. In der Züricher-Rolle, wo Schilde und Helme so ziemlich über eine Schablone gezeichnet sind, erscheinen zwar sehr viele Helme ohne Deken, die meisten aber haben eine solche und zwar in der einfachsten Form als enganliegende Müzen oder Hauben über den Helm gezogen. Weitaus die meisten Helme haben diese Müzen von rother Farbe oder von Gold, ohne Rüksicht auf die Farben des Schildes, bei andern ist die Verbindung des Kleinobs mit den Deken praktisch durchgeführt, indem das erstere aus einem Stük mit den lezteren besteht. Diese Art hat sich bis in das Ende des 15. Jahrhunderts, als die Deken schon längst sich in üppigsten Formen ergangen hatten, erhalten und es ist dieß in der That, wie ich schon oben bemerkt habe, einer der gefälligsten und handsamsten Uebergänge und Verbindungen zwischen Kleinod und Deken [1]).

Das Wachsen oder Größerwerden der Deken erzeugte die Möglichkeit, vielleicht auch die Rothwendigkeit, denselben passende und zugleich angenehme Konturen zu geben. Die Form von Krägen oder Mäntelchen, welche zwischen Helm und Kleinod ihren Anfang nehmen und entweder schwer und gerade herabfallend (XXVI. 1181, 82, 85. XXVII. 1205) oder mehr und minder flatternd und fliegend, lose oder gebunden (XXVI. 1193. XXX. 1240 ff.), zu einer oder beiden Seiten des Helmes erscheint, ist allmälig in

---

[1]) Vgl. hiezu die Helme und Deken bei II. 16, III. 30, und die Tafeln V. VI. VII. und XXVI—XXIX.

eine mehr ornamentirte übergegangen und zwar dadurch, daß man zuerst blos die äußeren Konturen der
Decken einschnitt (zattelte), nach und nach aber das Tuch selbst in mehrere Streifen schnitt, welche wieder für
sich gezattelt wurden. Daß die Decken, wenn der Ritter im Kampfe sich bewegte, hintenab fliegend sich zeigten,
mag Veranlassung gegeben haben, daß man bei Nachahmung von Wappen in Bildern die Decken gleichfalls
bewegt zeichnete; ein großer Unterschied blieb und bleibt aber immerhin zwischen den Biegungen und
Schwankungen eines in der Luft flatternden Tuches und dem künstlichen Faltenwurf, der einem solchen Tuche
im Bilde gegeben wird. Deßhalb muß man auch die Deckenformen und Gruppirungen auf heraldischen
Denkmalen und auf Reitersiegeln (z. B. XXXVI. 1348) wol auseinanderhalten, und wenn man gleichwol
letztere als eine so zu sagen momentan sistirte Bewegung betrachten will, so dürfte doch z. B. die Helmdecke
auf dem Siegel des Emicho v. Leiningen (II. 16) nur als licentia artistica betrachtet werden.

Von hohem Interesse für die Entwicklungsgeschichte der Decken ist ein Siegel, das ich (XXXVI. 1351)
gebe. Es ist nach einem Originale vom J. 1346 im hiesigen Reichsarchive und führt die Umschrift
† Sigillvm . walrao .. comit .. de . Spanheim. Der Ritter hält den sponheim'schen Schild in der Linken
und das Schwert in der Rechten. Der Kübelhelm ist gekrönt, mit Pfauenbusch besteckt, und auch das Roß,
dessen Decke mit dem sponheim'schen Schach überzogen ist, trägt das Kleinod des Helmes auf dem Haupte.
Am merkwürdigsten jedoch ist das abfliegende mantelartige schwerfällige Tuch, welches unter der Krone hervor-
vorkommt und offenbar eine Helmdecke vorstellt, welche aller Wahrscheinlichkeit nach in Wirklichkeit so groß
und so geformt war, daß sie dem Ritter über den ganzen Oberkörper herabfiel, vorne natürlich offen und an
den Seiten wol mit Schlitzen zum Durchstecken der Arme — gleichsam wie ein Uebermantel — versehen war.
Das Stoffmuster der Decke ist gleichmäßig wie das der Inseite der Pferdedecke behandelt. Ein weiteres
interessantes Beispiel von praktischer Auffassung der Helmdecken gibt der Denkstein des Johannes Herzheimer vom J. 1497, aus welchem die Figur des Ritters XXXIII. 1263 entnommen ist. Die Decken sind
hier in Form langer faltiger Tuchstreifen mit einem Knoten, in der Mitte geschürzt, und kommen unter der
Krone des Rennhelmes hervor.

Ich überlasse weiterer Forschung, durch Auffindung ähnlicher Beispiele, wie vorliegende, den praktischen Gebrauch der Helmdecken zu erläutern, jedenfalls verschwindet dem Anschein nach hier die oben
gegebene Bestimmung der Decke als Vermittlung gegen die einer kleidartigen Benützung derselben.

Ich habe auf Tafel XXX zwölf Muster von Decken aus den Jahren 1380—1612 nach Originalen mit
den betreffenden Jahrzalen zusammengestellt, woraus der Leser die Uebergangsformen sehr leicht selbst finden
wird [1]. Dazu bemerke ich, daß die mantelartige Form der Decken, die im 14. Jahrhundert vorherrschend war, sich im 16. u. 17. Jahrhundert, wenn auch in etwas limitirter Karakteristik, wieder vielseitig
geltend gemacht hat. Ich werde Gelegenheit haben, im II. Theile d. B. auf mehrere dergleichen Imitationen
der Renaissance gegenüber der ältesten Heraldik hinzuweisen. Die schönsten und reichsten Formen von Decken
hat die Zeit der Gothik geliefert und zwar in einer Mannigfaltigkeit, welche Bewunderung erregen muß.
Die zweite Hälfte des 15. Jahrhunderts war besonders fruchtbar in dieser Beziehung. Die schlechtesten
Formen von Decken, wie überhaupt von allen heraldischen Produkten hat das vorige Jahrhundert geliefert, und es ist nicht nöthig, dafür Beweise beizubringen, da sich dieselben Jeder zu hunderten selbst vor
Augen zu führen Gelegenheit haben kann.

Daß die Decken und Tücher schon von ihrem ersten Auftreten an eine Farbe gehabt haben, darüber
wird kaum ein Zweifel herrschen, wann man aber angefangen habe, diese Farbe in bestimmten Einklang
mit den Farben des Schildes oder des Kleinodes zu bringen, das möchte schwieriger zu bestimmen sein.

---

[1] 1240 ist von einem leublfinger, 1241 von einem englischen Siegel des Wilhelm Turbok, 1242 von einem war-
banger Grabsteine in Seeon, 1243 von einem reuter'schen und 1244 von einem ecketler'schen Denkmale in Wasserburg, 1245 von dem Wappen der Grafen von Esser in Windsor, 1246 von einem tichtl'schen Grabsteine in Tubing,
1248 aus dem haiden'schen Adelsbrief, die übrigen Nummern von geringerer Bedeutung aus Stammbuchblättern.

Wir haben gesehen, daß der Wappenmaler der Züricher-Rolle noch ziemlich willkürlich darin verfuhr, aus der Mitte des 14. Jahrhunderts dürften sich aber schon Beispiele der spätern und noch heutzutage üblichen Sitte nachweisen lassen, den Decken die Farben der Wappnung zu geben, und da diese immer wenigstens aus einem Metall und einer Farbe besteht, so mag dieß die Ursache gewesen sein, warum man den Decken zweierlei Farben, eine von außen und eine andere von innen gab. Welche von den beiden Schildes-farben nach außen zu stehen kam, das hing lediglich davon ab, auf welche Art das Kleinod mit den Decken verbunden war, d. h. ob es unmittelbar in die letzteren überging, oder ob eine Unterbrechung durch Kronen, Bülste u. dgl. statt hatte. Im ersteren Falle setzte sich die Farbe des Kleinodes, welche ja auch wieder mit der Schildesbilder korrespondirte, auf der Außenseite der Decken fort, im letzteren Falle konnte die Außen-seite der Decken unabhängig von der Farbe des Kleinodes, doch nicht ohne Rücksicht auf die Schildesfarben überhaupt gewält werden, weil eine mechanische Grenze zwischen dem Ende des Kleinodes und dem An-fange der Decken vorhanden war.

Es ist daher unerweislich, daß bei den Decken immer das Metall innen und die Farbe außen sich zeigen müsse, das gerade Gegentheil hat ebensoviele Möglichkeiten und Thatsachen für sich. Als Regel aber mag dieser Satz bei normalen, insbesondere neueren Wappen, die, wie schon bemerkt, ohne Kronen oder Bäusche fast nie mehr entworfen werden, immerhin aufrecht zu erhalten sein.

Es gibt einzelne Wappen, bei denen die zwei Metalle, G. u. S., und gar keine Farbe erscheint (z. B. Brandenstein), und andere, bei denen zwei Farben und kein Metall in den Decken vorkommen (z. B. Buseck, Breitenbauch, Rotsmann u. a.). Ich halte beide Abnormitäten für unschön und glaube, daß sie ebensowenig heraldisch richtig seien, als diejenigen Schilde, in denen Metall auf Metall und Farbe auf Farbe sich zeigt (s. hierüber oben S. 36). Die meisten derlei Abnormitäten sind wie die „Räthselwappen" nur so lange Räthsel oder abnorm, bis eine eingehende Untersuchung die Abnormität auf ein Mißverständniß irgend eines Kopisten zurückführt und ich nenne hier beispielsweise nur das pfalz-baye-rische Wappen, das seit dem 16. Jahrhundert in der Regel mit schwarz-rothen Decken, noch 1532 aber mit den wirklich richtigen schwarz-goldenen gefunden wird.

Es kommen auch, namentlich bei französischen, englischen und niederrheinischen Geschlechtern Decken von Hermelin allein oder von Hermelin und Farbe vor; die napoleonische Heraldik hat auch Fehwerk bei den Decken, resp. Mänteln, als Innenfarbe angewendet. — Im Allgemeinen darf man aber annehmen, daß die Helmdecken je zweierlei Tinkturen, ein Metall und eine Farbe, haben, und zwar entsprechend den Hauptfarben des Schildes.

Sind im Schilde zwei oder mehrere Wappen vereinigt, so können entweder alle zu den einzelnen Wappen gehörigen Helme mit ihren Decken auf dem Oberrande des Schildes Platz nehmen, oder nur einige derselben, oder auch nur der Haupt- und Stammhelm (s. oben S. 114 ff.). In letzterem Falle ist noch die Freiheit gegeben, diesem einen Helme zweierlei Decken, resp. demselben viererlei Farben, je zwei auf jeder Seite, zu geben, und hiebei hat, wie bei allen heraldischen Zusammenstellungen, die rechte Hand oder die vordere Seite den Vorrang vor der linken Hand oder hintern Seite, und man gibt in einem solchen Falle den Decken der Vorderseite die Farben des Stammwappens, denen der hintern Seite die des am Range nächsten Wappens. Dieselbe Regel gilt auch bei Zusammenstellung zweier Schilde, wenn diesen nur ein Helm gegeben wird, z. B. bei Allianzwappen, wo dann die Wappenfarben des Mannes an der vordern Seite der Decken angebracht werden.

Es kommen auch Decken vor, welche in ihren Farben keine Uebereinstimmung mit denen des Schildes weisen, dann stehen sie sicher mit denen des Kleinodes in Korrespondenz, z. B. bei Hohenlohe, wo die Schildesfarben ⚫ u. ⚪., die Deckenfarben aber r. u. s. sind, oder bei Limpurg, wo erstere b. u. ⚪., letztere r. u. s. sind. — Die Ergründung der primitiven Ursachen solcher Abweichungen ist noch ein heral-disches Problema.

Es gibt auch Deken, welche mit anderen kleineren Figuren, z. B. Linden- oder Kleeblättern, oder mit den Schildesfiguren selbst besät sind. Ein Beispiel davon gibt das grünenberg'sche Wappen Taf. VI. Ein anderes Beispiel habe ich an einem Wappen eines v. Lindegg, Tirol, aus dem J. 1579 gesehen, wo die #, g. Deken außen und innen mit Treffeln oder Kleeblättern in verwechselten Farben besät waren. Ein drittes Beispiel ist XXX. 1245, wo die s. Seite der Deken mit # Wasserschläuchen (s. XXI. 883), die r. Seite aber mit g. Schindeln bestreut ist. Beide Figuren sind hier aus dem Schilde entnommen, und zwar die waterbugets aus 1. u. 4, welche das Wappen Bourchier — in S. ein r. Kerbkreuz von vier # Wasserschläuchen begleitet — und die Schindeln aus 2. u. 3, welche das Wappen Louvaine — in R. von 18, 9. 0, g. Schindeln begleitet ein s. Balken — enthalten.

Mantelartige Deken wurden zuweilen mit dem vollkommenen Wappen von außen bemalt, wie wir bei Savoien und Lothringen Beispiele finden.

Aus diesen Manteldeken hat sich eine neue Art von heraldischen Prachtstüken entwikelt, ich meine die Wappenzelte oder Pavillons. Dieselben haben die Form von aufgeschlagenen Zelten und werden hinter einem ganzen Wappen angebracht, so daß das Innere des Zeltes gleichsam einen Hintergrund für das Wappen bildet. Der Kopf des Zeltes ist oft kuppelartig geformt und mit einer Krone bedekt, oft auch kommt der Mantel ohne Kuppel direkt aus der Krone. Derselbe ist durchgehends mit Hermelin gefüttert und außen in der Regel von Purpur, Blau oder Gold. Bei ehemals souverainen, sowie bei nicht königlichen Wappen wird häufig Roth statt des Purpurs gewält. Die Flügel des Zeltes sind entweder in Pausche oder Knöpfe gebunden, oder sie wallen ungebunden in schweren Falten. Goldfransen, Borten, Schnüre und Quasten, sowie Goldspangen mit Edelsteinen bilden regelmäßige Erhöhungen der Außenseite, welche auch oft noch mit Wappenbildern besät ist, z. B. das b. Zelt der Könige von Frankreich (XXXVI. 1352) mit g. Lilien, das pp. Zelt der Könige von Preußen mit # preußischen Adlern (was weniger brillant absticht) und das g. Zelt der Kaiser von Rußland (ib. 1353) mit den # kaiserl. Doppeladlern.

Der Erfinder dieser Wappenzelte, welche sich von den Manteldeken wesentlich dadurch unterscheiden, daß sie nie zugleich Helmdeken sind und sein können, war der Franzose Philipp Moreau, und die Könige von Frankreich waren die ersten Souveraine, welche diese jetzt allgemeine Wappenmode um 1680 in Aufnahme brachten [1].

XII.　Beizeichen.

Beizeichen, lat. fracturae, discernacula, franz. brisures, engl. differences, ital. brisure, ndl. breuken, im weiteren Sinne sind gesuchte Unterscheidungsmerkmale an sonst gleichen Wappen. Es kann also durch Aenderung und Umstellung der Figuren, durch Hinzufügung einer neuen Figur oder Hinweglassung einer vorhandenen, durch Veränderung des Kleinodes sowie durch Verkehrung der Farben an allen Einzelnheiten des Wappens ein Beizeichen gemacht werden. Geht die Beizeichnung eines Wappens aber so weit, daß dieß die Aehnlichkeit mit dem ersten (von dem und wegen dessen es gebeizeichnet wurde) nicht mehr erkennen läßt, so sind es zwei gesonderte Wappen.

---

[1] Siehe Oronce de Brianville: „Le jeu d'armes", p. 34.

Beizeichen oder Brüche im engern Sinne sind nach heraldischen Regeln vorgenommene Variationen (Beugungen) eines bestimmten Wappens, um mittelst derselben ältere und jüngere Zweige und Linien oder Erstgeborne, Nachgeborne und Bastarde eines und desselben Stammes unterscheiden zu lassen. Man könnte also die Beizeichen auch eintheilen in Familien- und Personalbeizeichen.

Zu der einfachsten Art, Wappen gleichen Stammes zu unterscheiden, gehört, daß man ceteris paribus die Farben ändert. Diese heraldische Sitte ist wenigstens bei uns in Deutschland sehr alt und sie genügt ihrem Zwecke vollständig, wenn man nur die Zweige desselben Stammes kennzeichnen will. Sehr häufig schließen wir umgekehrt aus gleichen Wappenfiguren (wenn auch verschiedenen Farben und ungleichen Namen) auf gleichen Ursprung, denn die Heraldik des Schildes war in Deutschland weniger veränderlich, als die der Kleinode, und jedenfalls war die Aenderung der Namen nach Besitz und Amt in früheren Zeiten häufiger als wir wol denken [1].

So hatten wir in Bayern fünf Geschlechter, welche gleichen Ursprungs und verschiedenen Namens waren, aber alle ihren ursprünglichen Stammschild, wenn auch mit Veränderung der Farben, beibehielten. Der bayerische Turnierreim des Herolds Johann Holland sagt von ihnen wörtlich:

> Parttenedh kompt mit grossem Sausen
> Mit ihnen die von Mässenhausen,
> Chammerberg derselben massen,
> Hiltgertzhausen wär zuhassen,
> Und auff sie gelegt mit Jammer
> So kommen darzu die von Camer:
> Die fünff Geschlecht zusammen wartten,
> Wann sie führen all die Partten,
> Dann daß jede Farb hat vnderschaidt
> Vnd jede Parten [2] sonder beklaidt
> Vnd doch von Alter eines Namen
> Von Parteneckhen alle Stammen.

Ich gebe XXXI. 1252—56 die Schilde dieser fünf Geschlechter, und zwar 1252 Partened, die Parte s in S.; 1256 Cammer, r. in S.; 1254 Hiltgertshauser, b. in G.; 1255 Mässenhausen, g. in B.; und 1253 Cammerberg, s. in R. [3] Zwei andere bayerische Geschlechter gleichen Stammes und Wappens unterscheiden sich ebenfalls durch Veränderung der Farben in den letztern, ich meine die Trennbecken und die Leberskircher. Beide führten getheilt (auch statt dessen ein Schildeshaupt) mit drei Seen nebeneinander im obern Platz, beziehungsweise Haupt. Beide behielten die ursprüngliche Farbe des Schildes, #, bei, die Leberskircher aber ändern die Farben des obern Platzes, welche bei den Trennbecken g. mit # Wefen (1257) war, in S. mit r. Wefen (1258).

Die italienischen, namentlich venediger Familien haben sich in ihren Linien auch immer nach den Wappen unterschieden, doch nicht so, daß das ursprüngliche Wappen ganz verloren gegangen wäre. Es

---

[1] Ich rede hier nicht von denjenigen Geschlechtern, die trotz der Aenderung des Namens dennoch das Stammwappen unverändert beibehielten, wie z. B. die Zeepe, Garlow, Knesebeck und Kickerow in Westfalen, welche alle desselben Stammes sind und die rothe Vogelkralle in Silber führen. Auch können füglich hieher die polnischen Geschlechter nicht gezogen werden, welche oft zu Dutzenden bei verschiedenen Namen dasselbe Wappen führen; hiervon wird bei der Nationalcharakteristik im II. Bande ausführlicher die Rede sein. — Vgl. auch die Notizen über „mittelalterliche Familiengruppen" von W. Rein, im Korrespondenzblatt des Gesammtvereins, April 1861.
[2] Andere Abschriften lesen Parthey.
[3] Hieher gehört vielleicht auch das Beispiel der verschiedenen Linien des Stammes Saulheim, als der Kreiß, Mohn, Hund, Selten und Erlenhaupt von S., welche sich in den Wappen auf ähnliche Art i. e. in den Farben, dann aber auch noch durch Hinzufügung einzelner Figuren unterscheiden. Siehe v. Meding, I., 499 ff.

bestehen z. B. von den Contarini zehn, Morosini vier, von den Trevisan ebensoviele abweichende Wappen als Linien.

In seiner Art einzig war das Gesetz, welches die plebejische Bürgerschaft von Florenz, nachdem sie unter ihrem Führer Gian della Bella 1294 einen vollständigen Sieg über die Patrizier oder Granden errungen hatte, erließ und mehrere Jahrhunderte festhielt. Es wurde nemlich bestimmt, daß jeder Edelmann, der sich um die Stadt verdient gemacht hatte, zur Belohnung aus der Adelsliste gestrichen und in den bürgerlichen Stand erhoben werden solle [1]). Dabei wurde noch weiter festgesetzt, „che chiunque per beneficio del popolo è tratto del numero dei grandi e amesso alla popolarità debba renunziare alla consorteria (Geschlechtsgenossenschaft) e mutare l'arme e'l nome. Borghini [2]), dem ich diese Stelle entnehme, bringt viele Beispiele solcher Wappen- und Namensveränderung florentinischer Geschlechter bei, und drükt seinen Schmerz darüber aus, daß diese gebürgerten Edelleute sich gar so häufig mit Verläugnung alles Familien- und Adelsgeistes beeilten, ihre angebornen Namen und Wappen so sehr zu verändern, daß auch nicht die Spur von Aehnlichkeit zurükblieb [3]), während andere sich begnügten, im neuen Wappen einfach die Farben zu verstellen, oder dem alten Wappen eine Figur hinzuzufügen u. s. w. In der That, füge ich hinzu, einem solchen Adel ist Recht geschehen!

Ich gebe zur Veranschaulichung hier die Schilde der Tornaquinci (1259) und die der stammgenossenen Geschlechter, welche bei ihrer Popularisirung Namen und Wappen verändert haben, nemlich der Giachinotti (1260), Marabottini (1261), Tornabuoni (1262), Cardinali (1266) und Popoleschi (1267).

Ein Beispiel der leztern Art, nemlich einer bloßen Beizeichnung im Namen und Wappen, geben die Giandonati, welche vor der Plebejisirung Donati hießen und als solche von Roth und Silber, darnach aber von Silber und Roth getheilt führten.

Für ein sehr gelungenes Beispiel von Aenderung der Wappen zweier Zweige desselben Geschlechtes halte ich das des freiberg'schen Stammes, dessen altes Wappen: getheilt von S. u. B., unten drei g. Ballen oder Dotter, von einer nach Bayern gekommenen Linie, welche Aschau erwarb und vom 14. Jahrhundert bis 1728 selbstständig dort blühte, dahin verändert wurde, daß statt der Ballen Sterne gewält, sonst aber Theilung und Farben gleich belassen wurden (1273. 1274). Seitdem hieß man die einen (schwäbischen) die Freiberge mit den Dottern, und die andern (bayerischen) die Freiberge mit den Sternen (siehe mein Wappenwerk: „† bayer. Adel", S. 12, I. 9 u. 10).

Eine weitere Art von Beizeichen gibt die Mehrung oder Minderung gleichartiger Figuren im Schilde, z. B. von Lilien, Sternen, Kugeln ꝛc.

So wissen wir, daß die Medici in einzelnen Linien acht (2. 3. 2. 1), sieben (2. 3. 2) und sechs (3. 2. 1) r. Ballen in G. führten; ebenso kommt der Schild der Peruzzi mit acht, sechs und drei g. Birnen in B. vor, und der der Foraboschi mit drei, sechs und zehn s. Ballen in #. Aehnlich haben auch die Ricci, welche als Einheit des Wappenbildes einen g. Igel mit g. Stern darüber in B. führten, diese Figuren verschieden an Zal, i. e. zu fünf, neun und mehr oder minder im Schilde gehabt.

Ehrenbeizeichen sind in der Heraldik auch nicht selten und unterscheiden sich von den Gnadenwappen (s. oben S. 29 ff.) dadurch, daß sie nicht als besondere Wappenschilde, Felder, sondern als eingesezte Figuren im Schilde der Geehrten oder Begnadeten erscheinen. Derlei Ehrenbeizeichen führte z. B. eine Linie der Ubaldini und eine der Medici, welchen von der Republik Florenz das Zeichen der popolarità, eine

---

[1]) Machiavelli: „Istorie florentine", I. 81 sqq.

[2]) Dell' arme delle famiglie florentine, in dessen Discorsi, II. Band, S. 1—126.

[3]) Ma nel nome ... si gittarono talvolta à termini veramente da ridere, come gli Agli che si presero il nome di Scalogni, quasi non volessero uscire da parentado etc. etc... i Gualterotti, che — variando tanto la livrea, che non vi si riconosca si può dire nulla della loro antica — l. c. p. 85 sqq.

s. Scheibe mit r. Kreuz (1268 u. 1271) verliehen wurde, und eine andere Linie des letztern Geschlechtes, welche vom König von Frankreich in derselben Weise eine b. Kugel mit drei, 1. 2, g. Lilien in den Schild erhielt (1269). Aehnlich wie die florenzer Republik verlieh auch die genueser, pisaner und venediger Ehrenbeizeichen in die Schilde vorzüglich beliebter Familien, wie denn namentlich das Wort LIBERTAS in g. Buchstaben aus dem Wappen der Republik Lucca sehr häufig in den Schilden italienischer Geschlechter erscheint. Hieher gehören auch die zahlreich vorkommenden vierfäßigen r. Stege mit den drei g. Lilien zwischen den Fäßen, welche eine Menge welscher Familien, die sich durch besondere Anhänglichkeit an die Bourbonen hervorthaten, von diesen als Ehrenbeizeichen erhielten und führten, z. B. die Incontri (1270), Baglioni, Pichena, Tolomei u. a. (Vergl. den erwähnten Borghini, dann Eugenio Gamurrini: "Famiglie toscane", auch Giuseppe Manni: "Serie dei senatori fiorentini", letztere mit Abbildungen der Wappen.)

Die Stellung der Figuren im Schilde mag auch wol als gesuchtes Unterscheidungsmerkmal gedient haben, wie z. B. bei den gleichstammigen Familien der Buttlar und der Treusch v. Buttlar, welche beide in R. eine g.-bereifte s. Tragbutte führen, das Beizeichen im Schilde darin bestehen soll, daß bei der ersteren die Butte schräggestellt, so daß man mit der rechten, bei der anderen aber geradestehend, daß man mit der linken Hand hineinfahren müsse, sei.

Ohne das Wappen und die Farben zu ändern, lassen sich durch Hinzusetzung einer neuen Figur, welche mit der ursprünglichen Figur nicht in Verwandtschaft steht, verschiedene Linien eines Geschlechtes auch wol unterscheiden. So führen z. B. die Cuningham in Schottland in S. eine # Deichsel. Die Linie Glengarnow belegte diese Deichsel mit einer s. Rose, die v. Powmais mit einem s. Stern, die v. Bernes aber setzte einen r. Stern oben zwischen die Deichsel. Die Cockburn führen als Stammwappen drei r. Hähne in S. Die Linie v. Newball setzte eine durchbrochene b. Raute (1263), die v. Henderland einen b. Stern (1264) und die v. Stirling eine b. Schnalle (1265) als Beizeichen in die Mitte des Schildes. In ähnlicher Weise führt Fahne in seinen kölnischen Geschlechtern, I. S. 364, fünferlei Wappen verschiedener Linien der v. Robe — deren Stammschild von G. u. R. mehrmals gespalten ist — auf, wovon die eine zum Loch einen b. Stern im vordern Oberel, die v. Ludenstorff einen gekerbten b. Balken, die v. Blatten ein b. Viertel mit s. Stern und die v. Mohnenbach eine Hermelinvierung (außerdem alle noch verschiedene Kleinode) annahmen. — Hieher gehören auch die Beispiele 1272, 75 u. 77 von drei Linien der Knebel v. Katzenelnbogen, wovon die eine zu ihrem Stammschild, welcher in S. ein r. Schildlein hat (oder r. mit s. Einfassung ist), im Oberel einen # Vogel, die andere einen # Ring, die dritte einen s. Mond führte.

Eine weitere Art von Unterscheidung stammgenossener Wappen finden wir in den Aenderungen der Kleinode. Diese Art von Beizeichen ist aber meines Wissens nur der deutschen Heraldik eigen, und auch in unserm Vaterlande macht, wie weiter unten folgen wird, die niederrheinische Heraldik hierin eine theilweise Ausnahme, ich möchte sagen, den Uebergang von der eigentlich deutschen Heraldik zur französischen.

Eines der auffallendsten und, weil urkundlich, auch schätzenswerthesten Beispiele dieser Art geben uns die Wappen der drei bayerischen Familien Schrenk, Ridler und Ligsalz. Diese drei Geschlechter führen alle: in R. einen s. Schrägbalken (ursprünglich Schrägfluß), darin ein # Strahl oder Pfeil. Ihre Kleinode aber sind verschieden, in der Art, daß die Schrenk einen Flug in Farben und Figuren des Schildes (bald offen, bald geschlossen, 1285), die Ridler einen einzelnen derartigen Flügel mit g. Vogelfuß (1286), die Ligsalz aber einen r.-gekleideten Mannsrumpf mit hohem s. Hut, auf dessen s. Stulp der Strahl (1284), führten. Zu Ende des 13. Jahrhunderts hatte ein Schrenk zu München, schon bejahrt,

---

¹) Siehe beim belgischen Abel, S. 6. Ich halte aber dafür, daß dieß Beizeichen in der deutschen Heraldik etwas Fremdartiges wäre und suche dasselbe lieber in der Verschiedenheit der Kleinode beider Geschlechter.

feine beiden Töchter einem Ridler und einem Ligsalz verheuratet und ihnen fein Wappen zu führen gegönnt. Als aber der Schrenk wider Erwarten noch einen Sohn bekam [1]), so verglichen sich die Ligsalz und Ridler mit ihm, ihre Wappen dadurch zu unterscheiden (beizuzeichnen), daß sie die Kleinode verkehrten. — Diese Unterscheidung wurde fogar im 14. Jahrhunderte so praktisch beibehalten, daß die Ligsalz und Ridler in ihren Siegeln in der Regel nur den Helm mit dem Kleinode zu führen pflegten [2]).

Die Figuren 1287—91 sind Kleinode verschiedener Personen und beziehungsweise Zweige eines Geschlechtes, der Breder v. Hohenstein (Rhein), ex sigillis, und ich bemerke nur noch, daß die Farbenangaben hier nach Analogie des Schildes gehalten sind, wo sie nicht durch anderweitige gemalte Abbildungen bekannt waren. — In gleicher Weise ist mir durch die Güte eines nassau'schen Heraldikers eine Sammlung von alt-isenburg'schen Wappen ex sigillis mitgetheilt worden, welche nicht weniger als neun Varianten in den Kleinoden aufweist, nemlich: 1) fünf Schäfte mit Federn besteht: Ludwig vom J. 1272; 2) ein Köcher mit Federn: Heinrich vom J. 1272; 3) ein hoher Stulphut mit Federn: Luther vom J. 1303, 4) ein fächerartiges Schirmbrett: Bruno vom J. 1321; 5) ein Pfau: Salentin vom J. 1322; 6) ein niederer Stulphut zwischen einem Fluge: Wilhelm vom J. 1338; 7) ein hoher Hut zwischen zwei einzelnen Federn: Heinrich vom J. 1344; 8) ein geschlossener Flug: Diether vom J. 1422, und 9) ein offener Flug mit der Schildeswappnung (zwei Balken), dazwischen ein hoher Hut: Salentin vom J. 1454.

Hieraus möchte die Beweglichkeit der Kleinode und ihres Gebrauches in Deutschland zur Genüge erfehen werden. Was hieran Laune und was begründete Nothwendigkeit gethan, das läßt sich allerdings nicht so leicht auseinanderhalten — eine Art von Beizeichnung ist aber jedenfalls in dieser vielfacher Veränderung des Kleinodes bei Festhaltung desselben Schildes gegeben.

Hieher gehören ferner die Aenderungen an Wappen, welche von einem abgestorbenen Geschlechte aus irgend welchem Grunde an neue blühende verliehen wurden. Ich nenne z. B. das Wappen der v. Freysing zu Aichach in Tirol. Hanns Mayr v. Freysing, welcher mütterlicher Seits dem erloschenen tiroler Geschlechte v. Aichach abstammte, erhielt bei seiner Erhebung in den Reichsadelstand am 31. Mai 1559 deren Wappen (von # u. S. geviertet), doch mit dem Beizeichen eines rothen Schildeshauptes im oberen s. Plaze [3]). Judas Thaddäus v. Ziegler zu Pürgen erhielt dd. 29. Nov. 1819 auf sein Ansuchen die Erlaubniß, statt seines bisherigen Geschlechtswappens (von R. u. S. mit zwei Zinnen getheilt, oben zwei g. Sterne) dasjenige der „nunmehr abgestorbenen vormaligen Freyherrn Höchenkirchen zu Pürgen, welches er, v. Ziegler, feit 1786 besitzet, doch mit der Aenderung, daß er statt der roth-filbernen Defen an diesem Wappen solche von Blau und Silber führe" anzunehmen [4]). Die Seligmann v. Eichthal erhielten bei ihrer Nobilitirung in Bayern (22. Sept. 1814) das Wappen der erloschenen augsburger Familie Thalmann (in G. über zwei # Feldspitzen zwei # Sterne) mit Veränderung der Farben, und zwar der des Feldes in B. und der der Sterne und Felsen in S. [5]) In diesem letzteren Falle war außer der entfernten Anspielung auf den Namen der alten und den ertheilten Beinamen der neuen Familie auch nicht der mindeste historische Grund zur Wiederbelebung des Wappens einer abgestorbenen Familie und folglich auch nicht zur Beizeichnung vorhanden.

[1]) Die Nachkommenschaft dieses schrenkischen Sohnes blüht noch heutzutage, während die der Ligsalz und Ridler schon seit hundert Jahren abgegangen ist.

[2]) Siehe meine „Siegel und Wappen der münchner Geschlechter", voce Ligsalz ⁊c., im XL Band des oberbayer. Archives.

[3]) Siehe mein Wappenwerk: „Tirol. Adel", S. 6, T. 7, und „† tirol Adel", S. 19, T. 1.

[4]) Der Schild ist s. mit einem von R. u. # in der Mitte getheilten Schrägbalken. Vgl. auch mein Wappenwerk: „Bayer. Adel", S. 125, T. 155.

[5]) Ibid. S. 33, T. 39.

Ich komme nun zu denjenigen Beizeichen, welche nach beſtimmten Regeln angewendet werden, um einzelne Perſonen derſelben Familie voneinander im Wappen unterſcheiden zu können. Dieſe Art Beizeichen kommt nur in Schilden (nicht auf den Helmen) vor und iſt meines Erachtens ihrem Urſprunge nach ſpezifiſch franzöſiſch, daher in früherer Zeit in Deutſchland, mit Ausnahme der niederdeutſchen Provinzen, ſelten angewendet.

Man kann auch hier wieder zwei Abtheilungen machen — Beizeichen für eheliche und für uneheliche Perſonen oder Nachkommenſchaft, obwol ſich die Grenze in Folge mannigfacher Ausnahmen nicht ſo genau feſthalten läßt, als wol wünſchenswerth erſcheint.

Ich werde zuerſt von den heraldiſchen Unterſcheidungsmitteln der ehelichen Nachkommenſchaft (marks of cadency) eines Wappenherrn ſprechen.

Unter dieſen iſt wol das älteſte Beizeichen der Steg, auch Turnierkragen [1]) und Rechen, Bank, lat. lemniscus und limbus, franz. lambe, auch lambeau, engl. label, ital. lambello, auch rastrello, holl. barenmeel. Seine Geſtalt iſt die eines abwärts gezinnten Balkens, bald mehr, bald minder breit, bald ſchwebend, bald in den Oberrand oder in die Seitenränder ſich verlaufend. Die herabſtehenden Enden pflegt man Läze, lat. segmenta, franz. pendants, engl. points, holl. hangers, zu nennen. Der Steg als Beizeichen iſt ſeiner Natur nach gänzlich verſchieden von dem Steg als künſtliche Figur (oben XXII. 968), er hat ſeinen Platz immer im Schildeshaupte. Ausnahmen, daß z. B. der Steg in der Mitte des Schildes liegt, ſind äußerſt ſelten (wie 1282 ein Schild der Grafen von Revers); es iſt immer nur ein ſolcher Steg in einem Schilde, und er repräſentirt nicht eine Schildesfigur, ſondern iſt ein drittes Stük, welches einen fertigen Wappenſchild überlegt und dadurch beizeichnet, deßhalb darf das Feld, in welchem der Turnierkragen erſcheint, nicht abgegrenzt ſein von dem übrigen Schilde. Ich glaube dieſen Unterſchied zwiſchen derſelben Figur als Schildesbild und als Beizeichen hervorheben zu müſſen [2]).

Die gewöhnliche Anzal der Läze iſt drei; man nimmt daher einen „Steg" oder „Turnierkragen" immer für einen dreiläzigen, wenn nicht die Zal der Läze als abweichend bezeichnet wird, an. Was die Farbe betrifft, ſo iſt ſie wie bei allen Beizeichen dieſer Art nicht an die allgemeine Regel von Metall und Farbe gebunden, d. h. man findet auf farbigen Feldern auch farbige Stege und umgekehrt. So z. B. führen die v. Leiningen-Weſterburg, als das jüngere Haus Leiningen, im alten leiningen'ſchen Schilde (b. mit drei s. Adlern) einen r. Steg (1281) als Beizeichen [3]). Seit den Zeiten Königs Eduard III. führt in England jedesmal der Erſtgeborne, der Prinz von Wales, einen s. Steg im Schilde England (1276) [4]), während in Frankreich ſeit den Zeiten König Philipp's (1358) immer der Zweitgeborne, der Herzog von Orleans (1303, 1304 mit Hinweglaſſung der Schrägfäden) einen s. Steg im Schilde Frankreich führt [5]). Hieraus allein ſchon läßt ſich erſehen, daß eine beſtimmte allgemein gültige heraldiſche Regel über die Bedeutung des dreiläzigen Steges ſelbſt in der Zeit der ächten alten Heraldik, und in zwei Ländern, welche in ihrer Wappenkunſt ſtammverwandt ſind, nicht anzunehmen ſei. Noch mehr aber zeigt ſich ein Auseinandergehen der Anſichten alter Herolde in der Art und Weiſe, wie ſie die weiteren Abzweigungen zu unterſcheiden ſuchten.

---

[1]) Die Bezeichnung „Turnierkragen" ſoll ſehr alt ſein, ob ſie aber richtig? — valde dubitandum — die Anwendung in der Heraldik iſt zu excluſiv, als daß man annehmen könnte, es habe Derjenige, der eine ſolche Beizeichnung führte, mit Turnieren dabei in Berührung kommen müſſen.

[2]) Deßhalb iſt der Steg im Wappen der Wolf von Metternich kein Turnierkragen, weil er für ſich in der obern blauen Hälfte des Schildes ſteht, während die untere Hälfte desſelben s. einen r. Wolf hat. — Dagegen könnte der fünfläzige s. Steg über r. Balken in s. im Schilde der v. Weſtfalen wol Turnierkragen oder Beizeichen ſein.

[3]) Ueber die leiningen'ſche Heraldik ſ. Ausführliches in meinem Wappenwerke: „Hoher Adel", S. 14 ff., T. 26 ff.

[4]) Planché: „The pursuivant of arms", S. 142. Vorher kommen fünfläzige Stege bei den erſtgebornen Prinzen vor.

[5]) Siehe mein Wappenwerk, unter Altfrankreich, S. 11 ff.

So sagt Gerard Leigh in seiner „Accedence of armorie", der erstgeborne Enkel solle bei Lebzeiten seines Vaters, des erstgebornen Sohnes, und des Großvaters einen fünfläzigen Steg führen — allein Planché beweist, daß man sowol in der Zal der Läze als der Farben hierin vielfache willkürliche Abweichungen finde. (Es versteht sich, daß hier nur von der regierenden Familie die Rede ist.

Man hat als Unterbeizeichen (marks of cadency of the second order) für den zweiten Sohn einen Mond (1294), für den dritten ein Spornrad (1295), für den vierten eine Merlette (1296), für den fünften einen Ring (1297), für den sechsten eine Lilie (1298), für den siebenten eine Rose (1299), für den achten ein Müleisenkreuz (1300) und für den neunten ein doppeltes Bierblatt (1301) in der Art angenommen, daß der Betreffende jeweilen die Läze des Steges mit einer dieser Figuren belegen sollte. In dieser Art würde der Erstgeborne des Erstgebornen den Steg wieder mit einem Stege, der Zweitgeborne des Erstgebornen den Steg mit einem Monde u. s. w., der Erstgeborne des Zweitgebornen den Mond mit einem Stege, der Drittgeborne des Zweitgebornen den Mond mit einem Spornrad belegen sollen u. s. f. in dieser Art. Die Italiener haben wieder eine etwas abweichende Aufstellung für die Beizeichnung der Wappen Nachgeborner (cadetti) und Ginanni sagt S. 47. es gebühre: Ai secondo-geniti il lambello, la bordura di un solo smalto, o una mezza luna. Alli terzogeniti un merlotto, ai quartogeniti la bordura indentata, o spinata (gezerbt), o scanalata (gewolkt), o bisantata (mit Münzen belegt), ovvero una stella; alli quintogeniti l'anelletto, ai sestogeniti il giglio — e si contano a trenta brisure nell' arme de' cadetti di casa Caraccioli di Napoli. Allein diese Regeln haben nie Anklang oder wenigstens nie eine folgerechte Ausführung gefunden und Alexander Nisbett, welcher 1702 eine eigene Abhandlung[1] geschrieben hat, kommt nach langem Studiren zu dem Schlusse, daß sich eigentlich eine Regel hier nicht aufstellen lasse, weil eine solche nie befolgt worden sei.

Die englischen Prinzen und Prinzessinen von Geblüt führen durch königliche Verordnung geregelt im Haupte des Schildes mit besondern Figuren belegt. So ist z. B. der Steg, den der Prinzgemal zu führen hat, a. mit r. Kreuz auf dem mittleren Laz; die Kronprinzessin hat den Steg mit zwei r. Kreuzen und dazwischen mit einer r. Rose belegt. Ich gebe auf Tafel XXXVI. 1355 das Beizeichen des Herzogs von Cambridge. (Vgl. auch Encyclopaedia of heraldry by John Burke, London 1847.) Das Belegen der Stege mit anderen Figuren als Unterbeizeichen ist übrigens nicht selten. So hat z. B. das Wappen von Eu und Artois (1278) den Schild Frankreich mit r. Steg, dessen jeder Laz mit drei, auch vier s. Thürmen belegt[2], ebenso Angoulème: der Schild Orleans (s. oben), doch jeder Laz mit r. Mond belegt.

Der vierläzige rothe Turnierkragen ist vom jungen Haus Anjou[3] als Beizeichen angenommen worden, er findet sich aber auch fünfläzig im Wappen von Neapel. Eine Menge italienischer Familien haben diesen Steg der Anjou mit drei g. Lilien zwischen den Läzen als Erinnerungszeichen oder aus besonderer Gunst in ihren Schild gesezt (s. oben S. 135), wobei jedoch lezterer Umstand (die Lilien) nur als spezielle Karakterisirung des anjou'schen Steges, welcher eigentlich in einem mit g. Lilien besäten b. Schilde steht, angesehen werden muß.

Ein Beispiel eines fünfläzigen Turnierkragens gibt (XXXVI. 1354) Prinzessin von Gloucester.

Siebenläzige Stege kommen auch vor, wie z. B. in dem Rük-Siegel der Gräfin Alice von Eu von 1234[4].

Daß der Steg auch als Beizeichen der Bastardie angewendet werden könne, möchte zu verneinen

[1] An Essay on additional figures and marks of cadency.

[2] Siehe mein Wappenwerk: „Altfrankreich", S. 12, T. 25 ff.

[3] Das alte Haus Anjou führte um Frankreich eine r. Einfassung (a. a. O.).

[4] Archaeological Journal, London 1854, Decembre. Der Schild ist „barry a label of seven points" beschrieben, der Theilungslinien sind in Wirklichkeit elf.

sein; ein einziges Beispiel, wo dieß der Fall war, finde ich erwähnt bei Planché S. 152, welcher sagt, daß Johann, ein Bastard von Lovel, den völligen lovel'schen Schild, von G. und R. gewellt, doch mit einem blauen Steg als Beizeichen geführt habe.

Ein zweites Beizeichen der französischen und englischen Heraldik ist der Schrägbalken, öfters schwebend angebracht (abgekürzt), länger oder kürzer, in der Regel schmal, als Faden, zuweilen aber auch, wenn er mit weiteren Figuren belegt ist, in der Breite der gewöhnlichen Schrägbalken. Der Schrägbalken als Beizeichen eines ehelichen Sohnes geht regelrecht von dem vorderen Obereke des Schildes nach dem hinteren Unterek über Feld und Figuren desselben.

Wenn man bei dem Turnierkragen als Regel behaupten kann, er sei das Beizeichen ehelicher Geburt, so ist dieß bei dem Schrägfaden nicht der Fall. Die Ursache liegt ganz gewiß in der mißverstandenen Auffassung mancher Heraldiker, Maler oder Siegelstecher in Bezug auf schräglinks und schrägrechts[1]), welches Mißverständniß sich nie unangenehmer offenbart, als eben im vorliegenden Falle. Die Heraldik brauchzeichnet nemlich auch Bastardwappen dadurch, daß sie den Schild mit Schrägfaden überzieht. Dieser letzte geht regelrecht vom hinteren Oberek nach dem vorderen Unterek. Wäre dieser Unterschied zwischen den beizeichnenden Schrägfäden bei den Wappen filiorum legitimorum und spuriorum immer aufrecht erhalten worden, so würden wir nicht in der Lage sein, zu sagen, daß die Ausnahmen hierin fast der Regel gleichkommen[2]). Trotzdem glaube ich, daß wir nichts Besseres thun können, als hierin eine Regel gelten zu lassen und zu sagen, der Schrägfaden im Wappen eines Nachgebornen gehe von vorne und hinten, der im Schilde eines Bastarden von hinten nach vorne.

Das Haus Bourbon, welches von Robert, dem fünften Sohne Ludwig IX. von Frankreich, abstammte, erhielt als Beizeichen in den Lilienschild einen rothen Schrägfaden in der angegebenen Richtung, d. h. vom vorderen Oberek nach dem hinteren Unterek (1280).

Die Nachkommen dieses Robert, des ersten Herzogs von Bourbon, brachten wieder Unterbeizeichen an väterlichen Wappen an. So z. B. führten die Evreux den Schrägbalken von S. und R., die Etampes von R. und Hermelin gestüft, die Montpensier setzten in den r. Schrägbalken g. Haupt mit b. Delfin, die Beaujeu belegten den r. Schrägbalken mit drei g. Delfinen u. s. f., wie denn diese Abarten des Wappens Bourbon alle am betreffenden Orte in meinem Wappenwerk abgebildet sind.

Schon sehr frühe kommt dieses Beizeichen auch abgekürzt, stabartig, vor, z. B. bereits auf einem Siegel des Wirgo d'Duren (mit der Umschrift: Wirici de Hureni de Bereper) vom J. 1236, welches ein Ankerkreuz mit solchem Schrägstab überlegt zeigt[3]).

Auch die Bourbons haben in späterer Zeit nur einen ganz kurzen r. Schrägstab in die Mitte des Schildes zwischen die drei Lilien gesetzt (1270).

Fernere Arten von Beizeichen ehelicher Nachkommenschaft sind die Borduren oder Einfassungen, wie z. B. die r. Bordur von Alt-Anjou um den Schild Frankreich. Häufig, besonders in spanischen Wappen, werden die Borduren aber nebenbei noch als eine Art Vereinigung zweier Wappen benützt (s. davon in II. Theile d. W.). Auch diese Borduren sind wieder durch Unterbeizeichen bei den Nachkommen in etwas unterschieden worden. So haben z. B. die Berri die r. Bordur nach innen gekerbt, die Alençon mit r. Ballen belegt u. s. w.

Es liegt in der Natur der Sache, daß man zu weiteren Unterscheidungen auch zwei und mehrerlei Beizeichen mit einander verbinden konnte und verband.

---

[1]) Berührt ich schon oben S. 61 ausführlich gesprochen.
[2]) Ich habe hervorragende Ausnahmen aus den Siegeln französischer Prinzen von Geblüt und Bastarden in meinem Wappenwerke a. a. O. S. 12 haben erwiesen, daß man den "ehelichen" und den "unehelichen" Schrägfaden, wenn ich mich des Ausdruckes bedienen darf, gegenseitig verwechselt findet.
[3]) Siehe Publications de la société etc. du Luxembourg 1851, p. 222, tab. XIV.

So hat z. B. Johann v. Bourbon, zweiter Bruder des Ludwig von Bourbon-Vendome, den Namen Carency angenommen und den Schild Bourbon-Vendome oder de la Marche (Frankreich mit r. Schrägbalken, der mit drei s. Löwen belegt iſt) noch mit einer r. Vordur eingefaßt (1283), und Karl v. Bourbon, Graf v. Soiſſons, fügte dem einfachen Schilde Bourbon gleichfalls eine r. Vordur bei (ſiehe mein Wappenwerk a. a. O. T. 25 ff.).

Die Mannigfaltigkeit von Wappenvarianten ehelicher Nachkommen, welche man nur allein durch dieſe drei Beizeichen — Steg, Schrägfaden und Vordur — herzuſtellen im Stande iſt, läßt ſich daher leicht einſehen und ich werde verſuchen, im II. Theile dieſes Werkes dieß praktiſch zu beweiſen.

Es gibt aber noch andere Beizeichen, wie Freiviertel, Schragen, Schildeshaupt u. ſ. w., welche hie und da für Unterſcheidung der Wappen einzelner Perſonen gebraucht werden.

Nur Beiſpielshalber erwähne ich noch eines perſönlichen Beizeichens eigener Art, das ſich auf einer gemalten Gelöbnißtafel in der Beſſerer-Kapelle des Münſters zu Ulm findet. Die Tafel iſt aus dem Ende des 15. Jahrhunderts, zeigt die Glieder der Familie Beſſerer mit ihren Wappen knieend, und darunter einen Wilhelm Beſſerer, Ritter, in deſſen Wappen alles Silber — nemlich die Doppelſcheuer und die Innenſeite der Deken — in Gold verkehrt iſt. Das ſollte nach damaliger Anſchauung die hohe Würde der Ritterſchaft andeuten, möchte aber doch wol blos Spielerei ſein [1]).

Ich komme nun an die Beizeichen des Baſtardismus, engl. marks of illegitimacy. Das gebräuchlichſte heraldiſche Beizeichen iſt der Baſtardfaden, franz. baton des bastards, ndb. bar, der über den ganzen Schild ſchräg gezogen iſt und zwar regelrecht vom hinteren Oberek nach dem vorderen Unterek (vgl. oben S. 139).

Prinſault in ſeinem Traité du blason ſagt von den Baſtarden: Tous roys chrestiens ou aultres peulent (sic) avoir bastars excepté france. Lesquels peuvent porter titre et nom de la coronne où sont partis . . . . . portant armes en armerie différentes par bende senestre, ainsi qu'il est de coustume. Ferner fügt er hinzu, daß ein Baſtard, wenn er die Prälatenwürde erlangt habe, das väterliche Wappen führen, reſp. das Beizeichen unehelicher Geburt weglaſſen dürfe. Montagu in ſeinem „Guido" S. 45 ſagt, daß vor der Reformation die Geiſtlichkeit in England überhaupt kein brisures gebraucht habe „for the good reason, we may suppose, that as their armorial honours died with them, it was not thought necessary to make any distinction in a coat that could not be transmitted to posterity." Doch führt er auch Ausnahmen von der Regel an.

Ein ähnliches Beiſpiel bringt Palliot (S. 82) von einem Johann v. Dunois-Longville, Baſtard von Orleans, bei, welcher das Wappen Orleans urſprünglich mit einem ſchwarzen Baſtardfaden führte (1303), wegen beſonderer Heldenthaten gegen die Engländer aber von Karl VII. die Freiheit erhielt, den ſchwarzen Schrägfaden in einen ſilbernen zu verwandeln und nach der entgegengeſetzten Seite, d. h. von vorne nach hinten, zu führen (1304). In der That findet ſich auch ein Siegel des Franz Dunois, Sohn des obigen Johann [2]), in welchem der Schild Orleans einen Schrägfaden von Rechts nach Links führt.

Die vom Hof, de Curia, Baſtarden von Albrecht III. von Bayern, führten den Schild Bayern mit r. Schrägfaden, der bald vom hinteren, bald vom vorderen Oberek ausgeht (1302). Heraldiſch richtig ſind die Wappen der von den Herzogen von Württemberg abſtammenden Baſtarde, Grafen von Sontheim und Freiherren von Mengen, entworfen worden. Die erſteren führten den Schild Württemberg (in G. drei # Hirſchſtangen hintereinander) mit r. Schrägfaden (1306), die lezteren ebenſo, doch nur mit zwei Stangen im Schilde.

Der Baſtardfaden findet ſich in ſpäteren Zeiten auch abgekürzt, ähnlich wie der Schrägfaden bei den

---

[1]) Auch Peter Suchenwirt, deſſen Blaſenirungen ich im II. Theile dieſes Werkes behandeln werde, ſtellt die Ritterſchaft zu dem einfachen Adelſtand „wie Gold zu Silber".

[2]) Trésor de numismatique et de glyptique, grand feudateurs, tab. XXXII. Nr. 3.

Bourbons (doch nach der entgegengeſetzten Richtung), z. B. im Wappen der Grafen v. Holnſtein, welche Baſtarden von Bayern ſind, und der Grafen v. Bavière-Großberg, welche gleichfalls Baſtarden dieſes Hauſes waren, und welche beide Familien das herzoglich-bayeriſche Wappen mit r. ſchwebendem Baſtardfaten führten (1305). Der einzige Unterſchied in den Wappenſchilden dieſer beiden Familien iſt, daß bei den Holnſtein die pfälziſchen Löwen wie gewöhnlich r.-gekrönt, dagegen bei den Großberg ungekrönt ſind.

Ein Schildeshaupt als Baſtardbeizeichen kommt bei den Bunzinger, † 1560, vor, welche „Ledige von Bayern" waren und den Schild Bayern mit r. Haupte führten (1307) [1]).

Der Schildesfuß als Beizeichen unehelicher Geburt war z. B. im Schilde des Johann, Baſtard von Burgund, Sohn des Herzogs Johann von Burgund, welcher den ganzen Schild Neuburgund, aber mit g. Schildesfuß führte (1308. Ex Palliot p. 83).

Eine ledige r. Vierung im Schilde Frankreich führte als Beizeichen Philipp v. Meune, Baſtard Philipp's I. von Frankreich (1309), und das väterliche Wappen (in G. ein ♯ Löwe) in einer Vierung ſollen zwei Baſtarden von Flandern, der eine in ledigem s., der andere in ebenſolchem gr. Schilde geführt haben (1310).

Eine Einfaſſung als Beizeichen führte Jakob, Baſtard v. Savoien, nemlich den Schild Savoien mit gezahnter Bordur und einem Baſtardfaden darüber [2]).

Schildeshaupt und Schildesfuß finden ſich in dem Wappen des Heinrich, Grafen v. Worceſter, welcher das Wappen Beaufort v. Sommerſet (Frankreich und England geviertet mit r.-s.-geführter Einfaſſung), das ſein Vater, ein Baſtard des Heinrich Beaufort, Herzogs v. Sommerſet, mit einem s. Baſtardfaden geführt hatte, zwiſchen s. Haupt und Fuß, balkenweiſe einſchob (1311. Planché p. 164).

Manche Baſtardwappen führen keine eigentlichen heraldiſchen Beizeichen, ſondern laſſen ſich nur durch irgend eine Aehnlichkeit mit dem väterlichen Wappen erkennen, z. B. das der Freiherren v. Zweybrücken, welche Baſtarden von Bayern ſind und einen r. Löwen in einem b.-s.-gewelten Schilde (Bayern) führen [3]). — Einen Theil des väterlichen Wappens erhielt z. B. Georg, mit dem Beinamen Duz, ein natürlicher Sohn des Herzogs Wilhelm IV. von Bayern, der im Jahr 1542 Hegenberg zum Geſchenke erhielt, und der Stammvater der heutigen Grafen v. Hegenberg, genannt Duz, geworden iſt. Der Schild hat in ♯ einen r.-gekrönten halben g. Löwen (1313); wäre der Löwe ganz, ſo repräſentirte der Schild das pfälziſche Wappen. Ein anderer Baſtard deſſelben Herzogs Wilhelm IV., Konrad, erhielt den Namen Egenhofer, vielleicht von der Mutter, und das Schloß Planegg, nebſt einem Wappen, das von dem väterlichen gänzlich verſchieden war, nemlich in B. ein halbes g. Einhorn und auf dem Helm daſſelbe wachſend (ſ. † bayer. Adel S. 11. T. 8). — Johannes Neuhauſer, ein Baſtard von Herzog Albrecht III. von Bayern, führte das Wappen des bayeriſchen damals noch blühenden Geſchlechtes gleichen Namens in verkehrten Farben, d. h. zwei geſchrägte r. Rechen in S. und auf dem Helme einen s. Federbuſch, davor die Rechen (1293) [4]). Das Wappen der Neuhauſer ſ. a. a. O. S. 21 ff., wo aber die Bemerkung der „verkehrten Farben" u. Text und Abbildung fehlt. — Die Maurhofer v. Grabenſtätt ſtammen von einem natürlichen Sohne eines Grafen v. Tattenbach ab, welcher 1779 bei ſeiner Nobilitation im Wappen erhielt, das der Kenner einigermaßen an das väterliche, tattenbach'ſche, erinnert, nemlich getheilt von ♯ und S., oben drei g. Weken nebeneinander, unten eine r. Hirſchſtange (ſ. m. Bayer. Adel S. 07, T. 114). — Johann Georg, Baſtard

---

[1]) XXX. 1302. Siehe auch mein Wappenwerk: „† bayeriſcher Adel", S. 9 u. 16, T. 13.

[2]) Menestrier: „l'usage", II. 55. — Ueber Beizeichen der Wappen im ſavoiſchen Hauſe ſiehe mein Wappenwerk, unter Sardinien.

[3]) Faſt gleich (d. h. nur daß der Löwe g.) war das Wappen der Grafen von Wartenberg aus der ungleichen Ehe des Herzogs Ferdinand von Bayern und der Maria Pellenbek. Das Wappen der Grafen von Meran aus der ungleichen Ehe des Erzherzogs Johann von Oeſterreich und der Anna Plochel ſiehe in meinem Wappenwerk unter dem blühenden titulr Adel.

[4]) Das Kleinod der alten Neuhauſer ſiehe XXXI. 1292.

von Sachſen (1316), erhielt 16. Nov. 1801 vom Kurfürſten v. Sachſen die Erlaubniß, den Namen Che-
valier de Saxe und den ſächſiſchen Schild mit der Grafenkrone zu führen, doch mit der Aenderung, „daß
der mittlere # Plaz doppelt ſo breit ſei, als zwei dergleichen andere im Schilde, und daß der Rautenkranz
hinter dieſem Balken weglaufe und hiemit eine Brisure entſtehe“ (ex diplomatis copia).

In England herrſchte auch der Gebrauch, dem Baſtard einen einfachen Schild zu geben und in
demſelben auf einem Schrägbalken (nicht Baſtardfaden) das väterliche Wappen oder vielmehr Farben und
Bilder deſſelben anzubringen, z. B. 1318 der Schild Johann's v. Beaufort (ex Montagu, Guide, p. 42).

Viele Baſtarde haben ganz neue verſchiedene Wappen erhalten, aus denen ſich keine Folgerung auf
Urſprung oder Baſtardie überhaupt machen läßt, z. B. die Freiherren v. Fürſtenwärther, welche ebenfalls Baſtarde von Bayern ſind, und im b. Schilde einen g. Thurm, aus dem ein naktes g. Frauenzimmer
mit einer Roſe in der Hand hervorwächſt, führen.

Eine andere Art von Baſtardbeizeichen finden wir im Schilde der Fauſt von Stromberg (1312).
Dieſe waren Baſtarden der Grafen von Sponheim und führten den väterlichen Schild von K. und S.
(Border-Sponheim) geſchacht mit einem g. Oberek, darin ein # Stern. Das Wappen iſt an die v. Glz
übergegangen (ſ. mein Wappenwerk: „Bayer. Adel“, S. 9, T. 3 und „Naſſau. Adel“, S. 2 — ebenſo die
Abtheilung „Deutſcher Bund“ unter Großherzogthum Baden S. 38 ff.). Andere Baſtarden der Grafen von
Sponheim waren auch die v. Heinsberg, die Wolff v. Sponheim, die v. Ellenbach und die
v. Koppenſtein. Leztere erhielten den Schild der hinteren Grafſchaft Sponheim (von B. und G. geſchacht) mit vorderen Oberek, darin ein Koppe mit einem Ring im Schnabel (1319). Einzelne Glieder
dieſer Koppenſtein führten das Wappen wieder mit Unterbeizeichen, z. B. Walrave v. K. 1373: geſchacht
mit einem Pfahl, darin drei Koppen übereinander (1320). Meinhard v. K. 1388: ebenſo, aber nur mit
zwei Koppen. Joſt v. K., Landſchreiber in Trasbach, 1482: der regelmäßige Schild K. mit einem Schrägfaden von hinten nach vorne, war wahrſcheinlich ein Baſtard der v. K., oder ſo zu ſagen ein Unterbaſtard
der v. Sponheim [1]).

Ein mit breiteſter Unterlage von Laune entworfenes Baſtardwappen zeigt uns 1321 in dem Schilde
des Johann v. Clarence (ex Planché p. 155), Baſtard des Herzogs Thomas v. Clarence aus dem engliſchen Königshauſe. Figuren und Farben des engliſchen Wappens — g. Löwe in R. und g. Lilien in B.
— ſind in dem Schilde enthalten, die heraldiſche Zuſammenſtellung aber hat ſo wenig von der des väterlichen Wappens, daß wir einen Zuſammenhang aus dem Auſehen allein nicht errathen würden.

Ich komme zu der lezten mir bekannt gewordenen Art von Baſtardwappen, welche ich wegen ihrer
Seltenheit für beſonders intereſſant halte, wenn ich auch in keiner der bisherigen Lehrſchriften noch davon
Erwähnung fand.

Ich meine diejenigen alten Wappen, in welchen ein Thier mit dem abſonderlichen Merkmale eines
über das Haupt geſtürzten Helmes oder einer übergezogenen Gugel ſich zeigt. Die Veranlaſſung zur Bildung einer derartigen Anſicht gab mir eine Stelle in Rohte's Thüringer Kronik (Mencken
S. S. II. p. 1748), worin es heißt: „der (sc. König) gap ja (sc. dem Apel) an synen schilt den bunten
doringischen leuwin mit eyme helme uber daz hoibet gesturczt, ezu eime undirscheide
der unclichen gebort.“ Das Wappen mag man ſich in 1314 ungefähr verſinnlichen, denn die
Form des Schildes, Löwens und Helmes thut hier nichts zur Sache, das Wichtigſte iſt die Angabe des
Kroniſten, daß der Baſtard des Landgrafen von Thüringen den vollen Schild mit dem bunten (r.-s.-ge-
ſtützten) Löwen (in B.) erhielt, und daß das Zeichen der Baſtardie in einem über das Haupt geſtürzten
Helme gewält und geſehen wurde. Auf dieſe urkundliche Ueberlieferung nun baute ich die Anſicht, daß derlei
Beizeichnungen in der alten deutſchen Heraldik mehrere zu finden ſein müßten und glaube ſie auch in

---

[1]) Gefällige archivaliſche Mittheilung aus der Sammlung des Hrn. v. Graß in Wiesbaden.

einigen Wappen alter Familien gefunden zu haben. Ich nenne z. B. die v. Bülzingsleben, thüringiſchen Uradels, welche in Gr. einen s. Löwen mit übergeſtürztem g. Helme und auf dieſem fünf oder mehr
s.-r.-getheilte Fähnlein führen; ich nenne ferner die erloſchenen Stehelin von Stockburg (1315), welche
in B. einen g. Adler mit übergeſtürztem s. Helme führten. (Ebenſo rechne ich hieher das uralte Geſchlecht
der v. Reinach, deren Schild in G. einen r. Löwen mit über den ganzen Kopf gezogener b. Gugel (1317)
zeigt, und ſtelle die Vermuthung auf (und bitte, ſie nur als ſolche zu betrachten), daß die Anherren dieſer
genannten Geſchlechter Baſtarden von irgend einem Dinaſtenadel des 12. oder 13. Jahrhunderts geweſen ſeien.
Es wird Sache ſpezieller Urkundenforſchung ſein, den Werth oder Unwerth meiner Anſicht zu begründen,
mir genügt es, vorderhand und zuerſt hierauf aufmerkſam gemacht zu haben [1].

Im Allgemeinen gilt für die Beizeichen der Baſtarde, wie für die ehelicher Nachkommenſchaft die Regel,
daß man eine beſtimmte Regel nicht aufſtellen könne, und daß, wie Planché a. a. O. bemerkt: „it is by
no means improbable that each peculiar difference was adopted according to the fancy of the
bearer.“

Ich würde Anſtand nehmen, nachdem ich bisher ſchon öfters Gelegenheit hatte, über die Stellung
der Schilde, Schildesfiguren und Kleinobe nach Links oder Rechts, zu ſprechen, hier nochmals darauf zurük-
zukommen, wenn nicht von ſo vielen Seiten in dieſer Beziehung abſichtliche oder unabſichtliche Irrthümer
unterhalten würden. So auch namentlich in Bezug des Beizeichens der Baſtardie, als welches endlich noch
dadurch ausgedrükt werden ſolle, daß man eine Schildesfigur nach Links kehrte, oder konſequent, daß
eine nach Links gewendete Figur auf Baſtardie des Wappenherrn ſchließen laſſe. Ich habe in meinen
„Grundſäzen der Wappenkunſt“ S. 44 einen heroldsamtlichen Ausſpruch in dieſem Betreffe beigebracht. Ich
kann weiter hinzufügen, daß man bei der vor einigen Jahren vorgenommenen Umgeſtaltung des kaiſerlich-
ruſſiſchen Wappens (ſ. mein Wappenwerk im Ergänzungsband, S. 44 ff.) ein großes Gewicht darauf
legte, den bisher uſuell nach Links ſpringenden moskau'ſchen Reiter, „was ja eigentlich Baſtardie bedeutete,“
nunmehr nach Rechts gekehrt zu haben. Ich brauche aber kaum beizuſezen, daß die Anſicht ſolcher Heraldiker von dem Verſtändniß der wahren Heraldik und ihrer Mittel noch ziemlich weit entfernt ſein dürfte,
denn nicht nur daß die Stellung einer Figur ſich regelmäßig nach der Vorderſeite des Schildes zu richten
hat, alſo auch für den Fall, daß der Vorderrand nach Links gekehrt ſei, ſo finden wir ja Duzende von
Reiterſiegeln, in denen der Reiter nach links ſpringt (z. B. II. 16. XXXVI. 13), ohne daß irgend Jemanden
beigefallen wäre, zu behaupten, die Herren dieſer Siegel ſeien Baſtarden geweſen. Ganz dieſelbe Urſache,
nemlich ein Siegel mit links gewendetem Reiter, gab auch Veranlaſſung zur früheren Stellung des moskau'ſchen Ritters.

---

[1] Ich halte auch diejenigen alten Wappen, in welchen Thiere in einfarbigem Schilde zweifarbig erſcheinen, für beige-
zeichnete Wappen, z. B. Walderdorff, Rhein: in # ein r.-s.-getheilter, Schönberg, Sachſen: in G. ein
r.-gr.-, und Herlingen, Heſſen: in S. ein #-r.-getheilter Löwe. In vorliegenden Fällen mag ſogar urſprünglich der
Löwe einfarbig, reſp. s. und r. und nur mit einer andersfarbigen Gugel begabt geweſen ſein, woraus dann in ſpäteren
Zeiten ab- oder unabſichtlich der getheilte Löwe entſtand.

XIII. Kronen, Hüte und Müzen [1].

Abgesehen von dem Vorkommen der Kronen, Hüte und Müzen als Schildesfiguren (s. oben S. 102), erscheinen selbe in der Heraldik in dreierlei Anwendungen, nemlich als Vermittlungsglieder zwischen Helm und Kleinod, als Hauptzierde von Schildes- und Kleinodfiguren und als Rang- und Abzeichen der Würde des Wappenherrn. Die leztere Bedeutung ist es hauptsächlich, welche veranlaßt, den Kronen zc. einen eigenen Abschnitt in der Heraldik zu widmen.

Ueber die gekrönten Helme habe ich schon oben bei den Kleinodern S. 122 das Nöthigste beigebracht, ich füge hier noch hinzu, daß diese Helmkronen in der Regel von Gold, der Reif mit Edelsteinen oder Perlen besezt, die Blätter aber, gewöhnlich drei, wovon die beiden äußeren wegen der Rundung der Krone nur halb erscheinen, in ihrer Form je nach Zeitalter und Nation auch verschieden sich zeigen. XXXII. 1222, 24 und 26 sind drei Formen beziehungsweise nach Denkmalen von 1569, 1400 und 1499. Die Krone 1226, von einem paulstorffer'schen Grabsteine in Regensburg, hat etwas absonderliche Blätterformen. Es kommen auch farbige Helmkronen in der Heraldik vor, z. B. eine blaue bei den Varnbüler auf Helm II, dann rothe und grüne bei den Grafen von Salm.

Die weitere Anwendung der Kronen als Zierde des Hauptes bei Schildes- und Kleinodbildern ist auch schon ziemlich alt, doch scheint diese Sitte sich nicht zugleich mit den Uranfängen der Heraldik, sondern erst etwas später, etwa mit Ende des 13. oder Anfang des 14. Jahrhunderts, geltend gemacht zu haben. Namentlich ist die Krönung von Thieren (mehr als die von menschlichen Figuren), in ihrer Erscheinung von Interesse, es läßt sich aber kaum behaupten, daß man in jenen frühesten Zeiten damit eine besondere Auszeichnung, eine Erhöhung des Wappens bezwekte, wie dieß im 15., 16. u. ff. Jahrhunderten in der That als heraldische Praxis galt. Der thüringische Löwe erscheint schon zu Ende des 13. Jahrhunderts gekrönt. Von dem pfälzischen Löwen finde ich bei Mone, Zeitschrift VII. 53, zu einer Urkunde Pfalzgraf Ruprechts, resp. des daran hängenden Siegels vom J. 1355, die interessante Notiz: der erste so einen gekrönten Löwen im Schilde führte. Daß die Hauptkrone des pfälzischen Löwen in der Regel roth gemalt gefunden wird, ist bekannt, ich habe aber in lezter Zeit Originalkleinode (Ehrenzeichen) bayerischer Herzoge an der Schüzenkette der Münchner Armbrustgesellschaft gesehen, von denen zwei (das des Herzogs Hans 1463 und Herzogs Sigmund 1473) im bayerischen Schilde die pfälzischen Löwen mit silbernen Kronen zeigen. Ich bemerke dazu, daß die Wappenschilde in den betreffenden Farben emaillirt sind. Eine diplomatisch festgestellte Nothwendigkeit der rothen Krone für den pfälzischen Löwen war also damals noch nicht vorhanden. Die Krönung der Thiere mit Spangenkronen (s. unten), wie sie im vorigen Jahrhunderte z. B. beim preußischen Adler, beim hessischen Löwen und anderen Wappenthieren eingeführt wurde, ist heraldisch nicht zu billigen, und unschön. Die Hauptkronen sollten der alten Heraldik gemäß nur offene Helmkronen sein.

---

[1] Die in diesem und den nachfolgenden Kapiteln behandelten Theile der Wappen, als: Kronen, Hüte, Müzen, Orden, Schildhalter, Devisen, Fahnen und Banner werden auch allgemein unter dem Namen heraldische Prachtstüke subsumirt, während man Schild, Helm mit Kleinod und Deken als heraldische Hauptstüke bezeichnet.

Die ältesten Königskronen sind so ziemlich alle nach Art der Helmkronen geformt; manche, z. B. die sogenannte eiserne Krone der Lombardei, bestehen bloß aus einem Reife von Goldblech mit Edelsteinen verziert (ähnlich wie 1227, doch ohne die Perlenschnüre), ohne Blätter; andere, z. B. die altfranzösischen Kronen, haben diesen Reif mit g. Lilien besteckt [1]). Moderner in dieser Art ist die florenzer Herzogskrone (1242), welche den Reif mit spitzenförmigen Enden in der Mitte mit einer Lilie besteckt hat.

Aehnliche Goldreife, oben mit Perlen besetzt, zeigen die modernen Rangkronen des niederen Adels, und man hat allgemein angenommen, daß die Edelmannskrone fünf (1223), die Freiherrnkrone sieben (1250) und die Grafenkrone (1251) neun Perlen auf der Vorderseite zeigen solle [2]). In älteren Lehrschriften findet man auch einen einfachen Goldreif, mit einer Perlenschnur schräg umwunden (1227), als Freiherrnkrone angegeben.

Aus diesen offenen Kronen mögen nach und nach die geschlossenen oder Spangenkronen dadurch entstanden sein, daß man anfangs eine farbige Müze unter der Krone auf dem Haupte trug und später dann diese Müze mit einer oder mehreren Spangen überwölbte, z. B. die deutsche Kaiserkrone oder Krone Karl des Großen (1230). Die venediger Herzogskrone (1246), auch Dogenhut (in Venedig corno docale genannt), ist ursprünglich eine rothe Fischermüze, welche später am Kopfende in eine offene g. Krone gesteckt und mit einem g. mit Perlen und Edelsteinen verzierten Band umwunden wurde [3]); so ist auch der österreichische Erzherzogshut nach der genauen Abbildung bei Herrgott, Mon. dom. Austriacae I. Taf. 20, nichts Anderes, als ein hermelingestülpter runder, rother Hut mit flachem Boden, von zwei perlenbesezten g. Spangen kreuzweise überhöht; in der Heraldik findet man seine Form jedoch in der Regel wie 1240 angewandt. Auf ähnliche Weise sind die böhmische Krone (1232), die ungarische Krone (1233) [4]), die englische (1234), schwedische und andere Kronen gefütterte Spangenkronen.

Des heil. röm. Reichs Krone, seit Rudolf II. auch österreichische Haustrone (1237), ist ein Kronenreif mit drei Spangen von vorne nach hinten, die mittlere erhöht, die andern dienen zugleich als Abschluß einer zu beiden Seiten angebrachten Müze oder eines Futters, welches bald s., bald r., bald b. gefunden wird und ebenfalls mit Edelsteinen besetzt ist. — Die neue kaiserl. russische Krone (1235) ist ähnlich der Reichskrone, aber durchweg nur mit Brillanten besetzt.

Die gewöhnlichen modernen Königskronen, deren sich aber auch Großherzoge, Herzoge und Fürsten zuweilen bedienen, sind ebenfalls fünfspangige Kronen, aber ohne Futter (1225). Die bourbon-französische Königs- (1231) und die napoleonische Kaiserkrone (1236) sind gleichfalls nicht gefüttert. Der deutsche Kurfürstenhut war ursprünglich nur eine pp. Müze mit Hermelinstulp (1228); im vorigen Jahrhunderte fingen die Kurfürsten an, den Hut mit fünf Spangen zu zieren (1229). Der gewöhnliche Fürstenhut (1238) hat nur drei Spangen sichtbar, d. h. in Wirklichkeit zwei gekreuzte Spangen, und ein interessantes altes Beispiel eines solchen Fürstenhutes (1244) gibt Büsching: „Das Grabmal Herzogs Heinrich IV. von Schlesien." Dieses Monument in der Domkirche zu Breslau ist aus Thon gebrannt und bemalt, und die Beschreibung des Hutes, den der Herzog auf dem Haupte trägt, lautet in dem angezogenen

---

[1]) Siehe die Abbildungen in den Seraux des rois et reines de France et d'Angleterre.

[2]) Eine neuere Erfindung sind die Kronen der ehemals souverainen Grafenhäuser, deren Häuptern nach deutschem Bundesrecht der Titel „Erlaucht" zusteht. Diese „Erlauchtkronen" sind wie die gewöhnlichen Grafenkronen, aber mit einer r. barilet vorstehenden Müze und einem natürlichen Hermelinschwänzchen oben in der Mitte (1239). Aehnliche gefütterte Kronen (coronets) führen in England die Earls, Viscounts und Barons.

[3]) Viele venediger Familien, aus denen Dogen gewählt worden waren, führen heutzutage noch den Dogenhut auf ihrem Schilde, z. B. die Giustiniani, Grabenigo, Manin, Rani, Seabrami u. a., wie in Toreff's österreichischem Wappenbuch zu finden.

[4]) Eine genaue Abbildung derselben und der ungarischen Reichskleinodien, welche in der Revolution 1849 von Kossuth mit fortgenommen, dann vergraben und 1853 wieder aufgefunden worden sind, brachte die leipziger Illustrirte Zeitung vom 1. October 1853.

Werke S. 4: „Der Herzogshut ist blau. Eine goldene Borte, mit bunten Edelsteinen besetzt, geht um den unteren Rand und eine solche auch von der Stirne zum Hinterkopf. Ueber der Stirne ist ein besonders großer Edelstein. Auf jeder Seite des Hutes ist eine Stikerei in Gold und Edelsteinen, in deren Mitte kniende Engel mit Leuchtern sich befinden; zu den Seiten ein drachenartiges Thier."

Eigenthümliche Formen zeigen die Kronen der russischen, resp. slawischen Knjäse, welche jetzt als Fürstenkronen gelten und von denen ich bei Behandlung des neuen russischen Wappens in meinem „Wappenwerk" (Ergänz. Bd. S. 44, T. 32 ff.) eine ganze Reihe abgebildet habe. Sie erscheinen in der Regel als kegelförmige, unten mit Zobelpelz verbrämte Müzen von Goldbrokat mit Edelsteinen besetzt und oben mit einem Kreuze geziert [1]) (1241).

Eine hohe weiße Müze mit drei Kronenreifen übereinander bildet die päpstliche Krone (1243) oder Tiara, auch Triregnum genannt [2]).

Die geistlichen Würdenträger minderen Ranges pflegen Hüte und Müzen als Amts und Würdezeichen zu führen, und zwar die Hüte in der gewöhnlichen Form eines niederen breitkrempigen runden Hutes, ursprünglich mit bequasteten Schnüren zum Binden unter dem Kinne. Diese Schnüre und Quasten sind später simmetrisch geordnet worden und die Anzahl der lezteren, sowie die Farbe des Hutes, der Schnüre und Quasten bilden seit lange ein Unterscheidungsmerkmal des Ranges der Würdenträger.

Der Hut der Karbinäle ist roth mit 15 Quasten zu jeder Seite (1246), der der Erzbischöfe grün mit je 10 Quasten (1247), der Hut der päbstlichen Protonotare ist # mit 6 Quasten zu jeder Seite (1249) u. s. w.

Außerdem haben Erzbischöfe, Bischöfe und Aebte noch ihre besonders geformten Müzen, meistens aus weißem Brokat mit Goldborten besetzt und mehr oder minder mit Edelsteinen besät. Eine derartige Abtsmüze gibt 1245.

Was die Anwendung der Kronen, Hüte und Müzen in ihrer Eigenschaft als Würdezeichen betrifft, so stehen sie regelrecht auf dem Oberrand des Schildes.

Dieser heraldische Gebrauch ist jedoch überhaupt nicht alt, und ich glaube, daß wenn wir als frühestes Erscheinen desselben (wenigstens für Deutschland) die Mitte des 15. Jahrhunderts annehmen, wir nicht weit irre gehen dürften. In Frankreich und England mag die Sitte vielleicht 20 Jahre früher auftreten, in eigentlichen Schwung kam sie doch erst mit Schluß des 15. Jahrhunderts und zwar zuerst bei Kaisern und Königen, und dann allmälig abwärts, bis sich Kronen sogar über bürgerlichen Wappenschilden einfanden. Unter dem niederen Adel ist mir das erste Beispiel eines gekrönten Schildes in einem Siegel des Ferdinand Bart 1692 vorgekommen. Es muß weiterer Forschung überlassen bleiben, bestimmte Grenzen über das heraldische Auftreten solcher Würdezeichen zu ermitteln, für hier genügt es, anzudeuten, daß die Heraldik von den ersten Vorkommen gekrönter Schilde an bis etwa um die Mitte des vorigen Jahrhunderts, d. h.

---

[1]) Das Kreuz, später über der Weltkugel als sogenannter Reichsapfel, welches auf den meisten Spangenkronen gesehen wird, soll Souverainität, alias Sieg des Christenthums anzeigen.

[2]) Die neuere Heraldik wendet auch Mauerkronen an für Städtewappen, Schiffskronen für Solche, welche sich um die Marine verdient gemacht, Pallisabenkronen für Diejenigen, welche bei Belagerung von Festungen sich hervorthaten u. s. w. Alle diese Kronen sind aber lediglich ohne historischen Hintergrund in der Heraldik. Es ist überhaupt noch fraglich, ob et Familien und Körperschaften (soferne leztere nicht als Aemter Stellvertreter ihrer Souveraine sind) rechtlich zustehe, Kronen auf ihrem Wappen zu führen, und Palliot sagt, S. 207, nicht ohne Wahrheit: Personne n's droit de porter ses armes timbrées de couronne que la naissance, que les fils ainés des Empereurs, Roys et princessouveraines; ains seulement par les terres et estats qu'elle possede, qui luy donnet cet honneur non personnel, mais réel, parsqu'elle tient de la chose qu'elle possede et non pas de sa personne et de sa naissance. Un marquis ou un comte a droit de porter une couronne non pas pour estre ancien gentilhomme, mais parcequ'il est marquis, parcequ'il est comte etc. etc. — Der Fürstenhut sollte also nur wegen des Fürstenthums und nicht wegen der Fürstenschaft geführt werden.

bis zum Verfalle der alten Wappenkunst keinen anderen Begriff damit verband, als den, durch das Anbringen einer Rangkrone auf dem Schilde die hohe Würde des Wappenherrn zu kennzeichnen, während sie zugleich diese Kronen als die wirklichen Kopfbedeckungen der betreffenden Herren betrachtete und in Folge dessen die Helme da wegließ, wo sie derlei Kronen anbrachte. Ueberhaupt mag die Idee dieses heraldischen Gebrauches auch erst dann hervorgerufen worden sein, als man sich gewöhnte, Kaiser und Könige nicht mehr im kriegerischen Helmschmuk, sondern nur noch in Amt und Würden mit ihren Kronen auf den Häuptern sich vorzustellen, und in Folge dessen die gewohnten Kronen auch auf dem Wappenschilde wiedersehen wollte.

Der Gebrauch, die Helme mit solchen Rangkronen zu bedeken, ist in neuerer Heraldik nicht selten, wie denn z. B. der bourbon-französische und der napoleonisch-französische, auch der königl. preußische Wappenhelm mit den betreffenden Kaiser- und Königskronen bedekt erscheinen. Von Erzherzog Maximilian, späterem Kaiser, ist bei Drebius ein Siegel abgebildet, das den Helm mit dem österreichischen Erzherzogshut bedekt zeigt. Ingleichen tragen die in kriegerischer Tracht dargestellten Kurfürsten-Erzbischöfe, deren in Stein gehauene über lebensgroße Figuren einst am Kaufhause zu Mainz angebracht, jetzt im dortigen Antiquarium zu sehen sind, auf ihren Kübelhelmen die bischöfliche Müze, während man auf den Helmen der weltlichen Kurfürsten das gewöhnliche Kleinod erblikt. Aus diesen Beispielen wäre zu entnehmen, daß man auch in der alten Heraldik ein derartiges Würdezeichen als Helmkleinod zu benüzen sich nicht scheute. Dagegen habe ich einen anderen Gebrauch der späteren Heraldik nicht durch urkundlich alte Beispiele bestätigt finden können, ich meine denjenigen, die Rangkronen als Vermittlungsglieder zwischen Helm und Kleinod zu benüzen, wie dieß z. B. bei einem Wappen der Könige von Polen aus dem Kurhause Sachsen sich erweist, welche auf dem Schilde einen königlich gekrönten Helm und auf dieser Krone gleichsam als Kleinod den polnischen Adler stehend führten. Aehnlich ist auch die Sitte neuerer Heraldik, Fürstenhüte und Adelskronen als Mittelglieder zwischen Helm und Kleinod zu sezen. Ich halte diese beiden Usancen für unschön und unheraldisch, denn ein Helm sollte nur durch eine offene einfache Helmkrone, nicht durch eine Rangkrone die Vermittlung zwischen sich und dem Kleinode erhalten.

Am wenigsten aber dürfte diejenige Sitte zu vertheidigen sein, welche eine Rangkrone auf den Schild, und auf diese Krone dann wieder die Wappenhelme stellt. Aut — aut, entweder sollen die Helme wie in der alten Heraldik direkt auf dem Oberrande stehen, oder, wenn man den Gebrauch einer Rangkrone vorzieht, so soll diese die Stelle der Helme einnehmen, d. h. also Beides zugleich und zwar auf- oder übereinander ist zum mindesten Pleonasmus; dagegen kann es nicht als unheraldisch getadelt werden, wenn man die Rangkrone zugleich mit den Helmen auf dem Oberrande anbringen kann. Derlei war in Schweden viel in Uebung, wie denn Svea Rikes Vapenbok bei den zweihelmigen Wappen in der Regel die betreffende Rangkrone zwischen die Helme auf den Oberrand des Schildes stellt. Auch Grünenberg gibt bei den Wappen der Bischöfe einen Kleinodhelm und eine Bischofsmüze nebeneinander auf dem Oberrande des Schildes.

Schlüßlich führe ich noch an, daß, sowie Kleinode nicht fliegend über den Helmen, so auch Helme oder Rangkronen nicht freischwebend über dem Schilde erscheinen sollen. Ich erwähne dieß nur, weil Maler und Siegelstecher so häufig dagegen fehlen, und glaube kaum, daß diese schon im Begriffe der Wappenzusammenstellung begründete Sitte noch einer weiteren Motivirung bedürfe.

XIV. Schildhalter,

lat. telamones, atlantes, franz. tenants, supports, soutiens, engl. tenants, supporters, ital. sostegni, tenenti, ndb. schildhouders, sind Figuren von Menschen oder Thieren, welche hinter, neben oder unter dem Schilde sich befinden, gleichsam in der Absicht, den Schild oder beziehungsweise das Wappen zu halten und zu unterstützen. Die deutsche Heraldik macht in der Bezeichnung, je nach der Stellung oder Natur dieser Figuren, keinen Unterschied, sondern begreift sie alle unter dem Namen Schildhalter. Die französische, englische und italienische Heraldik aber will unter tenants, tenenti nur menschliche Figuren, unter supports, supporters, sostegni aber nur Thiere begriffen haben. Liegende Thiere, die zu Füßen eines Wappenschildes erscheinen und die nach unseren Ansichten eigentlich keine Schildhalter sind, nennen die Franzosen soutiens posés en baroque.

Der Ursprung der Schildhalter geht nicht wol weiter als in's 14. Jahrhundert zurük, und mag zunächst in den Siegeln gesucht werden, bei welchen der leere Raum zwischen Schild und Schriftkranz mit passenden Figuren ausgefüllt wurde. Es ließe sich demnach die Ansicht aufstellen, daß Schildhalter anfänglich sogenannte sphragistische Beigaben gewesen seien, die dann mit der Zeit aus den Siegeln in die freiabgebildeten Wappen übergegangen seien.

Wenn Laune, Willkür und Geschmak je in heraldischen Produkten sich bemerkbar gemacht haben, so war dieß in der Praxis, die mit Schildhaltern geübt wurde, der Fall. Nicht nur daß wir die verschiedenartigsten Figuren an sich als Schildhalter angewendet finden, so bemerken wir sogar bei ein und demselben Geschlechte, ja bei ein und der nemlichen Person im Laufe der Zeit ganz entschiedene Abwechslung in diesen heraldischen Pracht= oder Zierstüken.

So sind z. B. die Löwen, die als Schildhalter des bayerischen Wappens gegenwärtig offiziell und seit etwa 300 Jahren usuell geführt werden, keineswegs die ausschließlichen Schildhalter des bayerischen Wappens gewesen, sondern wir finden in Siegeln der Herzoge, auch wilde Männer, Engel, nakte Frauenzimmer als solche, wie die vielen Abbildungen von bayerischen Herzogssiegeln in dem Mon. Boicis und die Zusammenstellung über das bayerische Wappen in Lipowski, „Grundlinien der Heraldik" (München 1816, S. 153 ff.) beweisen. Ebenso kommen beim österreichischen Wappen Engel, Löwen und Greifen als Schildhalter vor, welch' leztere jezt offiziell sind.

Ebensowenig als an eine Fixirung der Schildhalter in älteren heraldischen Zeiten darf man an eine Bevorzugung denken, die denjenigen Wappen, welche Schildhalter führten, vor denen ohne solche zuzuerkennen wäre. Hoher und niederer Adel, ja sogar Nichtadelige, geistlich und weltlich, Männer und Frauen, haben Schildhalter geführt und es ist kein haltbarer Grund dafür, weßhalb dieß nicht auch heutzutage noch sein sollte, man müßte denn behaupten wollen, Wappen des niederen Adels dürften nicht so prachtvoll ausgestattet sein, als solche des höheren Adels; aber auch bei dieser Behauptung würde man den Saz nicht umkehren können, weil erfahrungsgemäß gar häufig Wappen von Souverainen vorkommen, welche keine Schildhalter führen, z. B. Oldenburg, Kirchenstaat, Neapel, Kaiserthum Frankreich u. a.

Eine offizielle Ansicht und Entscheidung eines Adelsamtes vom J. 1834 über das Recht oder Vorrecht, Schildhalter zu führen, gebe ich aktenmäßig in der Note [1]), dagegen bemerke ich, daß man in neuester

---

[1]) Unterm 26. Juni 1834 wurde vom k. sächs. Ministerium dem k. sächs. Obersten Gustav von Nostiz, auf sein Ansuchen

Zeit bei einem anderen Heroldenamte dieser Aengstlichkeit sich gänzlich entschlagen zu haben scheine, indem man einem Wappenentwurfe zu einer einfachen Nobilitation die demselben einverleibten Schildhalter ohne weitere Bedenken genehmigte [1]. Ich erwähne dieß um so lieber, als ein bedeutender Schritt vorwärts im Verständniß der ächten Heraldik an maßgebendem Orte damit geschehen sein dürfte.

Ich komme nunmehr dazu, die verschiedenartige Anwendung von Schildhaltern durch einige historische Beispiele zu illustriren. Tafel XXXIII. gibt deren eilf und zwar alle nach Siegeln und Denkmälern.

Die erste Art von Schildhaltern ist die, daß der betreffende Wappenherr seinen Schild selbst hält. Derlei Darstellungen finden sich auf gar vielen alten Monumenten und Siegeln. Hiebei läßt sich nichts Anderes denken, als daß der Ritter in dem wirklichen Waffenschmuk dargestellt sein wollte, also daß der Schild auch seinem wirklichen Wappenschilde nachkonterfeit war. In der Regel hält der Ritter dann in der anderen Hand entweder seinen Helm oder eine Fahne. Bei Cibrario finden sich mehrere hieher bezügliche Siegel abgebildet. In der Kirche zu Flonheim ist ein sehr schönes Denkmal dieser Art vom Wildgrafen Friedrich von Kirchberg d. a. 1260. Hieher gehört auch der schon erwähnte Grabstein Günthers von Schwarzburg zu Frankfurt, und eine ansehnliche Zahl derartiger Monumente, welche in Montfaucon's „Antiquités de France" und in den „Antiquarischen Verhandlungen der Londoner Gesellschaft" abgebildet sind. Ziemlich spät und sehr originell ist das Beispiel (1263) von dem Gedenksteine Johannes Herzheimer's aus dem J. 1497 in der Kirche zu Trostberg. Der Ritter kniet in sogenannter gothischer Rüstung mit Rennhut oder Salad, auf welchem das Kleinod angebracht ist und mit weitabstiegenden Deken. Die linke Hand legt er an's Schwert, mit der Rechten hält er eine Fahne, darauf eine Devise, und am Vorderarme hängt an einem Riemen ein Tartschenschild mit dem herzheimer'schen Wappen.

Eine zweite Art gibt das Beispiel (1258) nach einem Grabsteine zu Gars vom J. 1488. Hier sehen wir die Frau, so zu sagen, als Schildhalterin des männlichen Wappens. Frau Magdalena, Adolf Ebenstetter's Hausfrau, die vor Gram über die Trennung, resp. lange Abwesenheit von ihrem Gemal, Adolf Ebenstetter, starb, worauf auch die Worte auf dem Spruchband: ich schdech meyden und der Buchstabe A, d. h. Adolf, auf dem Kleide Bezug haben — hat an einem Gürtel den Wappenschild ihres Mannes umhängend, während sie mit der Rechten den Helm mit Kleinod und Deken umfaßt. Die Linke hält das Kleid

<hr>

vom 15. Mai gl. J. um Genehmigung zur Führung, resp. Vereinigung von Namen und Wappen seines Großschwiegervaters (Urgrvaters seiner Gemahlin), des 1807 verstorbenen Grafen Georg Reinhard von Wallwitz, jedoch ohne die gräflichen Insignien, eröffnet, daß diesem Ansuchen entsprochen werde, daß jedoch die in den Entwurf aufgenommenen Schildhalter nicht genehmigt werden könnten, weil Schildhalter nur Freiherrn, Grafen und Fürsten gebührten. Improvirant bei hierauf, man möge ihn die auf dem nostiz'schen Familientag 1764 als Schildhalter des Geschlechtes, ullersdorfer Linie, angenommenen Greise, statt der wallwitz'schen Löwen gestatten. Das Ministerium forderte hierauf das Gutachten von Wappenkundigen, welches aber in Bezug der Schildhalter ebenso ungünstig ausfiel als die ministerielle Entscheidung, indem man von jener Seite beibrachte: „Der Vertrag von 1764 sei bloßer Privatvertrag gewesen, könne daher in einem königlichen Wappenbrief keine Berücksichtigung verdienen, namentlich da er von heraldischen Grundsätzen abweiche. Schildhalter seien keine willkürlichen Zierrathen, sondern Attribute, die einem höheren Adelsgrade zugehörten, wie denn der als Autorität anerkannte Vizekanzler der Universität Marburg, Joh. Georg Estor, in der Einleitung zu seiner Ahnenprobe, SS. 29. 451. 452 anführe, daß Schildhalter in Ahnenbäume (sie) aufzuführen nur dem höheren Adel oder denen nachgelassen sei, welche deshalb eine kaiserliche Vergünstigung erhalten haben. Uebrigens könne (auditur!) ausdrücklicher landesherrlicher Wille ausnahmsweise auch das gut heißen, was heraldische Strenge verwerfen müsse." So wurden denn unterm 9. August 1834 die Greife als Schildhalter genehmigt. — Es möchte Einem hier das bekannte „So viel Arbeit um ein Leichentuch!" wol in den Sinn kommen.

Es war dieß der von mir gefertigte Entwurf für das Wappen der von S. M. dem König Max II. nobilitirten Reisenden v. Schlagintweit. Dieselben wünschten ein Paar bengalische Tiger als Schildhalter und ich willfahre diesem Wunsche, wobei ich jedoch die Impetranten darauf aufmerksam machte, daß man betr. Ortes nach angedeuteten Prinzipien an den Schildhaltern vielleicht Anstand nehmen würde. Das Wappen wurde jedoch ohne jede Gegenerinnerung genehmigt und durch das Diplom vom 24. November 1859 sanktionirt.

in markigen Falten empor und zu den Füßen ist die Kröte als Sinnbild der Unsterblichkeit, und der Hund,
als das der Treue. Ich halte dieß Denkmal, sowol was die heraldische, als was die ästhetische Seite anbelangt, für ein unicum, das namentlich in lezterer Beziehung einen Lichtstrahl auf die so vielfach breit-
geschlagene „Roheit" der mittelalterlichen Sitten wirft.

Etwas verschieden von diesen Selbst-Schildhaltern [1]) sind diejenigen, welche nicht mit der Person des
Wappenherrn, sondern nur mit seinen speziellen Ideen oder mit den Bildern des Wappens selbst in Korrespondenz stehen.

Hier ergeben sich bei genauerer Beobachtung dreierlei Arten der Anwendung, nemlich: 1) Ein Schildhalter hält ein Wappen. 2) Zwei Schildhalter halten ein Wappen. 3) Ein Schildhalter hält zwei
Wappen.

Die Stellung der Schildhalter ist bei Menschen und Thieren [2]) in der Regel aufgerichtet, doch kommen
erstere auch kniend (1254), leztere mitunter gekrüpft (1259, 60) vor. Auch fliegende Schildhalter finden
sich auf Siegeln, Denkmälern, und ich erinnere hier insbesondere an den schwebenden Engel, der zwei
Schilde an Schnüren hält, in dem Meisterwerke der Siegelstecherkunst, dem Verlobungssiegel des Erzherzogs
Maximilian und der Maria von Burgund vom J. 1477, bei Brebius und Herrgott abgebildet. Ebenda ist
auch ein Siegel vom J. 1485, wo über den Figuren der Reiter ein Greif mit dem österreichischen Schilde
schwebt. Zuweilen haben die Schildhalter zugleich das Haupt im Wappenhelme stehend oder verborgen,
wie solcher Beispiele außer den hier gegebenen sich bei Brebius mehrere finden. Auch ein sehr schönes Laiminger Wappen auf einem Grabsteine zu Seeon ist mir bekannt, wo ein Löwe, dem vorne an der Brust
der Schild hängt, den Kopf im Helme stehend hat und mit den Pranken ein Banner hält.

Eine launische Abnormität gibt 1255 und 56 auf unserer Tafel XXXIII. nach einem Siegel des Jean
de Berry vom J. 1360 in den „Sceaux des grand feudateurs". Hier sizt ein Löwe mit übergestürztem
berry'schen Wappenhelm einem Schwan gegenüber, welcher den Wappenschild an einem Bande umgehängt hat.

Beispiele von einem Schildhalter mit einem Wappen gibt 1254 nach dem Siegel des Domkapitels
in München d. a. 1500. Der Schild enthält das Wappen des Stiftes Ilmmünster, das nach München
transferirt und dort in ein Domstift umgewandelt wurde, und wird von einem knienden Engel gehalten.
1253 ist nach einem Siegel eines Giesser's von Tegernbach in der Hallerthau, zum kleinen bayerischen
Adel zälend, vom J. 1520. Das Wappen (s. auch oben Taf. XIII. 277) wird von einem nakten Frauenzimmer gehalten. Derlei Nuditäten finden sich in alten Wappen vielfach, und noch gegenwärtig führen z. B.
die Fürsten von Schwarzburg ein solches naktes Frauenzimmer als Schildhalterin zur linken Seite. Die
sogenannten wilden Männer, welche auch nakt mit Laubkranz und Schürze abgebildet werden, erscheinen
ziemlich häufig als Schildhalter, z. B. im königl. preußischen, königl. dänischen u. a. Wappen.

1260 ist nach einem öttingischen Siegel von 1427. Ein Greif, vielleicht auch ein geflügelter Löwe,
hält gekrüpft den öttingischen Schild und trägt den dazu gehörigen Wappenhelm über den Kopf gestürzt. —
1259 nach einem Siegel mit durchzogenem Schweife, mit der Umschrift: Arnolt van Scige. d. jong. vom J. 1540. Der Löwe sizt gekrüpft mit durchzogenem Schweife, hält den Schild mit den Vorderpranken und hat den Kopf in dem
Spangenhelm mit dem Hörner-Kleinode gestellt.

Als Beispiele der zweiten Art, d. i. zweier Schildhalter an einem Wappen, gebe ich: 1261, nach einem
Siegel Heinrich's von Buebenberg, niederen schweizer Adels vom J. 1450. Zwei Löwen halten hier

---

[1]) Hiezu wäre auch zu rechnen die Darstellung auf einem Grabsteine in Eilshofen, wo Margret Rothastin von Sern-
berg, geb. Pflugzin, † 1504, sich in ganzer Figur zeigt und mit beiden Händen ihren angebornen Schild, den pflug'schen,
vor die Brust hält.

[2]) Ich rede nur von vierfüßigen Thieren, Vögel sind vermöge ihres Baues, resp. ihrer Konturen, als Schildhalter schwer zu
arrangiren, wenn anders sie nicht „verkrätscht" erscheinen sollen. Drachen kommen gleichfalls als Schildhalter vor. Wenn
selbe aber, wie z. B. beim portugiesischen Wappen, nicht einmal Vorderfüße haben, so können sie füglich den Schild
gar nicht halten.

den Schild mit der einen und den Helm mit der andern Pranke. Ferner: 1252, nach einem schönen Siegel der Stadt Budweis in Böhmen. — Würde nicht das Siegel selbst die Jahrzahl 1569 in sich tragen, so möchte man versucht sein, die Arbeit um 50—60 Jahre älter zu schäzen. Die beiden Ritter haben noch vollständige gothische Rüstungen an und auch die Behandlung der Krone und des Faltenwurfs in den Decken deutet auf ein Motiv aus dem lezten Viertel des 15. Jahrhunderts. Ferner als Beispiel mit zweierlei Schildhaltern, einem Löwen und einem Greifen, zeigt sich 1257 nach einem Siegel Philipp I., Herzogs von Pommern, mit der Jahrzal 1522.

Ein Beispiel der dritten Art, nemlich ein Schildhalter zu zweien Wappen gibt 1262, nach einem schönen Denksteine aus dem Ende des 15. Jahrhunderts im Kloster Baumburg. Das Männlein, welches die beiden Schilde Degenberg und Laiming hält, hat etwas Schalksnarren-, vielleicht auch Gnomen-artiges an sich, denn das Größenverhältniß desselben zu den Schilden ist auffallend auf Zwergnatur deutend. Die ornamentirte, helmbekenartig umgeschlagene und ausgeschnittene Kleidung, sowie die Zaken- oder Federn-krone gibt dem ganzen Burschen etwas Abnormes, wobei aber nicht wol entschieden werden möchte, ob hier die Laune des Künstlers allein oder die Idee und Auftrag des Wappenherrn bei der Ausführung maß-gebend gewesen waren.

.

XV. Orden und Würdezeichen.

Orden im weiteren Sinne sind Verbrüderungen, deren Mitglieder nach bestimmter Regel zu leben und den Zwek ihrer Gesellschaft zugleich zu ihrem Lebenszwecke zu machen haben. In diesem Sinne gab und gibt es männliche und weibliche, geistliche und weltliche Orden. Orden im engeren Sinne sind Stiftungen zu dem Zwecke, besondere Verdienste Einzelner zu belohnen und die Belohnten durch diese äußere Ehrenbezeigung zugleich dem Geber des Ordens persönlich zu verbinden.

Beide Arten von Orden haben von jeher mehr oder minder äußere Kennzeichen für ihre Mit-glieder in Anwendung gebracht und diese Kennzeichen pflegt man auch κατ' έξοχήν Orden, Ordens-zeichen und Dekorationen zu nennen. Der Habit, die Kutte des Mönches und der Nonne sind immer in Farbe oder Schnitt die äußern Zeichen eines geistlichen Ordens, zuweilen pflegen diese Orden aber noch durch farbige Kreuze oder dgl., welche an diesen Habiten angebracht sind, sich besonders kennbar zu machen.

Zunächst den geistlichen Orden stehen diejenigen, welche zu frommen oder wohltätigen Zweken in den ersten Jahrhunderten unseres Zeitalters gestiftet wurden, z. B. der Johanniterorden (gestiftet 1118), der Orden von Aviz (1146) und von Calatrava (1158), der Deutschorden (1170), deren Zwek die Bekämpfung der Ungläubigen, die Pflege der Pilger und Kranken war; diese Orden sind, wenn auch nicht ursprünglich, doch bald nach der Entstehung hauptsächlich nur dem Adel zugänglich geworden, schließlich sogar unter For-derung strenger Ahnenproben [1]. Mit der Zeit haben Fürsten bei verschiedenen Gelegenheiten Orden ge-stiftet, in der Regel als Mittel zur Gunstbezeigung, mitunter auch mit dem Nebenzwecke christlicher und ritter-licher Werke. Der Hofenorden (1350), der Bließorden (1429), der Schwanenorden (1440, er-neuert 1843), der Hubertusorden (1444), der Elefantenorden (1450), der Georgiorden (1494, erneuert 1729) u. a. sind Beispiele hiefür. — Von 1500 an bis 1853 sind in Europa mehr als hundert

[1] Siehe davon im II. Theil dieses Buches.

neue Orden entstanden, deren Bestimmung größtentheils nur Dekoration ist [1]). Einige derselben haben noch die Bevorzugung, daß ihre Ertheilung eine Standeserhöhung mit sich bringt, z. B. erblich der Maria-theresien-, Stefans-, Eisernekroneorden in Oesterreich, persönlich der Zivil- und Militärver-dienstorden in Bayern.

Ziemlich frühe schon hat man angefangen, Ordenszeichen in die Heraldik aufzunehmen, beziehungs-weise sie mit den Wappen in Verbindung zu bringen.

Eine der ältesten Arten, die Ordenszeichen mit den Wappen zu verbinden, war die, sie in ein Oberst des Schildes zu setzen. Dieß war z. B. Gebrauch bei den Fürspänglern, einem 1353 von K. Karl IV. gestifteten Ritterorden, der eine goldene Fürspange (sinnbildlich die Gürtelschnalle der Jungfrau Maria) zum Zeichen hatte (XXXV. 1288). Die Schilde der verstorbenen Ritter wurden bis 1590 in der Frauenkirche zu Nürnberg aufgehängt, in gedachtem Jahre aber als „zu katholisch" von der reformatorischen Geistlichkeit entfernt. Bald darauf 1603 ist der Orden erloschen [2]).

Später, und wie ich glaube nicht vor der letzten Hälfte des 15. Jahrhunderts, fing man an, den Schild mit dem Ordenszeichen zu vierten. Hiebei war aber noch eine besondere Feldesfarbe für die Ordensdekora-tion nothwendig. Derart sind z. B. die Wappen der Malthefer- und der Deutscherren-Großmeister wenig-stens schon im 16. Jahrhundert häufig (1289). Ebenso finde ich auch ein Beispiel, daß ein Ordens-kreuz in einem Schildeshaupt geführt wurde, in dem Wappen des Hortenst von Tiriach (1291), St. Ste-fansordensritter, 1581 am Hofe zu München [3]). Man findet Ende desselben Jahrhunderts aber auch schon die Manier, den ganzen Schild durch ein Ordenskreuz zu vierten, und wenn das Wappen des betreffenden Ritters nicht ohnedem vier Quartiere hatte oder darein zu bringen war, so setzte man in's 1. und 4. Feld abermals das Ordenskreuz, in's 2. und 3. aber das Geschlechtswappen, z. B. das Wappen eines Stöckl von Schwaz, Tirol, „ain kreuzherr zu Florenz" (1290), welcher 1580 am Hofe zu München lebte. Auf die Viertungslinie des Schildes gelegt finden wir das Kreuz des portugisischen Kristusordens (nach Andern soll es das Danebrogkreuz sein) im Wappen der nürnberger Holzschuher [4]).

Eine andere Art, welche im 15. Jahrhunderte am häufigsten vorkommt, war diejenige, die Ordens-zeichen neben dem Wappen und ohne direkte Verbindung mit demselben anzubringen, wie z. B. oben beim grünenbergischen Wappen Tafel VI.

Eine fernere Manier, welche besonders im 17. und 18. Jahrhunderte sehr beliebt war, ist die, den Stammschild auf einen Rückschild mit dem Ordenskreuz zu legen, so daß dessen vier Arme hinter dem Stammschilde hervorragen [5]). Man hat dieß auch öfters so angewendet, daß man das Ordenskreuz (ohne Schild) einfach hinter dem Geschlechtsschild hervorschen ließ.

Die allgemeine Uebung aber, insbesondere bei Fürstenorden, war es seit mehr als dreihundert Jahren, die Ordenszeichen an ihren Ketten frei um den Schild zu hängen (1296, 1298) — die neueste Mode endlich läßt die Dekoration bloß mit kleinen Bandschleifen hinter dem Unterrande des Schildes hervorkommen.

Die Orden sind persönlicher Natur, d. h. sie zu führen hat nur der Begnadigte oder der Aufgeschworne das Recht. Ausnahmen davon bilden die Stifter der Orden und ihre souverainen Nachkommen, welche die

---

[1]) Der neueste Orden ist der „Stern von Indien", gestiftet von K. Viktoria von England für die Anhänger der Krone in Ostindien (so die Abbildung in den London illustrated news, 17. Aug. 1861).

[2]) v. Halbritter: „Historische Notiz über die Fürspanger und Aglaier" im Archiv für den Untermainkreis, III. 118 ff. — Ackermann: „Ordensbuch", S. 196. — Neue Münchner Zeitung vom 16. April 1861.

[3]) Aus Erzherzog Ferdinand's Hoftrappenbuch, Mss. Ein ähnliches Beispiel mit dem Johanniterkreuz im Schildeshaupte findet sich ibidem von Wilhelm von Loeben, Kommenthur zu Wildenbruch in Pommern.

[4]) Siehe mein Wappenwert: „Baverischer Adel", S. 40, T. 38, und Ergänzungsband, S. 15.

[5]) Z. B. bei den Deutschordensrittern. Auch die alten Michaelsritter in Bayern pflegten ihr Wappen dieser Art zu führen, z. B. 1292 den Schild des Franz Eugen Freiherrn v. Seida u. Landensberg, welcher am 23. April 1811 auf-geschworen wurde. Der neue Michaelsorden hat zwei Klassen, es wird aber keine Aufschwörung mehr dabei angewendet.

Ordenszeichen zu verleihen haben. Bei diesen ist das Führen der Orden erblich. Außerdem gibt es noch einzelne Familien, welche Ordenszeichen erblich zu führen berechtigt sind, z. B. die Waldbotten v. Bassen-heim, deren jeweiliger Erstgeborner auch geborner Deutschordensritter ist, ob mit oder ohne Proben, nescio.

Ich werde nunmehr die in älteren Wappen am Meisten vorkommenden Ordenszeichen und Ketten bei-bringen, und zwar mit Berücksichtigung der älteren Formen derselben, da im Laufe der Zeit bei denjenigen Orden, welche noch bestehen, allerlei Modernisirung in den Decorationen und Ketten stattgehabt hat.

Der Orden des hl. Grabes, franz. l'ordre du St. Sepulchre, engl. order of the holy tomb, zeigt das rothe Krükenkreuz von Jerusalem mit vier solchen Krükenkreuzlein in den Winkeln (XXXIV. 1294). Die Führung dieses Ordenszeichens wurde mit dem Ritterschlag am hl. Grabe erworben und wir finden eine große Anzal deutscher Edelleute, welche nach ihrer Rückkehr vom hl. Lande dieses Ordenszeichen neben ihren Wappen anzubringen pflegten. Man sieht es u. A. auf einem Grabsteine des Heinrich Keßl v. J. 1430 an der Sebaldus-kirche zu Nürnberg; auf einem Siegel Jörgs v. Hohenrain, rechts oben neben dem Kleinod; auf dem Originalschilde des Anton Rehm, rechts oder dem Wappen; ingleichen ist es oben Taf. VI. Nr. 47. — Die Sarnthein führten den Orden des hl. Grabes immer zwischen den beiden Helmen, ist aber unrichtig, denn dieses Ordenszeichen war nie erblich.

Der Orden der Ritter von Zypern und der Orden der hl. Katharina vom Berge Sinai wur-ten von den pilgernden Edelleuten in der Regel schon vor der Ankunft in Jerusalem erworben, man findet sie daher auch in der Regel zugleich mit dem hl. Grabkreuz bei den Wappen. Das Zeichen des Zypern-ordens ist eine g. Rose, an der ein blankes Schwert mit r. Griff hängt. Um die Klinge ist ein g. Zettel gewunden, auf dem der Wahlspruch: POR LOYOLTAD MANTENIR steht (s. VI. 40). Das Zeichen des Katharinenordens (1295) ist ein r. Brechrad mit einer ☿ Kurbel, das Marterwerkzeug der hl. Katha-rina. Man findet beide letztere Orden zuweilen auch in eine Figur vereint (1300), wie auf gedachtem Rehm'-schen Schild links oben neben dem Kleinod.

Der aragonische Kannenorden, franz. ordre de la vase, span. della jara, 1410 zur Bekämpfung der Ungläubigen, resp. der Mauren in Spanien gestiftet, findet sich auch zuweilen bei den Wappen deutscher Ritter, welche ihn bei solcher Gelegenheit im Felde erworben hatten. Das Ordenszeichen besteht aus einer g. Kanne, aus der drei Lilien hervorkommen, und an welcher unten ein g. Greif hängt, der mit seinen Krallen ein Band hält, darauf der Wahlspruch: POR LOS AMOR. (VI. 48). Die Ordenskette besteht aus Kannen und Greifen abwechselnd.

Der Halbmondorden, l'ordre du croissant, gestiftet von Renatus v. Anjou 1448, zum Kampfe gegen den Halbmond. Das Ordenszeichen ist ein s. Halbmond mit dem Wahlspruch: LOS EN CROISS (ANT), auch bloß LOZ in g. Buchstaben an g. Ketten hängend, zuweilen auch von g. Ketten eingefaßt (s. mein Wappenwerk: „Altfrankreich", S. 10. T. 21).

Der St. Michaelsorden, von König Ludwig XI. von Frankreich 1469 gestiftet, hat eine Kette, deren Glieder s. Muscheln und g. Gewinde sind, und an der unten als Ordenszeichen ein eirunder Schild mit dem Bilde des Erzengels Michael hängt (s. a. a. O.).

Der Elefantenorden von Dänemark (gestiftet 1450, alias 1478), dessen Kette aus s., alias g. Ele-fanten mit b. Riemenwerk und g. Thürmen auf den Rücken und g., aus vier Halbmonden zusammengesetzten Kreuzen besteht. Das alte Ordenszeichen, welches unten an der Kette hing, war eine runde Scheibe mit g. Strahlenkranz und dem Bilde der hl. Jungfrau auf einem Monde. Die jetzige Decoration ist nach Ackermann (S. 170, T. 38) ein Elefant wie der in der Kette beschrieben mit einem Neger auf dem Halse, dagegen fehlen in der Kette die Thürme auf den Elefanten und die Zwischenglieder der Kreuze.

Der Verkündigungsorden, ordine dell' Annunziata, von dessen Stiftung s. unten S. 160.

Der Orden des goldenen Bließes, lat. ordo velleris aurei, franz. l'ordre du toison d'or, engl. order of the golden fleece, gestiftet zu Brügge in Flandern von Herzog Philipp dem Guten von Burgund am 10. Jan. 1429. Das Ordenszeichen ist ein g. Widderfell (Bließ) und die Kette besteht aus g. Feuerstählen (fusilis) und b. Edelsteinen, aus welchen Flammen hervorbrechen (1298). Dieser hohe Orden ist von seiner Entstehung an heraldisch in Gebrauch gewesen. Ich habe ihn nie anders, als um den Schild gehängt gesehen.

Der Orden von Tunis, gestiftet von K. Karl V. nach der Landung in Afrika, ist wenig bekannt. Das Ordenszeichen, bei Herrgott: „Monumenta", I. 131, abgebildet, besteht aus einem Burgunderkreuz und hängt an einer Kette, welche ähnlich der des Bliesordens ist und statt der Feuersteine viereckige Edelsteine zeigt. Nach Ackermann soll an dem burgundischen Kreuze unten ein „funkensprühender Feuerzeug" gehangen haben.

Der Schwanenorden, gestiftet von Kurfürst Friedrich von Brandenburg am 29. Sept. 1440. Der Orden hatte zu Ansbach eine eigene Kapelle[1]. Das Ordenszeichen ist ein aufliegender Schwan, Frau genannt, an einer Schleife von Tuch. Zwischen der Kette und diesem Ordenszeichen ist eine Scheibe mit dem Bildniß der Jungfrau Maria. Die Ordenskette selbst besteht aus Gliedern, deren jedes zwei Sägblätter, dazwischen ein Herz verarbeitet wird, zeigt (1301).

Der Hosenbandorden, franz. l'ordre de la jaretiere, engl. order of the garter oder bloß garter — der erste Orden Englands und neben dem Bliesorden auch der erste in Europa —, gestiftet ut dicunt 1349 in Folge einer Galanterie des Königs Eduard gegen die Gräfin von Salisbury, deren verloren Strumpfband er ihr wiederbrachte mit der Entschuldigung: hony soit qui mal y pense. — Die hl. Jungfrau und der hl. Georg sind die Schutzpatrone des Ordens, was aber nicht hinderte, daß derselbe (1855) auch dem türkischen Großherrn Abdul-Medschid verliehen wurde. Die Ordenskapelle ist zu Windsor, woselbst auch alle Wappen (Stall plates) der Ritter seit Stiftung des Ordens sich befinden[2]. Der Orden hat einen eigenen Wappenkönig, garter king of arms oder kurzweg garter genannt (XXXVI. 1336), und einen Herold, Black Rod genannt. Das Ordenszeichen ist ein b. Band mit g. Einfassung, Schnalle und Inschrift: HONY . SOIT . QVI . MAL . Y . PENSE . (1298). Dieß Band wird um's Knie getragen[3]. Außerdem ist noch eine eigene Ordenskette gebräuchlich, welche aus Tudorrosen und Schlingen besteht und unten als Ordenszeichen die Figur des hl. Georg zu Pferde hat. Der Orden wird gewöhnlich nicht als Kette, sondern nur als Band in den Schild gelegt geführt. Die erste Platte in der Windsorkapelle, welche das Ordensband um das ganze Wappen im Kreise geschlungen hat, ist die von Alfons v. Arragonien († 27. Juni 1458), und das erste Beispiel daselbst, daß das Band um den Schild allein gelegt ist, dann von Richard Pole 1500.

Der Distelorden, order of the thistle, auch Andreasorden, ist ein von den schottischen Königen herrührender hoher Orden in England, dessen Abbildung ich hier 1305 aus dem schottischen Wappenbuch von David Lindesay „Lion king of arms", 1542, Mss. gebe.

Der Orden des Schildchens, l'ordre de l'écu, gestiftet durch den Herzog von Bourbon 1369. Die Ritter trugen an einer g. Kette ein g. (dreieckiges) Schildlein auf der Brust und hatten außerdem ein eigenes Panner, davon unten.

Der geistliche Ritterorden von Kalatrava, gestiftet von König Sancho von Kastilien 1158, hat als Ordenszeichen ein r. Lilienkreuz, von dem unten zwei b. Fesseln (als Namensanspielung) abhängen (1299).

Der Orden von Alkantara, gestiftet 1177, hat dieselbe Dekoration, doch grün und ohne die Fesseln[4].

---

[1] Ausführliches in der Schrift: „Der Schwanenorden", von v. Stillfried. Halle 1845. — Auch im Herzogthum Cleve gab es einen Schwanenorden mit einem s. Schwan als Ordenszeichen.

[2] In Planché's „Pursuivant" ist eine solche stallplate — das Wappen des John Beaufort, Herzogs von Somerset — in Farbendruck wieder gegeben.

[3] Die Königin Viktoria als Großmeisterin trägt es als „Schleife am Kleide in der Gegend des Knie's".

[4] In meinem Wappenwerke bei „Spanien", S. 22 und T. 24, sind durch ein Versehen die Farben dieser beiden Orden

Der Orden von Aviz, order de San Benedito de Aviz, geſtiftet von König Alfons von Portugal 1146. Das frühere Ordenszeichen war ein gr. Lilienkreuz und das Wappen ein g. Schild mit einem gr. Lilienkreuz, zu deſſen Fuß zwei ☩ Vögel (mit Anſpielung auf den Namen) ſtehen. Die jezige Anwendung der Dekoration iſt etwas abweichend (ſ. mein Wappenwerk unter: „Portugal“, S. 24, T. 51). Die Anwendung der Dekoration in älteren Zeiten war insgemein die, daß man den Schild, und wo ein Mittelſchild vorhanden war, den lezteren auf das Ordenskreuz legte (1293).

Der Deutſchorden führte urſprünglich ein einfaches ☩ Kreuz auf S. Später wurde das ☩ Kreuz mit einem s. Stabkreuz belegt, deſſen Enden eine g. Lilie an der Spize tragen. Auf dem Kreuze liegt ein g. Schildchen mit ☩ Adler (1302) [1]). Man findet in neuerer Zeit noch einige kleine Abweichungen, nemlich das Kreuz als Tazenkreuz, s.-, auch g.- borbirt, und das Lilienkreuz ganz g., z. B. im großen Schilde von Oeſterreich im zweiten Plaze.

Die älteſte Dekoration des Johanniter- oder Maltheſerordens iſt ein einfaches achtſpiziges s. Kreuz (1297), das die Ritter auf ☩, auch auf r. Mänteln trugen und reſp. tragen. Die modernen Dekorationen, welche um den Hals getragen werden, ſind je nach den Ländern, in welchen die Ordenszungen ſich finden (Oeſterreich, Preußen, Rußland, Spanien, Portugal und Kirchenſtaat) [2]) verſchieden.

Außer den Orden gab und gibt es noch Geſellſchaftsabzeichen, wofür namentlich im 14. und 15. Jahrhundert die Adelsbündniſſe viele Beiſpiele geliefert haben. Eine der bekannteſten Geſellſchaften war „die Geſellſchaft vom St. Georgenſchild“, urſprünglich nur in Schwaben, ſpäter auch in Bayern und Franken verbreitet. Die Dekoration, welche an einer Kette um den Hals getragen wurde [3]), ſehen wir oben VI. 50.

---

gegeneinander verwechſelt angegeben. — Vor einigen Jahren ſah ich im Kloſter Anbechs einen aus Jeruſalem zurückkehrenden Ritter, wie man mir ſagte des Ordens Calatrava. Er trug einen weißen Waffenrock mittelalterlichen Schnittes, mit großem r. Kreuz barüber, mit ſchwarzlammetnen Aermeln und hohe weichledernem ſchwarze Stiefeln. Sein Diener trug ſchwarzen Mantel und einen weichen ſchwarzen Hut nach; der Ritter ſelbſt war barhaupt und trug ſchwarzen Vollbart — im Ganzen wie im Einzelnen war die Erſcheinung dieſes Kloſtergaſtes für mich impoſant, um ſo mehr, als ich ihn unvermuthet langſam daherwandelnd in dem üppigen Grün der Gartenanlagen von der Terraſſe aus erblickte.

[1]) In den Deutſchordenskalendern des vorigen Jahrhunderts findet ſich angegeben, daß der Großmeiſter des Ordens zuerſt zum Papſt geritten ſei, um ein Wappen zu erbitten: „Geſelinus der ich geheißen bin, Gottes Gnadt gab mir in den Sinn, das ich den Orden angefangen hab und bin mit dem ſchwarzen Creuz begab“. Von da kommt der Großmeiſter zu Kaiſer Heinrich nach Jeruſalem, der ihm das Wappen vermehrt mit einem s. Kreuz, das auf das ſchwarze gelegt iſt. Weiter vermehrt Kaiſer Friedrich II. das Ordenswappen mit dem Reichsadler, d. h. mit dem oben angegebenen Schildlein. Endlich kommt der Meiſter noch zu König Ludwig nach Frankreich, der ihm gar willfährig von Gott ſeiner Lilien vier dieſem Schild zu großer Zier.“ — Die Schilde der Ritter ſind in beſagten Kalendern auf einen Rückſchild mit einem s.-eingefaßten ☩ Kreuz gelegt. Die Schilde der Komthure ſind außerdem noch einmal mit dieſem Kreuz (im 1. u. 4.) geviertet.

[2]) Dazu kommen natürlich noch mehr Ordenszeichen, als ich hier angeführt habe, und es mögen ſich mitunter ältere Wappen mit derlei Dekorationen finden, z. B. mit der des von K. Sigmund geſtifteten Drachenordens, die ich (1304) nach einem Originale im hieſigen Nationalmuſeum gebe; dieß Ordenszeichen iſt ein Drache, blattgeſtikt von grüner Seide mit rothem Kreuz auf dem Rücken und ſtammt von einem Kaiſermantel, den Sigmund dem Dome im Bamberg ſchenkte. Vielleicht iſt mit dem bei Grünenberg um das Wappen des Erzherzogs von Oeſterreich gehängten Orden auch eben dieſer Drachenorden gemeint, doch weicht er dann in der Form von dem Originale merklich ab. — Ebenſo finde ich ein vereinzeltes Beiſpiel des Antoniusordens, 1382 von Herzog Albert von Bayern-Holland geſtiftet, an dem Wappen Kleve bei Grünenberg (ſiehe mein Wappenwerk: „Deutſcher Bund“, T. 14. — Vergl. auch „Ueber die älteſten mittelbayeriſchen Orden“ von Dr. Chr. Häutle in dem Abendblatt der Neuen Münchner Zeitung vom 10. Juli 1861).

[3]) Erhart der Rudenthaler bekennt, daß ihn Herzog Albrecht von Bayern in die Vereinigung mit St. Georgenſchilde

Von der „Gesellschaft vom Löwen" in der Wetterau, gestiftet um 1379, heißt es in Königshofen's Straßburger Kronik codex hist. I°. 168: „und trug jeglicher an seine Kleide ein Pantier oder einen Löwen von Golde oder Silber gemacht." Unter Panther ist hier ein schreitender Löwe oder sogenannter Leopard verstanden [1]).

Im Laufe der genannten zwei Jahrhunderte sind noch viele Rittergesellschaften entstanden, die sich mehr oder minder bekannt gemacht haben, wie die Flegler, die Sterner, die Sichler, die Luchser, die Igler u. s. f., von denen die meisten bestimmte Abzeichen trugen, die mitunter auch in ihren Wappen angewendet worden sein mögen.

Außer den Ordensketten findet man auch Rosenkränze, Paternoster (1306) und verschlungene Schnüre (1313) um den Schild gelegt. Die ersteren werden in der Regel von Ordensgeistlichen, früher auch von Maltheserrittern, auch von frommen Damen, die lezteren, welche man auch Liebesknoten zu nennen pflegt, von jüngeren Damen und Wittwen geführt. Die Entstehung der lezteren Sitte schreibt man der Königin Anna von Frankreich zu, welche nach dem Tode ihres Gemahls König Karl VIII. — Einige sagen aus Freude, die Andern aus Kummer — eine Schwesterschaft unter dem französischen Adel gegründet haben soll, deren Mitglieder sich verpflichteten, zum Abzeichen Gürtel aus Schnüren geflochten zu tragen und auch solche um ihre Wappenschilde zu legen. Vielleicht war die Königin auch Tertianerin oder weltliches Mitglied des dritten Ordens, und dieß die Ursache, daß sie den Bußgürtel führte und etwa aus Ostentation um ihren Wappenschild hing? Jedenfalls wird der Ursprung dieser Mode ihr zugedacht.

Man pflegt auch Oel-, Lorber- und Eichenzweige kranzförmig um den Schild zu legen, wie wir davon beim päpstlichen, sowie bei den sogenannten kleineren Wappen mehrerer deutschen Staaten Beispiele finden.

Neben Kronen, Hüten, Mützen und Orden findet man zuweilen noch andere Attribute des Amtes und der Würde außerhalb des Schildes angebracht, und zwar meistens hinter demselben stehend oder geschrägt, seltener unter dem Schilde. Zu diesen Würdezeichen gehören Zepter, Schwerter, Marschallsstäbe, Schlüssel, Kreuze, Pallien, Bischofsstäbe, Anker u. s. w. Bekannt sind in dieser Beziehung die beiden „Himmelsschlüssel", ein silberner und ein goldener, welche seit mehr als 400 Jahren schon geschrägt hinter den Schilden der Päpste erscheinen. Aehnlich führte im bourbonischen Frankreich der Großkammerherr die königlichen Hauses zwei eigens geformte g. Schlüssel hinter seinem Geschlechtsschilde (1303), der Großschazmeister aber zwei s. Schlüssel stehend zu den Seiten des Schildes. Der Marschall hatte als Amtszeichen zwei mit g. Lilien besäte b. Stäbe geschrägt hinter dem Schilde, der Großvorschneider aber Messer und Gabel geschrägt unter dem Schilde (1309). Auch Napoleon hat im ersten Kaiserreich die meisten Hof- und Staatsämter, wie sie die Bourbonen gehabt, nebst ihren heraldischen Würdezeichen wieder in's Leben gerufen, wie denn z. B. Murat als Großherzog von Berg hinter dem Herzschilde stehend einen g. Doppelanker wegen der ihm verliehenen Würde eines Großadmirals, dann hinter dem Rückschild geschrägt zwei s.-beschlagene b. Stäbe mit dem napol. Adler wegen seiner Würde eines Marschalls des Kaiserreichs führte [2]). Der Erzkanzler des Reichs erhielt gleichfalls zwei Stäbe, s. mit g. Bienen besät und mit einer Spangenkrone gekrönt (1311) hinter dem

---

aufgenommen und ihm derselben Schild angehangen habe, Pfingstag vor Ostern 1428 (v. Freyberg: „Ritterbünde", S. 758).

[1]) Auch im Bundbrief der Löwenritter in Bayern vom 14. Juli 1489 wird die Ordenskette von Gold aus sechszehn Gliedern und resp. ebensovielen gekrüpften oder „hauchenden" Löwen bestehend, angeordnet. Siehe v. Krenner: „Bayer. Landtagsverhandlungen", X. 29 ff. — Meine Geschichte der Regierung Albrecht IV., S. 42.

[2]) Siehe mein Wappenwerk, I. Band, 2 Abth., unter Kaiserthum Frankreich, T. 9 ff.

Schilde geschrägt als Amts- und Würdezeichen; der Großkonnetable führte als solche zwei hinter dem Schilde hervorkommende Arme, resp. Hände, mit blauen Schwertern.

Bei Erledigung des päpstlichen Stubles (Sedisvakanz) pflegt der während des Interregnums verwaltende Kardinal als Würde- und Amtszeichen die päpstlichen Schlüssel geschrägt und außerdem noch die päpstliche Standarte (XXXV. 1320) stehend hinter seinem Geschlechtsschild anzubringen [1].

Zepter und Gerichtsstab, main de justice (1310), pflegten die französischen Könige schon sehr frühe hinter ihrem Schilde geschrägt zu führen, und Napoleon hat auch diese Sitte nachgeahmt, indem er sowol beim kaiserlichen Wappen als bei denen der von ihm geschaffenen Könige diese beiden Würdezeichen in mehr oder minder verschiedenen Formen anbrachte [2]. Die Gestalt des napoleonischen Kaiserzepters gibt 1312.

Erzbischöfe, Bischöfe und Aebte pflegen hinter ihrem Schilde das erzbischöfliche (1307) und bischöfliche Kreuz [3]) und den Bischofs- oder Hirtenstab mit abhängender Fahne (1308) entweder stehend oder geschrägt zu führen. Die ehemals souveränen geistlichen Reichsfürsten und Reichsäbte führten ein gestürztes blankes Schwert (als Zeichen des Blutbannes) mit dem Bischofsstabe oder Kreuze hinter dem Schilde geschrägt und es finden sich davon in Wappen und Münzen dieser Fürsten mannigfache Varietäten, wie der alte Sieb-macher, dann Adam Berg's „new Münzbuech", München 1597, sowie die nürnbergischen „Geschichts-, Geschlechts- und Wappencalender" des vorigen Jahrhunderts beweisen können.

Ich erwähne hier ferner noch des Vorkommens von Attributen, welche weniger Würde-, als Erin-nerungszeichen genannt werden möchten, da sie auf Reminiszenzen des Lebens oder der Verdienste des einen oder anderen der Wappenherren anspielen sollen. Hiezu zählen z. B. die Trofäen aus Fahnen, Kanonen, Pauken, Trommeln, Flinten und Kugeln, welche man unter und neben Wappenschilden, namentlich in Mitte des 17. Jahrhunderts zuweilen findet. Ich habe bisher geglaubt, daß derlei Attribute mehr als Spielerei der Laune eines einzelnen Generals ꝛc., denn als wirkliche diplommäßige Erwerbungen zu betrachten seien, ich habe mich aber überzeugt, daß auch deutsche Kaiser derlei Dinge cum jure et praejudicio verliehen haben, wie denn Graf Jakob Ludwig von Fürstenberg von K. Ferdinand im J. 1624 mit einem ver-besserten Wappen begnadigt worden ist, das u. A. auch, wie es in dem kaiserl. Schreiben an den Grafen heißt: „zu unsterblichem Ruhm und immerwährender Gedächtniß Deiner heroisch-ritterlichen Thaten mit obgeschriebenen von Dir eroberten Fahnen, Cornett und Geschütz gänzlich umgürtet und umgeben ist". Dieß Wappen ist bei v. Hohenlohe, S. 64, abgebildet, und ich füge nur hinzu, daß die Anspielung in der Note 2 daselbst insofern keine Anwendung finden konnte, als in vorstehendem Falle die Kanonen nicht in, sondern außer dem Schilde angebracht sind. Uebrigens muß ich bemerken, daß derlei Attribute in der alten Heraldik mir bis jetzt nirgends vorgekommen sind und auch wol nicht zu den besseren Erfindungen in dieser Wissenschaft und Kunst gehören dürften.

---

[1] A. a. O. unter Kirchenstaat, T. 77, ist ein Sedisvacanzwappen v. J. 1830 zu finden.

[2] A. a. O. unter Altfrankreich, sowie unter Kaiserthum Frankreich, bei den Wappen der Könige von Spanien, Neapel, Westfalen und Italien.

[3] Dasselbe hat nur einen Querarm, das päpstliche oder Pontifikalkreuz hat deren drei.

XVI. Von Erkennungszeichen, Sinnbildern, Walsprüchen und Rufen.

Die obgenannten heraldischen Produkte sind zwar, mit Ausnahme der Walsprüche, unserer deutschen Wappenkunst ziemlich ferne geblieben, ja man darf ein Dutzend deutsche Lehrschriften dieses
Faches durchgehen, ohne nur überhaupt von deren Existenz Etwas erfahren zu können, nichtsdestominder
sehe ich mich veranlaßt, in diesem Buche auch ein Kapitel hierüber einzuschieben [1].

Die englische, französische, spanische und italienische Heraldik erkennt unter der Bezeichnung badge,
devise, motto und cri verschiedene, zugleich mit den Wappen geführte Bilder und Sprüche.

Badges oder Erkennungszeichen, cognizances, connaissances, sind der englischen Heraldik eigenthümliche Zugaben zu den Wappen des königlichen Hauses und des höheren Adels überhaupt.

Die englischen Heraldiker gestehen selbst, daß der Unterschied zwischen Badge und Device, Sinnbild,
schwer einzuhalten sei [2]. Ich lasse deßhalb die Erklärung, welche Planché S. 179 von badge gibt, hier
folgen:

„Badge oder cognizance war ursprünglich eine Figur, entnommen aus dem Wappen einer
Familie oder ganz unabhängig von demselben gewält mit irgend einer entfernten Anspielung auf den
Namen, den Besiz oder das Amt des Eigners, und während das Panner, der Schild, der Waffenrok
des Ritters und der Rok seines Herolds das vollständige Wappen trug, glänzte die badge in der
Fahne, im Wimpel, auf dem Ermel, Rüken oder der Brust des Söldners, des Hausgenossen oder Dieners,
zuweilen, wenn nicht der ganze Anzug in den Wappenfarben gemacht war, nur auf einem besondern Plaze
in diesen Farben; in späteren Zeiten wurde die badge in Metall gegraben oder getrieben einfach am Arm
befestigt, wie wir dieß heutzutage ähnlich noch bei Feuerleuten, Wasserträgern und Postknechten sehen.“

Die Bezeichnung cognizance kommt schon im 12. Jahrhundert vor, denn ein damaliger englischer
Dichter, Wace, der um 1150 schrieb, sagt von den Normannen: „They had shields on their necks and
lances in their hands and all had made cognizances, that one Norman might know another
by, and that none others bore“ (a. a. O. S. 17).

Hieraus könnte man auch schließen, daß Badges älter als eigentliche bewappnete Schilde seien, weil
sich die Normannen nicht an ihren Schilden, sondern an ihren Erkennungszeichen (cognizances) unterschieden.

Was nun die Badges insbesondere betrifft, so haben die Glieder des Königshauses in England deren
in allen möglichen Abweichungen, manchmal sogar mit willkürlichem Wechsel geführt.

---

[1] Ich habe in meinem Wappenwerke bei „England“ schon das Nöthige zum Verständniß der Sache vorgebracht, und bitte
den betreffenden Abschnitt, S. 18 ff., zur Ergänzung des hier Folgenden an die Hand zu nehmen.

[2] Montagu: „Guide“, S. 47, sagt: Crests, badges, devices and mottos form an interesting though neglected branch
of heraldic inquiry. The three last named are often taken to mean the same thing; at least badges are
confounded with devices and devices with mottos, owing to the confused notions etc. etc.

Die Badge, in Verbindung mit dem Wappen erscheinend, wird in der Regel schwebend neben oder auch über demselben, zuweilen allein, zuweilen verdoppelt angebracht [1]). Die Figuren selbst sind äußerst mannigfaltig wie die Wappenbilder selbst. Es finden sich Thiere und Theile derselben in allen Stellungen, Blumen, Geräthschaften, Kleidungsstücke, Knoten und Schlingen [2]).

Zu den bekanntesten Badges der englischen Heraldik gehören die weiße Rose des Hauses York (XXXIV. 1264) und die rothe Rose des Hauses Lancaster (1265), welche beide Zweige eines Stammes waren, aber einen dreißigjährigen blutigen Kampf gegeneinander führten, der mit dem Untergange beider Häuser (1485) endete. Das Haus Tudor, dessen erster König Heinrich VII. die letzte York heuratete, nahm als Badge die sogenannte Tudor-Rose an, welche von R. u. S. geviertet ist (1266), öfters aber auch als gefüllte Rose, außen r., innen s. erscheint (1267). Mit dieser Rose finden sich in den Staatssiegeln der englischen Könige und Königinnen öfters die ganzen Rückfelder besät [3]), und ebenso findet sie sich als Glied in der Hosenbandordenskette. Auf dem großen Münzsiegel K. Heinrichs, welches dem Friedensvertrag von 1527 angehängt ist, findet sich die Tudorrose sogar in einem Schild zu Füßen des Thrones [4]).

Bekannt ist ferner die Badge der Prinzen von Wales: eine bis drei Straußenfedern durch einen Zettel gesteckt, auf dem die deutschen Worte: ich dien stehen (1273). Diese Badge stammt vom „schwarzen Prinzen", welcher sie führte und in seinem Testament von 1376 in Betreff seines Grabmales u. A. bestimmt [5]): „Around our tomb shall be placed twelve lantern escutcheons each a foot high in six of which should be our entire arms and in the six others ostrich feathers, and an effigy of our Selves etc." (Vgl. oben S. 118).

Ich habe in meinem Wappenwerk bei „England" eine Reihe von Badges angeführt und bringe zu deren Ergänzung hier noch einige andere aus den Werken von Montagu und Planché bei.

XXXIV. 1274: Lord Grey v. Codnor, eine Spange durch eine g. Krone gesteckt und innerhalb des Kreises ein s. Dachs (gray). — 1275: Sir John Radcliff (Fitzwalter), ein s. Armband. — 1268, 69, 70, 76 und 77 sind fünf Badges König Richard II. und seiner Gemahlin Anna. — Außerdem giebt es noch ein paar Schlingen oder Knoten, welche in ihrer karakteristischen Form nach bestimmten Familien, die sie als Badge gebrauchten, benannt sind, z. B. 1278: Bourchier's Knoten; 1271: Heneage's Knoten mit der Unterschrift: fast. tho. unticed; 1280: Wake's und Ormond's Knoten und 1279 (eigentlich ein Theil eines Gitters, frette): Harrington's Knoten. — Vereinigung der Badges zweier Familien geben die nachfolgenden Beispiele. 1281: Badge der Dacres, die Muschel der Dacres und der Ast der Revil miteinander durch eine Schlinge verbunden. — Dann 1282: die Badge des Lord Hastings, zusammengesetzt aus der Sichel der Hungerford und der Garbe der Peverell.

Zunächst der Badge steht die Devise, und da nach Einiger Meinung eine Devise ohne Worte oder Buchstaben nicht bestehen kann, so wären auch diejenigen Badges, welche neben dem Bilde noch Worte enthalten, z. B. 1271, zweifelhaft in ihrer Einreihung.

Die Devise des Grafen Amadeus von Savoien war eine Schleife oder ein Knoten (1272). Dieses Bild wendete er häufig auf den Pferdedecken und auch bei Kleidern seiner Diener an, nicht minder finden wir es in Siegeln zu beiden Seiten des Wappens. Die Hofrechnung gedachten Grafens gibt hierüber interessante Details. So z. B. heißt es 1354: „Item pictori pro CCXXXX nudis ad dcuisam domini

---

[1]) Eine andere Art von Anwendung fanden die Badges auch in den Halsketten (Livery collars), welche die Mitglieder adeliger Familien trugen, und von denen Planché, S. 188, einige anführt.

[2]) A. a. O. und bei Montagu, dann vorzüglich in Williment „Regal Heraldry" finden sich hunderte von Badges beschrieben oder abgebildet.

[3]) Siehe Seeanx des rois et reines d'Angleterre.

[4]) Abgebildet in den London illustrated news, 19. Mai 1860.

[5]) Ibid. 29. Dez. 1860, p. 637.

depictis ab utraque parte etc." (Cibrario p. 63 sqq.) Aus folchen Schleifen setze der Graf auch die Halb-kette des von ihm 1362 geftifteten Ordens der Verkündigung zufammen. 1376 ließ fich der Graf fogar eine folche Kette „ad nodos" aus vergoldetem Silber zu Paris fertigen. — Sein Sohn Amadeus VII. hatte neben den Knoten noch eine andere Devife — einen Falken —, die er ebenfo oft und verfchieden anwendete, wie es z. B. in der Rechnung von 1390 heißt: „C falconum tam de auro quam de argento et sirico factis pro ponendo super aupillandis viridibus librate domini." — Librata hieß das Gefchenk, das der Graf von Savoien jährlich feinen Rittern und Dienftleuten zu geben pflegte.

Meneftrier: „L'uage", S. 64, führt als Devife der Medici einen Diamantfingerring an, durch den drei Straußenfedern gefteft find, mit der Unterfchrift: Semper Adamas in poenis[1].

Der einzige mir bekannt gewordene Fall, der uns urkundlich den Gebrauch einer Badge oder Devife von einem deutfchen Fürften nachweift, ift von Herzog Ludwig dem Bartigen von Bayern. Diefer hatte als „Livrée" oder Badge zwei Figuren, wovon die eine auf einem Strahlenglanz liegend einen gefchlif-ten Spiegel, die andere auch einen Strahlenglanz und darauf einen Aft, auf dem ein Rabe mit Ring im Schnabel fitzt, zeigt. Diefe beiden Stüke, hier 1283 u. 84, finden fich auf mehreren großen Gedenk-fteinen, die diefer Herzog in feinen Städten fetzen ließ, zugleich mit dem Wappen in der Weife, daß der ganze Hintergrund teppichartig damit befät ift. Herzog Ludwig war jung an den Hof König Karls von Frankreich zu feiner Schwefter, der Königin Ifabeau, gekommen und dort mit den Sitten und Untugenden des franzöfifchen Hofes bekannt geworden. Sein Schwager belehnte ihn fogar mit der Graffchaft Mortaine dafelbft, von der Ludwig fich auch nach feiner Rükkehr in Bayern noch fchrieb[2]; feine Badge oder Devife benennt er felbft in feinem Teftament dd. Regensburg 4. Juli 1429, indem er befiehlt, daß auf feinem Grabfteine er felbft gewappnet mit feinem Schild, Helm und Banner dargeftellt, und „auf unfer libery den fpiegel (vnd) fant Oswalds Rab funft darauf geftreut". So ift es denn auch auf dem Modell des Grabfteines, das noch zu Lebzeiten des Herzogs gemacht wurde und jetzt im National-mufeum in München aufbewahrt wird, zu fehen[3].

Ich komme nun zu denjenigen Devifen, welche in Worten oder einzelnen Buchftaben oft die Wappen begleiten, und die teils räthfelhaft und rebusartig, teils offen und klar fich zeigen. Der Unterfchied zwi-fchen einer Wortdevife, einem Motto und einem Walfpruch möchte fchwer feftzuhalten fein, wenn man nicht der Aufftellung huldigen will, daß eine eigentliche Wortdevife nur in Abkürzungen, alfo in einzelnen Buchftaben oder Chiffren, ein Motto oder Walfpruch aber vollftändig ausgefchrieben fein folle.

Buchftabendevifen tragen daher immer etwas Räthfelhaftes an fich. So ift z. B. die Wortdevife des Haufes Savoien: . F. E. R. T. mit Bezug auf verfchiedene Vorkommniffe in diefer Familie manch-mal als Fortitudo Ejus Rhodum Tenuit, ein andermal als Frappez Entrez Kompez Tout, dann wieder als Foedere Et Religione Tenemur, bald aber einfach als Fert erklärt worden[4].

Diefe Devifen als Ausfluß perfönlicher Laune find insbefondere im 16. u. 17. Jahrhundert Mode gewefen und man kann deren neben dem eigentlichen Walfpruch oder Motto in den Stammbüchern jener Zeit ungemein häufig bei den Wappen finden. Viele derfelben laffen fich leicht in Worten geben, z. B. das

[1] Einige Medici führten einen Sperber mit einem Ringe im Schnabel als Kleinod, welches Meneftrier a. a. O. im auch unter die Devifen mengt, indem fetzt er das Kleinod der Herzoge von Mantua, einen Altar mit dem Wort FIDES unter die Devifen. Vielleicht aber ift aus der Devife bei diefer Familie fpäter erft das Kleinod entftanden?

[2] Auf den genannten Denkmälern heißt er „Ludwig von Gottes Gnaden, Herzog in Bayern, Pfalzgraf bei Rhein, Graf zu Mortain, der Königin von Frankreich Bruder".

[3] Das eigentliche Denkmal im Großen wurde nie ausgeführt, der Herzog ftarb nemlich in der Gefangenfchaft und feine Erben hielten es wol nicht der Mühe werth, das Teftament quoad monumentum in Kraft zu fetzen.

[4] Cibrario, S. 54 ff. — Ganger: „Die Malthefer", S. 51 ff.

oft wiederkehrende W . G . W . ¹), G . W . S. (Gott walt' sein) oder W . D . W (Wie du willst). Andere sind weniger klar, z. B. I . E . M . I . — O . P . S . — G . G . A . — G . E . C . — W . L . D . — A . D . E . W . — S . I . D . — D . S . S. oder R . L . E. ²)

Andere sind wieder reine Chiffren, z. B. 1285: über dem Wappen eines Ludwig Sauer von Khessig u. J. 1586, und 1287: bei einem Kollaus v. J. 1573.

Manchmal ist noch eine bildliche Figur damit verbunden, welche zur Erklärung der Devise dienen soll, z. B. bei einem Wappen Alexander's v. Jarstorff 1565 wie hier 1286, oder: H . R . M . (ein gemaltes Herz) N . D . W . über dem Wappen einer v. Closen 1636.

Die eigentlichen Walsprüche, Wappensprüche, Sinnsprüche sind kurze Sentenzen, welche man gewöhnlich auf fliegenden Zetteln oder auch auf einem Sokel unter dem Wappen, theils auch von den Kleinodfiguren emporgehalten auf Bändern u. s. w. anbringt. Die erstere Art ist die gewöhnlichste. Von letzterer Art finden sich Beispiele fast nur in italienischen Wappen, z. B. der Grafen Straffoldo (Krain), bei welchen auf dem I. u. IV. Helm eine Mohrin emporwächst, welche über sich ein s. Band mit den Worten: INTIMA CANDENT., bei den Grafen Suarda, ebenda, deren wachsender wilder Mann auf dem I. Helm einen Zettel mit dem Wort NEMO hält u. s. w. In spanischen Wappen findet man die Devisen auch in Einfassungen um den Schild oder an den Seitenrändern im Schilde selbst, z. B. das AVE MARIA GRATIA PLENA der Mendoza.

Derartige Walsprüche pflegen entweder erblich in einer Familie zu bleiben oder nach Belieben und Laune von einzelnen Gliedern derselben gewechselt zu werden. In Diplomen seit dem 17. Jahrhundert hat man Walsprüche wol auch besonders verliehen, es widerspricht dieß aber dem eigentlichen Zwecke des Walspruches, welcher immerhin, wenn er für ein ganzes Geschlecht und alle seine Nachkommen passen soll, höchst schwierig zu erfinden wäre, außerdem aber in Widerspruch mit den Ansichten späterer Generationen kommen kann und wird. Das mag wol auch der Grund sein, warum man zu dergleichen Walsprüchen häufig moralische Gemeinpläze wält, welche, wenn sie auch nicht immer auf alle Glieder der Familie passen, doch mindestens passen sollten, z. B. VIRTVS ET HONOS, oder: Thu' Recht, scheu' Niemand. — Unschön, wenigstens nach meiner geringen Ansicht, sind zu lange Walsprüche, z. B. In mandatis tuis domine semper speravi, oder solche, welche zu einem Adelswappen wenig passen, z. B. TREVER DIENER, TREVER KNECHT oder VIRTVS SVDORE PARATVR, bei welch' letzterem Walspruch man nicht umhin kann, sich vorzustellen, wie viel Schwizens es dem Wappenherrn gekostet haben mag, bis er sich die Tugend zubereitet hatte.

Manche Walsprüche stehen mit dem Wappen selbst in ideeller Verbindung, z. B. der v. Hohenlohe: EX FLAMMIS ORIOR, mit Bezug auf den Phönix des Kleinodes, oder der v. Schlagintweit, welche ein Schwert und einen Pfeil im Schilde führen: DEO DVCE FERRO ET PENNA, oder auf den Namen, z. B. Grolée in Frankreich: Je suis grolée; be Buttet, ibidem: Dieu seul mon but est. — Auch unsere Souveraine führen seit lange feststehende Devisen bei ihren Wappen, z. B. S'nami bog (Rußland), dasselbe deutsch: Gott mit uns (Preußen), Furchtlos und trew (Württemberg).

Eine besondere Art von Walspruch ist der Cri d'armes; das Schlachtgeschrei, der Kriegsruf, den die Herren und ihre Vasallen in wirklichen Schlachten gebrauchten, d. h. sich zuriefen, und der in Frankreich und England am häufigsten gebraucht wurde. Diese cri's bestanden öfters nur aus dem Namen der Herrn, z. B. Chateaubriand! Enghien! u. s. w. Man findet zwar die Sitte des Schlachtrufes auch in

---

¹) Wie Gott will. Manchmal mag der Wappenherr doch auch einen anderen Sinn damit verbunden haben.

²) Alle diese hier angeführten sind aus einem einzigen Stammbuch des Wolfgang Bizthum 1573—77 entnommen, und die Beispiele ließen sich verhundertfältigen.

Deutschland, aber in anderer Weise, d. h. nicht erblich in einem Hause, sondern veränderlich bei jeder Gelegenheit. So z. B. war das Feldgeschrei der Bayern in der Schlacht bei Giengen 1462: Unser Frauen! und sie hatten zum Feldzeichen Eichenlaub; die Gegner, die Brandenburgischen, riefen: Römisch Reich! und ihr Zeichen war Birkenlaub [1]).

Andere Rufe waren die der Anflehung eines Heiligen, z. B. der Herzoge von Burgund: Notre dame de Bourgogne! der Herzoge v. Anjou: Saint Maurice! — oder Rufe der Aufmunterung, des Selbstvertrauens, z. B. der Cri der Montmorency: Dieu aide au premier Chrestien! oder: Dieu le veut — wie Gottfried von Bouillon rief.

Der Schlachtruf der älteren römisch-deutschen Kaiser soll nach Menestrier gewesen sein: À dextre et à senestre! d. h. die Aufforderung, rechts und links dareinzuschlagen.

Die Guisen und Couchy in Flandern riefen: Plaz dem Panner! oder Place à la Bannière! Der Ruf: Place place a madame! soll von den Deutschen im Heere des Delfins von Frankreich gebraucht worden sein.

Noch andere Cris endlich sind die, welche zur Sammlung, Vereinigung um einen Punkt auf forderten. Der bekannteste davon ist der der französischen Könige: MONTJOYE SAINT DENIS! Montjoye heißt altfranzösisch: Wegweiser oder Elstein [2]), und der Ruf heißt demnach: Sammelt euch um das Panier des hl. Dionisius, d. h. um die Reichsfahne von Frankreich.

Derartige Rufe findet man auch zuweilen auf Bändern über den betreffenden Wappen angebracht, wie z. B. das eben erwähnte Montjoye Saint Denis im königl. französ. Wappen oder das Douglas! Douglas! über dem Wappen der Douglas.

XVII. Panner, Fahnen und Flaggen.

Panner, Paniere, banderiae, bannières, gonfanons, und Fahnen, vexilla, étendarts, standarts, auch Fähnlein, banderols, sind ursprünglich Feldzeichen, welche man mit sich führte, um die Schaaren der Streiter zusammenzuhalten, wol auch zuweilen, um sie zum Angriff oder zum Widerstand zu bewegen. Panner zu führen war ein Vorrecht des obersten Kriegsherrn, wurde aber stufenweise abwärts auch von hohen und niederen Lehensleuten beansprucht und ausgeübt, insoferne diese wieder Untergebene mit in den Kampf führten. Es konnte selbst jeder zum niederen Adel gehörende Ritter oder Edelmann für sich an seinem Rennspieß ein Fähnlein führen — daher denn auch die Menge der Panner oder Fahnen vom 12. bis 16. Jahrhundert eine nicht geringe ist. — Da die Pannerherren schon frühzeitig anfingen, auf den Pannern und Fahnen ihr Wappen oder Theile und Farben desselben anzuwenden, so

---

[1]) Siehe „meine Chronik von Rosenheim", S. 111 ff., auch Abhandlungen der kurbayerischen Akademie der Wissenschaften. VII. Bd. 1772. S. 296 ff.

[2]) Menestrier: Usage, S. 4 ff., hat die Ableitung des Wortes, welches man selbst in Frankreich früher irrig mit mon joie — meum gaudium — est Saint Denis erklärte, zuerst richtig nachgewiesen.

kamen diese Feldzeichen auch bald in eine innige Verbindung mit der Heraldik, und man darf sie sogar bis zum 16. Jahrhundert herauf unter die Quellen derselben zälen.

Fahnen zum Kriegsgebrauch sind heutzutage Anhängsel der Hoheitsrechte, dagegen ist der Gebrauch von Fahnen zum Zwecke der Dekoration oder Eigenthumsbezeichnung sowol dem hohen und niederen Adel als auch den Städten, Vereinen, Gesellschaften und einzelnen Persönlichkeiten freigegeben [1].

Flaggen oder Schiffsfahnen haben ihren eigentlichen Gebrauch zur Kennzeichnung des Vaterlandes und Ranges der einzelnen Schiffe und werden an den hervorragendsten Pläzen derselben nach bestimmten Regeln aufgehißt. Man pflegt jedoch Flaggen auch auf festem Lande an Masten aufzuhissen.

Auch zu den Flaggen ist von jeher die Heraldik und umgekehrt sind die Flaggen zu den Wappen in Beziehung gestanden.

Der Unterschied zwischen Fahne und Flagge ist ein rein äußerliches Merkmal. Die Fahne oder das Panner ist immer mit einer Seite an einem Stok oder einer Lanze befestigt, während die Flagge nur mittelst einer Schnur, welche über eine Rolle an der Spize des Flaggenstokes gezogen wird, jeweilen in der Nähe desselben gehalten und jeweilen wieder entfernt wird, ohne mit ihm selbst zusammenzuhängen.

In Beziehung auf die Heraldik besteht der Unterschied, daß, obwol auf Fahnen und Flaggen Wappen vorkommen, doch die Flaggen selbst nie in Wappen) angewendet werden.

Die Form der Panner sollte eigentlich genau quadratisch sein, wie 1324 (la bannière de St. Denis), doch gibt es auch solche quadratische, welche man Fahnen zu nennen pflegte, und umgekehrt kommen „Panner" vor, welche fahnenmäßig in der Form sind. Daß man mit „Panner" etwas Höheres, als mit Fahne bezeichnen wollte, läßt sich wol behaupten, und ich glaube aus den vorhandenen Beispielen wenigstens für Teutschland den Unterschied feststellen zu können, daß die Haupt-, Haus- und Heerfahne „Panner" genannt worden sei, während Fahnen untergeordneten Ranges sich auch mit diesem Namen begnügen mußten)[4]. So wird in der gleichzeitigen Beschreibung der gienger Schlacht im J. 1462 unter den von Bayern eroberten Fahnen angeführt: „des hailigen Reiches panier (XXXV. 1326), welches ain Schwarzen Adler mit ainem Haubt gehabt vnd aller Reichstett so dem Kayser zu diesem kriege geholffen wappen darinnen gemacht gewesen, dann das Kayserliche panier welches den Adler mit zwayen Haupten vnd das Wappen Oesterreich in der Brust hatte, item des Marckgraven (von Brandenburg) panier (1330) mit dem rotten Adler, der des Burggraven von Nürnberg wappen Im Herzen des Adlers gehapt; weiter des Erbmarschalkhs (v. Pappenheim) Fanen, und des Grafen von Wirtembergs Fanen)[5]." Ferner wird dort erzält, daß auf Herzog Ludwig's (von Bayern) Seite Herr Wolfgang v. Cammer das „fürstlich Panier mit dem Löwen vnd Bayrland")[6] und damit auch den „gewalltigen hauffen auf die tausent pferd stark" geführt und

---

[1] Siehe davon Mehreres im 11. Theil dieses Buches unter „Gebrauch der Wappen".

[2] Ich rede natürlich hier nur von der Eigenschaft als Prachtstük, als Wappenfiguren.

[3] Prinsault sagt über den Rang der verschiedenen Fahnen: En armerie banières sont plus nobles que estandars. Estandars en batailles et journées sont plus nobles que banières; comphanons que panonceaux, panonceaux que banderolles, banderolles que crevechies, chrevechies que jarrelières, jarrelières que bagues. Von diesen seinerzeit Unter-Unter-Schieden zwischen Standarten und Pannern, Fahnen und Fähnlein, Fähnlein und Wimpeln, Schlizen, Bändern und Ringen (?) haben wir in der teutschen Heraldik keinen Begriff und selbst Palliot begnügt sich mit den Gattungen bannière, banderole, guidon und cornette. Die erstere Bezeichnung verwechselt er selbst häufig mit standart, während Prinsault den guidon und cornette gar nicht anführt.

[4] Ueber die Abbildung dieser Fahne bei Fugger: „Ehrenspiegel des Hauses Oesterreich", steht jedoch: „dessen von Wirtemberg Veldpanier".

[5] Ueber der Abbildung steht: Herzog Ludwig's Hauptpanier.

„hinter dem Paner ist Herzog Ludwig persönlich geritten. Das Rennpanier ¹) mit dem Bayrland (1321) hat er Herrn Heinrichen von Gumpenberg zu führen befohlen."

Auf Reitersiegeln des 13. Jahrhunderts finden wir die Fahnen, soweit sie heraldische Bilder tragen, mehr lang als breit mit zinnenartig ausgeschnittenen Enden, z. B. 1314 das Panner vom Siegel Leupolts von Oesterreich ²) und das Panner im Siegel Graf Konrads von Wasserburg. Das Panner 1323 mit dem steirischen Panther ist aus dem Reitersiegel Herzog Otto's von Oesterreich aus dem J. 1330.

In der Züricher-Rolle sind 28 Panner von Bischöfen abgebildet und eines der Pfalzgrafen am Rhein, alle viereckig, mehr hoch als breit und ohne Schwenkel.

Ein rother Schwenkel oder Zagel am oberen Ende des Panners und über dasselbe hinausflatternd war ein besonderes Ehrenzeichen, das nicht Jeder führen durfte, wenigstens wissen wir, daß Kaiser Rudolf den Zürichern aus besonderer Gnade 1273 gestattete, einen rothen Schwenkel über ihrem Panner zu führen ³) und von der Stadt Konstanz ist bekannt, daß sie unter andern wichtigen Bitten an Kaiser Sigmund im J. 1417 auch die stellte: „um einen Trompeter zu führen" ⁴), „um mit rothem Wachse zu besiegeln" und „um einen rothen Zagel über die Banner" ⁵). So hatte auch die Stadt München über ihrem Panner schon zu Kaiser Ludwig's IV. Zeiten, und wie man sagt, von diesem verliehen, einen rothen Schwenkel (1316 u. 17).

Daß ein rother Schwenkel den Blutbann zu bezeichnen habe, wird allgemein angenommen, es kann aber doch nicht allgemein und ausschließend richtig sein, denn den Blutbann hatten nur die Reichsfürsten und Reichsstädte unmittelbar vom Kaiser, die Fürstenstädte aber entweder gar nicht oder nur mittelbar durch einen vom Landesherrn „mit der Gewalt Menschenblut zu richten" begnadigten Stadtrichter. Nun war aber München von jeher eine Fürstenstadt und führte dennoch wie gesagt den rothen Zagel, dagegen war Augsburg eine Reichsstadt und führte keinen solchen Zagel an seinem Panner.

Das Reichspanier (1328) selbst hatte noch im 15. Jahrhundert keinen Schwenkel, erst unter K. Karl V. kommt es damit vor. — Dagegen hatte die Reichssturmfahne (1331) einen grünen Schwenkel, und die Paniere Herzog Ludwig's im Bart, welche zu Raitenhaslach über seinem Grabe aufgehängt waren, hatten einen schwarzen mit g. Sternen besäten Schwenkel (1319).

Was nun die Anwendung von heraldischen Produkten auf Pannern, Fahnen und Flaggen betrifft, so lassen sich von einfacher Benützung der Wappenfarben bis zu der Anbringung von einem und mehr Schilden oder vollständigen Wappen — alle Arten als vorkommend nachweisen.

Die Anwendung selbst unterschied sich darin, daß man entweder das Tuch des Panners oder der Fahne für sich allein als Feld gelten ließ ⁶), oder daß man auf das Tuch den betreffenden Schild mit

---

¹) Ueber der Abbildung steht jedoch „der bayrisch Rennfan".

²) Die Panner und Fahnen des Hauses Oesterreich siehe bei Herrgott, I., S. 186, tab. XXIII. Ob die gonfanous, welche wir in den Wappen einer ganzen Gruppe schwäbischer Dynastenfamilien, z. B. der Grafen von Tübingen, Werdenberg, Montfort u. a. (Taf. IV. Fig. 30, und Taf. XXIII. Fig. 1063) finden, wirklich als Kirchenfahnen zu blasoniren seien, dürfte bezweifelt werden. Sie haben allerdings die drei Enden und die Ringe am oberen Rande gleich den Fahnen der katholischen Kirche, allein es hindert dieß nicht, anzunehmen, daß sie gedachte Familien in den Schilden führen, ihrer Zeit seien in Form von Pannern geführt worden, d. h. wagrecht von einem Stabe abstehend, der senkrecht stehend durch die Ringe gestellt war. Wir hätten dann eine Form sehr ähnlich den auf Reitersiegeln des 13. Jahrhunderts vorkommenden Pannern.

³) Ausführlich bei Stumpf: „Schweizerchronik", 487.

⁴) Siehe davon im II. Theil bei dem „Gebrauch der Wappen".

⁵) Marmor: „Geschichtliche Topographie der Stadt Konstanz", 1860, S. 316. — Ob der Stadt diese Bitte bewilligt wurde, finde ich dort nicht erwähnt, und in der Konstanzer-Rolle ist auch das Panner noch ohne einen r. Schwenkel, bloß s. mit ǂ Kreuz.

⁶) Franзen oder Einfassungen um das Tuch gelten nicht als schildartige Abgrenzung desselben.

seinem Felde und seinen Figuren abgegrenzt anbrachte. Im ersteren Falle mußte das Tuch natürlich in der Feldfarbe des Schildes gewählt sein, im letzteren Falle nahm man die Farbe des Tuches nach der günstigsten Zusammenstellung im Verhältniß der Farben des darauf angebrachten Wappens.

Beispiele der ersteren Art (ohne Schild) z. B. sind das Reichspanier mit dem # Adler in G., die Sturmfahne, die Oriflamme (1315), die St. Georgenfahne (1322), des schwäbischen Kreises Kriegsfahne[1]) (1327) u. s. w. — Der letzteren Art: das bayerische Hauptpanier und die bayerische Rennfahne u. s. w.

Eine fernere Regel, die in der alten Heraldik nicht leicht außer Augen gelassen wurde, war die, daß man die Wappenfiguren auf den Pannern immer gegen den Stok kehrte, und zwar so, daß wenn das Tuch selbst Feld war, die Richtung der Figur, wenn aber ein Schild angebracht war, die Figur im Schilde oder beziehungsweise die Zälung der Quartiere in dieser Art gerechnet wurde, d. h. daß z. B. in einem quartierten Schilde 1. und 4. von der Stange aus gezält wurde. Da aber bei jedem Panner die darauf dargestellten Bilder oder Wappen doppelseitig sein mußten, so ergab sich von selbst, daß — man mochte das Panner wenden wie man wollte, immer die Richtung und Stellung der Figuren sich gleich blieb[2]). Da, wo die Bilder eingesteppt sind, wie dieß z. B. bei den Flaggen, der größeren Leichtigkeit halber, immer geschieht, ergibt sich dieß von selbst, bei den gemalten Pannern aber muß diese Rüksicht besonders beachtet werden. Uebereinstimmend wurden bei den Pannern oder Fahnen (gleichwie in den Schilden) die allenfallsigen Vierungen immer im vorderen Oberek, beziehungsweise oben an der Stange angebracht, z. B. bei dem Panner, das Papst Julius II. 1512 der Stadt Basel schenkte (1325), und welches als „ein new damastin Panner mit einer vergulten Stangen vnd dem guldinen Baselstab, darob (in einer Vierung) Marien Verkündigung mit Perlin gestikt", beschrieben wird[3]).

Bei Flaggen ist die Vierung auch immer gegen die Vorderseite, resp. an der Flaggenstange gekehrt, z. B. (XXXV. 1335): deutsche Flagge, Krieg, wie solche 1848 bestimmt wurde.

Die Stöke oder Stangen selbst waren bei Fahnen oder Pannern, welche man zu Pferde führte, lang und lanzenförmig, später sogar mit den Wulsten zum Einlegen des Armes[4]) und in der Regel entweder einfarbig roth, schwarz, golden 2c., oder in den Wappenfarben gebändert und gestükt — die vom Fußvolk geführten Panner hatten namentlich im 15. und 16. Jahrhunderte, troz ihrer Schwere, nur kurze Stäbe und wurden frei in der Hand geschwungen.

Wie schon erwähnt, findet man in späteren Zeiten auch beim niederen Adel Fähnlein, theils blos in den Wappenfarben, theils mit Wiederholung der Wappenfiguren in Gebrauch, und ich habe dieß nicht nur aus vielen Grabsteinen des 14., 15. und 16. Jahrhunders zur Genüge erfahren, sondern wir besizen z. B. auch einen Pergamentkodex auf hiesiger Staatsbibliothek[5]), in welchem neben jedem Wappen des betreffenden

---

[1]) Die Kriegsfahnen der übrigen vier Kreise hatten keine Bilder, sondern nur Streifen, und zwar war die fränkische r., b., s., die rheinische zweimal von #, R., S. (1329), und die bayerische zweimal von B., S. gestrelft. — Uebrigens zeichnet Grünenberg die bayerische Kriegsfahne als blau=weiß durchaus gewekt.

[2]) So beim münchner Panner (1316—17), welches sich in den beiden Lagen oder Richtungen auf ein und demselben Gemälde aus der Zeit K. Ludwig IV. findet bei Bergmann: „Beiträge zur Geschichte der Stadt München", S. 33. — Auch Palliot gibt als Regel an, daß der Stok des Panners für die Richtung der Figuren maßgebend sei: „Da quel baston doit tousjours tourner et avoir son aspect la partie première et plus noble des armoiries peintes dans la bannière ....., so daß also bei einem Thier, Mann oder dgl. les mesmes testes peintes sur deux costés se duivent rencontrer, tout ainsi que s'il n'y avoit qu'une figure.

[3]) Wurstisen: „Basler Chronik", S. 506.

[4]) Dieselbe Art von Lanzen haben heutzutage noch die Fahnen (Cornettes) der Reiterei.

[5]) Cod. bav. 1508. Das Buch ist im Jahre 1560 gemalt und darin bemerkt, daß es die Kopie eines Wappenbuches sei, das

Geschlechtes ein Fähnlein gemalt ist, alle nach Einem Schnitte, wie z. B. das 1318, welches neben dem Wappen der Perkhoffer von Penzing († 1671) steht und den Schild pannerweise wiederholt [1]).

Es war auch, wie aus Wappen- und Stammbüchern zu ersehen, in jener Zeit Mode, ein Panner schräggelegt hinter dem Wappen anzubringen, sowie auch der Gebrauch, den Schildhaltern Panner in die Hand zu geben, sich bis auf den heutigen Tag bei Souverainen wie beim hohen und niederen Adel erhalten hat.

Die Sitte, das Reichspanier hinter dem Wappen senkrecht gestellt anzubringen, findet sich beim königl. französischen, beim königl. preußischen, beim königl. belgischen und beim neuen kaiserl. russischen Wappen.

Eine eigene, von allen anderen Formen von Pannern und Fahnen abweichende Gestalt hat das Panner (gonfalone), des heiligen Stuhles (1320). Dasselbe sieht nach unsern gewohnten Begriffen ehr einem Sonnen- oder Regenschirme ähnlich als einem Panner, wurde aber von der ältesten Zeit an in dieser Form gebraucht. Die Erbfähndriche (gonfalioneri) des heiligen Stuhles, die Herzoge von Parma, führen diese Standarte mit den päpstlichen Schlüsseln über der Lanze gekreuzt in einem eingeschobenen Pfahle in ihrem Schilde. Die Fahne selbst findet man ganz blau oder auch blau und silber gestreift mit goldenen Quasten an goldener Lanze und sie trägt an der Spitze einen goldenen Reichsapfel.

Daß auch Orden und Gesellschaften ihre Panner hatten, ist bekannt. Der schon erwähnte Schildorden in Frankreich führte z. B. ein Panner b. mit einem s. Schilde, darin drei # Löwen; der Schild hatte eine gekerbte mit s. Ballen belegte r. Einfassung [2]). Die Ritter des Ordens vom heiligen Geiste führten gleichfalls ein Panner s. mit einer gestürzten n. Taube (heil. Geist). Außer diesem Panner trug man diesen Ordensrittern aber sonderbarer Weise auch noch eine Lanze, darauf ein Helm und Kleinot, als Feldzeichen vor.

Die Gesellschaft vom heiligen Georg in Schwaben hatte neben dem oben schon angegebenen Ordenszeichen auch ein Panner (1322), welches in Silber ein rothes Kreuz zeigte [3]). Ein derartiges Panner soll der Ritter St. Georg geführt haben und weil dieser Heilige als der Patron des Adels überhaupt gilt, so nimmt man das Georgenpanner auch für das allgemeine Adelspanner.

So führten ferner die beiden Adelsparteien in Basel unter dem Namen die Sterner und der Sittichlust jede ein eigenes Panner und war das der ersteren roth mit einem silbernen Sterne, das der letztern silber mit einem grünen Sittich oder Papagei [4]).

Der Deutschorden hatte, wie sein Heer so auch seine Fahnen, weiß mit # Kreuz. Abbildungen

Herzog Georg von Landshut († 1504) habe zusammentragen lassen und das im Besitz eines v. Camer zu Freising gewesen war.

[1]) Auch Hanns Herzheimer, niederen Adels (oben XXXIII. 1263), hält ein Fähnlein, aber nicht mit seinem Wappen, sondern mit einer Devise, welche ein verschlungenes E u. J mit strahlenförmigen Enden an der Seite zeigt.

[2]) de Montfaucon: »Antiquités«, I., S. 21 ff.

[3]) Ich wundere mich sehr, bei v. Schredenstein: »Reichsritterschaft«, I. 496, zu lesen, die Georgenfahne zeige ein weißes Kreuz auf rothem Grunde. Ich habe nie anders gewußt, als daß es umgekehrt der Fall sei. So sagt z. B. der Württemberger in seinem Spottgedichte gegen den schwäbischen Bund, der unter dem Georgenpanner focht und damals den Herzog Ulrich aus dem Lande vertrieben hatte: Mich hatt auch gott vom hymmel ernert, daß ich mich deß rotten creüß hab ernert. Sattler: »Geschichte von Württemberg unter den Herzogen«, II. Band, Beilagen, S. 46. Der englische oder Hosenbandorden, der auch die St. Georgenfahne führt, hat gleichfalls darin ein rothes Kreuz in Silber, ebenso der baverische St. Georgenorden. Ingleichen bestand der von K. Friedrich III. gestiftete Orden des hl. Georg in einem einfachen rothen Kreuze, das auf dem weißen Rok der Ritter genäht war (Herrgott: »Monumenta«, I. 371). So ließen sich noch Dupende von Belegen dafür anführen, daß die Georgenfahne silber mit rothem Kreuze sei.

[4]) Ochs: »Geschichte Basels«, I. 328. — Stumpf, 704 ff.

der alten Ordensfahnen und Panner finden sich in den Mémoires de l'Academie Imperiale de St. Peterbourg vom J. 1851.

Von Pannern der straßburger Zünfte finden sich Nachrichten bei v. Königshoven, „elsassische und straßburger Chronika", S. 1107. Die Panner der Armbrust- und Büchsenschüzengesellschaften zu Luzern sind abgebildet in dem vom historischen Vereine der fünf Orte herausgegebenen „Geschichtsfreunde" 1857, S. 92, T. 1.

Ich komme schlüßlich noch einmal auf die Flaggen (lat. vexillum navale, franz. pavillon, engl. flag, ital. bandiera, span. bandera, ndb. vlag) zurük. Es liegt natürlich außer dem Zweke dieses Handbuchs, die verschiedenartigen Formen oder Anwendungen in nautischer Praxis und die Abweichungen in territorialer Beziehung zu erklären [1]. Ich begnüge mich hier, die heraldische Seite der Flaggen zu berühren und zu erwähnen, daß die Länder, welche eine eigentliche Seeflotte besizen, die Flaggen nach ihren Schiffen in zwei Hauptklassen, Krieg und Handel, unterscheiden, daß aber auch Länder, welche nur Binnenschifffahrt auf Flüssen und Seen treiben, ihre bestimmten Schiffsflaggen haben, z. B. Bayern auf der Donau, dem Rhein, dem Inn und Bodensee.

Die Flaggen der Handelsschiffe zeigen im Allgemeinen nur die Wappenfarben ihres Landes in Streifen auf verschiedene Art zusammengesezt, außerdem haben aber zuweilen einzelne Städte und Provinzen eines Landes für ihren Handel noch besondere Flaggen, welche gänzlich verschieden sind von der allgemeinen Landesflagge und in der Regel wieder die Farben oder Wappenbilder der betreffenden Stadt oder Provinz zeigen. So z. B. haben in Rußland die Städte Reval, Riga, die Provinzen Polen, Krim 2c., oder in Preußen die Städte Stralsund, Königsberg, Danzig, Stettin, Memel und Elbing, wieder ihre eigenen Handelsflaggen.

Die Flaggen der Kriegsschiffe unterscheiden sich durch etwas mehr Auszeichnung, der ihrem Range gebührt und enthalten in der Regel zu den Farben noch das kleine Wappen des Landes.

Außer diesen beiden Flaggen existirt in den meisten Ländern (sowol bei der See- als bei der Binnenschifffahrt) eine höchste Flagge, welche Standarte genannt und nur dann aufgehißt wird, wenn ein Mitglied des regierenden Hauses (in den vereinigten Staaten, wenn der Präsident der Republik) sich an Bord befindet. Diese Standarte enthält gewöhnlich das vollständige Wappen entweder wie z. B. bei England oder Spanien ohne Schild, so daß das Tuch selbst die Grenzen bildet, oder wie z. B. bei Oesterreich, Rußland, Schweden u. a. mit Schild, Wappenmantel, Krone u. s. w.

Ich gebe hier beispielsweise die Flaggen von Spanien nach diesen drei Abtheilungen und zwar 1332 Standarte oder „Königin" genannt, 1333 Krieg und 1334 Handel.

Im Allgemeinen darf man behaupten, daß die Kenntniß der Heraldik sich bei der Zusammensezung der Flaggen nicht besonders geltend gemacht habe, ja daß mehr Empirie als Bewußtsein dabei vorherrschend erscheine. Ich habe vergebens in nautischen Werken nach irgend einem Sisteme gesucht, das man bei Zusammensezung neuer Flaggen zu befolgen habe; und auch unser erster deutscher Autor in diesem Fache, Eduard Bobrik, gibt in seiner „Seefahrtskunde" (Leipzig 1848 ff.) nur die Thatsachen, keineswegs aber die Ursachen. Zum Belege aber, wie man bei Erfindung neuer Flaggen in der Praxis verfahre, theile ich ein allerdings nur einzelnes, aber aus neuester Zeit stammendes Beispiel hier zum Schlusse mit.

Als die Sklavenstaaten der nordamerikanischen Republik sich von der Union losgesagt hatten, wurde zu Montgomery in Virginia alsbald auch über eine Flagge der Südconsöderation berathen und nachdem

---

[1] So ist z. B. bekannt, daß man nicht nur für die Bezeichnung der Heimath des Schiffes, seines Ranges, spezieller Eigenthümers, sondern auch für telegrafische Korrespondenz mit Schiffen und mit dem Lande sich besonderer Flaggen, und mittelst deren sogar einer Art Geheimzeichenschrift bedient, bei der besonders zusammengesezte und aneinandergereihte große und kleine Flaggen sowol einzelne Buchstaben und Zahlen, als ganze Säze bildlich ausdrüken.

man verſchiedene Entwürfe dazu in Vorſchlag gebracht hatte, entſchied man ſich endlich, daß die Flagge
und das Banner des neuen Bundes ſein ſolle:

        Ein rothes Tuch mit einem weißen Streifen (Balken) in der Mitte und einer blauen Bierung
        (canton), darin ſieben in den Kreis geſtellte fünfſtralige weiße Sterne.

    Die Gründe, welche dafür waren, gibt eine Korreſpondenz der London Illustrated News vom
24. März 1861 an, indem ſie ſagt, dieſe drei Farben: Blau, Roth und Weiß, bedeuteten in der Heraltik
die ſchönſten Eigenſchaften des Mannes: Unſchuld, Liebe, Tapferkeit u. ſ. w.   Die ſieben Sterne ſeien die
ſieben Staaten und die Flagge ſei ſo glüklich zuſammengeſetzt, daß ſie keines anderen Staates Rechte ver-
letze und auch mit keiner anderen verwechſelt werden könne.

    Sie wurde zum erſtenmale aufgehißt zu Montgomery am 4. März 1861 und wenige Tage darnach
vom Kongreß in Waſhington feierlichſt als Piratenflagge erklärt.

Ende des erſten Theiles.

Nachweis,

auf welcher Seite des Textes sich die Erklärung der Figuren der XXXVI Tafeln findet.

☞ Man bittet, auch die Tafel-Nummer genau zu beobachten und bei denjenigen Figuren-Nummern, welche mit einem * versehen sind, das Verzeichniß der Druckverfehen und Ergänzungen zu vergleichen.

Taf.	Figur	Seite	Taf.	Figur	Seite	Taf.	Figur	Seite	Taf.	Figur	Seite
I	1	11	V	35	26	IX	69	40	X	103	48
,	2	,	,	36	,	,	70	42	,	104	,
,	3	,	,	37	,	,	71	40	,	105	,
,	4	,	,	38	,	,	72	,	XI	106	51
,	5	,	,	39	,	,	73	43	,	107	,
,	6	,	,	40	,	,	74	44	,	108	,
,	7	,	,	41	,	,	75	43	,	109	,
,	8	12	,	42	,	,	76	40 fl.	,	110	,
,	9	,	,	43	,	,	77	43	,	111	,
,	10	6	,	44	,	,	78	40 fl.	,	112	,
,	11	7	,	45	,	,	79	42	,	113	,
II	12	17	VI	46	,	,	80	44	,	114	51. 111
,	13	,	,	47	,	,	81	40	,	115	43. 51
,	14	18	,	48	,	,	82	44	,	116	51. 76
,	15	,	,	49	,	,	83	42 fl.	,	117	51
,	16	,	,	50	,	,	84	41 fl.	,	118	,
III	17	,	VII	51	,	,	85	44	,	119	,
,	18	,	,	52	,	,	86	42	,	120	,
,	19	18. 71	,	53	,	,	87	41	,	121	,
,	20	18	,	54	,	,	88	,	,	122	,
,	21	,	VIII	55	,	,	89	44	,	123	,
,	22	,	,	56	,	X	90	46	,	124	43
,	23	19	,	57	,	,	91	,	XII	125	57
,	24	,	,	58	,	,	92	,	,	126	,
IV	25	,	,	59	27. 60	,	93	,	,	127	58
,	26	,	,	60	27	,	94	,	,	128	,
,	27	,	,	61	,	,	95	,	,	129	,
,	28	,	,	62	,	,	96	,	,	130	,
,	29	,	,	63	,	,	97	,	,	131	,
,	30	,	,	64	,	,	98	47	,	132	,
,	31	20	IX	65	30. 44	,	99	,	,	133	,
,	32	23	,	66	39	,	100	,	,	134	,
V	33	26	,	67	41	,	101	48	,	135	59
,	34	,	,	68	39	,	102	43	,	136	

Taf.	Figur	Seite	Taf.	Figur	Seite	Taf.	Figur	Seite	Taf.	Figur
XII	137	59	XII	189	64	XIII	241	66	XIV	283
⸗	*138	⸗	⸗	190	⸗	⸗	242	⸗	⸗	284
⸗	139	⸗	⸗	191	⸗	⸗	243	⸗	⸗	285
⸗	140	⸗	⸗	192	⸗	⸗	244	⸗	⸗	286
⸗	141	⸗	⸗	193	⸗	⸗	245	70	⸗	287
⸗	142	⸗	⸗	194	⸗	⸗	246	⸗	⸗	288
⸗	143	⸗	⸗	195	⸗	⸗	247	⸗	⸗	289
⸗	144	⸗	⸗	196	⸗	⸗	248	71	⸗	290
⸗	145	60	⸗	197	⸗	⸗	249	⸗	⸗	291
⸗	146	⸗	⸗	198	⸗	⸗	250	70	⸗	292
⸗	147	⸗	⸗	199	⸗	⸗	251	⸗	⸗	293
⸗	148	⸗	⸗	200	⸗	⸗	252	⸗	⸗	294
⸗	149	⸗	⸗	*201	⸗	⸗	*253	⸗	⸗	295
⸗	150	⸗	⸗	*202	⸗	⸗	254	⸗	⸗	296
⸗	151	⸗	⸗	203	⸗	⸗	255	⸗	⸗	*297
⸗	152	⸗	⸗	204	65	⸗	256	⸗	⸗	298
⸗	153	⸗	XIII	205	⸗	⸗	257	71	⸗	299
⸗	154	⸗	⸗	206	⸗	⸗	258	70	⸗	300
⸗	*155	⸗	⸗	207	65. 66	⸗	259	71	⸗	301
⸗	156	61	⸗	208	⸗	⸗	260	70	⸗	302
⸗	157	⸗	⸗	209	⸗	⸗	261	71	⸗	303
⸗	158	⸗	⸗	210	⸗	⸗	262	70	⸗	304
⸗	159	⸗	⸗	211	⸗	⸗	263	⸗	⸗	305
⸗	160	⸗	⸗	212	⸗	⸗	264	71	⸗	306
⸗	161	⸗	⸗	213	⸗	⸗	265	⸗	⸗	307
⸗	162	⸗	⸗	214	⸗	⸗	266	⸗	⸗	308
⸗	163	⸗	⸗	215	⸗	⸗	267	70	⸗	309
⸗	164	⸗	⸗	216	⸗	⸗	268	⸗	⸗	310
⸗	165	62	⸗	217	⸗	⸗	269	⸗	⸗	311
⸗	*166	⸗	⸗	218	66. 67	⸗	270	71	⸗	312
⸗	167	⸗	⸗	219	66.	⸗	271	⸗	⸗	313
⸗	168	⸗	⸗	220	⸗	⸗	272	⸗	⸗	314
⸗	169	⸗	⸗	221	65.	⸗	273	70	⸗	315
⸗	170	⸗	⸗	222	⸗	⸗	274	⸗	⸗	316
⸗	171	⸗	⸗	223	61.	⸗	275	72	⸗	317
⸗	172	⸗	⸗	*224	⸗	⸗	276	⸗	⸗	318
⸗	173	⸗	⸗	225	⸗	⸗	277	⸗	⸗	319
⸗	174	63	⸗	226	⸗	⸗	278	⸗	⸗	320
⸗	175	⸗	⸗	227	⸗	⸗	279	⸗	⸗	321
⸗	176	⸗	⸗	228	68	⸗	280	⸗	⸗	322
⸗	*177	⸗	⸗	229	⸗	⸗	281	⸗	⸗	323
⸗	178	⸗	⸗	*230	⸗	⸗	282	71	⸗	324
⸗	*179	⸗	⸗	*231	65	⸗	283	⸗	⸗	325
⸗	180	⸗	⸗	232	⸗	⸗	284	72	⸗	326
⸗	181	⸗	⸗	233	68	XIV	275	73	⸗	327
⸗	182	⸗	⸗	234	⸗	⸗	276	⸗	⸗	328
⸗	183	⸗	⸗	235	⸗	⸗	277	⸗	⸗	329
⸗	184	64	⸗	236	⸗	⸗	278	74	⸗	330
⸗	185	⸗	⸗	237	⸗	⸗	279	73	⸗	331
⸗	186	⸗	⸗	238	⸗	⸗	280	⸗	⸗	332
⸗	187	⸗	⸗	239	⸗	⸗	281	⸗	⸗	333
⸗	188	⸗	⸗	240	⸗	⸗	282	⸗	⸗	334

Figur	Seite	Taf.	Figur	Seite	Taf.	Figur	Seite	Taf.	Figur	Seite	Taf.
335	77	XV	397	79	XVI	449	82	XVI	501	84	XVI
336			398			450			502	85	
337			399	80		451			503		
338			400	79		452			504		
339			401	80		453			505		
340			402			454			506		
341			403			455			507		
342			404			456			508		
343			405			457			509		
344			406			458	83		510		
345			407			459			511		
346			408			460			512		
347			409			461			513		
348	78		410			462			514		
349			411			463			515		
350	77		412			464			516		
351	78		413			465			517		
352			414			466			518		
353			415			467			519		
354			416			468			520		
365	75		417			469			521		
366	78		418			470			522		
367			419			471			523	86	
368	77		420	81		472			524	85	
369	76		421			473		XVII	525	86	XVII
370	75		422			474			526	85	
371	76		423			475	84		527	86	
372			424			476	83		528		
373			425			477			529		
374	77		426			478			530		
375	78		427			479	84		531		
376	79		428			480	83		532		
377			429	80		481	84		533		
378			430	81		482			534		
379			431			483			535		
380			432			484			536		
381			433			485			537		
382			434			486			538		
383			435			487			539		
384			436	82		488			540		
385			437	81		489			541		
386			438			490			542		
387			439	82		491			543		
388			440			492	84 85		544		
389			441	81		493	84		545		
390			442	79		494			546		
391			443			495			547		
392			444	82		496			548		
393		XVI	445			497			549		
394			446			498			550		
395			447			499			551	87	
396			448			500	85		552		

Taf.	Figur	Seite	Taf.	Figur	Seite	Taf.	Figur	Seite	Taf.	Figur
XVII	553	87	XVIII	605	89	XVIII	657	92	XIX	709
„	554	„	„	606	„	„	658	„	„	710
„	555	„	„	*607	„	„	659	„	„	711
„	556	„	„	608	„	„	660	„	„	712
„	557	„	„	609	„	„	661	„	„	713
„	558	„	„	610	„	„	662	„	„	714
„	559	„	„	611	90	„	663	„	„	715
„	560	„	„	612	„	„	664	„	„	716
„	561	„	„	613	„	„	665	„	„	717
„	562	„	„	614	„	„	666	„	„	718
„	563	„	„	*615	„	„	667	„	„	719
„	564	„	„	616	„	„	668	„	„	720
„	565	„	„	617	„	„	669	„	„	721
„	566	„	„	618	„	„	670	93	„	722
„	567	„	„	619	„	„	671	„	„	723
„	568	„	„	620	„	„	672	„	„	724
„	569	„	„	621	89	„	673	„	„	725
„	570	88	„	622	90	„	674	„	„	726
„	571	„	„	623	„	„	675	92	„	727
„	572	„	„	*624	88	„	676	„	„	728
„	573	„	„	625	91	„	677	93	„	729
„	574	„	„	626	„	„	678	92	„	730
„	575	87	„	627	„	„	679	93	„	731
„	576	88	„	628	„	„	680	92	„	732
„	577	„	„	629	„	„	681	93	„	733
„	578	„	„	630	„	„	682	„	„	734
„	579	„	„	631	„	„	683	„	„	735
„	580	„	„	632	„	„	684	91	„	736
„	581	„	„	633	„	XIX	685	93	„	737
„	582	„	„	634	„	„	686	„	„	738
„	583	„	„	635	„	„	687	„	„	739
„	584	„	„	636	„	„	688	„	„	740
„	585	„	„	637	„	„	689	„	„	741
„	586	„	„	638	„	„	690	„	„	742
„	*587	„	„	639	„	„	691	94	„	743
„	588	„	„	640	„	„	692	„	„	744
„	*589	89	„	641	„	„	693	„	„	745
„	*590	„	„	642	„	„	694	„	„	746
„	*591	„	„	643	„	„	695	„	„	747
„	*592	„	„	644	„	„	696	„	„	748
„	*593	„	„	645	92	„	697	„	„	749
„	*594	„	„	646	„	„	*698	„	„	750
„	*595	„	„	647	„	„	699	„	„	751
„	*596	„	„	648	„	„	700	„	„	752
„	*597	„	„	649	„	„	701	„	„	753
„	*598	„	„	650	„	„	702	„	„	754
„	*599	„	„	651	„	„	703	„	„	755
„	*600	„	„	652	„	„	704	„	„	756
„	*601	„	„	653	„	„	705	„	„	757
„	*602	„	„	654	„	„	706	„	„	758
„	603	88. 89	„	655	„	„	707	„	„	759
„	604	„	„	656			706		„	760

Figur	Seite	Taf.	Figur	Seite	Taf.	Figur	Seite	Taf.	Figur	Seite
761	96	XX	813	97	XXI	865	98	XXI	917	100
762	99	,	814	,	,	866	99	,	918	,
763	,	,	815	,	,	867	,	,	919	,
764	95	,	816	,	,	868	,	,	920	,
765	96	,	817	,	,	869	,	,	921	,
766	95	,	818	,	,	870	,	,	922	,
767	99	,	819	,	,	871	,	,	923	,
768	96	,	820	,	,	872	,	,	924	,
769	,	,	821	,	,	873	,	XXII	925	95
770	95	,	822	,	,	874	,	,	926	100
771	96	,	823	,	,	875	,	,	927	,
772	,	,	824	,	,	876	,	,	928	,
773	,	,	825	,	,	877	,	,	929	,
774	,	,	826	,	,	878	,	,	930	,
775	,	,	827	,	,	879	,	,	931	,
776	93	,	828	,	,	880	,	,	932	,
777	96	,	829	,	,	881	,	,	933	,
778	,	,	830	,	,	882	,	,	934	,
779	,	,	831	,	,	883	96	,	935	,
780	,	,	832	,	,	884	99	,	936	,
781	,	,	833	,	,	885	,	,	937	,
782	,	,	834	,	,	886	,	,	938	,
783	,	,	835	,	,	887	,	,	939	,
784	,	,	836	,	,	888	95	,	940	,
785	,	,	837	,	,	889	99	,	941	101
786	,	,	*838	,	,	890	,	,	942	100
787	,	,	*839	,	,	891	,	,	943	101
788	,	,	840	,	,	892	,	,	944	100
789	94	,	841	,	,	*893	,	,	945	101
790	,	,	842	,	,	*894	,	,	946	,
791	96	,	843	,	,	895	,	,	947	,
792	,	,	844	,	,	896	98	,	948	,
793	,	XX	845	96	,	897	99	,	949	,
794	,	,	846	97	,	898	,	,	950	,
795	,	,	847	98	,	899	,	,	951	,
796	,	,	848	,	,	900	,	,	952	,
797	,	,	849	,	,	901	,	,	953	,
798	,	,	850	,	,	902	,	,	954	,
799	,	,	851	,	,	903	,	,	955	,
800	,	,	852	,	,	904	100	,	956	,
801	,	,	853	,	,	905	,	,	957	,
802	,	,	854	,	,	906	99	,	958	,
*803	,	,	855	,	,	907	100	,	959	,
804	,	,	856	,	,	908	,	,	960	,
805	,	,	*857	,	,	909	,	,	961	,
806	,	,	858	,	,	910	,	,	962	,
807	,	,	859	,	,	911	,	,	963	,
808	97	,	860	,	,	912	,	,	964	,
809	,	,	861	,	,	913	,	,	965	,
810	,	,	862	,	,	914	,	,	966	,
811	,	,	*863	,	,	915	,	,	967	,
812	,	,	864	,	,	916	,	,	968	,

Figuren-Register.

Taf.	Figur	Seite	Taf.	Figur	Seite	Taf.	Figur	Seite	Taf.	Figur	Seite
XXII	969	101	XXIII	1021	103	XXIII	1073	105	XXIV	1125	107
,	970	,	,	1022	,	,	1074	,	,	1126	,
,	971	,	,	1023	,	,	1075	,	,	1127	,
,	972	,	,	1024	,	,	1076	,	,	1128	,
,	973	,	,	1025	,	,	1077	,	,	1129	,
,	974	102	,	1026	,	,	1078	,	,	1130	,
,	975	,	,	*1027	,	,	1079	,	,	1131	,
,	*976	,	,	1028	,	,	*1080	,	,	1132	,
,	977	,	,	1029	,	,	1081	,	,	1133	,
,	978	,	,	1030	,	,	*1082	,	,	1134	,
,	979	,	,	1031	,	,	1083	,	,	1135	,
,	980	,	,	1032	,	,	1084	,	,	1136	,
,	981	,	,	1033	104	XXIV	1085	,	,	1137	,
,	982	,	,	1034	,	,	1086	,	,	1138	,
,	983	,	,	1035	,	,	1087	,	,	1139	,
,	984	,	,	1036	,	,	1088	,	,	1140	,
,	985	,	,	1037	,	,	1089	,	,	1141	,
,	986	,	,	1038	,	,	1090	,	,	1142	,
,	987	,	,	1039	,	,	1091	,	,	1143	,
,	988	,	,	1040	,	,	1092	,	,	1144	,
,	989	,	,	*1041	,	,	1093	,	,	1145	,
,	990	,	,	1042	,	,	1094	,	,	1146	,
,	991	,	,	1043	,	,	1095	106	,	1147	,
,	992	,	,	1044	,	,	1096	,	,	1148	,
,	993	,	,	1045	,	,	1097	,	,	1149	,
,	994	,	,	1046	,	,	1098	105	,	1150	,
,	995	,	,	1047	,	,	1099	106	,	1151	,
,	996	,	,	1048	,	,	1100	105	,	1152	,
,	997	,	,	1049	,	,	1101	106	,	1153	,
,	998	,	,	1050	,	,	1102	105	,	1154	,
,	999	,	,	1051	,	,	1103	,	,	1155	,
,	1000	,	,	1052	,	,	1104	106	,	1156	,
,	1001	,	,	1053	,	,	1105	,	,	1157	,
,	1002	,	,	1054	,	,	*1106	,	,	1158	,
,	1003	,	,	1055	,	,	1107	,	,	1159	,
,	1004	103	,	1056	,	,	1108	105	,	1160	,
XXIII	1005	101	,	1057	,	,	1109	,	,	1161	108
,	1006	,	,	1058	103	,	1110	106	,	1162	,
,	1007	98	,	1059	104	,	1111	105	,	1163	,
,	1008	101	,	1060	,	,	1112	106	,	1164	,
,	1009	98	,	1061	,	,	1113	,	XXV	1165	108
,	1010	102	,	1062	,	,	*1114	,	,	1166	,
,	1011	103	,	1063	,	,	1115	,	,	1167	,
,	1012	,	,	1064	,	,	1116	,	,	1168	,
,	1013	,	,	1065	,	,	1117	,	,	1169	113
,	1014	,	,	1066	,	,	1118	,	,	1170	109 fl.
,	1015	,	,	1067	105	,	1119	,	,	1171	109
,	1016	,	,	1068	103	,	1120	,	,	1172	109 fl.
,	1017	,	,	1069	105	,	1121	,	,	1173	113
,	1018	,	,	1070	104	,	1122	,	,	1174	109
,	*1019	,	,	1071	102	,	1123	,	,	1175	,
,	1020	,	,	*1072	105	,	1124	,	,	1176	109. 113

Taf.	Figur	Seite	Taf.	Figur	Seite	Taf.	Figur	Seite	Taf.	Figur	Seite
XXV	1177	113	XXIX	1229	125. 128	XXXI	1281	137	XXXII	1333	145
–	1178	–	–	1230	126	–	1282	–	–	1334	–
–	1179	110	–	1231	–	–	1283	140	–	1335	–
–	*1180	–	–	1232	128	–	1284	135	–	1336	–
XXVI	1181	123	–	1233	109.	–	1285	–	–	1337	–
–	1182	–	–	1234	–	–	1286	–	–	1338	–
–	1183	–	–	1235	123	–	1287	136	–	1339	–
–	1184	–	–	1236	–	–	1288	–	–	1340	–
–	1185	124	–	1237	125	–	1289	–	–	1341	146
–	1186	123	–	1238	128	–	1290	–	–	1342	145
–	1187	43. 125	–	1239	–	–	1291	–	–	1343	146
–	1188	124	XXX	1240	114. 130	–	1292	141	–	1344	145
–	1189	–	–	1241	130	–	1293	–	–	1345	146
–	1190	110.	–	1242	–	–	1294	138	–	1346	145
–	1191	109.	–	1243	–	–	1295	–	–	1347	146
–	1192	–	–	1244	–	–	1296	–	–	1348	–
–	1193	–	–	1245	110. 132	–	1297	–	–	1349	–
–	1194	–	–	1246	130	–	1298	–	–	1350	145
XXVII	1195	109.	–	1247	114	–	1299	–	–	1351	–
–	1196	–	–	1248	114. 130	–	1300	–	XXXIII	1352	151
–	1197	125	–	1249	114.	–	1301	–	–	1353	150
–	1198	124	–	1250	115	–	1302	140	–	1354	–
–	1199	125	–	1251	130	–	1303	–	–	1355	–
–	1200	–	XXXI	1252	133	–	1304	–	–	1356	–
–	1201	–	–	1253	–	–	1305	141	–	1357	151
–	1202	–	–	1254	–	–	1306	140	–	1358	149
–	1203	125 ff.	–	1255	–	–	1307	141	–	1359	150
–	1204	126	–	1256	–	–	1308	–	–	1360	–
–	1205	–	–	1257	–	–	1309	–	–	1361	–
–	1206	127	–	1258	–	–	1310	–	–	1362	151
–	1207	–	–	1259	134	–	1311	–	–	1363	149
–	1208	–	–	1260	–	–	1312	142	XXXIV	1364	159
–	1209	–	–	1261	–	–	1313	141	–	1365	–
XXVIII	1210	–	–	1262	–	–	1314	142	–	1366	–
–	1211	–	–	1263	135	–	1315	143	–	1367	–
–	1212	–	–	1264	–	–	1316	142	–	1368	–
–	1213	–	–	1265	–	–	1317	143	–	1369	–
–	1214	–	–	1266	134	–	1318	142	–	1370	–
–	*1215	–	–	1267	–	–	1319	–	–	1371	–
–	1216	–	–	1268	135	–	1320	–	–	1372	–
–	1217	–	–	1269	–	–	1321	–	–	1373	–
–	1218	–	–	1270	–	XXXII	1322	144	–	1374	–
–	1219	–	–	1271	–	–	1323	145	–	1375	–
–	1220	110. 127	–	1272	–	–	1324	144	–	1376	–
–	1221	–	–	1273	134	–	1325	145	–	1377	–
–	1222	–	–	1274	–	–	1326	144	–	1378	–
–	1223	–	–	1275	135	–	1327	145	–	1379	–
–	1224	128	–	1276	137	–	1328	–	–	1380	–
XXIX	1225	–	–	1277	135	–	1329	–	–	1381	–
–	1226	121	–	1278	138	–	1330	–	–	1382	–
–	1227	125. 128	–	1279	139	–	1331	–	–	1383	160
–	1228	–	–	1280	–	–	1332	–	–	1384	–

Taf.	Figur	Seite	Taf.	Figur	Seite	Taf.	Figur	Seite	Taf.	Figur	Seite
XXXIV	1285	161	XXXIV	1303	156	XXXV	1321	164	XXXVI	1339	4
"	1286	"	"	1304	155	"	1322	166	"	1340	.
"	1287	"	"	1305	154	"	1323	164	"	1341	.
"	1288	152	"	1306	156	"	1324	163	"	1342	40 ?
"	1289	"	"	1307	157	"	1325	165	"	1343	40
"	1290	"	"	1308	.	"	1326	163	"	1344	41 ?
"	1291	"	"	1309	156	"	1327	165	"	1345	42
"	1292	"	"	1310	157	"	1328	164	"	1346	41 ?
"	1293	155	"	1311	156	"	1329	165	"	1347	?
"	1294	153	"	1312	157	"	1330	163	"	1348	109. 1?0
"	1295	"	"	1313	156	"	1331	164	"	1349	110
"	1296	154	XXXV	1314	164	"	1332	167	"	1350	1?
"	1297	155	"	1315	165	"	1333	.	"	1351	13?
"	1298	154	"	1316	164	"	1334	.	"	1352	13?
"	1299	"	"	1317	.	"	1335	165	"	1353	.
"	1300	153	"	1318	156	XXXVI	1336	7	"	1354	13?
"	1301	154	"	1319	164	"	1337	.	"	1355	.
"	1302	155	"	1320	166	"	1338	40			

Register

der in dem ersten Theile des Handbuches angeführten Wappen.

☞ Bei den mit einem * versehenen Namen beliebe man das Verzeichniß der Druckverbesserungen und Ergänzungen zu vergleichen.

A.

Kain 14.
Abel 33. 101.
Abele 128.
Abensberg 62. 121. 128.
Abensberger 77.
Aichberg 75.
Achberger 93.
Abemi 104.
Adelebsen 60.
Admann 97.
Adelsheim 78.
Achter 67.
Afking 77.
Ahenstein 75.
Ajlardis 86.
Ahrn 73. 97.
Ahumau 77.
Abansen 63.
Aichach 84.
Aichach, F. v. 136.
Aidelberg 60.
Aicher v. H. 64.
Airnschmalz 105.
Air 95.
Albrins 64.
Albern 59.
Albertorff 80.
Alberti 82.
Albrechtsheimer 93.
Alençon 139.
Alexandri 92.

Albertopol 89.
Allenborff 100.
Almsheim 100.
Altenau 59.
Altenbockum 96.
Altenhausen 65.
Altenstein 94.
Althann 106.
Altnach 94.
Ambel 101.
b'Amby 73.
Ambranger 123.
Amerika 168.
Ammon 73.
Amranger 95.
Amsberg 100.
An der Lahn 90.
Anethan 73.
Angermünde 101.
Angouleme 138.
Anhang 64.
Anjou 138.
Anno 88.
Antep 95.
Anselfingen 99.
Arian 89.
Arey 142.
Apelsberger 63.
Arfaltrer 85.
Appell 71.
Arand 33. 99.
Arefinger 104.

Arelin 71.
Argull 99.
Arißberg 96.
Armagl 14.
Arnim 58.
Arras 78.
Artois 138.
Asch 85.
Aschau 38. 90.
Ascheberg 87.
Assermont 124.
Asseburg 75.
Attems 65.
Ahwanger 89.
Ablinger 60.
Aubenv 103.
Auberterre 42.
Aubrejto 57.
Auer 76.
Auer v. A. 82. 101.
Auer v. P. 60.
Auer v. L. 98.
Auer v. W. 73.
Auersberg 76.
Auersperg 97.
Auerswald 73.
Auffenstein 81.
Aufkirchen 60.
Augsburg 13. 65.
Aurberg 61.
Aurnhamer 82.
Ausin 98.

Autenried 75.
Aramitowski 93.

B.

Baar 76.
Babut 86.
Bach 83.
Bachef 76.
Baben 64. 115.
Bäumler 85.
Baglioni 135.
Baibel 91.
Balbari 85.
Balbeck 75.
Balbegg 12.
Baldinger 75.
Ballganb 88.
Balomvl 98.
Bamberg 51.
Bank 97.
Barberini 64.
Barvin 64.
Bart 70.
Baro 82.
Barvesja 107.
Basel 14.
Bassenheim 153.
* Bassenheim 64.
Bassewitz 77.
Baumbach 89.
Baumburg 15.
Baumgartner 85.

Bavière - G. 141.
Baworowski 107.
Bayern 31. 60. 103. 121. 160. 163.
Bayersdorf 64.
Beaufort 141 ff.
Beaulieu 43.
Beaumont 52.
Bechburg 12.
Beck 98.
Bebau 104.
Behaim v. Sch. 66.
Beham v. K. 102.
Behamb v. A. 77.
Behr 76.
Bellersheim 103.
Bellinghausen 100.
Below 92.
Benedendorff 76. 77.
Bennigsen 77. 104.
Benuing 91.
Berg 96.
Bergen v. Z. 108.
Bergh 78.
Berkheim 60.
Berlepsch 81.
Berlichingen 99.
Berndorffer 76.
Bernes 135.
Berelbingen 102.
Berri 139.
Berrig 96.
Berlüff 33.
Besserer 96. 128.
Bettendorff 96.
Bettler v. H. 71. 128.
Bettwingen 44.
Beutwitz 89.
Beveren 65.
Beverförde 77.
Bialachowski 95.
Bialoglowski 72.
Bianco 87.
Biarewsky 78.
Biberach 42. 77.
Bibern 75.
Biberstein 84.
Bibra 77.
Biedenfeld 95.
Biederfee 87.
Biel 93.
Bielilelies 95.
Bieso 72.

Bibl 92.
Pillerbeck 98.
Billichgraz 108.
Bilow 93.
Binzinger 86.
Birkbahn 62.
Birkmann 82.
Birkmayr 82.
Bischofshausen 79.
Bischofswerder 95.
Bissingen 94.
Blandart 94.
Blasbelch 71.
Blitterstorff 67. 68.
Blücher 98.
Blücker v. W. 103. 105.
Blum 67.
Blumenstein 67.
Bobenhausen 76.
Bock 78.
Bodelberg 103.
Bodenhausen 88.
Bodmann 78. 84.
Böflau 71.
Böhnen 75.
Böller 86.
Böninghausen 82.
Böselager 94.
Bogorya 104.
Bohm 105.
Bolneburg 60.
Boischette v. C. 97.
Bolanden 99.
Boubelli 105.
Bonin 76.
Bonviso 89.
Boos v. W. 102.
Borffingen 42.
Borch 80.
Bork 75.
Bordelius 97.
Boreike 95.
Berghede 100.
Borries 75.
Borrini 94.
Borsch 71.
Bostorn 76. 86.
Bossenstein 54.
Bolb 99.
Bothmer 99.
Bourbon 12. 87. 139.
Bourbon - Bendome 140.
Bourchier 132. 159.

Teuwingshausen 87.
Boveza 105.
Brand 85.
Brandenburg 76. 79.
Brandenstein 70. 130.
Brandis 33. 73.
Brandt 89. 103.
Brasilien 99.
Braun 105.
Braunschweig 73.
Bray 74.
Breder v. H. 136.
Bredow 100.
Bregenz 39. 44.
Breidenbach 92. 95.
Breitenbauch 64. 131.
Brenn 80.
Brennberg 90.
Brennstein 90.
Bretagne 39. 54.
Brewer 84.
Brendel 75.
Bregenheim 105.
Bricsen 64.
Brigide 62.
Briren 76.
Brod 84.
Brockdorff 93.
Broderei 101.
Bröder 95.
Broizen 88.
Bronikowski 95.
Brosike 105.
Brey 101.
Bruch 67.
Brück 73.
Brüdern 29.
Brüggden 73.
Brüsewitz 100.
Brugger 101.
Brumbach 92.
Brunn 95.
Brzuela 107.
Buben 96.
Bubmer 104.
Buch 73.
Buchenau 81.
Buchwald 85.
Budberg 96.
Budweis 151.
Buedenberg 111. 151.
Bübler 90.
Bülow 79. 99. 121.

Bützingsleben 143.
Büren 100.
Büfler 104.
* Bugenhagen 98.
Bunzinger 141.
Buongrolani 88.
Burdian 91.
Burgau 96. 128.
Burggraf 31. 127.
Burgund 128. 141.
Burghausen 13.
Burghauß 100.
Buri 94.
Bufske 99.
Bufek 76. 130.
Butler 31.
Butterer 105.
Butlar 97. 135.
Buttler 97.
Bußner 71.

C.

Cabanes 99.
Cabillau 33. 83.
Caecia 76.
Calatin 86.
Calw 73.
Cambridge 138.
Cammer 133.
Cammerberg 133.
Campe 65.
Canossa 93.
Canstein 79. 103.
Canterbury 14.
Capellen 84.
Capellini v. B. 102.
Capo d'Istria 81.
Cardinali 134.
Carency 140.
Carlowitz 84. 86.
Carlshausen 103.
Carlole 105.
Carmer 106.
Carnar 95.
Carrara 99.
Castelnuel 59.
Castelruth 67.
Castner v. R. 94.
Champorein 77.
* Charytonowicz 106.
Chastilion 40. 43.
Chaubeir 75.

Eisenberger 51.
Eißlau 77.
Elemanto 100.
Elem 87.
Elrapen 79.
Elrowachi 107.
Eislef 33. 76.
Eisli 92.
Eiriger 104.
Eliraumau 92.
Florente 142.
Eluvel 98.
Elern 86.
Elrten 60.
Endern 33.
Elln 98.
Eonur 28.
Eorrerden 79.
Ermagi 89.
Elenza 53.
Elmarini 134.
Ser 78.
Serrenbach 63.
Senro 40.
Elrurten 102.
Erollsheim 58.
Ermach 92.
Eramdewen 87.
Eransbaer 70.
Erawfurth 77.
Ereren 83.
Elreuser 99.
Erinelli 97.
Ereir 66.
Erren 105.
Eruzzen 105.
Euningham 135.
Euria 140.
Eusman 63.
Terwina 103.
Jaru 66.

D.

Dahau 103.
Dahauer 61.
Dachzerg 77.
Dachröben 70.
Darreb 139.
Dirumark 74.
Dalineti 107.
Da'aih 59.

Ternbach 88.
Tanell v. Sch. 84.
Dengel 99.
Tanzig 71.
Tavier 73.
Teden 95.
Deffonfeca 89.
Degenberg 37. 84. 151.
Degenfeld 48. 55.
Delftini 62.
Delmenhorst 105.
Tenq 69.
Dequede 94.
Deutichlaub 92.
Deutichorden 81.
Trolea 99.
Terrall 73.
Demig 14. 96.
Tem 80.
Tirbitich 79.
Diepenbrod 103.
Tieperofirchen 107.
Dietenbamer 84.
Tierrichtein 83. 93.
Dillen 88.
Tintner 66.
Tifte 86.
Titten 83.
Dobened 102.
Dobra 19.
Toblichüt 84.
Töring 73.
Dörnberg 59.
Doläus 66.
Doleti 107.
Donati 134.
Dondorff 72.
Donned 97.
Dennerfrerg 69.
Donov 110.
Doring 85.
Dormair 16. 88.
Terne 91.
Torner 16.
Dorninger 66.
Ternberch 42.
Tornsverg 86.
Dorobetiafell 107.
Dorozticwicz 107.
Dorib 64.
Doriato 93.
Trachenfels 92.

Drachoborf 70.
Tragomannl 92.
Trechfel 77.
Treitlkofer 77.
Tröffe 65.
Dublin 14.
Düdber v. H. 90.
Türingofeld 103.
Tunols 140.
Tur 141.

E.

Ebenböch 91.
Ebenftetter 110. 124.
Eberftein 77. 105.
Oberftorff 19.
Ebner v. E. 65.
Ebner 94.
Edarpau 112.
Edftelter 130.
Edelfirchen 106.
Edelzhaufer 86.
Edleroberg 90.
Edlmann 76.
Edlwerd 97.
Egen 68.
Egenbofer 92. 141.
Eggenberger 100.
Egaer 98.
Egter 105.
Egloff 83.
Egloffoheim 91.
Egloffftein 76.
Ebinger 12. 64. 95.
Ebreberg 106.
Ebrne-M. 102.
Eichftädt 14.
Eichbal 136.
Eidgenoffenichaft 105.
Einfiebel 33. 71.
Eilenbofen 19.
Eilinger 83.
Eifenberig 94. 128.
Eifenreich 100.
Eifenftatt 100.
Eiferferten 64.
Eibel 103.
Ellenbach 142.
Ellrichohaufen 62.
Elterlein 91.
Elteroboten 68.
Elte 142.

Emerberg 97.
Emmerich 91.
Ende 75.
Endter 80.
Engl 63.
Engelbrecht 63.
Engelfchalf 75.
Engelphofer 71.
Engern 85.
England 74.
Emichl 70.
Enfe 95.
Enzberg 102.
Enzenberg 78.
Epelhaufer 99.
Eppli 91.
Ertingen 79.
Eraib 73.
Erbach 31.
Erbmarichall 31.
Erbpannenamt 31.
Erblichenk 31.
Erbing 99.
Erffa 79.
Erlbed 84.
Erlenfamp 85.
Erligheim 73.
Erlin v. R. 92.
Ermreich 100.
Ernau 98.
Erfinger v. D. 81.
Erfichazmeifteramt 54.
Erfttruchfeß 31.
Efcher v. L. 75.
Efcher v. G. 97.
Efchlbach 94.
Efchlbed 126.
Efel 15.
Eller 75.
Effen 60.
Effer 110. 130.
Efflinger 83.
Efchwurm 92.
Etampes 139.
Eudorff 77.
Eu 139.
Eoreur 139.
Erb 63.
Erber 80.
Eoff 105.
Ezel v. M. 62.
Ezenhaufen 102.

F.

Faber 81.
Fällanden 91.
Falbenhaupt 70.
Falck 79.
Falkenhausen 79.
Falkenstein 33. 79. 97. 102.
Faltner 97.
Falschang 80.
Fauche 52.
Faust v. St. 142.
Favette 44.
Frechenbach 78.
Feder 81.
Federseibl 33.
Federspil 78.
Feeler 81.
Feilitzsch 58.
Felber 85.
Felsenberg 92.
Fenb 91.
Fensterer 97.
Fernberger 101.
Ferrers 42.
Feurberg 90.
Feurer v. R. 68.
Feurer v. Pf. 127.
Fink 62.
Finsterwald 77.
Firmian 77. 102.
Fischmeister 84.
Föbransberg 98.
Förder 77.
Foraboschi 134.
Forell 78.
Formentini 77.
Forster v. B. 84.
Fowlis 84.
Flamm 90.
Flanbern 141.
Flans 92.
Flasch 97.
Flatow 96.
Fleckenbühl 100.
Flegelberg 94.
Flemming 103.
Florianer 61.
Fluzi 80.
Fragner 95.
Fraisnel 42.
Francesci 105.
Franken 65.

Frankenberg 101.
Frankfurt 14.
Franking 79.
Frankreich 132.
Franzin 60.
Fraßeir v. J. 87.
Fraßeir v. L. 87.
Fraßhauser 64.
Freiberg 51. 68. 111. 125. 134.
Freising 14. 18. 70.
Freiß 76.
Freitag 96.
Frenz 60.
Frescobaldi 98.
Freudenberg 57.
Freundsperg 80.
Freonborff 67.
Frensing v. A. 136.
Fridenborff 68.
Fridinger 84.
Friederici 72.
Friesland 92.
Friz 91.
Fröschl 37. 83.
Fröschl v. R. 83. 92.
Fronheimer 70.
Frugoni 85.
Frumesel 75.
Fuchs 26. 76.
Fuchsmagen 80.
Füll 75.
Füllen 75.
Fünfkirchen 61.
Fürer v. J. 80.
Fürstenberg 33. 42. 67. 137.
Fürstenwärther 142.
Füßen 72.
Fugger v. R. 77.
Fund 69.
Funck 29.
Furtaller 97.
Fuß 72.

G.

Gabelkofer 94.
Gaertner 85.
Gärtringen 94.
Gaisberg 78.
Galen 95.
Galligai 96.

Gall 92.
St. Gallen 17. 103.
Gamurrini 135.
Ganshorn 80.
Ganßer v. G. 80.
Gartow 133.
Gatterburg 101.
Gaugreben 59.
Gaultier 80.
Gebenich 83.
Gebhart 76.
Gehsattel 78.
Geepödh 82.
Gehring 70.
Geler v. D. 79.
Geiger 98.
Geismar 77.
Geltinger 87.
Gemünden 58.
Genf 60.
Genzkow 84.
St. George 71.
Gerstein 128.
Germar 97.
Gernstein 42.
Gerolbsed 19.
Gersdorff 61.
Gerspeunter 67.
Gerstenbergt 64. 71.
Gessenberg 91.
Geulau 80.
Geyer 79.
Geyßler 29.
Geß 92.
Giachinotti 134.
Giandonati 103. 134.
Gibelli 89.
Giblone 98.
Gieb 94.
Giesser v. T. 150.
Gießer 72.
Gillabots 85.
Gillenstierna 89.
Gilthausen 101.
Gilsa 66.
Gimnich 66.
Ginanth 72.
Ginsheim 92.
Giovanelli 33.
Giustiniani 145.
Glasnapf 97.
Glaubitz 82.
Glauffenburg 75.

Gleich v. R. 93.
Gleichen 70. 76. 89.
Gleissenthal 86.
Glengarnow 135.
Gleve 103.
Glevnitz 80.
Glinski 107.
Globig 86.
Globen 78.
Glokner 117.
Glokner v. St. B. 98.
Gloucester 138.
Glüz 107.
Gmainer 86.
Gnaßer 77.
Gobow 82.
Gobler v. R. 79.
Göswitz 80.
Göschler 91.
Goldegg 67.
Golla 81.
Golstein 58.
Gombi 104.
Gori 98.
Gottsfeld 95.
Grabie 33.
Grabie I. 94.
Grabie II. 94.
Grabner 104.
Grabel 83.
Grabscheibt 94.
Greßendorff 78.
Grebenitz 84.
Grafened 105.
Granaba 86.
Grant v. T. 102.
Grapen 96.
Grasmann 93.
Gräslsfinger 65.
Gradwollner 104.
Graß 60.
Graßwein 102.
Grauvogl 82.
Grebmer 58.
Grebner 83.
Gregery 81.
Grellenfee 106.
Greiff 60.
Greiff v. G. 66.
Greimolt 92.
Greimolt v. H. 100.
Greiner 71.
Greißened 94.

Gremp 80.
Grenzing 77.
Greul 42.
Grey 159.
Grevery 81.
Griefenbeck 80.
Grill 84.
Grill v. K. 84.
Grimmel 83.
Grimmichüg 97.
Groland 94.
Gröschberg 141.
Großer 101.
Grote 75.
Grünenberg 26. 90. 132.
Grünsberger 97.
Grunbach 70.
Grunherr 73.
Gudenberger 81.
Gültingen 79.
Gugler 71.
Guicciardini 98.
Gulben 102.
Gumpelshaimer 81.
Gumppenberg 84.
Gumprecht 65.
Gundelfingen 68.
Grundich 125.
Gurren 75.
Gutdier 71.
Gutenbag 100.
Gutten 93.
Guttenberg 87.
Guttenburg 43.
Grßenberg 80.

H.

Haag 75.
Haak 77.
Hebihheim 29.
Hade 89.
Haebela 95.
Haeffen 43.
Häßling v. L. 101.
Häll 79.
Häringk 82.
Häßler 76.
Häßben 97.
Hahner 96.
Hager 29. 61. 83.
Habn 80.
Haiden 130.

Haidenreich 99.
Hailbronner 101.
Haimb 106.
Hainzel 82.
Hainzel 103.
Haki 85.
Haldenberg 94.
Hall 14. 80.
Hallberg 102.
Haller 127.
Hals 124.
Hamburg 13.
Hammes 44.
Hanau 64.
Handschuchsheim 102.
Hanzeler 100.
Hanstein 88.
*Haratinow 106.
Hardenberg 77. 105.
Hardter v. P. 120.
Haren 95.
Harkenberg 98.
Harling 80.
Harm 77.
Harnier 103.
Harras 81.
Harrington 159.
Harscher 76. 117.
Hardorff 100.
Hartitzsch 82.
Hartmann 81. 103.
Hartter v. H. 82.
Haslang 67.
Hasselwander 73.
Hastings 102. 159.
Hasza 76.
Hapfeld 88. 95.
Haupt 71.
Hausen 94.
Hausner v. P. 66.
Havert 105.
Hawförde 76.
Harthausen 101.
Hav 88.
Hare 104.
Hayn 60.
Hannsred 66.
Hechlingen 95.
Hechthausen 93.
Hebbersdorf 84.
Hefner v. K. 96.
Hefner v. E. 96.
Hegenberg 73. 75. 141.

Heidebreken 96.
Heidegg 12.
Heidenab 99.
Heiligenberg 88.
Heimbrachts 74.
Heinleth 102.
Heinsberg 142.
Heißberg 90.
Helchner 88.
Held 104.
Heldritt 59.
Helet 104.
Hellendorffer 99.
Helfenstein 78.
Hellborf 75.
Helmsdorff 92.
Helmshofen 103.
Helmstadt 79.
Hermsleerd 73.
Henderland 135.
Hendl 100.
Henkel 97.
Henneberg 33. 80.
Hennigs 80.
Heppe 93.
Herberstein 100.
Herbishofen 87.
Herbst 97.
Herbstheimer 86.
Herba 91.
Herber 71.
Herding 73.
Hereiß 77.
Heringen 143.
Herschl 76.
Hertenstein 54.
Herzhausen 22.
Herrwart 81.
Herzheim 149.
Herzheimer 98. 130.
Heseloher 98.
Heßle 18.
Hessen 123.
Heußler v. R. 85.
Heußlin 87.
Hevbach 75.
Heyben 104.
Heydenhaus 89.
Hevber 70.
Heyne 98.
Hevonig 70.
Hibessen 103.
Hieronymi 97.

Hilgerishauser 133.
Hiller 103.
Hilprand 64.
Hindenburg 77.
Hirschberg 77.
Hochstetter 66.
Hobenberg 79.
Höckenkirchen 126. 136.
Höchstadt 14.
Höfer 104.
Höfner 78.
Höhenkirchen 51.
Hölzl z. L. 102.
Hönning 96.
Hoevell 104.
Hof 140.
Hofer v. L. 13. 67.
Hofmannsegg 81.
Hofwart 105.
Hohened 19.
Hohenlohe 8. 73. 131. 161.
Hohenlohe - W. 119.
Hohenrain 153.
Hohenstauffen 97.
Holde 84.
Holderbusch 86.
Holdrungen 71.
Holleben 98.
Hollegg v. R. 80.
Holleuser 79.
Hollfeld 71.
Hollub 107.
Holtz 97.
Holtzapfel 85.
Holtzendorff 105.
Holtzabel 79.
Holtzhausen 87. 102. 125.
Holtzheimer 98.
Holtzschuher 102. 152.
Homberg 90.
Hoop 96.
Hopfgarten 94.
Hopfner 81.
Horben 86.
Horitsch 83.
Horn 104.
Hornberg 79.
Horned v. H. 98.
Horned v. W. 100.
Hornstein 33. 77.
Hoser 71.
Houller 69.
Howera 106.

Hruschowsky 61.
Hrzan 61.
Huber v. M. 76. 87.
Hülschmann v. B. 77.
Hügel 85.
Hünerwadel 80.
Humbracht 74.
Hund v. A. 75.
Hundbiß 75.
Hungerferd 159.
Huon 100.

J.

Jagen 99.
Jagftheim 93.
Jakob v. C. 83.
Jalewski 107.
Janina 103.
Janorinski 91.
Jarsdorff 44.
Jberg 93.
Jecklin v. H. 76.
Jerze 133.
Jenisch 98.
Jerlitz 107.
Jerusalem 36. 105.
Jett 94.
Jfflinger 84. 85.
Jgel 77.
Jglshofer 77.
Jlmmünster 150.
Jmhoff 91.
Jmler 100.
Jnarerz 95.
Jnderstorff 15.
Jngolstadt 15. 92.
Jnlofer 72.
Jnfeller 99.
Jnnebrud 101.
Joachimsthal 71.
Jöchl 76.
Jöre 68.
Jeneufe 92.
Jrmtraut 78.
Jrwon 86.
Jsenburg 136.
Joland 43.
Jpstein 95.
Jüssen 102.
Judmann 102.
Jungwirth 96.
Juftingen 68.
Jvano 59.

R.

Kämmerer v. W. 88.
Kärgl v. C. 62.
Kablden 73.
Kainderfer 85.
Kaifer 108.
Kalb 76.
Kalmünzer 61.
Kaltenborn 99.
Kameda 78.
Kammerau 77.
Kamrp 67.
Kandelberg 14.
Kanitz 75.
Karberf 100.
Kanneberg 96.
Karelken 11.
Karl 107.
Karf v. D. 90.
Karnice = R. 107.
Kaybed 75.
Kaybiß 74.
Katzenelnbogen 51. 121.
Katzmair 74.
Kaufmann 71.
Kaub 102.
Kauferlingl 85.
Kaze 15. 74.
Kechler 82.
Keck v. Sch. 73.
Keichen 97.
Kellenbach 71.
Keller 73.
Keller v. Sch. 31.
Keller v. St. 78.
Kemnat 95.
Kemnatter 67.
Kemp v. Th. 72.
Kempf v. A. 108.
Kempten 15.
Kensztert 107.
Kermassement 98.
Kern v. Z. 96.
Keßler 96.
Kettelvedt 33. 103.
Kettenburg 33. 100.
Kettler 95.
Kevel 75.
Keyl 153.
Keul 104.
Keutschach 87.
Keuzl 68. 61.

Kevl 104.
Kbevenhiller 81.
Kbürn 13.
Kienberger 85.
Kind 128.
Kintel 69.
Kinelp 66.
Kirchberg 59. 149.
Kirchheim 101.
Kircherg 43.
Kirkerow 133.
Kirmreith 94.
Kitschger 104.
Klamry 95.
Klauer 81.
Kleewein 86.
Kleinforge 107.
Kleist 77.
Klippstein 78.
Kloch 97.
Kluegbamer 75.
Klür 84.
Knebel v. R. 135.
Kneidinger 71.
Kneland 76.
Knelebed 79. 133.
Knöringen 111.
Knörringen 96.
Kobell 82.
Koch v. M. 72.
Kölberer 95.
Köln 102.
Kölner v. O. 89.
König 35.
König v. R. 102.
König v. W. 102.
Königsegg 63.
Königsfelder 94.
Königz 105.
Köneritz 95.
Köppelle 60. 67.
Kötb 77.
Kobaro 117.
Kejalmwicz = D. 107.
Keterösi 92.
Kelb 71.
Kolk v. W. 127.
Kolente 107.
Koler 101.
Kolff 94.
Kovi 96.
Koverellen 92.
Korrenstein 142.

Korbbamer 97.
Kornfail 86.
Korzfleisch 104.
Kosclesza 107.
Kosmewski 107.
Kespreth 89.
Ketsch 99.
Kozau 76.
Krabler 83.
Krätzl v. L. 67.
Krafft 64.
Kramer 100.
Kranichsberg 81.
Krauel v. Z. 104.
Krauter 91.
Krebs 63.
Kreder 33.
Kreitt 94.
Krell 79.
Kreß 103.
Kreuzburg 78.
Kries 85.
Kripp v. J. 101.
Krofow 98.
Kronenberg 102.
Krosynski 107.
Kuchler 64. 77.
Künsberg 63.
Kuerach 92.
Kükznach 98.
Kugler 91.
Kumpfmühl 96.
Kunowitz 102.
Kurez 107.
Kurzleben 101.
Kvau 79.
Kvhm 71.
Kyle 96.

L.

Labriane 81.
Lagel 97.
Lagelberg 97.
Lahn 90.
La Hare 105.
Lamelan 61.
Lamberg 75.
Lams 96.
Lamranier 103.
Lamvrigsam 91.
Lamreting 67.

Lamprechtsheim 63.
Lancaster 159.
Landau 77.
Landelio 65.
Landsberg 105.
Landschad 98. 128.
Landshut 103.
Landsieder 97. 80.
Langer 93.
Lang 79.
Langen 80. 94.
Langenmantel v. W. 106.
Langenzell 87.
Lantes 89.
* Lantes 103.
Larrié 86.
La Roche 84.
Lasse 106.
Lasberg 61.
Laubenberg 84.
Laubeso 63.
Laui 14.
Launau 66.
Launing 151.
Launinger 128.
Lebenskirchen 133.
Lebebur 63.
Leich 86.
Leitert 75.
Schutorff 105.
Lehrbach 57.
Leibnam 72.
Leiningen 18. 79.
Leiningen = W. 137.
Leuziger 92.
Leiter 18. 75.
Leitzeb 97.
Lekura 89.
Lemrich 91.
Lenzerle 79.
Lensheim 98.
Lengricher 90.
Lentlen 96.
Lerchenfeldren 102.
Lererechtung 33. 61.
Lerel 62.
Lerdenfeld 90.
Lerdenfelder 81.
Lerenger 81.
Leteyre 101.
Leuber 68.
Leuterstorff 86.
Leuthing 57. 130.

Leuthorst 89.
Leutrum 78.
Leutzendorffer 21.
Lerepow 96.
Lexier 88.
Libetown 73.
Liboy 84.
Lichtarz 107.
Lichtenberg 78.
Lichtenstein 19. 88.
Liebenes 60.
Liebert 37.
Ligialz 104. 135.
Lilien 87.
Limrurg 65. 104. 131.
Lindau 18. 84.
Lindegg 132.
Lindegt 68.
Linden 60.
Lindenfels 64.
Lippe 67. 86. 101.
Lis 107.
Lisle 106.
Litbauen 71.
Lobkowitz 79.
Loch 135.
Lochau 76.
Lebron 73.
Lobzia 94.
Lee v. W. 100.
Leebern 152.
Löben 70.
Löbl 62.
Löffelbelz 76.
Läffler 90.
Löffler v. H. 80.
Lösa 93.
Löwen 17.
Löwened 76.
London 15.
Lorez 33.
Lorber 68.
Lord 126.
Lorenz 78.
Lotz 77.
Lotbringen 37. 132.
Lottner v. A. 95.
Leuvaine 132.
Lowpow 77.
Lucca 135.
Ludt 124.
Ludner 104.
Ludenstorff 135.

Ludolf 99.
Ludwiger 68.
Luegstein 78.
Lüningt 79.
Lüttwitz 79.
Lützelburg 73.
Lützelfeld 104.
Lützenrobe 105.
Lützow 100.
Lummerin 90.
Lustnau 77.
Luz 100.
Lupenberger 75.
Lur 75.
Lusburg 75.
Lruter 76.

M.

Maron v. Q. 105.
Mad 63.
Macleib v. L. 90.
Mader 94.
Römminger 124.
Mörden 102.
Mässenhausen 133.
Magenoreiter 100.
Magerl 33.
Maitand 83.
Maine 11.
Mainz 14.
Makmakane 72.
Malaspina 88.
Malchus 102.
Mallas 93.
Malkerstorff 43.
Malmbein 99.
Matsen 62.
Malpahn 77.
Mamming 78.
Mandelslohe 98.
Manessen 71.
Mangold 103.
Maugst 79. 114.
Maniel 52.
Mann 72.
Manner 71.
Manneise 126.
Marabottini 134.
Marbang 130.
Marche 140.
Marbeselbi 104.
Marcés 91.

Mareith 60.
Marenholz 87.
St. Marie = Eglise 79.
Markquart 33.
Marenna 33.
Marauard 81.
Marschalf v. O. 97.
Marschalf v. Eck. 64.
Marschalf v. Ei. 64.
Marschall 101.
Marschall v. A. 94.
Marschall g. G. 60.
Markaller 95.
Martelli 93.
Martens 88.
Martin 71. 124.
Marr 91.
Mariani 105.
Masmünster 73.
Massen 83.
Maurer 104.
Maus 78.
Maren 84.
Markbain 66.
Maventhal 93.
Mavrhofer 106.
Mavrhofer 60.
Mavrhofer v. G. 141.
Mecklenburg 76.
Mebici 134.
Mebing 77.
Meer 90.
Meerbeimb 81.
Meerlatz 75.
Megenher 66.
Meggau 104.
Mendl v. St. 61.
Mendoza 161.
Mengen 140.
Mengersreuter 99.
Menthofer 76.
Mensch 70.
Menzinger 79.
Mermann 63.
Mermeser 86.
Merz 105. 126.
Metbnitz 94. 102.
Meune 141.
Mever 100. 94.
Mever v. R. 102.
Mevrl 84.
Milchling 64.
Miliesti 99.

Miller 72. 100.
Miller v. R. 71.
Mindwitz 66.
Mindorf 66.
Minerbetti 103.
Miningerode 95.
Mirbach 77.
Modzela 105.
Möllendorf 96.
Möller v. L. 89.
Mömpelgardt 82.
Mörl 78.
Mörschwein 77.
Mohr 70.
Molsheim 65.
Molstein 100.
Moltke 82.
Menaco 63.
Monenbach 135.
Monfort 97.
Monroy 88.
Mons 87.
Mont 92.
Montagu 120.
Montalban 66.
Montecucoli 92.
Montenuovo 90.
Montferrat 57.
Montfort 104.
Montpenfier 139.
Monwpeny 82.
Morawitzto 78.
Merdar 93.
Morrau 73.
Merla 92.
Mornberg 70.
Moro 86.
Morofini 134.
Moschfon 84.
Moser a. D. 83.
Mosham 66.
Moslau 71.
Mostorffer 86.
Moszowski 107.
Mov 101.
Mezzi 106.
Müleisen 100.
Rütinen 100.
Müllner 19.
Müller v. J. 100.
Münch v. B. 100.
München 13. 18. 37.
Münchhausen 70.
184

Münchingen 73.
Münsterer 82.
Rütschephal 99.
Ruggenthal 77.
Murhamer 86.
Murray 98.
Muffinan 92.

R.

Nadler 106.
Näringer 70.
Nagel 102.
Nagelsberg 96.
Nalency 102.
Narbonne 105.
Naffau 121.
Navarra 103.
Narhaus 76.
Nether 95.
Negendanf 64.
Neger 58.
Neibecker 82.
Reithardt 86.
Nelli 76.
Nettelblatt 86.
Netterobt 59.
Neyer 102.
Neubeurern 95.
Neubronner 105.
Neuburg 70.
Neuburg a. L. 83.
Neuchinger 102.
Neumburg 30. 32.
Neuenstein 94. 99.
Neuhaus 64.
Neuhaufer 94. 141.
Neubaufter 97.
Neuötting 100.
Neustetter 80.
Nevers 137.
Newball 135.
Nevbed 83.
Nicola 89.
Nicolai 83.
Niedermayr 59.
Niederthor 100.
Nimrtfch 92.
Nismes 83.
Nitfch 66.
Nogaroli 67.
Nonne 82.
Norbed v. R. 86.

Rofifon 78.
Noftitz 149.
Notangft 102.
Nothaft 79. 124. 150.
Rotenhaufer 67.
Nürnberg 14. 92.
Nuffer 86.
Notz 81.

O.

Oberg 105.
Oberlirch 73.
Oberländer 85.
Oberndorff 71.
Oberndorffer v. St. 83.
Obernitz 59.
Oberösterreich 79.
Ochflich 92.
Odl 72.
Oefele 101.
Oehringen 14.
Oelhafen 96.
Oerpen 72.
Oefterreich 18. 51. 150.
Oettingen 19. 43. 63. 120. 125.
Oeyenhaufen 99.
Offenburg 90.
Oheimb 78.
Ofulnefi 107.
Oldenburg 77.
Oldershaufen 87.
Olivier 85.
Olsgewsti 107.
Oranien 48.
Orlandini 76.
Orleans 137.
Ormietewn 81.
Ormond 159.
Ortenburg 67. 68.
Orzychowsty 80.
Ofenfa 95.
Offinger 90.
Often 37.
Ofterhaufen 38.
Oftertag 76.
Oftfriesland 92.
Ott 77.
Ottenftein 11.
Ottmaringer 83.
Ouren 139.
Overtfchie 66.
Overftolz 41.

Ow 73.
Orlorb 15.

P.

Pachhamer 82.
Padilla 97.
Polland 58.
Palm 85.
Panichner 67.
Parin 81.
Pappenberger 107.
Pappenheim 42.
Pappus 84. 92.
Paradeifer 83.
Parma 166.
Parmann 60.
Parsperg 61.
Partened 104. 133.
Partenftein 104.
Pasquali 77.
Paffau 17.
Paffow 75.
Pauer 71.
Paulftorff 63.
Paumgartner 85. 101. 110. 127.
Paur v. H. 86.
Paufach 100.
Pawel 63.
Pave v. C. 95.
Pechmann 102.
Pechthaller v. H. 80.
Peiftein 99.
Pelhaimer 128.
Pelfboffen 60.
Pellet v. R. 106.
Penninger 102.
Penz 73.
Perchtoldftorff 11.
Perco 110.
Perenpöd 110.
Perfall 76.
Perger z. R. 67.
Perger z. C. 71.
Perghofer 80.
Peri 85.
Perthofer 92.
Pernauer 76.
Pernftorffer 99. 127.
Peroufe 73.
Peruzzi 65. 134.
Perwang 92.

Petersgrafswaldöth 80.
Petrenbeck 101.
Pettenkofer 86.
Pey v. E. 76.
Peplinger 95.
Pexauer v. E. 70.
Peulcher 87.
Pevotell 159.
Pfaff 70.
Pfaffenhofen 70.
Pfaler 96.
Pfalz 73. 131. 144.
Pfennauer 80.
Pfeffenhausen 63.
Pfiferl 87.
Pfirsinger 75.
Pfirsheim 96.
Pfirtsdorff 75.
Pfetten 75.
Pflueg 150.
Pflugl 84.
Pflummern 95.
Pforten 88.
Pförringer 92.
St. Phale 103.
Phull 89.
Picard 105.
Pidena 135.
Piberni 82.
Pidoll 98.
Piexenmauer 127.
Pigenet 82.
Pignatelli 96.
Pincis 85.
Piofadaue v. Sch. 80.
Pirckheimer 85.
Pirlach 85.
Pittigardi 106.
Plank 101.
Plankenstein 64.
Plankenwerth 83.
Platsch 63.
Platzen 73.
Plessen 76.
Pleffis 44.
Plettenberg 59.
Pliemingen 75.
Plöt 90.
Pletke 67.
Plüster 64.
Pogner 89.
Puttersi 93.

Le Polo 87.
Pöllnitz 63.
Pölzig 84. 93.
Pötschner 97.
Pommern 51. 151.
Poniatowski 76.
Ponidau 60.
Pontell 81.
Popolarita 134.
Popoledschl 134.
Poppel 79.
Poppendorf 81.
Pordon 105.
Portia 66.
Portinari 100.
Portner 98.
Portugal 150.
Pottenstein 75.
Powmais 135.
Perau 78.
Poyhl 77.
Prack 75.
Prag 75.
Prandeh 67.
Pranger 80.
Prasch 120.
Precht v. H. 126.
Preen 94.
Preifing 61. 123.
Premerstein 71.
Premfer 95.
Preuhaven 96.
Prittwitz 60.
Pripbuer 92.
Preckendorff 91.
Proeck 100.
Proff 33. 82.
Pruckberg 101.
Pruckner 80.
Pronner v. A. 101.
Pruckschenk 80.
Prunner 125.
Pranner v. B. 104.
Pucci 70.
Pucher v. R. 63.
Pucher v. B. 85.
Puchinger 78.
Puchberg 98.
Puchenstein 60.
Puechheim 86.
Puechvelg 128.
Puelach 78.
Pütrich 97.

Pütrich v. R. 60.
Püp 101.
Pukszta 107.
* Pullinger 99.
Purgolt 72.
Purgstall 70.
Putterer 33.
Puttkamer 93.
Puy du Fou 105.

Q.

Quost 96.

R.

Raab 58. 86.
Rabatta 99.
Rabe 87.
Rabensteiner 72.
Rabensteiner v. B. 96.
Racknitz 75.
Rabeck 99.
Radle 71.
Radetzky 94.
Räblis-Perer 105.
Raesfeldt 58.
Raibt v. R. 98.
Raith v. B. 103.
Raittenau 99.
Raittenpuecher 63. 119. 128.
Raitz v. F. 60.
Rambaldi 81.
Rammelstein 76.
Ramsau 78.
Ramschüffel 96.
Ramschwag 19. 73.
Ranereles 84.
Rand 98.
Randew 65.
Rapperswyl 18. 87.
Rapp 72.
Rateld 70.
Ramber 78.
Rauch 97.
Rava 86.
Raven 73.
Rarmair 87.
Rebelfing 86.
Rechberg 73.
Rechteren 60. 65.
Red v. R. 75.

Reckrodt 79.
Reding 108.
Regel 82.
Regenau 77.
Regensberg 120.
Regensburg 14. 96.
Regnoldsweiler 84.
Rehbiger 77.
Rehm 51. 76. 153.
Reibnitz 58.
Reich, hl. röm. 92.
Reiche 66.
Reicheneck 72.
Reiffenberg 78.
Reiter v. P. 61.
Reinach 143.
Reimbul 92.
Reineck 78.
Reinharb 71.
Reinhardsöttner 99.
Reinhold 78.
Reisach 86.
Reisschach 77.
Reischinger 100.
Reitmoor 70.
Reitzenstein 62.
Reich 29.
Rembolbi 76.
Reuschenberg 80.
Reuß 77.
Reuter 130.
Reutner v. W. 86.
Reutter 71.
Reyher 81.
Riccardi 98.
Ricci 134.
Richarme 103.
Ribler 83. 104. 135.
Rieben 82.
Rieb 92.
Riederer 89.
Riedesel 75.
Riedheim 75.
Riebt 67.
Riemhofer 93.
Riemeck 58.
Riese v. St. 72.
Rindhofer 124.
Rindsmaul 76.
Ritschamer 78.
Ritter v. B. 103.
Ritter v. C. 99.
Rebschütz 91.

S.

Rochefort 42.
Rochow 98.
Rockhausen 64.
Robe 135.
Röber v. Th. 79.
Röll 95.
Römhild 101.
Roeped 87.
Röteln 67.
Rötenberg 89.
Rogifter 72.
Rohde 103.
Rohr 61.
Rola 94.
Roland 99.
Rolshausen 94.
Rom 106.
Rombinelli 80.
Rordorf 105.
Rordorff 68.
Ros v. R. 96.
Rosenberg 60. 87.
Rosenbulch 87.
Rosenegg 12.
Rosenhardt 118.
Rosenheim 14. 87.
Rosenheimer 87.
Roß 75.
Roß 73.
Rothkirch 79.
Roismann 37. 130.
Rottal 60.
Rottenburg 13.
Rottenban 26.
Revere 31.
Rozmiar 107.
Rueb 87.
Ruedolff 63.
Ruedorffer 94.
Rüdt v. C. 75.
Ruery 82.
Rueßorffer 124.
Rueßtorffer v. R. 96.
Ruerßorffer 60.
Rubenstein 46.
Rumlingen 64.
Rummel 75. 80.
Runge v. Sch. 99.
Ruoß 73.
Rußillen 66.
Rußland 132.
Rußwurm 70.
Rvs 73.

Saal 85.
Sachsen 58.
Sachsenheim 76.
Sach 100.
Saco 12.
Sätelin 100.
Saffram 87.
Sagrer 95.
Sailer 96.
Salburg 66.
Salderu 87.
Salis 85.
Sallach 42. 75. 127.
Salm 144.
Salviati 67.
Salzinger 97.
Sandersleben 99.
Santizell 76.
Sarleha 107.
Sarzans 19.
Sarntheim 77. 153.
Sauer 72. 94.
Sauerzapf 95.
Saulheim 133.
Savoien 52. 117 ff. 141. 159.
Saxe 142.
Sayn 73.
Sazenhofen 58.
Scala 73.
Screpaur 44.
Schab 94.
Schach 60.
Schad 87.
Schad 71. 76. 79.
Schad v. R. 101.
Schärffenberg 102.
Schafgotsche 39.
Schaffhausen 76.
Schall 96.
Scharer 95.
Scharffenstein 84.
Scharsödder 83. 85.
Scharstetter 104.
Schatte 74.
Schaub 66.
Schauer 74.
Schaufuß 72.
Schaumberg 26.
Schaumburg 61.
Schaureib 60.
Schedlinger 62.

Schele 101.
Scheler 96.
Schellenberg 58.
Schenk 19.
Schenk v. C. 57.
Schenk v. L. 96.
Schenpichler v. Sch. 81.
Scherenberg 94.
Schertel v. B. 73.
Scheuchenstuel 70.
Scheuerl 92.
Scheurer 108.
Schied 87.
Schieverstein v. R. 100.
Schilling 93.
Schilling v. C. 96.
Schilvay 81.
Schimmelpfennig 98.
Schinkel 72.
Schlabernderf 63. 102.
Schlaben 102.
Schlagintweit 149. 161.
Schlankersperg 68.
Schlegel 75. 95.
Schleich 64.
Schleitheim 72.
Schletz 63.
Schlichting 77.
Schließen 70.
Schlippenbach 96.
Schlitters 99.
Schlitzflebt 99.
Schlitz 67.
Schlichter 74.
Schlüffelberg 98.
Schmalz 102.
Schmerping 48. 55.
Schmid 99.
Schmidberg 102.
Schmidl v. Sl. 76.
Schmelze 28.
Schmud 102.
Schnaitbach 90.
Schnee 43.
Schneckenhausen 83.
Schneeberg 103.
Schnegg 83.
Schneeben 102.
Schneidheim 95.
Schnorr 71.
Schnurrbein 75.
Schochtel 122.
Schönau 60.

Schönberg 143.
Schönborn 73. 88.
Schönburg 62.
Schöner z. El. 97.
Schönfeld 83.
Schönfels 62.
Schönpichler 88. 89.
Schönprunner 101.
Schöps v. L. 76.
Schollep 81.
Schongau 32.
Schonstetter 109.
Schorlemer 67.
Schorup 83.
Schott 60.
Schredlinger v. H. 84.
Schrenk 73. 104. 135.
Schröd v. Sch. 84.
Schröter 83.
Schröll 83.
Schröttinger v. S. 83.
Schrot 128.
Schütz 104.
Schuhmann 102.
Schulenburg 79.
Schurf 94.
Schurff 102.
Schurseisen 94.
Schwab 86. 91.
Schwaben 79.
Schwanden 100.
Schwangau 80.
Schwansbeel 95.
Schwarzburg 127. 149.
Schwarzenstein 68.
Schwarztoppen 101.
Schweden 102.
Schweinfurt 14.
Schweiniz 58.
Schweinsbd 77.
Schwelbrunn 96.
Schweppermann 43.
Schwerin 30. 105.
Schwicheldt 13.
Schwichell 73.
Schwöller 82.
Schwoz 105.
Scol 73.
Seckenberg 100.
Seckendorff 84.
Seblnitzky 104.
Seeau 74. 90.
Seebach 85.

Sterklib 11.
Steten 85.
Stetenauer 85.
Stegerler 94.
Stibottstorff 68.
Stibe 152.
Stibel 71.
Stige 150.
Steinobeim 58. 127.
Stelligmann v. E. 136.
Stemler 105.
Stemlinger 92.
Stemft v. P. 73.
Stemlenberg 90.
Stern 19.
Stemter 100.
Steren 89.
Sterkelb 88.
Sterkelbt 108.
Sterbebern 70.
Sterbemis 70.
Sterolig 82.
* Sterftel 64.
Sterland 110.
Stiber v. P. 97.
Stibart 71.
Stibler 94.
Stigenheimer 81.
Stigenbeffer 94.
Siblingen 82.
Sidereti 107.
Siliber 98.
Siliberberg 89.
Simen 61.
Simelair 66.
Sinner 72.
Sinzenbefer 64.
Simienbaufen 86.
Stellien 72.
Stilal 80.
Stisiling 135.
Stisere v. F. 83.
Stisbes 97.
Stil 94.
Stil v. R. 64.
Sisrend 140.
Siltr 102.
Stisma 73.
Sturiener 141.
Siltheim 140.
Siler 91.
Sislin 96.
Sislin 96.

Sprangstein 95.
Spred=St. 58.
Sperberbed 60.
Speril 33. 79.
Sperling 79.
Srefsbarbt 82.
Speith v. J. M. 119.
Spriegel v. P. 99.
Spriefbaufen 99.
Spriliberger 98.
Spririmgl 101.
Sprigemberg 80.
Sprenheim 124. 130. 142.
Srreti 65.
Stabien 51. 85. 95. 111.
Stabler 101.
Stabler v. St. 97.
Staell 99.
Stabringer 79.
Stabslinger v. E. 76.
Stabl 94.
Stabrenberg 20.
Stain 95.
Stainauer 107.
Stake 104.
Stammler 102.
Stange 63.
Starfer 101.
Stargarb 30.
Starichebel 62.
Starghaufer 79. 106.
Staubacher 83. 108.
Staubigl 77.
Stauffenberg 97.
Stebmann 83.
Stebesin v. St. 143.
Steier 11. 51.
Steiermarf 92.
Steinau 99.
Steinberg 74.
Steinfelb 91.
Steinfurt 60.
Steinbauffer 90.
Steinbaus 83.
Steinhaufer 101.
Steinling 80.
Stein=L. 62.
Stein=R. 62.
Steinborf 61.
Stein v. R. 67.
Sternfer 72.
Sternberg 69.
Sternenfels 33. 89. 90.

Sterner 89.
Stettin 51. 93.
Stettner v. E. 72.
Stieler v. R. 91.
Stier 76.
Stillfried 62.
Stinglbeim 63.
Stiping 108.
Stechhammer 63.
Steimner 81.
Stelberg 77.
Stelzhirsch 77.
Storch 81.
Stesch 84.
Steury 86.
Stezingen 97.
Strsiman 83.
Stralenberg 104.
Stradenborff 104.
Straffer 62.
Straffelbo 161.
Strahwalcher 79.
Straubing 99.
Strauß 81.
Strauwiß 73.
Strebebof 75.
Streitberg 94. 128.
Streliß 14.
Strobl 91.
Ströslin 22.
Stremer 103.
Struenfes 99.
Stuben 97.
Stubenberg 98.
Stubenhart 97.
Stübig 97.
Stüdrab 99.
Stürgt 83.
Stürmer v. U. 98.
Stumpf 84. 126.
Stumpf v. B. 92.
Sturi 64.
Sturnfeder 104.
Stutterobeim 68.
Stuttgart 14.
Suarba 161.
Sünching 77.
Sünßen 15.
Süß 96.
Süßkind 71.
Sulzer 98.
Sulzbera 42.
Sulzemos 77.

Eumerau 77.
Eurfer 99.
Eulenberg 79.
Ewalenberg 80.
Ewienczyc 105.
Swieten 98.
Eybel 75.
Eyberg 99.
Eyrofomla 107.
Ezsolbroli 33.

T.

Tachinger 64.
Taller 99.
Tann 82.
Tannberg 85.
Taunbrunn 67.
Tanner 77. 85.
Tafchner ? J. 102.
Taffio 77.
Tattenbach 83. 141.
Taube 84.
Taufflers 42.
Tauffirchen 73.
Tauffircher 51.
Taulch 72.
Tautrböus 83.
Tarib 105.
Tbannbaufer 79.
Ted 63.
Teller 73.
Terfage 75. 117.
Tettau 66.
Tettenborn 95.
Tettigbofen 80.
Teßel v. R. 74.
Teucholer 64.
Teufel 63.
Teutfcher 71.
Thal 84.
Thalhaim 98.
Thalmann 136.
Thanberger 85.
Thaunberg 64.
Thannhaufen 85. 99.
Thenn 77.
Thibonst 80.
Thien 33.
Thiriart 63.
Thomas 106.
Then=Tuttmer 85.
Thorer 13.

Thüna 64.
Thürßen 26.
Thürheim 100.
Thüringen 144.
Thumberger 87.
Thumb v. N. 58.
Thumer 83.
Thumgast v. N. 91.
Tichtl 127. 130.
Tieffenbach 59.
Tirschenreuth 71.
Törring 87.
Tollinger 81.
Tolomei 135.
Toleta 106.
Topor 93.
Torer v. E. 111.
Tornabuoni 134.
Tornaquinci 134.
Tornay 88.
Tornow 94.
Torring 21.
Tour 33.
Tragenreitter 95.
Trabotusch 78.
Trainer 76.
Trapp 65.
Trappe 81.
Traulsou 100.
Trauttmannstorff 102.
Trazzanics 38.
Treune 105.
Trichra 62.
Trefs 92.
Tremaine 72.
Tremnbeck 127. 133.
Treusch v. B. 97. 135.
Trevisan 134.
Trier 71.
Trixxel 79.
Trillan 107.
Troffel 105.
Trotha 79.
Troyff 77.
Truchseß v. E. 97.
Truchseß v. H. 127.
Truchseß v. R. 106.
Truchtlaching 111.
Truchtlachinger 93.
Trubendingen 123.
Trusdut 96.
Tschafaturn 93.
Tschudi 85.

Tubeuf 79.
Tübingen 104.
Tulbeck 97.
Tunderfeldt 104.
Turbot 130.
Turn 20.
Turnbull 33.
Tulschel v. S. 106.
Tutlinger 127.
Tutzlinger 71.
Twickel 95.

U.

Ubaldini 77. 134.
Udermann 84.
Ueberacker 60.
Ueberlinger 67.
Uechtritz 98.
Uetterodt 69.
Ulm 65.
Ungarn 105.
Ungelter 67. 70.
Urfarer v. U. 99.
Urff 79.
Urmiller 100.
Unterwief 96.
Uttendorffer 80.
Uttershausen 97.

B.

Bachiero 76.
Balvasour 62.
Bambés v. F. 80.
Barenues 85.
Barnbüler 104. 144.
Barnhagen v. E. 95.
Basolb 80.
Battersheimer 96.
Becchielli 76.
Bedengart 19.
Bega 104.
Beibelbaum 88.
Belde 54.
Belschloß 67.
Benedig 91.
Benningen 103.
Bentimiglia 57.
Berger 86.
Berraz 89.
Better v. d. G. 87.
Beyer 94.

Bichi 44.
Bierega 107.
Billenpach 113.
Binke 99.
Bintler 76.
Biela 98.
Birgelt 100.
Bischer 38.
Bisconti 83.
Bizibum 35.
Bizthum v. E. 85.
Blatten 135.
Bodwiller 104.
Böblin v. F. 106.
Bogelmann 91.
Bogellang 81.
Bodenstein 97.
Beit 42.
Bolt v. W. 59.
Boß 76.
Bultejus 75.

W.

Bachendonk 87.
Bachter 81.
Bachtl v. D. 81.
Bächter 33. 81.
Baffenau 85.
Bageuberg 94.
Bagenrieder 99.
Bagensberg 100.
Bager 75.
Baguer 84.
Baib v. E. 105.
Balch v. Pf. 64.
Baldburg 85.
Baldecf 89. 94.
Balbrag 79.
Balkenfeld 92.
Balderdorff 143.
Balderfee 60.
Balce 137. 159.
Ballace 97.
Ballbrunn 103.
Ballwitz 149.
Balrab 61.
Baller 20.
Baldsleben 98.
Baltenhofen 75.
Bangenheim 58. 73.
Bardenburg 84.
Bardberg 73.

Bart 41.
Bartensteiner 125.
Barthausen 101.
Barttenberg 141.
Baseustein 72.
Bafferburg 11. 18.
Bafferud 90.
Bath 90.
Baßkiewicz 107.
Battewyl 79.
Baybdorf 59.
Bavane v. St. 98.
Bavetmann 77.
Baymanstorffer 86.
Beber 15.
Becflié + Peyer 105.
Bebekind 85.
Begmacher 71.
Beiche 63.
Beiden 85.
Beidenbach 85.
Beiler 92.
Beiler v. E. 86.
Beilheim 99. 100.
Beinsberg 104.
Beißhorn 98.
Beiß 78.
Beißenbach 76.
Beißenwolf 75.
Beiterohausen 63.
Beßen 123.
Belfen 11.
Belling 99.
Bellwart 68.
Belz 99.
Belber 64.
Bembing 75.
Bend 104.
Bendt 103.
Benge 100.
Berbrichohausen 84.
Berbenberg 104.
Berbenstein 64.
Bernberger 84.
Berningerode 82.
Beffelemy 91.
Beffen 64.
Beftacher 37.
Beßerbeld 80.
Befterbolt 60.
Befternbogen 74.
Beftfalen 75. 137.
Bewber 92.

Wappen = Register.

Erailon 12.
Sidlingen 105.
Sid 71.
Eiterspach 76.
Sirb 60.
Sieredach 79.
Sieland v. D. 104.
Sidirte 107.
Siener 92.
Sijul 107.
Sidrecht 13. 73.
Sidenau 75.
Silbenberg 88.
Silbenstein 62.
Sidringen 93. 103.
Silt 72.
Sinthgen 99.
Sinster v. R. 70.
Sinterberg 90.
Simhingerobe 95.
Sineter 95.
Sidniti 107.
Sidtenbach 90.
Sinern 61.
Sargenstein 59.
Settigen 99.
Sopleben 64.
Soliwart 128.
Solen 46.
Soll v. O. 75.

Solf v. R. 137.
Wollersdorf 75.
Wolff v. G. 142.
Wolff v. T. 59.
Wolframsdorf 75.
Wolfskeel 70.
Wolkensburg 78.
Wollenstorff 39. 54.
Wolfowicz-R. 107.
Woller 128.
Worachithy 60.
Worcester 141.
Woronowicz 107.
Wrangel 67.
Wreech 99.
Wriederg 80.
Wucherer 33.
Wucherer v. D. 106.
Württemberg 77. 104.
Würzburg 70.
Wurm 63.
Wurmb 92.
Wurmrauscher 97.
Wurster v. H. 106.

X.
Ximenes 101.

Y.
Yts 51.
York 14. 63. 150.

Z.
Zabern 93.
Zachreith 106.
Zärtl 83.
Zaiger 96.
Zanchini 96.
Zandt 65.
Zandt v. R. 73.
Zangberger 85.
Zaninetti 88.
Zano 89.
Zare 101.
Zaunried 75. 101.
Zaunschleffer 81.
Zech v. L. 89.
Zedlitz 102.
Zeggein 93.
Zeith 82.
Zell 82.
* Zeller 126 (l. T. l. Zoller).
Zeller v. R. 95.
Zeller 100.
Zenger 95.
Zeppelin 75.

Zerbst 73.
Zesterfleth 94.
Zibel 89.
Ziegefar 86.
Ziegler 67. 77.
Ziegler v. P. 136.
Ziegler v. Sch. 82.
Zilli 89.
Zincken 85.
Zinnew 105.
Zirnberger 92.
Zipflingen 103.
Zobel 75.
Zoller 86.
Zollern 60. 120.
Zollikofer 60.
Zolrayer 81.
Zschinsky 96.
Zündt 77.
Zuphwon 106.
Zwartzlger 99.
Zweiffel 91.
Zweng 97.
Zwerger 72.
Zweybrücken 141.
Zwingenstein 84.
Zwirner 95.
Zyly 88.

Druckverbesserungen und Ergänzungen.

S. 7. Z. 3 von oben ist nach hier einzuschalten: (I. 11)
- 18 - 11 - - lies: II. 16 statt II. 13
- 32 - 4 - - : zwei Hände mit Schwertern statt: zwei geschrägten blauen Stäbe
- 35 - 3 von oben nach uangre füge hinzu: auch colorado
- 39 Note 1 ist zu ergänzen: Taf. X. Fig. 101
- 41 - 2 Zeile 4 lies: (ebenso noch einem Siegel) statt: (ebenso noch ein Siegel)
- 59 Z. 12 von oben zu setzen: 138 statt 139
- 60 - 5 von unten nach „Reichenzhausen" einzuschalten: (155)
- 62 - 9 - - - „Bayern" - : (166)
- 63 - 8 von oben - „Tec" - : (178)
- - - 10 - - - „Monaco" - : (177)
- - - 16 - - - „Preußen" - : (179)
- 64 - 12 von unten gehört die Nummer (199) zu Rodhausen (nicht zu Hilpranb). Dort ist weiter hinzuzufügen: von D. und G. achtmal geständert: Seyßel d'Aix (201); ebenso zwölfmal von S. u. R.: Wassenheim (202)
- 65 - 7 von unten nach „Balken" zu ergänzen: ebenso r. in S.: Trapp, Tirol (231)
- 67 - 7 von unten nach „Blitterstorff" einzuschalten: (224)
- 68 - 15 von oben nach „Schwaben" - : (230)
- 70 - 8 - - lies: (253) statt (251)
- - - 14 - - - : (274) - (276)
- 75 - 7 - - nach „Schlesien" einzuschalten: (XIV. 297)
- 78 - 11 - - lies: (352) statt (353)
- 79 - 7 - - nach „St. Marie-Eglise, Bayern" einzuschalten: (381)
- 81 - 13 von unten nach „Schweiz" einzuschalten: (424). Das Feld auf Taf. XV. 424 ist irrig blau statt roth angegeben.
- 82 - 20 von unten nach „Bayern" beizusetzen: (446)
- 83 - 9 von oben lies 460 statt 450
- - - 25 - - nach „Schlesien" beizusetzen: (476)
- - - 5 von unten nach „Marzell" - : (473)
- 86 - 22 - - lies: (557) statt 557
- - - 4 - - : (550) - 350
- - - 1 - - : (351) - 351
- 88 - 15 von oben nach „Zaninetti, Oesterreich," einzuschalten: (624)
- - - 3 von unten nach (586) auf Tafel XVII sind die Monde irrig roth statt # angegeben.
- - - 2 von unten nach „Mecklenburg" einzuschalten: (587). Auf der Tafel ist das Feld irrig roth statt blau gemacht.

S. 88 Z. 2 von unten nach „voneinandergekehrt" einzuschalten: g. in B.
- 89 - 1 von oben nach „Thüringen" einzuschalten: (589)
- - - 3 - - - „Frankreich" - : (590)
- - - 4 - - - „Bayern" - : (590)
- - - 5 - - - „Schwaben" - : (591)
- - - - - - „Regensburg" - : (592)
- - - 6 - - - „Waldeck" - : (593)
- - - 9 - - - „Oberbaunstatt, Bayern" einzuschalten: (594)
- - - - von unten nach „Rieberer, Bayern" einzuschalten (596). Auf der Tafel sind die Sterne irrig s. statt gold.
- - - 10 von oben nach „Mecklenburg" einzuschalten: (587)
- - - 11 - - - „Polen" - : (588)
- - - 13 - - - „Baumbach" - : (599)
- - - 14 - - - „Bayern" - : (600)
- - - 17 - - - „Tirol" - : (601)
- - - 17 von unten - „Görz" - : (602)
- - - - - - „Schweiz" - : (603)
- 90 - 10 von oben lies 615 statt 617
- 94 - 13 - - 698 - 690
- 98 - 2 - - 388 - 388
- - - 6 - - 839 - 939
- - - 17 - - Bugenhagen statt Bubenhagen
- - - 14 von unten nach „Schwaben" einzuschalten: (857)
- - - 3 - - lies 863 statt 865
- 99 - 12 - - - 894 statt 844
- - - - - - nach „Schwaben" einzuschalten: (892)
- - - 5 - - lies Püllinger statt Pöllinger
- 102 - Z. 2 von oben lies 976 statt 974
- 103 - 10 - - - Laures statt Laures
- - - 18 - - - 1019 statt 1079
- - - 10 von unten - 1027 - 1037
- 104 - 6 von oben - 1037 - 1057
- - - 10 - - nach „Kehl, Augsburg" einzuschalten: (1041). Auf Tafel XXIII. Fig. 1041 ist das Feld irrig blau statt #.
- 105 - 4 von oben nach „Frankreich" beizufügen: 1072
- - - 10 - - lies 1090 statt 1070
- - - 12 - - - 1082 - 1082
- 106 - 6 - - nach „Italien" beizusetzen: (1106)
- - - 9 von unten nach „v. B." einzuschalten: das N. g. in R. im Wappen Charionowicz etc. Haratinew, Polen (1114)

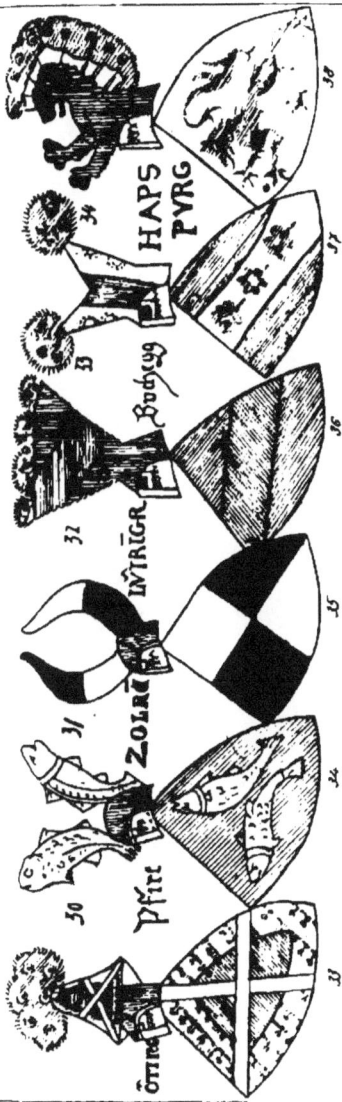

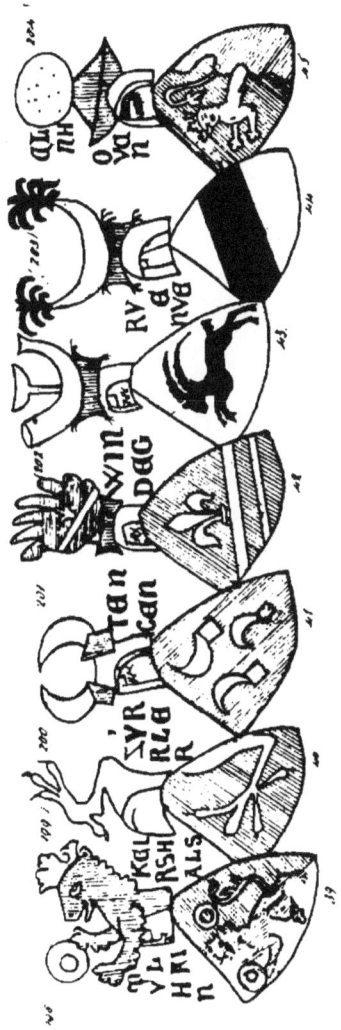

Graf Türgen

Hundppaige Purchgraue de eppan
Fuchs von fuchsberg Fuchs

Carl Schwenberg

Von Pottenhan

Von Bayern Mumprat Lutscher Von Schönow Brysacker

Thinger Eckhart Zwick Rödorff Lythart

65   66   67   68   69

70   71   72   73   74

75   76   77   78   79

80   81   82   83   84

 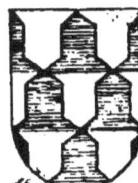 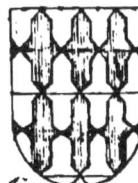  

85   86   87   88   89

1273	1360	1468	1529	1708
90	91	92	93	94

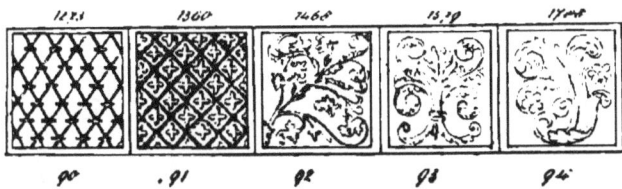

	Gold	Silber	Roth	Blau	Schwarz	Grün	Purpur	
Petra Sancta 1638 / Colombiere 1639								97
Franquardt 1623							fehlt	98
Buikens 1626 / Selenius 1643							fehlt	99
Lobkowitz 1639							fehlt	100

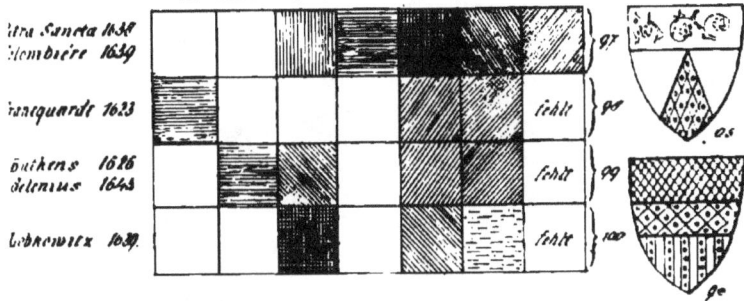

	Orange	Blut	Eisen	Wasser	Asche	Erde	Braun	Fleisch	Natur	
Buchfarben										101

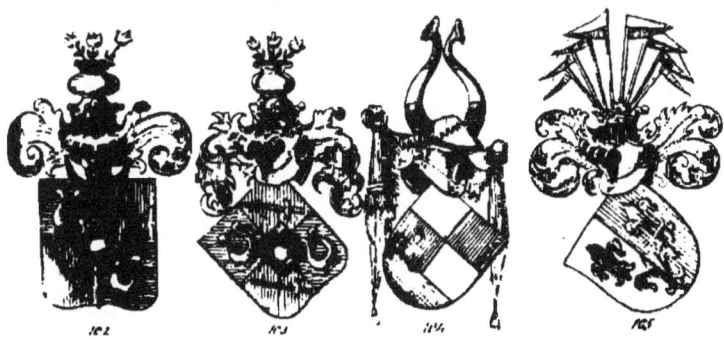

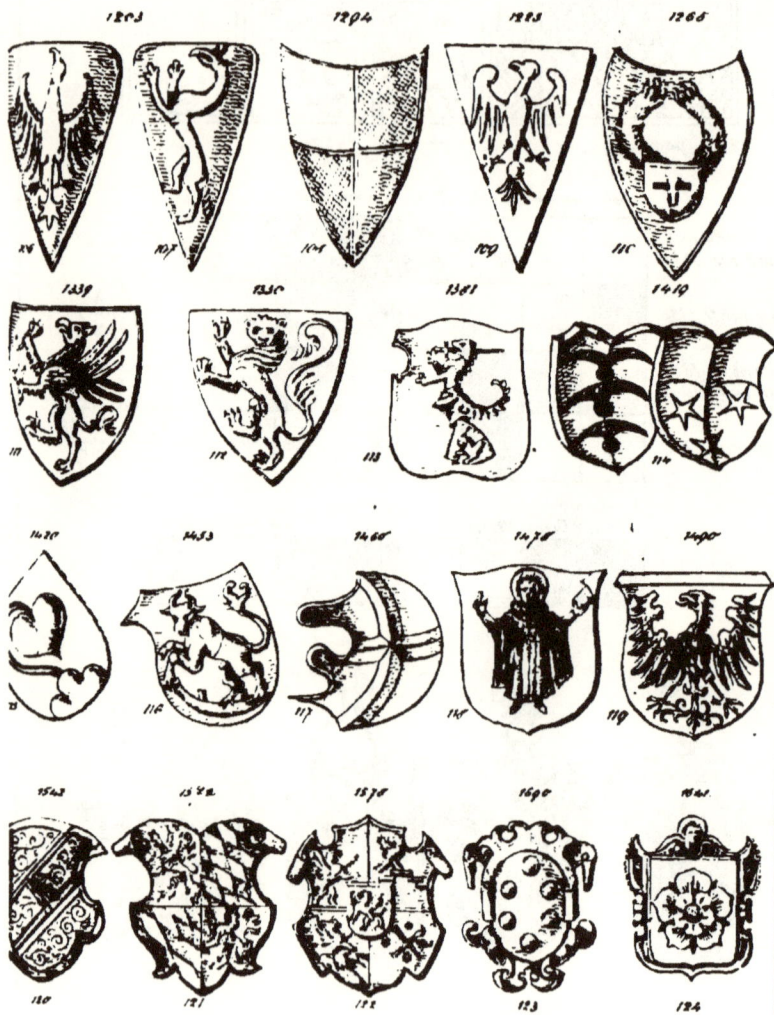

.

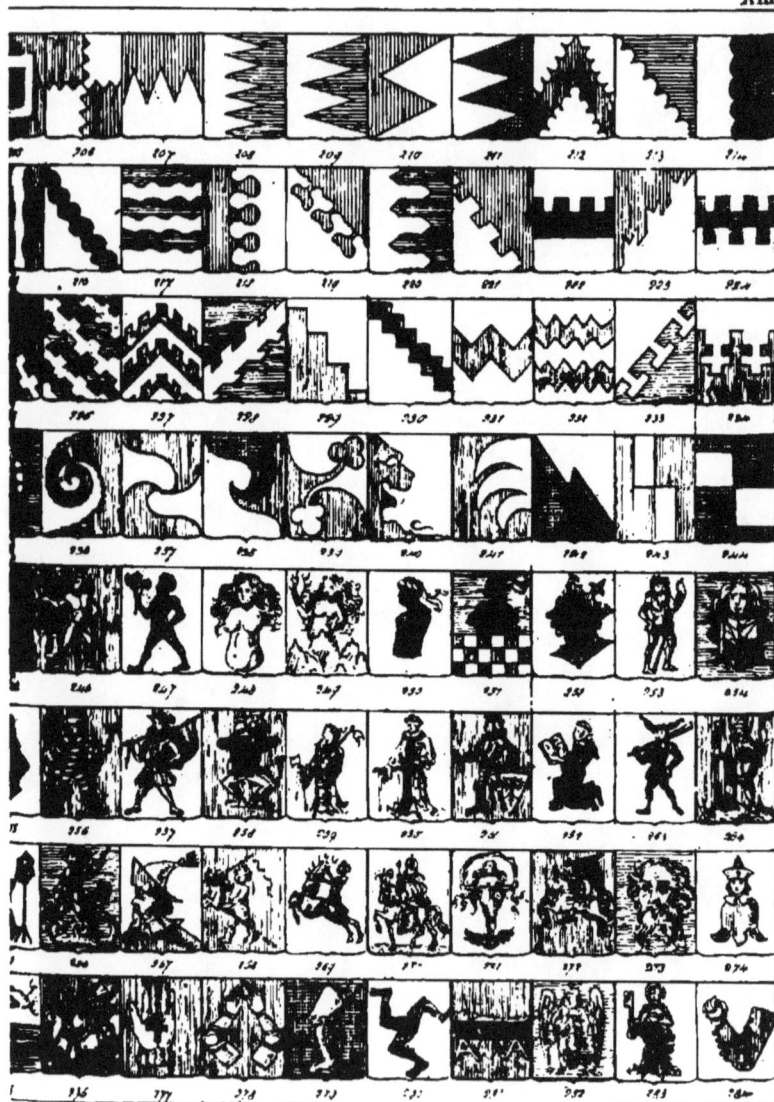

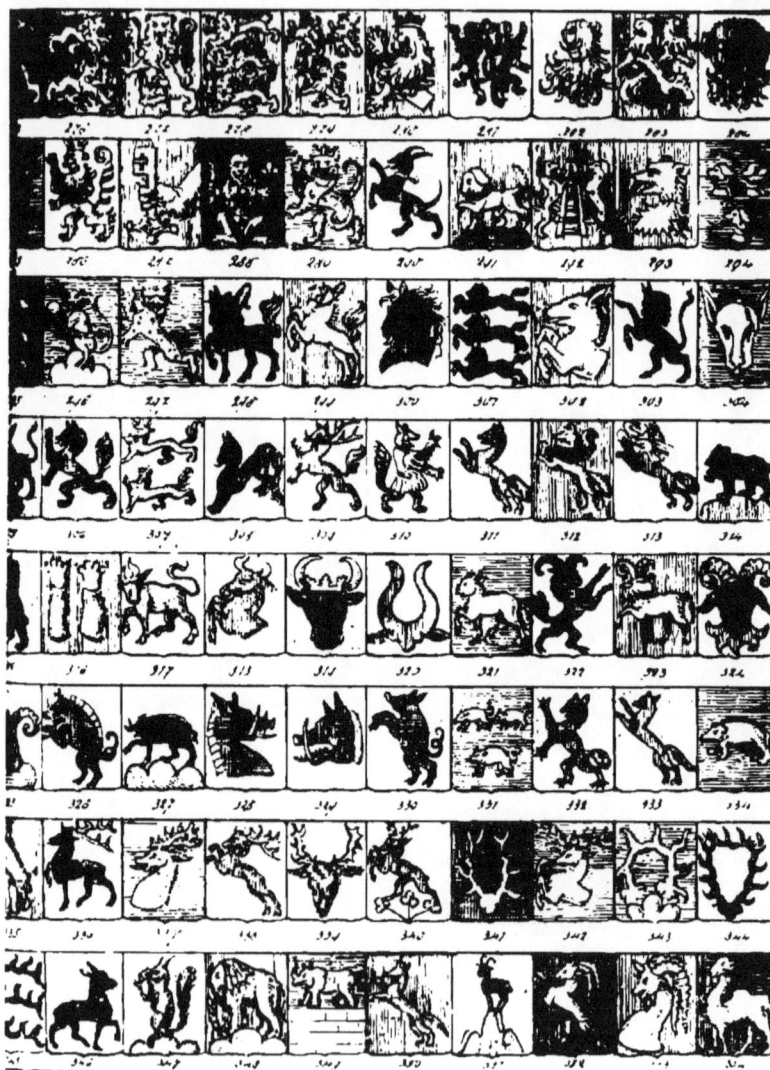

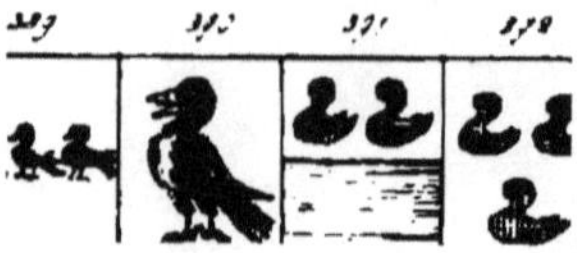

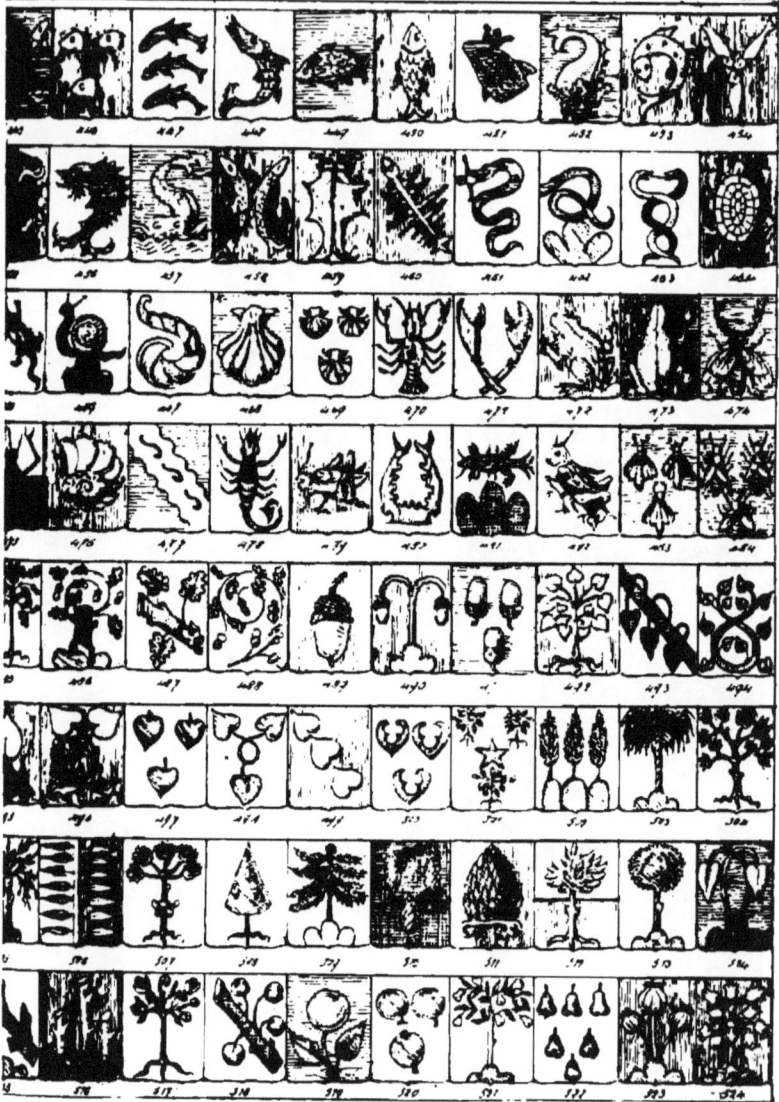

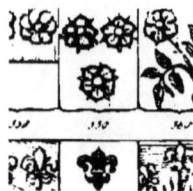

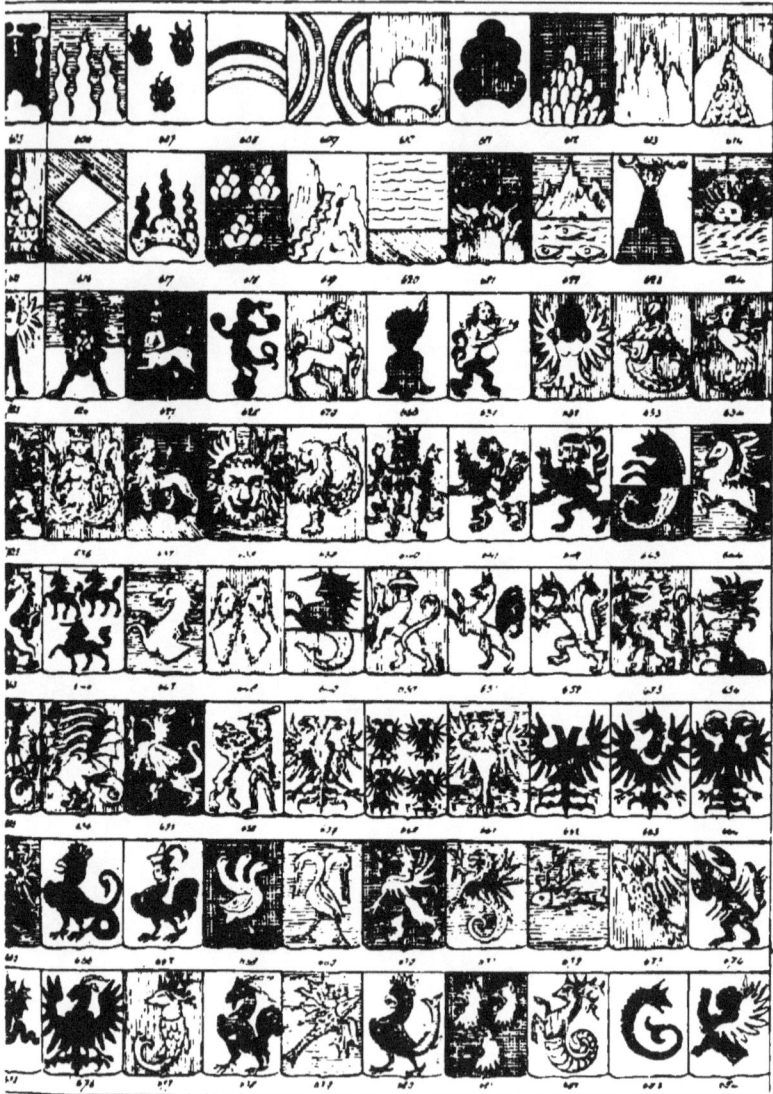

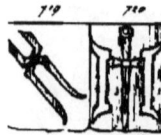

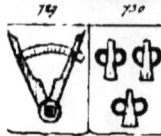

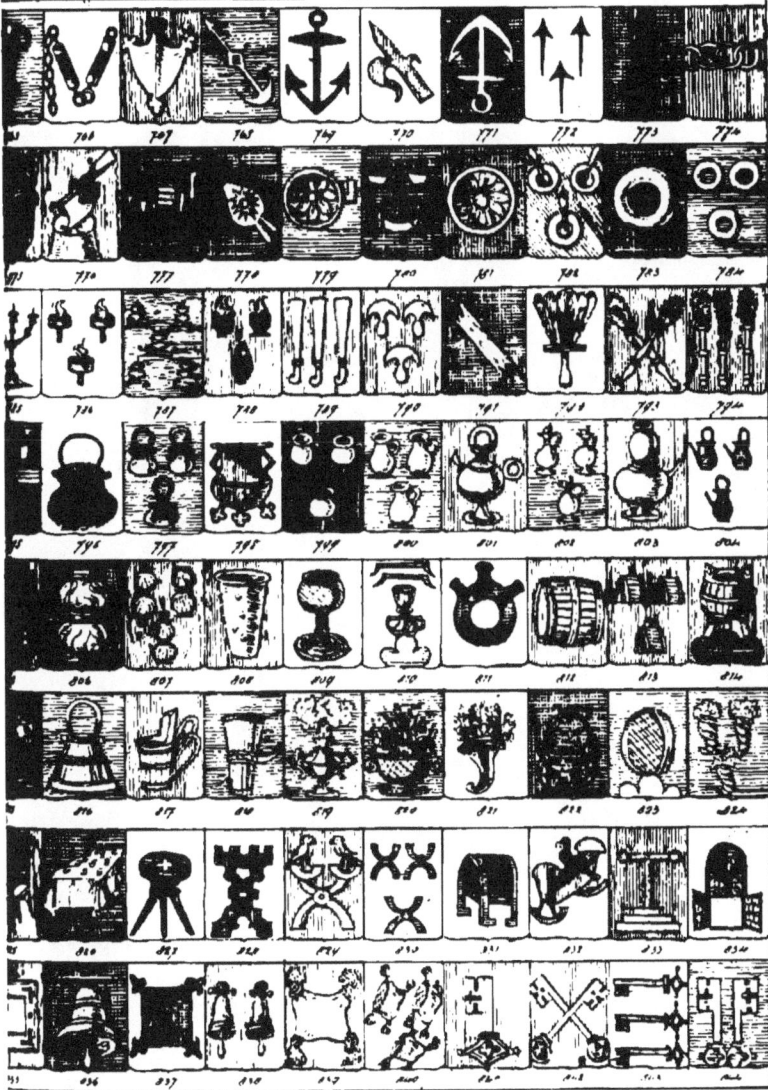

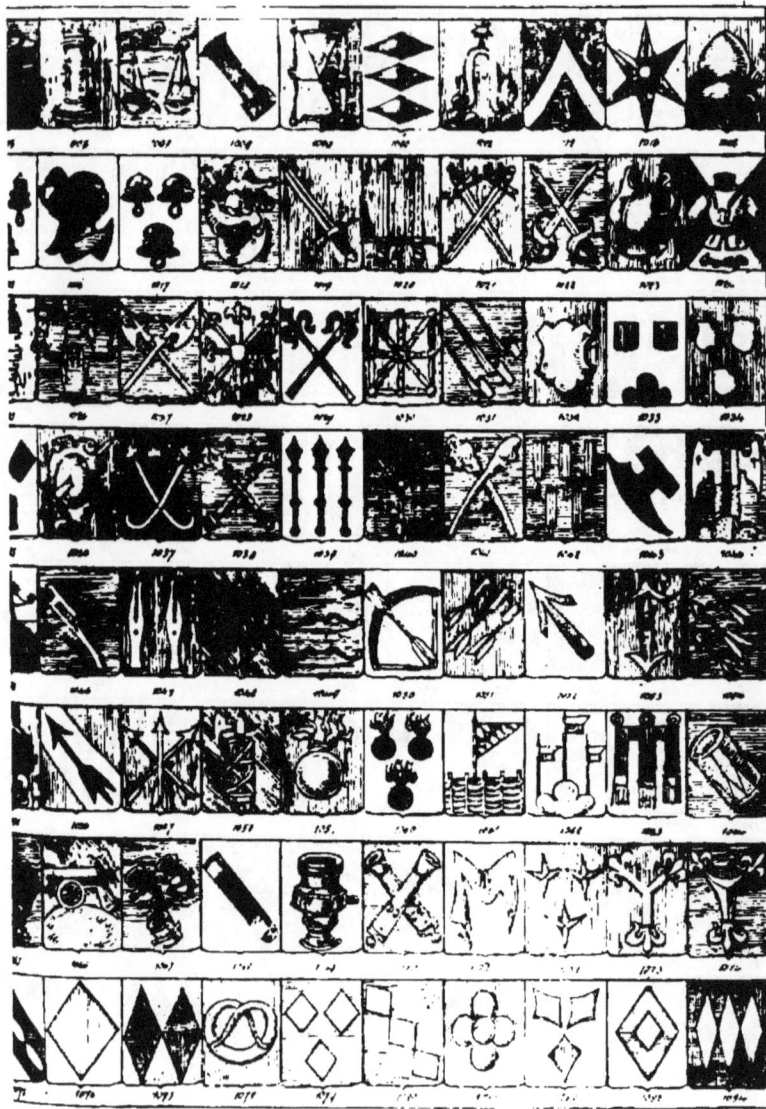

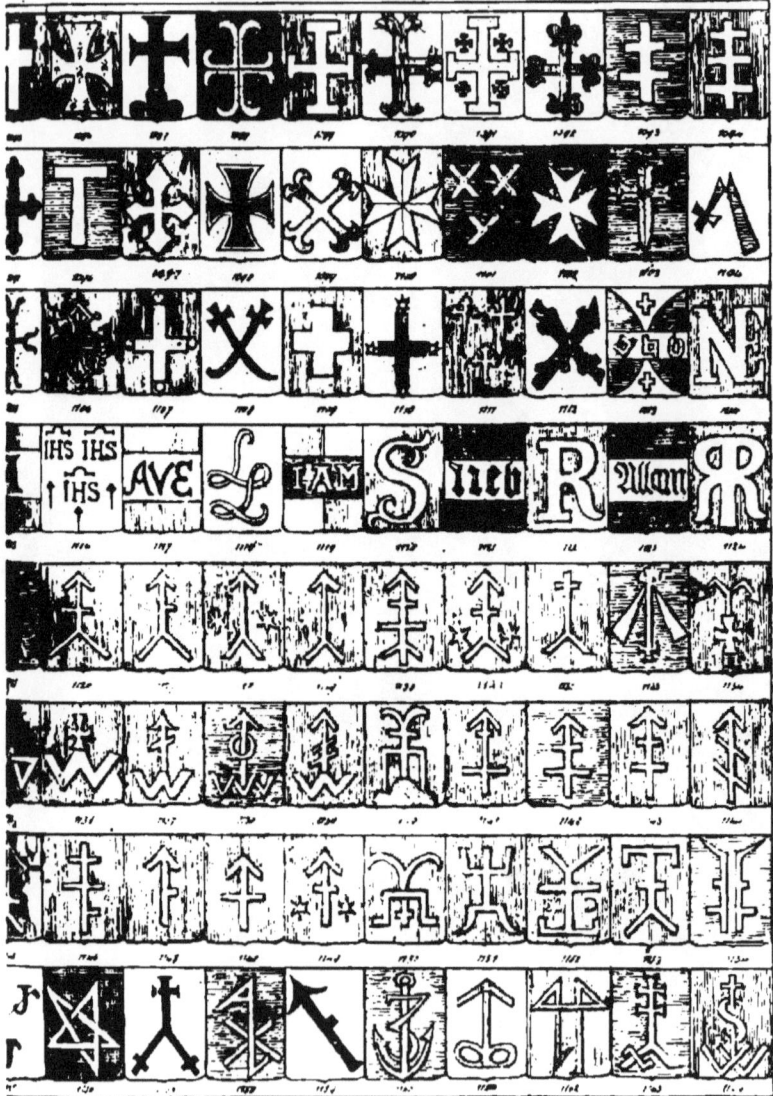

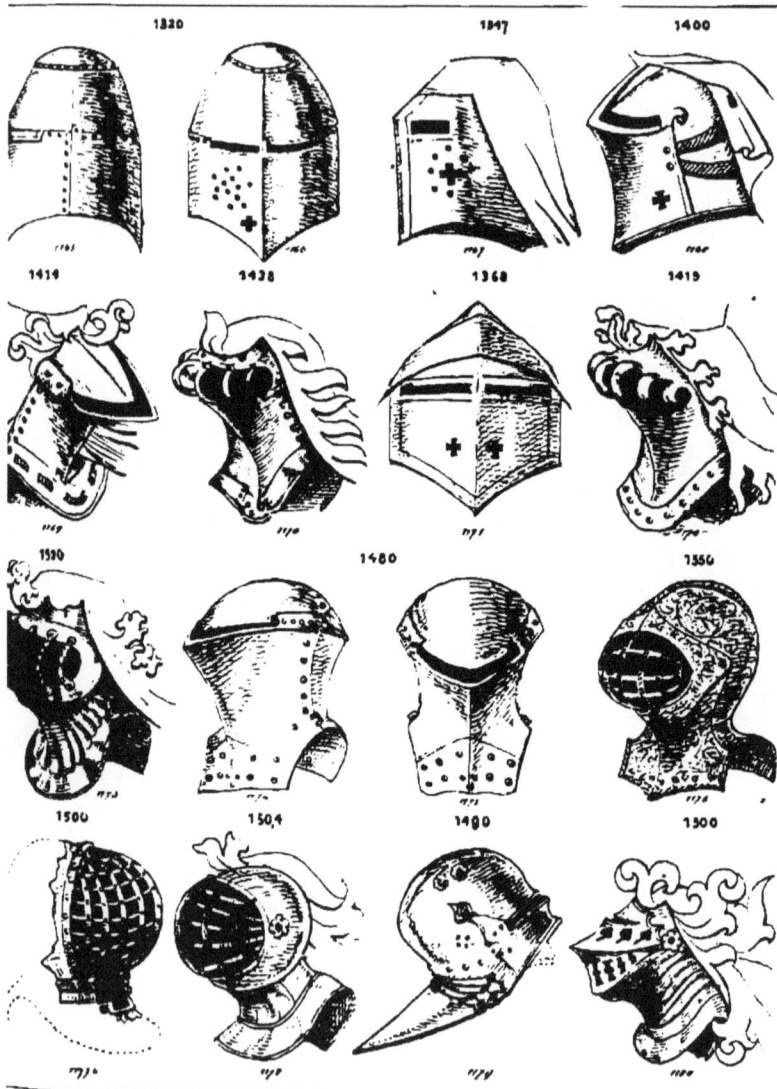

1320　　　1347　　　1400

1414　　1438　　1368　　1419

1520　　　　1480　　　　1350

1500　　1504　　1490　　1300

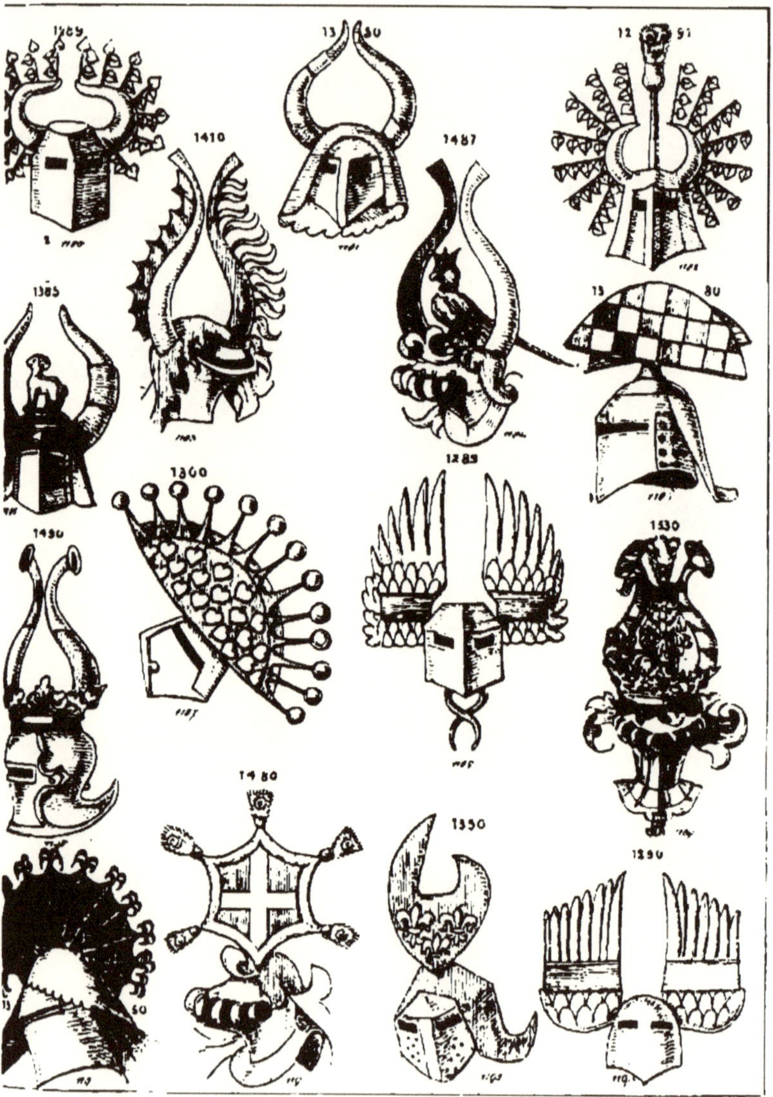
1410
1487
1360
1530
14 80
1350

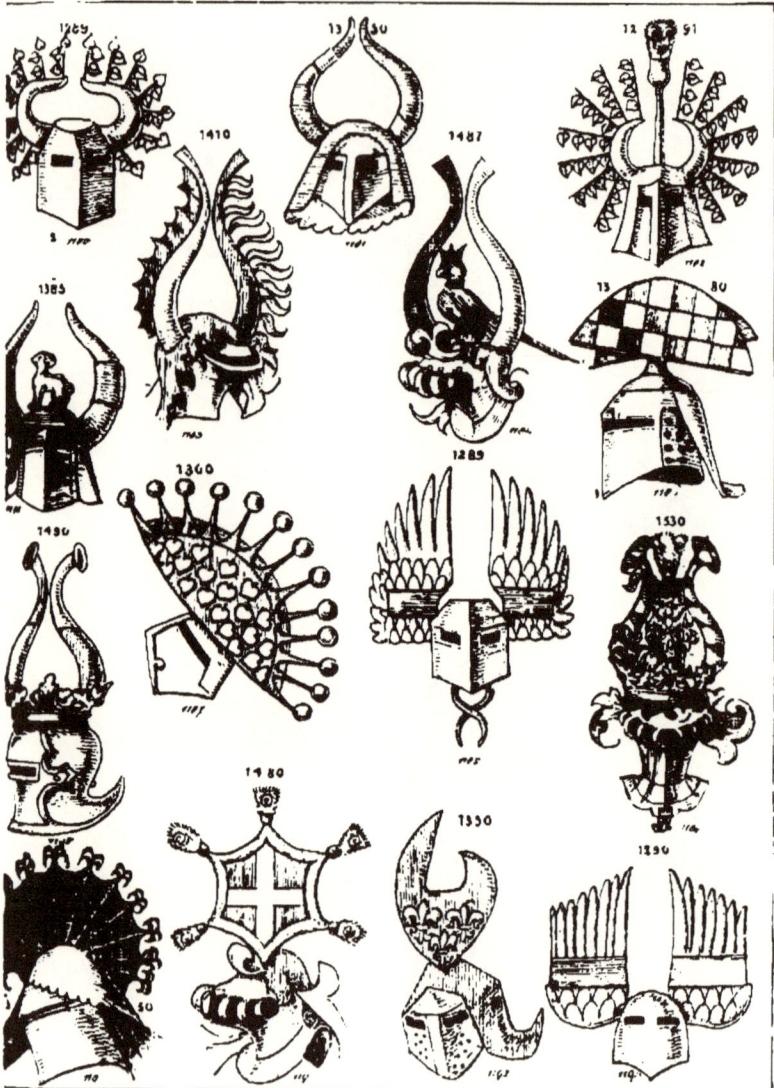

1386   1400   1380

1390   1485   1485

1533   1574   1596

1580   1605   1612

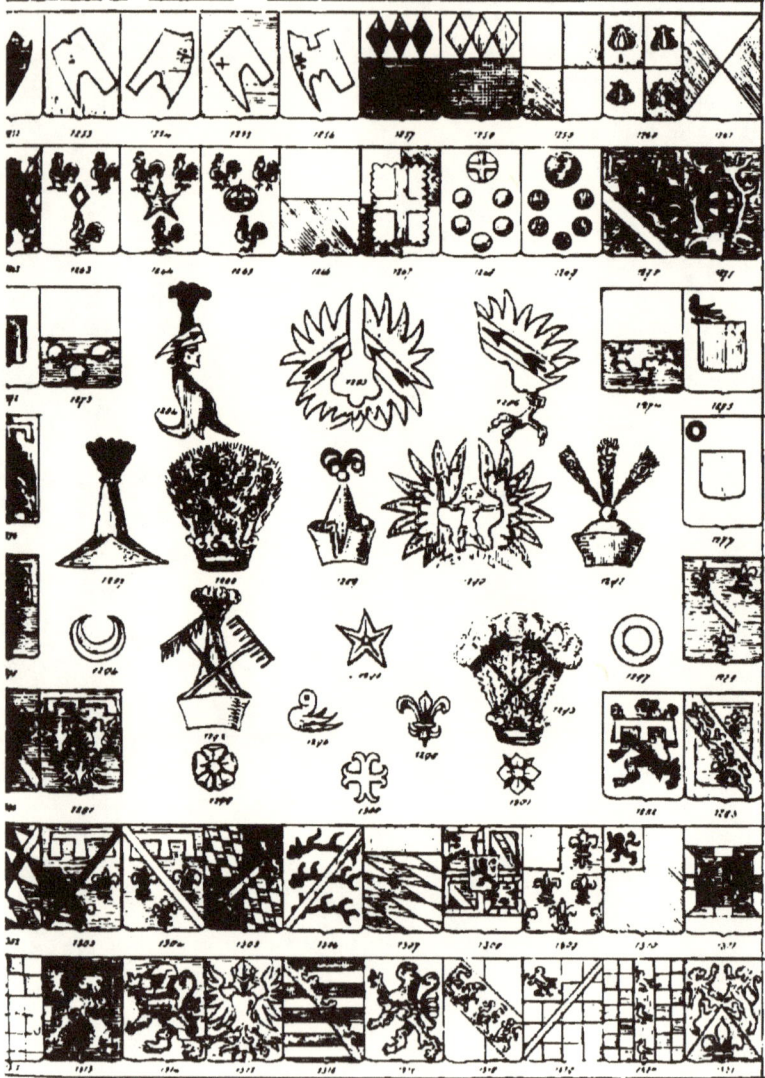

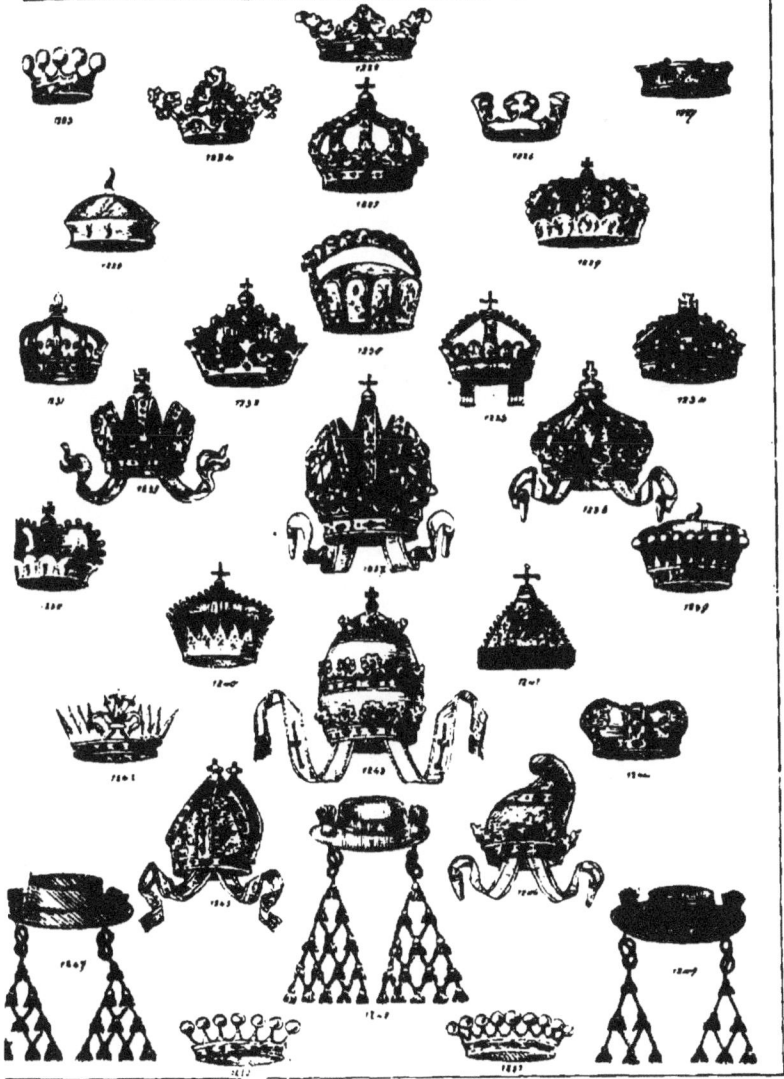

fast tho untied

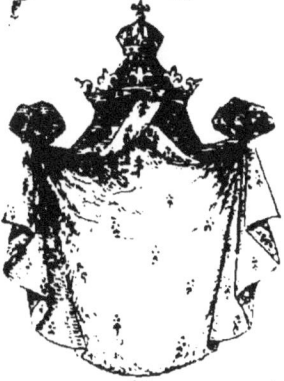

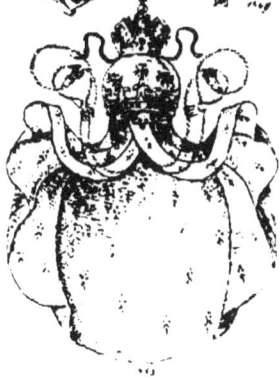

Handbuch

der

theoretischen und praktischen Heraldik

unter steter Bezugnahme auf die übrigen historischen Hilfswissenschaften.

Zweiter Theil.

Praktische Heraldik

in VIII Kapiteln

unter Anführung von 252 Beispielen und mit Erklärung der heraldischen Ausdrücke

in sechs Sprachen

erläutert durch

III auf Stein gezeichnete Tafeln,

mit 492 Figuren, unter Aufsicht und nach Originalen des Verfassers gefertigt.

Von

OTTO TITAN VON HEFNER.

Dr. phil., Ehren- u. korresp. Mitglied mehrerer histor. Gesellschaften, Herausgeber des Allgemeinen Stamm- u. Wappenbuches rc. rc.

München.

Heraldisches Institut.

Vorwort.

Mit diesen Zeilen schließe ich mein Handbuch der „theoretischen und praktischen Heraldik", indem ich den zweiten Theil desselben der Oeffentlichkeit übergebe. Wenn schon der erste Theil, die Theorie der Heraldik, eine durchaus selbstständige Auffassung und Behandlung erforderte, wollte er den heutigen Ansprüchen der historischen Wissenschaft genügen, so war dieß noch in weit höherem Grade bei diesem zweiten Theile der Fall, welcher die praktische Heraldik in ihrer Vielseitigkeit zum Vorwurf hatte. Der Kenner unserer Wissenschaft und Kunst wird mir die Genugthuung nicht vorenthalten, daß ich in diesem „Handbuche" etwas Nennenswerthes geleistet habe und daß bisher kein heraldisches Lehrbuch in Deutschland bestehe, welches mit solcher Umfassenheit und Unabhängigkeit sich seines Stoffes bemächtigt hätte (nicht zu vergessen, daß ich nur ein „Handbuch" geschrieben habe und schreiben wollte), denn jedes einzelne der XXV Kapitel böte Stoff genug, um für sich als besonderes Buch ausgearbeitet zu werden. Das Lob, mit dem ich nach Erscheinen des ersten Theiles von Seiten aller Kenner der Heraldik beehrt worden bin, konnte mich nur aneifern, den zweiten Theil mit um so größerem Fleiße zu bearbeiten und ich darf mit Beruhigung mir selbst gestehen, daß ich (nach dem jezigen Standpunkte meiner Kenntnisse) das Bestmöglichste zu leisten bestrebt war. Der zweite Theil konnte zwar an Umfang dem ersten nicht gleichkommen, an Schwierigkeiten aber für den Autor hat er ihn gewiß übertroffen, es wäre sonst sicher sein Erscheinen und somit der Schluß des Werkes nicht bis heute verzögert worden. Wie ich im ersten Theile für jeden angeführten Fall Beispiele wirklichen Vorkommens gegeben habe, so geschah dieß auch im zweiten Theile und ich habe nicht nur die sonst zur „praktischen Heraldik" gezählten vier Kapitel, Blasonirung, Historisirung, Kritisirung und Aufreißen in gründlicher Weise behandelt, sondern sogar zwei neue Kapitel „von der historischen Blasonirung" und „vom Gebrauche der Wappen" beigefügt. Jedes der ersten Kapitel ist mit einem praktischen Beispiele belegt, und ich erlaube mir namentlich auf dasjenige eines Wappen-Aufrisses hinzuweisen. Besonders eingehend habe ich die „Blasonirung" behandelt, als das unstreitig wichtigste Kapitel der heraldischen Praxis. Ich glaube mir hierin ein Urtheil um so mehr erlauben zu dürfen, als ich zu wiederholten Malen die Erfahrung und Genugthuung erhalten habe, daß meine Blasonirungsweise von heraldischen Autoren als Muster aufgestellt und praktisch nachgeahmt worden ist. Wenn meine übrige Richtung in der Heraldik auch viele Widersprüche erlitten hat, so wurde ihr doch weit mehr Anerkennung als Tadel zu Theil, beides zum Vortheil der Wissenschaft, und wenn ich in meinen 1855 erschienenen „Grundsätzen der Wappenkunst" vielleicht zu schroff und wuchtig um mich hieb, so darf ich behaupten, daß ich seit diesen acht Jahren wenn auch nicht in der Sache, so doch in den Formen milder denkend geworden bin. Ich habe aus dem Tadel der Gegner zu lernen gesucht, wenn auch dieser Tadel zuweilen in einer Form auftrat, die mehr beleidigend als belehrend war. Auch bei diesem Werke bin ich auf Tadel gefaßt, und ich habe sogar die Ueberzeugung im Voraus, daß die meisten der zu erwartenden Kritiker es bei dem Tadel und ohne das Bessermachen belaffen werden — das muß ein Autor in den Kauf nehmen nach dem guten deutschen Sprichworte: „Wer will bauen an die Gaffen rc." Weniger erfreulich aber ist es für einen Schriftsteller, wenn er sich, seine Ideen, ja sogar seine unedirten und mühsam gesammelten Hülfsmittel von Andern benützt und ausgebeutet sieht, ohne daß ihm auch nur die Freundschaft gethan worden wäre, zu sagen, woher dieß Alles genommen sei. Derlei Krähen- und Pfauenspiegel-Geschichten kamen und kommen übrigens von jeher vor und ich kann mich trösten, daß es Andern auch nicht besser gegangen sei als mir. Ich behalte mir übrigens vor, gelegentlich einmal meinen Lesern eine Geschichte zu erzälen, „wie man heraldischer Autor wird". Schlißlich meinen verbindlichsten Dank allen Denjenigen, welche dieß Werk mit Beiträgen unterstützt haben, mit der Bitte, meiner auch ferner zu gedenken. Aufgefordert von vielen Seiten habe ich mich entschloffen, statt des versprochenen Haupttitels in Farbendruck mein Bildniß, hervorgegangen aus dem Atelier des k. b. Hofphotographen Herrn Albert dahier, beizugeben, jedes Exemplar mit meiner eigenhändigen Unterschrift versehen. Wer mich lieb hat, den wird's freuen und wer mich nicht mag, der muß in Gottesnamen mein Gesicht mit in den Kauf nehmen.

Geschrieben zu München am Tag des hl. Policarp 1863.

von Hefner.

XVIII. Die Blasonirung.

Blasoniren heißt ein Wappen regelrecht beschreiben. Was die Regeln selbst anbetrifft, so ergeben sie sich zum Theile aus den bisherigen Entwicklungen der theoretischen Heraldik, zum Theil werden sie in Nachfolgendem festgestellt werden; im Voraus jedoch darf ich hier als das Kennzeichen einer richtigen Blasonirung anführen, daß sie bei möglichster Kürze die größte Deutlichkeit erziele, oder daß sie mit wenigen Worten möglichst vollständig sei. Zur Erreichung dieser beiden Haupteigenschaften dient die Kenntniß der heraldischen Figuren überhaupt und insbesondere der heraldischen Ausdrücke oder Kunstwörter,[1] sowie die Einhaltung einer richtigen Ordnung in Anwendung derselben. Ein richtig blasonirtes Wappen muß für den Heraldiker, so zu sagen, ein in Worten ausgedrücktes Bild geben und ihn in den Stand setzen, ohne Weiteres das betreffende Wappen auch fehlerfrei zeichnen zu können.

Daß das Blasoniren oder „Aufsagen" seine Schwierigkeiten habe, ist unbestreitbar, und die Erfahrung lehrt, daß selbst die tüchtigsten Heraldiker zuweilen unklar waren und sind, wie sie dieß oder jenes Wappen am besten und unzweideutigsten blasoniren sollten und können, um so mehr aber darf man über die unläugbare Thatsache sich wundern, daß nicht nur unsere meisten Spezial-Historiker, sondern leider auch sehr viele Archivare, Numismatiker, Genealogen und Sphragistiker sich in derlei Dingen noch gar zu häufig völlig im Dunkeln befinden, indem sie die gelehrte Welt mit Wappenbeschreibungen beglücken, aus denen klug zu werden oft dem besten Willen und aller Fachkenntniß nicht möglich wird. Da liest man z. B. „das Wappen besteht aus einem silbernen Netze", oder „der Schild ist in fünf Theile getheilt, wovon in vieren ein ausgespreizter schreiender Adler, in den andern oder ein Kreuz und gar nichts sich befindet", oder „ein ausgestreckter Fuß und ein türkischer Halbmond sind das Wappen dieser Familie". Nomina sunt odiosa und der Leser wird mir daher die Zitirung der Quellen, aus denen ich diese gelungenen Blasonirungen entnommen, erlassen; ich darf aber getrost hinzufügen, daß ich um Beibringung einiger Dutzende ähnlicher Produkte aus historischen Werken neuerer Zeit nicht verlegen wäre.

Bevor ich nun die Regeln und die Ordnung des Blasonirens nach dem jetzigen Standpunkte der Heraldik

---

[1] Von der höchsten Kunst und Wissenschaft bis zum einfachsten Handwerke herab finden wir das Dasein fachgemäßer technischer Ausdrücke und Benennungen, und diese sind nothwendig, um von andern Fachgenossen verstanden zu werden. Niemand würde zweifeln, daß ein Mediziner das Recht habe, zu verlangen, wer über Medizin schreiben wolle, sei es auch nur dilettantisch, der müsse die medizinische Terminologie sich vor Allem eigen gemacht haben; der Architekt verlangt mit gleichem Rechte, daß, wer über Architektur sprechen oder schreiben wolle, auch die richtigen Benennungen des architektonischen Details lerne u. s. w., nur in der Heraldik glaubt Jeder sich befugt, mitreden zu können und wagt sich ohne Weiteres an die Beschreibung von Siegeln, Wappen oder derartigen Produkten, ohne sich im Mindesten um eine auch noch so oberflächliche Kenntniß der dazu nöthigen technischen Ausdrücke zu bekümmern, von einem Studium derselben zu geschweigen.

entwickle, scheint es mir nöthig, einen historischen Blick auf die Entwicklung der Blasonirung und auf die Verschiedenheiten derselben bei verschiedenen Zeiten, Gelegenheiten und Nationen zu werfen.

Die ältesten uns noch erhaltenen deutschen Blasonirungen scheinen mir diejenigen zu sein, welche
von Liederdichtern des XIV. Jahrhunderts herrühren und bei Gelegenheit der Schilderungen von Thaten und
Fahrten ihrer Helden mitunterlaufen. Die poetische Seite des Ganzen hat namentlich auch auf eine poetische
Benennung der Wappenfarbe Einfluß gehabt und so finden wir denn darin außer dem edlen Golde auch Per-
len und Meergries statt des Silbers, Smaragden statt Grün, Rubin und Kehlen statt Roth,
Saphir statt Blau und Zobel statt Schwarz [1]).

Ein Beispiel derartiger Blasonirung seze ich aus v. Laßberg's Liedersaal II. 324 her, wo der Sänger
bei der Todtenklage um Wernher Grafen von Hohenberg dessen Wappen [2]) dichterisch weitläufig beschreibt:

O we der lichten wafen sin
Wie sach ich die verkeren [3])
Den schilt dem so vil eren
In maanges landen ist beschähen
Den muss ich vor mir ligen sechen
Er was von liechten golde fin
Das ich so recht claren schien
Von kainer farw nie gerach
Wie das mir nit min hertz verjach
Do ich die area baide
Sach uf des goldes haide
Hangen gen der schiltes rant
So swarz wart nie kol noch brant
Als sie von Zobel waren. etc. etc.

Aus der zweiten Hälfte desselben Jahrhunderts stammen die Blasonirungen der Wappen vieler deutscher,
insbesondere österreichischer Ritter durch Peter Suchenwirt in dessen dichterischen Schilderungen der Heer-
fahrten gegen die heidnischen Preußen. Diese Blasonirungen sind durchgehends ausführlicher, da nicht nur der
Schild, sondern auch Helm und Kleinod beschrieben werden, und haben überdies noch besondern heralbischen
Werth, da wir wissen, daß Suchenwirt selbst seines Amtes ein „Wappenfolger" oder Persevant war. So beschreibt er das Wappen des Burggrafen Albrecht von Nürnberg (XXXVII. 1460):

„Der schilt der was quartiret rein
Mit den pesten varben zweya
Dy von den sechsen chomen eein
Tzwey quartir klar von perlen vein
Dy ander tzwey nach tzobel var.
Ir edlen nemt des helmes war
Das der tod uns hat beraubt
Von golde reich ein prakes haubt
Sach man darob erscheinen
Tzway orn von rubeinen
Sein tzungen recht also gestalt
Als man vervahen in dem wali,
Den praken nicht nach edler art
Mit suchen wildes birtzen vart
Sein tzung für slingen unde leben
Von lauf und hölzer sanne breken
Also der werd gewappnet was.

[1]) Vgl. oben S. 35 f.

[2]) In Gold zwei schwarze Adler übereinander (XXXVII. 1458).

[3]) D. h. den Schild stürzen, da Werner, † 1330, der Letzte seines Stammes war. Ueber diese Sitte s. Weiteres unten im
Abschnitte „Gebrauch der Wappen".

194

In vorstehender Beschreibung sehen wir außerdem noch die schon oben S. 35 angeführte Regel bestätigt, daß es in der alten Heraldik nur sechs Farben gab, die Metalle eingerechnet.

Neben der poetischen Benennung der Farben findet sich eine andere auffallendere Sitte in Suchenwirts Blasonirungen, nemlich mitunter verdeutschte französische Kunstwörter in der Beschreibung zu gebrauchen. So nennt er die zwei Balken im Schild des Grafen Ulrich von Tzilli „In rechter höh als ein rubein zwo vasch[1]) von perla in parr weys gestrecket", offenbar nach dem „guenlos deux fasces argent mises en barre". Beim Wappen Friedrichs des Chreuzzped's nennt er die Helmdecke „daz chobertewr", was nichts als eine Verdeutschung des Wortes couverture, copertura ist[2]).

Noch auffälliger ist der Gebrauch solch fremdländischer Blasonirungsweise in dem Wappenbriefe Kaiser Friedrichs III. für die Stadt Mödling, dd. 24. Jänner 1458[3]), weil sie in reiner Prosa und, so zu sagen, im heraldischen Geschäftsstil geschrieben worden. Das Wappen (XXXVII. 1459) wird nämlich wörtlich blasonirt:

„Mit nomen ein Schilt gleich gethailt in sase das ober und maister tail von Rubin mit einer sase von Berlein, der ander thail von grunt des Schilts von Schmaragden, dareine ein Pantel von Silber in Rampaunt[4])."

Ein anderer Brief desselben Kaisers „für Andreas am Stain dd. Neustadt Phincztag sand Fabian und sand Sebastian" 1463, in welchem er das Wappen dieses Stain (XXXVII. 1461) bestätigt, enthält eine ähnliche Blasonirungsweise.

„ainen schilt von Zabel[5]) in fm ainen vollomen aufrechten raiger von perlin, geschnabelt und gefässet von Topaslen[6]), darauf ein hellene mit salner helmtrythein von zabel und perlin gezieret mit ainem Raiger freunde desgleichen aufrecht, in ainer Totschenigth von golde[7])."

Die Benennung Totschenigth ist gleichfalls französisch und bedeutet Pausch oder Binde.

Wenn ich eine Vermuthung wagen darf, woher diese fremdartige Blasonirung gekommen sei, so wäre es die, daß im XIV. und XV. Jahrhundert an den Höfen der österreichischen Fürsten entweder zum Theil französische (burgundische) Herolde und Perservanten sich aufhielten und verwendet wurden, oder daß es unter den deutschen Herolden damals guter Ton war, die französische Blasonirungsweise zu imitiren.

Unter Max I. verschwindet diese Blasonirungsweise allmälig[8]) und unter Karl V. macht sich schon eine etwas breitere doch reindeutsche Sprache in der Beschreibung der Wappen geltend.

Ich wäle unter mehreren Dutzenden mir vorliegenden Blasonirungen jener Zeit ein Beispiel aus dem Wappenbrief König Ferdinand I. für Kristof von Mindorff, dd. Insbruck 17. Februar 1532[9]) in welchem

---

[1]) Vasch, saß ist das fess der englischen und das fasce der französischen Heraldik. Es bedeutet ursprünglich Binde und ist in dieser Bedeutung zwar nicht mehr in der deutschen Heraldik, aber doch in dem gemeinen Leben in dem Worte Fatsche, einsatschen, erhalten.

[2]) Es ließe sich aus Suchenwirts Blasonirungen des Bemerkenswerthen Vieles entnehmen, wenn dies nicht zu weit sührte, insbesondere auch wiederholte Bestätigung der von mir oben S. 117 ff. beigebrachten Gründe für die Existenz wirklicher Kleinode, z. B. aus der Blasonirung des Wappens Graf Ulrichs v. Pfannwerd, wo er dessen Kleinod, einen Quast oder Busch schwarzer Hahnfedern, ganz getreu schildert, wie er beim Kampfe sich bewegt habe, „da sich der Quast in Winde rürt, gar hurtleich gen der welnde schar, von hanenvedern zobel var, auf seines glantzen helmes dach."

[3]) Meily, Beiträge für österr. Siegelkunde, S. 39.

[4]) Die heutige Blasonirung dieses Wappens würde lauten: Getheilt von Roth und Grün; oben ein silberner Balken, unten ein silberner Panther. — Das „in Rampaunt" ist ein Gallizismus für „aufspringend."

[5]) Hier ist die Aehnlichkeit mit Sable, Schwarz, der französischen Heraldik auffallend genug. Vgl. oben S. 35, Note 2.

[6]) Hier ist der Edelstein Topas für Gold genommen, während am Schlusse dieselbe Farbe wieder durch Gold ausgedrückt ist.

[7]) Gefällige Mittheilung des Herrn Archivdirektors Zahn am Joanneum zu Graz.

[8]) Noch in dem Wappenbriefe dieses Kaisers für die Gebrüder Hochleytner, dd. Trient 12. Ott. 1501, wird der Löwe „ein aufrechter Leo seiner natürlichen Farb" genannt. Das Wappen der Hochleytner, damals reich und blühend durch den vierten Hankel mit Bestanlein ist übrigens: Getheilt von # und G. oben wachsend ein g. Löwe auf dem Helm ein Flug #. g.

[9]) Das Original gleichfalls im Joanneum zu Graz (XXXVII. 1462).

der König denen von Mindorff das erledigte Wappen und Kleinod der von Aspach zu dem ihrigen verleiht. In dem Briefe ist jedes der beiden Wappen besonders blasonirt und zwar das aspach'sche:

„ain schilt von seinem vndern hindern in das vordern ober Tail vberwegg abgetailt, nemblich die vnnder vorder rot oder rubinfarb vnd darvnnen ain weisser oder silberfarber, rund die ober blauer fellbung perlweis oder silberfarb rund darvnnen ain roter gespitzter stral aber wi der ander vberwegg rund mit seinem vordertail fürwerts erscheinend, auf dem schilt ain Turniershelm mit roter vnd weisser helmdecken geziert, auf dem helm ain gelbe oder goldfarbe kunigliche Cron aus derselben gern ein Trachenhals mit seinem hawbt offnem maul vnd roter aufgeschlagen zungen habend oder seinem rugg einer weissen graf mit fünff gleich aufgethanlen Spitzen der petweders mit einer gespiegellten Pfawenfeder besteckt rund geziert.“

Das von mindorff'sche Wappen wird also blasonirt:

„ain roter oder rubin farber schilt, darynnen ain eles mit dreyen aufgethanen pletern (rlettern?) sambt dem stambl alles weis oder silberfarb von ainer dryfachen gelben oder goldfarben wurtzl [1]), auf dem schilt ain turniershelm mit roter vnd weisser oder silberfarber helmdecken geziert vnd geronet mit einem gelben oder geltlinen kuniclichen Ehren in derselben stent zwo aufgetan ganz rot fug [2]).

Allmälich nehmen nun die Blasonirungen unserer Herolde und überhaupt der Fach-Heraldiker an Ueberfülle von Worten und Sinonimen zu, während sie an wirklicher Wissenschaft abnehmen. Die Weitschweifigkeit dieser Wappenbeschreibungen wird wesentlich gefördert dadurch, daß sie die an sich unbedeutendsten Dinge mit einer ängstlichen Gewissenhaftigkeit melden, z. B. die Stellung jedes einzelnen Fußes bei einem aufspringenden Löwen, das Futter der Helme u. s. w., während ihnen dabei das Verständniß mancher Figuren ganz verloren gegangen zu sein scheint, so daß man trotz der vielen Worte sich kein richtiges Bild der blasonirten Figur zu machen im Stande ist. Es hängt diese Erscheinung mit dem allgemeinen Verfalle der Heraltik in Deutschland überhaupt zusammen, und es konnte darin erst wieder besser werden, als man begann, für das Studium und die Praxis der Heraldik sich die älteren Muster zum Vorbilde zu wälen.

Ich setze als Beispiel einer derartigen Blasonirung die wörtliche Beschreibung des freiherrlich von Bodenhausen'schen Wappens hieher (1472), wie solches dem Franz Wilhe v. B. durch Kaiser Leopold I., dd. Wien 2. August 1669 verliehen worden und in Diplome enthalten ist.

„Ein quartirter Schildt, dessen hinder vnder vnd vorder obere theil gelb oder goldfarb im vndern einwerts auffrecht zum grimm gestellt ain gecrönter schwartzer Behr mit gelbem Halsbande offenem Rachen rot aufschlagenter Zungen vnd für sich werffende Datzen, im vordern obern theil ain aufgethaner doppelter Adler mit ausshabendem Kaisserlicher Cron offenen Schnabel vnd von sich streitpenden waffen. Vorder vnder vnd hindere obere Veltung aber blau oder Lasurfarb in mitte der anderen ain dürer Baumb ob welchem drey gelb oder goldtfarben lateinische Buchstaben V anninander gehenstst, in der hindern obern Veltung drey nebeneinander stehende roth marmor steinerne runde seulen auf erhabenen viereckheten weissen Postamenten deren mittere die andere zwo etwas vberrehend durch eine Kunigliche Cron, vnd auf leder der beiden selten seuren ain weisse runde Kugel zu sehen in mitte des gantzen Schilts ein weiß oder silberfarbed Herzschildt, in welchem denglenweiß drey roth oder rubinfarbe helle Mondscheün als oben einer vnd vnden zween [3]) nebeneinander gestellt. ihre beede spitzen fürwerts kherende. Auff dem Schildt drey freye offene adelliche Thurniershelmb allenseits mit roth vnd weiß gewundenen pausch deren beede ende zurruggfliegen [4]), dann der mitter vnd vorder leder mit einer königlichen Cron gezieret auß dem pausch erscheint einwerts hieruber die Helffte des grimmen Leidhors im schilt beschriebene geerönte Behr mit seinem Halsband vnd der mittern Cron stehend der gleichfals im Schildt beschriebene ausgebralte doppelte schwartze Adler mit obhabender Kaiserlicher Cron vnd diademate, auß der Cron des vordern Helmbs aber entspringen sten von farben also abgetheilte Straussenfedern, daß die hintere erste, wie auch die dritte, fünffte vnd sibende roth oder rubinfarb, die andere, vierdte, mittere vnd sechste weiß der silberfarb auch biederseits in eine länger als die andern vnd die mittere die höchst oder langste ist rc.“

Es ließen sich selbstverständlich noch hunderte von Beispielen derartiger Blasonirungen beibringen, denn es war nicht der Einzelne, sondern die Zeit, welche so sprach und schrieb, es wird aber genügen, dem Leser den allgemeinen Karakter unserer deutschen Blasonirungsweise in vergangenen Jahrhunderten vorgeführt zu haben.

---

[1]) Die Wurzel ist in dem gemalten Wappen nicht zu erkennen, sondern der Stiel (Stämmchen, Stambl) unten schräg abgeschnitten.

[2]) In der Abbildung zwischen dem Flug das Kleeblatt, in der Blasonirung nicht genannt.

[3]) Gemalt sind sie im Diplom oder 2. 1.

[4]) Sind im gemalten Wappen weggelassen.

Ich gehe nun auf die Blasonirungsweisen anderer Sprachen und resp. Nationen über, um auch deren Eigenthümlichkeiten, soweit dieß zu unserem Zwecke gehörig, nachzuweisen.

Die lateinische Sprache war zur Zeit der Ausbildung der Heraldik bereits zu den todten zu rechnen, und es mußten daher die für die Beschreibung von Wappen nöthigen Ausdrücke entweder neugeschaffen oder es mußten die neuen Produkte mit altklassischen ähnlich deutbaren Worten bezeichnet werden. Im allgemeinen ist der Karakter der lateinischen Blasonirungen der einer Uebersetzung aus der Sprache derjenigen Nation, welcher der Blasonist des Wappens angehörte. Die lateinischen Blasonirungen der deutschen Heralde und Heraldiker sind also in der Regel deutsch-lateinisch, die der Engländer englisch-lateinisch u. s. w. Johannes Gibben, Clarenceold des blauen Mantels, hat sich besondere Mühe gegeben, die Wappenbeschreibungen in lateinischer Sprache in allgemein gültige resp. annehmbare Formen zu bringen[1]) und ist dabei gewissenhaft zu Werke gegangen, indem er die lateinischen Blasonirungen aller ihm bekannten Autoren kritisch untersuchte und zu verbessern sich bestrebte, allein es bleiben meiner Ansicht nach auch seine lateinischen Wappenbeschreibungen trotzdem noch immer englische Blasonirungen in möglichst korrektes Latein übersetzt, sie theilen aber auch die Vorzüge der englischen Blasonirungen, nemlich Sicherheit und bündige Kürze.

Spener ist unter den deutschen Heraldikern, was Gibbon unter den englischen war. In dem besondern Theil seines heraldischen Werkes[2]) bringt er die Blasonirungen von 270 Wappen damaliger fürstlicher und adeliger Häuser, alle in korrektem Latein; dennoch aber ist in dem Ideengang die Eigenheit der deutschen Heraldik und ihrer Blasonirungsweise vorherrschend. In ähnlicher Weise folgen die Heraltiker der übrigen Länder, wenn sie sich in ihren Blasonirungen der lateinischen Sprache bedienen, ihrer gewohnten nationalen Auffassung, so daß also eine spezifisch-karakteristische lateinische Blasonirung nicht bestehen kann[3]).

Ich begnüge mich daher hier, nur ein praktisches Beispiel beizubringen und zwar aus dem Adelsbestätigungsdiplom für die Gebrüder Moscardini (1466), welches ihnen vom sächsischen Vikariate d. d. Dresden 22. Juni 1792 in lateinischer Sprache ertheilt wurde.

„Scutum caerulei coloris cujus in Summo tres stellae eminent albi coloris vel argenteae et in linea horizontali positae, quarum media infra caudata est, subtus vero castoreum animal naturali forma et colore pictum super tribus albis seu argenteis montibus ita sese exhibet ut posterioribus pedibus super tertio monte subsidentibus, pedibus anterioribus in cursum elatis et capite ad sinistrum corporis latus inflexo primum montem agiliter transilire videatur. Scuto insidet galea aperta ferruginea dextrorsum versa laciniis ex argento et caeruleo colore mixtis coronaque aurea ornata, ex qua columna supereminet aurea, cujus in Summo stella imposita est argentea superius caudata, utrique autem lateri ejusdem columnae alia adhaeret stella eidem argentea.“

Die französische und englische Blasonirung stimmen im Grundprincip überein und beide kennzeichnet eine auffallende Kürze und eine Bestimmtheit in den zu wälenden Ausdrücken. Daß die französische Heraldik in Theorie und Praxis etwas älter sei als die englische, erklärt sich aus dem Umstande, daß sie von Frankreich nach England faktisch importirt wurde; die auffallende Uebereinstimmung nach Jahrhunderten aber läßt sich nur dadurch rechtfertigen, daß die Herolde des lezteren Landes nur wenige Aenderungen an dieser importirten Wissenschaft und Kunst vorgenommen haben. Wenn der bisher für England beanspruchte Vorzug in dem Book of St. Albans die älteste Lehrschrift der Heraldik zu besizen, durch die Auffindung der traité de blason[4]) entkräf-

---

[1]) In seinem 1682 zu London erschienenen Buche: „Introductio ad latinam blasoniam. An essay to a more correct blason in Latin than formerly hath been used.“

[2]) Historia insigium illustrium seu operis heraldici pars specialis .... autore Philippo Jacobo Spenero. Editio secunda. Gissae 1717.

[3]) Polnisch-lateinische Blasonirung findet man z. B. in Okolski, orbis polonus und in Paprocki herby rycerstwa polskiego in hinreichender Menge.

[4]) S. oben S. 8 f. Eine noch ältere Lehrschrift der Heraldik wäre (wenn urkundlich sicher) der „Tractatus de Insignlis et armis“, welchen ein Doctor Bartolus de Saxoferrato 1353 geschrieben haben soll und welcher 1577 und 1654 im Druck erschien.

tet wird, indem schon im Jahre 1416 in Frankreich die hauptsächlichsten Regeln der Heraldik in feste Formen gefaßt und niedergeschrieben worden waren (während man in England erst 1486 den Versuch wagte und in Deutschland gar erst 1643 dahin gelangte, einen Entwurf zu einem Versuche zu wagen), so deutet dieß abermals auf ein früheres Selbstbewußtsein der französischen Heraldik gegenüber aller übrigen. Der erwähnte traité enthält aber nicht nur die Grundbegriffe der französischen Heraldik überhaupt, sondern sogar zwei Kapitel, welche ausdrücklich nur eine Anleitung zum Blasoniren zu geben bestimmt sind. Die Regeln, welche dort niedergeschrieben sind, gelten wol von jeher und gelten fast wörtlich noch heutzutage für die französische und englische Heraldik — beide haben sich in Bezug der Blasonirungsweise nicht fortgebildet wie unsere deutsche Heraldik, sind somit seit dem XV. Jahrhundert als fertig und abgeschlossen zu betrachten. Das Wappenkollegium zu London besitzt eine 1586 durch den Somerset-Herold Glover gefertigte Abschrift der ältesten bis jetzt bekannt gewordenen Blasonirung englischer und normanischer Wappen aus dem Jahre 1216—1272, und die heraldischen Ausdrücke in diesem ältesten Manuskripte sind noch heutzutage in Uebung[1]); die kaiserliche Bibliothek in Paris besitzt ein handschriftliches „Armorial de France" aus dem Ende des XIV. Jahrhunderts[2]), welches die Blasonirung von 1264 Wappen enthält. Die darin vorkommenden heraldischen Ausdrücke und die Art zu blasoniren sind gleichfalls dieselben, wie sie die heutige französische Heraldik noch anwendet.

Diese anerkennenswerthe Sicherheit und Abgeschlossenheit in sich hat vorzüglich in zwei Dingen ihren Grund, zuerst nämlich darin, daß sich die französischen und englischen Herolde über die Benennung aller vorkommenden heraldischen Figuren schon frühzeitig geeinigt, dann aber auch in dem Umstand, daß sich beide von jeher mit der Heraldik der Oberwappen gar wenig abgegeben und ihre ganze Sorgfalt und Kenntniß fast ausschließlich auf dasjenige warfen, was im Schilde vorkam[3]).

Wir finden daher sehr selten ein Beispiel der Blasonirung eines vollkommenen Wappens mit Schild, Helm, Kleinod und Decken in den Urkunden und Büchern jener Länder, ohne daß dort dieser Mangel empfunden worden wäre oder würde, denn ja allen Zeiten findet man das Kapitel von den Kleinoden in den Lehrbüchern der Engländer und Franzosen sehr oberflächlich und nebenbei behandelt, wenn nicht gar ausgelassen, da bestimmte Regeln hierüber sich nicht gebildet haben, weil sie nie nothwendig erachtet wurden.

Was nun die heraldischen Benennungen (Kunstwörter) betrifft, so besitzen die französische und englische Heraldik eine große Menge, von denen jedoch nach unserem Standpunkt ein guter Theil, wenn nicht überflüssig, doch zum mindesten entbehrlich ist.

Die ältesten Wappen sind, wie in andern Ländern, so auch in Frankreich und England, sehr einfach, daher auch ihre Blasonirung weniger Worte bedarf. Als Beispiele gebe ich einige Blasonirungen aus dem erwähnten Armorial de France:

1. Le Roy de France. D'azur à fleurs de lis d'or.

7. Le Duc de Borbon. Les armes de France à un baston de gueles.

44. Monseigneur Louis de Beaumont. Guéronné d'argent et de gueules de VIII. pièces (1463).

111. Le Sire de Percy. De gueules à I chief d'argent.

249. M. Jehan de la Haie Hue. D'argent à III. escuçons de gueules (1464).

321. M. Guillaume Matieu. D'azur, greneté d'or à un quartier d'hermine à trois escuçons de gueules en quartier, à un baston d'azur sur le quartier (1468).

Der Verfasser des traité du Blason (1416) blasonirt in derselben Weise, doch zu Zeiten mit etwas mehr oder weniger Worten. Während z. B. das Armorial das Wappen des Delfinates einfach: „d'or au dauhn d'azur" beschreibt, fügt der traité noch bei: „membré de gueules"; hingegen blasonirt ersterer das Wappen des

---

[1]) Planché, the pursuivant of arms S. 12 sagt wörtlich: comprising nearly all the principal terms in use at the present day.

[2]) Veröffentlicht neuerlich (1859) durch Herrn Douet d'Arcq in dem Cabinet historique.

[3]) Hiemit hängt auch ihre ausgebildete Theorie der Beizeichen im Schilde (s. oben S. 132 ff.) zusammen.

Herzoge von Berry: Les armes de France à une bordeure de gueules engreslée, während letzterer kurzweg sagt: de France[1]) endenté de gueules.

Von neueren Blasonirungen in französischer Sprache gebe ich zwei Beispiele, das erste aus dem Originaltitlen des Herzogs Franz von Lothringen für Pierre Dumas, Receveur de finances au Bureau de micour, dd. Luneville 20. Juin 1736, worin die Beschreibung des beigemalten Wappens (1417) also lautet: Savoir: d'or au pin tigé, et terrassé au naturel et fruité d'or, au chef d'azur chargé en coeur d'un croissant montant d'argent et cottoyé de deux Étoiles d'or, et pour cimier un Lyon d'or, tenant un Étoile de l'écu issant, d'un armet morné orné de son bourlet et Lambrequins aux métaux et couleurs de l'Écu. Das zweite nehme ich aus dem Armorial général des bekannten niederländischen Heralbikers J. B. Rietstap (Gouda 1861): Rançon (1470). De gueules au chevron d'or, soutenant de son somme une étoile renversé du même[2]); le chevron accompagné en chef de deux cloches d'argent et en pointe d'un cor-de-chasse du second le pavillon a senestra. Cimier: l'étoile renversé brouillé sur deux plumes d'autruche de gueules. Lambrequins: d'or et de gueules.

Beide Blasonirungen reihen sich wie leicht ersichtlich ihrer Folgerichtigkeit nach mehr den teutschen an, obwol die Menge der angewendeten Adjektive wieder specifisch französisch genannt werden muß.

Wie schon erwähnt blasonirt die englische Heralbik ähnlich wie die französische, wenn nicht noch kürzer. Das Buch von St. Alban z. B. beschreibt den Schild des heiligen Ritters Georg: Argent a plain cross gules. Gibbon, Leigh, Boswell und andere englische Heralbiker bis herauf in die jetzigen Tage sind bei demselben Schema geblieben, und ich setze beispielshalber aus John Burke's General armory of England (London 1847), welches Werk mehr als 13,000 Blasonirungen enthält, die Beschreibung des Wappens Montagu (1465) her:

Quarterly first and fourth argent three lozenges conjoined in fesse gules within a bordure sable for Montagu; second and third, or, on eagle displayed vert beaked and membred gules, for Monthermer. Crest: A griffins head couped wings expanded or, gorged with a collar argent charged with three lozenges gules.

Die Blasonirungen der italienischen Heralbiker tragen gleich ihrer Sprache den Karakter der lateinischen mit Nachbildung des französischen im Gebrauche der Eigenschaftswörter. Von den Blasonirungen des bekanntesten italienischen Heralbikers Conte Ginanni, Herausgeber der Arte del Blasone (Venezia 1756), setze ich als Beispiel die Beschreibung des Wappens des Cardinales Enriquez bei (1471):

„Enrico Enriquez cardinale di Napoli celeberrimo cardinale, al presente Legato di Romagna e dell Esarcato di Ravenna ha lo Scudo d'argento col Leone rampante di rosso, armato, lampassato e coronato d'oro del Regno di Leone, mantellato di rosso e caricato di due Castelli o Maschi di Fortezza d'oro, torricellati di tre pezzi del medosimo, che sono di Castiglia. Lo Scudo è cimato della Croce trifogliata d'oro, come Legato, e del Cappel rosso da cardinale con cinque ordini di Socchi 1. 2. 3. 4. 5.

Von Blasonirungen der Spanier folgen hier zwei Beispiele älteren und neueren Datums.

---

[1]) Die Heralbiker pflegten von jeher gewisse Wappen als solche nur mit dem Namen zu nennen, weil sie damit schon ein bestimmtes Bild gegeben und es als bekannt voraussetzten. So heißt „Frankreich" ursprünglich soviel als ein blauer Schild mit golbenen Lilien besät. Später, zu Ende des XIV. Jahrhunderts, als man in Uebung brachte, nur mehr drei g. Lilien in S. als Wappen von Frankreich zu betrachten, nannten die Heralde dieß neuere Wappen wieder erklusive „Frankreich," dagegen die mit Lilien besäten Schilte zum Unterschiede: Semé de France, wobei genau genommen die Figur der Lille ihnen als Frankreichs Wappen (Bild) vorschwebte. — Denselben Gebrauch findet man bei den Heralbikern anderer Länder, welche die Wappen ihrer Herren als so bekannt voraussetzten, daß ihnen der Name allein das Bild vor Augen führen mußte. So verstand man z. B. in Altbayern unter „Bayrland" immer den blau- und silbergeweckten Schild Bayern u. s. w.

[2]) D. h. d'or. Bei dieser Gelegenheit bemerke ich das der französischen und englischen Blasonirung eigene Eistem, die Farben nicht zweimal zu nennen, sondern statt dessen „derselben" oder „der ersten, der zweiten" zu sagen, wenn nemlich die bei der Blasonirung zuerst genannte Farbe gold, die zweite roth war, so werden diese Farben, wenn sie im Laufe der Beschreibung wieder vorkommen, nur beziehungsweise erwähnt, z. B.: Gules three chevrons argent accompanied by three stars of the second, d. h. von Silber.

Die Beschreibung des Wappens, welches Don Diego de Zárate, eques auratus, dd. Bologna 24. Febr. 1530 von R. Karl V. erhielt (1469) lautet (nach Lopez de Vega, nobiliario p. 507 ff. [1]):

„el escudo de oro o de color roxo dividido de una raya negra en dos partes, y en la de abaxo cinco hojas, que en vulgar Espannol se llaman panela de color encarnado con unas asas házia arriba, que contiene dos en cada lado, y una in medio, annadiendo a estos en el campo de encima que occupa la tercera parte del mismo escudo, nuestra Aguila Real negra de una babeça la boca abierta, sacada la lengua roxa el pico buelto a la mano derecha y en la cabeça la corona Real de oro, en cuyas alas abiertas aya dos coronas de oro, una Real en la siniestra, y otra Imperial en la diestra que digan te hallaste presente quando recebimos esta in Bolonia, y aquella en Aquisgran, y en la gola colocamos con penachos y plumas coronada con corona de colores de oro roxo y encarnado una fenix de color natural puesta sobre fuego, abiertas las alas abierta el pico, y mirando a la mano derecha de la manera que todas estas cosas estan pintadas en medio de la presentas letras.

Von neueren spanischen Blasonirungen entnehme ich dem VI. Band p. 231 des erwähnten Nobiliario von Piferrer, welches 2806 Wappen in Farbendruck enthält, die Beschreibung des Wappens der Grafen von Vallenbra (1473), weil dasselbe unter allen am meisten einem vollständigen Wappen gleicht, während bei den meisten Wappen nur der Schild und wo ein Oberwappen sich findet, höchstens ein moderner Helm mit beliebig gemalten Straußenfedern als Kleines sich findet.

Die Blasonirung lautet:

Escudo cuartelado el 1o de azur y una torre cuadrada de plato, superada de tres coronas de oro y accompanada de seis estrellas de plata, que es de Patau; el 2o de oro y un olivo arrancado de sinople, que es de Oliver. el 3o de gules y un alisio, de oro, diestrado de una fuente de plata y siniestrado de un leon de lo mismo, empanando una espada, que es de Liadú; el 4o de sable y tres chevrones de oro, que es de Vives; sobre el todo escusons partido en pal, 1o de plata y tres bandas de gules, que es de Altarriba, 2o de azur y barra de gules, acompanada de cuatro medias lunas afrontadas de plata, atravesada de una flecha puesta en banda, empenada de oro y calzada de plata, que es de Aslon.

Tiene el escudo por soportes dos leones de oro, y por timbre celada de frente con corona condal, naciente de la misma un leon rapante armado con espada en la mano derecha y teniendo en la izquierda una cinta con esta divisa; Un dios, una Ley y un Rey.

Die niederdeutsche Blasonirungsweise war in älteren Zeiten mehr der französischen ähnlich und gebrauchte besonders gern die poetischen Namen für die Farben. In neuester Zeit scheint sich die niederdeutsche Blasonirung wieder ganz der hochdeutschen angeschlossen zu haben, wenigstens sind die Wappenbeschreibungen des bereits genannten jetztlebenden niederdeutschen Heraldikers, Hr. J. B. Rietstap, durchgehends in der Auffassung und in der Anordnung so wie ich diese in meinem Wappenbuche eingeführt habe und gebrauche. Ich setze aus dessen Handboek der Wapenkunde (S. 468) als Beispiel die Blasonirung des bekannten Wappens Radebold entnommen:

Gedeeld van rood en blaauw met eene schuingeplaatste zilveren spade over alles heen, het Ijzer boven. Gekroonde Helm. Helmteeken: drie struisvederen, rood, zilver en blaauw. Dekkleeden: regts zilver en rood, links zilver en blaauw. Schildhouders: twee mannen van wapenen met geopend vizier elk met een hellebaard in de vrije hand.

Ich komme nach dieser historischen Uebersicht nunmehr dahin, den Leser in die

praktische Blasonirung

nach dem heutigen Standpunkte der Heraldik einzuführen.

Die Reihenfolge der Blasonirung eines mehr oder minder vollständigen Wappens ist folgende:
1) Der Schild mit seinen Feldern, Farben und Figuren.

---

[1] Die Urkunde ist auch abgedruckt bei Piferrer, nobiliario de los reinos y sennorios de Espanna. Madrid, 1857—60. VI. Vol. p. 22 ff. Daselbst ist aber die Stelle über das Kleines „als unwesentlich" ausgelassen.

2) Das Oberwappen — Helme mit ihren Kleinoden und den Farben nebst den Helmdecken, Rangkronen.

3) Die Prachtstücke: Orden und Würdezeichen, Schildhalter, Wahlsprüche, Fahnen und Wappenmantel oder Pavillon.

I. Blasonirung des Schildes.

Ich werde in der Blasonirung dieses als des Hauptbestandtheils jedes Wappens etwas ausführlicher sein müssen und will deßhalb vom Einfachen beginnen und allmälig zum Schwierigeren übergehend, alles durch Beispiele wirklich bestehender Wappen erläutern. Zugleich wird dabei Gelegenheit sein, die Regeln der Figuren und einige noch nicht vorgekommenen Kunstausdrücke beizubringen. Da die Stellung des Schildes in der Regel aufrecht ist, so braucht dieß nicht gemeldet zu werden, steht er aber seitwärts oder ist er gar gestürzt, so muß dieß ausdrücklich berufen werden.

A. Der einfache Schild.

1) Wenn ein einfacher (ungetheilter) Schild nur eine Figur enthält, so nennt man zuerst die Farbe des Schildes, dann die der Figur und zuletzt die Figur selbst. Z. B. in S. ein r. Stern: Brietzke, Sachsen (XXXVIII. 1474). In R. eine s. Pflugschar: Jänichen, ebend. (1475). Weicht die Stellung der Figur von der regelmäßigen (aufrecht stehenden) ab, so muß auch dieß gemeldet werden.

2) Sind in einem einfachen Schild mehr als eine Figur, so können diese entweder a) einerlei oder b) verschiedener Gattung sein. Im ersten Falle meldet man sogleich nach der Benennung des Feldes die Zal dieser Figuren, sodann ihre Farbe, ihren Namen und ihre Stellung. Im leztern Falle ist zur richtigen Blasonirung auch noch die Angabe des Stellungsverhältnisses der verschiedenerlei Figuren zu einander nöthig.

Beispiele: In B. übereinander springend zwei s. Winde: Jlten, Hannover (1477). In R. zwei s. Flügel gegeneinandergekehrt: Brandt v. Irnsing, Bayern (1466). — In B. drei g. Kleeblätter: Kneisen, ebenda (1476). — In B. drei s. Muscheln: Stahlburg, Frankfurt. — Ist die Lage nicht senkrecht, so muß man dieß melden z. B.: In R. drei s. Hämmer schräggelegt: Hammerstein, Westfalen (1476). — In G. fünf ins Kreuz gestellte r. Rauten: Habrzi, Böhmen.

Bem.: Wenn bei drei Figuren deren Stellung nicht benannt ist, so versteht sich, nach der Analogie der Dreieckschilde, daß sie 2. 1. stehen. Blätter mit Stielen stellt man auch mit den lezteren zusammen, und nennt dieß dann „ein Dreipaß" z. B.: In S. drei gr. Nebenblätter im Dreipaß: Rauschenplatt, Westfalen (1479); auch Fische kommen in dieser Stellung vor z. B.: In B. drei gekrümmte s. Salmen: Hanstengel, Braunschweig (1483). — In einem Schildshaupte, Pfale, Balken stehen drei Figuren regelmäßig 1. 1. 1. — Vier Figuren stellt man regelmäßig 2. 2. — Fünf Figuren werden 2. 1. 2. „im Schragen" z. B.: In S. fünf r. Rosen: Gröning, Bremen (1489) oder 1. 3. 1. „in's Kreuz" gesetzt. — Sechs Figuren stellt man 3. 2. 1. in der Kontur des Schildes, auch in Form eines Kreuzes z. B.: Stommel, Niederrhein, in G. sechs r. Rosen 1. 3. 1. 1. gestellt (1487). — Sieben Figuren 3. 1. 3. Sieben s. Rauten in R.: Ehrenfels, Bayern. — Neun Figuren: 3. 3. 2. 1. z. B.: Blum, Braunschweig. In B. neun s. Blumen (Rosen). 18 Figuren, stehen 4. 4. 4. 3. 2. 1. In R. 18 g. Ballen: Bentheim, Westfalen (1488).

Ist in einem dieser Fälle die Stellung anders, so muß sie als ungewöhnlich gemeldet werden z. B.: In S. übereinander schräggelegt zwei verdorrte Aeste: Taubadel, Schlesien (1480); in # geschrägt zwei s. Hauen an g. Stielen: Heugel, Schlesien (1482); ebenso (geschrägt) in B. zwei s. Schlüssel: Hagle, Sachsen. — In B. drei g. Sterne schräggestellt oder schräg hintereinander: Gamm, Mecklenburg (1485); In S. ineinandergehängt drei # Ringe, 1. 2., der obere offen: Wintheim, Hannover (1484); In B. drei s. Hechte übereinander: Hecht, Bayern (1441).

ad b. Sind nun mehrerlei Figuren in einem Schild, so können sie entweder nur als gemeine Figuren oder auch in Verbindung mit Heroldsstücken erscheinen; in beiden Fällen können die Figuren wieder vielerlei Stellungen im Verhältniß zu einander und zum Schilde einnehmen.

α) Zweierlei Figuren: In B. über zwei g. Sternen eine g. Sonne, Bassus, Bayern (1494); in B. über drei g. Sternen ein s. Hüfthorn: Kessel, Thüringen (1497). — In G. ein # Kreuz über gestürztem # Mond: Wohnlich, Bayern (1496). — In B. über zwei s. Balken ein g. Granatapfel: Saab, Bayern. Wir haben in der Blasonirung zur Kennzeichnung einer besondern Stellung auch den Ausdruck überhöht, lat. superatum, franz. surmonté, engl. surmounted, ital. sormontato, span. encimado, niedb. overtopt, z. B.: In B. aus s. Wasser wachsend ein s. Fels von einem g. Stern überhöht: Schollenstern (1490). Ebenso in B. ein s. Felsen von zwei g. Sternen überhöht. Ritzenberg, Sachsen. — In B. ein s. Strauß von drei g. Lilien überhöht: Magnagutti, Oesterr. — In S. drei r. Schragen von drei 1. 1. 1. gestellten r. Rosen überhöht: Dinklage, Hannover (1493). — In S. geschrägt zwei r. Feuerhaken von einem g. Stern überhöht: Wuthenau, Sachsen (1491).

β) Dreierlei Figuren: In B. Sonne, Mond und Sterne, alles g. (ne. 2. 1. gestellt): Hellersberg, Bayern (1498).

γ) Viererlei Figuren finden sich z. B. im Schilde der Ferber in Mecklenburg: In R. aus gr. Driberg wachsend zwei s. Kleeblätter, dazwischen von zwei s. Sternen beseitet (1500).

3) Tritt bei mehrel Figuren im Schilde eine als Hauptbild vor die Augen, so erscheinen die andern in einer mehr untergeordneten Stellung, gleichsam als Begleitung oder Zierde in Ausschmückung der Hauptfigur.

Zur Bezeichnung dieses Verhältnisses hat die Heraldik verschiedene Kunstwörter:

Beseitet, lat. comitatum, franz. accoté, engl. accosté oder boulded, ital. accostato, niedb. begeleed. Erscheinen zur Seite der Hauptfigur zwei oder mehrere Figuren, so wird die erstere von den letztern beseitet. In R. ein s. Ring von drei s. Sternen beseitet: Pfister, Augsburg (1499). — In B. ein gestürztes blankes Schwert von zwei gegeneinandergekehrten g. Monden beseitet: Neybeck, Bayern (1501). — In B. schräggelegt ein g. Anker von zwei g. Sternen beseitet: Dessauer, ebenda (1502)[1]. Die Begleitungsfiguren können an sich wieder zweierlei sein z. B.: In G. ein # Schrägbalken von einer r. Muschel und einer r. Rose beseitet: Heiligenstein, ebenda (1503). Sind die beseitenden Figuren mehr als zwei, so pflegt man diese zu begleiten, lat. sociatum, adjunctum, franz. accompagné, coloyé, engl. accompanied, ital. accompagnato, span. acompannado, niedb. vergezeld zu nennen, bei drei und vier Figuren wechseln beide Bezeichnungen. — In S. ein r. Balken von drei r. Rauten begleitet: Deroy, Bayern (1504). — In S. ein b. Balken von drei g. gewaffneten r. Widderköpfen beseitet: Düring, Westfalen. — In G. ein b. Sparren von drei r. Ringen beseitet: Häffelin, Bayern. — In S. ein # Sparren von drei s Drudenfüßen beseitet: Red, Hannover (1507). — In diesen Fällen versteht sich die Stellung der beseitenden drei Figuren als 2. 1., d. h. zwei oben und eine unten von selbst und braucht nicht gemeldet zu werden. — Ebenso: In B. zwei g. Sparren von drei gestürzten g. Lanzenspitzen begleitet: Maiortie, Hannover (1506). — In S. zwei voneinandergekehrte b. Barben von vier # Doppelkreuzen beseitet: Glummer (1505). — In B. ein g. Riegel von drei g. Kleeblättern beseitet: Maurer, Wttbg. (1508). — In S. ein gestürzter s. Sparren von drei r. Kreuzlein beseitet: Aigner, Oesterr. (1547). — In R. drei s. Gleven im Dreipaß (Fußangel) von drei sternförmig durchgeschlagenen s. Scheiben beseitet (begleitet): Harold, Bayern (1511); hier versteht sich die Stellung der beseitenden Figuren selbst als 1. 2., da die Hauptfigur in der Form 2. 1. erscheint. — In G. ein gr. Baum von drei 1. 2., s. Sternen beseitet: Humbolt, Preußen (1512). Hier ist die Benennung 1. 2. nothwendig, weil der Baum auch von 2. 1. Sternen könnte begleitet sein. Desgleichen wird ein Kreuz und ein Schragen,

---

[1] Sind die beseitenden Figuren hervortretender als die beseitete, so pflegt man die mittlere Figur als "zwischen" den andern zu bezeichnen; in R. zwischen zwei s. Flügeln ein g. Zepter: Harstall, Thüringen (1510). In # zwischen zwei g. Schrägbalken ein g. Stern: Mansberg, Hannover (1492).

wenn beseitet immer die Beifiguren in den 4 Ecken oder Winkeln haben. Z. B.: In R. ein schwebendes s. Kreuz (bald gemeines, bald ausgeschnittenes) von 4 g. Ringen begleitet: Flotow, Mecklenburg (1514). — In R. ein schwebender s. Schragen von 4 s. Rosen beseitet: Habemstorff, Hannover (1509). — In B. ein s. Kreuz von vier s. Lilien beseitet: Merkel, Bayern. — In B. eine g. Lilie von vier g. Sternen begleitet: Zachariä v. Lingenthal, Sachsen (1513). — In B. ein g. Mond mit g. Pfeil durchstoßen und von sechs (3. 2. 1.) g. Sternen begleitet: Hagen, Nassau (1516). — In S. zwei r. Balken von zwölf, 5. 4. 3., r. Sternen begleitet: Hunolstein, Bayern (1517).

Belegt, lat. impressum, inscriptum, franz. chargé, engl. charged, ital. cariesto, span. cargado, niebb. boladen. — Sind zwei Figuren so gestellt, daß die eine innerhalb der Grenzlinien der andern sich zeigt, so nennt man die leztere belegt mit der ersteren. Z. B.: In R. ein auffliegender s. Schwan, dessen Flügel mit einem Schildlein belegt ist, welches in B. eine g. Rose zeigt: Schultes, Sachsen (1520). — In G. ein r. Pfal mit drei s. Sternen belegt: Tobler, Zürich (1523). — In S. ein gr. Schrägbalken mit drei g. Sternen belegt: Stodmar, Bayern. — In R. ein mit zwei s. Doppelkreuzen belegter b. Schrägbalken, beseitet von zwei auffliegenden s. Tauben mit Oelzweigen in den Schnäbeln: Chlingensperg, Bayern (Stammw.) (1521). — In # ein g. Schragen mit # (auch r.) Sporn belegt: Hartlieb v. Walsporn ebenda. — In R. ein s. Fluß mit drei gestürzten gr. Blättern belegt: Bernstorff, Hannover (1522). — In G. ein mit fünf s. Rosen belegter r. Schragen: Marien, Bayern (1519).

Bem.: Sind die Figuren, welche innerhalb der Grenzen eines Heroldstückes erscheinen, Thiere oder Menschen, so ist es nicht üblich, diese als belegende anzurufen, man spricht vielmehr so, daß man das Heroldsstück als Plaz oder Feld betrachtet, in welchem das Thier erscheint. Z. B.: In R. von zwei s. Lilien beseitet einem g. Schrägbalken, darin ein r. Löwe einen s. Stein haltend: Grafenstein, Bayern (1524).

Randweise gestellt. Kleinere Figuren sind zuweilen randweise gestellt entweder für sich allein oder als Beseitung einer zweiten Figur. Von der ersten Art ist ein Beispiel das Wappen der Stäel oben S. 99. Von lezterer Art: In G. ein r. Kreuz begleitet von zwölf randweise gestellten # Merletten: Maldeghem (1542). — In B., beseitet von acht randweise gestellten s. Sternen, ein s. Schildlein mit getr. # Doppeladler: Gr. Sparr, Oesterr. (1545).

Bestedt ist die Hauptfigur, wenn ein oder mehrere Beifiguren aus ihr hervorzuwachsen oder an ihr befestigt zu sein scheinen. In B. zwei s. Spizen, jede mit einer s. Rose bestedt: Rehling, Augsburg (1529). — In S. einer r. Rose mit drei # Pfeilspizen bestedt: Closter, Westfalen (1525). — In R. zwei s. Sicheln mit g. Heften gegenander gekehrt, außen mit # Hahnfedern bestedt: Lüttichau, Sachsen (1526). — In R. ein g. Ring mit drei g. Stedtreuzen bestedt: Brodzic, Polen (1527).

Besezt hat ähnliche Bedeutung wie bestedt, wird aber nur von lebenden Figuren gebraucht, z. B. in S. drei # Spizen, jede mit einem r. Vogel besezt: Waldner, Schweiz (1518). — In G. eine r. Lilie mit zwei (gr.) Sittichen besezt: Elmpt, Niederrhein (1513).

Ueberzogen nennt man einen Schild, wenn der Feld und Figur nochmals vorn eine Figur erscheint, z. B. in R. ein s. Einhorn, überzogen mit einem b. Schrägbalken (von hinten nach vorne), der mit drei g. Sternen belegt ist: Fasman, Bayern (1528). — In B. ein r. Löwe, überzogen mit einem hintern s. Schrägbalken, in welchem drei # Amseln hintereinander stehen: Wetzel, Nassau. — In B. ein auffliegender s. Schwan mit einem hintern r. Schrägbalken überzogen: Diedau, Sachsen. — In S. ein b. Löwe mit einem r. Balken überzogen: Hertwig, Bayern (1531). — In R. drei s. Wecken nebeneinander, darübergezogen ein mit drei # Wecken belegter s. Balken: Castell, Bayern (1534). — In S. ein # Schrägbalken, das Ganze mit einer randweise gelegten g. Kette überzogen: Besar, Spanien. — In G. ein gestürzter r. Adler, mit einem zinnenweise von S. u. R. getheilten Balken überzogen! Fined, Kurland (1533).

Besät, bestreut, lat. seminatum, sparsum, franz. semé, engl. powdered, it. seminato, span. sembrado, niebb. besaaid. Sind die besäenden Figuren zugleich die Hauptfiguren, so verlaufen sich einige derselben sachgemäß in die Ränder, ist aber noch eine andere Figur zugleich Hauptbild und die besäenden Figuren Neben-

bilder, so wird die Besäung eines Feldes faktisch in der Art gemacht, daß der von der Figur selbst leergelassene Raum des Feldes mit den besäenden Figuren — meistens Steine, Lilien, Kreuze, Ringe und anderen dergleichen kleinere Gegenstände — ausfüllt. Ein geschickter Künstler wird also zuerst das Hauptwappenbild
in den Schild zeichnen und dann die besagten Gegenstände möglichst gefällig fürs Auge im übriggebliebenen
Felde vertheilen. Hieraus ergibt sich von selbst, daß bei demselben Wappen der eine Künstler mehr, der
andere weniger Steine, Ringe zc. einsetzen wird und weiter folgt daraus, daß man diese Beifügung nicht zählen
solle, weil sonst gar vielerlei Varianten bei dem Wappen eines Geschlechts erscheinen müßten.

In der Blasonirung meldet man hier zuerst das Feld, dann die eingesäeten Figuren und zuletzt erst die
Hauptfigur. — In r. mit g. Kreuzlein besätem Felde, ein g. Kreuz: Westerburg, Nassau (1530). Daß
die Kreuzlein in den Eckplätzen in neuerer Zeit je fünf und 2, 1, 2 gestellt erscheinen, ist lediglich Schön-
heitssache, aber nicht wesentlich. Im Grünenberg haben z. B. bei denselben Wappen die oberen Plätze je 5,
die unteren je 3 Kreuzlein, wegen der Form des Schildes, wie auch hier. — In G. mit r. Herzen bestreut ein
gekrönter # Löwe, ein s. Ankerkreuz haltend: Rhebey von Hohenstein, Oesterreich (1535).

Uebereck gestellt oder verschränkt. In R. zwei s. Schrägbalken, belegt mit zwei übereckgestellten =
Schweinsköpfen und r.—s. Doppelfedern: Eberz, Bayern (1532) — In S. auffliegend ein n. Geier, übereck
beseitet von zwei b. Lilien und zwei b. Sternen, Crossard, Oesterreich.

Durchgestedt. Zwei s. Doppelhaken geschrägt durch eine g. Krone gestoßen in # (alias in G.):
Altringen (1546). — Drei Pfeile geschrägt durch eine g. Krone gestedt in S.: Hueber-Floröperg,
Württemberg, (1548). (Im Diplom ist die Figur so gemalt, daß man oben die drei Spitzen der Pfeile, unten
aber nur einen Flitsch sieht.)

B. Der getheilte[1]) Schild.

Die Schildestheilungen und ihre Blasonirung wurde bereits bei den Herolds stücken beigebracht; hier
handelt es sich darum, den getheilten Schild in Verbindung mit andern Heroldsstücken und gemeinen Figuren richtig blasoniren zu lehren. Ich gehe auch hier von dem Einfacheren zu dem Schwierigeren über.

Steht in einem getheilten Schild eine Figur, so nennt man zuerst die Theilung mit ihren Farben, sodann
die Farbe und den Namen der Figur; z. B. gespalten von S. u. B., mit r. Balken überzogen (oder: s.-b. gespal-
tene Schilde ein r. Balken): Groß v. Trosau, Franken (1536). — Getheilt von G. u. S. oben ein gestürzter r. Anker, unten ein # Hiefhorn mit g. Spangen und Schnüren: Jagemann, Sachsen (1537). — Halb
gespalten und getheilt von G., R. u. S., im unteren Platz drei r. Rosen an gr. Stengel: Priesser, Bayern
(1538). — Von S. u. B. mit r. Schrägfluß überzogen: Redwitz, Franken (1580). — Schräggetheilt von
G. u. R., oben eine r. Rose an gr. Stengel, unten ein g. Doppelkreuz nach der Schräge gelegt: Buhl,
Württemberg (1539). — Von R. u. S. geweckt, mit einem b. Löwen überzogen: Wallerfee, Bayern (1541).
— Schräggetheilt von S. u. G. mit einem gekrönten # Doppeladler (oder: in s.-g. schräggetheilte Schilde ein
gekrönter # Doppeladler): Schrepern, ebenda (1543). — Von R. u. S. mit langgezogenen Spitzen gespal-
ten, mit einem g. Löwen überzogen: Vincenti, ebenda (1544).

Bevor ich zur Blasonirung weiterer getheilter Schilde übergehe, muß ich noch eines in der Heraldik bei
getheilten Schilden häufig vorkommenden Verhältnisses gedenken, welches wir allgemein unter dem Begriff der
verwechselten Farbe bezeichnen.

Verwechselte Farben, lat. colores alternati oder mutati, franz. de l'un à l'autre, engl. counter-
changed, it. dell' uno a l'altro, niedb. van 't eene in 't andere. „Verwechselte Farben" entstehen entweder

---

[1]) Hier wird unter „getheilt" nicht nur die „Theilung", μερισμόν, sondern überhaupt die Zerlegung in Theile durch Linien aller
Art, Heroldsstücke, verstanden.

dadurch, daß in einem Schilde die Theilung über Feld und Figur gezogen ist, oder dadurch, daß in einem getheilten Schilde jedes Feld die nemliche Figur enthält. Da in beiden Fällen die Farbe der Figur von der des
Feldes abstechen muß (Farbe gegen Metall!), so bewerkstelligt man dies am einfachsten und besten dadurch, daß
man der Figur des einen Feldes die Farbe des andern Feldes und umgekehrt gibt; z. B. getheilt von B. u. S.
mit einem Löwen in verwechselter Farbe: Pisani, Venedig (XLI. 1549). — Getheilt von B. u. G. mit
einem Löwen, der eine Sichel hält, in verwechselten Farben: Reichel, Bayern. — Gespalten von # u. G.
mit einem Schachröslein in verwechselten Farben: Tänzl, Tirol (1552). — Gespalten von S. u. R. und einer
Lilie in verwechselten Farben: Welser, Augsburg (1550). — Gespalten von S. u. # mit zwei Rosen in
verwechselten Farben [1]): Puechpöckh, Bayern (1554). — Gespalten von # u. S. mit je drei Ringen übereinander in verwechselten Farben: Auer v. Herrnkirchen, Bayern. — Gespalten von B. u. S. mit zwei Wecken
in verwechselten Farben: Jasmund, Mecklenburg. — Getheilt von B. u. G. mit drei Glocken in verwechselten Farben: Plödl, Bayern (1555). — Gespalten von B. u. G. mit drei Ringen in verwechselten Farben:
Sittung, Bayern (1551) [2]). — Ebenso: getheilt von S. u. R. mit drei Rosen in verwechselten Farben:
Roosburg, St. in Bayern. — Getheilt von # u. S. mit drei Schlüsseln an einem Ring im Dreipaß dargestellt, alles in verwechselten Farben: Schlüsselfelder, Augsburg (1566). — Getheilt von G. u. # mit
einem Adler in verwechselten Farben: Toussaint, Preußen (1553). — Getheilt von R. u. G. mit einem
Greifenrumpf in verwechselten Farben: Teufel v. Pirkensee. — Schräggetheilt von G. u. R. mit einer Lilie
auf der Theilung in verwechselten Farben: Selbel, Sachsen (1568). — Ebenso schräggetheilt von S. u. B.
mit einem nach der andern Schräge liegenden Ast mit Blättern in verwechselten Farben: Puecher v. Straubing,
Bayern (1564). — Gespalten von # u. S. mit einem schreitenden Wolf in verwechselten Farben: Lupin,
Bayern, (1560). — Getheilt von G. u. # mit zwei geschrägten Pilgerstäben in verwechselten Farben: Römer,
Sachsen (1562). — Gespalten von S. u. # mit einem gekrönten Doppeladler in verwechselten Farben:
Browne, Oesterr. (1563). — Geviertet 1. u. 4. von # u. S., 2. u. 3. umgekehrt getheilt, in jedem Platz drei
Ballen auf der Theilung in verwechselten Farben: Palaus, Tirol (1558). — Geviertet von B. u. S. mit
drei Glocken in verwechselten Farben: Campana, Venetien. — Geviertet von G. u. B. mit vier Rauten in
verwechselten Farben: Rospigliosi, Rom (1563). — Schräggeviertet von G. u. B. mit vier Kreuzlein in
verwechselten Farben: Rogeville, Bayern (1557). — In S. einer r. Spitze, in jedem Platz ein Flügel in
verwechselten Farben: Alt-Orttenburg (1556). — Gespalten von R. u. S. mit einem aus gr. Dreiberg
wachsenden Mann, der zwei Rohrkolben hält, alles in verwechselten Farben: Kolbinger, Bayern (1559). —
Gespalten von G. u. R. mit einem Sparren in verwechselten Farben: v. d. Mühlen, Bayern (1575). —
Schräggetheilt von S. u. R. mit zwei Löwen in verwechselten Farben: Orelli, Schweiz (1576). — Gespalten von G. u. # mit einem gezahnten Schragen, welcher von zwei Rosen bewinkelt ist, alles in verwechselten
Farben: Pole, England (1569). — Geviertet von # u. G. mit zwei Bockshörnern in verwechselten Farben:
Menpeck, Bayern (1561). — Jugger: Gespalten von G. u. B. mit zwei Lilien in verwechselten Farben
(1562). — In # ein g. Schrägbalken mit einem Ring belegt und von zwei solchen beseitet, Alles in verwechselten Farben: Oder, Bayern (1565). — Gespalten von # u. S. mit einem eckiggezogenen Balken in verwechselten Farben: Schwarzenperger, Bayern (1572). — Schräggetheilt von B. u. G. mit einem halben
Bock in verwechselten Farben: Stetten, Augsburg (1573).

Soweit von den verwechselten Farben. — Ich fahre nun in der Blasonirung getheilter Schilde fort.

Wenn in einem Schilde sich mit oder ohne andere Theilungen sich noch eine Bordur, ein Fuß, Haupt,
ein eingeschobener Pfal, Balken, Spitze oder ein aufgelegter Schild findet, so müssen diese Stücke vor
dem übrigen Schilde blasonirt werden.

---

[1]) Bei diesem Wappen findet sich die Rose im s. Platz zuweilen auch roth statt #.
[2]) Die Stellung der drei Figuren 2. 1. hier vorausgesetzt, ist von selbst ersichtlich, daß im letzten Wappen der untere Ring in
der Mitte des Schildes, also auf der Spaltungslinie liegen und ergo selbst in beiden Farben gespalten erscheinen müsse.

In S. unter gezinntem r. Haupte auf gr. Dreiberg ein gr. Tannenbaum: Brescius, Sachsen (1574).
— In S. unter b. mit drei l. l. l. g. Sternen belegtem Haupte auf b. Wasser schwimmend ein s. Schwan:
Fid, Bayern, Stw. — In R. unter einem g. Haupte, darin drei # Adler, ein g. Löwe: Oldofredi,
Venetien (1578). — In R. unter einem mit drei b. Sternen belegten g. Haupte drei s. Schlüssel: Aufsilen,
Frankreich, Bayern (1581). — In G. innerhalb r., s.-gestückter Bordur ein gekrönter # Löwe: Burggraf-
thum Nürnberg (1557). — In B. innerhalb g.-b.-gestückter Bordur auf gr. Berg ein s. Hahn: Drei-
hahn, Mecklenburg. — In S. innerhalb gr. Bordur, welche mit einer s. Kette belegt ist, ein gr. Baum:
Lagarba, Spanien (1577)[1]. — Innerhalb r., s.-geschachter Bordur in G. ein gekrönter # Adler mit Brustschild, welcher in G. ein b. Kreuz zeigt: Almeslöe, Niederlande (1580). — In B. über s Fuß, in welchen
ein g. Balken von drei l. l. l. g. Ringen überhöht, eine breithürmige s. Burg: Clermont, Frankreich
(1585). — In S. aus einem mit drei g. Rosen belegten gr. Schrägfuß wachsend ein r. Löwe mit einem Zweig
in den Pranken: Langendorf (1582). — Geviertet von B. u. G. mit r. Herzschild, darin ein s. Hammer:
Vogl v. Ascholding, Bayern (1576). — Geviertet von R. u. B. mit g.-s.-geviertetem Herzschild; im Hauptschild hat 1. u. 4. zwischen zwei s. Eicheln einen g. Zepter, 2. u. 3. zwei geschrägte g. Trauben an gr. Stengeln: Larisch, Schlesien (1584). — Durch einen s. Schrägballen von R. und # getheilt, mit r. Mittelschild, der drei gestürzte s. Lindenblätter enthält; in jedem Eckplaze des Hauptschildes ein Stern in verwechselten
Farben: Reßlig, ebenda (1583).

Trägt der aufgelegte Schild nochmals einen Schild, so muß Letzterer als Herzschild zuerst, dann ersterer
als Mittelschild und zuletzt der Haupt- oder Rückenschild blasonirt werden. Sind außer der Herzstelle noch
weitere Schilde aufgelegt, so folgen sie in der Blasonirung nach den mittleren und zwar nach der heraldischen
Rangfolge.

Geviertet von R. u. # mit einem von R. u. S. gevierteten Mittel- und Herzschild, welcher in R schräggelegt eine g. Fischgräte enthält; im Mittelschild zeigt 1. u. 4. eine s. Kirchenfahne, 2. u. 3. einen # Schrägballen; der Hauptschild hat in 1. u. 4. einen s. Wolfsrumpf, in 2. drei g. Ringe und in 3. unter s. Haupt
einen s. Sparren: Fürst Windischgräz, Oesterreich (1590). — Zweimal gespalten und dreimal getheilt
von G. u. R. mit Mittelschild, auf dem fünften Plaze welcher in S. fünf b. Schildlein, 1. 3. 1. enthält;
im Hauptschild zeigt jeder der r. Pläze zwei s. Balken: Bidigeira, Portugal (1587). — Geviertet von S. u.
R. mit eingeschobenem Pfal und aufgelegtem Mittelschild. Dieser ist von G. geviertet und hat in b.
u. d. einen # Bären, in b. u. c. zwei geschrägte g. Fahnen. Der Pfal enthält in R. einen g. Adler. Im
Hauptschild hat 1. u. 4. eine r. Rose, 2. u. 3 eine s. Schwalbe, auf s. Stein sizend: Graf zur Lippe. —
Geviertet mit eingeschobenem Pfal, welcher in R. ein g. Kettenrad enthält und mit einem Mittelschilde belegt
ist, der in S. unter b. Sparren einen b. Löwen zeigt. Im Hauptschild ist 1. in R. ein g. Kastell, 2. in B.
mit r.-s.-gestückter Bordur drei g. Lilien, 3. innerhalb s. mit b. Schildlein belegter Bordur, in B. ein eckigge-
gener s. Balken, 4. in B. ein g. Löwe: Peralta, Spanien (1588). — Geviertet von R. u. S. mit eingeschobener Spize, welche in B. drei, 1. 2. von einander gekehrte Monde zeigt. 1. u. 4. ein schreitendes s. Lamm,
2. u. 3. ein s. Schrägballen mit drei b. Stulphüten (Judenhüten) hintereinander belegt: Frhr. Löffelholz
(1579). — Innerhalb einer s. Schragen belegten r. Bordur, in G. eine eingeschobene s. Spize, darin
ein halber g. Drache; im Schild zwei r. Pfäle: Albuquerque, Portugal (1586). — Durch einen eingeschobenen s. Balken getheilt, oben in B. der g. Löwe des hl. Markus, unten von B. u. G. geviertet, mit einem
s. Löwen überzogen, der einen gespießten Türkenkopf hält: Mazuchelli, Venedig.

---

[1] In altspanischen Wappen kommt die aus den Wappenbildern und Farben von Kastilien (in R. ein g. Thurm) und Leon
(in S. ein r. Löwe) gestückte Bordur sehr häufig vor und die spanischen Heraldiker blasoniren sie einfach als bekannte Erscheinung: bordura de Castilla y Leon. Z. B.: Innerhalb einer Bordur von Kastilien und Leon geviertet von G. u. Gr.
1. u. 4. drei r. Balken, 2. u. 3. fünf s. Muscheln: Tabora (1589).

Obwol gelegentlich anderer Blasonirungen in Vorhergehendem bereits gevierte Schilde angerufen worden sind, so wird es doch nöthig sein, die Regeln ihrer Blasonirung hiernachfolgend noch besonders zu geben. Da gevierte Schilde ursprünglich durch Verschränkung zweier Wappen (s. unten in dem Abschnitt „Aufreißen") entstanden sind, so folgt daraus, daß die so entstandenen Wappen in zwei entgegengesetzten Feldern dasselbe enthalten müssen [1]. In diesem Falle meldet man die correspondirenden Felder zugleich und blasonirt ihre Farben und Figuren nur einmal. Die einfachsten gevierteten Wappen sind diejenigen, in welchen je zwei Felder nur eine Farbe und einfache Figuren ohne Unterabtheilungen haben. Z. B.: Geviertet von R. u. G., 1. u. 4. ein vorwärtsschreitender g. Löwe, 2. u. 3. eine b. Lilie: Riedl, Bayern (XLIII. 1591); ebenso: Geviertet von B. u. G., 1. u. 4. ein g. Löwe, 2. u. 3. ein # Balken von zwei # Sternen begleitet: Türckheim, Baden (1594).

Sind bei regelmäßig gevierteten Wappen die Felder wieder getheilt, so blasonirt man in der Weise: Geviert 1. u. 4. wiedergeviertet von B. u. G. mit einem g. Zepter schräg überlegt; 2. u. 3. in B. ein aufspringender g. Ochse, mit r. Schrägbalken überzogen, der mit drei *. Sternen belegt ist: Seigneur, Schweiz, Rheinlande (1599). — Geviertet 1. u. 4. von R. u. S. gespalten, mit einem liegenden Mond in verwechselten Farben, 2. u. 3. in # ein eckiggezogener g. Schrägbalken, von zwei g. Löwen begleitet: Diesbach, Bern (1600). — Geviertet 1. u. 4. gespalten von R. u. S. mit einer Kugel, 2. u. 3. getheilt von # u. S. mit einem Sternchen, beides in verwechselten Farben: Rhuenburg, Oesterr. (1602). Wenn alle vier Quartiere einerlei Farbe haben, so findet man die Geviertung manchmal durch ein andere Figur (in der Regel ein Kreuz) vollbracht, z. B. durch ein b. Tatzenkreuz von G. u. G. geviertet; 1. u. 4. wachsend ein b.-gekleideter Mann mit Stulphut, einen blauen Säbel schwingend, 2. u. 3 ein vor S. u. B. gespaltener Pfal: Niedermayr, Bayern (1605) [2].

Eine weitere Gattung gevierteter Wappen ist diejenige, bei welcher nur zwei correspondirende Felder gleiche Farben und Figuren haben, die andern beiden Felder aber nicht. Z. B.: Geviertet 1. u. 4., in R. ein geharnischter Arm mit Schwert, 2. in S. ein b. Löwe, 3. in B. drei g. Sterne: Schultes, Bayern (1595).; ebenso: geviertet 1. in B. ein liegender *. Mond mit zwei Sternen bestedt, 2. in R. ein s. Balken, 4. in B. eine *. Muschel.

Bem.: Hier könnte man Kürze halber auch sagen: Geviertet von B. u. R., 1. ein liegender *. Mond, 2. u. 3. ein *. Balken, 4. eine *. Muschel. — Hieher gehört auch das Wappen Klotz, Oesterr. (1601). — Geviertet von R. u. S., 1. u. 4. ein *. Greif, 2. ein # Adler, 3. auf gr. Dreiberg ein gr. Baum. Das Ganze mit einem b. Schrägbalken überzogen, welcher mit sieben g. Sternen belegt ist. — Ferner: Durch ein *. Kreuz geviertet, 1. u. 4., g. u. leer, 2. in R. ein *. Stern, und 3. b. u. leer: Basimon, Bayern (1606).

Weiters kommen Quadrirungen vor, in welchen die Gegenpläge gleiche Farbe, aber ungleiche Figuren haben, z. B. geviertet von B. u. R., 1. geharnischter Arm eine Fahne haltend, welche von S. u. R. getheilt und mit einem Schragen in verwechselten Farben belegt ist, 2. ein *. Schwan eine g. Traube im Schnabel haltend, 3. ein gekrönter vorwärts schreitender g. Löwenkopf, 4. drei *. Balken: Kühlewein, Mecklenburg (1598). Ebenso: Geviertet von R. u. R., 1. m. *. Wurfspeil mit Querstab, 2. drei geschrägte g. Lanzen, die mittlere gestürzt, 3. ein halbes g. Rad mit einem g. Kreuzlein bestedt, 4. sechs 3. 2. 1. g. Steine: Golijewolli, Polen (1604). — Geviertet 1 in B. drei g. Lilien, 2. in S. zwei r. Schrägbalken, 3. von R. u. S. in 9 Plägen geschacht, 4. in B. auf *. Wasser schwimmend ein g. Segelschiff: Prenzel, Sachsen.

Endlich gibt es noch geviertete Wappen, in welchen jedes Feld andere Farben und Figuren enthält.

---

[1] Es folgt aber auch daraus, daß, da die correspondirenden Felder dasselbe Wappen enthalten, sie es auch in der nemlichen Lage, Stellung ꝛc. zeigen müssen. Es kann daher der in späteren Zeiten eingerissene Mißbrauch nicht gebilligt werden, die Wappenbilder immer nach der innern Seite des Schildes zu kehren. (Vgl. z. B. XLIV. 1612.)

[2] In derselben Weise ist das auf dem Titel d. W. in Holzschnitt angebrachte Wappen von mir zusammengestellt worden. Das b. Kreuz viertet die Wappen Höfner und Ziegler-Bürgen.

3. B.: Geviertet (mit # Herzschild, darin ein g. Greif eine s. Lilie haltend [1]). 1. in S. ein r. Kissen, darin ein gr. Kranz liegt, 2. in G. ein # Adler, 3. in R. ein geharnischter Arm mit Schwert, an welchen ein Türkentopf gespiekt ist, 4. in # drei g. Pfäle: Eben (1603).

Ist ein Wappen aus zwei schon an sich gevierteten Wappen zusammengestellt, so nennt man den Schild doppeltgeviertet. Der Hauptschild kann durch Spaltung und Theilung doppeltgeviertet werden. 3. B.: Durch Spaltung doppelgeviertet: Vorne 1. u. 4., in G. ein b. Löwe, 2. u. 3. von R. u. G. getheilt; hinten s. u. d. in G. eine s. Rose, b. u. c. in # ein s. Löwe: Graf Solms (1596). — Durch Theilung doppelgeviertet, oben 1. u. 4. von #, R. u. S. getheilt und halb gespalten, 2. u. 3. in B. ein dürrer g. Baum; unten 1. n. 4 getheilt von R. u. S., mit r. Spize im s. Plaze, 2. u. 3. in # ein g. Ordenskreuz: Graf Laßberg, Oesterreich (1597).

Derlei doppeltgeviertete Schilde kommen nicht selten vor, leider aber ist ihre Zusammenstellung in späteren Zeiten oft gänzlich unkenntlich gemacht, indem man, sei es aus Unverstand oder aus Verschönerungsfucht, die zusammengehörigen Felder verstellte, verkehrte und auseinander riß. Vgl. z. B. unten XLIV. 1612, dann den Schild von St. Emmeran LIV. 1699.

Ich laffe nun unter Bezugnahme auf die oben angedeuteten Regeln die Blasonirung einiger zusammengesetzter Schilde folgen, aus welcher der Lefer sich den Gang und Geist einer heraldischen Beschreibung klar machen wird. — Ich bemerke an diesem Orte, daß es bei historisch zusammengewachsenen Wappen üblich sei, wenn bekannt, bei der Blasonirung zugleich die Namen der einzelnen Wappen zu melden. Es ist jedoch diese Uebung nicht ein absolut nothwendiger Bestandtheil, sondern nur eine angenehme und nützliche Beigabe der Blasonirung, denn dem Begriffe nach unterscheiden wir hier die reine Blasonirung von der historifirenden Blasonirung. —

Graf Roller, Oesterreich: Innerhalb schwarzer mit g. Wecken belegter Einfassung, geviertet mit getrenntem Herzschild und unten eingeschobener Spize. Der Herzschild zeigt in G. ein # Roß, die Spize in S. drei 1. 2., r. Rosen. Im Hauptschild hat 1. in R. ein s. Doppelkreuz (Ungarn, Gnadenwappen), 2. in B. ein g. Löwe mit einem Schwert in der Pranke, 3. in B. ein s. Fluß, von je fünf s. Bergen befeitet, 4. in G. zwei b. Schrägbalken [2]).

Graf Hecburg, ebenda: Durch ein s. Tazenkreuz geviertet von G. u. # mit aufgelegtem r. Herzschild, welcher ein s. Patriarchen- oder Doppelkreuz auf gekröntem gr. Dreiberge zeigt. Im Hauptschilde hat 1. u. 4. einen am Spalt angelehnten gekr. halben # Adler, 2. u. 3. einen gekr. g. Löwen, der eine b. Kugel hält, beide einwärts gekehrt [2]).

Graf Buol-Schauenstein (XLIV. 1610), ibidem: Getheilt und zweimal gespalten mit Herzschild. Diefer ist mit einem hermelingestülpten r. Edelmannshut bedeckt und gespalten. Vorne wieder gespalten von B. u. S. mit einer auf gr. Fuß stehenden Jungfrau, deren Kleid in verwechselten Farben, in der Rechten drei s. Rosen haltend (Buol). Die hintere Hälfte zeigt in R. drei s. Fische übereinander (Schauenstein — Stammwappen). Im Hauptschild hat 1. in S. einen von je drei, 1. 1. 1. r. Kugeln besetzten s. Balken, 2. ist getheilt von Feh und G., 3 hat in B. zwei s. Widderhörner von einander gekehrt, 4. in S. ein gestürztes # Widderhorn, 5. in S. drei ediggezogene # Schrägbalken und 6. ist von # u. G. dreimal getheilt. (Der Rückschild gehört zum gräflich schauensteinschen Wappen.)

Fürst Hohenlohe-Bartenstein und Jagstberg: Gespalten und zweimal getheilt mit r. Schildesfuß (Regalien) und mit einem Fürstenhut bedeckten Herzschild, welcher in R. einen s. Fuß enthält. Im Hauptschild hat 1. in G. einen # Doppeladler, 2. in B. drei s. Lilien (Herzschild, Feld 1. u. 2. sind kaiserl. Gnadenwappen), 3. in S. übereinander schreitend zwei # Löwen (Hohenlohe), 4. getheilt, oben in # schreitend

---

[1]) Derselbe ist hier der Uebersicht halber in der Abbildung weggelassen.
[2]) Es wird dem Lefer zur Uebung dienen, diesenigen Wappen, welche hier blasonirt, auf der Tafel aber nicht enthalten find, nach der Blasonirung aufzureißen.

ein gekr. g. Löwe, unten von G. u. # gerautet (Langenburg), 5. von R. u. S. mit drei Spizen getheilt (Franken) und 6 in B. fünf, 3. 2., s. Rosten (Limpurg).

Fürst Lichnowell Graf von Werdenberg, Schlesien (1611): Gespalten. Borne innerhalb g. Borbur in R. zwei gr. Rebzweige mit b. Trauben (Stammwappen Lichnowski) hinten geviertet mit gekr. Herzschild, welcher in R. eine s. Kirchenfahne enthält. 1. u. 4. des Hauptfeldes hat in G. einen gekr. # Doppeladler, 2. u. 3. ist von R. u. G. dreimal getheilt (Grafschaft Werdenberg).

Graf von Santa Maria von Formiguera, Spanien (1606). Geviertet mit r. Herzschild, darin fünf 1. 3. 1.: g. Lilien (Zarforteza) 1. in G. sechs r. Schrägballen (Ferrer), 2. innerhalb s. mit den Beeten: MORTE VIVES ET FLOREBIS VELVT FENIX belegter Borbur, getheilt von G. u. S. Oben wachsend aus r. Flammen ein Fönix, nach einer aus dem vorderen Oberecke hervorbrechenden r. Sonne blickend, unten drei gewellte b. Ballen (Bives); 5. geviertet, a. in R. drei Oberhälften g. Kugeln, b. u. c. in B. ein gekrönter g. Löwe, d. in G. drei # Pfäle (Morro Paster); 4. durch eine s. Spize von S. u. # gespalten, a. drei # Ballen, in jedem ein g. Fisch, b. innerhalb g., #-gestückter Borbur, eine g. Lilie, c. ein mit sechs g. Sternen belegter b. Reif, innerhalb dessen ein s Schrägballen mit g. Fisch (Planes).

Fürst Thurn und Taffis (1607): Geviertet mit Mittelschild, Herzschild und unten eingeschobener Spize. Diese hat in S. auf gr. Fuß einen gr. Baum, vor dessen Stamm ein b. Fisch (Neresheim). Der Herzschild ist auf die Brustselle des gespaltenen und zweimal getheilten Mittelschildes gelegt und enthält in B. einen schreitenden s. Dachs (Stammwappen: Taffis). Der Mittelschild hat in 1. u. 4. in S. einen r. Thurm, hinter welchen zwei b. Gleven geschrägt sind (Thurn), in 2., 3. und 6. in G. einen gekrönten r. Löwen (Valsassina) und in S. eine r. Schafschere (Scherenberg). Im Rückschild ist 1. gevlertet, a. wieder geviertet und zwar α) und δ) in G. drei schreitende # Löwen übereinander, β) und γ) von # u. S. gerautet. b. u. c. in G. ein r. Tazenkreuz, c. in G. einen s. Mond beseitet. (Reichsstift Buchau.) 2. ist gespalten von S. und Futter, vorne eine r. Kirchenfahne (Feldkirch), hinten ein Hermelinpfal (Bregenz). 3. ist gevlertet. a. in B. ein s. Schrägballen, von je zwei aufwärts schreitenden g. Löwen beseitet, b. u. c. in # drei s. Ballen, mit einem g. Löwen überzogen, d. in # ein s. Kleeblattkranz (Reichsstift St. Ulrich). 4. geviertet von B. u. R. s. u. d. ein g. Felsberg, b. u. c. ein schwebendes s. Kreuz (Fürstenthum Krotoszyn).

Graf von Haßlingen-Schickfuß, Schlesien (1612). Dreimal gespalten und zweimal getheilt mit zwei Mittelschilden. Der obere ist gekrönt, steht auf der Brustselle und enthält in B. einen auffspringenden g. Hasen (Stammwappen); der unter, auf der Nabelstelle ist g.-bordirt und hat in S. einen gekrönten g. Löwen, welcher einen g. Stern hält (Schickfuß). Im Hauptschild hat 1. u. 12. (einwärtsgekehrt) in # einen g. Löwen, der einen Büschel gr. Haidekraut hält (Haupe). 2. u. 7. in G. ein hinterer b. Schrägballen u. 3. u. 6. in S. zwei Pfaltreihen r. Rauten (wegen Waldau?) 4. u. 9. hat in S. einen # Bären (einwärtsgekehrt) 5. in R. einen s. Windleuchter, 8. u. 10. in G. einen halben # Adler, am Spalt u. 11. in S. einen r. Ballen.

Fürst zu Löwenstein-Wertheim-Freudenberg (1609). Zweimal gespalten und dreimal getheilt (die lezte Theilung nur bis zum dritten Pfal) mit Mittelschild, welcher den fünften Plaz bedeckt und von B. u. S. geweckt ist (Bayern). Im Hauptschild: 1. in S. über g. Dreiberg schreitend ein gekrönter r. Löwe (Löwenstein), 2. in G. ein # Löwe (Königstein). 3. getheilt von G. u. S., oben wachsend ein s Adler, unten drei g. Rosen (Wertheim). 4. In S. zwei r. Ballen (Breuberg). 6. getheilt von R. u. S. oben drei s. Spizen, unten ein mit drei s. Ringen belegter b. Schrägballen (Rothenfels). 7. In B. geschrägt zwei s. Schlüssel (Triefelstein?). 8. Geviertet von Franken und Limpurg, 10. in B. ein g. Springbrunnen (Bronnbach), 11. in B. aufliegend ein s. Habicht (Habichtsheim). Den 9. u. 12. Plaz nimmt das Wappen von . . . . . ein, welches in R. das Schweißtuch der hl. Veronika mit dem Bilde Jesu Christi zeigt.

II. Blasonirung des Oberwappens.

Stehen auf einem Schilde ein oder mehrere Helme, so ist vererst deren Zal, dann die Gattung anzugeben, ingleichen ob er gekrönt oder mit Pausch belegt sei. Wird von beiden keines gemeldet, so versteht sich von
selbst, daß das Kleinod unmittelbar aus Helm und resp. Decke hervorkomme. Helme ohne Kleinode kommen
nur in der schlechtesten Zeit der Heraldiker vor und ebenso solche, die eine Rangkrone, sei es mit oder ohne
Kleinod, tragen. Es ist ferner angenommen, daß die Helmkrone eine mehr oder minder ornamentirte essene
Blätterkrone sei und sie wird also nicht weiter beschrieben. Was die Gattung der Helme betrifft, so wurde sie
oben S. 108 ff. ausführlich erklärt. Da in der jetzigen Heralbil die meisten Helme auf adelichen Schilten
sogenannte Spangenhelme sind, so genügt es, zu melden: Auf dem Schilde steht ein (gekrönter) Helm. Abweichende Eigenschaften resp. Helmgattungen müssen benannt werden, z. B. ein Kübelhelm, Topfhelm, Stechhelm u. s. w.

Da der Pausch einen aus farbigen Tüchern gewundenen Kranz vorstellt, so müssen diese Farben angegeben werden. Sie sind mit seltenen Ausnahmen die der Helmbecken resp. die sog. Wappenfarben.

Die um den Hals gehängten Ketten und Medaillen pflegte man seit etwa 2 Jahrhunderten an allen adel-
lichen Helmen azubringen, sie sind aber als ehemalige Turniervogt-Zeichen bei weitaus den meisten unserer heutigen Adelsgeschlechter unrichtig angewendet. In Wappen- und Adelsbriefen werden sie jedoch blasonirt wie
auch das Futter der Helme und die Farbe des Helmes und der Spangen. Ich halte die Anführung dieser
Stücke in Beschreibung neuer Wappen für überflüssig, da es lediglich keine Bedeutung hat, ob und in welcher
Farbe der Helm gefüttert sei, und ebenso ist allgemein angenommen, die Helme in Eisen- oder Stahlfarbe
und mit goldenen Spangen zu malen. — Ist der Helm aber ganz golden, so muß dieß gemeldet werden. Die
diplomatische Form in den Wappenbeschreibungen ist übrigens „ein frei offener, rechts- (oder links- oder vor-
wärts-) gekehrter blau angelaufener, rothgefütterter (gekrönter), mit golbenen umhängendem Kleinod gezierter
adelicher Turnierhelm mit goldenem Rost und Gitter."

Ueber die heraldische Stellung der Helme im Allgemeinen habe ich bereits oben S. 114 gesprochen
und ich brauche also hier blos zu erwähnen, daß man die Stellung des Helmes auf dem Oberrande als
selbstverständlich annimmt, wo nicht anders gemeldet wird. Dagegen ist die Stellung des Helmes neben dem
Schilde zu berufen. Bei nur ängstlichen Blasonirungen muß auch die, wenn gleich fehlerhafte und unkonstruk-
tive allenfallsige Stellung der Helme über einer Rangkrone, und sogar das zuweilen vorkommende Fliegen derselben gemeldet werden.

Bei einem Helme versteht sich die Stellung in der Mitte des Schildes gerade vorwärts. Wenn das
Kleinod aber eine von der Seite gesehene Figur ist, z. B. ein wachsender Löwe, so versteht sich gleichfalls und
braucht nicht gemeldet zu werden, daß der Helm auch eine Schwenkung nach der Richtung des Kleinodes habe.
Gänzlich abnorm und zu verwerfen ist die in der schwächsten Periode zuweilen vorkommende Mode, das Kleinod
stets nach rechts zu wenden, mag der Helm auch nach links stehen wie z. B. auf dem I. Helm der Grafen von
Königsmark, der Freiherrn v. Stillfried, Diebitsch. Pflegt man in der schönen Kunst die Mängel des
Originals in der Copie möglichst zu ignoriren — so läunte man auch derlei Abnormitäten in Wappen ignoriren
— ein ängstlicher Heraldiker mag aber immerhin auch diese Dinge gewissenhaft blasoniren.

Nach der Benennung des Helms folgt die des Kleinods, welches in der Regel als „wachsend" oder „hervorbrechend" blasonirt wird. Die Bezeichnung der Flüge als „Geiers- oder Adlersflügel", die der Hörner
als „Büffelshörner" ist überflüssig, dagegen ist allgemein anzugeben, ob nur ein Flügel oder zwei sichtbar sind (so
dieß nun hintereinander als „geschlossener" oder nebeneinander als „offener" Flug.

Die Reihenfolge in Blasonirung der Kleinodsfiguren ist mutatis mutandis dieselbe wie bei der Blasonirung der Schildesbilder.

Die Bezeichnung einzelner am häufigsten vorkommenden Kleinode und Verzierungen derselben ist bereits oben S. 123 ff. gegeben worden. Ich beschränke mich unter Bezugnahme auf das dort Gesagte noch einige praktische Regeln der Blasonirung der Kleinode vorzubringen.

Wenn das Kleinod in Farben, Theilung und Figuren den Schild wiederholt, so blasonirt man einfach „wie der Schild", z. B.: die Deuring führen im Schild einen mit drei g. Ballen belegten r. Pfal in S. Da das Kleinod ein ebenso bemalter Flug ist, so blasonire ich einfach: Auf dem (gekrönten) Helm ein Flug wie der Schild. — Die Heided, Schweiz, führen gespalten von G. u. # und als Kleinod zwei Hörner nach den Farben der beiden Schildshälften. Hier blasonirt man auch: Auf dem Helm zwei Hörner wie der Schild. — Die Arnim (S. 58) führen in R. zwei s. Balken, auf dem Helm zwei r. Hörner, jedes mit zwei s. Spangen. Hier blasonirt man ebenfalls unzweideutig und kurz: Kleinod: zwei Hörner wie der Schild. — Erscheint im Schild eine oder mehrere Schrägtheilungen, Schrägbalken, so pflegt man sie im Hilfskleinod, wenn dasselbe sich doppelt zeigt, z. B. im offenen Flug, zwei Hörner ꝛc. auch zu verdoppeln und resp. gegeneinander zu lehren. Dieß ist ein einfaches Bedürfniß der Schönheit und wir können z. B. das Kleinod der Reitenstein, welche in R. einen s. Schrägbalken führen, blasoniren als: ein offener Flug wie der Schild. — Ebenso: Pnechpech. Kleinod: Ein Flug wie der Schild. — Ebenso häufig als die Wiederholung des Schildes, seiner Theilung, Farben und Figuren durch ein Hilfskleinod ist die Wiederholung einer einzelnen Schildesfigur — gewöhnlich der Hauptfigur auf dem Helme, z. B.: Die Gehring (S. 70) führen in G. das Brustbild eines # gekleideten Mannes, der drei Rosen an einem Stengel hält. Auf dem Helm führen sie dieselbe Figur wachsend. Auch hier läßt sich kurzweg blasoniren: Kleinod wie der Schild, da man voraussetzen muß, daß der Mann 1) auf dem Helm nicht in einem g. Schilde oder Felde stehe, und 2) daß er nicht fliegend sondern hervorwachsend dargestellt sein werde. — Die Falkenstein (S. 102) führen in G. einen hermelin-gestülpten r. Spitzhut, auf dem Helm denselben. Das Kleinod kann also einfach als „wie der Schild" benannt werden.

Die Rey führen in S. auf gr. Dreiberg drei r. Aeste, der mittlere von zwei r. Rosen beseitet. Auf dem Helm wiederholen sich die Schildfiguren alle und ich sage daher: Kleinod wie der Schild, wobei sich von selbst versteht, daß die beseitenden Rosen in und an den Aesten anstoßen müssen, d. h. nicht fliegen dürfen.

Ebenso läßt sich beim Wappen der Senft von Pilsach (S. 73) einfach blasoniren: Kleinod wie der Schild u. s. w.

Steht in einem Schilde von gemeinen Figuren aus dem Thierreiche eine oder mehrere vollkommen ganz, so wiederholt sie sich in der Regel wachsend auf dem Helm.

Reined (S. 76) führen als Kleinod den Fuchs wachsend, und man blasonirt: Auf dem Helm die Schildesfigur wachsend. Die Drenthahn (oben S. 206) führen die Schildesfigur (den Hahn). Auf dem Helme: auffliegend und wachsend.

Häufig ist das Kleinod des Wappens etwas komplizirterer Natur, indem es die Hauptfigur des Wappens in Verbindung mit noch weiteren Kleinodfiguren gibt, die entweder auf Farbe, Theilung oder Beifiguren des Wappens Bezug haben. So z. B. führen die Mumme im Schild: In # drei s. Fische mit g. Ringen im Rachen, als Kleinod aber einen solchen Fisch zwischen # Flug gestürzt. Man könnte hier auch sagen: zwischen einem Flug in der Farbe des Schildes eine der Schildesfiguren gestürzt. — Die Ditten (oben S. 83) führen als Kleinod: Die Schildesfigur zwischen zwei s. Aesten. Ist die Kleinodfigur aus dem Schilde entnommen, wenn auch nicht einzige oder Hauptfigur, so kann man bei Blasonirung des Kleinods doch den Zusammenhang mit dem Schilde kennzeichnen und es dürfte bloß auch heraldisch richtiger sein.

Die Schmarsow in Mecklenburg führen auf dem Helm wachsend einen s. Hirsch. Ihr Schild ist: Getheilt von B. u. S. Oben aus gr. Dreiberg wachsend ein s. Hirsch von einem s. Stern vorne beseitet; unten aus d. Wolken kommend ein geharnischter Arm einen Eichzweig haltend. Man darf also bei Blasonirung des Kleinods dieses Wappens wol sagen: auf dem Helm der Hirsch des Schildes wachsend. Ebenso sagt man bei Ponhorst, Nassau, welche als Kleinod einen wachsenden g. Greif, im Schilde aber: in B. über zwei

s. Zinnenthürmen einen obengezinnten s. Balken und auf diesem schreitend ein g. Greif führen, richtiger: Auf dem Helm der Greif des Schildes wachsend.

Stehen auf einem Schilde mehr als ein Helm, so blasonirt man dieselben in der Reihenfolge von rechts nach links. Die Regel früherer Heraldiker, bei einer ungeraden Anzal von Helmen die Blasonirung mit dem mittleren zu beginnen und dann je einen zur Rechten und einen zur Linken vorzunehmen, ist unnöthig verwirrend. Wenn es bei dem Entwerfen des Wappens allerdings von Belang sein kann, welche Stelle man einem dritten Helme einräumt, so hat dieß doch bei Blasonirung eines vorliegenden fertigen Wappens keinen Einfluß. Ich halte es für das Beste und Klarste, wie im Schilde so auch mit den Helmen der Reihenfolge nach von rechts nach links vorzugehen.

Da regelrecht zwischen dem Schilde und dem Kleinode ein organischer Zusammenhang, sei es in Farbe oder Figur bestehen soll und bei den allermeisten Wappen auch besteht, so versteht sich von selbst, daß man bei einem einfachen Wappen mit einem Helme nicht zu melden brauche, daß der Helm wirklich zu diesem Schilde gehöre — wäre ein offener Mißstand hierin zu entdecken, so würde es Sache der Kritisirung, nicht der Blasonirung sein, dieß zu bemerken.

Dagegen kann man, wenn der Schild mehrere selbstständige Wappen (nicht blos Felder) enthält, die zu den einzelnen Wappen gehörenden Helme auch als solche anrufen, doch ist auch hier die Historisirung des ganzen Wappens, resp. die Kenntniß seiner Entstehung und Zusammensetzung vor allem nothwendig, weil nicht immer die betreffenden Helme auf den bloßen Anblick sich nach den Schildesfeldern benennen lassen.

So führen z. B. die Reklitz, Preußen, deren Schild oben (S. 206) beschrieben worden, zwei Helme: I. zwei Fähnlein #, r. ¹) an g. Lanzen. II. drei Federn r., #, s. die Larisch. Zwei Helme: I. drei Federn b., g., r., #, II. ein s. Strauß mit Hufeisen im Schnabel. — In diesen beiden Fällen läßt sich auf den bloßen Anblick hin nicht entscheiden, zu welchen Feldern des Schildes die betreffenden Helme gehören.

Dagegen kann man bei dem oben beschriebenen Wappen der Windischgrätz (1590) unschwer ermessen, daß Helm I. zu I. u. 4. des Hauptschildes, Helm II. zum Herzschild und Helm III. zum 2. des Hauptschildes gehöre.

Die Blasonirung der Helmdecken beschränkt sich begreiflichermassen auf die Nennung ihrer Farbe, da die Form derselben, welche selbstverständlich mit dem Stile des übrigen Wappens harmoniren muß, keinen Belang hat. Es ist daher auch nicht nothwendig, besonders zu melden, wenn die Decken mehr blattförmig oder mantelförmig sind. Die Helmdecken selbst melde man entweder zugleich mit dem Helm, z. B.: „Auf dem Helm mit roth-goldenen Decken ꝛc." oder nach der Blasonirung der Helme, z. B.: Die Decken sind bei I. r., s., II. r., g. und III. #, g. (Windischgrätz, oben).

Zeigen die Decken auf den beiden Seiten des Helmes verschiedene (mehr als zweierlei) Farben, so nennt man zuerst die der vordern, dann die der hintern Seite, z. B.: Die Decken sind vorne b., s., hinten #, s.

Da es nicht selten vorkommt, daß bei mehreren Helmen die Decken in ihren Farben vom mittleren Helme nach rechts und links konform sind, so kann man dann auch kurz blasoniren: „Die Decken sind auf der vordern Hälfte oder Seite #, g., auf der hintern r., s. und versteht dabei, daß bei drei Helmen der I. auf beiden Seiten #, g., der III. ebenso r., s., der mittlere (II.) aber auf der vordern Seite #, g., auf der hintern r., s. Decken habe.

Kommen bei einzelnen Wappen-Helmen gar keine Decken vor, wie dieß bei sehr alten Mustern des XIII. Jahrhunderts zuweilen, namentlich aber in der spätesten Zeit der Heraldik manchmal praktizirt worden ist, so genügt es nicht diesen Punkt in der Blasonirung mit Stillschweigen zu übergehen, weil derlei Dinge zu den höchsten Ausnahmen gehören, sondern man pflegt diesen Umstand besonders zu melden.

---

¹) D. h.: Das vordere #, das andere r. Ebenso blasonirt man Hörner, Flügel, Federn in verschiedenen Farben einfach, indem man die Reihenfolge der Farben nennt.

Findet sich aber statt des oder der Helme auf dem obern Schildesrand eine Krone, so nennt man diese nach Rang und Gattung, z. B.: „Auf dem Schild eine königliche oder Spangenkrone", eine gräfliche, freiherr‑liche, Edelmannskrone, eine Bischofsmüze, ein hermelin‑gestülpter r. Hut (Fürstenhut) u. s. w.

III. Blasonirung der Prachtstücke.

Ist man mit Blasonirung des Schildes, der Helme und Decken fertig, so nennt man (wo dieß vorhanden) die Prachtstücke und zwar in der Ordnung, daß zuerst Orden, dann Würdezeichen, hinter dem Schilde, weiters Schildhalter, Walsprüche, endlich Wappenzelte oder Pavillons angerufen werden.

Bei Blasonirung der Orden sezt man deren Form sowol im Ordenskreuz oder Kleinod als in der Kette als bekannt voraus; sind jedoch statt der Ketten Bänder angebracht, so meldet man deren Farben. Man sagt also z. B.: „den Schild umgibt Kette und Kleinod des Vließordens" oder „unten am Schilde hängt an b., s. Bande das Kreuz des k. bayer. Kronenordens" u. s. w. Sind mehrere Orden vorhanden, so meldet man, je nach deren Stellung, wenn ihre Ketten konzentrisch hängen, zuerst die innerste zunächst am Schilde u. s. f. bis zur äußersten; hängen die Ordens‑Kleinode aber nebeneinander, so meldet man zuerst den in der Mitte, dann den zur Rechten u. s. w.

Würdezeichen hinter dem Schilde sind gewöhnlich zu zweien geschrägt, z. B.: Die Hand der Gerechtigkeit und der Zepter im napoleonischen Wappen, Schwert und Bischofstab bei den ehemaligen reichsunmittelbaren Bischöfen rc. Einzelne Würdezeichen stehen aufrecht entweder hinter dem Schilde oder neben demselben. Das Schwert bei den Marschall in Sachsen ist ein Beispiel lezterer Art. Der Erzbischofsstab hinter dem Schilde (oben Fig. 1471) ist eines der ersteren. Man blasonirt diese Würdezeichen einfach, indem man ihre Art und Stellung hinter oder neben dem Schilde angibt. Von Würdezeichen unter dem Schilde habe ich oben (S. 156) Beispiele aufgeführt.

Sind Schildhalter vorhanden, so ist zuerst zu beachten, ob sie gleichartiger Natur sind oder verschieden, endlich ob sie den Schild wirklich halten, oder daneben stehen, ohne den Schild zu berühren, in welchem lezteren Falle wir sie jedoch, obwol mit Unrecht, in der deutschen Heraldik gleichfalls Schildhalter zu nennen pflegen. Einseitige Schildhalter kommen ebenfalls vor, ingleichen auch Schildhalter, insbesondere wenn menschliche Figuren, welche in den äußeren Händen eine Fahne, Lanze, einen Kranz oder dergl. halten.

Die Blasonirung der Schildhalter ist regelrecht diese: Man meldet zuerst deren Stellung, dann deren Zal und Art, endlich deren besondere Kennzeichen und Beigaben. Sind leztere nicht gegeben, d. h. nur einfache Figuren vorhanden, so ist die Blasonirung natürlich schneller abgethan, z. B.: den Schild halten zwei schwarzgefiederte goldene Greifen (Oesterreich), oder: zwei ge‑krönte widersehende schwarze Bären (Anhalt) oder „den Schild halten rechts ein # Stier, links ein g. Greif, beide widersehend" (Mecklenburg). Das schwarzburg'sche Wappen hat als Schildhalter einen wilden Mann und eine wilde Frau, beide laubbekränzt und beschürzt, und beide ein r., s.‑getheiltes Fähnlein an g. Lanze in der äußern Hand haltend.

Ist ein Wahlspruch unter dem Schilde, so meldet man diesen etwa in der Weise: Unter dem Schilde steht auf fliegendem s. Bande in g. Buchstaben der Walspruch: Telle est la vie (Poninski). Manchmal steht der Walspruch auf einem Sockel, z. B.: Gott mit uns (Preußen). Im Engli‑schen Wappen ist der Walspruch: Hony soit qui mal y pense auf einem Bande um den Schild gelegt. — Selten findet er sich außerhalb des ganzen Wappens, etwa von den Figuren des Kleinodes gehalten wie bei den Straßoldo, Medici, Gordogna rc. Im neuen russischen Wappen ist der Walspruch s'nami bog (Gott mit uns) auf einem Ringe um die Kuppel des Pavillons zu lesen. Bei den bourbonischen Königen Frankreichs war der Spruch: Montjoye Saint‑Denis (ursprünglich Cry de guerre) auf einem Bande schwebend hinter dem Pavillon angebracht.

Nach der Beschreibung des ganzen Wappens folgt die des allenfalls vorhandenen Wappenzeltes, welches regelrecht hinter dem Wappen aufgeschlagen erscheint und oben mit der Krone bedeckt ist. Die innere Farbe ist allgemein hermelin, ausnahmsweise kommt bei den herzoglichen Wappen der napoleonischen Heraldik (statt Hermelin) Feh vor.

Die Außenseite des Wappenzeltes ist entweder einfärbig, roth, blau, gold, purpur, silber 2c. oder sie ist mit Figuren besät, z. B. mit dem # Doppeladler beim russischen Wappen (s. oben XXXVI. 1353), mit Lilien beim französischen Wappen (ebenda 1352). — Goldene Fransen, Verzierungen und Schnüre an der Außenseite des Zeltes werden als selbstverständliche Ausschmückung in der Regel nicht gemeldet, ebenso nicht ob das Zelt fliegend (1353) oder aufgeschürzt (1352) sei.

Es genügt also zu melden: Um das Ganze (sc. Wappen) ein (hermelin-gefüttertes) purpurnes, königlich gekröntes Wappenzelt u. s. w.

Endlich erwähne ich, daß bei manchen Souverän-Wappen noch hinter dem Pavillon oben hervorragend sich das sog. Reichspanner zeigt, z. B. beim russischen, preußischen und bourbonischen 2c. Wappen. Man darf in diesem Falle die Beschreibung dieses Panners (welches herkömmlich gespalten ist und abfliegende Enden hat) nicht unterlassen, z. B. hinter dem Wappenzelte erhebt sich das Reichspanner, die Oriflamme, welche b. und mit g. Lilien besät ist (Altfrankreich).

Ich lasse zur Veranschaulichung der bis jetzt in diesem Abschnitt gegebenen Regeln ein praktisches Beispiel der Blasonirung eines vollständigen Wappens folgen.

Praktisches Beispiel.

Blasonirung des Staatswappens des (XLV. 1613) Königreichs Spanien.

Ein zweimal getheilter und bis auf die untere Reihe zweimal gespaltener Schild mit einem den 6ten Platz bedeckenden Mittelschild mit Herzschild und unten eingeschobener Spitze. Der Herzschild hat innerhalb r. Bordur in B. drei g. Lilien (wegen Anjou), der Mittelschild ist geviertet von R. u. S., hat in 1. u. 4. einen g. Zinnenthurm (Kastilien), in 2. u. 3. einen r. Löwen (Leon).

Die eingeschobene Spitze ist gespalten von G. u. S., vorne ein # Löwe wegen Flandern, hinten ein r. Adler wegen Tirol.

Im Hauptschild hat 1. in R. vier g. Pfäle (Arragonien), 2. ist gespalten; vorne: schräggeviertet: a. u. d. in G. vier r. Pfäle, b. u. c. in S. ein # Adler (Sicilien); hinten in R. ein s. Balken (Oesterreich), 3. ist innerhalb r., s. gestückter Bordur b. mit g. Lilien bestreut (Neu-Burgund). 4. in G. sechs 1. 2. 2. 1. b. Lilien (Parma Farnese), 6. in G. sechs ebenso gestellte Ballen, von denen die untern fünf r., der oberste b. und mit 3 g. Lilien belegt ist (Medizi — Florenz), 7. ist innerhalb r. Bordur von B. u. G. fünfmal schräggetheilt (Alt-Burgund). (b. bedeckt die eingepropfte Spitze) u. 9. in # ein gekrönter g. Löwe: Brabant. Auf dem Schild ruht ein ganz offener g. Helm mit hermelingefütterten g. Decken, gekrönt mit einer r.-gefütterten Spangenkrone.

Unten am Schild hängen an ihren Ketten die Orden des goldenen Vließes und Karl III.

Als Schildhalter steht zu jeder Seite ein Engel mit s. Unterkleide und einem Wappenrode, welcher oben in der Art eines Schildeshauptes eine g. Sonne in R. hat; im übrigen Theile aber die Felder des Schildes wiederholt. In der äußern Hand hält jeder der Engel an g. Lanze ein g.-befranstes Panner wie der Schild.

Hinter dem Ganzen zeigt sich ein hermelin-gefüttertes außen purpurnes mit g. Kastellen und pp. (sic) Löwen besätes Zelt, mit offener Krone bedeckt, aus welcher das Kastell von Kastilien, aus diesem aber der Löwe von Leon vorwärtsgelehrt hervorwächst. Der Löwe ist königlich gekrönt, und hält in der rechten Pranke ein blankes Schwert, in der linken einen g. Reichsapfel. Auf einem flatternden durch die Zinnen des Thurmes gezogenen s. Bande steht in r. Buchstaben der Kriegsruf: Santjago.

Ueber Allem biefem fchwebt ein r. Band in ber Mitte mit g. Sonne belegt unb mit bem Wahlfpruch in g. Schrift: A solis ortu usque ad occasum.

Als Devife steht zu jeber Seite neben bem Wappenzelt eine mit ber Königskrone bebeckte s. Säule mit g. Kopf unb Fuß, um welche ein r. Band gewunben ift, bas bei ber vorbern Säule bas Wort PLUS, bei ber hintern bas Wort VLTRA in g. Schrift enthält.

XIX. Die Hiftorifirung.

Die Erzälung bes Urfprungs, ber allmäligen Fortbilbung, Bermehrung unb Beränberung, eines Wappens bis zu bem Augenblicke, in welchem es wahrgenommen wirb, heißt Hiftorifiren. Bei einem Wappen bas keinerlei Aenberungen feit feinem erften Borkommen erlitten hat, (wie bieß z. B. bei ben meiften biplom-mäßig ertheilten Wappen, insbefonbere bes neuern Abels ber jüngern Länber unb Stäbte ber Fall ift,) hört bie Hiftorifirung von felbft auf — b. h. fie befchränkt fich auf bas Datum ber Urkunbe burch welche bas Wappen gefchaffen worben, ober überhaupt auf Anführung feines erftmaligen bekannt geworbenen Borkommens.

Eine fchönere Aufgabe ift es aber, ein altes, mit ber Zeit allmälig angewachfenes, erweitertes Wappen zu hiftorifiren, unb ba alle zufammengewachfenen Wappen nicht mit willkürlich nichtsbebeutenben Felbern vermehrt worben finb, fonbern für jebe Bermehrung ein hiftorifcher Grunb vorhanben ift, fo läßt fich wol begreifen, baß man bei Hiftorifirung eines folchen Wappens nicht ohne genaue Kenntniß ber Genealogie bes betreffenben Gefchlechts ober ber Gefchichte ber Stabt, Gemeinfchaft zc. bleiben könne, unb wenn gleich es hier nur barauf ankömmt, Zeit unb Urfache ber Wappenänberung ober Bermehrung feftzuftellen, fo wirb man bennoch biefe Daten nicht auf platter Hanb unb von ungefähr blinblings erhalten, fonbern wirb zu biefem Behufe bie beurkunbete Gefchichte ber Familie, Gemeinbe zc. ftubiren müffen.

Die Quellen zur Hiftorifirung finben fich in Archiven, Familienchroniken, in Siegel-Sammlungen, Wappenbüchern, öffentlichen Denkmälern zc., ebenfo wie in ben gebruckten Werken, hauptfächlich ben Spezialgefchichten, z. B. ber einzelnen Stäbte, Schlöffer, Dörfer, Kirchen, Klöfter, Stiftungen zc.

Der Gang bei Hiftorifirung eines vorliegenben beftimmten Wappens ift etwa folgenber:

1) man melbet zuerft Namen, Gattung unb Heimat bes Wappens;

2) fobann wirb ber Urfprung bes Wappens (bei zufammengefezten Schilbern felbftverftänblich ber Urfprung bes Stammwappens) erörtert. Wo felber nicht nachzuweifen läßt, z. B. beim Urabel, wirb bas ältefte bekannte Siegel, Denkmal u. bgl., in welchem bas fragliche Wappen zum erftenmale erfcheint, angeführt. Bei Diplom-Wappen ift ber Tag, Ort ber Berleihung fo wie ber Berleiher, (wenn zu ermitteln, auch bie Urfache ber Berleihung, ba hieraus fo manches zu entnehmen) zu ermitteln unb anzugeben;

3) hat bas Wappen im Berlaufe ber Zeit, Aenberungen, Zufäze erlitten, fo werben bie Daten berfelben ebenmäßig gegeben.

Bei allen biefem ift zu bemerken, baß man fich nicht von ber Aufgabe zu weit entferne, baburch baß man z. B. bie Wappen von Nebenlinien, welche auf bas vorgelegte Wappen ohne Bezug waren, unb bergleichen mit herein ziehe, ober baburch, baß man fich auf eine ausführliche Blafonirung, gleichwie eine eigentliche Kritifirung bes zu hiftorifirenben Wappens einlaffe. Durch folche Abftecher wirb bie Arbeit leicht

verwirrt[1]). Man halte sich also streng an das vorgelegte Wappen, indem man voraussetzt, daß das zu histori-
sirende Wappen sichtbar vor Augen liege.

Ob es nöthig sei, die Entwicklung des Wappens auch bildlich darzulegen, will ich nicht entscheiden —
nachtheilig wird es für das Verständniß bestimmt nicht sein.

Praktisches Beispiel.

Historirung der Wappens der Fürsten Hohenlohe-Waldenburg-Schillingsfürst. (XLVI. 1614.)

Das Haus Hohenlohe ist ein fränkisches Herrengeschlecht. Die Linie Waldenburg hat gemeinschaftlichen Ursprung mit der Linie Hohenlohe-Neuenstein. Die Vorgeschichte beider Linien ist in Betreff der
Heraldik bis zum Jahre 1558, in welchem die Stifter beider Linien gemeinschaftlich noch eine kaiserliche Wappenvermehrung erhielten dieselbe. Von da an sonderten sich die beiden Linien und ihre Zweige — auch in den
Wappen. Die waldenburgische Linie ist 1744 personalfürstlich, 1757 aber reichsfürstlich geworden.

Das Stammwappen der Hohenlohe zeigt in S. übereinander zwei schwarze Löwen mit eingebogenen
Schweife, es kommt zum erstenmale an einer Urkunde vom Jahre 1207 in einem Dreiecksiegel vor (XLVII. 1615[2]).

Die hohenloh'schen Wappenthiere sind ob absichtlich, ob aus Mißverständniß der Maler und Siegelstecher
bei verschiedenen Zeiten mehr oder minder Kazen- oder Unzen- und sogar Fuchsartig, dann Löwenmäßig,
dargestellt worden.

Das älteste Kleinod des Geschlechtes sind zwei s. Hörner außen mit g. Lindenzweigen besteckt[3]). Es
findet sich zum erstenmale auf einem Reiter-Siegel vom Jahre 1276 und gemalt in der Züricher-Wappenrolle,
(Gedruckte Ausgabe unter Nr. 459) wie hier 1616. Die Hörner sind hier ganz golden, die Löwen aber gekrönt. Letzteres kommt sonst nicht mehr vor.

Im Jahre 1360 erschien zum erstenmale als Kleinod ein wachsender gekrönter (silberner) Adler[4]). Dieser
ist dann auch beibehalten (meist ungekrönt) und später in einen König und letzlich in eine Taube verändert
worden.

Die Farben der Delen sind, soweit mir bekannt geworden, immer roth und silber gewesen. In
dieser Farbe sind schon 1224 die Schnüre eines anhängenden hohenlohe'schen Siegels gewunden, und sie sind
auch noch heutzutage die Hausfarben des Geschlechtes. Man nimmt als Grund der Abweichung dieser Farben
von den regelmäßigen Wappenfarben (# und S.) an, daß sie auf den fränkischen Ursprung der Hohenlohe
Bezug haben, da ja die fränkischen Farben bekanntlich auch roth und silber sind.

In dieser Einfachheit und Gestalt blieb das hohenlohe'sche Wappen mit einer kurzen Unterbrechung um
die Mitte des XV. Jahrhunderts[5]) bis zum 14. Juni 1558, von welchem Tage, wie schon erwähnt, eine
Wappen-Veränderung, resp. Vermehrung stattfand.

Es wurde damals den Gebrüdern Ludwig Kasimir und Eberhard, Grafen von Hohenlohe, (lezterer
wurde der Stifter der vorliegenden Linie) durch Urkunde des Kaisers Ferdinand gestattet, das Wappen des
ausgestorbenen Geschlechtes der Herrn von Langenburg mit dem ihrigen zu vereinen.

---

[1]) Etwas anderes ist es, wenn ausdrücklich verlangt wird, man solle die Heraldik eines Geschlechtes, eines Landes ic. schreiben.
Hier kann man nicht wol zu ausführlich sein.

[2]) Albrecht, die hohenlohe'schen Siegel des Mittelalters. Oehringen 1857. S. 19 ff. Mein Wappenbuch, Abtheilung
„hoher Adel" S. 8 ff.

[3]) Als vereinzeltes Beispiel finden sich 1246 in einem Reitersiegel als Kleinod die zwei Hörner außen mit Pfauenspiegeln
besteckt. (Albrecht S. 56).

[4]) Albrecht, l. c. S. 67, Siegel Nr. 184 nach demselben hier f. 1617.

[5]) Die Hohenlohe hatten nach Aussterben der Grafen von Ziegenhain und Nidda, deren Wappen (1450—95) mit dem
ihrigen geviertet (1618).

Von da an führten die Nachkommen des Grafen Eberhard das Wappen wie (1619) mit dem gevierteten Schilde: Hohenlohe-Langenburg und zwei Helmen.

Als hohenloh'sches Kleinod erscheint hier der aus Flammen wachsende s. Fönix mit r. Schwingen. Das langenburg'sche Kleinod kam auf den zweiten Helm zu stehen.

Mit dem Fürstenbrief K. Karl VII. vom 21. Mai 1744, trat auch eine Wappenvermehrung ein. Der Schild blieb wie vorher 1558, auf demselben aber kamen fünf Helme. Das hohenlohe'sche Kleinod auf dem zweiten Helme ist hier in eine s. Taube mit r. Schwingen verwandelt; die Stechhelm mit dem alten hohenlohe'schen Hörnerkleinod wurde an IV. Stelle angenommen; der langenburg'sche kam an die V. Stelle, und außerdem wurden die Helme I. und II. (letzterer golden) beigefügt.

Die Schildhalter mit den Pannern und der Wahlspruch ex flammis orior, sowie das Wappenzelt erscheinen hier zum erstenmale (1620).

So blieb das Wappen bis 1757, in welchem Jahre die waldenburg'sche Linie am 14. August mit dem Reichsfürstenstand abermals eine Wappenvermehrung erhielt, in der Art wie (XLVI. 1614). Das Feld mit dem Doppeladler, das mit den Lilien und der Herzschild, nebst der Zugabe des Federbusches, und der Lilie auf dem mittlern Helme sind kaiserliche Gnadenwappen. Der r. Schildfuß ist wegen nunmehr erlangter Regalien hinzugefügt worden. Vor dem Helme ist statt des beim vorigen Wappen 1744 vorkommenden I. Helmes mit dem s. Federbusch, ein solcher mit dem Kleinod der Schenken von Limpurg beigefügt. Schildhalter, Wahlspruch und Wappenzelt sind sich gleich geblieben.

In dieser Art führen die Fürsten von Hohenlohe-Waldenburg-Schillingsfürst ihr Wappen noch heutzutage.

XX. Das Aufreißen.

Ein Wappen aufreißen heißt nach den Regeln der Heraldik entweder ein ganz neues Wappen entwerfen (erfinden) oder zwei und mehrere gegebene Wappen mit einander verbinden.

Was das Erfinden betrifft, so hat es damit, wie mit allen Erfindungen sein eigenes Bewandtniß. Es gehört dazu neben der genauen Kenntniß aller Regeln der Heraldik auch eine praktisch erworbene copia armorum, und über alles das ein gewisser künstlerischer Schönheitssinn. Von diesen drei Dingen können zwei durch Fleiß und stete Uebung erworben werden, das dritte aber möchte ich unbedingt eine nothwendige Gabe Gottes nennen.

Die Unkenntniß der ersten Bedingung bringt und brachte jene Mißgeburten von Wappen hervor, die wir seit etwa zwei Jahrhunderten in großer Menge zu finden gewohnt sind — Wappen, die von ihren Vorbildern nur die allgemeine äußere Erscheinung und den Namen haben, Wappen, in denen Verstöße gegen die Regeln der Farben und Figuren mit der Ueberfüllung von Feldern und unmotivirter Zusammenstellung wetteifern.

Der Mangel der zweiten Bedingung bringt Gefahr, ein Wappen zu kombiniren, das in Farben und Figuren einem bereits bestehenden gleich ist, und dadurch Anlaß zu vielfältigen Verwirrungen zu geben.

Selbst für den Fall aber, daß die beiden ersten Bedingungen erfüllt seien, wird der Mangel der dritten immer geschmacklose Produkte liefern. Da aber „Geschmack" wie „Schönheit" mehr oder minder relative Begriffe sind, so läßt sich wie in der Aesthetik nur anführen, wie weit die Regeln und Bedingnisse der Schönheit langen müssen, um Anspruch auf Anerkennung zu haben.

Die Heraldik folgt in dieser Beziehung der Regel, daß Einheit im Gedanken und Harmonie in der Ausführung sich verbinden müssen, um ein geschmackvolles Wappen erschaffen zu können.

Im Allgemeinen dürften folgende Anhaltspunkte zu geben sein:

1) Beim Aufreißen eines neuen Wappens suche man sich vorerst die Bestimmung desselben klar zu machen und die Wal der Wappenbilder, sowie die ganze Erscheinung des zukünftigen Wappens darnach zu moduliren. Bem.: Es ist begreiflich, daß ein Wappen des niederen Adels einfacher und prunkloser erscheinen sollte, als das eines Fürsten oder regierenden Herren; ein Städtewappen soll (um Extreme zu gebrauchen) keinen Eid, ein Klosterwappen keine Venus enthalten.

2) Man vermeide womöglich die ganz alltäglichen Bilder des Löwen und des Adlers, um nicht dem altfranzösischen Sprichworte anheimzufallen: si tu n'as pas d'armes, prend du lion!

Heroldsstücke als Wappenfiguren an sich allein sind zwar wol in allen Farben-Zusammenstellungen schön geführt, aber die Mannigfaltigkeit in Verbindung derselben mit gemeinen Figuren ist fast so groß, als die Zahl der möglichen Schachzüge.

3) Man wäle die Farben so, daß nie der Schild, sondern die Schildesfigur das Hervortretende sei, deshalb hüte man sich auch vor zu vielen Unterabtheilungen und vor Figuren, die in ihrer Zusammensetzung zu viele Kleinigkeiten enthalten; z. B. man vermeide es, sprechende Wappen zu erfinden, wenn die Namensdeutung nicht auf der Hand liegt, sondern erst mit Hilfe eines Commentars gefunden werden kann.

4) Ist ein bereits geführtes Wappen zu „verbessern“ oder zu „vermehren“, also z. B. ein bürgerliches Wappen bei einer Nobilitation, so begnüge man sich die allenfallsigen Fehler zu verbessern und beschränke die Vermehrung nur auf die Hinzufügung etwa gewärter Gnadenwappen [1]) und auf Besitzwappen. Die so häufig vorkommende unmotivirte Vermehrung mit beliebigen nichtsbedeutenden Feldern und Figuren, ist meines Erachtens ein Tribut, den man der Eitelkeit zollt, ohne dabei der Wissenschaft und Kunst zu nützen.

Etwas erleichtert ist die Arbeit des Aufreißens, wenn die Aufgabe nur die ist, bereits vorhandene Wappen in ein Ganzes zu vereinen [2]). Hier haben wir feste Regeln über das Verfahren selbst und nur die Wal des Verfahrens bleibt dem Geschmacke und Schönheitssinn des Heraldikers offen.

Die verschiedenen Arten der Wappenvereinigung sind folgende:

> 1) Die Nebeneinanderstellung.
> 2) Die Zusammenbindung.
> 3) Die Zusammenschiebung.
> 4) Die Vertheilung.
> 5) Die Verschränkung.
> 6) Die Einfassung.
> 7) Die Einpfropfung.
> 8) Die Einverleibung.

1) Die **Nebeneinanderstellung** geschieht einfach dadurch, daß man die Schilde als solche aneinanderrückt. Streng genommen sollten nicht mehr als zwei Wappen oder Schilde auf diese Weise vereint werden, um das zusammengesetzte Wappen als eines betrachten zu können, weil man zwei Schilde am füglichsten unter einen Helm oder eine Krone setzen kann.

Auf diese Weise werden die meisten Heirathswappen gebildet, indem man den Schild des Mannes rechts, den der Dame links setzt und über beide eine Rangkrone oder den Helm des Mannes stellt. Z. B.: 1624 das Wappen des Balthasar Bart uxor N. Rieslerin 1341, nach einem Todtenschild vom selben Jahre.

---

[1]) So hat z. B. der König von Preußen allen bei Gelegenheit der Krönung in Königsberg Neugeadelten in ihr Wappen ein Haupt mit der Königskrone als Gnadenwappen befohlen.

[2]) Dies Kapitel steht in den bisherigen Lehrbüchern der Heraldik unter der Anseil „Theoretische Heraldik“, ich habe jedoch entschieden dafür, daß dasselbe hieher in die praktische Heraldik gehöre.

Bem.: Ob bei derlei Wappen der Helm nach dem (1621) Schilde des Mannes (wie hier), oder dem der Frau gekehrt sein solle, läßt sich nicht entscheiden, beides kommt vor. — Beispiele sind das Wappen der alten bourbonischen Könige von Frankreich, in welchem die Schilde Bourbon und Navarra nebeneinander unter dem Helme von Frankreich stehen (1621). Aehnlich pflegten auch die Freiherrn von Laiming in Bayern ihr Wappen mit dem ihrer Herrschaft Tegernbach zusammenzustellen und beide unter ihrem angeborenen Helme zu vereinen (1623).

Wie bemerkt, sollten mehr als zwei Schilde nicht durch Nebeneinanderstellung vereint werden, wenn anders sie als ein Wappen gelten sollen. Ausnahmsweise findet man jedoch auch drei Schilde unter einem Helme, z. B. das Wappen des Pfalzgrafen Friedrich v. J. 1353, bei welchem unter dem Schilde Bayern und Pfalz noch der Schild des Erztruchsessenamtes, Alles aber unter dem einen Helme der Pfalz steht (1622). Aehnlich ist das Wappen des Pfalzgrafen Johann, welches nach der Vorrede des Rixnerschen Turnierbuchs v. J. 1531 steht, und die drei Schilde Pfalz, Bayern und Sponheim unter dem Helme zeigt, welcher oben T. XXVI., Fig. 1189 abgebildet worden ist.

Drei Schilde als Allianzwappen kommen auch zuweilen bei Männern vor, welche die zweite Heurat gemacht haben. In diesem Falle steht der Schild des Mannes in der Mitte, der der lebenden Frau zur Rechten und derjenige der Verstorbenen zur Linken: z. B. (1628) das Wappen des R. Steinhaimer, dessen erste Ehefrau eine Kitzmägl, die andere eine Hoferin war.

Die Zusammenstellung von mehr als drei Schilden unter einem Helme oder einer Krone kommt wol nicht leicht vor, weil der Platz unter dem Helme dazu nicht ausreichen dürfte. Ich kann aber die bloße Zusammenstellung mehrerer Schilde, ohne das Vereinigungsmittel eines Helmes gewiß nur für eine Gruppe von Schilden, nicht aber für ein Wappen erklären, weil sonst keine Grenzen für die Ordnung und Lage der einzelnen Wappen und ihrer Beziehungen zu einander gesetzt werden könnten. Wenn ich daher z. B. die früher übliche Zusammenstellung aller schweizerischen Kantonschilde unter einem Hute (1626)[1]) noch als eine Wappenvereinigung durch Nebeneinandersetzung annehmen darf, so kann ich Beispiele, wie sie u. a. auf den Kaisersiegeln vorkommen, wo der in der Mitte stehende Reichsadler 2c. von den Wappen der Provinzen im Kreise umgeben ist, nicht mehr als eine solche heraldische Vereinigung, sondern nur als künstlerische Gruppirung gelten lassen.

Ich will zur bessern Veranschaulichung einige solcher Wappengruppen beibringen, die ich theils Siegeln, theils Münzen älterer Zeiten entnehme.

(1625): von einem von thurn'schen Lehensiegel aus dem Jahre 1670; eben Thurn, unten Rothast und Spirinl (1627): von einem Siegel Georg Königs von Böhmen; gekrönt und von vier Schilden: Mähren, Schlesien, Luxemburg und Lausitz umgeben. 1629 ist von einem Thaler Maximilians I. Von den fünf Schilden sind die obern drei, römisches Reich, Ungarn und Oesterreich gekrönt und senkrecht stehend, die untern zwei Burgund und Flandern, ungekrönt und gegeneinander gelehnt.

2) Die **Zusammenbindung**. Aus demselben Grunde, weßhalb ich die Zusammenstellung mehrerer Schilde ohne Unterordnung unter einem Helme oder einer Krone nicht als Wappenvereinigung gelten lassen möchte, aus demselben Grunde möchte ich auch die von Heraldikern der vorigen beiden Jahrhunderte als Vereinigungsart aufgeführte Zusammenbindung nicht als eine eigentliche Wappenvereinigung betrachten.

Die Erscheinung der Bänder an mehreren Schildern scheint mir eine rein decorative Grundursache gehabt zu haben, und die einzelnen Schilde bilden durch Zusammenhängung mittelst Bänder und Schleifen noch lange kein organisches Wappen. Spener, Trier, gleichwie Gatterer, wissen auch für solche Vereinsart nur ein Beispiel, das „bisweilen" in dieser Weise vorkommende pfälzische Wappen (1630) anzuführen. Ein weiteres Beispiel gebe ich für

---

[1]) Es sind der Reihe nach die Wappen: Zürich, Bern, Luzern, Uri, Schwyz, Unterwalden, Zug, Glarus, Freiburg, Solothurn, Schaffhausen und Appenzell.

die Schilde Dorfpeck und Eisenreich, welche sich der vorliegenden Art zusammengebunden auf einem Grab-steine a. d. J. 1580 zu Schöngeising in Oberbayern finden. — Ich wiederhole jedoch Angesichts dieses, daß ich auch hieraus die Nothwendigkeit der Annahme einer eigenen Verbindungsart nicht ersehen kann.

Ich halte derlei Beispiele, wenn sie vorkommen, für eine künstlerische Laune oder Idee, nicht aber für eine wissenschaftlich berechtigte Wappenvereinigungs-Art.

3) Die **Zusammenschiebung.** Diese entsteht, wenn man zwei Wappen derart in einen Schild vereint, daß sie durch Spaltung desselben getrennt, nur ein Wappen bilden. Auf diese Art können nicht nur zwei vollständige Wappen in einem Schild erscheinen, sondern es können zwei Wappen auch derart zusammen-geschoben werden, daß jedes nur halb erscheint.

Zu bemerken ist, daß bei dieser Art Vereinigung die dritte Potenz des Helmes oder der Krone, wie auch der Bänder nicht nöthig ist, da der Schild an sich die Vereinigung vollkommen repräsentirt.

Beispiele der Zusammenschiebung sind:

Das Wappen der Herzoge von Geldern und Jülich (1631). Dieselben gebrauchten Anfangs beide Wappen in besondere Schilde nebeneinander gestellt unter den geldern'schen Helm, später und zwar zum erstenmal unter Reinold IV. (1402—1423), erscheinen beide Wappen zusammengeschoben. Die Löwen (wie sie auch früher in zwei Schilden einander gegenüber standen), gegeneinander aufgerichtet. Auf diesem Schilde kom-men ein oder beide Helme vor[1]).

Das vereinigte Wappen der Stadtpfleger, welches an dem Ehrenkleinod der Stadt Augsburg v. J. 1545 angebracht ist[2]), und die beiden Wappen Welser und Aman zusammengeschoben in einem Schild, darüber auch die zwei Helme enthält (1637).

Hieher gehört ferner das Wappen des Königreichs Württemberg, welches im gespaltenen Schilde Württemberg und Schwaben enthält (1640), dann des Grf. O'Donnel (1641), welches das bei einer bekannten Gelegenheit vor wenigen Jahren ertheilte Gnadenwappen in Oesterreich, durch Zusammenschiebung mit dem Stammwappen vereint hat (1636). — Auf ähnliche Weise sind auch die Wappen der ehemaligen Reichsstädte Memmingen, Kaufbeuren, Kempten u.a. aus dem Reichs- und Stadtwappen durch Zusammenschiebung gebildet worden (s. u. LVI. 1747, 1749, 1750). Die intime Zusammenschiebung findet statt, wenn von zwei Wappen je eine Hälfte an dem Spalten angestoßen erscheint. Derlei Vereinigung finde ich am allerhäufigsten bei alten mecklenburg'schen Familien und Städten[3]). Von Familien bringe ich hier zwei Beispiele bei.

Es ist das Wappen der Herren von Maltzan in Mecklenburg (1632); dasselbe ist urkundlich nach-weisbar[4]), schon zu Ende des XIII. Jahrhunderts durch Zusammenschiebung aus dem Stammwappen Maltzan und dem Wappen des Geschlechtes Hasenkopf entstanden.

Die neuerlich im Mannstamme erloschenen v. Kruse (1635), gleichfalls ein altes mecklenburg'sches Ge-schlecht, führten den Schild gespalten von S. u. R. Vorne eine r. Rose und darunter eine solche halb am Spalt, hinter ein # (?) Flügel. Aller Wahrscheinlichkeit nach ist dieß Wappen auf zwei Schilden zusammen-geschoben, von denen der eine in S. drei r. Rosen, der andere in R. zwei # Flügel enthielt.

Aus Altbayern gebe ich ein Beispiel in dem Wappen der Freiberg von Aschau, welche das Wappen Freiberg mit den Sternen und das Wappen Aschau durch Zusammenschiebung vereinten (1634).

Endlich bemerke ich, daß auf diese Art der Vereinigung die meisten Allianzwappen in Frankreich und England nicht selten auch in Teutschland gebildet wurden, z. B. hier (1638) nach dem Siegel der Isabeau de Bavière v. J. 1685.

---

[1]) Siehe v. d. Chijs, die Munten der vormalige graven en hertogen van Gelderland. Haarlem 1852.
[2]) v. Langenmantel's Historie des Regiments zu Augsburg 1731 Taf. Q.
[3]) Siehe über letztere die Publikationen des Vereines für Lübeck'sche Geschichte 1857 f., darin u. a. die Wappen der Stadt Wismar, Grevismühlen, Bräel u. s. w.
[4]) G. C. F. Lisch, Geschichte des Hauses Maltzan.

Von ältern deutſchen Beiſpielen dieſer Art erwähne ich ein Allianzwappen der Wilburg Bubin von Neu-
weier geborene Hefnerin von Balzhofen aus dem Jahre 1345 wie 1633 in einem gleichzeitigen Siegel, dann
des der Elſe von Hohenlohe, gebornen v. Hanau v. J. 1455 (1639).

Von jüngeren Beiſpielen folgt hier (1641) das Allianzwappen von dem Grabſteine der Maria Roſina
von Ligſalz, geb. v. Imhoff, † 1694 in München.

4) Die **Vertheilung.** Sie entſteht, wenn verſchiedenerlei Wappen in einen nach Bedürfniß ihrer
Zal geſelberten Schild zu ſtehen kommen, ohne daß eine Wiberholung derſelben ſtattfindet, oder ein aufgelegter
Mittelſchild dabei vonnöthen wird.

Bem.: findet Wiberholung ſtatt, ſo haben wir die „Verſchränkung", iſt ein Mittelſchild vorhanden, die
„Einfaſſung", von welchen beiden Vereinigungs-Arten unten weiter geſprochen werden wird.

Durch Vertheilung ſind z. B. die Wappen im ehemals markgräfl. badiſchen Schilde (1642) und
im heutigen herzogl. braunſchweig'ſchen Schilte vereint.

Erſterer Schild iſt zweimal geſpalten und zweimal getheilt, 1. Hinter-Sponheim, 2. getheilt von
Alt u. Neu-Eberſtein, 3. Breisgau, 4. Badenweiler, 5. Baden, 6. Sauſenberg, 7. Röteln,
8. geſpalten von Lahr und Mahlberg und 9. Vorder-Sponheim.

Im letzteren Schilde (1643), welcher zweimal geſpalten und treimal getheilt iſt, zeigt 1. Lüneburg,
2. Braunſchweig, 3. Eberſtein, 4. Homburg, 5. Diepholz[1]), 6. Lauterburg, 7. geviertet von
Hoya und Neu- mit Alt-Bruchhauſen, 8. Diepholz[1]), 9. Rheinſtein, 10. Klettenberg und
12. Brandenburg.

Hierher gehört ferner das Wappen der Herzoge von Württenberg, welches die Wappen Württenberg, Tel, Reichspanneramt und Mannpilgardt, in einem gevierteten Schilde vereint hat (1644).

Als Beiſpiel einer Allianz in dieſer Vereinigungsart gebe ich hier ein merkwürdiges Wappen, welches
ſich auf dem Grabſteine des am 18. Januar 1569 zu Stubenberg verſtorbenen Wolf v. Baumgarten befindet,
und welches ſein und ſeiner beiden Eheſrauen Anna Echerin von Kapfing und Anna Hoferin von Urſahren,
Wappen in einem Schilde vertheilt zeigt, derart, daß ſelber getheilt und halbgeſpalten erſcheint, von Baumgarten,
Echer, und Hofer, auch am Oberrande des Schildes die Helme dieſer vereinigten Wappen gleichfalls angebracht ſind (1645).

Sogar Allianz- und Anenwappen findet man durch Vertheilung in einem Schild vereint, wovon
ich unter (1646) ein intereſſantes Beiſpiel gebe. Es iſt dieß das Wappen der 1312, 15. Mai verſtorbenen
Margret von Freudenberg, Herrn Heinrich von Thannberg's Hausfrau. Der Schild iſt geviertet von
Thannberg, Freudenberg, Gumppenberg und Rärgl. Die beiden obern Felder geben das eigentliche
Heiratswappen, die beiden untern die Anenwappen. Es war nemlich des Heinrich v. T. Mutter: Sabina
von Gumppenberg und der Margret von Freudenberg Mutter war Elsbet Rärglin.

5) Die **Verſchränkung** iſt eine Vereinigung von zwei oder mehr Wappen in der Art, daß ſich die
einzelnen Wappen im Schilde wiederholen. Bei einer ungeraden Anzal von Wappen kann auch eines derſelben
nur zweimal vorkommen, ohne das dadurch der Karakter einer Verſchränkung aufgehoben würde.

Die einfachſte Verſchränkung zweier Wappen iſt im gevierteten oder ſchräggevierteten Schilde. Von erſterer
Art ſind die Beiſpiele gerade zu unzällig, und ich ſetze zur Anſchauung den altengliſchen Königsſchild bei, welcher
die Wappen von Frankreich und England geviertet enthält (1647).

Ebenſo hat der herzoglich bayeriſche Schild die Wappen Pfalz und Bayern durch Quadrirung verſchränkt. Für eine Verſchränkung im ſchräggevierteten Schild gilt als Beiſpiel das Wappen von Sizilien
(1649), welches in 1. u. 4. Arragonien, in 2. u. 3. Alt-Sizilien enthält.

Zwei Wappen in neun Plätzen verſchränkt, zeigt der Schild der Grafen Aguila in Spanien (1648).

---

[1]) Feld 5. und 9. gehören urſprünglich zuſammen in einem getheilten Schild, ſind aber hier getrennt als zweierlei Warpen
behandelt.

Drei Wappen verſchränkt finden ſich im Schilde der Grafen von Sylva in Spanien, wo das Stammwappen der Sylva, in G. übereinander ſchreitend zwei r. Wölfe mit dem Wappen Arragonien in der Art verſchränkt iſt, daß der zweimal geſpaltene und einmal getheilte Schild in 1. 3. u. 5. die Wölfe in 2. 4. u. 6. die Pfäle zeigt (1650).

Man findet drei Wappen auch in der Art verſchränkt, daß in einem gevierteten Schilde zwei Wappen in den entgegengeſetzten Quartieren, das dritte aber in einem eingeſchobenen Pfal ſteht. So das Wappen der alten Herzoge v. Parma u. Piazenza, wo das Wappen Farneſe mit dem von Altburgund gevierte und das Amtswappen des Gonfalonere im Pfal eingeſchoben ſteht (1651).

Drei Wappen in beſonderer Weiſe verſchränkt, (Kaſtilien, Leon u. Portugal), finden ſich im Schilde des Meneſes, Portugal (1652).

Man verſchränkt ferner drei Wappen, indem man in einem gevierteten Schild, das eine in 1. u. 4, das zweite und dritte aber geviertet in 2. u. 3. ſtellt. Derart iſt z. B. das Wappen der alten Bourbonen als Herzoge von Burgund. Hier iſt in 1. u. 4. Bourbon in 2. u. 3. aber Neu- und Alt-Burgund (1653) verſchränkt.

Ferner kann man drei Wappen derart verſchränken, daß man zwei quabrirt und das dritte als Mittel-ſchild auflegt. Letzteres iſt eigentlich eine Verbindung der Verſchränkung mit der Einfaſſung, und gehört ſtreng genommen nicht hieher, obwol es gewönlich dazu gerechnet wird. Von dieſer Art gibt es gleichfalls unzählige Beiſpiele, und ich führe hier nur eins an, das der Grafen Thurn u. Taſſis, welches die beiden Wappen Thurn und Valſaſſina im Schilde durch Quabrirung verſchränkt, das dritte Wappen Taſſis aber in eigenem Schilde aufgelegt enthält.

Auf dieſe Weiſe können nun durch entſprechende Theilung des Schildes auch mehr als dreierlei Wappen verſchränkt werden, und ich will zum Beweis noch ein paar Beiſpiele anführen.

Im Wappen der Fürſten von Waldeck (1654) ſind fünf Wappen in der Art verſchränkt, daß der Schild zweimal geſpalten und zweimal getheilt iſt. Die Herzſtelle nimmt das Stammwappen ein, (der Platz wird zuweilen auch als ein Herzſchild conturirt), in 1. u. 9. ſteht Pyrmont, in 2. u. 8. Rappoltſtein, in 3. u. 7. Hohenack und in 4. u. 6. Geroldseck. — Ganz ähnlich iſt das Wappen der Fürſten Lippe-Detmold zuſammengeſtellt (1655), indem ſich auf der Herzſtelle das Stammwappen Lippe, in 1. u. 9. Vianen, 2. u. 8. Spalenberg, 3. u. 7. Ameyden und 4. u. 6. Sternberg findet.

Frühere Heralbiler rechnen auch jene Zuſammenſtellungen zu den Verſchränkungen, welche ich unter die Vertheilungen gezält habe, wenn nemlich verſchiedenerlei Wappen in einem beliebig getheilten Schild ohne Wiederholung vereint werden. Ich meine, daß durch dieſe Erweiterung des Begriffes der Verſchränkung, wie er oben gegeben worden, eher Verwirrung als Klarheit in die Sache käme.

Ich rechne, als ob die oben XXXVII. ff. unter Nr. 1472, 1473, 1590, 1592, 1593, 1595, 1598, 1604, 1607 gegebenen Wappen nicht zu verſchränkten, (ſondern zu den vertheilten), dagegen wol die 1594, 1596, 1597, 1599, 1600, 1602, 1603.

Wie von früheren Vereinigungsarten, finden ſich von dieſer Beiſpiele der Anwendung zu Allianzwappen, und zwar durch Quabrirung des Manneswappens mit dem der Frau.

Stumpf in ſeiner Schweizerkronik bildet wahrſcheinlich nach alten Muſtern die Allianzen faſt durchgehends als quabrirte Schilde ab, und in den Siegeln des Hauſes Hohenlohe finden ſich ebenfalls viele Beiſpiele der Art, von denen ich hier das Heuratwappen der Eliſabeth Gräfin von Hohenlohe, geb. Landgräfin von Leuchtenberg, mittheile (1656). Mone zitirt in ſeinen Beiträgen VII. 475 ff. ein derartiges Siegel der Maria Markgräfin von Baden, geb. Gräfin von Oettingen a. d. J. 1341, welches die Wappen Baden in 1. u. 4. und Oettingen in 2. u. 3. führt. — Das Wappen der Helena Stoderin, uxor Hieronimus Goldegger's zu Lana 1558, gebe ich hier (1657); es enthält die Wappen Goldegger und Stoder in geviertetem Schilde.

6) Die **Einfaſſung** entſteht dadurch, daß man einen Schild mit dem Hauptwappen von andern

Wappen rings umgebe, ober richtiger, daß man bei einer Vertheilung von Wappen in einen Haupt- ober Rückschild ben mittelften Plaz biefes Rückschildes durch einen Mittelschild mit bem Hauptwappen bebecke. Dabei wird vorausgefezt, baß bie Wiberholung ber Wappen im Hauptschild bie ganze Zusammenstellung nicht als „Verschränkung" karakterifire.

Derlei Wappen find noch weniger felten als bie verschränkten. Es gehört zu biefer Gattung u. a. bas Wappen bes Herzogthums Naffau (1658), wo um ben gevierteten Mittelschild, ber mit einem Herzschilde belegt ift, fich in zwölf Pläzen bie übrigen Wappen anreihen.

Der Herzschild enthält bas Stammwappen Naffau. Im Mittelschild ift 1. Trier, 2. Pfalz, 3. Sayn und 4. Köln. Im Hauptschild folgen ber Reihe nach, vom vorberen Obereck beginnend, ringsum: Nahlberg, Diez, Wellnau, Kazenelnbogen, Königstein, Limburg, Freysburg, Homburg, Wittgenstein, Eppstein, Merenstein und Hammerstein.

Hieher gehören ferner bie Wappen bes Kaifers von Oesterreich, Königs von Bayern, ber Großherzoge von Mecklenburg u. f. w.

Zur Bereinigung burch Einfaffung gehört ferner schlußgerecht, wenn ein Wappen in Form einer Borbur um ein anberes gelegt wird. Diefe Bereinigung ift namentlich in Spanien und Portugal fehr häufig und ein fprechenbes Beifpiel ift vor anbern bas kgl. portugufifche Wappen felbft (1659), bei welchem bas Wappen Kaftilien rauzweife um bas Wappen Portugal gezogen ift.

Auch Allianzwappen pflegten zuweilen burch Einfaffung gebilbet zu werben. Ich gebe hiervon ein Beifpiel in bem Wappen ber Margareta v. Gumppenberg, geborenen v. Preifing a. b. Jahre 1604, aus einem Stammbuche. Das Wappen (1662) hat ben väterlichen Schild Preifing als Herzschild bes gumppenberg'fchen Wappens, fo daß alfo erfteres burch lezteres eingefaßt erscheint. Der Helm Preifing steht zwischen ben zwei gumppenberg'fchen Helmen. Ein zweites Beifpiel ift mir bekannt geworben in bem Wappen ber „Elifabet Marschallin Freyfrau zu Pappenheim, eine geborne Grezwelnin, Freyin zum Weyer 16.30" Dort ift bas geviertete grezwein'fche Wappen burch bas geviertete pappenheim'fche eingefaßt.

7) Eine weitere Art ber Bereinigung ift bie **Einpfropfung** Diefe hat ftatt, wenn ein Wappen (fammt feinem Felbe) entweber als eigener Schild ober in einem Herolbsftücke in bas anbere hineingefezt wird. Hier verfteht fich von felbft, baß ber eingepfropfte Schild nicht auf ber Herzstelle liegen barf, ba fonft bie Einfaffung beziehungsweife Verschränkung ftatt hätte, ebenfo, wie wenn man als Herolbsftück für bies einzupfropfenbe Wappen bie Borbur wälen würbe.

Im Schilbe ber Herzoge von Sachfen-Meiningen-Hilbburghaufen liegt auf bem 5. u. 8. Plaz ber gekrönte Schilb Sachfen. Diefer kann alfo füglich als eingepfropft bezeichnet werben; ebenfo war bies im alten kurfächfifchen Wappen mit bem Schilbe bes Erzmarfchallamtes ber Fall, welcher in bas Felb mit bem Wappen ber Oberlaufiz (welches ben 8., 11. und 14. Plaz bebeckt) eingepfropft erscheint.

Als Einpfropfung kann auch gerechnet werben, wenn einem Wappen ein anberes mittelft eines Freiviertels ober anberen Herolbsftückes eingefügt wird.

Die alten Herren von Berghes in ben Nieberlanben führen unter g. Haupte, barin fünf r. Pfäle in gr. brei burchbrochenen s. Rauten. Dem Schilbe ift in einem Freiviertel bas Wappen ber v. Hoven (?) eingepfropft: in # ein g. Löwe (1661). — Auf biefe Weife find viele Baftarbwappen zufammengefezt.

Anbere Herolbsftücke, bie fich zu biefem Zwecke befonbers eignen, find bie Spize. Diefe wird als Felb mit Figur in ber Regel unten in ben Schild eingefchoben und hieburch ein Wappen bem beftehenben eingepfropft. Der Art ift z. B. bas Wappen Granaba im Spanifchen, bas Wappen Gleichen im Hohenlohe-neuenfteinifchen Schild aufgenommen. Ferner: Das Wappen ber Preifing von Hohenfchau hatte im Schild erftlich bie Wappen Preifing und Freiberg von Afchau zufammengefchoben (f. c. 1634) fpäter wurbe biefem Schild bas Wappen ber Afchauer mittelft einer Spize eingepfropft (1660); Einpfropfung burch eine geftürzte Spize zeigt bas Wappen Zarate oben (1469).

Ferner find zur Einpfropfung zu verwenben, bas Schilbeshaupt und ber Schrägbalken. Von beiben finden wir zahlreiche Beispiele in den Wappen des italienischen, französischen und englischen Adels (vgl. oben die Wappen 1268, 69, 71, 83, 1318).

Insbesondere sind hier die Gnaden- und Bastardwappen häufig einzureihen.

Ich finde, daß die lezteren Arten von Vereinigung, wenn z. B. ein Schild mit einem Schrägbalken überzogen wird, welches ein selbstständiges Wappen enthält, von Manchem zur „Einverleibung" nicht zur „Einpfropfung" gezählt werde; der Leser wird dem aber so wenig als ich beistimmen können, wenn er die hierunten folgende Definition der Einverleibung im Auge behält.

8) Die **Einverleibung** ist die lezte besondere Vereinigungsart. Sie besteht darin, daß man die Figur eines Wappens (ohne ihr Feld) kurzweg in ein anderes Wappen hineinsezt, so daß sie als zu diesem gehörig betrachtet werden muß.

Beispiele: Im kleinen Wappen des Fürstenthums Schaumburg-Lippe ist das lippe'sche Wappen dem schaumburg'schen einverleibt, indem die r. Rose des ersteren in das obere s. Feld des lezteren hineingesezt erscheint (1664).

Der Schenkenbecher, welcher auf die Theilung des Schildes der Grafen von Erbach gelegt ist (1666). Als Schenkenwappen wird der g. Becher in R. angenommen.

In dem Wappen des Marktes Thann in Bayern, welcher eine gr. Tanne führt, sind zu den Seiten dieses Baumes zwei Wecken aus dem Schilde Bayern, ein silberner und ein blauer, einverleibt (1663).

Ein leztes Beispiel der Einverleibung bietet das Wappen der de Mohun in England, welches ursprünglich in R. einen Hermelinärmel hatte, später aber mit der Agulon, deren Wappen (in R.?) eine s. Lilie hatte, derart vereint, daß aus dem Aermel eine Hand hervorkommt, welche die s. Lilie hält (1666).

Schlüßlich bemerke ich noch, daß bei Vereinigung mehrerer Wappen man nicht nur nicht gebunden sei, diejenige zu wälen, welche einem am passendsten erscheint, sondern daß man auch volle Freiheit habe, nach Bedürfniß alle Vereinigungsarten zugleich anzuwenden.

Praktisches Beispiel.

Es sei mir die Aufgabe geworden, ein neues Staatswappen des Königreichs Bayern aufzureißen.

Die spezielle Instruktion lautet mit wenigen Worten dahin:

Das neue Wappen soll die einzelnen Provinzen und ihre Hauptbestandtheile vertreten, zugleich aber auch den historischen Erinnerungen des regierenden Hauses Wittelsbach Rechnung tragen. Als selbstverständlich wird möglichst gefällige und übersichtliche Anordnung, sowie zweckentsprechende Ausstattung empfohlen.

Analisire ich diese Instruktion, so ergeben sich mir folgende Vorarbeiten als nothwendig:

1) Diejenigen Bestandtheile zu eruiren, aus denen das jezige Königreich zusammengewachsen ist.

2) Diese Bestandtheile nach den einzelnen Provinzen zu ordnen.

3) Die ehemals unter bayrischer Herrschaft gestandenen Länder und Gebiete aufzusuchen und zu ordnen.

4) Die Wappen aller dieser Bestandtheile festzustellen.

5) Aus diesen Wappen allen, falls deren zu viele sein sollten, diejenigen auszuwälen, welche als die passenderen erscheinen, endlich

6) Mir einen zweckmäßigeren Plan zur Vereinigung aller dieser Wappen, sowie zur Ausführung der Prachtstücke zu entwerfen.

Ist dieß alles geschehen, so bleibt es der künstlerischen Seite der Heraldik überlassen, das Wappen auf die zweckmäßig günstigste Weise zu arrangiren und dieses selbst zur Stelle zu bringen. —

Das jezige Königreich Bayern besteht aus dem Stammlande Ober- und Nieder-Bayern, nebst der obern Pfalz, und der Pfalz am Rhein mit ihren einzelnen Gebieten. An weltlichen Fürstenthümern und Herrschaften sind im Laufe der Zeit zugefallen: Oettingen, Hohenlohe-Schillingsfürst, Babenhausen, Hohenlohe, Löwenstein, Burgau, Leuchtenberg, Hohenschwangau, Ortenburg, Illertissen, Haag, Mindelheim, Hohenlandsberg, Pappenheim, Hohenwaldeck, Castell, Erbaum, Ansbach, Kulmbach und Baireuth, an geistlichen Fürstenthümern, Bisthümern und Reichsabteien: Würzburg, Augsburg, Kempten, Eichstädt, Bamberg, Aschaffenburg, Chiemsee, Berchtesgaden, Speier, St. Emmeran, Regensburg, Freising und Theile von Fulda, Worms und Salzburg.

Ferner die Deutschordensabtei Ellingen und das Gebiet der fränkischen Reichsritterschaft.

An Reichsstädten: Augsburg, Nördlingen, Lindau, Kempten, Memmingen, Kausbeuern, Nürnberg, Rothenburg a. T., Schweinfurt, Regensburg, Weissenburg i. N., Dinkelsbühl, Donauwörth, Landau in der Pfalz und Speier.

Länder und Gebiete endlich, welche von Wittelsbachern beherrscht worden sind und werden, sind: Holland mit Seeland, Ungarn, Böhmen, Dänemark, Schweden, Norwegen, Griechenland, Jülich, Kleve, Berg, Bergen op Zoom, Rapoltstein, Mark, Mörs, Birkenfeld, Veldenz, Sponheim, Hohenack, Brandenburg und Tirol.

Zum Schluß ist noch zu gedenken des uralten Erztruchsessenamtes, welches das Haus Wittelsbach im römischen Reiche inne hatte.

Nach diesem kurzen Ueberblick der historischen Bestandtheile Bayerns beginne ich, da die Aufgabe verlangt, daß die einzelnen Provinzen und ihre Hauptbestandtheile in einem Wappen sollen vertreten sein, diese Bestandtheile zu ordnen und zugleich ihre Wappen festzustellen.

I. Oberbayern.

Das Stammland führt seit urfürstlichen Zeiten das Wappen seiner Landesherren, den blau-silberjewedten Schild Bayern (1667).

Das Wappen des Bisthums Freising, zeigt in S. einen roth-gekrönten Mohrenkopf mit r. Kragen (1668).

Wegen der Grafschaft Werdenfels hat Freising nie ein Wappen in seinen Schild aufgenommen. Die Grafen von Werdenfels waren aber nach Hunbins eines Stammes und Wappens mit dem Grafen von Eichenloh, und letztere führten: Gespalten, vorne in R. ein s. Balken; hinten in S. ein halber # Adler am Spalt (1669).

Die reichsfürstliche Probstei Berchtesgaden.

Das Probstei-Wappen war: In R. ein s. und ein g. Schlüssel geschrägt; das Stiftswappen in B. sechs, 2. 2. 1., s. Lilien wegen der Grafen von Sulzbach, seiner Stifter. Beide Wappen wurden in den letzteren Jahrhunderten vom Fürstprobst in einem gevierteten Schilde geführt, welchem im Herzschild das Familienwappen des Fürstenthums beigefügt war (1670, 71).

Vom Fürstbisthum Salzburg ist ein ansehnlicher Theil gegenwärtig bei Bayern. Das Wappen: Gespalten von R. u. G. Vorne ein s. Balken, hinten ein # Löwe (1672).

Die Reichsgrafschaft Hohenwaldek führte in S. über zwei geschrägten r. Stäben einen halben r. Adler (1674).

Das Wappen der Reichsherrschaft Hohenschwangau, zeigt in R. einen schreitenden g.-gewaffneten s. Schwan (1673).

Das Wappen der Reichsgrafschaft Haag, zeigt in R. eine aufspringende b.-gezäumte s. Gurre (1675).

Die Hauptstadt endlich ist München, welche als Wappen: in S. einen baarköpfigen #-gekleideten Mönch führt, der die Rechte zum Schwur erhebt, in der Linken aber ein geschlossenes r. Buch hält (1676).

II. Niederbayern.

Auch dieß gehört zum Stammlande, und führt demnach den Rautenschild (1667).

In ältesten Zeiten bestand jedoch für Niederbayern als Stellvertretung der Herzoge ein eigenes Vicedom-Amt, welches als Wappen: In S. einen feuerspeienden r. Panther führte (1677) [1].

In Niederbayern liegt ferner das ehemalige Reichsbisthum Passau, welches in S. einen r. Wolf führt (1679).

Dann die zu Passau gehörig gewesene Herrschaft Rickenburg, deren Wappen in G. einen mit drei r. Rosen belegten s. Schrägbalken zeigt (1678).

Die Reichsgrafschaft Orttenburg, deren Wappen in R. ein geästeter s. Schrägbalken (1681).

Die Herrschaft Neuburg a. J., deren Wappen in S. einen r. Greif zeigt, welcher in den Krallen einen g. Hasen hält (1681).

Von den mächtigen Herrn- und Adelsgeschlechtern verdienen erwähnt zu werden: die Grafen von Bogen, stammverwandt mit den Schyren, die Reichsfreien von Degenberg und die Grafen von Hals. Leztere führten in S. einen b. Balken (1682).

Das Wappen der Grafen von Bogen war nach Hundius ein b.-s. gewecter Schild mit einem g. Gleverad belegt (1683).

Das Wappen Degenberg hat in G. das r.-gekleidete Brustbild eines Mannes (Rüßen), mit dreispiziger rother Müze, deren Spizen mit s. Knöpfen oder Schellen besezt sind (1684).

Die Hauptstadt von Niederbayern Landshut führt in S. drei b. Eisenhüte mit r. Schnüren (1685).

III. Pfalz.

Die Pfalz, wie sie heutzutage als bayerische Provinz besteht, umfaßt wenige ehemalige Gebiete ganz, von den meisten nur Theile.

Das Kollektivwappen der Pfalz am Rhein, welches auch von den bayerischen Regenten als Hauptwappen im Schilde geführt wurde, hat einen r.-gekrönten g. Löwen in ✠ (1686).

Das Herzogthum Zweibrücken, die Heimath der jezt regierenden Linie Wittelsbach, führt als Wappen: in G. einen r. Löwen, darüber einen b. Steg- oder Turnierkragen (1687).

Die Grafschaft Veldenz führt in S. einen gekrönten b. Löwen (1689).

Die Grafschaft Saarwerden führt in ✠ einen s. Doppeladler (1688).

Das Wappen der Grafschaft Leiningen ist: in B. drei s. Adler (1690).

Die Herrschaft Reipoltskirchen führt in Gr. mit s. Schindeln besät einen gestürzten g. Anker (1692).

Die Herrschaft Jallenstein führt G. unter r. Haupt (1691).

Die Herrschaft Lichtenberg: Innerhalb r. Bordur in S. ein ✠ Löwe (1693).

Hochstift Speyer führt in B. ein s. Krenz (1694).

Hochstift Worms führt in ✠ mit s. Kreuzlein besäten Felde schräggelegt einen g. Schlüssel (1696).

Die ehemalige Reichs-, jezt Kreishauptstadt Speyer, hat als Wappenbild den Speyerdom in seiner ältesten Gestalt und natürlichen (rothen) Steinfarbe in S. (1697).

Die ehemalige Reichsstadt Landau führte einen r. Löwen in S. (1695). In neuerer Zeit steht der Schild in B. zwischen zwei s. Thürmen, auf deren jedem ein Wächter bläst. Man findet auch den pfälzischen Löwen (g. in ✠), statt des frühern (r. in s.) in einem Schilde zwischen den Thürmen.

[1] Ueber den Ursprung des niederbayerischen Panthers, s. Abhandlungen der kurbayer. Akademie X. 209 ff.

IV. Oberpfalz und Regensburg.

Das Herzogthum der oberen Pfalz, ebenfalls ein Stammland, führt als solches den Schild Bayern.

Das Hochstift Regensburg hat als Wappen in R. einen s. Schrägbalken (1698).

Die ehemalige Reichs-, jetzt Kreishauptstadt Regensburg, führt in R. geschrägt zwei s. Schlüssel (1700).

Die reichsfürstliche Abtei St. Emmeran in derselben Stadt, führte einen doppeltgevierteten Schild: in der vordern Hälfte hat 1. in S. einen halben # Adler mit g. Schein am Spalt, 2. in B. drei s. Lilien, 3. in R. ein s. Schlüssel und 4. in S. ein r. Palmzweig; in der hintern Hälfte sind die ebenbeschriebenen Felder vertheilt, d. h. in 1. der Palmzweig, 2. der Schlüssel, 3. die Lilien und 4. der Adler (1699).

Das Fürstenthum Sulzbach. Das Wappen der Grafen von Sulzbach ist bereits oben beim Stift Berchtesgaden gegeben worden.

Die Landgrafschaft Leuchtenberg führt als Wappen: in B. einen s. Ballen. Da die Landgrafen von Leuchtenberg auch die Grafsch. Hals (bei Niederbayern) besaßen, so kommt ihr Wappen auch mit diesem geviertet vor (1701).

Die gefürstete Grafschaft Sternstein führt in B. über s. Dreifels, drei g. Sterne (1702).

Die Herrschaft Sulzburg führt in G. übereinander schreitend zwei r. Löwen (1703).

Das ehemals bambergische Amt Vilseck führt: Wellenweise getheilt; oben in G. wachsend ein # Löwe mit s. Schrägfaden überzogen, unten in B. zwei s. Flüsse (1704).

V. Oberfranken.

Das Fürstbisthum Bamberg führt: in G. einen # Löwen, über das ganze ein s. Schrägfaden gegen (1706).

Die Markgrafthümer Bayreuth und Kulmbach, haben als solche kein Wappen. Die Markgrafen aus dem Hause Zollern, führten das große brandenburgische Wappen, und darin ihr Stammwappen Zollern — den von S. und # gevierteten Schild — in einer sehr untergeordneten Stellung, am 21. Platze des 27. Felder zählenden Schildes.

Dennoch dürfte für diese beiden Gebiete kein anderes Wappen zu finden sein, als eben das Zollern'sche (1705). Um jedoch einigermaßen die beiden Gebiete zu kennzeichnen, habe ich mir erlaubt, jedem der gleichen Schilde ein r. Schildchen aufzulegen, worin bei dem einen ein g. B., bei dem andern ein g. C. sich zeigt.

Die Kreishauptstadt Bayreuth führt den Schild der Grafen von Zollern, mit dem der Burggrafschaft Nürnberg, geviertet und darüber geschrägt zwei gestürzte Feuerhaken, der eine r., der andere s. (1714).

VI. Mittelfranken.

Das Fürstenthum Ansbach oder Onolzbach, war gleichfalls der brandenburg-zollern'schen Familie gehörig, und sein Wappen ist das zollern'sche wie oben (1705).

Das Burggrafthum Nürnberg, führt innerhalb r.-s.-gestückter Borbur in G. einen r.-gekrönten # Löwen (1708).

Reichshochstift Eichstädt hat als Wappen: In R. den obern Theil eines s. Bischofsstabes mit abhängender g. Fahne (1709).

Für Ellingen, ehemals Deutschordens-Komthurei, würde das Wappen des Deutschordens (1710) am schicklichsten gewält werden, obwol E. jetzt im Besitz der Fürsten Wrede ist.

29*

Fürstenthum Hohenlohe-Schillingsfürst. Da die Fürsten Hohenlohe für Schillingsfürst ein eigenes Wappen führen, so dürfte das Hohenlohe-Stammwappen (1711), (in S. übereinanderschreitend zwei s. Löwen mit eingezogenen Schweifen), zu wählen sein.

Grafschaft Pappenheim. Das Wappen der Grafen und Grafschaft ist ein Schild von Erh, (blau und silber 1712).

Das Wappen des Erbmarschallamtes, welches die P. besaßen, dürfte hier nicht in Betracht kommen.

Grafschaft Hohenlandsberg oder Schwarzenberg führt: In R. auf # Dreiberg einen s. Zinnenthurm (1713).

Herrschaft Seinsheim führte das seinsheim'sche Wappen. Von S. und B. fünfmal gespalten (1716).

Reichsstadt Nürnberg. Das jetzige Wappen zeigt in B. einen gekrönten g. Jungfrauenadler (1715).

Reichsstadt Rothenburg a. T., führt in S. ein zweithüriges r. Stadt-Thor (1717).

Reichsstadt Weissenburg im Nordgau: In S. ein zweithürmiges s. Stadt-Thor, zwischen den Thürmen ein g. Schildlein, darin ein # W. (1719).

Reichsstadt Dinkelsbühl: In R. auf s. Dreiberg drei g. Dinkelähren (1721).

Reichsstadt Windsheim: In S. ein gekrönter # Adler mit ein g. W. auf die Brust (1718).

Das Wappen der Kreishauptstadt Anabach, hat in Gr. einen s. Schrägfluß, darin drei b. Forellen schwimmen (1720).

VII. Unterfranken und Aschaffenburg.

Die Reichsfürsten und Bischöfe von Würzburg führten zwei Wappen, das eine als „Herzoge von Franken", das andere als „Fürsten von Würzburg."

Das herzoglich fränkische Wappen hat einen von R. und S. mit drei Spitzen getheilten Schild (1723).

Das Wappen des Fürstenthums und auch der Stadt Würzburg hat in B. an g. Lanze, schräggelegt ein von R. und S. geviertetes Banner (1726).

Das Fürstenthum Aschaffenburg, ehemals bischöfliches mainzisches Gebiet, hat als solches kein eigenes Wappen geführt. Es dürfte daher das mainzische Bisthumswappen, etwa mit einem Beizeichen zu adoptiren sein. Als solches habe ich hier drei g. A. mit Bezugnahme auf das alte Wappen der Stadt Aschaffenburg, welches ebenfalls ein A. enthält angenommen (1727).

Fürstenthum Löwenstein - wertheim'sches Gebiet: In S. über g. Dreifels schreitend ein b.-gekrönter r. Löwe.

Ehemals fürstlich taxisches Gebiet: Stammwappen Taxis: In B. ein schreitender s. Dachs (1724).

Grafschaft Castell: Geviertet von R. u. S. (1728).

Hochstift fulda'sches Gebiet. Das Wappen des Hochstifts ist ein # Kreuz in S. (1725).

Herrschaft Amorbach: In R. drei g. Kronen (1729).

Reichsstadt Schweinfurt: In B. ein g. Adler (1730).

VIII. Schwaben und Neuburg.

Als Collectiv-Wappen Schwabens ist seit dem XV. Jahrhunderte das den Hohenstaufen zugelegte, d. i. in Gold übereinanderschreitend drei vorwärtsschauende # Löwen (1731) in Gebrauch; dasselbe wird gegenwärtig in dem königlichen Schilde von Württemberg mit der Aenderung geführt, daß die rechten Vorderpranken der Löwen roth sind.

Die Markgrafschaft Burgau führt einen von S. u. R. fünfmal schräggetheilten Schild mit einem g. Pfal überlegt (1732).

Das Herzogthum Neuburg oder die junge Pfalz, hat als solches kein besonderes Wappen. Die Herzoge, ein Zweig des pfälzischen Hauses, führten das Wappen ihrer Linie, ohne für Neuburg ein eigenes Feld beigefügt zu haben.

Das Hochstift Augsburg, ehemals reichsfürstlich, führt einen von R. und S. gespaltenen Schild (1734). Das Wappen der reichsfürstlichen Abtei Kempten war ein von R. und B. getheilter Schild, in welchem das *.-gekleidete Brustbild der hl. Hildegard sich zeigte[1]) (1733).

Das Fürstenthum Oettingen hat als Wappen den öttingen'schen Schild: Roth-goldenes Feh mit einem b. Mittelschild belegt, und das Ganze von einem *. Schragen überzogen (1735).

Das Fürstenthum Babenhausen führt das fugger'sche Wappen im allgemeinen, und insbesondere für Babenhausen einen g. Schild mit drei # Schlägeln, zwischen denen ein # Stern (1734).

Die Reichsabtei Ursperg führte als Wappen in S. von gr. Dreiberg aufspringend einen # Bären (1736).

Die Reichsabtei Roggenburg führte in R. auf gr. Dreiberg drei s. Aehren (1738).

Die Reichsabtei Wettenhausen führte von # und R. durch ein s. Spitze gespalten, im # Plaz ein g., im r. ein s. Löwe, in der Spitze selbst ein b. Pfal, welcher mit einer s. Lilie belegt ist (1739).

Die Reichsabtei Ottobeuern (1740) führte: Gespalten von G. und #, vorne ein halber # Adler am Spalt, hinten ein g. Distelblatt, (vielleicht soll es auch ein ornamentirtes Kreuz oder eine g. Damaszirung sein?)[2]).

Das Wappen der Reichsabtei Irrsee war ein gekrönter s. Löwe in B. (1741).

Der Markt Irrsee führt gegenwärtig zwei s. Löwen übereinander in R.

Für die Herrschaft Illertissen, ehemals den Böhlin gehörig, wird das Wappen dieses Geschlechtes, welches in S. einen # Balken mit drei g. P. belegt zeigt (1742), am passendsten gewält werden, da der Markt I. ein ganz anderes Wappen führt.

Für die Herrschaft Mindelheim ist, nescio qua ratione, in dem angezogenen Wappen v. 1804 ein auf einem gr. Dreiberg stehender r. Löwe in S. angewendet (1743). Da das berühmte Geschlecht der Herzoge von Teck, dann das der Freundsberg, die Herrschaft durch mehrere Generationen und jedes bis zu seinem Absterben innegehabt hat, so möchte das Wappen eines dieser Geschlechter statt haben, oder mindestens mit dem obgenannten verbunden werden können.

Teck: Von # u. G. gewekt (1744).

Freundsberg: in G. ein schwebender # Sechsberg (1746).

Die im Regierungsbezirke gelegenen Reichsstädte und ihre jezigen Wappen sind:

Nördlingen: Getheilt von S. und #. Oben fünf b. Wesen nebeneinander gestellt, unten ein achtstraliger g. Stern (1745).

Memmingen: Gespalten von G. und S., vorne ein halber # Adler am Spalt, hinten ein r. Kreuz (1747).

Lindau: In G. ein gr. Lindenbaum (1748).

Kempten: Gespalten von # in S. Vorne ein halber g. Adler am Spalt, hinten auf gr. Dreiberg ein r. Thurm (1749).

Kaufbeuren: Gespalten, vorne in G. ein halber # Adler am Spalt, hinten in R. ein von zwei g. Sternen beseiteter Schrägbalken (1750).

---

[1]) In dem 1804 angesezten neuen kurpfalzbayerischen Wappen war dieß auch vertreten, aber aus dem Schilde, nescio qua ratione, die heilige Hildegard weggelassen.

[2]) So nach den gewöhnlichen Angaben: In dem angezogenen Wappen von 1504 ist das Wappen der „Grafschaft" O. als in R. ein aus dem Beitervand kommender halber s. Adler gegeben.

Donauwörth: In G. der Reichsadler, auf der Brust ein b. Schildlein mit g. **W.** (1752).
Augsburg, jetzt Kreishauptstadt. Gespalten von R. u. S. mit einer gr. Zirbelnuß auf g. Säulen-
Kapitäl (1751).

Erinnerungs-Wappen.

Länder und Gebiete, welche ehedem zu Bayern gehörten, oder von Zweigen der Wittelsbacher regiert
wurden, sind:
Holland: Das Wappen ist ein r. Löwe in G.
Hennegau: Ein # Löwe in G. (1755). Die Wappen Holland und Hennegau wurden von den baier-
schen Fürsten in Holland geviertet geführt (1763).
Dänemark: Drei gekrönte b. Löwen in G. übereinander. Das Feld mit r. Herzen oder geschürzten
Blättern bestreut (1757).
Schweden: In B. drei g. Kronen (1756).
Norwegen: In R. ein gekrönter g. Löwe, der eine s. Helleparte hält (1759).
Ungarn (Alt-Ungarn): Von R. und S. siebenmal getheilt (1758).
Böhmen: In R. ein gekrönter s. Löwe (1761).
Griechenland: In B. ein s. Kreuz mit dem bayerischen Wesenschild belegt (1754).
Brandenburg: In S. ein r. Adler mit g. Sichel auf dem Fluge und einem b. Schilde, darin ein g.
Zepter (Erzkämmereramt) auf der Brust (1760).
Tirol: In S. ein gekrönter r. Adler mit g. Sichel. In letzteren Jahrhunderten wird um das Haupt
und hinter dasselbe ein gr. Kranz (das „Ehrenkränzlein") gelegt (1762).
Die niederländischen Provinzen, welche erst Anfang dieses Jahrhundertes verloren gingen, waren:
Jülich: In G. ein # Löwe (1776).
Kleve: In R. ein g. Gliedenrad mit s. Schildlein belegt (1766).
Berg: In S. ein b.-gekrönter r. Löwe (1765).
Mörs: In G. ein # Balken (1767).
Mark: In G. ein r., s.-geschachter Balken (1763).
Ravensberg: In S. drei r. Sparren (1769).
Bergen-op-Zoom: In R. über gr. Dreiberg drei s. Schragen (1772).
Pfälzische Herrschaften, welche zu Bayern gehörten, sind:
Vorder-Sponheim: Von R. und S. geschacht (1764).
Hinter-Sponheim: Von B. und G. geschacht (1766).
Rapoltstein: In S. drei r. Schildlein (1771).
Hohenack: In S. drei gekrönte Rabenköpfe.
Ein Haupterinnerungswappen ist endlich das der Erztruchseßenwürde des hl. röm. Reiches: in
R. ein g. Reichsapfel[1]). — Ebenso das Wappen des hl. röm. Reiches, indem aus dem Hause Wittelsbach
drei deutsche Kaiser hervorgingen.
Nachdem nun die Wappen selbst gesammelt und festgestellt werden, ist die nächste Aufgabe der Plan
zur Zusammenfügung derselben.
Da es im Ganzen zehn Gruppen von Wappen sind, so wäre ein zehntheiliger Schild das Zweckmäßigste.

---

[1]) Die pfälzische Linie führte nach 1623, in welchem Jahre das Erztruchseßenamt an die oberbayerische Linie überging und seit
nach 1706 manchmal wegen des erbeilten Erzschatzmeisteramtes als Umtswappen: die deutsche Kaiserkrone in R. (1776). Es
ist jedoch zu einem verunehrenden Gebrauch nicht gekommen, weil längere Zeit der Streit mit Hannover deshalb schwebte
und wurde endlich, als die pfälzische Linie der altbayerischen in der Regierung folgte, ganz aufgegeben. Einem ganz leeren
rothen Schild (Bartschild) mit g. Damaszirung (1776) führte die pfälzische Linie dagegen noch herauf bis zu Karl Theodor.

Allein es darf nicht vergessen werden, daß, für die Uebersichtlichkeit des Ganzen und die Erkennung als Wappen Bayerns zumal, noch ein weiteres Feld für das Kollektivwappen des ganzen Landes zu ermitteln sei. Sobald man hierüber einig, wird man ohne Weiteres auch zugestehen, daß dies Wappen kein anderes sein könne, als das altherkömmliche der Vereinigung von Bayern und Pfalz und daß dieses Gesammt- und Hauptwappen auf keinem andern Plaze besser stehen könne, als in der Mitte des Schildes, sei es in einem einfachen Plaze oder in einem aufgelegten Mittelschilde.

Hierdurch aber werden statt der früheren 10 nunmehr 11 Pläze nothwendig und es frägt sich, ob man einen Schild derart in 11 Pläze theilen könne, daß einer derselben grade die Mitte einnehme und von den übrigen 10 keiner benachtheiligt werde.

In dieser Idee der Zusammenfügung liegt zugleich die Andeutung, welche der oben beschriebenen Vereinigungsarten hier zu wälen sei — ich meine die Einfassung.

Bevor ich nun zur Eintheilung des Hauptschildes schreite, ist es nöthig, mich zu vergewissern, wie jede der einzelnen Gruppen für sich am schicklichsten zusammengestellt werden könne.

Das Hauptwappen finde ich, wie erwänt, am besten in dem alten herzoglich bayerischen Schilde, Pfalz und Bayern verschränkt. Im vorliegenden Falle muß jedoch unbedingt und im Gegensaz gegen sonst dem Stammlande Bayern der Vorzug in 1. u. 4. eingeräumt werden (1781).

Bei näherer Betrachtung der übrigen Wappengruppen ersehe ich, daß die Zal der möglichen Einzelwappen bei jeder Gruppe verschieden ist und zwar zwischen 3 als Minimum (bei Oberfranken) und 22 als Maximum (bei Schwaben) wechselt. Es ergiebt sich hieraus sogleich die Nothwendigkeit, daß, um nicht einen Plaz gegen den andern zu sehr zu belasten, ein gewisses Maß in Einreihung der Einzelwappen beobachtet werden müsse. Dies kann füglich geschehen durch richtige Auswal der historisch und staatsrechtlich mehr oder minder bedeutsamen, sowie innerhalb dieser Grenze wieder durch Betrachtung der in künstlerischer Hinsicht passendsten Wappen. Es ist ferner auch die Vertheilung einer Wappengruppe in zwei Pläze oder umgekehrt die Vereinigung von zwei Gruppen in einem Plaz nicht ausgeschlossen, dabei muß jedoch vor Allem der Plan des Ganzen im Auge behalten werden.

Bei Vereinigung der Wappen nach Provinzen schwebt mir die Idee vor, die vereinigten Wappen jeder Provinz einzeln durch das Wappen ihrer Hauptstadt zu kennzeichnen und zu schließen. Diese Art ist mir in der praktischen Heraldik zwar noch nicht vorgekommen, und mag überhaupt neu sein, ich stehe aber nicht an, sie festzuhalten, da ihr ein Rechtsprinzip nicht entgegen ist, und sie auch für die Anschauung, namentlich aber für das größere Publikum zu empfehlen sein dürfte, weil jeder einigermaßen der Vaterlands-Geschichte kundige augenblicklich die Wappen der Provinzen an denen ihrer Hauptstädte erkennen und festhalten wird.

Ich stelle nun nach bester Ueberlegung die Wappen der einzelnen Provinzen in folgender Weise zusammen¹):

1. Oberbayern (1777): Gespalten und zweimal getheilt mit Mittelschild (München). 1. Hohenschwangau, 2. Freising, 3. Berchtesgaden, 4. Salzburg, 5. Hohenwaldeck, 6. Haag.

2. Niederbayern (1778). Getheilt und zweimal gespalten mit Mittelschild (Landshut). 1. Vize-Domamt Niederbayern, 2. Orttenburg, 3. Passau, 4. Riedenburg, 5. Neuburg a. J. und 6. Degenberg.

3. Pfalz (1779). Zweimal gespalten und zweimal getheilt mit Mittelschild (Stadt Speyer). 1. Zweibrüden, 2. Bisthum Speyer, 3. Worms, 4. Saarwerden, 6. Leiningen, 7. Reipoltskirchen, 8. Faltenstein, 9. Velbenz.

4. Oberpfalz (1780). Getheilt und zweimal gespalten mit Mittelschild (Stadt Regensburg). 1. Bisth. Regensburg, 2. Bilsel, 3. St. Emmeran, 4. Leuchtenberg, 5. Sulzburg und 6. Sternstein.

---

¹) Da das Ganze nur ein Entwurf ist, so sage ich: salvo meliori und mag sich Jeder, der Lust und Kenntnisse dazu hat, daran machen, diese Provinzwappen und auch alles Weitere anders zu arrangiren. Meine Gründe für die Wal und Zusammenstellung in jedem einzelnen Falle zu erörtern, dazu gebricht es hier an Raum.

5. Oberfranken (1782). Geviertet von Bamberg und Zollern (Bayreuth und Kulmbach) mit Herzschild (Stadt Bayreuth).

6. Mittelfranken (1783). Zweimal gespalten und zweimal getheilt mit Mittelschild (Ansbach). 1. Eichstädt, 2. Burggrafthum Nürnberg, 3. Hohenlandsberg, 4. Ellingen, 6. Hohenlohe, 7. Pappenheim, 8. Rothenburg, 9. Stadt Nürnberg.

7. Unterfranken (1784). Zweimal gespalten und einmal getheilt mit Mittelschild (Würzburg). 1. Franken, 2. Aschaffenburg, 3. getheilt von Castell und Schweinfurt, 4. getheilt von Taxis und Löwenstein, 5. Amorbach, 6. Fulda.

8. Schwaben und Neuburg (1785). Zweimal gespalten und zweimal getheilt mit Mittelschild (Stadt Augsburg). 1. Burgau, 2. Stift Kempten, 3. Hochstift Augsburg, 4. Babenhausen, 6. Oettingen, 7. Ottobeuren, 8. Geviertet von Illertissen und Mindelheim, 9. Memmingen.

Die Erinnerungswappen vertheile ich füglich in zwei Pläze, derart, daß

A. (1786). Zweimal gespalten und zweimal getheilt ist: 1. Brandenburg, 2. geviertet von Ungarn und Böhmen, 3. Dänemark, 4. Griechenland, 5. heil. röm. Reich, 6. Schweden, 7. Holland und Hennegau geviertet, 8. Norwegen und 9. Tirol.

B. (1787) zweimal gespalten und zweimal getheilt ist: 1. Jülich, 2. Ravensberg, 3. Berg, 4. Mark, 5. Erztruchsessenamt, 6. Mörs, 7. Cleve, 8. Rapoltstein 9. Bergen op Zoom.

Diese 11 einzelnen Wappengruppen vereinige ich nun in der Art, daß ich den Schild zweimal theile. In die obere und untere Reihe, welche dreimal gespalten wird, seze ich je 4 Provinzwappen, und zwar nach ihrer Rangordnung, von rechts nach links; die mittlere Reihe spalte ich zweimal, in der Art, daß der mittlere etwas schmälere Plaz [1]) von dem Mittelschilde mit dem Hauptwappen bedeckt wird.

In den vordern Plaz stelle ich die erste, in den hintern Plaz die zweite Gruppe der Erinnerungs-Wappen.

Anf den Hauptschild lege ich die königliche Krone, und unten am Schilde lasse ich die herkömmlichen Orden des heil. Hubertus, St. Georgs mit den Ketten, dann den Militär- und Zivil-Verdienst-Orden, an ihren Bändern erscheinen. Als Schildhalter belasse ich gleichfalls die herkömmlichen widersehenden, mit der Königskrone[2]) gekrönten g. Löwen. Jedem der Schildhalter gebe ich außerdem noch ein Banner, mit abfliegendem r. Schwenkel, der mit g. Sternen besäet ist. Das des vordern Löwen ist: Geviertet von Bayern und Pfalz[3]). Das andere Banner ist geviertet von Franken und Schwaben.

Hinter und über dem Ganzen erscheint ein hermelin-gefüttertes, blau-silber-gewecktes Wappenzelt, mit goldenen Schnüren und Fransen. Um die Kuppel, welche oben die Königskrone trägt, ist eine rothe Spange, auf welcher in goldener Schrift die Worte stehen: Ich will Frieden. [4]).

Ich wiederhole zum Schlusse, daß ich bei Entwurf dieses neuen bayerischen Staatswappens nur vom Standpunkte der Heraldik ausgegangen bin, und lediglich meine eigenen Ideen ausgeführt habe. Es war, wie

---

[1]) Die Größe dieses Plazes gestaltete sich dadurch, daß ich die Spaltungszlinien der obern Reihe in die mittlere durchgehen ließ, welche Maßregel ich im Interesse der künstlerischen Einheit zweckmäßiger hielt. Hierdurch gestalteten sich die beiden äußeren Pläze etwas breiter, und dadurch zugleich wieder vortheilhafter für die ihnen zugetheilten Theilungen und Figuren.

[2]) Ich weiß wol, daß, da diese Löwen aus dem pfälzischen Wappen genommen sind, sie gleich dem pfälzischen auch reth gekrönt sein sollten.

[3]) Vergleiche über die Stellung der Wappenbilder und Quartiere in Bayern, was oben S. 165 gesagt ist.

[4]) Anspielung auf den denkwürdigen Ausspruch des Königs Maximilian: „Ich will Frieden haben mit meinem Volk." — Wer will, kann es auch Bezug nehmend halten auf den bekannten Spruch des bayerischen Löwen: Tritt mich nit, ich leid's nit.

die Ueberschrift sagt, schlechterdings nur ein „praktisches Beispiel" zu geben; wenn ich da überhaupt ein Verdienst beanspruche, so ist es das überhaupt zum erstenmale in einem Lehrbuch der Heraldik ein praktisches Beispiel des Aufreißens eines Wappens beigebracht zu haben. .

Denjenigen meiner Leser, welche sich mit der Heraldik in eingehenderer Weise beschäftigen, möchte ich rathen, zur selbstigen Uebung den Versuch zu machen, vorliegende Aufgabe in anderer Weise, als ich es hier that, zu lösen. Mit den gegebenen Wappen an der Hand, und unter Beachtung der erleuterten Regeln, dürfte dieß nicht zu schwer fallen. Es könnte mich in der That nur erfreuen, gelegentlich von den Resultaten solcher Versuche Nachricht zu erhalten.

XXI. Das Kritifiren.

Wenn Kritifiren schon im gemeinen Leben ein leidiges, undankbares Geschäft ist, so darf man glauben, daß diese Arbeit in der Heraldik noch weniger lohnend sei. Niemand könnte hievon schönere Erzälungen machen, als ich, dessen Beruf es seit einem Dezennium mit sich brachte und bringt, die Fehler an den heraldischen Produkten nicht ungerügt zu lassen. Nirgends im Leben tritt man der menschlichen Eitelkeit näher als da, wo man die Ehrenzeichen ihres Daseins tadelt, und ich habe die feste Ueberzeugung, daß unter Tausenden von Wappenberechtigten kaum einer gefunden wird, den es nicht im innersten Gemüthe grämte, wenn er hören müßte, sein Wappen sei nicht schön oder wol gar fehlerhaft.

Da nun aber doch einmal das Kapitel vom Kritifiren in die „Praktische Heraldik" gehört, wird es gerathen sein gute Miene zum üblen Spiel zu machen, und nach Umständen auch den Unwillen eines Wappen-herrn auf sich zu nehmen.

Was man an einem Wappen zu kritifiren habe? gibt der Begriff des Wortes — die Fehler.

Die Fehler können entweder gegen die Regeln der Heraldik[1]), oder gegen den guten Geschmak verstoßen.

Zur richtiger Beurtheilung der Vergehen gegen die Heraldik gehört selbstverständlich eine genaue Kenntniß alles dessen, was wappengerecht ist, und wer dieß Wissen besitzt und im Stande ist, die Wege anzugeben, auf denen man derartige Fehler verbessern oder vermindern konnte und könne, der hat offenbar ein Recht zu kritifiren. — Fehler gegen den guten Geschmak herauszufinden, hängt von dem Grade der ästethischen Bildung des Kritifirenden ab, und hierin begegnet der Kritiker zum alleröftesten mißliebiger Aufnahme seiner Ansichten und Aussprüche[2]).

Im Allgemeinen unterwirft man das zu kritifirende Wappen nachfolgenden Fragen:

1) Ist die Form des Schildes praktisch gewält?

Bem.: Ist der Schild an den Rändern sehr stark ausgeschnitten, so ist er hinderlich zur Aufnahme von Wappen, welche viele Felder haben; denn wenn gleich die Figur nach dem Felde (und nicht umgekehrt das Feld

---

[1]) Hierunter ist auch inbegriffen die Nichtberechtigung zur Führung eines Wappenbildes oder eines Prachtstükes.
[2]) Wer es z. B. abgeschmakt finden wollte, daß bei einem gewissen freiherrlichen Wappen das Helmkleinod eine schreitende Sau ist, die auf dem Rüken eine Freiherrnkrone trägt, der riskirte eine Injurienklage.

nach der Figur) sich zu richten hat, so kann es doch vorkommen, daß z. B. drei Adler schlechterdings nicht in das Feld gebracht werden könnten, dessen größerer Theil durch einen übelangebrachten Einschnitt fehlt.

2) Ist die Eintheilung des Schildes überhaupt richtig — und wenn, ist sie praktisch?

Es ist von selbst klar, daß bei einem gevierteten Schilde nicht zwei Felder kleiner und zwei größer sein dürfen. Ebenso muß man beachten, ob der Schild getheilt (in der Mitte) sein soll, oder ob ein Schildeshaupt oder ein Fuß beabsichtigt sei.

3) Ist die Stellung und Farbe der Figuren richtig, und sind letztere auch kennbar?

Hier sind die Regeln der Figuren und Farben maßgebend. Stünde z. B. ein Löwe ganz oben im Haupt des Feldes, und der übrige Platz bliebe leer, so wäre dieß fehlerhaft, es müßte denn im Zwecke des Wappenentwurfes (Beizeichen rc.) liegen. — In Bezug der Deutlichkeit der Figuren gilt die Regel, daß man sie zu erkennen vermöge, und nicht etwa einen Luchs für ein Fuchs und einen Brunnen nicht für einen Ofen u. s. w. halten müsse. Maler und Siegelstecher leisten hierin oft das Unglaubliche, und setzen das Dasein einer Figur nicht selten in Zweifel.

4) Sind die Wappen in den einzelnen Feldern richtig vertheilt?

Steht das Hauptwappen bei einem gevierteten Schilde in 2. u. 3. — oder bei einem mehrmals getheilten Schilde etwa in dem letzten oder irgend einem untergeordneten Plaze — findet sich das Hauptwappen im Schildeshaupt oder Fuß und im Nebenwappen im Hauptschilde, so wäre das fehlerhaft.

Ebenso fehlerhaft ist bei einer doppelten Quadrirung die Verstellung der Felder, wie z. B. 1699 beim Wappen von St. Emmeran. Ferner ist zu beachten, ob bei aufgelegten Mittel- oder Herzschilden durch diese nichts oder wenigstens nichts Wesentliches verdekt wird. — Unter diesen Abschnitt gehört selbstverständlich auch die Beurtheilung, ob ein Wappen überhaupt einen Plan habe, und ob einen richtigen?

5) Sind die zusammengehörigen Bilder auch als solche behandelt?

Ein Wappen, das z. B. originaliter schon aus zwei oder vier Feldern besteht, kann man nicht zerreißen, und die zwei Schildeshälften als einzelne selbstständige Wappen behandeln, wie dieß wol bei einem aus zwei einfachen historisch-selbstständigen Wappen kombinirten der Fall sein darf.

6) Ist die Art und Zal der Helme und ihrer Kleinode den Wappen des Schildes entsprechend, und ist ihre Stellung regelmäßig?

Hat ein einfaches Wappen mehr als zwei Helme — stehen diese in verkehrter Ordnung — ist die Stellung der Kleinode regelwidrig — ist die Verbindung des Kleinods mit dem Helme unpassend (etwa durch Rangkronen) sind die Kleinode etwa gar fliegend — so sind dieß Fehler, die gerügt werden müssen.

7) Sind keine Rangzeichen oder Prachtstüke angewendet, welche dem fraglichen Wappen nicht gebüren, oder zu deren Führung der Wappenherr nicht berechtigt ist?

Hieher gehören z. B. Fürstenkronen bei nicht fürstlichen Familien — Spangenhelme bei bürgerlichen Wappen — Pavillons beim minderen Adel u. s. w.

8) Endlich ist der Wappenherr wirklich aus historischen, diplomatischen und heraldischen Gründen berechtigt, dieses oder jenes Wappen in der vorliegenden Weise zu führen?

Legt sich jemand ein Geschlechtswappen bei, dessen Führung ihm von seinen Voreltern nicht in unfürstlicher Weise (Uradel), oder durch förmliche Verleihung (Briefadel, Diplom) zusteht; — gebraucht Jemand ein Erbschaftswappen, das er nicht geerbt hat, das Wappen eines Gutes, das seine Familie nie besessen, — führt ein Nachgeborner das Wappen mit denselben Stüken wie etwa der Majoratsherr (vorausgesetzt, daß hierin diplomatische Unterschiede festgesezt seien) — führt ein Bastard das Wappen seines Vaters ohne Bastardzeichen — oder ein Bürgerlicher, ein etwa auf gleichen Namen lautendes adeliches Wappen, — so muß dieß natürlich ebenfalls der Kritik anheimfallen.

Dieß sind die Punkte, auf welche man beim Kritisiren vollkommen berechtigt hinbliken darf.

Was die Kritik des Geschmakes betrifft, so ist sie etwas diffizler Natur — nicht alles was regelwidrig ist, muß auch geschmaklos sein, aber die meisten geschmaklosen Wappen sind auch zugleich regelwidrig. Es wird vielleicht genügen, hier zu prüfen, ob der Stil des ganzen Wappens mit der Auffassung seiner Figuren und mit seiner ganzen Zeit harmonire.

Sehr häufig werden z. B. die in der gräulichsten Zopfzeit entstandenen Wappen aus Liebhaberei gothisfirt, was ihnen einen Anstrich gibt, dem man, sollte wirklich alles und jedes stilgerecht umgemodelt worden sein, mindestens die Zwangsjacke ansieht. — Aber hierin heißt es vor Allem: Noli me tangere und es wird besser sein, ein gothisirtes Dampfschiff zu ignoriren, als in ihm den Geschmack seines Herrn zu kritifiren.

Bevor ich nun zur Beibringung eines praktischen Beispieles in diesem Kapitel schreite, sei es mir erlaubt, ein Beispiel der bisher üblichen Art und Weise der Kritisirung durch sogenannte Heraldiker zu geben.

Hofrath und Professor Feßmaier, Lehrer der Heraldik an der Hochschule zu Landshut, kritisirt das Wappen des Kurfürsten von Pfalzbayern mit diesen Worten:

Wenn man das kurpfalzbayerische Wappen nach den Regeln der Heraldik prüfet, so ergeben sich folgende Resultate:

1) Die Figur des Hauptschildes ist ovalrund, welches die beste Art der Schilde ist.

2) Felder, sind alle mehr hoch als breit um die gewöhnlich hohen aber schmalen heraldischen Figuren zu fassen.

3) Mittelschild, er ist mit dem Herzschildlein an gehöriger Stelle angebracht, und deckt gar nichts erhebliches zu.

4) Verbindungsart ist die Einfassung und Verschränkung, welches ohnehin die schönste ist.

5) Plan, er ist nach dem Titel angelegt.

Wenn auf solche Art — alles recht und schön zu finden — überhaupt leicht zu kritisiren ist, so ließe sich insbesondere noch fragen, wozu denn eigentlich eine derartige Kritik gut sei? — Aussprüche, wie sie in 1., 2. und 4. niedergelegt sind, schaden bei dem Unerfahrenen mehr als sie nützen, wenn sich Feßmaier nicht getraute, an dem vorliegenden Wappen etwas Fehlerhaftes zu finden, so hatte er doch nicht nothwendig, zur Verherrlichung derselben Sätze aufzustellen, die den Regeln der Heraldik und des Geschmackes geradezu widersprechen, denn:

1) Ist es ganz falsch, daß die eirunde Form des Schildes die beste sei — sie paßt konstruktionsgemäß für vielfeldrige Wappen gerade am wenigsten.

2) Ist es falsch, daß die heraldischen Figuren gewöhnlich hoch aber schmal seien. Außerdem richtet sich wie bekannt die Figur in ihren Konturen nach der ihres Feldes und nicht umgekehrt.

3) Ist es mindestens zu viel gesagt, wenn er behauptet, die Einfassung und Verschränkung sei ohnehin die schönste Verbindungsart; wenn sie auch bei vorliegendem Falle richtig angewendet wurde, so läßt sich doch nicht behaupten, daß sie nicht bei andern Wappen unpraktisch und unschön wäre.

Nicht viel werthvoller sind die Kritisirungen der Wappen von Oesterreich, Preussen, Mecklenburg, Großbritanien und Quedlinburg, welche Gatterer in seiner praktischen Heraldik, Nürnberg 1791, gibt, dagegen sind die Historisirungen derselben Wappen in gedachtem Buche an sich bedeutender, obwol sie meines Erachtens zu weit ausholen, und sich von dem Gegenstand der Historisirung dem jeweilig vorliegenden Wappen mehr als nöthig entfernen. Jedenfalls hat Gatterer seinen Vorwurf fleißiger und gewissenhafter bearbeitet als Feßmaier und andere.

Praktisches Beispiel.
Das Wappen der Fürsten zu Khevenhüller-Metsch. (Taf. LX. Fig. 1789.)

Hauptschild. Derselbe enthält auf den ersten Anblick siebenerlei Wappen. Da alle, bis auf eines (im dritten Platz der oberen Reihe) sich wiederholen, so könnte man annehmen, daß die Verschränkung hier die passendste Vereinigungsart gewesen wäre; statt ihrer ist die Vertheilung in drei Reihen mit theilweiser Verschränkung und theilweiser Wiederholung gewählt worden. In der oberen Reihe sind die Felder des gräflich

metſch'ſchen Wappens berart vertheilt, baß ber mittlere ber fünf Pläze einem ber beiben in 1. u. 4. ſtehen⸗
ben Doppelabler ber vorderſte und hinterſte Plaz, bas Stammwappen Metſch (bort im Herzſchild) und ber
2. u. 4. Plaz bas Bild bes 2. u. 3. Feldes im gräflich Metſch'ſchen Wappen wiebergibt.　Dieſe Vertheilung
iſt offenbar nicht organiſch, wenn ſie auch nicht unſchön genannt werden kann.

Die zweite und britte Reihe enthalten bie Wappen: Khevenhüller, Weißbriach, Kellerberg und
Frankenburg in boppelter Quabrirung.　Die Quabrirung iſt ſo, baß bie mittleren vier Pläze von Weiß⸗
briach und Kellerberg geviertet ſind, bie äußern vier aber getrennt von Khevenhüller und Franken⸗
burg.　Dieſes Zerſpalten iſt ebenfalls gegen bie Geſeze ber Quabrirung.　Außerdem iſt neben bas Wappen
Weißbriach (in ber mittleren Vierung) ein ganz ſchwarzes Feld eingeſchoben, welches gar keine Bedeutung
hat, benn es iſt an ſich kein Wappen und gehört auch nicht zu Weißbriach und nicht zu Kellerberg.　Eine
ſo unmotivirte Einſchaltung kann nach ben Regeln ber Heraldik nicht gebilligt werden.　Endlich iſt auch bie
Verſchiebung ber Flüge bes kellerberg'ſchen Wappens, wie ſie hier und in ben meiſten Abbilbungen bes
Khevenhüller'ſchen Wappens erſcheint, unheralbiſch, benn es wäre unweſentlich geweſen, wenn ein Theil dieſer
Flügel auch burch ben Mittelſchild verdeckt worden wäre.　Es muß alſo im Ganzen bie Kritik bes Haupt⸗
ſchilbes ſich bahin ausſprechen, baß bie Zuſammenſezung regelwibrig ſei.

Der zuweilen vorkommenden Anrufung ber oberen Reihe als Schildeshaupt widerſpricht hier bie
Höhe bes Plazes, welche genau $\frac{1}{3}$ ber ganzen Schilbeshöhe ausmacht.

Mittelſchild.　Dieſer ſteht nicht im Herz, ſondern auf ber Vierung ber zweiten und britten Reihe.
Dieſe Stellung wäre berechtigt, wenn, wie gemelbet, ber Hauptſchild ein Schilbeshaupt hätte; obwol in bieſem
Falle bie Breite bes eigentlichen Schilbes außer Verhältniß wäre gegen beſſen übrigbleibende Höhe.

Der Mittelſchild enthält nebeneinanber bie Wappen Auffenſtein und Manborff, alſo nicht bas
Stammwappen Khevenhüller, welches, ſtatt hier ſeinen heralbiſchen Ort zu finden, in einer ſehr untergeord⸗
neten Stellung bes Hauptſchilbes (in 6. u. 17.) geſucht werden muß.

Der Mittelſchild genügt alſo ben Anforderungen ber Heraldik nicht.

Helme.　Die Rangordnung berſelben iſt ziemlich willkürlich.　Wenn man auch zugeben wollte, baß bem
Doppelabler als Gnadenwappen ber Vorrang gebühre, ſo war berſelbe boch nur ein ſolches für bie Grafen
Metſch, nicht für bie Khevenhüller.　Uebrigens haben ihn erſtere bennoch nicht auf bem mittleren, ſondern
auf bem erſten ihrer brei Helme geführt.　Wenn man alſo in Rückſicht ber Bedeutung bes Doppelablers bieſem
ben mittelſten Helm einräumte, ſo gehörte unmittelbar zur Rechten bieſes mittelſten Helmes ber bes Stamm⸗
wappens Khevenhüller.　Dieſer ſteht aber hier an vierter Stelle (b. h. unter ben ſieben Helmen am Ober⸗
rande nimmt er gewöhnlicher Blaſonirungsweiſe bie zweite Stelle ein).　Die zum Mittelſchild gehörigen
Helme ſind nicht minder willkürlich geſtellt, indem ber auffenſtein'ſche zur Rechten bes mittleren Helmes, ber
manborff'ſche aber (ſtatt korreſpondirend zur Linken) an ber äußerſten Rechten als 1. Helm Plaz nimmt.
Nachdem alſo bie regelrechte Rangordnung bei vier Helmen nicht eingehalten wurde, konnte ſie auf bie übrigen
brei keinen Einfluß mehr haben.

Die Helme bes metſch'ſchen Wappens ſind ben beiben Schildhaltern (golbenen Löwen) über bie
Häupter geſtürzt — ein nicht ungewöhnliches und nicht unſchönes Verfahren.

Wappenzelt.　Daſſelbe iſt hermelin-gefüttert, außen roth (nicht purpur) und mit einem gewöhnlichen
Fürſtenhut bebeckt, alſo ben Regeln und bem Gebrauch ber Heraldik gemäß.

Berechtigung.　Die Führung ber in ben Haupt- und Mittelſchild aufgenommenen Wappen iſt hiſto⸗
riſch erwieſen, indem ſie theils burch Kauf, theils burch Erbſchaft an bie Familie gelangten und in bem Reichs⸗
grafendiplom vom 6. Januar 1725 ſowie in bem Reichsfürſtenbrief vom 30. Dezember 1763 vom Kaiſer
beſtätigt wurden.　Da lezteres Diplom jedoch nur nach bem Rechte ber Erſtgeburt Kraft hat, ſo folgt
baraus, baß ben nachgeborenen Söhnen bie Führung bes Fürſtenhutes und Wappenzeltes nicht zuſtehe.

XXII. Gebrauch der Wappen.

Die günstige äußere Erscheinung der heraldischen Produkte, sowie der tiefe innere Sinn derselben konnten nicht verfehlen, diesen schon frühzeitig eine ausgedehnte Anwendung zu verschaffen. Auch der ärgste Feind der Heraldik wird zugestehen, daß ihr Eindruck ein günstiger sei, und wenn er sie geringschäzt, so geschieht es sicher nur, weil er sich innerlich bewußt ist, ihre Sprache nicht zu verstehen. Rechnen wir dazu die Biegsamkeit des Stoffes selbst, der sich allen Verhältnissen fügt, ohne dabei je karakterlos zu werden, so dürfen wir getrost behaupten, daß die Heraldik in ihrer praktischen Anwendung vielleicht die dankbarste Kunst sei, die wir kennen. Wäre sie also auch nur dekorativ allein, so würde sie schon als solche die Aufmerksamkeit und das Studium aller bildenden Künstler verdienen; sie hat aber noch ein anderes Moment für sich, die sie zum praktischen Gebrauch empfiehlt, das ist die räthselhafte und doch so sichere Sprache ihrer Bilder, die dem Eingeweihten eine Reihe von Thatsachen und Erinnerungen mit einem Blicke vor die Augen führt, dem Fremden aber stets mit dem Nimbus des Geheimnißvollen, Hieroglifischen entgegensieht [1]).

Das Alles hat seine Anerkennung, aber auch seine Geringschätzung gefunden. Täuschen wir uns nicht! Eben das Edle, das mit einer gewissen Unnahbarkeit sich von der Berührung mit dem Gemeinen fernhält, eben das hat sich von jeher seinen Feind geschaffen und erhalten. War es bewußtes oder unbewußtes Gefühl, das die Sanskulotten in Frankreich veranlaßte, wo immer möglich die Wappen nicht nur an Denkmälern des Adels, sondern aller Orten, wo sie erreicht werden konnten, zu zerschlagen und zu verderben? Die Wappen an sich waren ja unschuldige todte Gegenstände, aber ihre Sprache war es, die den Gleichheitsmenschen einen Vorwurf über die Unhaltbarkeit ihrer Lehre, über den Mangel eines geistigen Bewußtseins zu machen schien, und eben deshalb mußten sie zerstört werden.

Täuschen wir uns also nicht! Die praktische Heraldik hat noch ärgere Widersacher als die theoretische, und unter diesen ist der erste und bedeutendste der sogenannte Zeitgeist, der allem Bestehenden abhold, ist es, weil es besteht, allem Höheren und Edleren, weil er sich nicht in dasselbe hineinzudenken vermag, überhaupt allem Positiven, Historischen, weil er negativ und von heute ist.

---

[1]) Wenn der Eine theilnahmslos zwischen den Denkmalen der christlichen Kunst wandelt, oder wenigstens nur die allgemeine Achtung des Gebildeten vor ihnen hegt, sieht der Heraldiker jedes dieser Produkte mit schärferem Blicke an, es genügt ihm nicht, nur die äußere allgemeine Erscheinung dieses Denkmales, sei es eine Kirche, ein Haus, ein Buch, ein Altar, oder Schrank, zu bewundern, er sucht auch seine innere, seine besonderste Geschichte zu erforschen. Wenn den Einen ein gemaltes altes Kirchenfenster blos durch die Pracht der Farben, durch die Zeichnung der Bilder fesselt, so findet der Heraldiker aus den Attributen seiner Kunst, die in diesem Fenster sich zeigen, historische Thatsachen, Namen, Personen, Zahlen, die den Werth des Bildes, die Verdienste eines Stifters erst recht beleuchten, ja nicht selten bisherige Ansichten entkräften und unhaltbar machen. — Hier in dem Pflaster einer Kapelle liegt ein unansehnlicher Stein, über den Tausende schon hinweggetreten sind, ohne auf ihn zu achten; er enthält auch nichts als einen Schild in eigenthümlicher Stellung, etwa noch einige Anfangsbuchstaben und eine Jahreszal. Der Heraldiker aber erkennt und ehrt die Stätte, wo der Letzte eines uralten Geschlechtes aus fernen Landen seine Ruhe gefunden hat.

Leider huldigt auch ein großer Theil der Wappenherren diesem Zeitgeiste, oder besser, fürchtet sich vor demselben [1]). Deßhalb ist auch in neueren Zeiten die dekorative Benüzung der Heraldik mehr als billig vernachlässigt worden und ihr Verständniß unter den Künstlern beinahe verloren gegangen. — Glücklicherweise haben unsere Vorfahren weniger ängstlich in diesen Dingen gedacht und gehandelt, sonst würde uns gar wenig praktische Heraldik überliefert worden und wir heutzutage außer Stand sein, einen eigenen Abschnitt über den Gebrauch der Wappen zusammenzustellen.

Wenn ich also hier die hauptsächlichsten Orte und Gelegenheiten nenne, bei denen Wappen angewendet zu werden pflegen, so muß ich vor Allem bemerken, daß es für den Gebrauch oder Mißbrauch der Wappen eine Regel des Herkommens gebe, die wir mit den Regeln des feineren Anstandes so ziemlich zusammenfallen sehen. Wie im gemeinen Leben Reichthum, Kenntnisse und Talente nur dann geachtet werden, wenn sie sich mit dem richtigen Takte geltend zu machen verstehen, so ist auch der Gebrauch der Wappen an jene gewissen Grenzen des feinern Fühlens und Denkens gebunden, über die hinaus die Gefahr sich lächerlich zu machen droht [2]).

Sehr richtig deuten schon die ältesten Adelsbriefe die Grenze des Gebrauches der Wappen an, wenn sie sagen: „sie mögen und sollen auch sich ihres obbeschriebenen Wappens und Kleinods gebrauchen in allen und jeden ehrlichen und adelichen Sachen und Geschäften, zu Schimpf und Ernst, in Streiten, Stürmen, Kämpfen, Turnieren, Gestechen, Gefechten, Feldzügen, Panieren, Gezelten, Aufschlägen, Insiegeln, Petschaften, Kleinodien, Begräbnissen, Gemälden und sonsten an allen Orten und Enden, nach ihrem Willen und Wolgefallen".

Es wird Niemanden einfallen zu behaupten, daß der Kaiser oder König bei Verleihung des Wappens durch den am Schlusse beigefügten Saz „nach ihrem Wolgefallen" etwas anderes habe ausdrücken wollen, als ein adeliches Wolgefallen, das also so ipsa einen unzarten Gebrauch, der ja eigentlich die Mißbrauch ist, ausschließt. — Es würde also, meine ich, um Extreme zu geben, kein adelicher Gebrauch des Wappens sein, wenn man dasselbe auf einen Ort malen ließe, den wir sonst in bescheidener Menschlichkeit betreten, oder auf der Seite eines Wagens, den wir zum Export landwirthschaftlicher Produkte benüzen lassen — und doch möchte ein oder der andere Wappenherr daran persönliches Wolgefallen haben.

Der Gebrauch der Wappen ist entweder rein dekorativ, oder hat den Zweck, nebenbei noch einen Rechtsbegriff oder eine Erinnerung zu konstatiren.

Eine rein dekorative Anwendung von Wappen ohne alle andere Absicht, als eben die, einen leeren Plaz mit einem Wappen auszufüllen, ist nicht wahrscheinlich, aber möglich. In der Regel sucht man nemlich diese Dekorationsmittel mit dem Orte, an dem sie angebracht werden, in geistige Verbindung zu bringen. Rechte und Ansprüche durch Wappen anzudeuten, gibt es hauptsächlich, die, erinnere nur an Siegel und Münzen, Gebäude, Burgfried- und Grenzsäulen, Stadtthore, Möbel, Bücher u. s. w.

Zur Erinnerung endlich pflegt man Wappen an Denkmälern, Grabsteinen, Brunnen, Stiftungen u. s. w., in Stammbüchern, Albums, an Geschenken und bei andern derartigen Gelegenheiten anbringen zu lassen. Schließlich aber ist auch bei den beiden leztgenannten Gruppen der Anwendung die dekorative Seite nicht nur nicht ausgeschlossen, sondern sogar von wesentlichem Vortheile für die Sache selbst.

---

[1]) Man „genirt sich", über den Thor oder der Thüre des eigenen Hauses sein Wappen anbringen zu lassen, selbst wenn es handgreiflich erschiene, daß der Baumeister den Plaz hiefür bestimmt habe — man „genirt sich", Jemanden ein Geschenk zu machen, auf welchem das Wappen des Gebers angebracht wäre, die Sache könnte ja mißdeutet werden!

[2]) Ich kannte einmal einen Edelmann, der so sehr von der Bedeutsamkeit seiner adelichen Ritterwürde überzeugt war, daß er nicht nur zu Hause (innerhalb seiner Wände), sondern unbegreiflicher Weise zu verschiedenen Malen auf öffentlichen Bällen sich in einem Rock produzirte, welcher vorne und hinten mit seinem höchsteigenen ritterlichen Wappen gestickt war. Weder der Rath der Freunde noch der Hohn der Leute konnte ihn von der glücklichen Idee abwendig machen, er repräsentirte in dieser Maskerade den eigentlichen Edelmann, weil er sich „nicht genire", sein eigenes Wappen öffentlich herumzutragen, ja er pflegte sich bei auch auf sein nicht gar altes Adelsdiplom zu berufen, das ihm das Privilegium gebe, sich — lächerlich zu machen — der arme Ritter!

Ich beginne mit der dekorativen Anwendung von Wappen bei Festlichkeiten u. s. w. Hier pflegt man die Wappenschilde[1]) der in Beziehung kommenden Staaten, Städte oder Personen auf Holz, Blech, Pappe u. dgl. gemalt, innerhalb grüner Laub- oder Fichtenkränze (1790), oder als Mittelpunkt von Fahnengruppen anzuwenden (1791). Die Fahnen sind gewöhnlich in den Wappenfarben zusammengesetzt (selten mit ganzen Wappen), die Fahnen- und Flaggenstöcke immer in den betreffenden Wappenfarben bemalt. Diese Art Gebrauch der Wappen ist sehr alt, und soweit ich aus Abbildungen oder Beschreibungen von fürstlichen Hochzeiten, Schützenfesten u. dgl. aus früheren Zeiten entnehmen[2]) kann, fast immer in derselben Weise, wie noch heutzutage bei dergleichen Gelegenheiten in Anwendung gekommen. Mehr oder weniger Pomp und Reichthum bei einem Feste, mehr oder weniger Geschmack des Festordners werden den einzigen Unterschied in der äußeren Erscheinung derartiger Dekorationen bilden. Daß bei Hochzeiten die Wappen der Brautleute, bei Schützenfesten die Wappen der Gäste, bei Bahneröffnungen die Wappen der Nachbarn u. s. w., bei politischen Festen die vaterländischen Insignien hervortreten, versteht sich von selbst; die Orte endlich, an denen die Wappen bei derlei Gelegenheiten angebracht zu werden pflegen, sind Thore, Triumf- und Ehrenpforten, Hallen, Saalwände und Decken, Fensterfüllungen, Festtribünen, Zelte, öffentliche und Privatgebäude u. s. w.

Was endlich die gegenseitige Ordnung der einzelnen Wappen betrifft, so ist es begreiflich, daß auch bei Dekorationen die nöthigen Rücksichten auf Etiquette und Pflichten genommen werden müssen, daß man z. B. dem Landeswappen den Vorrang vor dem der Provinz und diesem wieder denselben vor dem der Stadt gebe, daß man gleichbedeutende und -berechtigte Wappen nicht in ungleichen Größenverhältnissen nebeneinanderstelle. Umgekehrt steht fest, daß ein (heraldisch) rechts angebrachtes Wappen vor dem zu seiner Linken den Vorrang andeute, daß von drei Wappen das mittlere oder (je nach der Zusammenstellung) das obere den vorzüglicheren Platz einnehme; ebenso soll die Regel nicht außer Acht gelassen werden, Wappen, welche sogenannte Gegenstücke bilden, in ihren Wappenbildern (wo dies möglich) gegeneinander zu kehren. Es verriethe wenig Geschmack und noch weniger Kenntniß der Heraldik, wenn man etwa Gegenstücke in der Weise, wie 1792a, statt wie 1792b stellen wollte. Gegen diese Regeln wird aber am allerhäufigsten gefehlt, und es ist dies am Ende wenig zu wundern, wenn man bedenkt, daß Tapezierer und Anstreicher bei dergleichen Gelegenheiten in der Regel die Hauptdekorateure und Heraldiker zugleich sind.

Was den oben angedeuteten Gebrauch der Wappenfarben betrifft, so ist dieser zwar nicht so vielseitig, als der der Wappen selbst, aber im gemeinen Leben häufiger in die Augen fallend. Am verbreitetsten ist darunter die Anwendung der sogenannten Landesfarben. Dieselben richten sich, wie überhaupt alle Wappenfarben, nach der Hauptfarbe des betreffenden Landeswappens, und sind also in der Regel zwei — eine Farbe und ein Metall[3]) und zwar wenn als Fahne oder Flagge in Form eines getheilten Schildes übereinander, seltener in der eines gespaltenen Schildes (nebeneinander). Im gleicher Weise werden im Allgemeinen auch die

---

[1]) In der Regel ohne Helme und Decken.

[2]) Ich führe beispielsweise an die Beschreibung und Abbildung über die jülich'sche Hochzeit und die des Herzogs Wilhelm V. von Bayern, den Einzug K. Karl V. zum Reichstag in Augsburg, den Einzug Max IV. als Kurfürst in München, die Beschreibung des Schützenfestes daselbst 1467 u. s. w.; Alles im Druck erschienen. Städtechroniken geben hiefür außerdem noch unzählige Beispiele.

[3]) Es gibt jedoch Ausnahmen in beiden Beziehungen. Es sollten die württembergischen Landesfarben der Regel nach # u. G. sein (drei # Hirschstangen in G.); sie waren es auch bis zum Regierungsantritt König Friedrich I., welcher das Gold in Roth veränderte, so daß sie also jetzt regelwidrig # u. r. sind. Tirol führt Gr. u. S., statt R. u. S. als Landesfarbe, wie die Wappenfarbe (ein r. Adler in S.) sein sollte. Andere, namentlich neuere Länder, führen drei Farben, die sogenannten Trikoloren, dazu gehören z. B. Belgien mit #, G., R. (in Spaltung), Frankreich (seit der ersten Republik) B., S., R. (in Theilung). Niederlande R., S., B. (in Theilung). Die deutsche Trikolore, Schwarz, Roth und Gold in Theilung, (siehe oben Taf. XXXV. 1335) scheint nicht über die Zeit der politischen Bewegungen von 1830 zurückzudatiren. Die Farben sind allerdings nach den Reichsfarben gewählt (# Adler in G.) und bei Fahnen ein rother Schwenkel, aber in dieser Zusammenstellung vom Reiche nie geführt worden.

Stadtfarben angewendet. Diese richten sich gleichfalls regelrecht nach den Hauptfarben des Stadtwappens. Es mögen auch hier wol durch irgend eine Veranlassung, wie bei den Landesfarben, hie und da Abweichungen von den heraldisch gebotenen Wappenfarben statthaben, mir ist jedoch von diesem z. Z. nur ein Beispiel bekannt[1]).

Eine besondere Art der Anwendung der Landes- und Stadtfarben findet sich in Altbayern, (ich habe sie wenigstens sonst nirgends getroffen), nemlich die, daß man nach Analogie des silber- und blaugewekten bayeri-schen Schildes, Fahnen und Flaggen, auch statt sie von Silber und Blau getheilt zu führen, häufig in diesen Farben gewekt herstellt. Diese spezifische Altbayern karakterisirende Gewohnheit hat sich auch auf mehrere Städte dieses Landestheiles ausgedehnt, indem diese in ihren Fahnen, die Farben gleichfalls gewekt anbringen, so z. B. München, welches häufig statt g.-#-getheilten g. # gewekte Fahnen gebraucht. Diese im Geiste der echten Heraldik gedachte Verbindung der Weken des Landwappens mit den betreffenden Stadtfarben, findet ihre An-wendung auch ausserdem an Thoren ꝛc., welche z. B. in Wasserburg an städtischen Gebäuden roth und silber (Wappen: In S. ein gekrönter r. Löwe) gewekt bemalt sind, wie in München # und g. gewekt. Ich weiß kein anderes Landeswappen in Deutschland, welches eine ähnliche heraldische Benützung von Seite der Städte fand oder finden könnte, und glaube diese originelle Verbindung zwischen Landeswappen und Stadtfarben, als überall in Bayern anwendbar auch überall empfehlen zu dürfen.

Was das Recht des Gebrauches der Landes-, beziehungsweise Stadtfarben betrifft, so steht dieses un-weigerlich jedem Einwohner des Landes überhaupt, und der betreffenden Stadt insbesondere zu, doch darf sich dieser Gebrauch nicht weiter erstreken, als zu Kundgebungen patriotischer Gesinnungen bei festlichen Gelegen-heiten, oder zur Führung vaterländischer Cocarden, wo dieß üblich. Der Privatgebrauch der Landesfarben ꝛc., durch jenen Beliebigen, ist im Begriff selbst ausgeschlossen.

Dagegen ist dem Wappenherrn selbst, der Gebrauch seiner eigenen Wappenfarben im ausgedehn-testen Maße gesichert.

Die häufigste Anwendung der Farben ist in den Kleidungen der Dienerschaft, in Fahnen und Flaggen, Cocarden und bei Siegelschnüren, und überhaupt da, wo es nicht wol thunlich ist, das vollständige Wappen selbst anzubringen.

Es ist ein altes Herkommen beim Abel, die Livreen seiner Dienerschaft in der Art zweifärbig zu machen, daß man das Hauptkleid in der einen, und Tressen oder Aufschläge und Knöpfe in der andern Farbe anordnet. Da nun aber regelrecht die zwei Wappenfarben eine Farbe und ein Metall ist, so ergibt sich in der Praxis, wo man Gold oder Silber wirklich anwendet, von selbst, daß man Tressen und Wappen-Knöpfe in Metall, das Uebrige in der eigentlichen Farbe anordnet.

Wo vier Wappenfarben vorhanden sind (nach den Farben der Helmdeken), steht die Wahl frei, je zwei zusammengehörige Farben allein, oder alle vier anzuwenden. Wer also z. B. Roth, Silber, Schwarz, Gold als Wappenfarben hat, der mag nach Gefallen entweder den Rock schwarz mit Gold und die Beinkleider roth mit weißen Strümpfen oder umgekehrt anfertigen lassen.

Ausserdem ist es üblich, die Westen der Dienerschaft einfach gestreift in den Hauptwappenfarben anzuord-nen, und ihre Cocarden in denselben Farben, und zwar die Ordnung der Farben von innen nach aussen gerechnet, herzustellen.

Luxus und Geschmack oder Ungeschmack haben wie in Allem, so auch hier mancherlei Varianten und Curiosissima hervorgerufen[2]). Das gehört jedoch nicht hieher, und wer darüber weiteres zu wissen wünscht, dem empfehle ich das Büchlein des Herrn von Saint-Epin: l'art de composer les livrées. Paris, 1858.

---

[1]) Die Stadt München führte ursprünglich als Wappenfarbe # u. S. (ein #-gekleideter Mönch in S.) Derart wurden die Stadtfarben noch bis zum XVIII. Jahrhunderte gebraucht; um die Zeit K. Karl VII. aber erschienen sie zum ersten Male # u. Gold und sind seitdem auch so geblieben. Ein historischer Grund dafür konnte nicht aufgefunden werden, vielleicht aber hat man zur Erinnerung an diesen Kaiser die Reichsfarben #. G. als Stadtfarben gewählt.

[2]) Hieher rechne ich z. B. die Mode, die Livree in allen ihren Nähten mit Borten zu besetzen, in welchen das ganze Wappen vielhundertmale gewirkt erscheint.

Der Gebrauch der Wappenfarben erstreckte sich in früheren Zeiten und zum Theile noch jezt auch auf die bewaffnete Macht, die Söldner des Fürsten und der Städte, die Armee, in der Gestalt einer Uniform. Als Kaiser Friedrich im J. 1475 mit einem Kriegsheere von Köln auf Nevesen zog, schickten ihm die von Köln eintausend fünfhundert Söldner nach, „so alle mit einerley Klaidung von weiß vnnd roter Farb angelegt waren" [1]). Die Wappenfarben der Stadt Köln aber sind roth und weiß, resp. Hermelin. Die Stadtsöldner von Ulm waren in älteren Zeiten ebenfalls in den Stadtfarben ✠ u. s. gekleidet. — München gab früher jedes Jahr seinen Stadtbediensteten an Neujahr das Tuch zu ihren Kleidungen gleichmäſſig, und zwar in den zwei Farben der Stadt zu „Rock, Futter vnd Uffschlägen".

Die bayerische Armee war schon zu Kurfürst Max Emanuels Zeiten in Blau und Weiß gekleidet, und ist es die Landwehr zum größeren Theile noch heutzutage, im Allgemeinen aber hat die Einführung der verschiedenen Waffengattungen und die Laune der Kriegsherren den Gebrauch der Wappenfarben bei den stehenden Heeren so ziemlich verschwinden machen.

Der Gebrauch der Landesfarben in Fahnen und Flaggen ist schon geschildert worden. Der Adel pflegt auch heutzutage noch Flaggen vor seinen Schlössern oder Besizthümern — in der Regel bei feierlichen Gelegenheiten — sonst auch wol nur um die Anwesenheit der Herrschaft auf dem Schlosse anzuzeigen — aufziehen zu lassen. Diese Flaggen werden in den Wappenfarben gemacht, und zwar der Art, daß sie mindestens vier Streifen haben, welche bei zwei Wappenfarben abwechseln, bei vier Farben aber diese übereinander nach der Rangordnung, und zwar die vornehmsten (d. h. die der vordern Helmdecken, oder die der Hauptfiguren ihres Feldes) obenan, die andern beide darunter. Hat also z. B. ein Edelmann die Wappenfarben ✠ u. G., so wird die Flagge ✠, g., ✠, g. ballenweise getheilt sein, hat er aber etwa die Farben R., G., B., S., so hat die Flagge vier Streifen, der oberste r., der zweite g., der dritte b. und der unterste s. Will man in den Wappenfarben noch ein besonderes Kennzeichen geben, so geschieht dieß, indem man das obere Viertel (am Flaggenstock) herausschneidet und in dieses das Wappen anbringt, in der Art, daß das viereckige Tuch selbst die Kontur des Feldes bestimmt angibt [2]). In England pflegt man statt des eigentlichen Wappens in den cantons das crest oder Kleinod anzuwenden; ich habe auch in Deutschland schon Nachahmungen dieser Mode, z. B. in der Flagge des Grafen Bieregg in Tuzing gesehen, glaube aber, daß es besser sei, wenn wir Deutsche bei der deutschen Heraldik bleiben. — Auf Tafel LXI. habe ich 1793 und 1794 zwei adelliche Flaggen nach obigen Grundlagen entworfen.

Die Anwendung der Wappenfarben in Siegelschnüren, (später, als das Anhängen der Siegel mehr und mehr außer Uebung kam, in dem sogenannten Kanzleifaden) ist ebenfalls eine sehr alte Gewonheit. Ich habe oben S. 216 einer solchen aus roth und weißer Seite gewundenen Schnur an einer hohenlohe'schen Urkunde v. J. 1221 erwähnt; ich kann als weitere Beispiele ein Siegel der Stadt Luzern v. J. 1232 anführen, das an Schnüren in den Wappenfarben (B. u. S.) hängt [3]), und eine ötting'sche Urkunde v. J. 1253, an der das Siegel mit roth-gelben gewundenen Schnüren hängt, habe ich 1856 am 30./IV. im Archiv zu Wallerstein selbst gesehen, ebenso wie mehrfach wiener Urkunden älterer Zeit, an denen das Stadtsiegel an r. und s. Schnüren hing. Allgemein bekannt ist, dann man vom XV. Jahrhundert an, bei kaiserlichen Adels- und Wappenbriefen, so wie bei denen der kaiserlichen Pfalzgrafen die Siegel an ✠ g. Schnüre zu hängen pflegte.

Ich gehe nun wieder zum Gebrauche der Wappen selbst über, und zwar zu denen, welche die Beurkundigung eines Rechtes, Besizes oder Anspruches ausspricht oder aussprechen soll.

Hier steht obenan der Gebrauch der Wappen in Siegeln. Dieser ist genau so alt als die Heraldik selbst, (s. oben S. 11 ff). — Bis herauf ins XVII. Jahrhundert enthalten die meisten Siegel eine Um-

---

[1]) de Roo: Historische Chronik 1621 p. 320.

[2]) Ueber die Stellung der Figuren in diesem Falle, siehe die Angaben S. 165 oben.

[3]) Mittheilungen der Züricher Gesellschaft IX. Tab. 9.

schrift mit dem Namen oder wenigstens die Anfangsbuchstaben des Namens des Besitzers oder Wappenherrn; dieser Gebrauch kommt wie überhaupt eine bessere Richtung in der Siegelstecherkunst in neuerer Zeit wieder in Schwung. Es ist auch kein Grund einzusehen, warum der Besitzer eines Siegels — abgesehen davon, daß sich bei den meisten Siegeln mit wirklichen adelichen Wappen ohnedieß unnütz wäre — ein Geheimniß daraus machen, oder sich „geniren" sollte, seinen Namen neben seinem Wappen anbringen zu lassen. Wer anonyme Briefe schreibt, wird sein eigenes Siegel nicht gerne gebrauchen, und falls er es thäte, würde auch ohne Umschrift die Anonimität bald ein Ende haben [1]).

Daß man in einem Wappen-Siegel sowol den Schild allein, als den Helm allein, oder ein mehr oder minder vollständiges Wappen anwenden könne, lehren die Beispiele aus der besten Zeit der Heraldik. Die gefällige Anordnung des Ganzen ist lediglich Sache des Künstlers. Im Allgemeinen darf man aber behaupten, daß in neueren Zeiten der Geschmack und das Verständniß für Anordnung eines Wappen-Siegels ziemlich verloren gegangen ist. Die meisten ausführenden Künstler suchen ihre Stärke darin möglichst tief zu graviren, um durch die Erhabenheit des Abdruckes einen plastischen Effekt hervorzubringen. Derlei Kunststücke vermögen jedoch den Kenner nicht zu täuschen und ersetzen jedenfalls nicht den etwaigen Mangel an richtiger Zeichnung der Einzelheiten und zweckdienlicher Komposition des Ganzen. In der Manie recht tief zu graviren, sind Franzosen und Engländer hervorragend. Wahrhaft schöne Siegel aber, mit Verständniß und Nachahmung der alten ächten Siegelstecherkunst werden gegenwärtig noch am gelungensten hier in München durch Meister Birnböck gefertigt, insbesondere wenn ihm gute Originalzeichnungen vorliegen.

Es wäre vielleicht erwünscht, hier die Begriffe richtiger Auffassung von Siegelzeichnungen zu geben, allein ich sehe ein, daß ich dadurch zu weit gehen, und vielleicht mit aller guten Meinung meiner Lehren nur mißverstanden werden könnte, denn die Kunst läßt sich nicht wol schreiben. Nur eines gebe ich zu bedenken: Inhalt des Wappens, Stil desselben, sowie Größe und Zweck des Siegels, sollten als maßgebende Grundlagen nie ausser Augen gelassen werden.

---

[1]) Einen merkwürdigen Fall dieser Art kann ich hier bei Gelegenheit meinen Lesern aus directester Quelle erzälen. Ich wurde in meiner Eigenschaft als Vorstand des heraldischen Instituts durch ein Schreiben des k. Bezirksgerichtes eingeladen, um zur Entzifferung eines inkriminirten Briefes, beziehungsweise zur Ermittlung des Schreibers, mein Gutachten abzugeben. Laut geschehener Beeidigung wurden mir die Akten vorgelegt, und es ergab sich daraus Folgendes: Eine in hiesiger Gegend und vielleicht auch weiter bekannte Wunderdoktorin, hatte vor einiger Zeit ausgesprengt und später vor einer Gerichtskommission eidlich deponirt, es sei durch einen Brief ein Giftmordversuch an ihr verübt worden. Den Brief selbst hatte sie, nachdem sie ihrer Angabe gemäß von der bei Eröffnung desselben erlittenen Ohnmacht sich erholt, wohlweislich (um weiteres Unglück zu verhüten) verbrannt, das Couvert desselben aber übergab sie zu Gerichtshänden, und äusserte auf Befragen weiter einen Verdacht in der Richtung gegen eine Dame, die schon zweimal derartige Versuche von Giftmord an ihr gemacht, ihr aber gänzlich unbekannt sei. Sie gab ferner an, der Brief sei ihr durch den Postboten an demselben Tage überbracht worden. — Ich erhielt nunmehr das inkriminirte Couvert zur Untersuchung. Dasselbe trug die Adresse der Wunderdoktorin, unverkennbar von der Hand einer gebildeten Dame, und auf der Rückseite ein schlecht ausgedrücktes und durch das Einbrechen verletztes adeliches Damensiegel. Einen Poststempel hatte das Couvert nicht. Letzterer Umstand war zuerst allein verdachterregend gegen die Anklägerin, die behauptet hatte, den Brief von dem Postboten erhalten zu haben. Da aber ein Unterschleif vom Untersuchungsrichter als möglich vorausgesetzt werden war, so mußte auf die Ermittlung des Briefschreibers selbst um so mehr Gewicht gelegt werden, als indirekt immer noch die schreckliche Anklage eines Giftmordversuches auf demselben ruhte. Mein Gutachten war bald geendet. Ich bezeichnete aus heraldischen und genealogischen Gründen mit Namen und Stand die Dame, der dieß Siegel rechtmäßig gehören müsse. Es war also nur noch die Möglichkeit, daß falls diese Dame die Urheberschaft des Briefes ablehnen sollte, ein Mißbrauch des Siegels derselben stattgefunden haben könne. So weit ging meine Betheiligung an dieser Kriminalgeschichte. Glücklicherweise war aber durch meine Deposition der Glielpunkt der Untersuchung erreicht worden. Die Eigenthümerin des Briefes anerkannte Schrift und Siegel, bewies aber, unter welchen Umständen und mit welchem Inhalte der Brief der in dem Couverte gelegen war — der Wunderdoktorin gelangt sei — Einzelheiten, welche die Angaben der Klägerin entkräfteten, so daß nunmehr die Klägerin zur Beklagten und zur Verurtheilten geworden ist. Das Alles mit bescheidener Beihülfe der von Vielen so geringgeschätzten Heraldica!

Ich gebe hier (1795—97), um einigermaßen anschaulich zu werden, die Abbildungen dreier wolgeordneter älterer Siegel aus meinen Sammlungen.

Eben so häufig als in Siegeln ist der Gebrauch der Wappen in Münzen, und beide zälen daher mit Recht zu den Quellen der Wappenkunst, (s. oben S. 22). Der Gebrauch der Wappen in Münzen dürfte jedoch etwa um ein halbes Jahrhundert später als der in Siegeln sich ausgebildet haben. Die Wappen nehmen bei Münzen immer die sogenannte Reversseite ein, werden also jedenfalls schon durch ihre Stellung den Bildern der Aversseite nachgesezt. Im Uebrigen ist die Anwendung der Wappen genau wie bei den Siegeln, nur daß das Größenverhältniß in der Regel weniger Deutlichkeit, namentlich bei zusammengesezten Wappen erlaubt. Ich halte es für überflüssig, Beispiele von Münzen mit Wappen zu geben, es existiren alte und neue Münzbücher und Thalerkabinete genug, aus denen Weiteres zur Genüge zu ersehen ist.

Grenzsteine und Burgfriedssäulen tragen schon sehr frühe die Wappen der Nachbaren, und zwar in der Art, daß das betreffende Wappen immer gegen seines Wappenherrn Bezirk gekehrt ist.

Burgfriedssäulen sind im Mittelalter wegen ihrer Wichtigkeit immer mit einigem künstlerischen Aufwand und mit frommen Beigaben hergestellt worden. Wir finden sie daher in der Regel als Säulen mit abgefastem oder gewundenem Schaft und überragendem viereckigten Aufbau (Laterne), der auf zwei Seiten mit den Wappen der Grenznachbarn in ihrer Richtung, auf den andern beiden aber mit Vorstellungen aus der Erlösungs-Geschichte, und auf der Spize des Daches mit einem Kreuze geschmückt ist. Mehr oder minder Fertigkeit und Fantasie des Künstlers oder Aufwand der Grenzer hat natürlich auf Größe, Schönheit und Ausführung des Ganzen Einfluß geübt. Ich habe in meiner „Chronik von Rosenheim" S. 47. eine dortige alte Burgfriedssäule gegeben. Im oberbayer'schen Archiv IV. Taf. 2. findet sich die Abbildung einer schönen alten Grenzsäule zwischen dem Kloster Rottenbuch und Peiting, und eben da V. Taf. 3. eine solche zwischen Schwaben und Bayern bei Aichach.

Ich theile hier zwei Beispiele mit, das eine (1800, 1801) eine Münchner-Burgfriedssäule meines Wissens merirt a. d. J. 1721, sehr einfacher Art, das andere (1802) eine Grenzsäule a. d. J. 1463 zwischen Päl und Rösselsberg bei Weilheim, mit dem Wappen der Hesseloher.

Die Stadt-Thore tragen gewönlich auch die Wappen der Grenznachbarn, (entweder an die Wand gemalt oder in Relief), die Anwendung ist jedoch verschieden von der bei Grenzsäulen, indem man auf der Innenseite das Wappen des Grenznachbarn, auf der äußern das Wappen der Stadt selbst anbringt, so daß man beim Hereingehen das Stadtwappen, im Hinausgehen aber das des Nachbars erblickt.

Diese Anwendung scheint mir die richtigste, ich finde aber auch Beispiele, daß auf beiden Seiten zwei Wappen nebeneinander angebracht sind, das des Landesherrn und das der Stadt, wobei dann dem ersteren der Vorrang rechts gebührt.

So bei ehemaligen Reichsstädten der Schild mit dem Reichswappen rechts, der städtische links, bei Fürstenstädten das des Landesfürsten und der Stadt in derselben Ordnung. — Mehr oder minder spielt auch hier die Kunst eine hervorragende Rolle in der Anordnung und Ausstattung. Der ehemalige „schöne Thurm" in München war in dieser Weise gewönlich auch bunt bemalt, und das Innthor in Wasserburg zeigt noch heutzutage Reste einer glänzenden heraldischen Ausstattung.

Bei Staats-, Gemeinde- und Privat-Gebäuden pflegt man als Eigenthums- oder Würdezeichen das Wappen über dem Hausthore anzubringen. So bei Gerichtsgebäuden, Rathhäusern, Magazinen u. s. w., das Wappen des Fürsten, der Stadt ıc., bei Privathäusern, das des Erbauers oder des Inhabers. — Bei lezterer Art von Gebäuden kommen selbstverständlich Allianzwappen auch häufig vor, und es wäre überflüssig, hier noch Beispiele zu geben, wo sie jeder Schritt in Deutschland mit sich bringt.

Die nämliche Anwendung finden Wappen auch über den Thüren der Kirchen und Kapellen, der Säle, Sizungszimmer u. s. w.; selbst Thüren und Fensterläden werden oft mit Wappen der Eigenthümer bemalt gefunden. Ich erinnere hier an die großen Einfahrtsthore der Burg in Nürnberg, auf deren jedem der Reichsadler in voller Größe des Thores gemalt erscheint. Im Schloß Amras sind Thore und Fensterläden roth mit weißen Ballen darüber bemalt, wodurch das Wappen der Besizer, der Erzherzoge von Oesterreich kenntlich wiedergegeben ist [1].

Eine völkerrechtliche Bedeutung hat die Anwendung der Wappen und beziehungsweise Flaggen an den Wohnungen der Gesandten und Konsuln.

Daß diese nicht ihr Privatwappen, sondern das ihrer Regierung gebrauchen, erhellt wol von selbst.

Die Ehrung dieser Wappen und Flaggen gilt daher dem guten Einvernehmen der betreffenden Regierungen [2], und ist vielleicht hervorgegangen aus der im Mittelalter üblich gewesenen Aushängung seines Wappens über der Thüre der Herberge, in welcher man Gastfreundschaft genoß.

Dieser Gebrauch findet sich in älteren Schriften nicht nur häufig erwähnt, sondern wir besizen auch Abbildungen davon, z. B. auf dem großen Blatt im Rixner, wo die Gäste aus den Fenstern der Häuser dem Turniere zusehen, während unter ihnen ihre Wappen auf viereckigen Tafeln mit kleinen Vordächern aufgehängt sind. Aus dem an sich unscheinbaren Umstand, daß diese auf Bretter oder Eisen gemalten Wappentafeln eben mit Vordächern versehen sind, läßt sich, schon entnehmen, daß sie häufig in Wind und Wetter ausgehängt wurden. Der Gast führte sie mit sich und der Gastfreund ließ sie als Ehrung über die Hausthüre während der Dauer des Aufenthaltes aufhängen, damit Jederman wissen solle, wen er beherberge [3].

In der Lebensbeschreibung des Götz von Berlichingen lesen wir, daß er zu wiederholten Malen die Herbergen seiner Freunde und Feinde an den aufgehängten Wappen erkannte. König Kristian III. von Dänemark gab auf dem Brautzug seiner Tochter Anna, welche er dem Kurfürsten von Sachsen entgegenführte, durch das Aushängen der Wappentafeln Gelegenheit, zu dem fast zweihundert Jahre (bis 1613) währenden sogenannten Kronenkrieg. Er hatte nemlich sein Wappen etwas prunksüchtig ohne Weiteres noch mit dem schwedischen vermehren lassen und es in dieser Weise auf die fraglichen Tafeln und sogar auf die Brautkutsche malen lassen. Der König von Schweden erhielt Kundschaft hievon und legte Beschwerde ein, verlangte auch, daß das unberechtigt hinzugefügte Wappen wieder abgethan und ausgelöscht werde. Der König von Dänemark weigerte sich; das gab Feindschaft, Reibereien und Krieg und endlich den Vergleich, daß beide Reiche das Kronenwappen beibehalten sollten, wie dies denn heutzutage noch der Fall ist [4].

---

[1] Die Anwendung der Wappen auf den Fahnen der Trompeten und auf den Verhängen der Pauken, wäre gelegentlich auch als Eigenthumsbezeichnung zu erwähnen. So erhielt die Stadt Lindau 1462 von König Friedrich III. das Privilegium, „einen Trompeter mit der Stadt, Wappen und Fahnen an der Trompette zu haben". (Lünig, Para spec. cont. IV. 1. Th. S. 1311).

[2] Das freiwillige Herabnehmen des Wappens oder das Einziehen der Flagge zeigt den Bruch der Verbindungen bei der Kontrahenten an. Die Beschmuzung oder Abreißung desselben durch Dritte, gilt für eine direkte Beleidigung der Regierung des Wappenherrn. Auch hierin bewährt das edle Proletariat noch unbewußt heraldische Kenntnisse, wie z. B. die neuesten Vorgänge in Neapel, Toscana, Griechenland beweisen. — Das Abreißen der Wappen ist auch in Privatverhältnissen immer als eine hohe Beleidigung des Wappenherrn gemeint gewesen, und sie macht sich namentlich da geltend, wo der Eolle des Beleidigten irgend ein Recht oder Anspruch des Beschimpften an die fragliche Wappen in Abrede gestellt wird. So haben die alten bayerischen Treundecken den Treundecken von Dornberg, welche Abkömmlinge von einem Bastarden eines rechtmäßigen Treundecken waren, das Führen des eigentlichen Stammwappens zu verleiten gesucht, so durch, daß sie ihnen den Schlupf der Abreißung drohend anthaten. Und III. 737. schreibt einfach und deutlich „diese Treundecken (von Dornberg) haben auch das Wappen der Treundecken geführt, gleichwol ß es nit gern gesehen, auch zu Zeiten abgerißen". Es erhellt aus andern Beispielen, daß man das Aufhängen der Wappen immer als einen bestimmten Anspruch nahm, wie man z. B. de Roo S. 316 schreibt, daß es die von Cöln verdroß, als Herzog Karl von Burgund i. J. 1474 sein Wappen in ihrer Stadt öffentlich ausbängen ließ, weil er damit vermeinte, sich zum Schuzherrn von Cöln aufzuwerfen.

[3] Etwas raferat Aehnliches ist in Japan noch heutzutage der Brauch, indem der Gastfreund den Staatsrock seines Gastes (mit dem vorne gestickten Wappen-Symbole) an der vordern Fronte des Hauses aufhängen läßt. (Bericht der Vereinigten-Staaten Expedition 1860 I. 307).

[4] Siehe Ausführliches hierüber in meinem Wappenwerke unter Schweden. S. 37 f.

Aehnlichkeit mit dieſen Aushängtafeln haben auch die im deutſchen Zunftweſen üblichen Herbergsſchilde, welche manchmal außen am Hauſe, in der Regel aber innen über einem beſtimmten Tiſche der Wirthsſtube aufgehängt werden, um den Wandergeſellen der Handwerke den Ort anzuzeigen, wo ſie Herberge und Genoſſenſchaft finden. Sehr häufig ſind dieſe „Zunftſchilde" nur aus Modellen von den bedt. Handwerkszeugen zuſammengeſtellt, manchmal finden ſich aber darunter auch wirkliche Schilde, in welchen die Werkzeuge ꝛc. in Form heraldiſcher Figuren erſcheinen. An der Bäckerherberge zu München iſt noch heutzutage der Reichsadler angemalt, weil die Ueberlieferung ſagt, daß Kaiſer Ludwig den Münchner Bäckerknechten wegen ihrer Auszeichnung in der Schlacht bei Ampfing i. J. 1322 erlaubt habe, den Reichsadler in ihrem Zunftſchilde zu führen. — Ein anderer Schild iſt der hier (1798) abgebildete aus Silber getriebene Zunftſchild der Gärber in Roſenheim, welcher an einer Roſe (dem Wappenbild von Roſenheim) hängt, und ſo Heimath und Gewerb zugleich angibt. Am Lederhaus in Augsburg iſt der Wappenſchild der dortigen Weberzunft (geviertet von R. u. G.) in Stein gehauen zu ſehen.

Die beweglichen Gegenſtände, an denen Wappen als Eigenthumsbezeichnung angebracht zu werden pflegen, ſind natürlich ſehr verſchiedenartig. Ich habe oben des Wappens erwähnt, das die Braut des Kurfürſten von Sachſen 1548 an ihrer Kutſche gemalt führte. Dieſe Sitte iſt noch heutzutage in Schwung. Man pflegt das Wappen auf beiden Kutſchenſchlägen, zuweilen auch auf der Hinterſeite des Wagens anzubringen. In Stil und Malerei thut natürlich die Mode hier ſehr viel, aber ich kann nicht umhin, hier zu bemerken, daß ich es für ſtandesgemäß anſtändiger halte, lieber gar nichts hinmalen zu laſſen, als einen Buchſtaben oder Namenszug mit einer Rangkrone darüber, abgeſehen davon, daß daraus allein ein Eigenthumsrecht nicht wol abgeleitet werden möchte [1]) — Bei Staatskareſſen wird das Wappen in der Regel ſchwer geſtickt an den Seiten der Kutſcherſitzende angebracht. Es iſt dies er'ahrungsgemäß einer der koſtſpieligſten Luxusartikel, verfehlt aber nicht die entſprechende Wirkung hervorzubringen [2]). — Auf den Geſchirren der Pferde werden Wappen vorzugsweiſe an den Scheuledern (Augenblenden), dann aber auch an dem Sattelgurt und Riemwerk wiederholt, immer aber meines Wiſſens in erhabener Metallarbeit (nicht gemalt oder geſtickt); ingleichen pflegt man den Roſſen am Kopfgeſchirr Kokarden, wie die der Dienerſchaft zu geben. Auch an den Decken und Schabraken der Pferde findet man Wappen angebracht und zwar in den hintern Eden geſtickt. Hier iſt die Regel nicht zu überſehen, daß das Wappen in ſeiner Richtung nach vorne (nach dem Halſe des Pferdes) gekehrt ſein müſſe, und es iſt klar, daß demnach die Wappen für die beiden Hinterdeden nicht gleichmäßig, ſondern im Spiegelbild gezeichnet ſein müſſen, wie die Wappenbilder in den Fahnen und Eden der Flaggen z. B. LXII. 1803 [3]).

Ich führe hier ferner den Gebrauch an, den Thürſtehern das Wappen geſtickt oder in Metall gearbeitet an der breiten Degenkuppel und oben auf dem Knopfe ihres Stockes anzubringen; beides war und iſt zum Theil noch üblich bei den Regimentstrommlern oder Tambour-Majors der Armee und Landwehr.

Bei Möbeln und Geräthſchaften iſt der Gebrauch der Wappen als Eigenthumsbezeichnung beſonders denkbar, da dieſe bei richtiger Anwendung immer zur Verſchönerung und Verzierung des Hauptgegenſtandes dienen [4]) Die Mannigfaltigkeit der Anwendung in dieſem Falle iſt ſo groß, daß, wollte ich für alle

---

[1]) Die Sache würde in's geliebte Deutſch überſetzt etwa lauten: Der Eigenthümer des Wagens möchte den Leuten gerne zeigen, daß er „ein Baron" ſei, er „genirt ſich oder" zu ſagen welcher, und läßt deshalb nur die Krone, nicht aber das Wappen anbringen. Mitunter mag man die Beglaſſung des Wappens ſelbſt die Nichtberechtigung der Führung einer höhern Rangkrone als gefährlich, entſchuldigen oder verdecken.

[2]) Mit etwas weniger Pomp werden die Wappen als Eigenthumsbezeichnung, z. B. an den Seiten der Waſſerwägen, Feuerleiſchſpritzen u. ſ w. angebracht.

[3]) Gelegentlich erwähne ich hier einer Zeichnung in Montfaucon's Antiquités I. Taf. XCVII, wo ein Bindſpiel König Heinrich IV. von Frankreich eine mit g. Lilien beſtreute d. Decke trägt.

[4]) Hieher gehört auch der lebensverthe Gebrauch, den Porträts Wappen und Jahrzahl beizufügen. So manches Porträt, das außerdem, weil eine unbekannte Perſönlichkeit vorſtellend, und vielleicht ohne Kunſtwerth, wird durch ein beigefügtes Wappen nicht nur enträthſelt, ſondern auch den Nachkommen und Freunden werther. Man pflegt die Wappen in dieſem

vorkommenden Fälle historische Beispiele geben, ich einen Katalog des hiesigen Nationalmuseums, beziehungsweise der darin aufbewahrten Gegenstände dieser Art, wollte ich es nur für die Gegenwart thun, die Beschreibung eines adelichen Hauses von heutzutage hier unternehmen müßte. Vom Schloßblatte am Hausthor bis zur Wetterfahne auf dem Dache ist nichts, was nicht schon durch die Heraldik verziert oder gekennzeichnet werden wäre. Die Wartbänke in den Vorplätzen, die Podeste der Treppenhäuser, die Schränke, Stühle, Bettstellen, Oefen und Oefenschirme, Sofa's, Kissen, die Tische, Wandkästchen, Fenster, die Wände (Tapeten) und Zimmer-decken (Plafonds), die Kronleuchter rc., sind ebensowol Gegenstände heraldischer Verzierung, als die Gläser, Krüge, Teller, Messer, Briefbeschwerer, Vasen, die Albums, Portefeuilles, Mappen, Taschen, Wetschger, Stöcke, Briefbögen, Tintenzeuge und Visitenkarten, die Schmuckgegenstände, Gürtel, Pantoffel und Hausschuhe, Ta-piche, Tabakspfeifen, Tabaksbeutel, Zigarrentaschen und -Spitzen, — die Küchengeräthe, Marzipan- und Torten-model, Hollippeneisen u. s. w. u. s. w.

Die Kunst hat hier in allen Formen, sei es Malerei, Bildhauerei, Glasschmelzerei, Metallarbeit oder Weberei ihren Eingang gefunden, und nicht wenige der feinern Produkte heraldischer Verzierung verdanken wir der Fertigkeit weiblicher Hände und dem Geschmacke ihrer Herrinnen. Der richtige Takt wird den Platz finden, wo ein Wappen mit Anstand und Vortheil angebracht werden könne, und es wird unschwer einleuchten, daß man z. B. bei einem Stuhle das Wappen besser an der Rücklehne, als auf dem Sitze anbringe [1]).

Endlich erwähne ich hier noch sachgemäß der Waffen als Gegenstände, auf welchen Wappen in frühern Zeiten sehr häufig angebracht wurden, insbesondere auf Schilden und Helmen, so daß, wie bekannt, die Wappen ihren Namen von den Waffen erhalten haben. Wappenschilde auf dem Kreuze der Schwertgriffe kommen namentlich bei Prachtschwertern sehr häufig vor, ebenso Wappen auf Köchern, Brustharnischen, Helleparten rc. Heutig-tage dürfte das Anbringen von Wappen auf Geschützen vielleicht noch die einzige mehr gangbare heraldische Uebung bei Truz- oder Angriffswaffen, die Anwendung der Wappen auf den Helmen, Tschako's rc. der Armee die bemerkenswertheste für die Schutzwaffen sein.

Ich komme nun zu derjenigen Abtheilung des Wappengebrauches, welche man unter dem allgemeinen Be-griffe „zur Erinnerung" subsummiren kann. Dabei ist nicht ausgeschlossen, daß in einzelnen Fällen mit der Er-innerung an Gewesenes zugleich ein rechtlicher Anspruch für die Gegenwart verbunden sein könne. Ich übergehe hier die nur dekorativ als Erinnerungsgegenstände angebrachten Wappen an öffentlichen Gebäuden, wie sie z. B. der Wappenthurm (turris insignium) in Innsbruck (Hergott, Monum. domus Austr. I. tab. 15.) zeigte, oder die Seitenthürme der Isarthore in München mit dem Wappen der Edelleute, welche in der Ampfingerschlacht auf Seite K. Ludwigs kämpften, ingleichen das Wappenfries im großen Rathhaussaal dahier, welches die (in neuester Zeit leider schauerlich restaurirten) Schilde aller Fürsten des römischen Reichs und des altbayerischen Hofadels enthält, und nenne sogleich die Grabsteine oder Grabdenkmäler zu Ehren und zum Andenken der Verstorbenen als die häufigst vorkommenden Beispiele dieser Wappen-Anwendung.

Man unterscheidet bei christlich-mittelalterlichen Grabsteinen zwei Hauptgattungen auf den ersten Anblick, bei den einen ist das Wappen, bei den andern die Person des Verstorbenen Hauptgegenstand der künst-lerischen Darstellung. Die Schrift (Grabschrift) hat dabei immer in so fern einen untergeordneten Rang, als sie das Hauptbild in keiner Weise drückt oder beeinträchtigt. Als merkwürdige Erscheinung muß ich anführen,

---

Falle oben in der Ecke vor dem Kopf, seltener hinter demselben anzubringen. Bei Gegenstücken (Mann und Frau) natürlich in der Richtung einander zugewendet.

[1]) Um nur ein noch nicht bekanntes und doch interessantes Beispiel zu geben, auf wie mancherlei Art man Wappen und Wappen-bilder passend anbringen könne, bringe ich unter 1799 die Seiten- und die obere Ansicht eines jeden. Rathsleuchters, wie solche früher in Rosenheim gebraucht wurden und in einigen Exemplaren noch existiren. Dieser Leuchter war, wenn er stand, fast nicht verschieden von einem gewöhnlichen Handleuchter, wurde er aber umgekehrt, so konnte er als Trageleuchter für ein Windlicht verwendet werden, und zwar so, daß die Kerze gerade mitten in der Rose des Marktwappens stehe. In dieser Weise begleiteten die Rathsherren mit brennenden Lichtern bei feierlichen Umzügen das Sanktissimum u. s. w.

daß, je näher der Ursprung der Grabbenkmäler unserm Jahrhunderte ist, desto mehr verdrängt die Inschrift die heraldischen Bilder, so daß, wenn im XIV. Jahrhundert ein mannshoher Grabstein zum weitaus größten Theile mit dem Wappen ausgefüllt und mit der Grabschrift eingefaßt erscheint, wenn im XVI. und XVII. Jahrhunderte noch mindestens Heraldik und Schrift schwesterlich sich in die Hälften theilen, so im XVIII. und XIX. Jahrhundert der größte Theil der Fläche mit Schrift — meist mit Lobreden auf den Verstorbenen — sich angefüllt findet und das Wappen selbst in unscheinbarer Größe an irgend einem untergeordneten Plaze angebracht ist.

Denkmäler, bei denen die Figuren der Verstorbenen den Hauptgegenstand der Darstellung bilden, z. B. Fürsten, Bischöfe, Ritter, Aebte, Damen, können natürlich in heraldischer Beziehung in die Augen fallend sein, als die rein heraldischen; es ist aber nichtsdestoweniger auch bei solchen Figurendenkmalen die Heraldik sowol zur Bezeichnung der dargestellten Personen als zur decorativen Ausfüllung häufig und danklos angewendet. Ich erinnere an die schönen Denkmale der Stifter in den ehemaligen Klöstern Seeon, Attl, Rott u. s. w., an die prachtvolle Reihe von Bischofsdenkmalen im Dome zu Bamberg, oder an die ritterlichen Monumente zu Ebersberg, Wasserburg, Gars u. s. w.[1] Die Königsgräber zu St. Denis bei Paris und Westmünster in London gehören ebenfalls hieher.

Bei figürlichen Denkmalen findet man die Wappenschilde mit oder ohne Helme gewöhnlich zu den Füßen der Personen, zuweilen von ihnen selbst gehalten. Auf den Wappenröcken, Mänteln und selbst auf den Kleidern der Damen sind nicht selten die Wappenfiguren wiederholt. Wie bei den heraldischen Denkmälern kommen auch bei diesen die Ort- und Ahnenschilde, von denen ich gleich sprechen werde, in den Ecken oder längs der Seiten angebracht, vor. Zuweilen halten die Ritter auch Fahnen oder Panner mit ihren Wappen, die Damen aber ihr oder ihres Gemals Wappen. Die Formen des Vorkommens sind so mannigfach, daß, wollte ich nur diejenigen, welche ich selbst gesehen, hier anführen und genauer beschreiben, ich ungleich mehr Raum bedürfte, als mir innerhalb der Grenzen eines Handbuches gegönnt sein kann.

Wenn die figürlichen Denkmäler in Verbindung mit heraldischen Attributen uns über den Gebrauch der Wappen als Waffen guten Aufschluß geben, so bieten uns hingegen die heraldischen Denkmäler mehr Anhaltspunkte für den Gebrauch der Wappen als solcher und in genealogischer Hinsicht.

Wir finden, wie erwähnt, anfangs das Wappen des Verstorbenen als Hauptgegenstand im ganzen Stein ausfüllend, und zwar in Größenverhältnissen, welche nahezu der natürlichen gleichkommen, d. h. der Schild, der Helm mit seinem Kleinod sind genaue Abbildungen dieser Waffenstücke, wie sie der Verstorbene führte. Hätte der Künstler, der Steinmeze, nicht diese Intention gehabt, so würde er schwerlich zimmerhohe und mehr als ellenbreite Steine gewält haben, um das Wappen des Todten und seine Grabschrift darauf zu wiederholen.

Im Kloster Indersdorfer Kreuzgang finden sich viele derartige Steine aus dem XIV. Jahrhunderte mit trefflich gearbeiteten Geschlechtswappen, und im Dome zu Freising insbesondere einer, der wegen seiner Ausführung merkwürdig ist. Das Wappen ist in dem Rosamarmorstein, welcher etwa 4' Breite und 8—9' Höhe hat, mosaikartig mit andersfärbigem Marmor eingelegt. Es ist der Grabstein des 1347 verstorbenen Hiltprant von Mässenhausen, Marschalls, mit der jezt theilweise verdeckten Umschrift in Lapidar-Buchstaben und dem Wappen, wie hier auf Tafel LXII. 1805. Kübel-Helm und Decken sind von der Grundfarbe des Steines und nicht eingelegt, der Stulp des Hutes, der Federbusch und die Parte aber sind von weißem, der Schild und der Hut selbst von blauem Marmor eingefügt.

---

[1] Es gibt in Süddeutschland, insbesondere aber in Bayern eine so große Menge der prachtvollsten Grabdenkmäler, sowol figürlicher als rein heraldischer, als im Menschenleben nicht ausersehen würde, sie zur Veröffentlichung zu sammeln. Ende des vorigen Jahrhunderts hatte die Akademie in München den Grafen Zech von Lobming beauftragt, die Grabsteine in Altbayern abzeichnen zu lassen. Obwol derselbe fast 10 Jahre sammelte, umfassen doch seine noch vorhandenen Arbeiten nicht mehr als einige fünfzig Orte und etwa 450 Denkmäler. Vielleicht findet sich einmal ein fürstlicher Gönner oder ein Unternehmer, der mit Hülfe der Zeisgrafße oder Lithegrafße unsere bayerischen Denkmäler fürs Publikum zugänglich macht. — Es wäre dies für Kunstgeschichte, Genealogie und Heraldik eine wahre Schazgrube. Nebenbei zu bemerken: daß von Jahr zu Jahr mehr und mehr von diesen Denkmälern zu Grunde geht!

Die Buchstaben der Umschrift selbst sind nach Wahrnehmungen der Spuren ursprünglich auch mit blauem Marmor ausgefüllt gewesen, und so muß dieses Denkmal in den ersten Zeiten seines Glanzes gewiß als das Meisterwerk eines Steinmetzen sich präsentirt haben [1].

Mit der Ausbildung der Heraldik schreiten nicht nur die künstlerische Vervollkommnung in der Darstellung des Wappens vor, sondern es ergibt sich aus den heraldischen Denkmalen zugleich ein Nachweis genealogischer Beziehungen des Verstorbenen.

Wenn früher die Frau unter Schild und Helm ihres Mannes, oder dem ihres Vaters allein ruhte, so finden wir einige Zeit später zwei Schilde entweder übereinander oder unter einem Helm dargestellt, und wieder später auch die Schilde der Anen des Verstorbenen an dem Grabsteine angebracht.

Wie schon S. 25 oben erwähnt, ist die eigentliche Anenprobe, d. h. der Nachweis adelichen Herkommens in den besten Zeiten des Ritterthums auf vier Anen beschränkt.

Die Darstellung einer solchen vieranigen Abstammung wird heraldisch durch die Schilde dieser vier Geschlechter wiedergegeben, daher auch der Ausdruck „er hat vier Schilde" statt 4 Anen. Auf Grabsteinen stehen diese vier Schilde in den vier Ecken oder Orten, und begleiten so gleichsam das Hauptwappen.

Zum Verständniß der Anenwappen auf Grabsteinen dürfte es nothwendig sein, über die Anfertigung der Anentafeln [2] überhaupt das Wesentliche beizubringen.

Die vier Anen eines Edelmannes sind: sein väterlicher Großvater und dessen Frau, und sein mütterlicher Großvater und dessen Frau. Sollen diese Anen durch ihre Wappen, sei es nun auf dem Papier oder in Grabsteinen allgemein verständlich dargestellt werden, so ist es nothwendig, dieselben in einer bestimmten Ordnung zu geben, damit man auf den ersten Blick sich die Abstammung klar machen könne.

Die Darstellung einer Anentafel geschieht entweder dadurch, daß man alle Generationen oder Glieder und resp. Wappen von den Probirenden bis zu dessen Ur-Eltern wirklich vorbringt, oder dadurch, daß man blos die oberste Reihe der Anen gibt. Beide Fälle kommen häufig vor, und zwar ist ersterer mehr bei den sogenannten Anenproben (zu Ordens- oder Hofdienst-Zwecken), letzere mehr bei Denkmälern 2c., in Uebung.

Eine Anenprobe von vier Schilden wird wie (1804) gegeben [3], s. ist der Probant. In der ersten Reihe steht 1. u. 2. dessen Vater und Mutter, in der zweiten Reihe 1. der Vaters-Vater und 3. die Vaters-Mutter (Großeltern väterlicher Seite, oder väterliche Großeltern), 2. der Mutter-Vater und 4. die Mutter-Mutter (oder die mütterlichen Großeltern). Wird eine solche vierschildige Anenprobe auf Papier, Leinwand oder Pergament zu Ordenszwecken 2c. dargestellt, so pflegt man die einzelnen Wappen durch grünende Zweige oder durch Schnüre in den Wappenfarben zu verbinden (zusammenzuweisen), und unter jedes Wappen Namen, Stand, Geburts- und Todesjahr des Betreffenden zu setzen [4].

---

[1] Die mosaikartige Zusammensetzung von Wappen soll auch auf den Grabsteinen der Johanniter in der Ordenskirche zu Malta häufig angewendet sein, und zwar die Steine weißer Marmor und die Wappen in Mosaiksteinen zusammengesetzt.

[2] Ich kann nicht unterlassen, der so häufig vorkommenden Verwechslung und Vermischung der Begriffe resp. Benennungen von Anentafeln und Stammbäumen hier zu erwähnen. Der wesentliche Unterschied ist dieser: bei einem Stammbaum steht die älteste Generation (der Anherr) zu unterst und die jüngsten Glieder des Geschlechtes stehen in der obersten Reihe. Bei einer Anentafel steht (wie die nachfolgenden Beigaben erläutern und bestätigen werden), die jüngste Generation in der Person des Probanten unten und die älteste oben.

[3] Ich bemerke hier einfach, daß es eine fast allgemein angenommene Uebung ist, bei dieser Anfügung der Anen (ohne Wappen) die männlichen Glieder mit einem Kreis 0, die weiblichen mit einer Raute zu kennzeichnen. Es erleichtert dies in der That den Ueberblick sehr.

[4] Zum großen Leidwesen der Genealogen werden in Anentafeln die Jahrzahlen häufig ganz weggelassen, ja oft auch sogar der Stand, so daß z. B. eine derartige 32schildige Anentafel, welche an sich ein bemerkenswerthes Stück Familiengeschichte enthielte, zur Benutzung für historische Zwecke fast unbrauchbar wird, während es demjenigen, der die Anentafel herzustellen hat, ein Leichtes wäre, aus den Nachweisen diese Daten beizufügen.

Es ist ferner zu beobachten, daß man die zusammengehörigen Wappen von Mann und Frau immer gegeneinander lehre, sowol in Schildesfiguren (wo dieß heraldisch möglich), als auch in Helm und Kleinod. Allerdings wird dadurch ein Wappen in einer Reihe links, in der anderen rechts gekehrt sein müssen, je nachdem ein männlicher oder weiblicher Schild gegeben wird, allein eben dieß bekundet, daß der Heraldiker mit dem Genealogen einig gehen müsse, um nicht Unvereintes aufs Papier zu bringen. Die gegeneinandergekehrte Stellung der Anenschilde ist auch auf Grabsteinen üblich gewesen. — Endlich bemerke ich noch, daß man insbesondere bei mehrschildigen Anentafeln nachstehende Regeln beobachtet:

1) man gibt das Wappen des Probanten vollkommen diplommäßig mit allen Helmen, Schild-haltern ꝛc.;

2) die Generationen zwischen dem Probanten und der obersten Reihe (der Anen) werden blos durch die betreffenden Wappenschilde (und zwar die männlichen durch halbrunde, die weiblichen durch Rautenschilde) ohne Helm und Desen dargestellt;

3) in der obersten Reihe wendet man nur die Stammwappen (mit Schild und Helm) an, d. h. man sucht von der betreffenden Familie, wenn sie auch zur Zeit des Probirens etwa zusammengesetzte, vermehrte Wappen geführt haben sollte, die ursprünglichen einfachen Stammwappen mit dem dazu gehörigen Helme, und setzt also lauter einhelmige einfache Schilde in die (oberste) Anenreihe.

Werden nun vier Anen an einem Grabsteine angebracht, so geschieht bleß der Weise, daß das Wappen des Verstorbenen groß in die Mitte, die vier Ortschilde aber kleiner in die Ecken zu stehen kommen, und zwar der Art, daß (1807) vorne oben des Verstorbenen väterlicher Großvater (1), diesem entgegen dessen mütterlicher Großvater steht (2), vorne unten (3) die väterliche Großmutter und ihr gegenüber (4) die mütterliche Großmutter. Es stehen also auf dieser Art immer der beiden zusammengehörigen Ehegatten Schilde in einer Reihe übereinander, und es muß ferner selbstverständlich immer der vordere obere Ortschild gleiches Wappen mit dem Schilde des Verstorbenen zeigen [1]).

Bei richtiger Beachtung der Stellung solcher Ortschilde wird man aus einem derartigen Grabsteine auch die Anentafel des Verstorbenen in der Weise zu Papier bringen können, wie das Schema (1804) zeigt — und umgekehrt.

Gleiche Stellung wie bei den Grabsteinen bekommen die Anenwappen auf dem Trauervorhang des Altars bei Seelengottesdiensten. Das Hauptwappen kommt gerade mitten auf das weiße Kreuz, die vier Anenwappen in die vier Felder des schwarzen Tuches zu stehen (1806), bei dem Bartuche werden sie dagegen in der Art angebracht, daß oben und unten am Sarge (gleichsam zu Kopf und Füßen) das Wappen des Verstorbenen, an den Seiten oder die der vier Anen erscheinen wie (1810), welches das Bartuch als von oben gesehen, oder flach ausgebreitet annimmt [2]).

Eine von der allgemein üblichen und eben angeführten abweichende Stellung der Anenschilde finde ich in dem der hiesigen Staatsbibliothek gehörigen Cod. Icon. 318, welcher ein Wappenbuch des Hubertus-Ordens in Jülich, beginnend um 1470, und darin zugleich die vierschildigen Proben der Ordensritter enthält. Es muß dieß um so interessanter sein, als überhaupt in Deutschland kaum eine ältere Sammlung von Anenproben existiren dürfte, als die in gedachter Handschrift.

Auf je einem Blatte sind vier Wappen, 2. 2. gestellt enthalten, und dabei in Kurzem die Namen des

---

[1]) Ist dieß eine verheirathete Frau gewesen und auf dem Grabsteine etwa ein Allianzwappen angebracht, so versteht sich, daß der erste Ortschild das väterliche Wappen der Frau, und überhaupt alle übrigen die Anen derselben repräsentiren, nicht die des Mannes.

[2]) Werden keine Anenwappen, sondern nur das des Verstorbenen angewendet, so wiederholt man dieß öfters, z. B. sechsmal, d. h. zu Kopf und zu Füßen je einmal und auf den Seiten je zweimal, oder wie (1810), wenn man sich verstellt, lauter gleiche Wappen zu sehen.

Aufgeschworenen und seiner vier Anen bemerkt [1]), nur im Anfange des Buches geschieht dieß etwas ausführlicher mit mehr Worten, und eben nur durch dieß werden wir in den Stand gesetzt, den Grundsatz, nach welchen der Herold des Hubertus-Ordens damals die Anen-Schilde ordnete, zu finden.

Dort heißt es z. B. wörtlich: Tht synt hertzoch Gerarz myns gnedigen Hn 1111 anich H. hertzed zu guilg zo der Berge Grane zu Raueusperg Eyns vaters moder eyn Pfaltzgrauynne Jud syn moder eyn grauynne tellenberch ind syne moder moder hu dochter vnd grauynne von morsse.

Die zu dieser Probe gehörigen vier Wappen sind wie (1508) zusammen auf einem Blatt gegeben.

Nach dem Wortlaut der Probe ergibt sich, wenn wir unser bisheriges Schema (1804) beibehalten, folgende Zusammenstellung: in der obersten Reihe 1. Jülich, 2. Tecklenburg, in der untern 3. Pfalzgraf, 4. Mörs.

Stellen wir diese vier Schilde nach der eben angegebenen Weise zusammen, so ergeben sich die Zahlen 1, 2 und 3, 4 übereinander, so daß eben vorne Jülich, hinten Tecklenburg, unten vorne Pfalz und hinten Mörs stehen müßte.

Dieß stimmt aber nicht mit der Stellung der Wappen in vorliegender Probe, sondern hier steht 1. Jülich, 2. Pfalz, 3. Tecklenburg, 4. Mörs [2]). — Es bleibt also nichts anders übrig als anzunehmen, daß der Hubertus-Herold eine andere Zälung der Anenschilde beliebt habe, (vielleicht war sie damals auch dort landesüblich), nemlich 1, 3 und darunter 2, 4, und diese stimmt kaum auch mit vorliegenden und allen übrigen Anenproben dieses Ordensbuches.

Nach dieser Abschweifung komme ich wieder auf unsere Anenproben; es ist, da sich naturgemäß bei jeder Generation die Zal der Anen verdoppelt, keine andere Anenprobe möglich, als die auf 2, 4, 8, 16, 32, 64, 128 u. s. w. Bei uns in Deutschland, auch in Frankreich und England, sowie in den nordischen Reichen kommen andere Arten von Proben auch nicht vor, es ergibt sich daher für acht Anen das Schema (1811), für 16 das (1823) bis zur vorletzten Reihe, für 32 das (1823).

Als außergewöhnlich ist bei uns zu bezeichnen der Umstand, daß manche Orden außer der bestimmten geforderten Anzal von Schilden noch bei den obersten Anen des Probanten die sogenannten Gabeln verlangen, d. h. nochmals vier Anen mehr als bei den übrigen Schilden der obersten Reihe.

Dieß soll den Beweis liefern, daß der obengedachte erste Anherr und die Anfrau nicht primi familiae, sondern schon ein geborner zweischildiger Edelmann und ein gebornes Edel-Fräulein gewesen seien. Diese Gabel wird nebst 32 Anen z. B. vom bayerischen Georgi-Orden für Inländer verlangt, und ich habe sie bei 1823 in den Schilden 1. 33. und 2. 34. deßhalb angedeutet [3]).

Was nun die Anbringung von acht Anenschilden auf einem Grabsteine anbelangt, so geschieht dieß so in der Weise wie (1809).

Bei sechzehn Anenschilden ist die Rangordnung wie (1813).

---

[1]) z. B. „Herzog Adolphs 1111 anich Sullychberghe. Tecklenborg Gassen Jud Pommern".

[2]) Ich brauche nicht beweisen zu müssen, daß die Stellung aller Anen-Schilde nach links nur als eine Faßen des Herolds zu sehen werden könne, da sie eben konsequent im ganzen Buche durchgeführt ist. Dagegen erinnere ich hier an die alt-herivische Regel bei linksgekehrten Wappen, auch die Zälung aller Bilder von Links zu beginnen, also auch hier die Zälung aller vier Wappen.

[3]) In Italien ist eine andere Probe üblich; man probirt dort nach dem Schema (1822) nur auf vier Anen, verlangt aber den Ausweis adelicher Geburt beider Großeltern noch auf weitere 2—3 Generationen zurück. Es ist klar, daß hier eigentlich nur die Wappen und Namen von vier Familien in Betracht kommen. — In Ungarn und Siebenbürgen ist (aus gefälliger Mittheilung des Herrn Heyer) eine Anenprobe üblich, welche nur den Vater auf Sohn in der Art eines gewöhnlichen Stammbaumes geht und jedesmal die ebenbürtige Hemat veranschaulicht (Schema 1820), oder man vernachläßigt wol gar die Anen weiblicher Seite ganz und probirt nur den Stammbaum des Vaters (Schema 1821).

Die Stellung von acht Schilden an einem Katafalk ist wie (1812), und die von sechzehn wie (1814). Es können aber auch auf jeder Seite die Wappen in zwei Reihen übereinander (je 4) gehängt werden, dann enthält die obere Reihe auf einer Seite 1, 3, 5, 7, die untere 9, 11, 13, 15 und ähnlich auf der anderen Seite 2, 4, 6, 8 und 10, 12, 14, 16. —

Die Todten-Wappen, d. h. diejenigen Wappen, welche bei Leichenbegängnißen und Trauerfeierlichkeiten gebraucht werden, sind wenigstens bei uns in Deutschland gewöhnlich auf steifes Papier mit Leimfarben gemalt (und zwar regelrecht ohne Gold und Silber — nur Gelb und Weiß). Ein etwa schuhbreiter Rand des Papiers wird geschwärzt und erhält oben Namen und Stand, dann Geburtstag und Jahr, unten Tag und Jahr des Todes in weißer Farbe aufgesetzt. Das Wappen selbst wird in der Mitte dieses Bogens auf grauen Grund gemalt (ohne Orden und Schildhalter), — bei männlichen Verstorbenen zuweilen mit Helm, Kleinod und Decken, zuweilen bloß mit der Rangkrone, bei weiblichen immer nur mit letzterer. Wo die Wappen für länger als die Zeit des Begräbnißes und Gottesdienstes aufbewahrt werden müssen, (z. B. bei gestifteten Jahrtagen, Trauerfeierlichkeiten für die verstorbenen Mitglieder eines Ordens), wird das Papier entweder auf Holz oder auf Leinwand in Blendrahmen aufgezogen — F. 1813 gibt die übliche Form eines Todtenwappens. Diese Wappen werden bei Begräbnißen, wo möglich schon bei der Beisetzung, jedenfalls aber bei der Beerdigung auf das Bartuch, später in die Kirche auf den Katafalk und den Altarvorhang geheftet. Bei Begräbnißen fürstlicher Personen pflegt man Männer in schwarzen Kutten mit übergezogener Kapuze, an der nur für die Augen Löcher ausgeschnitten sind, dem Sarge vorausgehen zu lassen, und hat jeder derselben in der äußern Hand ein brennendes Licht zu tragen, auf der Brust aber ein Todtenwappen angeheftet. Dieser Engelmänner sind oft bis zu 100.

In England ist (wie ich aus der Beschreibung und den Abbildungen des Begräbnisses des Prinzen Albert — Dezember 1861 entnehme) üblich, auf jeder Seite des Bartuches je vier Wappen anzubringen und zwar immer zwei dicht aneinander, das erste auf weißen, das zweite auf schwarzen Grund, jedes mit Einfassung in verwechselten Farben, gemalt wie 1818 zeigt.

In Belgien pflegt man, wie ich berichtet bin, die Wappen auf Rautenschilde gemalt (1819), mit Beigabe der Namens-Chiffre und des Todtenjahres nach dem Gottesdienste in der Kirche aufgehängt zu lassen, und soll die Erlaubniß hiezu beträchtliche Kosten zu Gunsten des Kirchenfonds verursachen.

Dieß scheint mir jedoch weniger auf das Zeremoniel des Begräbnißes ꝛc., als auf eine zeitliche Erinnerung an den Todten sich zu beziehen. Diese Sitte ist bei uns in Deutschland uralt und viel verbreitet, so mag man die Todtenschilde unter die Quellen der Heraldik rechnen. Ich habe deren an vielen Orten gesehen, nirgends aber so viele und schöngearbeitete als in U. L. Frauenkirche zu München. Hier sind sie durchgehends runde Scheiben (im Durchmesser von 4—7 Fuß), mit einer erhabenen geschnizten oder einfach gewundenen Einfassung, (in natura ist dazu manchmal ein dickes Seil verwendet worden), innerhalb derselben auf weißem Grunde die Umschrift mit Namen und Todestag des Verstorbenen und innerhalb dieses Schriftkreises das Wappen meist oder minder erhaben geschnizt, bemalt und mit Gold und Silber aufgesezt. Ich gebe (1817) einen dieser Schilde aus der Frauenkirche [1]).

In der Windsorkapelle bei London sind die Wappen der verstorbenen Hosenbands-Orden-Ritter auf kleine Metallplatten gemalt oder emaillirt angebracht, und ich gebe hier (1816) eines derselben, das des Grafen Thomas von Warwyke † 1369 [2]).

---

[1]) Der Gebrauch des Aufhängens der Todtenschilde hat sich noch bei uns bis ins vorige Jahrhundert erhalten. Ich selbst besitze einen im reichsten Zopfstiel gehaltenen Todtenschild eines v. Werdenau aus dem Jahre 1755, welcher früher im Dome zu Freising gehangen hat.

[2]) Das Aufhängen der Todtenschilde mag vielleicht seinen Ursprung in dem Aufhängen der Schilde und Waffen gefallener Ritter,

Die Gebräuche beim Begräbniß des Lezten (Manns-Sprossen) eines adelichen Geschlechtes verdienen hier gleichfalls ihre Stelle, um so mehr, als sie in unsern prosaischen Tagen ganz ausser Uebung und Kenntniß zu kommen scheinen.

Das Wesentlichste, was ich hierüber in älteren gedruckten und handschriftlichen Berichten gefunden, ist dieses:

Wenn der Sarg [1]) in die Gruft oder die Erde versenkt ist und der Ortspfarrer seine Gebete verrichtet hat, tritt ein Edelmann (der jedoch kein Geistlicher sein soll) vor, und entwirft in kurzen Zügen den Anwesenden die Herkunft, Schicksale und Verdienste des Geschlechtes, geht so dann auf die Thatsache des Erlöschens dieser Familie mit dem ins Grab Versenkten über. Am Schlusse der Rede ergreift er nach einander die bereit gehaltenen Gegenstände, nemlich einen mit dem Wappen des Verstorbenen bemalten hölzernen Schild, einen Helm mit dem Kleinode und ein Schwert oder Degen.

Zuerst ergreift der Edelmann den Schild und indem er ihn hoch erhebt, spricht er: So soll denn heute dieser adeliche Wappenschild, den unser Freund und lieber Bruder mit Ehren von seinen Vorfahren überkommen und mit Ehren getragen hat, zum leztenmale prangen, und (der Sprecher zerbricht den Schild der Länge nach in zwei Theile) euch erinnern, daß Alles vergänglich ist, nur nicht das Andenken des Gerechten. (Hierauf wirft der Sprecher die Trümmer des Schildes hinab auf den Sarg und ruft mit lauter Stimme:

Heute . . . . . . [2]) und . . . . [3]) nimmermehr! Die Anwesenden rufen, sowie sie den Wiederhall im Grabe hören: Wehe!

Sodann ergreift der Edelmann den Helm und spricht indem er ihn erhebt:

So soll auch dieser adeliche Wappenhelm, der die Zier und Ehre unseres Freundes und lieben Bruders und seiner Ahnherrn stets gewesen, zum leztenmale glänzen und ihm ins Grab folgen, und (indem er das Kleinod vom Helme abreißt und beide Stücke hinunter wirft) so rufe ich abermals:

Heute . . . . . und . . . . . nimmermehr! Die Umstehenden rufen wie oben: Wehe!

Hierauf läßt sich der Sprecher das Schwert reichen, und indem er es gleichfalls emporhält, spricht er: So soll auch dieses unseres Freundes und lieben Bruders adeliches Schwert, das allzeit nur für Gott, Gerechtigkeit und Ehre gekämpft hat, zum leztenmale heute im Licht des Tages blinken, und (indem er die Klinge zerbricht und beide Trümmer auf den Sarg hinabwirft) so rufe ich zum leztenmale:

Heute . . . . . und . . . . . nimmermehr! Die Umstehenden antworten wie vorhin mit: Wehe!

Mit diesem endet die Zeremonie und unmittelbar darauf wird das Grab oder die Gruft geschlossen.

Es versteht sich von selbst, daß die bei Zerbrechung der einzelnen Stücke angeführten Worte nur ihrem Sinne nicht dem Buchstaben nach, genau wie hier wiederholt zu werden brauchen, es steht vielmehr im Ermessen des Sprechers, nach Zeit und Umständen daran zu ändern, zu mehren oder zu mindern, der Schlußruf: „Heute . . . . . und . . . nimmermehr!" ist jedoch durch uraltes Herkommen gerade in dieser Form als geheiligt zu betrachten [3]).

_____

in Kirchen und Kapellen haben. So sind 1278 die Wappenschilde der bei Wien unter König Rudolf gegen Ottokar von Böhmen gefallenen Zürcher in der Barfüßerkirche zum Gedächtniß aufgehängt worden (Stumpf 487). Noch 1634 wurde des bei Regensburg gefallenen Generalmajors von Courville, Helm und Wappen über seinem Grabe in der Wörtherkirche bei Nürnberg aufgehängt. (Rorisch er Freydhöfe Gedächtniß 1652 II. 1550).

[1]) Bereits beim Begräbnisse werden am Sarctuche die Todtenwappen gestürzt (doch mit aufrechter Schrift) angebracht.

[2]) Hier wird der Name des Geschlechtes genannt.

[3]) Es mag vielleicht eine derartige Feierlichkeit auch mit dem Zerbrechen des Schildes allein von statten gehen, allein ich glaubte hier das herkömmliche dieser Zeremonien beibringen zu müssen. Bei v. Hefner, Stände von Oberern, ist das Begräbniß des Lezten Churing, bei Rudolfi, Heraldica curiosa, das der Lezten Bronsfall, und bei v. Freyberg: „des Freiherrn Alexander Sanzgoff und seines Geschlechtes Heimgang", das Begräbniß des Lezten Sanzgoff geschildert. Aus Erzälung von Betheiligten weiß ich ausserdem, daß beim Begräbniß des Lezten v. Wiesenthau i. J. 1800, und bei dem Lezten v. Bernhausen i. J. 1833 von Edelleuten der Schild zerbrochen wurde. — Im Rheinischen Antiquarius

Auf dem Grabdenkmale des Lezten seines Geschlechts wird das Wappen gestürzt angebracht [1]). Diese Sitte ist sehr alt und wir haben sie bereits oben S. 1194 beim Tode des lezten Grafen v. Homberg 1330 in Uebung gefunden.

Von neueren Beispielen, die mir bekannt geworden sind, führe ich an:

1. Der Grabstein des Wendel von Helfingen zu Pfeffingen, † 7. Jan. 1527 (Bebenhausen).

2. Grabstein des Wolf von Honburg, † 22. Okt. 1566 (Abguß im Museum in Ulm).

3. Grabstein des Kristof Krafft von und zu Grienbach, † 29. Okt. 1581 (Erding).

4. Grabstein des Georg von Rinderbach, sich selbst bei Lebzeiten 1612 gesezt (Ingolstadt).

5. Grabstein des Kristof Johann Pfeill von Haslpach, † 15. Mai 1620 (Kelheim).

6. Gedenktafel des Friedrich von Schlez, † 1656 (Wasserburg).

7. Grabstein des Johann Ludwig Freiherrn von Widerspach, † 20. Febr. 1706 (Grabenstatt).

8. Grabstein der Jakoba Ginzl von Selbenau, geb. von Scharfsädt, Wittib, † 1. Juni 1712. (Straubing. — Hier ist das Wappen des Mannes selig gestürzt, das der Wittwe aufrecht.)

9. Grabstein des Johann Rupert Grafen von Trauner, † 9. Nov. 1714 (Dom zu Augsburg).

10. Grabstein des Franz Georg Freiherr von Gözengrien, † 11. Sept. 1721 (Landshut).

11. Grabstein der Maria Katharina Gräfin von Königsfeld, geb. Gräfin von Haunsberg, † 9. Jan. 1721. (Zaizkofen. Das Wappen Haunsberg gestürzt neben dem aufrechtstehenden königsfeld'schen.)

12. Gedenktafel des Jakob Tezel, † 7. Sept. 1736 (St. Egidien, Nürnberg).

13. Grabstein des Mich. Wilhelm von Prey, † 22. Febr. 1747 (Pfarrkirche, Freising).

14. Grabstein des Franz Ignaz Freiherr von Schreckleeb, † 13. Febr. 1776 (Peterskirche, München).

Zur Erinnerung pflegt man Wappen ferner anzubringen an den Gegenständen frommer und wolthätiger Stiftungen. So ist z. B. an dem von dem Ritter Zacharias von Hohenrain gestifteten Spital zu Wasserburg das Wappen des Stifters in Stein gehauen, und an der von der besserer'schen Familie in Ulm erbauten Kapelle das Wappen der Besserer. In Landshut bei St. Martin und in München bei U. L. Frau sind die Schlußsteine der Gewölbe in den einzelnen gestifteten Kapellen mit dem Wappen ihrer Stifter geschmückt. Ebenso tragen Altäre, Betstühle, Taufsteine, Weihbrunnkessel, gemalte Glasfenster u. s. w. in der Regel die Wappen ihrer Stifter zum Andenken. Es gibt hievon so zahlreiche Beispiele, daß sie bei einiger Beachtung Jedem in die Augen fallen müssen, und ich nicht nöthig habe, deren ausdrücklich anzuführen. Geräthe und Gewänder zum heiligen Dienste tragen gleichfalls die Wappen ihrer Stifter, und zwar werden diese bei Kelchen, Kruzifixen, Leuchtern, Monstranzen, Ziborien, Ampeln, regelrecht am Fuße derselben angebracht [2]). Ich habe deren in Rosenheim mit den Wappen der Hoppenbichler, in Fürgen mit den der Höhenkirchner und Ziegler, in München mit denen der Aresinger und Bart u. s. w. gesehen. Bei Meßgewändern wird das Wappen ganz unten auf der Seite angebracht, welche der Priester während der Handlung dem Volke zukehrt. In Tuzing habe ich solche Meßgewänder mit vieregg'schen und gözengrien'schen, in Rosenheim mit ginsheim'schen und papin'schen Wappen geschmückt gesehen.

Auf dem Grabsteine eines Grafen Fieger von Melan, welcher geistlich war und in ganzer Figur im

_____

Mittelrhein I. S. 203 (R, hier nebenbei bemerkt, auch die Zeremonie der Mitgabe eines Streitroßes ins Grab des 1761 zu Trier † Komthur der Balei Lothringen, Baas v. Waldek, beschrieben.

[1]) D. h. man entwirft und rollendet das Wappen grade aufrecht wie sonst, wendet aber dann den Stein und sezt die Inschrift ebenfalls grade auf, so daß also das Wappen auf dem Kopfe steht, was man kurzweg gestürzt nennt.

[2]) Auch dieser Gebrauch ist sehr alt. Haunius III. 351 schreibt: Erwinus Hillbrand bei das groß vergabt Krenz zum Niedermünster (Regensburg) verlassen, darauf das Wappen in gar alter Manier 1309.

Meßgewande dargeſtellt iſt, habe ich das Wappen des Verſtorbenen auf der Vorderſeite des Meßgewandes angebracht geſehen. — Leider iſt mir der Ort, wo ich dieſes abnorme Beiſpiel von Wappenanwendung geſehen, entfallen, und ich habe vergeſſen, der Skizze, welche ich mir machte, nähere Daten beizuſetzen, ich meine mich aber nicht zu täuſchen, wenn ich Friedberg am Lech als den Fundort und 1700 als das Todesjahr bezeichne.

In geiſtigem Zuſammenhang mit den Stiftungen ſtehen die Geſchenke, die man einem andern zu freier Dispoſition als Zeichen der Gunſt, Freundſchaft, Liebe ꝛc. verehrt. Bei dieſen pflegt der Geber ſein Wappen gleichfalls zur Erinnerung anbringen zu laſſen [1]). Bei Gegenſtänden des täglichen Gebrauches und unter Einhaltung der Gegenſeitigkeit ſolcher Geſchenke, iſt es regelrecht der Fall, daß der Eine ein Glas, eine Zigarrentaſche ꝛc. mit dem Wappen des Andern und ſo umgekehrt führt. Es kommt daher auch vor, daß z. B. eine Familie Silbergeräthe oder Porzellan mit dem Wappen des Kaiſers oder Landesherrn gebraucht, wozu ſie nur in Folge der Schenkung des Wappenherrn ſelbſt berechtigt ſein kann. Ich habe einmal in einer Familie des niedern Adels dahier ein prachtvolles vergoltetes Reiſe-Service, jedes Stück mit dem Wappen des Kurfürſten von Mainz geziert, geſehen, das in Folge einer perſönlichen Freundſchaft des damaligen Kurfürſten dem älteſten Ahnherrn der Familie geſchenkt worden war und ſich ſeither in derſelben vererbt hat; ich habe auch einmal einen vergolteten ſchwer ſilbernen Pokal mit dem bayeriſchen Wappen in Email geſehen, den Herzog Wilhelm IV. von Bayern einem Studienfreunde in Irgolſtadt geſchenkt hatte, und der ſich bis vor etwa zwölf Jahren in der Familie vererbt hatte, wo er dann als verfallenes Pfand einem Antiquitäten-Juden in die Hände fiel. Habent sua fata libelli!

Eine andere Art von Geſchenken oder Stiftungen ſind die Wappen, welche man einem Freunde in ſein Stammbuch oder Album malen läßt und mit einem Wappenſpruche, Unterſchrift und Datum verſieht. Dieſe Stammbücher, welche von Mitte des XVI. Jahrhunderts an etwa bis 1680 in Gebrauch waren, wurden meiſtens von Studenten, Kriegsmännern, Hofleuten und derlei viel umfahrenden Leuten angelegt, um durch Wappen, Namen und Ort die Erinnerung an ihre Anweſenheit zu wahren und eine geſchloſſene Freundſchaft in der Heimath ſich wach zu halten. Derlei Stammbücher kennzeichnen durch die beigefügten Sprüche bei genauerer Beachtung in der Regel nicht nur den Karakter des Inhabers, ſondern auch den ſeiner Freunde und Verwandten ſehr unzweideutig [2]), ſowie ſie auch durch die Orts- und Zeitangabe ein förmliches Itinerarium herſtellen.

Derlei Stammbücher ſind ſeit etwa einem Dezennium bei uns wieder in Aufnahme gekommen, und ich ſelbſt habe deren ſchon mehrere in Händen gehabt, unter denen eines (mit Erlaubniß des Eigenthümers zu nennen), das des Freiherrn Richard König von Warthhauſen, an Geſchmack und Eleganz der Ausführung ſich den beſten alten Muſtern zur Seite ſtellen darf.

— — — — —

So weit meine Andeutungen über den Gebrauch der Wappen heutzutage. Ich habe allerdings noch zehnmal mehr an Notizen über die Anwendung der Wappen, Wappenbilder und Wappenfarben zu allen Zeiten und Gegenden geſammelt, ich würde aber zu weit gehen, in einem Handbuche der Heraldik wieder ein eigenes

---

[1]) Ich erwähne gelegentlich hier auch der Ehren- und Feſtſcheiben, welche bei feierlichen Gelegenheiten von Mitgliedern der Schützengeſellſchaft geſchenkt werden und ſehr häufig das Wappen des Beſchenkers gemalt enthalten. Man pflegt jedoch herkömmlich bei ſolchen Scheiben das Zentrum ſeitwärts des Hauptbildes anzuſetzen, weil es nicht wol ſchicklich wäre, auf das Wappen eines Donators zu ſchießen.

[2]) Unſer deutſches Sprichwort: „Sage mir mit wem du umgehſt und ich ſage dir wer du biſt“, findet hier treffliche Bewahrheitung, und wenn man heutzutage in den Fotografie-Karten an der Stellung des Fotografirten erkennen kann, weß Geiſtes Kind er ſei, ſo kann man dies in den Stammbüchern aus den Verſen leſen, die jeder ſeiner Wappen beiſetzt und ſelbſt das Nicht beiſetzen eines Spruches bezeichnet ſeinen Mann.

ausführliches Buch über vorliegenden Gegenstand einzureihen. Meines Wissens hat außer Meneftrier noch Niemand über den Gebrauch der Wappen etwas Eingehendes geschrieben, und wird dieß Kapitel in den deutschen Lehrbüchern der Heraldik überhaupt hier zum erstenmale abgehandelt.

Vielleicht habe ich jedoch hiedurch einem anderen Freunde und Kenner der edlen Wappenkunst Anlaß gegeben, ein besonderes Werk über diesen Stoff zu schreiben.

XXV. Anhang.

Ich hatte, wie der Leser aus einigen Bemerkungen des I. Theiles dieses Werkes entnommen haben mag, im Sinne, in diesem II. Theile ein eigenes Kapitel über die Nationalkarakteristik, ebenso über die Kunstgeschichte der Heraldik zu schreiben, bin jedoch zu der Ueberzeugung gekommen, daß ich diesen Gedanken aufgeben mußte, wollte ich nicht den Umfang und dadurch auch den Preis dieses Buches auf das Doppelte erhöhen, denn beide Kapitel lassen sich nur durch anschauliche Beibringung von möglichst vielen Beispielen wirklich nützlich und verständlich machen. Vielleicht ist es mir vergönnt, einmal in einer eigenen Schrift diesen oder jenen Abschnitt ausführlicher zu behandeln. Damit aber der Leser nicht ganz umsonst vertröstet werden, habe ich hier auf den nachstfolgenden Tafeln ihm von zwei Wappenthieren die Entwicklungsgang bei allen Nationen bildlich vorgeführt. Ich gebe

Tafel LXIV. ein Löwen-Kabinet. Sämmtliche Figuren 1824—1868 sind nach Originalen aller Länder und Zeiten und zwar gewissenhaft gepaust. Der Leser wird, wenn er überhaupt sich in Wappenbüchern bereits orientirt, bekannte Gestalten unter diesen Löwen finden, und gewiß mir bestimmen, daß ich weit entfernt war, irgend etwas zu karrikiren.

Tafel LXV. ein Adler-Kabinet J. 1869—1893. Ebenfalls aus denselben Quellen. — Die Bestimmung des Alters und der Heimath aller dieser Kabinets-Thiere dürfte für den praktischen Heraldiker nicht unförderſam sein.

Tafel LXVI. Die Grundbegriffe der napoleonischen Heraldik, nach dem Adelsedikte Napoleon I. vom 1. März 1808. Das Karakteristische an denselben ist das Beizeichen im Schilde, je nach dem Range des Begnadigten. Statt der Helme sind Barette (toques) mit Federn angewendet, und an diesen ist Farbe, Aufschlag und Zal der Federn wieder bestimmt [1]). Von oben bis zum Herzog (inclusive) herab, ist ein Schildeshaupt, von diesem bis zum Ritter der Ehrenlegion (exclusive) ein Freiviertel, für den Ritter aber ein beliebig gewältes Heroldstück (mit Ausnahme von Haupt und Freiviertel) z. B. ein Pfal, Fuß, Schrägbalken Beizeichen. Die erstgenannten Heroldstücke sind durch Farbe und aufgelegte Figuren wieder untergetheilt, wie dieß alles aus vorliegenden Zeichnungen leicht zu finden. Noch bemerke ich, daß der leergelassene Raum für das eigentliche Familienwappen bestimmt ist. Die Rangklassen sind folgende: Herzog des Reiches (1894); Großwürdenträger des Reiches (1895). Graf, Großkreuz der Ehrenlegion (1896), Graf-Senator (1897), Graf-Minister (1898), Graf-Staatsrath (1899), Graf-Präsident der gesetzgebenden Körpers (1900), Graf-Erzbischof (1901), Graf-Militär (1902). Baron (ohne Würde) 1909; Baron-Militär (1903), Baron-Bischof (1904), Baron-Präsident des Wahlkollegiums (1905), Baron-Präsident des

---

[1]) Die Schnörkel an der Erdle werden lambrequins, Helmdeden, benannt, obwol ein Helm gar nicht vorhanden.

Apellhofes (1906), Baron-Prokurator (1907), Baron-Bürgermeister (1908). **Ritter** der **Ehren-legion** (1910) ¹).

In ähnlicher Weise sind 19 Sorten von Beizeichen für den Adel und 3 für die Städte eingeführt worden, und ich erwähne hier nur von lezteren das Beizeichen der **Städte** erster Klasse (bonnes villes), weil zu diesen seligen Angedenkens auch viele deutsche Städte, z. B. Köln, Hamburg, Danzig u. s. w. gehörten, dieß ist ein mit drei goldenen Bienen belegtes r. Schildeshaupt (1911).

Zum Schlusse gebe ich auf derselben Tafel noch eine Anzal räthselhafter Figuren, die mir in Wappen vorgekommen sind, und deren Bedeutung und beziehungsweise Benennung mir nicht ganz klar geworden ist. Der Leser wird sich selbe nach eigener Ansicht zurechtlegen, und ich gebe, um vielleicht der Spur des Rätsels näher zu führen, jedesmal den Namen des Wappens bei.

F. 1912 führen in R. die Rometti in Vizenza, (1913) von einem # Löwen gehalten in G. die Bargoni in Volterra, (1914) in R. die Rav in Siena, (1915) zu dritte in G. die Boni Insegni ebendaselbst, (1916) zu dritt in R. die Falconar in Schottland, (1917) sind fünf verschiedene Formen einer räthselhaften Wappenfigur, welche die Clare in Frankreich führten ²), (1918) g. in B. mit einer g. Lilie innerhalb des Bogens führten die Beltzinger im Zürich'schen, (1919) in einem Felde verwechselter Farben, die Artstetter, Bayern, (1920) in beiden Formen, die Hoffreiter, ebendort; (1921) ist das Kleinod der Runtinger in Bayern, (1922) in B. führten die Wachel ebenda, (1923) die Sulzbed ebenda, (1924) zwei solche voneinandergekehrt in R., die Forte Guera in Luca, (1925) drei in R. die Ghnardi in Florenz, (1296) in R. die Hindershamer und (1927) in # die Emerstorffer, beide leztere in Bayern.

Ich könnte, wenn es nicht hier an Raum gebräche, noch ungleich mehr derartige doubtful charges hier beibringen, ich bitte aber den Leser sich bis auf weiteres mit der Entzifferung der vorliegenden zu begnügen und mich zum Schlusse meiner Arbeit kommen zu lassen.

                                        O. I. M. D. G.

---

¹) Wer über diese französische Heraldik weiteres lesen will, findet dasselbe in: **Henri Simon**, armorial général de l'Empire français, Paris 1812.

²) Siehe mehreres darüber bei Planché S. 131 ff.

Ende des zweiten und letzten Theiles.

Register

der in beiden Theilen des Handbuches aufgeführten Wappen.

☞ Bei den mit einem * versehenen Namen beliebe man das Verzeichniß der Druckergänzungen und Verbesserungen zu vergleichen.

A.

Salm 14.
Abel 33. 101.
Abele 129.
Arnsberg 62. 121. 12?.
Arndorffer 77.
Aichberg 75.
Abtersser 95.
Acami 104.
Arlebsen 60.
Delmann 97.
Arlesheim 79.
Achter 67.
Köfing 77.
Afenbrin 75.
Asliartis 85.
Aguila 221.
Aguias 224.
Abanney 77.
Aham 73. 97.
Abensen 63.
Achach 54.
Achach. F. v. 136.
Acheberg 60.
Acher v. H. 94.
Agner 302.
Eirschmalz 105.
Air 95.
Albeins 64.
Albru 59.
Abersdorff 60.
Abertl 62.

Albrechtsheimer 93.
Albuquerque 206.
Alençon 139.
Alessandri 92.
Alhartsved 69.
Allendorf 100.
Almeslos 206.
Almsheim 100.
Altariba 200.
Altruau 59.
Altenbochum 96.
Altenhausen 65.
Altenstein 94.
Althann 106.
Almuch 94.
Altringen 204.
Aman 220.
Ambel 101.
d'Amblv 73.
Ambranger 123.
Amerika 169.
Ameroden 222.
Ammen 73.
Amerbach 226.
Amranger 95.
Amsberg 100.
An der Lahn 90.
Anthan 73.
Angermünde 101.
Angouleme 139.
Anhang 84.
Anjou 138.

Anfilon 206.
Anns 55.
Anrep 95.
Ansbach 228.
Anietlingen 99.
Apian 99.
Aprp 142.
Arelsberger 63.
Arfalter 85.
Appell 71.
Aragonien 214. 221.
Arand 33. 99.
Areklager 104.
Aretin 71.
Argyll 99.
Armagk 14.
Arnim 58. 211.
Arras 76.
Artois 135.
Arloffetter 256.
Asch 85.
Aschaffenburg 228.
Aschau 38. 90. 220.
Aschrberg 57.
Aspach 196.
Aspermont 124.
Assburg 75.
Attems 65.
Agwenzer 89.
Aplinger 60.
Aubenv 103.
Auberterre 42.

Aubrecht 57.
Auer 76.
Auer v. A. 82. 101.
Auer v. H. 205.
Auer v. P. 60.
Auer v. T. 98.
Auer v. B. 73.
Auersberg 76.
Auersperg 97.
Auerswald 73.
Auffenstein 81. 236.
Auftirchen 60.
Augsburg 13. 85. 229. 230.
Aurberg 61.
Aurnhamer 62.
Auße 95.
Autenried 75.
Aramitowski 93.

B.

Baab 202.
Baar 76.
Babenhausen 229.
Babut 88.
Bach 83.
Babern 64. 115. 221. 222.
Babenweiler 221.
Bäumler 85.
Baglioni 135.
Baibel 91.
Balbari 85.

33

Balbeck 75.
Balbegg 12.
Baltinger 75.
Baligand 88.
Balowyl 88.
Bamberg 51. 227.
Baul 97.
Barberini 84.
Barrin 94.
Bart 70. 216.
Bary 62.
Barczla 107.
Barzeni 256.
Basel 14.
Bassenheim 163.
*Bassenheim 64.
Basserwig 77.
Baffus 202.
Baumbach 89.
Baumburg 13.
Baumgartner 86.
Bavière-G. 141.
Baworowski 107.
Bayern 51. 60. 103. 121. 160. 163. 225 ff.
Bayerndorf 64.
Bayreuth 227.
Beaufort 141 ff.
Beaulieu 63.
Beaumont 52. 106.
Bechburg 12.
Beck 98.
Behan 104.
Beham v. Sch. 66.
Beham v. R. 102.
Behamb v. E. 77.
Behr 76.
Bellersheim 163.
Bellinghausen 100.
Bellow 92.
Belpinger 256.
Benckendorff 76. 77.
Bennigsen 77. 104.
Benning 91.
Bentheim 201.
Berchtesgaden 225.
Berg 96. 230.
Bergen o. J. 106. 230.
Bergh 79.
Berghes 223.

Bertheim 60.
Berlepsch 61.
Berlichingen 99.
Bernverffer 76.
Bernstorff 203.
Berneo 135.
Berolbingen 102.
Bertl 139. 199.
Berrig 96.
Beriff 33.
Befferer 96. 128.
Betternborf 96.
Bettler v. H. 71. 128.
Bettwingen 44.
Benkwig 89.
Breteren 63.
Beverförde 77.
Bialachowski 95.
Bialoglowski 72.
Bianco 87.
Biarowsky 78.
Biberach 42. 77.
Bibeten 75.
Biberstein 84.
Bibra 77.
Biebenselb 95.
Bieberfee 87.
Biel 83.
Bielikolicz 95.
Biely 72.
Bibl 92.
Billerbed 94.
Billichgraz 108.
Bilow 93.
Binzinger 86.
Birkhahn 82.
Birkmann 82.
Birkmayr 82.
Bischofshausen 79.
Bischoffswerder 95.
Biffingen 84.
Blanckart 94.
Blodbelch 71.
Blittersdorff 67. 68.
Blücher 98.
Blücher v. B. 103. 106.
Blum 87. 201.
Blumenstein 67.
Bobenhausen 76.
Bod 79.

Bodelberg 103.
Bodenhausen 94. 196.
Bobmann 78. 84.
Böhlan 71.
Böhmen 230.
Böbnen 75.
Böller 86.
Böninghausen 92.
Böselager 94.
Bogen 226.
Bogerva 104.
Bohm 105.
Boineburg 60.
Bolschette v. W. 97.
Bolanden 99.
Bonelli 105.
Boul Insegni 256.
Bonin 76.
Bonvise 89.
Boos v. W. 102.
Bopfingen 42.
Borch 80.
Bord 75.
Bordeline 97.
Borelfe 95.
Borgstete 100.
Borried 75.
Borrini 94.
Borsch 71.
Boslarn 76. 96.
Boffenstein 54.
Both 99.
Bothmer 99.
Bourbon 12. 87. 130. 198. 222.
Bourbon-Bendeme 140.
Beuchler 132. 159.
Benningshausen 87.
Boycza 105.
Brabant 214.
Brand 85.
Brandenburg 76. 79. 221. 230.
Brandenstein 70. 136.
Brambl 33. 73.
Brambl v. J. 201.
Brandt 89. 103.
Brasilien 99.
Bräuerzunft 245.
Braun 105.
Braunschweig 73. 221.

Bray 74.
Brerer v. H. 136.
Brerow 100.
Bregenz 39. 44. 209.
Breitenbach 92. 95.
Breisgau 221.
Breitenbauch 64. 131.
Breun 40.
Breunberg 90.
Breunstein 90.
Breccino 206.
Brenberg 209.
Bretagne 39. 54.
Brewer 84.
Breybel 75.
Brezenheim 105.
Briephl 201.
Briefen 64.
Brigide 52.
Brixen 76.
Brod 84.
Brackorff 93.
Brentcis 101.
Brobzle 203.
Bröder 95.
Brog 101.
Broizem 98.
Bronikowski 95.
Breumbach 209.
Brokfle 105.
Brower 205.
Bruch 102.
Bruchhausen 221.
Brück 75.
Brübern 29.
Brügghen 73.
Brüselwig 100.
Brugger 101.
Brumbach 92.
Brunn 95.
Brunolfa 107.
Bube v. R. 221.
Buben 98.
Buber 104.
Buch 73.
Buchau 209.
Buchenau 51.
Buchwald 85.
Budberg 96.
Budweis 151.
Buchenberg 111. 151.

Bibler 90.
Bibr 79. 99. 121.
Bilingsleben 143.
Birn 100.
Bibler 104.
*Bagenhagen 98.
Bunjinger 141.
Buri-Sch. 208.
Burginrinai 58.
Burvian 61.
Brgen 98. 129. 226.
Burggraf 51. 127. 194. 227.
Burgund 129. 141. 214. 219. 222.
Burzbauern 13.
Busbach 100.
Buri 94.
Busche 99.
Bried 76. 130.
Buter 31.
Bubleer 105.
Butler 97. 135.
Butler 97.
Buper 71.

C

Calanes 99.
Catillan 33. 63.
Carlo 78.
Galatin 86.
Galu 73.
Cambridge 138.
Cammer 133.
Camerberg 133.
Campana 205.
Cambe 65.
Canosa 93.
Cantrin 79. 103.
Canterbury 14.
Carellin 54.
Carellai v. B. 102.
Capo d'Istria 81.
Cartinali 134.
Catency 140.
Carlowly 84. 86.
Carishausen 163.
Carlile 105.
Carmer 106.
Carnap 95.
Carrara 99.

Castell 203. 228.
Castrinnef 59.
Castelruth 67.
Castars v. R. 94.
Champerein 77.
*Charytenewicz 106.
Chastillon 40. 43.
Chantvir 75.
Chlenberger 51.
Chilfam 77.
Chilingersperg 203.
Chemanto 100.
Chur 57.
Churayen 79.
Chrynedi 107.
Violet 33. 76.
Cioll 92.
Cirifar 104.
Clairannay 92.
Clare 256.
Clarence 142.
Clevel 98.
Cleren 86.
Clermont 206.
Closen 80.
Closter 203.
Codburn 33.
Cöln 98.
Cernr 25.
Coerverden 79.
Cemaggi 89.
Conca 53.
Contarini 134.
Cor 78.
Cortenbach 63.
Cency 40.
Centrin 102.
Cralisheim 58.
Cranach 92.
Cranstown 67.
Crunshaar 79.
Crawfurd 77.
Crequy 85.
Crenzer 99.
Crinelli 97.
Croir 86.
Croffard 204.
Crovl 105.
Crurgen 105.
Cuninghem 135.

Curin 140.
Cudman 53.
Czerwina 103.
Czirn 66.

D.

Dachau 103.
Dachauer 61.
Dachsperg 77.
Dachröben 79.
Dacres 159.
Dänemark 74. 230.
Dolinsti 107.
Dallwiy 59.
Dambach 88.
Danell v. Sch. 34.
Dangel 99.
Danzig 71.
Davler 73.
Decken 95.
Deffenfero 89.[
Degenberg 37. 54. 151. 226.
Degenfeld 48. 55.
Delsint 82.
Delmenhorst 105.
Deng 89.
Dequate 94.
Derey 202.
Deffauer 202.
Denzing 211.
Deutschland 92.
Deutschorden 61.
Devica 99.
Drwall 73.
Dewiy 14. 96.
Deym 80.
Diebitsch 79.
Dieprenbrock 103.
Dieprerossirchen 107.
Diepholz 221.
Dierbach 207.
Diestau 203.
Dirtenhemer 84.
Dietrichstein 63. 93.
Dillen 86.
Dieg 222.
Dinkelsbühl 228.
Dinstage 202.
Dintner 66.
Distl 96.

Ditten 83. 211.
Dobrared 102.
Dokra 19.
Debschüg 54.
Döring 73.
Dörnberg 59.
Deläns 86.
Deleth 107.
Denail 134.
Denanwörth 230.
Donderff 72.
Donned 97.
Donnersperg 89.
Donep 100.
*Dorfyed 220.
Doring 65.
Dormair 86. 88.
Derner 91.
Derner 66.
Dorninger 66.
Dornsperch 42.
Dornsperg 86.
Dorohostajski 107.
Dorostiewicz 107.
Dorth 64.
Devinte 93.
Drachenfels 92.
Drachsdorf 70.
Dragomanni 92.
Drechsel 77.
Dreitlkofer 77.
Dornshahn 206. 211.
Droste 65.
Dublin 14.
Dächer v. H. 90.
Düring 202.
Düringsfeld 163.
Dumad 199.
Dunois 140.
Dur 141.

E.

Eben 206.
Edenhöch 91.
Edenstetter 110. 124.
Eberstein 77. 165. 221.
Eberstorff 19.
Eberg 204.
Eber v. E. 55.
Eburt 94.

Adorzen 112.
Achleiter 130.
Erellirchen 106.
Edelzhofer 86.
Ablersberg 90.
Erlmann 76.
Ablwed 97.
Egen 68.
Egrnhofer 92. 141.
Eggenberger 100.
Egger 99.
Egler 105. 221.
Egloß 83.
Eglosheim 91.
Eglofftein 76.
Ehinger 12. 64. 95.
Ehrenberg 108.
Ehrenfels 201.
Ehren-R. 102.
Eichftädt 14. 227.
Eichthal 138.
Eidgenossenschaft 105.
Einfiedel 33. 71.
Oizenhofen 19.
Eisenhofen 94. 128.
Elfenreich 100. 220.
Eisenftatt 100.
Eiserfetten 64.
Albel 163.
Ellenbach 142.
Ellingen 227.
Ellrichshausen 62.
Elmpt 203.
Elterlein 91.
Eltershofen 69.
Ulp 142.
Amerberg 97.
St. Emmeram 227.
Emersdorfer 256.
Emmerich 91.
Ende 75.
Endler 80.
Engl 83.
Engelbrecht 63.
Engelschall 75.
Engelshofer 71.
Engern 85.
England 74.
Enidl 70.
Enrlauez 199.

Enfe 95.
Enzberg 102.
Enzenberg 76.
Epelhausen 99.
Eppli 91.
Eppstein 223.
Eptingen 79.
Erath 73.
Erbach 31. 224.
Erbmarschall 31. 223.
Erbmunereamt 31.
Erbschenl 31.
Erding 09.
Erffa 79.
Erlbeck 61.
Erlentamp 65.
Erligheim 73.
Erlin v. R. 92.
Ernreich 100.
Ernan 98.
Erfinger v. D. 61.
Erzschazmeisteramt 54. 230.
Erztruchseßamt 31. 230.
Efchenlohe 225.
Efcher v. G. 97.
Efcher v. L. 75.
Efchlbach 94.
Efchlhel 126.
Efel 15.
Efter 75.
Effen 60.
Effer 110. 130.
Eflinger 83.
Efwurm 92.
Etampes 139.
Ethorff 77.
Eu 138.
Eurem 139.
Eyb 83.
Eyber 60.
Eyff 105.
Eyrl v. G. 82.
Ezenhausen 102.

F.
Faber 81.
Fällanden 91.
Falbenhaupt 70.
Falconar 256.
Fald 79.

Fallenhausen 79.
Falkenstein 33. 79. 97. 102. 211. 226.
Farnese 214.
Faßman 203.
Falzner 97.
Faschang 50.
Fauche 52.
Fauft v. St. 142.
Favette 44.
Fechenbach 76.
Feder 51.
Federfpiht 33.
Federfoff 75.
Feeler 61.
Feilitsch 59.
Felder 85.
Feldlirch 209.
Felsenberg 92.
Femb 91.
Fensterer 97.
Ferber 202.
Fernberger 101.
Ferrero 42.
Fentberg 90.
Feurer v. B. 66.
Feurer v. Pf. 127.
Fid 206.
Finect 203.
Fint 52.
Finsterwald 77.
Firmian 77. 102.
Fischmaister 94.
Fobransberg 98.
Förder 77.
Ferobochi 134.
Ferell 79.
Formentini 77.
Forster v. W. 84.
Fowlis 54.
Flamm 90.
Flandern 141. 219.
Flans 92.
Flasch 97.
Flatow 98.
Fleckenbühl 100.
Flegelberg 94.
Flemming 103.
Florianer 61.
Flotow 203.

Flugi 50.
Forteguerra 256.
Fraquer 95.
Fraisnel 42.
Franceschi 105.
Franken 65. 228.
Frankenberg 101.
Frankenburg 236.
Frankfurt 14.
Franling 79.
Frankreich 132. 196.
Franzin 60.
Frafelr v. B. 67.
Frafelr v. L. 97.
Frafhaufen 64.
Freiberg 51. 69. 111. 127. 134. 220.
Freifing 14. 15. 70. 225.
Freiß 76.
Freitag 96.
Freny 60.
Frescobaldi 98.
Freudenberg 57. 221.
Freundsberg 80. 229.
Freysburg 223.
Freyndorff 67.
Freyfing v. K. 136.
Fridenborff 69.
Fridlinger 84.
Friederici 72.
Friesland 92.
Freiß 91.
Fröfchl 37. 63.
Fröfchl v. R. 63. 92.
Fronhelmer 70.
Frugeni 85.
Frumefel 75.
Fuchs 26. 76.
Fuchswagen 60.
Füll 75.
Fallen 75.
Fünftirchen 61.
Fürer v. B. 89.
Fürftenberg 33. 42. 67. 157.
Fürftenwärther 142.
Füßen 72.
*Fugger 205.
Fugger v. R. 77.
Fulde 228.
Funck 69.

Zunft 29.
Zurthaler 97.
Zus 72.

G.

Gabelleser 94.
Gaertner 85.
Gärtringen 94.
Galsberg 78.
Galen 95.
Galigal 96.
Gall 92.
St. Gallen 17. 103.
Gamm 201.
Gammurrini 135.
Ganthern 80.
Ganzer v. G. 80.
Garlew 133.
Gattenberg 101.
Gazgreben 59.
Gaukler 90.
Gebauch 83.
Gebhart 76.
Gehattel 78.
Gerpich 62.
Gehring 70. 211.
Geier v. C. 79.
Geiger 98.
Geismar 77.
Geldern 220.
Gelbinger 67.
Gemünden 58.
Genf 60.
Genzlow 84.
St. George 71.
Gerthein 128.
Germar 97.
Gernstein 42.
Gerrsbeck 19. 222.
Gersterff 61.
Gerspanter 67.
Gertsbergl 64. 71.
Geschberg 91.
Geslau 80.
Gessen 79.
Gessler 29.
Geyd 92.
Giachinetti 134.
Gianmali 103. 134.
Gibelli 89.

Gibiene 89.
Giech 94.
Gieffer v. T. 150.
Gießer 72.
Gillabets 95.
Gillenstierna 69.
Gillhausen 101.
Gilsa 66.
Gimnich 66.
Ginanth 72.
Gindheim 92.
Giovanelli 33.
Giustiniani 145.
Gladnapf 97.
Glaubig 92.
Glauffenburg 75.
Gleich v. R. 93.
Gleichen 70. 76. 89.
Gleiffenthal 66.
Glengarnew 135.
Glene 103.
Glevnitz 80.
Glinski 107.
Glebig 86.
Glöden 78.
Glofner 117.
Gloetner v. St. B. 95.
Gloncetter 138.
Glümmer 202.
Glütz 107.
Gmainer 66.
Gnarfen 77.
Gebow 82.
Geler v. R. 79.
Gewitz 80.
Götschler 91.
Golvegg 67. 222.
Geliermeli 207.
Gesta 61.
Geltstein 59.
Gombi 104.
Gonfallonere 222.
Gerl 99.
Gottfsfeld 95.
Grabke 33.
Grabie I. 94.
Grabie II. 94.
Grabnow 104.
Grabel 83.
Grabtfchefel 94.

Gräfendorff 76.
Gräbrnitz 84.
Grafeneck 105.
Grafenstein 203.
Grawada 56. 223.
Grani v. T. 102.
Grapen 96.
Grasmann 93.
Graffelsinger 65.
Grasmalwer 104.
Graß 60.
Grasmein 102.
Grauvegl 92.
Grebner 58.
Grerber 63.
Gregern 81.
Greisenfee 106.
Greiff 60.
Grelff v. G. 66.
Grelmeli 92.
Grelmeli v. H. 100.
Grelner 71.
Greisteneck 94.
Gremp 50.
Grenzing 77.
Greßwein 223.
Greul 42.
Grev 159.
Greperz 81.
Griechenland 230.
Griesenbeck 90.
Grill 94.
Grill v. A. 94.
Grimmel 53.
Grimmschütz 97.
Greland 94.
Gröning 201.
Greß v. T. 204.
Greßberg 141.
Greßer 101.
Grete 75.
Grünenberg 26. 90. 132.
Grünsberger 97.
Grumbach 70.
Grundern 73.
Grudenberger 91.
Güttlingen 79.
Gugler 71.
Guicciardini 94.
Gulten 102.

Gumpelshaimer 81.
Gumppenberg 94. 221. 223.
Gumprecht 65.
Gundelfingen 69.
Gunnich 125.
Gurren 75.
Guntbler 71.
Gutenbog 100.
Gutten 93.
Guttenberg 87.
Guttenburg 43.
Gufenberg 80.

H.

Haag 73. 225.
Haaß 77.
Habichtsheim 209.
Habigheim 29.
Habezl 201.
Hacke 89.
Hadersdorff 203.
Hadeln 95.
Haefften 43.
Häffelin 202.
Hähling v. L. 101.
Häll 79.
Häringel 82.
Häseler 76.
Häften 97.
Hafner 96.
Hagen 203.
Hager 29. 61. 83.
Hagle 201.
Hahn 80.
Haiden 130.
Haldenreich 99.
Hallbrenner 101.
Haimb 106.
Hainzel 62.
Hainzel 103.
Hall 95.
Haltenberg 94.
Hall 14. 50.
Hallberg 102.
Haller 127.
Hals 124. 226.
Hamberg 13.
Hammerstein 201. 223.
Hammer 44.
Hanau 64. 221.

Hanfstängel 201.
Handschuchsheim 102.
Hanseler 100.
Hanstein 86.
*Haratünew 106.
Harbenberg 77. 105.
Harbier v. Y. 120.
Harru 95.
Harfenberg 98.
Harling 80.
Harelb 202.
Harm 77.
Harnier 103.
Harras 81.
Harrington 159.
Harscher 76. 117.
Hardorff 100.
Harstall 202.
Hartlisch 82.
Hartlieb v. W. 203.
Hartmann 81. 103.
Hartter v. H. 82.
Haslang 67.
Hasselwander 73.
Hasslingen 209.
Hastings 102. 159.
Hasza 76.
Hatzfeld 88. 95.
Haupt 71.
Hausen 94.
Hausner v. Y. 66.
Haverri 105.
Hanförde 76.
Harthausen 101.
Hau 88.
Haube 209.
Haue 104. 198.
Hann 80.
Haynöpeck 66.
Hechlingen 95.
Hecht 201.
Hechthausen 93.
Hebbersdorf 84.
Hefner 207.
Hefner v. K. 96.
Hefner v. W. 221.
Hefner v. E. 96.
Hegenberg 73. 75. 141.
Heitebrelen 96.
Heiderf 211.

Heidega 12.
Heidenab 99.
Heiligenberg 68.
Heiligenstein 202.
Heimbrachts 73.
Heinleth 102.
Heinsberg 142.
Heißberg 90.
Helchner 68.
Held 104.
Helbritt 89.
Helbt 104.
Helfenorffer 99.
Helfenstein 79.
Helldorf 75.
Hellersperg 202.
Helmsdorff 92.
Helmshofen 103.
Helmstadt 79.
Hemelerf 73.
Henderland 135.
Henbl 100.
Henkel 97.
Henneberg 33. 60.
Hennegau 230.
Hennige 80.
Heppe 93.
Herberstein 100.
Herbilshofen 97.
Herbst 97.
Herbböhrimer 66.
Herbe 91.
Herber 71.
Herbing 75.
Herreiß 77.
Herringen 143.
Herschl 76.
Herternstein 54.
Hertwig 203.
Herzhausen 22.
Herwart 81.
Herzheim 149.
Herzheimer 96. 130.
Heseleber 96. 243.
Heße 85.
Heßen 123.
Heußler v. R. 85.
Hengel 201.
Heußlin 97.
Heybach 75.

Heyden 104.
Heudenhans 89.
Heyber 70.
Heyne 96.
Heynitz 70.
Hidessen 103.
Hieronymi 97.
Hilgertshäuser 133.
Hiller 103.
Hiltprant 84.
Hindenburg 77.
Hindershamer 256.
Hirschberg 77.
Hochbaug 208.
Hochleytler 195.
Hochstetter 66.
Hodenberg 79.
Höchnlicher 126. 136.
Höchstadt 14.
Höfer 104.
Höfner 78.
Höhenkircher 51.
Hölzl z. E. 102.
Höuning 96.
Hoerell 104.
Hof 140.
Hofer v. L. 13. 67.
Hofer v. U. 219. 221.
Hoffreiter 256.
Hohenlandsberg 228.
Hohenberg 194.
Hohenschwangau 225.
Hofmannsegg 81.
Hofwart 105.
Hohenach 222. 230.
Hohenwaldeck 225.
Hohenweb 19.
Hohenlohe b. 73. 131. 161. 216. 222. 228.
Hohenlohe-W. 119, 206.
Hohenrain 153.
Hohenstaufen 97.
Holder 84.
Holderbusch 86.
Holdrungen 71.
Holland 230.
Holleben 98.
Hellegg v. R. 60.
Hellenser 79.
Hollfelt 71.

Hollub 107.
Holz 97.
Holzapfel 85.
Holzendorff 105.
Holzabel 79.
Holzhausen 87. 102. 126.
Holzheimer 96.
Holzschuher 102. 152.
Homberg 79.
Hombergl 90.
Homburg 223.
Honhorst 211.
Hoop 96.
Hopfgarten 94.
Hopfner 81.
Horben 86.
Horitsch 83.
Horn 104.
Horned v. H. 96.
Horned v. W. 100.
Hornstein 33. 17.
Höfer 71.
Houlley 69.
Hoven 223.
Howora 108.
Hoya 221.
Hruschowsky 61.
Hrzan 61.
Huber v. M. 76. 57.
Huber v. Z. 204.
Hübschmann v. B. 77.
Hügel 65.
Hünerwabel 80.
Humboldt 202.
Humbracht 74.
Hund v. W. 75.
Hundbiß 75.
Hungerford 159.
Hunolstein 203.
Huon 100.

J.
Jagemann 204.
Jagou 99.
Jagstheim 93.
Jakob v. G. 83.
Jalowski 107.
Janina 103.
Janorinski 91.
Jänichen 201.

Jarstorff 44.
Jasmund 205.
Jberg 93.
Jedliz v. H. 76.
Jerze 133.
Jmisch 98.
Jrilliz 107.
Jrensorm 36. 105.
Jett 94.
Jllinger 84. 85.
Jgel 77.
Jglshofer 77.
Jürtissen 220.
Jlmmünster 150.
Jlten 201.
Jmhoff 91. 221.
Jmler 100.
Jnrerz 95.
Jnverdorff 15.
Jngolstadt 15. 92.
Jnlofer 72.
Jnloffer 99.
Jnnsbruck 101.
Joachimsthal 71.
Jichl 78.
Jöille 89.
Joyense 92.
Jrmkreut 78.
Jrrser 229.
Jrrvon 86.
Jisenburg 136.
Jolaub 83.
Jgstein 95.
Jöbben 102.
Jülich 220. 230. 250.
Jsrmann 102.
Jungwirth 96.
Jnsingen 66.
Jvens 59.

K.

Kämmerer v. W. 86.
Kirzl v. G. 62. 221.
Kahlden 73.
Kainsdorfer 65.
Kaiser 104.
Kalb 76.
Kalmünzer 61.
Kaltenborn 90.
Kamecka 78.

Kammerau 77.
Kampy 87.
Kandelberg 14.
König 75.
Kordorf 100.
Kanneberg 96.
Kapellen 11.
Kapf 107.
Karpf v. W. 90.
Karnier K. 107.
Kastillen 214.
Katzbeck 75.
Katzbüz 75.
Katzenelnbogen 51. 121. 223.
Katzmair 74.
Kaufbeuren 229.
Kauffmann 71.
Kaub 102.
Kayserlingk 65.
Kaze 15. 74.
Kechler 62.
Keck v. Sch. 73.
Keichen 97.
Kellenbach 71.
Keller 73.
Keller v. Sch. 31.
Keller v. El. 75.
Kellerberg 236.
Kemnat 95.
Kemnatter 67.
Kemp v. Th. 72.
Kempf v. N. 106.
Kempten 15. 229.
Kendstert 107.
Kermassirent 99.
Kern v. J. 96.
Kessel 202.
Kessler 96.
Keßlitz 206. 212.
Kettelhevt 33. 103.
Kettenburg 33. 109.
Kettler 93.
Kegel 75.
Kegl 153.
Keul 104.
Keutschach 37.
Kenzl 68. 91.
Kevl 104.
Khevenhüller 91. 235.
Khünenburg 207.

Khun 13.
Kienberger 85.
Kind 129.
Kinkel 99.
Kinsky 66.
Kirchberg 59. 119.
Kirchheim 101.
Kirchberg 43.
Kisterow 133.
Kirmerith 94.
Kitschger 104.
Klpmägl 219.
Klamro 93.
Klauer 91.
Kleewein 66.
Kleinsorge 107.
Kleiß 77.
Klettenberg 221.
Kleve 230.
Klippstein 78.
Kloch 97.
Klödl 205.
Kley 207.
Klneghamer 75.
Klür 84.
Knebel v. K. 135.
Kneidinger 71.
Knissen 201.
Knoland 76.
Knrsched 79. 133.
Knöringen 111.
Knörringen 96.
Kobell 82.
Koch v. M. 72.
Kolterer 95.
Köln 102. 223.
Kolner v. D. 89.
König 35.
König v. K. 102.
König v. W. 102.
Königsegg 63.
Königsfelder 94.
Königstein 209. 223.
Konig 105.
Könnritz 95.
Körvelle 90. 97.
Korb 78.
Kohau 117.
Kosalwicz-W. 107.
Kosersti 92.

Kolb 71.
Kolb v. W. 127.
Kolbinger 205.
Kolenko 107.
Koler 101.
Kolff 94.
Koller 208.
Kopf 96.
Koporcten 92.
Koppenstein 142.
Korbhamer 97.
Kornfall 86.
Korghelsch 104.
Kosciedza 107.
Koskomoski 107.
Kosveth 69.
Kotsch 99.
Kohau 76.
Krabler 83.
Krätz v. P. 67.
Krafft 64.
Kramer 100.
Kranichsberg 81.
Kransl v. J. 104.
Kranter 91.
Krebs 83.
Kreder 33.
Kreill 94.
Krell 79.
Kreß 103.
Kreuzburg 78.
Krieb 95.
Kripp v. J. 101.
Krolow 98.
Kreuzberg 102.
Kretofzyn 209.
Kroszpunkt 107.
Kruse 220.
Kuchler 64. 77.
Kühlewein 207.
Künsberg 63.
Kunrach 92.
Küßnach 98.
Kugler 91.
Kulmbach 227.
Kumpfmühl 96.
Kunowig 102.
Kunz 107.
Kurzleben 101.
Kvau 79.

Kuhm 71.
Kule 96.

L.

Labrique 81.
Lagarda 206.
Lagel 97.
Lagelberg 97.
Lahn 90.
Lahr 221.
Laiming 128. 151. 219.
La Haye 105. 198.
Lamezan 81.
Lamberg 75.
Lamp 96.
Lamparter 103.
Lampfritsham 91.
Lampoding 87.
Lamprechtsheim 63.
Lancaster 159.
Landau 77. 226.
Landellis 65.
Landsberg 105.
Landschad 98. 128.
Landshut 103. 226.
Landsiedler 97. 80.
Landsyr 93.
Lang 79.
Langen 80. 94.
Langendorf 260.
Langenburg 209. 216.
Langenmantel v. W. 106.
Langwerth 87.
Lanros 89.
*Lantes 103.
Larisch 86. 206. 211.
La Roche 84.
Lasse 106.
Laßberg 61. 208.
Laubenberg 84.
Laubsty 83.
Lauf 14.
Lannoy 66.
Launtz 210.
Lauterburg 221.
Leberskirchen 133.
Ledebur 63.
Lersch 86.

Leiert 78.
Lehaberff 105.
Lehrbach 57.
Leichnam 72.
Leiningen 18. 79. 226.
Leiningen-W. 137.
Leipziger 92.
Leiter 18. 75.
Leitgeb 97.
Leliwa 69.
Lempicke 92.
Lengerie 79.
Lengheim 96.
Lengrießer 90.
Lentzen 96.
Leon 214.
Leopoldskron 102.
Leoprechting 33. 61.
Lepel 62.
Lerchenfeld 90.
Lerchenfelder 81.
Lerperger 81.
Lescye 101.
Leuber 68.
Leuberstorff 66.
Leublfing 57. 130.
Leuchtenberg 227.
Leuthorst 89.
Leutrum 78.
Lenzendorffer 21.
Lerpehew 96.
Leyser 88.
Libetewen 73.
Liben 84.
Lichnewsky 209.
Lichtarz 107.
Lichtenberg 78. 226.
Lichtenstein 19. 65.
Liebened 60.
Liebert 37.
Ligsalz 104. 135. 221.
Lilien 57.
Limburg 65. 104. 131. 209. 223.
Lindau 18. 54. 229. 244.
Lindbrag 132.
Lindegl 68.
Linden 60.
Lindenfels 84.
Lingenthal 203.

Lippe 67. 86. 101. 206. 222. 224.
Lis 107.
Lisle 106.
Lithauern 71.
Lisde 200.
Leblewitz 79.
Lech 135.
Lechau 78.
Lechten 73.
Lobgsa 94.
Loe v. W. 100.
Loerben 152.
Lohra 70.
Löbl 82.
Löffelholz 76. 206.
Löffler 80.
Löffler v. H. 80.
Lösch 93.
Löwen 17.
Löweneck 70.
Löwenstein 209. 228.
Louben 15.
Lovei 33.
Lorber 88.
Lorch 126.
Lorenz 79.
Loß 77.
Lothringen 37. 132.
Lottner v. W. 95.
Louvaine 132.
Lowhew 77.
Lucca 135.
Lucch 124.
Luckner 104.
Lubrusterff 135.
Ludolf 99.
Ludwiger 88.
Luegstein 78.
Lüneburg 221.
Lüningl 79.
Lüttichau 203.
Lütiwin 79.
Lützelburg 73.
Lützelfels 104.
Lützenrode 105.
Lützow 100.
Lummerin 90.
Luplin 205.
Lustnau 77.

Lup 100.
Lupenberger 75.
Lur 75.
Lurburg 75.
Luxemburg 219.
Lysser 76.

M.

Raben v. G. 105.
Rad 63.
Racield v. L. 90.
Raber 94.
Rämminger 124.
Röhren 219.
Röricken 102.
Rössenhausen 133. 247.
Ragensreiler 100.
Ragerl 33.
Ragnagutti 202.
Rahlberg 221. 223.
Railand 63.
Raine 11.
Rainz 14.
Rafmasane 72.
Malaspina 86.
Malchus 102.
Maldeghem 203.
Rallas 95.
Rallerstorff 43.
Raintheim 96.
Ralertie 202.
Raljen 62.
Ramming 78.
Raubelslohe 98.
Rauderff 236.
Raurffen 71.
Rangels 103.
Rangfl 79. 114.
Raniel 52.
Rann 72.
Ranner 71.
Rannesse 126.
Ransberg 202.
Marabottini 134.
Rardeng 130.
Rarche 140.
Rardefeldi 104.
Marées 91.
Rarreith 60.

Marnholtz 67.
St. Marie-Eglise 79.
Marien 203.
Mari 230.
Markzwart 33.
Maregna 33.
Marnwerd 61.
Marschall v. O. 97.
Marschall v. Sch. 64.
Marschall v. St. 64.
Marschall 101.
Marschall v. L. 94.
Marschall g. W. 60.
Markaller 95.
Martelli 93.
Martens 64.
Martin 71. 124.
Marr 91.
Marzani 105.
Marmünster 73.
Maßen 83.
Masien 198.
Massier 202.
Masser 104.
Mast 76.
Maern 64.
Mantzhein 66.
Maternthal 95.
Mauerbeser 106.
Maurberer 60.
Maurberer v. W. 141.
Mapacelli 206.
Mecklenburg 76.
Medici 134. 214.
Mehring 77.
Merr 90.
Meerbeimb 61.
Merrlah 75.
Megenser 68.
Meggau 104.
Memmingen 229.
Menzl v. St. 91.
Menteya 161.
Menéres 222.
Mengen 140.
Mengartrreuter 99.
Menthefer 76.
Menzed 205.
Merich 76.
Mergfager 79.

Merenstein 223.
Meriel 203.
Mermann 63.
Mermeser 86.
Merz 105. 128.
Melbuiz 94. 102.
Mener 141.
Meyer 88. 94.
Meyer v. R. 102.
Meyrl 84.
Milchling 84.
Millicoti 99.
Miller 72. 100.
Miller v. R. 71.
Mindwitz 66.
Mindelheim 229.
Minderf 46. 195.
Minerbetti 103.
Miningerode 95.
Mirbach 77.
Medzela 105.
Mödling 195.
Möllenkerf 96.
Möller v. L. 69.
Römergarch 82. 221.
Merl 76.
Mörs 230. 250.
Mörschwein 77.
Mohr 76.
te Mehun 224.
Molsheim 65.
Molstein 100.
Moliffe 52.
Menace 83.
Mönenbach 135.
Monfort 97.
Monroy 64.
Mons 57.
Mont 92.
Montegu 120.
Montalban 66.
Monternoeli 92.
Montenuovo 90.
Montferrat 57.
Montfort 104.
Montreafier 139.
Morppeny 62.
Moreburg 205.
Moramighy 78.
Morbor 93.

Merreu 73.
Meria 92.
Mornberg 70.
Mere 86.
Mereskui 134.
Merre Paßer 209.
Moscardini 197.
Moschlon 84.
Meser a. W. 83.
Mesbem 86.
Moslau 71.
Mostorffer 86.
Meezewski 107.
Meu 101.
Mezzi 106.
Müleisen 100.
v. d. Mülen 205.
Mülinen 100.
Mülliner 19.
Müller v. B. 100.
Münch v. W. 100.
München 13. 14. 37. 225.
Münchhausen 70.
Münchingen 73.
Münsterer 82.
Mütschenthal 99.
Muggenthal 77.
Murbamer 86.
Murrou 98.
Mussinan 92.

N.

Nadler 106.
Näringer 70.
Nagel 102.
Nagelsberg 96.
Nakuey 102.
Narbonne 105.
Naßen 121.
Navette 103. 219.
Naphans 76.
Nebr 95.
Regenbant 64.
Reger 58.
Reidecker 82.
Reithardt 66.
Relli 76.
Rerrebeim 209.
Rettelblabt 66.

Retteredt 59.
Reyer 102.
Reubnern 95.
Reubronner 105.
Reuburg 70.
Reuburg a. J. 226.
Reuburg a. L. 83.
Reuchinger 102.
Reuenburg 30. 32.
Reuenstein 94. 99.
Reuhans 64.
Reuhaufer 94. 141.
Reuhaufer 97.
Reunötting 100.
Reunstetter 60.
Reuere 137.
Reumhall 135.
Reuburd 83. 202.
Nicola 89.
Nicolai 83.
Nikte 216.
Niederbayern 226.
Niedermeye 59. 207.
Niederther 100.
Römpfch 92.
Riedmel 83.
Ritfch 96.
Rogaruli 67.
Remme 82.
Roreed v. R. 96.
Rördlingen 229.
Norwegen 230.
Reftlen 78.
Reftlit 149.
Retangst 102.
Rothaft 79. 124. 150. 219.
Rotenhaufer 67.
Nürnberg 14. 92. 194. 206. 228.
Ruffer 86.
Ruß 81.

O.

Oberg 105.
Oberkirch 73.
Oberlander 95.
Oberndorf 71.
Oberndorffer v. St. 83.
Obernig 56.

Oberösterreich 79.
O'Donnel 220.
Ochsich 92.
Oedl 72.
Oeder 205.
Oefele 101.
Oehringen 14.
Oelhafen 96.
Oerzen 72.
Oesterreich 18. 51. 150. 214. 219. 220.
Oettingen 19. 43. 63. 120. 125. 222. 229.
Oeyenhausen 99.
Offenberg 90.
Oheimb 75.
Okminski 107.
Oldenburg 77.
Oldershausen 87.
Olderefehl 206.
Olivier 55.
Oliver 200.
Olszewski 107.
Onolzen 46.
*Orelli 205.
Orlambini 76.
Orleans 137.
Ornistown 61.
Ormond 159.
Ortenburg 67. 69. 205. 226.
Orzychowsky 80.
Osenia 95.
Oslager 90.
Osten 37.
Osterhausen 38.
Osterlag 76.
Ostfriesland 92.
Ott 77.
Ottenstein 11.
Ottmaringer 83.
Ottobeuren 229.
Owen 139.
Overschie 86.
Overstolz 41.
Ow 73.
Oxford 15.

P.

Pachhamer 92.
Padilla 97.

Palant 205.
Palland 58.
Palm 85.
Panicher 67.
Papin 81.
Pappenberger 107.
Pappenheim 42. 223. 226.
Pappus 84. 92.
Paradeiser 83.
Parma 166. 214.
Parmatia 60.
Parsberg 61.
Partenec 104. 133.
Partenstein 104.
Paszuall 77.
Passau 17. 226.
Passow 75.
Pastor 209.
Palau 200.
Pauer 71.
Paulstorff 63.
Baumgartner 65. 101. 110. 127. 221.
Panz v. H. 86.
Pausach 100.
Pawel 63.
Baye v. C. 95.
Bechmann 102.
Bechthaler v. D. 80.
Beilstein 99.
Belshalmer 128.
Beltzhoven 60.
Bellet v. R. 106.
Berninger 102.
Benz 73.
Peralta 206.
Berchtoldstorf 11.
Berry 110. 198.
Berrnpöck 110.
Berfall 76.
Berger z. A. 67.
Berger z. C. 71.
Berghofer 80.
Beri 85.
Berkhofer 92.
Bermauer 76.
Bernstorffer 99. 127.
Berouse 73.
Beruzzi 85. 134.
Berwang 92.

Peterswaldoty 60.
Pettenbeck 101.
Pettenkofer 86.
Pez v. L. 78.
Pezlinger 95.
Pfanner v. C. 70.
Pfeukher 87.
Peverell 159.
Pfaff 70.
Pfaffenhofen 70.
Pfaler 96.
Pfalz 73. 131. 141. 221. 223. 226.
Pfannauer 90.
Pfeffenhausen 83.
Pfefferl 87.
Pfefflinger 75.
Pfersheim 96.
Pferlostorff 75.
Pfetten 75.
Pfister 202.
Pflug 150.
Pfängl 84.
Pflummern 95.
Pferbten 89.
Pfüringer 92.
El. Thale 103.
Phull 89.
Picard 105.
Pichena 135.
Pichel 82.
Pidoll 98.
Piernzenauer 127.
Pigenot 82.
Pignatelli 96.
Pineis 85.
Piosasque v. Sch. 90.
Pirckheimer 85.
Pirsach 85.
Pisani 205.
Pittigardi 106.
Planes 209.
Plank 101.
Plankenstein 64.
Plankenwerth 83.
Platsch 63.
Plawen 73.
Pleffen 76.
Plesse 44.
Plettenberg 59.

Plemingen 75.
Plöz 80.
Plothe 87.
Blüdlew 64.
Pogner 69.
Pogorski 93.
Pois 87.
Le Polo 87.
Pöllniz 63.
Pölzig 64. 93.
Pölschner 97.
Polo 205.
Pommern 51. 151.
Poniatowski 76.
Ponikau 60.
Pontell 81.
Popolaritza 134.
Popeleschi 134.
Poppel 79.
Poppendorf 81.
Porten 105.
Portia 88.
Portinari 100.
Portner 96.
Portugal 150. 222.
Pottenstein 75.
Powmais 135.
Porau 78.
Poysl 77.
Prad 75.
Prag 75.
Prandth 67.
Pranger 90.
Prasch 120.
Precht v. H. 126.
Preen 94.
Preißing 61. 123. 223.
Premerstein 71.
Premser 95.
Preuzel 207.
Preuhoven 96.
Priester 204.
Prittwitz 60.
Prizbuer 92.
Prockendorff 91.
Proeck 100.
Proff 33. 52.
Pruckberg 101.
Pruckner 60.
Pronner v. A. 101.

Frueschenk 80.
Frummer 125.
Fuxxer v. B. 104.
Purl 70.
Fuder v. A. 63.
Fuder v. B. 65.
Fuchinger 78.
Fuchberg 68.
Fuchsenstein 60.
Furcher v. St. 205.
Funkheim 85.
Furspredch 205. 211.
Furcherg 129.
Furlach 78.
Füttrich 97.
Füttrich v. A. 60.
Füß 103.
Felszta 107.
Fußinger 99.
Fugelz 72.
Fuggkall 70.
Fumerer 33.
Fanfamer 93.
Fuo vu Fou 105.
Frment 222.

G.

Cuß 96.

R.

Raab 56. 66.
Rabatta 99.
Rabe 67.
Rabensteiner 72.
Rabenstainer v. B. 96.
Radniß 75.
Raveo 99.
Raffe 71.
Rareßhy 94. 200.
Räblis-Beyer 105.
Raerfeldt 58.
Raird v. A. 96.
Raird v. B. 103.
Raitlerouz 99.
Raittenprecher 53. 119. 12b.
Raiß v. F. 60.
Rambold 61.
Rammelstein 76.
Ramfau 74.

Ramschüffel 96.
Ramschwag 19. 73.
Rancroted 84.
Rand 94.
Randow 65.
Rapelstein 222. 230.
Rapperswyl 18. 87.
Rafp 72.
Rateb 70.
Rauber 76.
Rauch 97.
Rauschenplatt 201.
Xav 256.
Rava 54.
Raren 73.
Rarenberg 230. 256.
Raymair 67.
Rebeising 66.
Rechberg 73.
Rechberen 60. 65.
Red 202.
Red v. A. 75.
Redtrod 79.
Reding 105.
Redwiß 204.
Regel 62.
Regenau 77.
Regensberg 120.
Regensburg 14. 98. 227.
Regnoltsweiler 64.
Rehtiger 77.
Rehling 203.
Rehm 51. 76. 153.
Reidniß 55.
Reich, hl. röm. 92. 203.
Reiche 66.
Reichel 205.
Reichened 72.
Reichskammeramt 221.
Reiffenberg 78.
Reiter v. F. 61.
Reinach 143.
Reimpol 92.
Reinert 76. 211.
Reinhard 71.
Reinbartshettler 99.
Reinhold 79.
Reipoltskirchen 226.
Reisach 66.
Reischach 77.

Reischinger 100.
Reitwoor 70.
Reigersstein 62. 211.
Reich 29.
Rembdelt 76.
Renschenburg 80.
Reuß 77.
Reuter 130.
Reutner v. B. 68.
Reutter 71.
Reyber 81.
Rheder 204.
Rheinstein 221.
Riccari 94.
Ricci 134.
Richarme 103.
Riedler 65. 104. 135. 218.
Rieden 62.
Ried 92.
Riedenburg 226.
Riederer 89.
Riedesel 75.
Riedheim 75.
Riedl 207.
Riedt 67.
Riermhofer 93.
Riemed 59.
Riefe v. St. 72.
Rindhofer 124.
Rintomoul 76.
Ritschamer 79.
Ritter v. B. 103.
Ritter v. G. 99.
Rigenberg 202.
Rothschüß 91.
Rochesert 42.
Rochow 94.
Rodhausen 64.
Rode 135.
Röder v. Ib. 79.
Röll 96.
Remer 205.
Römhild 101.
Roeped 87.
Röteln 67. 221.
Rötenberg 69.
Rogrulle 205.
Register 72.
Roggenburg 229.
Rohre 103.

Robe 61.
Rola 94.
Reland 99.
Rolshausen 94.
Rom 106.
Rometti 256.
Rondinelli 80.
Rordorf 105.
Rordorff 68.
Ros v. A. 96.
Rosenberg 60. 97.
Rosenbusch 87.
Rosenegg 12.
Rosenhardt 119.
Rosenheim 14. 67.
Rosenheimer 87.
Rospigliosi 205.
Roß 75.
Roß 73.
Rothenburg 224.
Rothenfels 209.
Rothkirch 79.
Rolemann 37. 130.
Rottal 60.
Rottenburg 13.
Rottrohan 26.
Rovere 31.
Roymier 107.
Rusb 67.
Rudolff 63.
Rueberfer 94.
Rühl v. G. 75.
Rurpp 82.
Ruestorffer v. R. 98.
Ruesdorffer 60.
Ruhenstein 46.
Rumlingen 64.
Rummel 75. 80.
Runge v. Sch. 99.
Runtinger 256.
Ruoß 73.
Rußlen 66.
Rußland 132.
Rußwurm 70.
Ryß 75.

S.

Saal 85.
Saarwerten 226.
Sachsen 59.

Sachsenheim 76.
Sad 100.
Saco 12.
Sättelin 100.
Saffram 87.
Sagrer 95.
Sailer 96.
Salburg 66.
Saltern 57.
Salis 83.
Salloch 42. 75. 127.
Salm 144.
Salviati 67.
Salzburg 225.
Salzinger 97.
Sandersleben 99.
Santizell 76.
Santa Maria 209.
Sapieha 107.
Sargans 19.
Sarntheim 77. 153.
Sauer 72. 94.
Sauerzapf 95.
Saulheim 133.
Saufenberg 221.
Savoien 52. 117 ff. 141. 159.
Saxe 142.
Sayn 73.
Sayenhosen 59.
Scala 75.
Sepour 44.
Schab 94.
Schach 60.
Schad 87.
Schah 71. 76. 79.
Schah v. R. 101.
Schärfenberg 102.
Schaffgotsche 39.
Schaffhausen 76.
Schall 96.
Scharer 95.
Scharfenstein 84.
Scharfsöder 83. 85.
Scharfstetter 104.
Schatte 74.
Schaub 86.
Schauenstein 269.
Schauer 78.
Schaufuß 72.

Schaumberg 26.
Schaumburg 61. 224.
Schauroth 60.
Scheblinger 62.
Schele 101.
Scheler 96.
Schellenberg 54.
Schenl 19.
Schenl v. W. 57.
Schenk v. L. 96.
Schenpichler v. Sch. 81.
Scherenberg 94. 209.
Schertel v. B. 73.
Schenchenstuel 70.
Schererl 92.
Scheurer 106.
Schildfuß 209.
Schirck 67.
Schleverstein v. R. 100.
Schilling 95.
Schilling v. C. 96.
Schillway 81.
Schimmelpfennig 98.
Schinkel 72.
Schlabernborf 63. 102.
Schladen 102.
Schlaginweit 149. 161.
Schlandersperg 66.
Schlegel 75. 95.
Schleich 64.
Schleitheim 72.
Schliessen 219.
Schliez 63.
Schlichting 77.
Schlieffen 70.
Schlippenbach 96.
Schlittern 99.
Schlitzstedt 99.
Schliz 67.
Schlichter 74.
Schlüsselberg 98.
Schlüsselfelder 205.
Schmalz 102.
Schmarsow 211.
Schmerzing 48. 55.
Schmid 99.
Schmidberg 102.
Schmidl v. Si. 76.
Schmelge 28.
Schmuck 102.

Schnaitbach 90.
Schned 53.
Schneckenhauser 83.
Schneeberg 103.
Schnegg 63.
Schnehen 102.
Schneidheim 95.
Schnorr 71.
Schnurbein 73.
Schochlel 122.
Schönau 60.
Schönberg 143.
Schönborn 73. 89.
Schönburg 62.
Schöner j. Si. 97.
Schönfeld 65.
Schönfels 62.
Schönpichler 88. 89.
Schöpprunner 101.
Schöps v. L. 76.
Schollenstern 202.
Schollern 81.
Schongau 32.
Schonstetter 109.
Schorlemer 67.
Schornp 83.
Schott 60.
Schredinger v. H. 84.
Schrenf 73. 104. 175.
Schrevern 204.
Schreck v. Sch. 84.
Schreter 83.
Schroll 83.
Schröttinger v. S. 83.
Schret 128.
Schütz 104.
Schuhmann 102.
Schulenburg 79.
Schulies 203. 207.
Schurf 94.
Schurff 102.
Scharseisen 94.
Schwab 86. 91.
Schwaben 79. 228.
Schwanden 100.
Schwangau 80.
Schwansbeel 95.
Schwarzburg 127. 149.
Schwarzenberg 226.
Schwarzenberger 205.

Schwarzenstein 69.
Schwarzleppen 101.
Schweden 102. 230.
Schweinfurt 14. 228.
Schweiniz 55.
Schweinpeck 77.
Schwelbrunn 96.
Schweppermann 43.
Schwerin 30. 105.
Schwicheldt 13.
Schwichtelt 73.
Schweller 62.
Schwoz 105.
Scot 73.
Seckenberg 100.
Seckendorff 84.
Seblizky 104.
Secau 78. 90.
Seebach 85.
Seefeld 11.
Seeon 85.
Seereuter 55.
Seegesser 94.
Selboltstorff 68.
Selva 152.
Seibel 71. 205.
Seige 130.
Seigneur 102.
Seinsheim 59. 127. 228.
Seeligmann v. C. 136.
Semler 105.
Semlinger 92.
Senft v. B. 73. 211.
Senlenberg 90.
Seen 19.
Senfter 100.
Serven 66.
Serbold 36.
Serboldt 105.
Serboiben 70.
Serydewiz 70.
Serylliz 92.
*Seysfel 64.
Sherland 110.
Siber v. B. 97.
Sichart 71.
Sichlern 94.
Sigenheimer 81.
Sigenhoffer 91.
Siglingen 82.

Sterwsti 107.
Silber 98.
Silberberg 89.
Simon 91.
Sinclair 66.
Simer 72.
Sinzenhofer 64.
Sinzenhausen 86.
Sislien 72. 214. 221.
Slal 50.
Sinting 135.
Slory v. 8. 93.
Seded 97.
Sell 91.
Sell v. R. 84.
Srissens 140.
Seler 102.
Selms 73. 208.
Semerset 141.
Sentheim 140.
Seyer 91.
Splalla 96.
Spahn 96.
Sprenten 214.
Spanghein 95.
Spare 203.
Sred.-Sl. 58.
Sterbersted 60.
Sperl 33. 79.
Sberling 79.
Srshardt 82.
Sporth v. 3. 98. 119.
Speyer 226.
Spiegel v. P. 99.
Spielhausen 99.
Srillberger 98.
Sprisingl 101. 219.
Srizenberg 80.
Spreuheim 124. 130. 142.
   221. 230.
Srreti 85.
Stabion 51. 85. 95. 111.
Stadler 101.
Stadler v. Sl. 97.
Stsell 99. 203.
Sthäringer 79.
Sthslinger v. G. 76.
Sthal 94.
Stahlburg 201.
Stahrenberg 20.

Stain 95. 195.
Stainamer 107.
Stake 104.
Stammler 102.
Stange 85.
Stapfer 101.
Stargard 30.
Starscheel 62.
Starzhausen 79. 106.
Staubacher 83. 106.
Staubigl 77.
Stauffenberg 97.
Sterbmann 83.
Stehelin v. St. 143.
Steler 11. 51.
Steiermark 92.
Steinan 99.
Steinberg 78.
Steinfels 91.
Steinfurt 50.
Steinhammer 219.
Steinhausser 90.
Steinhaus 83.
Steinhauser 101.
Steinling 40.
Stein-L. 62.
Stein-R. 62.
Steinsdorf 61.
Stein v. R. 87.
Stempfer 72.
Sternberg 89. 222.
Sternenfels 33. 89. 90.
Sterner 69.
Sternstein 227.
Stetten 205.
Stettin 51. 93.
Stettner v. G. 72.
Stieler v. R. 91.
Stiler 76.
Stillfried 62.
Stinglheim 63.
Stizing 108.
Stoder 222.
Stockhammer 65.
Stockmar 203.
Stolzner 81.
Stolberg 77.
Stelzhirsch 77.
Stommel 201.
Storch 81.

Stosch 94.
Stoupp 86.
Stozingen 97.
Stradman 93.
Strasenberg 104.
Stralendorff 104.
Strasser 62.
Strassolbo 161.
Straswalcher 79.
Straubing 99.
Strauss 91.
Strauwiz 73.
Strebelsey 75.
Streitberg 94. 128.
Strelip 14.
Strebl 91.
Strölin 22.
Stromer 105.
Strwenser 99.
Stuben 97.
Stubenberg 96.
Stubenhart 97.
Stübig 97.
Stückrad 99.
Stürgl 83.
Stürmer v. U. 98.
Stumpf 84. 126.
Stumpf v. B. 92.
Stupf 64.
Sturmfeder 104.
Stuttersheim 89.
Stuttgart 14.
Suarta 161.
Sünching 77.
Sünfzen 13.
Süss 96.
Sühlin 71.
Sulzer 99.
Sulzbach 225.
Sulzbeck 256.
Sulzberg 42.
Sulzburg 227.
Sulzrmos 77.
Sumeran 77.
Surfer 99.
Susenberg 79.
Swalenberg 80. 222.
Swinenzpe 105.
Swisten 99.
Sybel 75.

Syberg 99.
Sylva 221.
Syrolomia 107.
Szostrsti 33.

T.

Tabera 208.
Tachinger 64.
Toller 99.
Tann 62.
Taunberg 65.
Taunbrunn 67.
Tanner 77. 85.
Tänzl 205.
Taschner z. J. 102.
Taste 77. 209. 221. 228.
Tattenbach 83. 141.
Taubabel 201.
Taube 84.
Taussers 42.
Tausstirchen 73.
Tausstirchen 51.
Tausch 72.
Tentzheus 83.
Tarlo 105.
Thaus 224.
Thaunhausen 79.
Ted 63. 221. 229.
Tetlenburg 250.
Tegernbach 219.
Teller 73.
Terlago 75. 117.
Tettau 66.
Tettenborn 95.
Tetlighofen 80.
Tezel v. R. 74.
Truchsler 64.
Teufel 83.
Teufel v. P. 205.
Trutscher 71.
Thal 64.
Tholshalm 99.
Tholmann 136.
Thanberger 93.
Thaunberg 64. 221.
Thaunhausen 85. 99.
Theun 77.
Thibous 80.
Thien 33.
Thirsart 63.

Thomas 108.
Thou-Dittmer 65.
Therer 13.
Thäna 64.
Thüngen 26.
Thürheim 100.
Thüringen 144.
Thumberger 87.
Thumb v. N. 58.
Thumer 63.
Thumgaß v. N. 91.
Thurn 209.
Tichli 127. 130.
Tieffenbach 59.
Tirol 214. 230.
Tieschenreuth 71.
Törring 87.
Tobler 203.
Tollinger 81.
Tolomei 135.
Toleta 106.
Toper 93.
Torer v. Q. 111.
Ternabuoni 134.
Ternaquinci 134.
Tornow 88.
Tornow 94.
Terring 21.
Tour 33.
Teuffolut 205.
Tragenreitter 95.
Trahotusch 78.
Tralner 76.
Trarp 65.
Trappe 81.
Traulsen 100.
Trauttmannsdorff 102.
Trajeguiers 39.
Treaus 105.
Trebra 62.
Treiß 92.
Tremaine 72.
Treubrod 127. 133. 244.
Treusch v. B. 97. 135.
Trevisan 134.
Triefeustein 209.
Trier 71. 223.
Trippel 78.
Trillan 107.
Treffel 105.

270

Tretha 79.
Tretff 77.
Truchseß v. W. 97.
Truchseß v. H. 127.
Truchseß v. R. 106.
Truchllaching 111.
Truchllachinger 93.
Trabenbingen 123.
Trubut 96.
Tschalatura 93.
Tschuti 65.
Tubeuf 79.
Tübingen 104.
Türckheim 207.
Tulbeck 97.
Tunberfelt 104.
Türbel 130.
Turn 20.
Turnbull 33.
Tuichel v. S. 106.
Tutlingen 127.
Tutlinger 71.
Tutlinger 71.
Twickel 95.

U.

Ubaltrini 77. 134.
Udermann 84.
Ueberacker 60.
Ueberlinger 67.
Uechtelg 95.
Uetterett 89.
Ulm 65.
St. Ulrich 209.
Ungern 105. 230.
Ungelter 67. 70.
Urfurer v. U. 99.
Urff 79.
Urmiller 100.
Ursperg 229.
Uterwiel 96.
Uttenderffer 50.
Uttershausen 97.

V.

Pachiery 76.
Pallcabra 200.
Paliafina 209. 221.
Palvafone 62.
Pambés v. F. 80.

Darcunes 55.
Barnbäler 104. 144.
Barnhagen v. W. 95.
Dasmen 207.
Daselb 60.
Battershelmer 96.
Bechlelli 76.
Debengael 19.
Bega 104.
Beibelbaum 88.
Delte 54.
Belderz 226.
Belschleß 67.
Denarig 91.
Denningern 103.
Bentimiglia 57.
Berger 86.
Bertag 69.
Besar 203.
Better v. d. G. 87.
Beher 94.
Pianen 222.
Bichl 44.
Bidigetta 206.
Bierragg 107.
Billenpach 113.
Bilsed 227.
Dincenti 204.
Dinke 99.
Bintler 76.
Diola 94.
Birgelt 100.
Birtung 205.
Bischer 38.
Bisconti 63.
Bigthum 65.
Bigthum v. Q. 85.
Bivet 200. 209.
Bjedemant 226.
Blatten 135.
Bedwiller 104.
Dehlin v. F. 106. 229.
Bogelmann 91.
Bogelsang 81.
Begl v. R. 206.
Behenstein 97.
Beit 42.
Beit v. W. 59.
Beß 76.
Bultejus 75.

W.

Bachl 256.
Bachendenk 87.
Bachter 61.
Bachtl v. D. 61.
Wächter 33. 81.
Bafferan 65.
Bagenberg 94.
Bagenrieder 99.
Bagensberg 100.
Bager 75.
Bagner 84.
Baig v. U. 105.
Balch v. Pf. 64.
Balbburg 85.
Balred 69. 94. 221.
Baldegg 79.
Baltenfels 92.
Balterdorff 143.
Balterfee 60.
Balburr 203.
Balre 137. 159.
Ballace 97.
Ballbrunn 105.
Ballerfee 204.
Ballwig 149.
Balrab 61.
Balfer 20.
Balsleben 98.
Balsrom 203.
Baltenhofen 75.
Bangenheim 55. 75.
Bartenburg 84.
Bart 41.
Bartenpelmer 125.
Barthausen 101.
Bartenberg 141.
Barwyle 251.
Basenstein 72.
Bafferburg 11. 18.
Bafrned 90.
Balh 90.
Bastliewicz 107.
Ballewyl 79.
Bapdorf 59.
Baraug v. St. 98.
Barttmann 77.
Bazmansterffer 86.

Weber 15.
Wedlic-Beyer 103.
Wetelind 104.
Wegmacher 71.
Weich 63.
Weiden 85.
Weidenbach 55.
Weller 92.
Weller v. G. 86.
Wellheim 89. 100.
Weinsberg 104.
Weißenburg 224.
Weißenhorn 99.
Weiß 75.
Weißkirch 236.
Weißenbach 76.
Weißenwolf 75.
Weitershausen 63.
Welden 123.
Welfen 11.
Welling 99.
Wellwart 89.
Weltz 99.
Welzer 64.
Wemding 75.
Wend 104.
Wendl 103.
Wenge 100.
Werbelzehausen 84.
Werdenberg 104. 209.
Werdenfels 225.
Werdenstein 64.
Wernberger 84.
Wernigerode 82.
Wertheim 209.
Wesseleny 91.
Wessen 64.
Weßbacher 37.
Westerburg 204.
Westerhold 50.
Westerhold 60.
Westerhagen 74.
Westfalen 75. 135.

Wettenhausen 229.
Wezel 203.
Weyber 92.
Wezilon 12.
Wiblingen 105.
Wich 71.
Wiederspach 76.
Wied 80.
Wiedebach 79.
Wieland v. U. 104.
Wielezlo 107.
Wiener 92.
Wiful 107.
Wildrecht 13. 73.
Wildenau 75.
Wildenberg 59.
Wildenstein 62.
Wildungen 93. 103.
Wille 72.
Windheim 201.
Windischgrätz 206. 211.
Windsheim 225.
Winselgen 99.
Winkler v. R. 70.
Winterberg 90.
Winzingerode 95.
Winzerer 95.
Wirdisti 107.
Wittenbach 90.
Wittern 61.
Wittgenstein 59.
Wittigen 99.
Wizleben 61.
Wollwart 128.
Wolen 46.
Wolf v. G. 75.
Wolf v. R. 137.
Wolfersdorf 75.
Wolff v. S. 142.
Wolff v. L. 59.
Wolframsdorf 75.
Wolfskeel 70.
Wollenburg 78.

Wolfensterff 39. 54.
Wolkowicz-R. 107.
Woller 129.
Worachizky 60.
Woreßter 141.
Worms 226.
Woronowicz 107.
Wrangel 67.
Wreech 99.
Wrisberg 60.
Wucherer 33.
Wucherer v. D. 106.
Wulhenau 202.
Württemberg 77. 104. 220. 221.
Würzburg 70. 228.
Wurm 93.
Wurmb 92.
Wurmtauscher 97.
Wurster v. H. 106.

X.

Ximenes 101.

Y.

Ybs 51.
York 14. 63. 159.

Z.

Zabern 93.
Zacharia v. L. 203.
Zachreiß 106.
Zärtl 83.
Zaiger 96.
Zanchini 96.
Zandt 65.
Zandt v. R. 73.
Zangberger 95.
Zaninetti 68.
Zano 99.
Zarate 200.

Zare 101.
Zarforteza 209.
Zaunried 75. 101.
Zaunschliefer 81.
Zech v. L. 89.
Zedlitz 102.
Zeggeln 93.
Zeiß 82.
Zell 52.
*Zeller 126 (l. T. l. Zoller).
Zeller v. R. 95.
Zeller 100.
Zenger 95.
Zeppelin 75.
Zerbst 73.
Zestersteh 94.
Zibel 89.
Ziegenhain 216.
Ziegesar 86.
Ziegler 67. 77.
Ziegler v. H. 136. 207.
Ziegler v. Sch. 82.
Zill 89. 195.
Zinchen 85.
Zinow 105.
Zirnberger 92.
Zixpflugen 103.
Zobel 75.
Zoller 96.
Zollern 60. 120. 227.
Zollikofer 60.
Zolraver 61.
Zschinsky 96.
Zäudt 77.
Zugwin 106.
Zwanziger 99.
Zweiffel 91.
Zwerg 97.
Zwerger 72.
Zweybrücken 141. 226.
Zwingenstein 64.
Zwirner 95.
Zylo 59.

Register

der in beiden Theilen des Handbuches enthaltenen Kunstwörter.

— - - —

A.

aangrenzende vakken 60.
Abgesetzte Linie 68.
accolé 202.
addestro 59.
Adeliger Helm 113.
afrontado 200.
andrieskruis 63.
Ahnenprobe 248.
Ahnentafel 248.
Ankerkreuz 105.
Unterschragen 106.
Anordnung 232.
Antonius-Kreuz 103.
apex 117.
area 53.
argent 35.
arma loquentia 31.
armé 73.
armellino 39.
armes parlantes 33.
artificial objects 93.
Aschfarbe 38.
aspa 63.
Attribe 68.
atlantes 146.
atraversado 200.
Auffliegend 78.
Aufreißen 217. f.
Aufsteigend 72.
Avers 243.
azur 35.

272

B.

badge 155.
Ballen 99.
baltheus 62.
banderia 162.
banderol 162.
banda 61.
bannière 51.
banierschild 51.
Bant 139.
baronstocl 137.
barry 55.
barre 61.
Batterie 135.
Bastardfaden 140.
baston 59.
Bayrland 188.
beaked 199.
begleed 202.
Begleitet 202.
Beizeichen 132.
Belaten 203.
Belegt 203.
bend-sinister 61.
benided 202.
Beseitet 202.
Besät 203.
Besetzt 203.
Bestecht 203.
Bestreut 203.
blauenzoom 65.
bipertitum 59.

Blasoniren 193 f.
Blasonirung, Ordnung und Reihenfolge derselben 200.
blason 3.
bonivair 44.
border 65.
Bordur siehe Einfassung
Brake 75.
Brakenhaupt 120.
brcuken 132 f.
brisures 132 f.
Brustbild 70.
Bruststelle 53.
Buntseh 44.
Bürgerlicher Helm 113.
Burgunderheim 110.
Burgunderkreuz 63. 106.

C.

cabo 57.
cabrio 63.
campo 53.
campus 58.
cannelé 66.
canton 70.
cantherius 63.
canting coats 33.
capo del scudo 57.
caput 57.
capriolo 63.
caricato 203.

cartoccio 51.
casals 108.
champ 53.
champagne 59.
champain 55.
charged 203.
chef 57.
chevron 63.
chevron ployé 64.
chequy 60.
chief 57.
cimato 199.
cimier 117. 199.
cinta 62.
Cocarden 240.
cochleatim 68.
cognizance 155.
colorado 35.
colores alternati 204.
comitatum 202.
connaissance 155.
conus 62.
contre-vair 44.
contra piana 61.
contre-hermines 39.
copertura 195.
couleur composée 35.
counterchangée 204.
counterflory 68.
coupé 57.
coupé-miparti 61.
courbé 68.

couverture 129. 195.
cresona 61.
creselé fiché 67.
crest 117.
cri 155.
cruciato 68.
croisete 68.
cross 60.
crux burgundica 63.
cuartelada 200.
cuoratum 63.
caspio 63.
cyaneum 35.

D.

Domascirt 45 f.
decussatim 63.
degré 61.
Drichiel 84.
dell'uno a l'altro 294.
de l'un a l'autre 294.
dentato 65.
dentelé 65.
denticulatum 65.
devise 155.
dicernado 200.
diferencen 132 f.
divisa 200.
Derpelabler 92.
Derpelbalen 95.
Derpelgevlertel 204.
doorsneden 57.
Drache 92.
Dreiedsschild 50.
Durchbrochener Giebel 84.
Durchgestedt 204.
dwarsbalk 58.

E.

écartelé 59.
échiquier 60.
Udiggejogen 68.
écusé 68.
ecu francais 51.
Ehrenbreizeichen 134.
Einfassung 64. 65. 222.
Einhorn 290.
Einpferdung 221.
Einwerkdung 224.
Eisenhut 103.

Eisenhutschnitt 67.
elmo 106.
embattled 67.
empenado 200.
en baroque 148.
en bastones 59.
endenté 65.
engrailed 66.
engrelé 66.
enté 66.
en quartelen 59.
équipollé 80.
erectus 72.
Erkennungszeichen 158.
ermine 39.
erminea 39.
erminois 40.
escaccado 60.
scratchead 65.
étendart 162.

F.

Faburn 162.
faja 58.
Farben, heraldische 195.
Farbenregel 36.
fascia 58.
Fasse 55.
Fase, Fasch 195.
fastiglium 68.
fauce leonis 68.
false, scratcheon 65.
Feh 40 f.
Fehwerf 131.
Feld 51.
fermaillet 122.
Fess 55.
field 51.
Figuren 92.
figures artificielles 92.
figures naturales 70.
Flaggen 162. 241.
flaunch 59.
flanque 59.
fleur-de-lis 87.
flory 68.
Flug 79. 124.
Flügel 7:.
Fluß 66.
fourrure 39.

fracturae 132 f.
franc quartier 60.
frange 63.
Frankreich 199.
Freiviertel 60.
Fuchs und Wolf, Unterschied 75.
for 39.
furca 64.
Fuß 53. 54.
fuseatum 63.
fuselé 63.
fusily 63.
Futter 44.

G.

*Gabel 250.
Gabelkreuz 106.
gaffel 64.
galea 108.
Geäst 69.
geer 64.
gedeeld 59.
Gegengeschrägt 63.
Gegenseb 44.
Gegenhermelin 39.
gekant oeld 67.
Gekrönt 73.
Gekräuft 73. 77.
Gekicht 54.
Gemeine Figuren 69.
Gemeinschaftswappen 30.
Gerantel 63.
Gerichtsstab 157.
Gern 63.
geruit 63.
Geschlechtswappen 30.
Geschlossene Helme 109.
Geschrägt 79.
Gespaltet 88.
Gespalten 59.
Gesparrt 63.
Gespitzt 68.
Gestützt 54.
Gestürztes Pfalch 44.
Getheilt 57.
Getreppt 65.
gevierendeeld 59.
Gewedt 63.
Gezinnt 67.
giallo 35.

Giebel 68.
giron 64.
giron courbé 68.
goembo 64.
Gold-Gegen-Hermelin 40.
Goldhermelin 40.
Goldreise 145.
golvend 66.
gonale 63.
gonfalone 166.
gonfanon 162.
Görsel 64.
gradato 68.
gradiens 72.
gradus 61.
gratellato 66.
Greif 92.
groen 35.
gueules 35.
Gugel 102.
gules 35.
gyron 64.

H.

Halbgetheilt 61.
Halbgespalten 61.
Halbrunter Schild 51.
Halbsteinod 114.
hangern 137.
Handelszeichen 107.
Haupt 53. 57.
Handmarfe 107.
heaume 108.
Helmdeken 129.
Helmkleinod 117 f.
Helm, königl. 110.
helmet 108.
helmdekkleeden 129.
Helmschau 110. 118.
helmteeken 117.
heraldische stukken 67.
Heraldische Farben 39. 195.
Hermelin 39.
hermionne 39.
Heroldsbild 56.
Herzblattschnitt 68.
Herzschild 52.
Herzstelle 53.
Heuratswappen 32.
Hinterraud 53. 55.

Historisten 215 f.
Höllhafen 25.
Helm 108.
honorable ordinaries 57.
Hörner 123.
Hüte 125. 144.

L

jaquelen 60.
Jerusten 40.
Jerusalemkreuz 105.
Illeonito 69.
imbricatum 66.
impressum 203.
indented 65.
innestato 66.
ingeschulpt 68.
inscriptum 203.
inquartato 58.
invected 66.
Johanniterkreuz 105.
Jungfrauenabler 92.

K.

Kribe 66.
Kehlen 194.
keper 63.
Kissen 121.
Kleeblattkreuz 106.
Kleeblattschnitt 68.
Kleineb 117. 193. 211.
knotig 69.
Kreuz 60 f.
Kreuzschnitt 68.
Kriegsruf 214.
Kritiken 232.
Krüdenseb 42.
Krüdenkiule 68.
krule 60.
Kübelhelm 108.
Kugelkreuz 106.
Künstliche Figuren 93.

L.

label 137.
lacinino 129.
lambeau 137.
lampassd 73.
lambrequins 129.
Landesfarben 239.
Länfe 72.
Lancrub 75. 78.

latus 59.
Leopard 74.
Liegend 72. 99.
Lilie 87.
Lilienschnitt 68.
Lilienkreuz 105.
limbus 65.
Lindenblattschnitt 68.
Lindwurm 92.
lloxné 68.
losange 62. 63.
Lewe, geflügelt 91.
Löwenmann 91.
Löwenruchen 68.
losanja 52.
losongy 63.

M.

main de justice 157.
Maltheserkreuz 105.
Mannlöwe 91.
Maurcaulre 100.
Mantel 64.
mantlings 129.
Marken 105. 107.
marks of cadency 136.
membré 199.
Meerfrau 91.
Mergries 194.
merlato 67.
Merlette 60.
merlo 61.
Metall auf Farbe 36.
micoupé-parti 61.
miniatum 35.
Motto 158.
Mühleisen 100.
Münzen 29.
Mittelschild 52.
Mütterliche Großeltern 248.
Musenpferd 91.

N.

Nabelstelle 52.
Naturfarbe 36.
natural charges 70.
Nebeneinanderstellung 218.
nebulé 66.
Nesselwurm 92.
noderoso 68.
nubiatum 66.

O.

Oberrd 53.
Oberrand 63.
Oberwappen 200.
Offene Helme 109.
ombre 35.
ondato 66.
ondée 66.
oandervordeelingen 57.
or 35.
ordinarien 57.
orle 65.
orula 65.
Ort 60.

P.

paal 59.
paalvair 43.
paile 64.
pairle 64.
pale 59.
pall 64.
pallassd 67.
palus 59.
paly 59.
Banner 162.
Bannerschild 51.
Banther 92.
parti 59.
parti-micoupé 61.
partito en pal 59.
party per bend 61.
party per fess 57.
party per palo 59.
party per pile 62.
Barremerie 195.
partido en aspa 62.
partizion 57.
Paffienskreuz 105.
passant 72.
patibulatum 68.
partido en fax 57.
Patriarchenkreuz 105.
Bausch 121.
peau 40.
Pelzwerk 39.
pendants 137.
penaches 129.
per ramon 69.
pergola 64.

perforatum 69.
Perlen 194.
pezzo onorabile 57.
Pfal 59.
Pfalfrb 43.
pièce honorable 57.
pignon 69.
plata 35.
pinnae acuminatae 67.
pinna 81.
pinnatum 67.
pinnulla 64.
pointe 62.
pointe arrondi 69.
pointe en bande 64.
pointe renversée 64.
Phönix 81.
porpora 35.
potencé 69.
pourpre 35.
powdered 203.
Fruchtstäde 144. 213.
Probant 249.
Pronken 72.
purple 35.
punta 63.
ponti equivalenti 60.

Q.

quadri fusati 63.
Quadrirt 59.
quadripertitum 59.
quadraux 60.
quartello 60.
quarterly 59.
quartier 59.

R.

regaly 69.
Rahmenschild 51.
rampant 72.
Raubweise 203.
rapante 200.
rasirello 137.
Rautenschild 52.
Redende Wappen 31.
Rechen 137.
Renutul 110.
reanversée 64.
Revers 243.
rhombatum 63.

Seeblatt 35.
Seelöwe 91.
Seepferd 91.
séance 57.
sectum 57. 59.
segmentum 131.
Seite 59.
Seitenspitze 64.
semé 203.
sembrado 203.
seminato 203.
Smaragden 194.
serpeggiato 89.
Siegel 2.
Siegelschnüre 241.
Sinnbilder 158.
sinistro 59.
sinople 35.
Sitzend 75. 78.
sostegni 175.
spaccato 57.
Spangenhelm 119.
Spangenkrone 145.
Sparren 53.
sparsum 203.
spitz-gerust 63.
Spitze 63.
Spitzenschnitt 65.
sprekende wapens 33.
Springend 72.
Stammbaum 248.
standart 162.
Stänber 64.
Stangen, Hirsch- 77.
Stechhelm 109.
Steckkreuz 105.
Steg 137.
Sternkreuz 105.
Strahl 104. 196.
striatum 66.
Stufe 61.
Stufenschnitt 68.
Stulphut 126.
Sturzfeh 43.
Sturzhelm 108.
squamulatum 66.
subordinaries 57.
supports 148.
sur le tout 53.

T.

table d'attente 53.
taillé 61.
Tartschenschild 50.
Tazen 72.
Tazenkreuz 105.
tegenhermelyn 39.
tegenvair 44.
tegumenta 129.
telamones 149.
tenants 145.
tenenti 149.
tessellatum 60.
Tiara 146.
tiercé en pairle 64.
timbre 108. 117.
Tolosaerkreuz 106.
Topad 195.
toque 116.
Totschnall 195.
trabs 54.
tranché 61.
transverse 57.
trapvormig 68.
treslé 68.
Treue Hände 72.
trifolio sectum 68.
trinacria 72.
Trifolcera 239.
Turnierhelm 113.
Turnierkragen 87.

U.

Uebereck 204.
Ueberzogen 203.
uitgeschulpt 66.
uitgetand 65.
undée 66.
undulatum 66.
Unterhelzeichen 138.
Unterrand 53.

V.

vaje 42 ff.
vair 42 ff.
vair en pal 43.
vair en pointe 44.
van 't eene in 't andere 204.
varj in punta 43.

varium 42 ff.
Väterliche Großeltern 249.
veld 53.
Vereinigung 218 ff.
verrey 44.
vergoldte 59.
vero 42 ff.
Verschobene Linie 66.
Verschränkt 204.
vert 35.
Vertheilung 221.
Verwechselte Farbe 204.
verwachtingsschild 53.
vexillum 162.
verry 44.
Vierung 60. 141.
Vogelmann 91.
Voneinandergekehrt 89.
Vorderrand 53.
Vorne 55.

W.

wavy 66.
Waffen 73.
Walspruch 158.
Wappenbriefe 196.
Wappenfarben 239.
Wartschild 53.
Wellenschnitt 66.
Weden 105.
Widerschein 75.
Wolfszähne 68.
Wolkenlinie 66.
Wulst 121.
Wörtzeichen 151.

Z.

Zagel 184.
Zahnschnitt 65.
Zeichen 105.
zilver 35.
Zinn 61.
Zinnenschnitt 67.
Zobel 194.
zoom 65.
Zusammenbindung 218.
Zusammenschiebung 219.
zwart 35.
Zwischen 202.
zyde 59.

Berichtigungen zum II. Theil des Handbuches.

Seite 205 Zeile 8 von unten lies 1567 statt 1562.

" " " 12 " " " 1571 " 1570.

" " " 13 " " " 1570 " 1575.

" 206 " 6 von oben " 1573 " 1557.

" 207 " 2 von unten nach „Sachsen" hinzuzufügen (1593).

" 221 " 21 von oben lies Mömpelgardt statt Mannvilgart.

Endlich ist noch Seite 250 ein Irrthum zu berichtigen, dahin, daß es Zeile 6 von unten 16 statt 32 heißen soll. Der Georgi-Orden fordert nämlich nur sechzehn Ahnen nebst den beiden Gabeln, und ist das Schema wie es für Probe bei diesem Orden üblich ist, unter Figur 1823* noch besonders beigefügt worden, wobei die Schilde 17. 17. und 18. 18. die beiden Gabeln vorstellen.

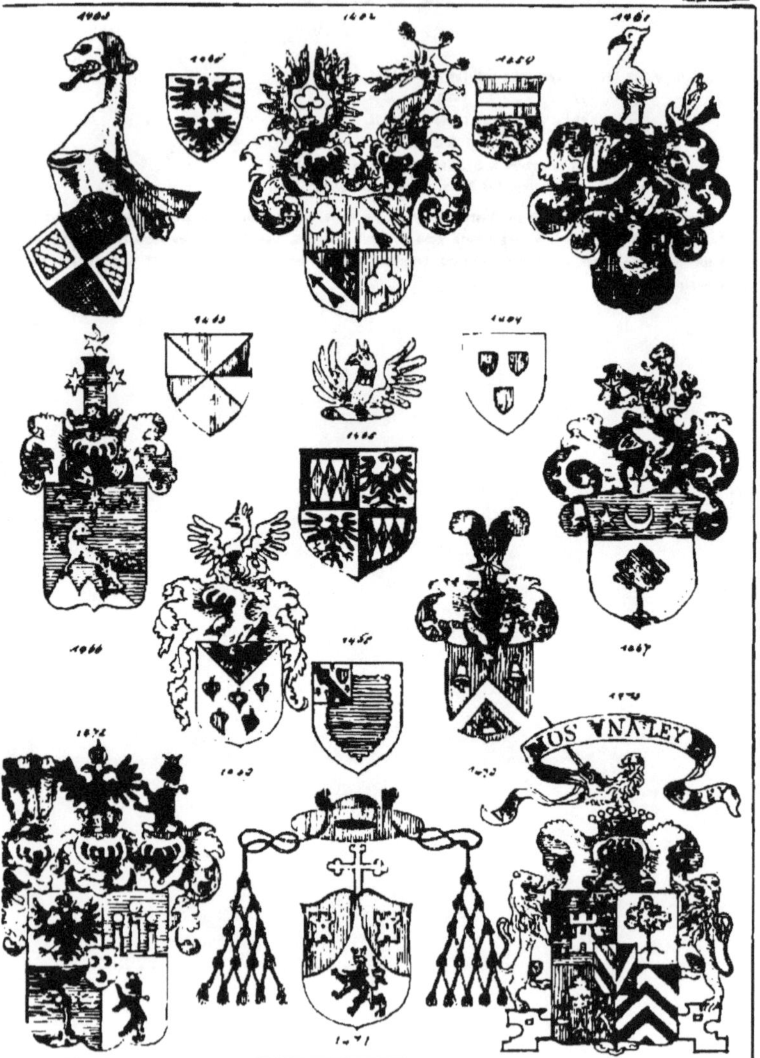

XXXVII

1591

1592

1593

1594

1595

1596

1597

1598

1599

1600

1601

1602

1603

1604

1605

1606

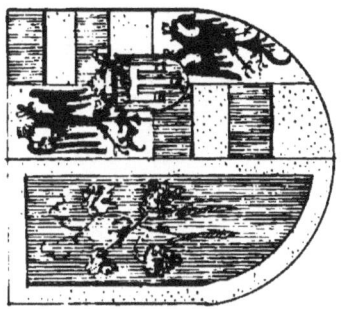

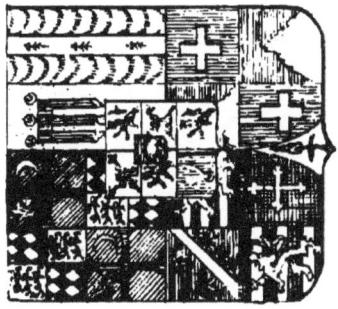
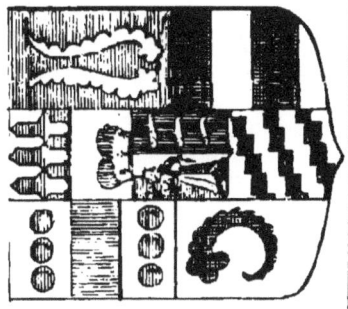

EX FLAMMIS ORIOR

1615

1616

1619

1617

1618

1620

1621 1622

1623

1624

1626

1625

1627

1628

1629

1642

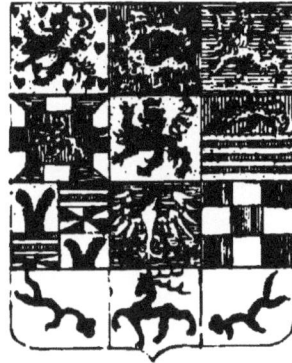

1643

1644

1645

1646

L.

1782

1783

1784

1785

1786

1787

1799

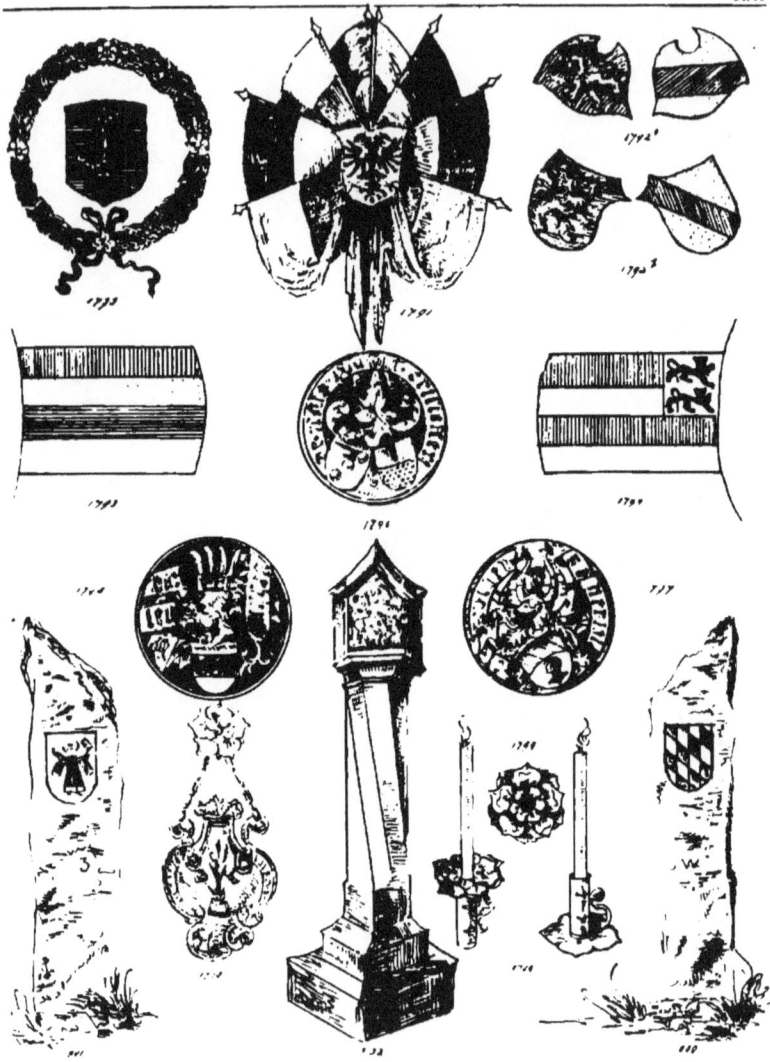

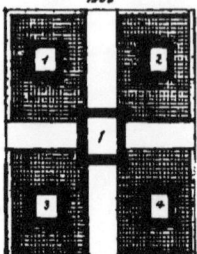

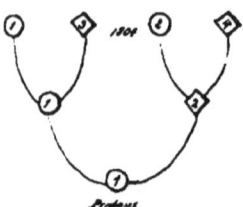

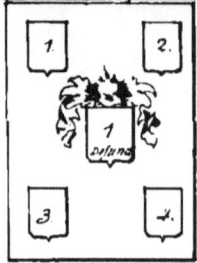

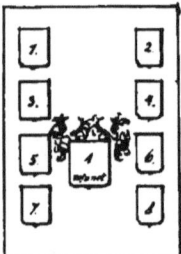

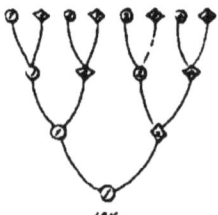

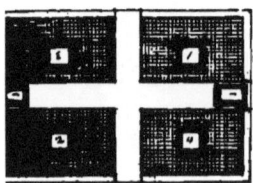

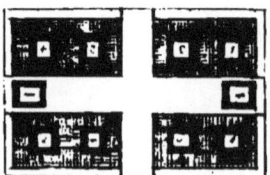

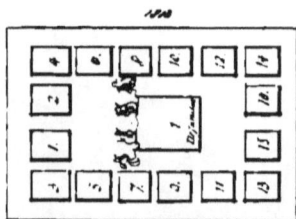

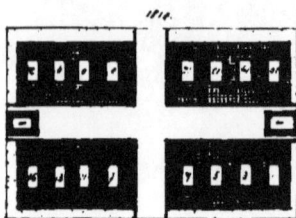

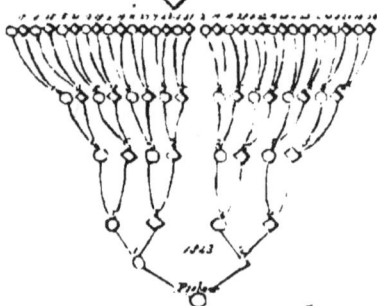

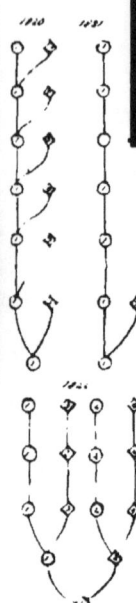

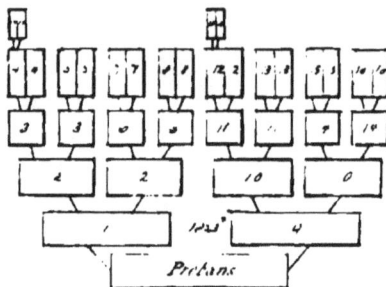

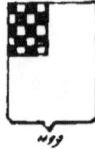

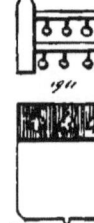

www.ingramcontent.com/pod-product-compliance
Lightning Source LLC
Chambersburg PA
CBHW032316280326
41932CB00009B/837

9783744632676